本书的出版得到

国家重点文物保护专项补助经费资助

永陵南城址发掘报告

（上）

辽宁省文物考古研究所　编著

文物出版社

北京·2017

图书在版编目（CIP）数据

永陵南城址发掘报告／辽宁省文物考古研究所编著.
—北京：文物出版社，2017.11
ISBN 978 - 7 - 5010 - 5115 - 1

Ⅰ.①永… Ⅱ.①辽… Ⅲ.①古城遗址（考古） -
考古发掘 - 发掘报告 - 新宾满族自治县 Ⅳ.①K878.35

中国版本图书馆 CIP 数据核字（2017）第 132273 号

永陵南城址发掘报告

编　　著：辽宁省文物考古研究所

责任编辑：张庆玲
责任印制：张　丽
封面设计：周小玮
出版发行：文物出版社
社　　址：北京市东直门内北小街 2 号楼
邮　　编：100007
网　　址：http：//www.wenwu.com
邮　　箱：web@ wenwu.com
经　　销：新华书店
印　　刷：中国铁道出版社印刷厂
开　　本：889mm×1194mm　1/16
印　　张：53.25
版　　次：2017 年 11 月第 1 版
印　　次：2017 年 11 月第 1 次印刷
书　　号：ISBN 978 - 7 - 5010 - 5115 - 1
定　　价：730.00 元（全二册）

Excavation Report of Yongling South City Site

(I)

(with an English abstract)

by

Liaoning Provincial Institute of Cultural Relics and Archaeology

Cultural Relics Press

Beijing · 2017

目　录

表 格 目 录

插 图 目 录

前 言

　　永陵南城址，因地处现辽宁省新宾满族自治县永陵镇南而得名，当地百姓俗称"土城子"。与永陵镇隔苏子河相对，城址东北是二道河注入苏子河的河口。20 世纪 40 年代，参与此城址的调查者称之为"二道河"古城。1981 年 12 月公布为县级文物保护单位，正式定名为"永陵南城址"。1987 年 4 月公布为市级文物保护单位。1988 年 12 月公布为省级文物保护单位。

　　国内外一些学者著文推论此城为西汉设置的高句丽县治址，但也有不同意见。为了搞清该城的范围、结构、始建年代、城内堆积情况及城址的性质等问题，经报请国家文物局批准，对城址进行了连续 5 年的大规模发掘。

　　发掘结果表明，永陵南城址始建于西汉，是玄菟郡所领三县之中的高句丽县治址，也是玄菟郡一迁第二治址。此城址在东汉时期亦属玄菟郡。东汉末年，东北边疆曾出现过一个维持了 50 多年的割据政权，因为由公孙氏家族世代掌握，并以汉辽东郡为中心，故称其为"辽东公孙氏政权"。这一政权在该城的四期文化早段留下了丰富的遗存。此后该城逐渐走向衰退，并最终废弃。在经过一段漫长的荒废期后，辽金时期这座古城又一度被利用。

第一章 概述

第一节 地理位置与自然人文环境

永陵南城址位于辽宁省新宾满族自治县永陵镇东南 1500 米处的苏子河与二道河交汇处。城址坐落于苏子河南岸、二道河西岸（图一；图版一、二）。海拔高程 272 米，中心地理坐标东经 124°50′11″、北纬 41°42′16″。

永陵南城址所在的新宾满族自治县，地属长白山南支脉龙冈山脉，区内山岭纵横，沟谷交错，山林茂密，河水充盈，是辽东自然条件较好的地区。这里属于中温带大陆性季风气候。其特点是，春季雨水渐多，昼夜温差大；夏季炎热多雨；秋季天气晴朗；冬季严寒漫长。四季中有严寒无酷暑，雨量充沛，无霜期短。永陵南城址东、南、北三面临河，一面靠山，地处群山环抱的河谷盆地之中。东、南两面临二道河，北临苏子河。

新宾地区大地构造单位属辽东地块的一小部分。基地是太古界鞍山群，由变质岩、云母岩及成分复杂的混合岩类组成，是中生代第三系地层片麻岩的组成部分。永陵南城址位于冲积阶地上，上部覆盖地层稍密的砂砾石层，厚度 1.5～3 米，地基承载力特征值为 120～250kpa，其下伏基岩为鞍山群石棚子组混合质变粒岩，节理不发育，风化程度较弱，地质承载力特征值为 500kpa；该地区地震烈度为 5 度，标准冻深为 1.5 米。

永陵南城址所处的永陵地区在 1997 年之前，年均降水量为 735 毫米；1998 至 2003 年，年均降水量为 679.1 毫米。汛期主要集中在 6 至 8 月，占全年降水量的 60%～61%。该城址多受害于二道河水患。二道河 50 年一遇的最大水流量为 1883.1m³/s，最高洪水水位为 7.5 米，最大流速达 5.1m/s。永陵南城址区及周围区域内的山丘坡岗为棕壤和暗棕壤土类，平地大田和水田为草甸土与水稻土类。植被覆盖率达 70% 以上，森林面积占 40% 以上，苏子河、二道河水环境质量符合国家三类水质标准，即达到饮用水源标准。大多数森林由天然林和人工混合林构成，主要树种有柞、桦、榆、椴、杨、柳、松等。野生植物主要有葛条、苦房草、山芝麻、靰鞡草、人参、细辛、

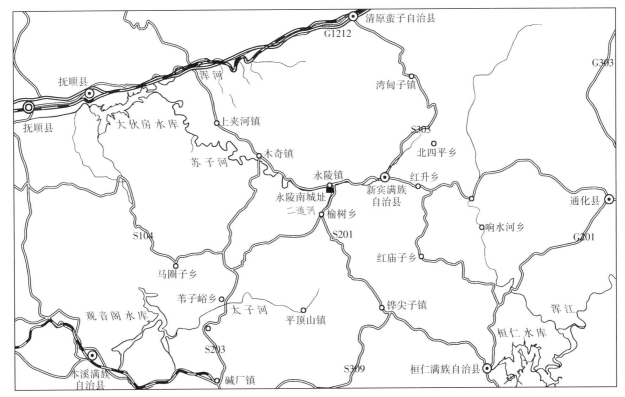

图一　永陵南城址地理位置示意图

桔梗、五味子、贝母、百合、蕨菜、猴腿、木耳、蘑菇等百余种。主要农作物有：水稻、玉米、高粱、大豆等。野生动物主要有：野猪、狐狸、狍子、山兔、山鸡、山雀、啄木鸟、林蛙、蛇等。其中，林蛙与蛇为本地的主要野生动物资源。

　　永陵南城址周边的人文景观主要有：世界文化遗产、全国重点文物保护单位——清永陵，在其西北约4000米；全国历史文化名镇——永陵镇，在其西北约1100米；全国重点文物保护单位后金第一都城——赫图阿拉故城，在其东约1100米；省级文物保护单位——佛阿拉城遗址，在其南约3000米；市级文物保护单位——六祖城之一的觉尔察城遗址，在其西南约600米。

　　永陵南城址的保护范围内无居民住户。建设控制地带内有新宾满族自治县第二砖瓦厂办公场所及厂房4栋，面积500余平方米；永陵镇砖厂及居民住户房屋21栋，面积2090余平方米。主要产业是红砖烧造、养殖和种植业。

　　永陵南城址，古代处玄菟古道要冲，今处沈阳、抚顺、本溪、丹东、桓仁与吉林通化市之间，两条省级公路和已动工的高速公路为其对外交往提供了便捷的交通条件。

第二节　城址现状和历史沿革

　　城址位于苏子河与苏子河支流二道河交汇处的西南岸，北距苏子河约1000米，东距二道河约

150 米。由于早年二道河未筑河堤，河道经常摆动，一遇汛期，二道河水经常冲刷城址所在台地，并逐渐接近北墙。从有关资料看，在 20 世纪 80 年代末，北墙已完全毁于水患，并连带波及东城墙北部大段、西城墙北部一小段。近年以来，由于二道河河堤的修筑和加固，已基本排除了这两条河流水患的威胁。

此外，由于城址墙体皆为土筑，在长年风雨的腐蚀下，墙体上部早已坍塌。

再有，由于城址内外及墙体皆已开垦为农田，犁田耕地对城址墙体和文化层的扰动，也造成了城址本体的破坏。

分析墙址的保存状况，自然和人为的双重破坏是一种缓慢、渐进的过程。

永陵南城址所在地域，战国时属燕；秦属辽东外徼；西汉武帝时设高句丽县，属玄菟郡；东汉末至西晋时为公孙度地盘；东晋至唐初为高句丽占据；唐灭高句丽，复归化内，为唐安东都护府木底州所辖，中宗时归渤海国；金属东京路；元归沈阳路；明属建州卫；清为兴京地；今为辽宁省新宾满族自治县地域。

《史记·匈奴列传》：“其后燕有贤将秦开，为质于胡，胡甚信之，归而袭破走东胡，东胡却千余里。……燕亦筑长城，自造阳至襄平。置上谷、渔阳、右北平、辽西、辽东郡以拒胡。”[1] 燕国时之襄平是现今辽宁省辽阳市，是燕国辽东郡治。秦统一中国，设三十郡，汉承秦制，抚顺地区继属辽东郡。

《史记·朝鲜列传》载汉武帝元封三年（前 108 年）“以故遂定朝鲜，为四郡（《集解》：真番、临屯、乐浪、玄菟也）”[2]。玄菟郡所领三县之中有高句丽县，是高句丽作为地理名词首次出现在史籍之中。《汉书·西南夷两粤朝鲜传》：“朝鲜王满，燕人。自始燕时，尝略属真番、朝鲜，为置吏筑障。秦灭燕，属辽东外徼。”[3]《后汉书·东夷列传》：“高句丽，在辽东之东千里，南与朝鲜、涉貊，东与沃沮，北与夫余接……武帝灭朝鲜，以高句丽为县，使属玄菟”[4]；“武帝灭朝鲜，以沃沮地为玄菟郡。后为夷貊所侵，徙郡于高句丽西北”[5]。《汉书·地理志下》：“玄菟郡（武帝元封四年开），高句骊，莽曰下句骊。属幽州……县三：高句骊，上殷台，西盖马”[6]。《后汉书·郡国五》：“玄菟郡（武帝置），六城……高句骊（辽山，辽水出）。西盖［马］、上殷台、高显（故属辽东）、候城（故属辽东）、辽阳（故属辽东）”[7]，此处所说的应该是《中国历史地图集·东北地区资料汇编》中记载的玄菟郡三迁址，即现在沈阳市东陵区上伯官村的汉代城址。辽水又称为小辽水，是今之浑河，“至辽队入大辽水”可为之证。

《汉书·昭帝纪》：“六年春正月，募郡国徙筑辽东玄菟城。”[8]

公元前 37 年，西汉时期东北地区的地方政权扶余王子朱蒙“不见容于国，逃归南地，开国

① （汉）司马迁撰：《史记·匈奴列传》，中华书局，1975 年，第 2885～2886 页。
② （汉）司马迁撰：《史记·匈奴列传》，中华书局，1975 年，第 2989 页。
③ （汉）班固撰，（唐）颜师古注：《汉书·西南夷两粤朝鲜传》，中华书局，1962 年，第 3863 页。
④ （宋）范晔撰，（唐）李贤等注：《后汉书·东夷列传》，中华书局，1965 年，第 2813 页。
⑤ （宋）范晔撰，（唐）李贤等注：《后汉书·东夷列传》，中华书局，1965 年，第 2816 页。
⑥ （汉）班固撰，（唐）颜师古注：《汉书·地理志下》，中华书局，1962 年，第 1626 页。
⑦ （晋）司马彪撰，（梁）刘昭注补：《后汉书·郡国五》，中华书局，1965 年，第 3529 页。
⑧ （汉）班固撰，（唐）颜师古注：《汉书·昭帝纪》，中华书局，1962 年，第 232 页。

称王"[1]，号卒本扶余，立都于纥升骨城（现辽宁省本溪桓仁五女山城）。其活动中心在今桓仁县、新宾县境内的浑江及其支流富尔江一带。公元3年，高句丽第二代王琉璃明王将都城迁至国内（今吉林省集安市）。王莽执政时期对边疆少数民族实行高压政策，并强迫调发高句丽兵伐胡。高句丽兵"皆亡出塞"，汉使诱杀高句丽侯驺，"其更名高句骊为下句骊"[2]，于是高句丽国人反抗愈甚。

《三国志·乌桓鲜卑东夷·句丽》"至殇、安之间，句丽王宫数寇辽东，更属玄菟。辽东太守蔡风、玄菟太守姚光以宫为二郡害，兴师伐之。宫诈降请和，二郡不进。宫密遣军攻玄菟，焚烧候城，入辽隧，杀吏民。后宫复犯辽东，蔡风轻将吏士追讨之，军败没。宫死，子伯固立。顺、桓之间，复犯辽东，寇新安、居乡，又攻西安平，于道上杀带方令，略得乐浪太守妻子。灵帝建宁二年，玄菟太守耿临讨之，斩首虏数百级，伯固降，属辽东。[熹]平中，伯固乞属玄菟。"[3]

汉献帝永汉元年（189年），公孙度出任辽东太守。"自伯固时，数寇辽东，又受亡胡五百余家。建安中，公孙康出军击之，破其国，焚烧邑落。拔奇怨为兄而不得立，与涓奴加各将下户三万余口诣康降，还住沸流水。……其后复击玄菟，玄菟与辽东合击，大破之"[4]。

魏正始三年（242年），高句丽王位宫寇西安平，五年（244年），幽州刺史毌丘俭统步骑数万，东出玄菟郡；讨伐宫，大战于沸流。

"及晋孝武太元十年，句丽攻辽东、玄菟郡，后燕慕容垂遣其弟农伐句骊，复二郡"[5]。慕容垂死后，其子慕容宝立，攻克了新城、南苏等城。

北魏天兴五年（402年），高句丽广开土王遣兵攻燕宿军，燕平州刺史慕容归不战自败，弃城逃走。七年（404年），高句丽广开土王复遣兵入辽东。

北魏天赐二年（405年），燕王慕容熙攻高句丽，欲夺回辽东城，不克而还。自此慕容燕与高句丽两个地方政权为争夺辽东地区管辖权持续混战近一个世纪，最后随着慕容后燕政权衰败而告终，辽东郡、玄菟郡从此由高句丽王督管。

《南史·夷貊下》："梁武帝即位，进云车骑大将军。天监七年，诏为抚东大将军、开府仪同三司，持节、常侍、都督、王并如故"[6]。

隋结束了中国南北朝以来的多年战乱，中国再次统一，而高句丽"虽称藩附，诚节未尽。驱逼靺鞨，禁固契丹。昔年潜行货利，招动群小，私将弩手，巡窜下国，岂非意欲不臧，故为窃盗？坐使空馆，严加防守；又数遣马骑，杀害边人……许其自新"[7]。文帝使拜高句丽王元为上开府仪同三司，袭爵辽东公。

隋开皇十八年（598年）春，高丽王元帅靺鞨之众万余寇辽西。隋下诏黜高丽王元官爵，水

---

① 金富轼：《三国史记·高句丽本纪》，吉林文史出版社，2003年，第176页。
② （汉）班固撰，（唐）颜师古注：《汉书·王莽传中》，中华书局，1962年，第4130页。
③ （晋）陈寿撰，（宋）裴松之注：《三国志·乌桓鲜卑东夷·句丽》，中华书局，1959年，第844~845页。
④ （晋）陈寿撰，（宋）裴松之注：《三国志·乌桓鲜卑东夷·句丽》，中华书局，1959年，第845页。
⑤ （唐）李延寿撰：《北史·高句丽传》，中华书局，1974年，第3112页。
⑥ （唐）李延寿撰：《南史·夷貊下》，中华书局，1975年，第1971页。
⑦ （唐）李延寿撰：《北史·高句丽传》，中华书局，1974年，第3116~3117页。

陆三十万伐高丽。及次辽水，元亦惶惧，遣使谢罪，上表称"辽东粪土臣元"。隋于是罢兵，虽待之如初，但隋辽东之役由此而起。

隋炀帝大业八年（612 年），第一次伐高句丽，诏发二十四军，进至辽水。是行，唯于辽水西拔高丽武厉逻，置辽东郡及通定镇。九年（613 年），第二次伐高句丽，四月，车驾渡辽。左光禄大夫王仁恭出扶余道。王仁恭进军至新城，高句丽兵数万拒战。王仁恭率劲骑一千击破之。

唐贞观五年（631 年），诏收瘗隋时战亡骸骨，毁高丽所立京观。建武惧伐其国，乃筑长城，东北自扶余城，西南至海，千有余里，用时十六年功毕。十九年，伐盖苏文弒君虐下，违诏囚使。"夏四月，李勣军渡辽，进攻盖牟城，拔之。获生口二万，以其城置盖州"[①]。唐讨伐之役由此而始。

唐高宗乾封初年（666 年），唐将薛仁贵挥师南下，"遂拔其南苏、木底、苍岩等三城，始与男生相会"[②]，唐军乘胜连下高句丽十六城。永陵南城址地区复归唐朝所辖。

辽太宗天显元年（926 年），七月契丹灭渤海国，"八月辛卯，康默记等攻下长岭府"[③]。此后，这一带为金代所辖。

元世祖至元八年，忽必烈，改国号为"大元"。是年，元朝在抚顺撤销辽、金时期的贵德州建制，置贵德州巡检司，属沈阳路[④]。永陵南城址地区为元沈阳路所辖。

明洪武二十年（1387 年），纳哈出降明，故元在辽东残余势力被荡平，辽东为明朝所统一[⑤]。该地区归明管辖。

后金天命元年（1616 年），清太祖努尔哈赤在赫图阿拉故城登基，建后金政权。永陵南城址区域为后金，清朝之发祥地。

第三节　调查、勘探与发掘概况

一　调查与发现经过

最早对永陵南城址进行调查的时间是 1940 年，长春建国大学助教高桥匡四郎和抚顺图书馆馆长渡边三三等人参加了此次调查。

1944 年，日本考古学者三上次男等人对永陵"汉代土城"进行了调查与测量。

20 世纪 80 年代，辽宁省博物馆文物工作队的李庆发与抚顺市博物馆的王秀嫣、徐家国、肖

---

① （后晋）刘昫等撰：《旧唐书·东夷·高丽》，中华书局，1975 年，第 5323 页。
② （后晋）刘昫等撰：《旧唐书·薛仁贵传》，中华书局，1975 年，第 2782 页。
③ （元）脱脱撰：《辽史·太祖下》，中华书局，1974 年，第 23 页。
④ 傅波、曹德全：《抚顺编年史》，辽宁民族出版社，第 74 页。
⑤ 傅波、曹德全：《抚顺编年史》，辽宁民族出版社，第 81 页。

景全、张正岩、王维臣，新宾文物管理所的刘树信、李荣发以及抚顺市社会科学研究所的研究人员多次对城址进行过调查。

二　考古勘探与发掘概况

1979 年 9 月至 1983 年 4 月，抚顺市博物馆邀请洛阳市专业探工对永陵南城址进行考古钻探。徐家国、张正岩、佟达等参与了勘察与钻探。据过去的一些调查资料记载：该遗址分为南、北两城。南城较大，平面略呈长方形。1979 年秋，抚顺市博物馆对其进行考古钻探，经实测得知：东城墙残长 455、西城墙残长 375、南城墙残长 215 米，北城墙破坏殆尽，长度不详。在城址采集到一些汉代绳纹筒瓦、板瓦和卷云纹瓦当残片，以及一件完整的汉式绳纹筒瓦，长 38 厘米。同时发现的还有汉陶器残片、五铢钱、铁器残段、红烧土、建筑址卵石散水等。因砖瓦厂近百年来的取土和农田耕种，现在的南城址已不复存在。

北城与南城相对略偏东，相距 210 余米，面积较小，遗址保存较好。平面略呈长方形，城址北部被河水冲毁，东西宽 136、南北残长 166 米。城墙为土筑，南城墙保存完整，长 136 米；东城墙残长 83 米；西城墙残长 179 米；北城墙全部被水冲毁无存。城址方向南偏西 4°。

2004 年 10 月至 2008 年 9 月，辽宁省文物考古研究所、抚顺市博物馆、新宾满族自治县赫图阿拉城文物管理所联合对永陵南城址进行了五个年度的考古发掘（图二；图版三、四）。

2004 年在城内北部居中位置布 5 米 × 5 米探方 6 个，发掘面积计 210 平方米。在东城墙北段水毁的部分以及东墙南段取土破坏的部分各做一探沟。领队：李新全。工作人员：辽宁省文物考古研究所吕学明，技工吴亚成；抚顺市博物馆郑辰；新宾满族自治县赫图阿拉城文物管理所关晋、王广强；新宾满族自治县永陵文物管理所刘树信。阜新市考古队郭添罡对城址进行了初步测绘。

2005 年在城内东北部共布设 5 米 × 5 米探方 29 个，发掘面积计 725 平方米。领队：李新全。工作人员：辽宁省文物考古研究所李龙彬，技工吴亚成、赵海山；抚顺市博物馆郑辰；本溪市博物馆梁志龙；新宾满族自治县赫图阿拉城文物管理所关晋、王广强。

2006 年在城内布设 5 米 × 5 米探方 91 个，发掘面积计 2275 平方米。领队：李新全。工作人员：辽宁省文物考古研究所熊增珑，技工吴亚成、赵海山；抚顺市博物馆郑辰；新宾满族自治县赫图阿拉城文物管理所关晋、王广强；新宾满族自治县永陵文物管理所王柳。辽宁省文物考古研究所辛岩、技工万成忠参加了短期发掘。

2007 年在城内布设 5 米 × 5 米探方 18 个，发掘面积计 450 平方米。领队：李新全。工作人员：辽宁省文物考古研究所苏鹏力，技工吴亚成、赵海山；新宾满族自治县赫图阿拉城文物管理所张海英、王广强；新宾满族自治县永陵文物管理所王柳；中国社会科学院研究生王飞峰。辽宁省文物考古研究所柏艺萌对城址进行了测绘。

2008 年在城内布设 5 米 × 5 米探方 56 个，发掘面积计 1400 平方米。领队：李新全。工作人员：辽宁省文物考古研究所苏鹏力、徐政，技工马红光；新宾满族自治县赫图阿拉城文物管理所陶大虎；新宾满族自治县永陵文物管理所王柳；中国社会科学院研究生王飞峰；吉林大学边疆考古研究中心潘玲、吴敬、蔡大伟三位老师和吉林大学 06 级博物馆班 18 名本科生：桂冠、郎银汉、

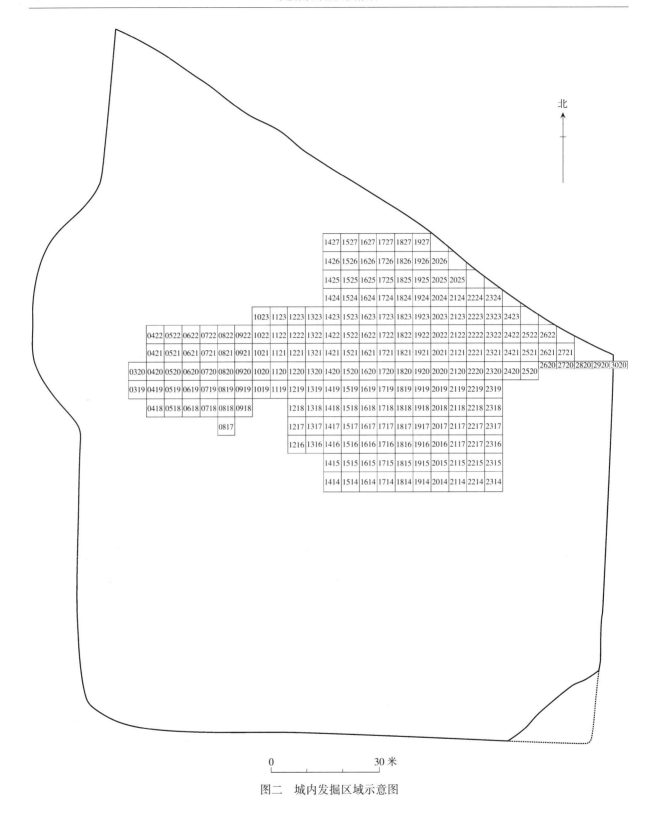

图二　城内发掘区域示意图

李冠臻、李宏民、欧阳云、孙坤茂、孙晓晔、王策、王菁、王琪越、王欣、王亦晨、熊文超、许淑贞、肖占营、原晓军、张冰冰、周明琴以及07级研究生刘洋。参加短期发掘的有07级研究生魏长虹、08级研究生陈晓颖。

第二章　城址概况

第一节　城墙的调查与勘探

2004 年，我们对城墙进行了普探，初步了解了城址的分布范围、城墙结构、城内堆积等。为了进一步了解城墙结构、门址状况，2005 年度又对城墙局部进行密探，并对城墙进行解剖（图三）。

一　东城墙

现地表被辟为耕地，尚有明显高出地面的大土埂，存长 83、基宽 24.3、高出地面 1.7 米。南部保存稍好，北部被水冲毁。北段水毁的部分尚保留门址一处，谓城址的东门（图版五，1）。

二　南城墙

为保存最为完整的墙体，长 136、基宽 23 米，土埂高出地面 1.4～1.9 米。其东南角被当地百姓取土时稍有破坏。对被破坏的部分进行了解剖，以了解墙体构成。墙体系采用版筑建成，夯层均匀，夯打坚固，为原地取土打夯。从堆积和夯土质地分析，应为一次性修筑，未见破坏和修补的痕迹（图版五，2）。

三　西城墙

现地表被辟为耕地，存长 179、宽 24 米，土埂高出地面 1.5 米。南部保存稍好，北部被水冲毁。靠近南段保留门址一处，谓城址的西门。在西门左侧有一凸出墙体的夯土建筑与墙体相连，是城址的制高点，推测为拱卫西门的马面，也是戍守该城的瞭望处所。现存长 60、宽 19、高 1.5～2.6 米。经过密探，其结构与墙体相若，应为同期建筑（图版六，1）。

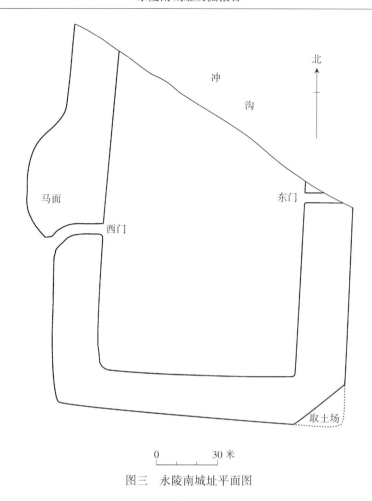

图三　永陵南城址平面图

四　北城墙

北城墙已完全毁于水患，现城址北部为一冲击断崖，低于城内平面 2.8 米（图版六，2）。

第二节　城墙的发掘

为了解城墙结构，在东墙残存北段被河水冲毁的端头，于 T2620～T3020 北部，东西向布长 26、宽 1～2 米探沟，对东城墙进行了解剖（图版七，1）。

探掘后发现，整个城墙堆积可分为 5 个文化层。①层为现代耕土层，含少量遗物，土质较疏松，厚 0.3 米。②层为城墙的废弃堆积，土层结构松散，包含块状夯土、残碎的瓦片和陶片等。③～⑤层为夯土墙体，其内包含物区别较大，由里向外形成三块不同情状的夯土，剖面整体呈梯形，并有阶梯状现象。整个墙体下宽 19.8、上宽 9.7、存高 4 米（图四；图版七，2）。

根据夯筑方法及墙内包含物，可知现存东城墙共经过三次修筑。

第一次夯筑的城墙属于⑤层堆积，位于现城墙内侧，基残宽 13.2、上残宽 1.8、存高 3.3 米，为纯

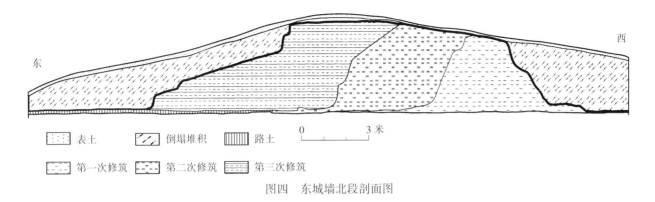

图例：表土　倒塌堆积　路土　第一次修筑　第二次修筑　第三次修筑

0　　　3 米

图四　东城墙北段剖面图

净的黄沙土与黄黏土间层夯筑，偶尔夹杂碎石块。上部夯层明显、均匀，一般厚 5～10 厘米，部分地方见有径长 8～15 厘米的夯窝。经过夯打的土质密集，坚硬。下部土质与上部相同，夯层却较厚，一般 10～20 厘米为一夯层。值得注意的是，下层部分夯层的两侧端头均较平齐，推测采用了版筑技术。墙基直接筑于河沙石之上，未见挖槽起基现象。夯土内未见任何遗物。推测是城址的始筑城墙。

第二次夯筑的城墙属于④层堆积，倚在第一次夯筑的城墙外侧，基残宽 6、上残宽 3、存高 3.9 米，外侧呈斜坡状，似为补筑，但与第一次墙体结合紧密。推测是在对早期城墙进行修整后接续夯筑的。土质为含砂量较大的黄土，分层夯筑，夯层厚度一般在 10～20 厘米，偶见夯窝，夯窝一般径长 10 厘米。与第一次夯筑的城墙相比，第二次夯筑的城墙略显粗糙。夯土内含有少量泥质绳纹瓦片。

第三次夯筑的城墙属于③层堆积，倚二次墙体外侧起筑，基宽 8.2、上宽 5.1、存高 4 米，外侧上部呈二级阶梯状，下部则呈漫坡状。夯土为黄褐色沙土，内含黑褐色泥土，夯筑较二次城墙粗糙，不甚坚实。其内包含物较多，主要为瓦片及铁器残片。另在城墙底部发现一处卵石堆积，长 1.5、宽 1.4 米，卵石大小较为均匀，一般径长 0.2 米左右，周围出土多枚瓦片，多为板瓦，凹面为瓦沟纹，凸面为绳纹，同出一件四格界莲花纹瓦当和一件泥质灰陶壶。推测其为筑墙时压在墙内的一处遗迹，因与城墙夯筑层紧密结合，故一并归入本层介绍。这也是最后一次补筑城墙，根据出土遗物和城内建筑址的层位对应分析，应为公孙氏政权时期修筑。

东城墙遗迹出土遗物共 15 件，有建筑构件、陶器、铁器、铜器等。

1. 建筑构件

3 件。有板瓦、圆瓦当、构件等。

（1）板瓦

1 件。东城墙③:10，残。泥质灰陶。凸面饰顺向粗绳纹，凹面模印大菱形网格纹，网格纹内有椭圆形突起。残长 19.6、残宽 14.6 厘米（图五，1）。

（2）圆瓦当

1 件。东城墙③:6，残。模制，泥质灰陶。圆形，边轮脱落。当面模印双栏四界格莲花纹。当背有手工拿捏痕迹。当面残存直径 15.3 厘米（图六，1）。

（3）构件

1 件。东城墙②:1，残。泥质灰陶。宽 7.8、高 9 厘米（图六，2）。

2. 陶器

9 件。均为泥质陶。可辨器形有壶、盆、豆座等。

图五　四期文化板瓦拓本

1. 东城墙③：10　2. J3：59　3. J7：22　4. F9：7　5. F9：8　6. F9：9　7. H60：4　8. H60：5
9. T1516③：10　10. T2215③：44　11. T2222③：5

（1）壶

1 件。东城墙③：9，修复完整。泥质灰陶。轮制。方唇，直口，高领，溜肩，鼓腹，平底。下腹部和底部饰绳纹。口径 11、底径 8.5、高 21.6 厘米（图六，3）。

（2）盆

7 件。均为盆口沿。轮制。东城墙②：4，泥质灰陶。圆唇，卷沿，弧壁。沿面饰一周凹弦纹。沿缘饰一周压印绳纹，器壁饰凹凸弦纹。口径 48、残高 8 厘米（图六，4）。东城墙③：8，泥质灰黑陶。尖唇，卷沿，敞口。沿面有一周凹槽，沿缘饰一周压印绳纹。残高 4.4 厘米（图六，5）。

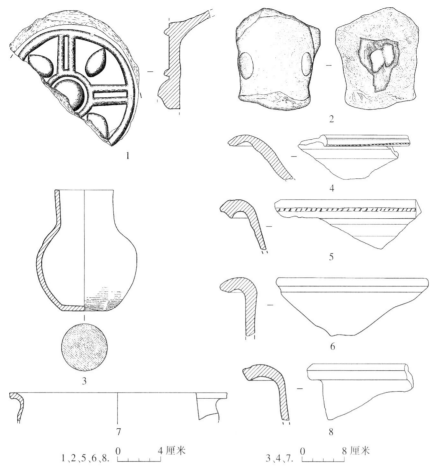

图六　东城墙探沟出土圆瓦当、构件，陶壶、盆
1. 圆瓦当（东城墙③:6）　　2. 构件（东城墙②:1）　　3. 陶壶（东城墙③:9）　　4~8. 陶盆
（4. 东城墙②:4、5. 东城墙③:8、6. 东城墙③:2、7. 东城墙②:3、8. 东城墙③:3）

东城墙③:2，泥质灰陶。圆唇，卷沿，敞口。素面。口径50、残高5.2厘米（图六，6）。东城墙
②:3，泥质灰陶。方唇，折沿，敞口，深弧腹。素面。口径40、残高4.9厘米（图六，7）。东城
墙③:3，泥质灰陶。方唇，折沿，腹壁斜直。沿面有一周凹弦纹。外壁素面。口径39、残高5厘
米（图六，8）。东城墙②:5，泥质灰陶。尖唇，折沿，敞口，深弧腹。外壁有明显的轮旋痕迹，
内壁饰菱形网格纹间饰凹点纹，印纹较深。口径44、残高12、壁厚1.6厘米（图七，1）。东城墙
③:7，泥质灰陶。方唇，平展沿，腹斜直。沿面有一周凹槽。外壁有不明显的凹凸弦纹。口径
38、残高7.4厘米（图七，2）。

（3）豆座

1件。东城墙③:4，泥质灰陶。筒状外撇。素面。底径6.6、残高8厘米（图七，3）。

3. 铁器

1件。为门枢套。东城墙②:2，残。铸制。扁体圆环形，外壁中间部位有一个不规则的短齿。
直径14、高5.7、厚1.6厘米（图七，4）。

4. 铜器

2件。均为生活用具。

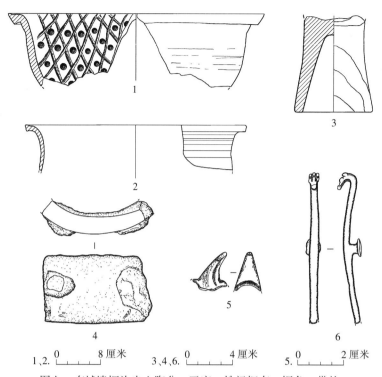

图七 东城墙探沟出土陶盆、豆座，铁门枢套，铜角、带钩

1、2. 陶盆（1. 东城墙②：5，2. 东城墙③：7） 3. 陶豆座（东城墙③：4） 4. 铁门枢套
（东城墙②：2） 5. 铜角（东城墙③：5） 6. 铜带钩（东城墙③：1）

（1）角

1件。东城墙③：5，残。羊角状，一端较尖。残高1.6厘米（图七，5）。

（2）带钩

1件。东城墙③：1，残。兽头形钩首，双耳直立，"一"字眉，双目圆睁，吻部宽扁前突。
侧视略呈"S"形。残长12.5厘米（图七，6）。

第三节 城门址的发掘

一 西门址

（一）地层堆积

西城门位于城址西城墙中部偏南，近东西向。开口于③层下。地面散落大量瓦砾（图版八，
1、2）、木炭等，应是城门建筑的倒塌堆积。路面距开口层位1.8米。

（二）城门结构

门道位于城墙的基部，宽3.9米。在门道的南北两侧各保留有一列石块修筑的地栿础基，南

侧地栿础基修筑得比较平整，石块平面朝上，其上还残留有朽木痕迹，长 10.4、宽 0.6 米。在西端转而向南延伸，角度近直角。拐弯之后石块变成小石块。在大小石块之间立插有一红褐色瓦，似为分界的标志。北侧地栿比较杂乱，除东端结构和南边相同、比较平整外，其余大多凸凹不平，宽窄不一，或是遭重压移位变形，长 10.7、宽 0.6 米。其在东端转而向北，成直角，拐角的几块石块铺设得比较平整，所用石材为自然石块，基本未经人工修整。通过门道两侧铺石遗迹的结构和长度对比，可以确定在城门高点的城墙宽度为 10 米（图八；图版九～一二）。

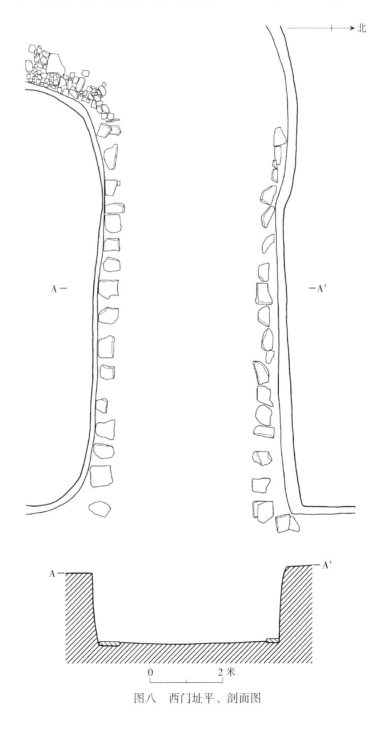

图八　西门址平、剖面图

（三）出土遗物

在发掘西门址时，发现其上叠压大量倒塌的瓦砾堆积，出土器物种类庞杂。根据出土层位、器形特征等将其分为一、二、三、四期。

一期遗物

仅有 1 件石斧。西门：27，残。磨制。偏锋，弧刃。残长 8.7、残宽 6.5、厚 1.2 厘米（图九）。

二期遗物

10 件。有建筑构件、陶器、铜器等。

1. 建筑构件

3 件。有板瓦、筒瓦。

（1）板瓦

1 件。西门：47，残。泥质灰陶。横剖面近似圆弧形。前端端面较平，有切痕；后端残缺。两侧边有由内向外的半切口。凸面由前向后 20.5 厘米内饰顺向粗绳纹，绳径 0.4 厘米，再向后饰横向凹弦纹。凹面由前向后 25 厘米以内饰小方形网格纹，余为素面。残长 30.2、宽 34.4、厚 1 厘米（图一〇）。

（2）筒瓦

2 件。均残。西门：10，泥质灰陶。凸面饰顺向粗绳纹，纹饰清晰规整；凹面饰布纹。两侧边缘有由内向外的半切口。瓦身长 38.1、熊头长 2、瓦头口径 16、瓦尾口径 14、高 9、厚 1.3 厘米（图一一，1；图一二，1）。西门：13，泥质黄褐陶。凸面饰顺向抹绳纹，凹面饰布纹。熊头和瓦身结合处起凸棱，熊头上有两道不明显的凹弦纹。瓦身长 37.5、熊头长 4、瓦头口径 16.2、高 8.8、厚 1.2 厘米（图一一，2；图一二，2）。

2. 陶器

3 件。可辨器形为盆。均为口沿。轮制。泥质灰陶。西门：45，方唇，折沿，器壁斜直。沿缘处饰一周压印绳纹，外壁饰瓦沟纹。口径 38、残高 7 厘米（图一三，1）。西门：44，方唇，卷沿，敞口。口沿横截面近三角形。沿缘处饰一周压印绳纹，外侧腹壁饰瓦沟纹，内壁有明显的轮旋痕迹。残高 7.5 厘米（图一三，2）。西门：46，方唇，卷沿，敞口。沿面上有三道不明显的凹弦纹，沿缘处饰一周绳纹，器壁有瓦沟纹。残高 6 厘米（图一三，3）。

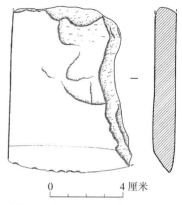

0　　　　4 厘米

图九　西门址出土一期文化石斧
（西门：27）

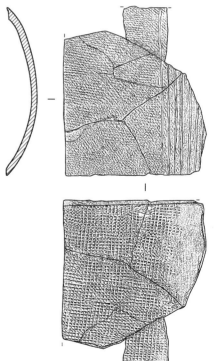

0　　　　16 厘米

图一〇　西门址出土二期文化板瓦
（西门：47）

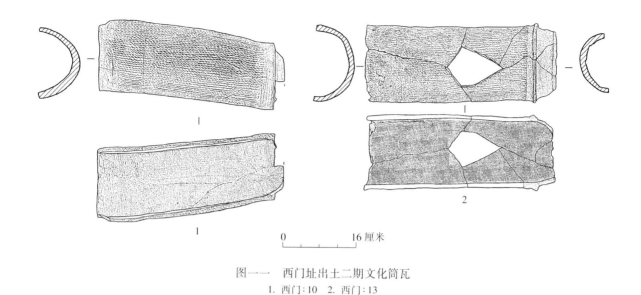

图一一 西门址出土二期文化筒瓦
1. 西门：10 2. 西门：13

3. 铜器

4件。可分为兵器、生活用具两类。

（1）镞

2件。均为残件。镞身三棱锥状，关部截面为六棱形。西门：22，尖部较锋利，一面带有三角形血槽，铁圆铤。残长2.3厘米（图一四，1）。西门：23，尖部残，关后部有一圆銎，铤缺失。残长2.8厘米（图一四，2）。

（2）穿钉

1件。西门：24，完整。方形钉帽，圆柱形钉身，钉身下端有一横向圆形孔。长4.7厘米（图一四，3）。

（3）带钩

1件。西门：18，残。圆形钩首，形体较小。侧视略呈"S"形。长3.6厘米（图一四，4）。

三期遗物

20件。主要为建筑构件，有板瓦、筒瓦、瓦钉等。

（1）板瓦

4件。均残。火候较高。西门：20，泥质红陶。横剖面呈圆弧形。前宽后窄。两侧边有由内向外很窄的切痕。前端端面较平，后端缺失。瓦身由前端向后渐薄。凸面从前向后一部分饰斜向粗绳纹，再向后饰稍细的抹绳纹。凹面前端向后18厘米内拍印小菱形网格纹。余是素面。残长45.8厘米，前端宽38、厚1.4厘米（图一五，1）。西门：28，泥质灰陶。横剖面近似圆弧形。前宽后窄。前端斜切，端面呈刃状；后端端面圆滑。两侧边缘有由内向外的半切口。凸面前端向后26厘米以内饰顺向粗绳纹，绳径0.5厘米；从26厘米到32厘米处饰凹弦纹，无绳纹；再向后14厘米范围内饰绳纹和凹弦纹，并将绳纹抹断；后端边缘向前4厘米内无纹饰。凹面前端向后31厘米内饰菱形网格纹，余饰横向抹绳纹。长52厘米，前端宽39、厚1.3厘米，后宽32.5、厚1.4厘米，

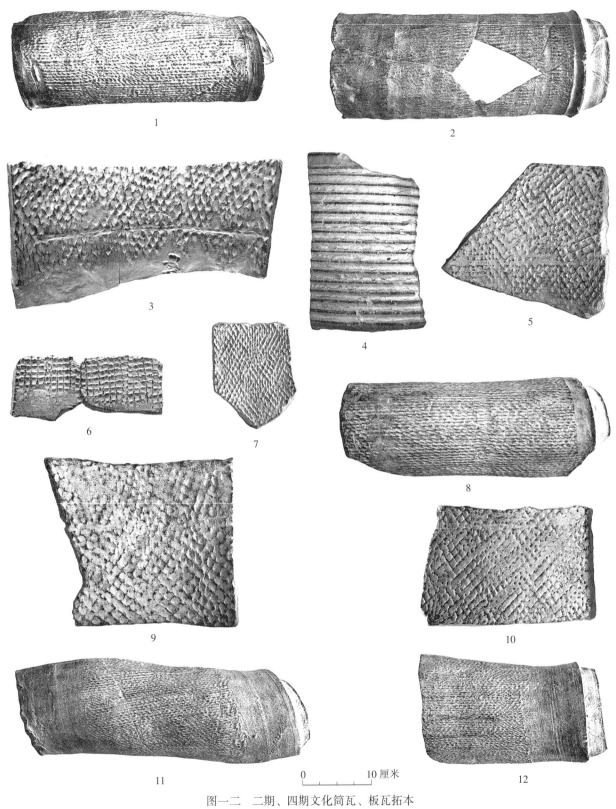

图一二　二期、四期文化筒瓦、板瓦拓本

1、2、8、11、12. 筒瓦（1. 西门：10，2. 西门：13，8. T0416③：2，11. 二砖采：7，12. 二砖采：13）　3～7、9、10. 板瓦
（3. H92：15，4. T1321③：17，5. T2425③：3，6. T1727③：4，7. T1425③：7，9. J3：64，10. J7：23）

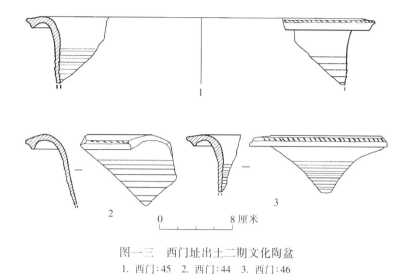

图一三　西门址出土二期文化陶盆
1. 西门:45　2. 西门:44　3. 西门:46

中部厚 1.6 厘米（图一五，2）。西门:37，泥质灰陶。横剖面呈圆弧形。前宽后窄。残存一端端面斜切。两侧边有由内向外的半切口。残存部分凸面饰顺向粗绳纹，绳径 0.5 厘米，且压纹很深。凹面端口向里 21 厘米以内拍印较为规整的小菱形网格纹，印纹较深，非常清晰。残长 29 厘米，前端宽 38.5、厚 1.4 厘米（图一五，3）。西门:40，泥质灰陶。横剖面近似圆弧形。前端端面较平。两侧边有由内向外的半切口。凸面由前端向后 20 厘米部分饰顺向粗绳纹，其余部分饰凹弦纹。凹面由前端向后 10 厘米部分拍印大菱形纹，纹饰不清晰；其余部分饰凹弦纹带，不清晰。残长 35.4 厘米，前端宽 36、厚 1 厘米，中部厚 2.2 厘米（图一五，4）。

（2）筒瓦

15 件。均残。西门:1，泥质灰褐陶。凸面饰抹绳纹，凹面饰布纹。两侧边有由外向内的半切口，瓦头处边口亦有刀切痕迹。瓦头上下两缘都有不明显的指压纹。熊头边口上有一道凹槽。瓦身长 37.6、熊头长 4、瓦头口径 16.5、瓦尾口径 15、高 8.3、厚 1.6 厘米（图一六，1；图一七，1）。西门:2，修复完整。青灰色。凸面饰顺向抹绳纹，凹面饰布纹。瓦头上下缘有指压纹，但纹饰模糊不清。两侧边有由内向外的半切口。瓦身长 37、熊头长 2.9、瓦头口径 16.7、瓦尾口径 15.5、高 9、最厚 1.6 厘米（图一六，2）。西门:3，青灰色。瓦身有变形。凸面饰顺向抹断绳纹，凹面饰布纹。瓦头上缘有指压纹。两侧边有由内向外的半切口且切口很窄。瓦身长 34.9 厘米，熊头长 3、瓦头口径 17、厚 2.2 厘米，瓦尾口径 17、厚 1.5 厘米，高 8 厘米（图一六，3；图一七，2）。

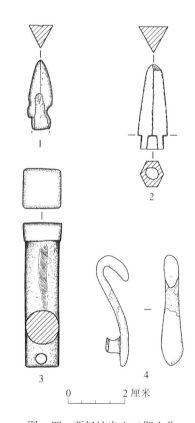

图一四　西门址出土二期文化
铜镞、穿钉、带钩

1、2. 镞（1. 西门:22，2. 西门:23）
3. 穿钉（西门:24）　4. 带钩（西门:18）

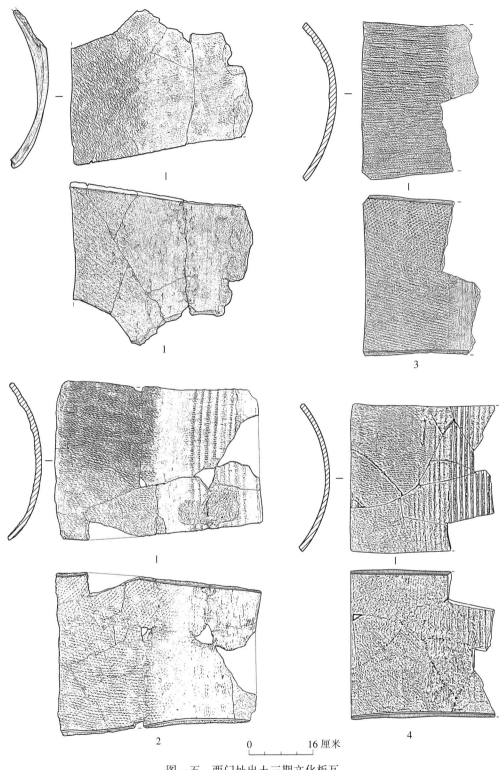

图一五　西门址出土三期文化板瓦

1. 西门：20　2. 西门：28　3. 西门：37　4. 西门：40

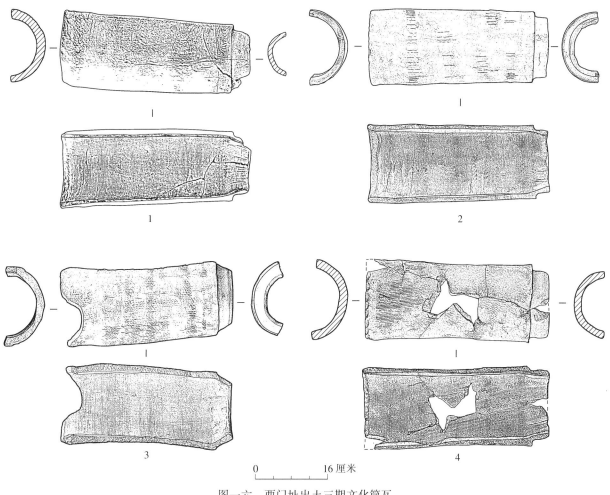

0　　　16 厘米

图一六　西门址出土三期文化筒瓦
1. 西门：1　2. 西门：2　3. 西门：3　4. 西门：4

西门：4，灰陶。凸面饰斜向和顺向抹绳纹，凹面饰布纹，且有明显的褶痕。瓦头上下缘皆有指压纹。两侧边有由内向外的半切口。瓦身长 37.3、熊头长 3.8 厘米，瓦头口径 17.5、瓦尾口径 17厘米，瓦高 7.5~8.5、厚 1.6 厘米（图一六，4）。西门：5，灰陶。凸面饰抹绳纹，凹面饰布纹。两侧边有由内向外的半切口。瓦身前后同宽。瓦身长 43.8、熊头长 2.3、瓦头口径 15、高 7.6、厚 1厘米（图一八，1）。西门：6，泥质灰褐陶。凸面饰抹断粗绳纹，凹面饰布纹。残存部分一侧边有由外向内的半切口。瓦身长 38.6、熊头长 3、厚 1.3 厘米（图一八，2；图一七，3）。西门：9，青灰色。凸面饰抹绳纹，凹面饰布纹。瓦唇光滑。瓦口外敞，有手捏痕迹。两侧边缘有由内向外的半切口。瓦身长 34.4、熊头长 4.9、瓦头口径 16、瓦尾口径 15.5、高 9、厚 1.5 厘米（图一八，3；图一七，4）。西门：11，泥质灰陶。凸面饰顺向抹绳纹，凹面饰布纹。两侧边缘有由外向内的半切口。瓦身长 36、熊头长 3.4、瓦头口径 16、高 8 厘米（图一八，4）。西门：12，灰陶。凸面饰顺向抹绳纹，模糊不清；凹面饰布纹；瓦头上缘有指压纹。残存部分一侧边有由内向外的半切口。熊头边口有一道凹弦纹。瓦身长 35.2、熊头长 3.3、厚 1.8 厘米（图一九，1）。西门：15，修复。泥质灰陶。凸面饰成组的抹绳纹，凹面布纹清晰。两侧边有由内向外的半切口。瓦头上下两缘均有指压纹。瓦身长 36.8、熊头长 3.4、瓦头口径 16.5、瓦尾口径 17、厚 1.6 厘米（图一九，

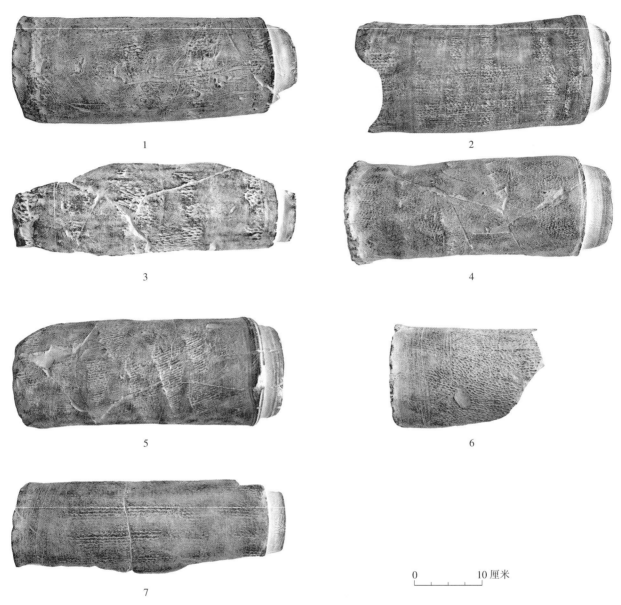

1　　　　　　　　　　　　2

3　　　　　　　　　　　　4

5　　　　　　　　　　　　6

0　　　　　10厘米

7

图一七　三期文化筒瓦拓本

1. 西门：1　2. 西门：3　3. 西门：6　4. 西门：9　5. 西门：15　6. 西门：43　7. T1816③：1

2；图一七，5）。西门：16，青灰色。凸面饰抹绳纹，凹面饰布纹。瓦头上缘有不明显的指压
纹。两侧边有由外向内的半切口。瓦身前宽后窄。瓦身长39.2、熊头长3.5厘米，瓦头口径
16.5、高8.5厘米，瓦尾口径14、高7.5厘米，厚1.5厘米（图一九，3）。西门：17，泥质
灰陶。凸面饰抹绳纹，凹面饰布纹，瓦头上缘有不明显的指压纹。侧边有由内向外的半切
口。瓦身残长40、瓦头口径16.5、高8、厚1.4厘米（图一九，4）。西门：39，青灰色。凸
面饰顺向抹绳纹，凹面饰布纹，瓦头有不明显的手捏痕迹，两侧边有由外向内的半切口。残
存部分前宽后窄。瓦身残长30、瓦头口径15.5、后端残存部分口径14、高9、厚1.2厘米（图
二〇，1）。西门：42，泥质灰陶。凸面饰抹绳纹，凹面饰布纹。瓦身残长23.4、瓦头口径16、

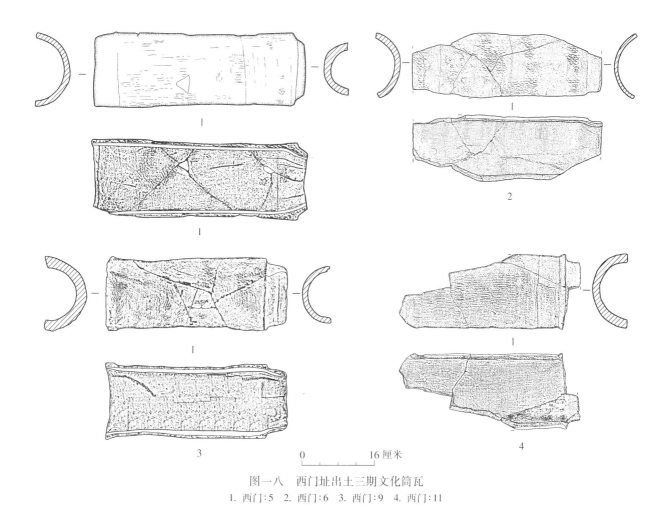

图一八　西门址出土三期文化筒瓦
1. 西门:5　2. 西门:6　3. 西门:9　4. 西门:11

高9、厚1.5厘米（图二〇，2）。西门:43，青灰色。凸面饰粗绳纹，凹面饰布纹，褶痕明显，残存部分一侧边有由外向内的半切口。瓦身残长23.2、瓦头口径16.2、高7.5、厚1.3厘米（图二〇，3；图一七，6）。

（3）瓦钉

1件。西门:21，残。泥质灰陶。钉身有明显的削坯痕迹。残长7.6厘米（图二〇，4）。

四期遗物

10件。有建筑构件、陶器、铁器等。

1. 建筑构件

8件。主要有板瓦和筒瓦。

（1）板瓦

5件。均残。烧制火候较高。西门:19，泥质灰陶，青灰色。前宽后窄。横剖面呈圆弧形。前端残断，后端端面圆滑。两侧边有由内向外的切痕。凸面前端部分饰顺向粗绳纹，后半段饰凹弦纹，将绳纹抹断，局部残存绳纹迹象。凹面整体饰布纹，前端一小部分在绳纹上又加拍菱形网格纹。残长40.2厘米，后端宽33、厚1.1厘米，中部厚1.4厘米（图二一，1）。西

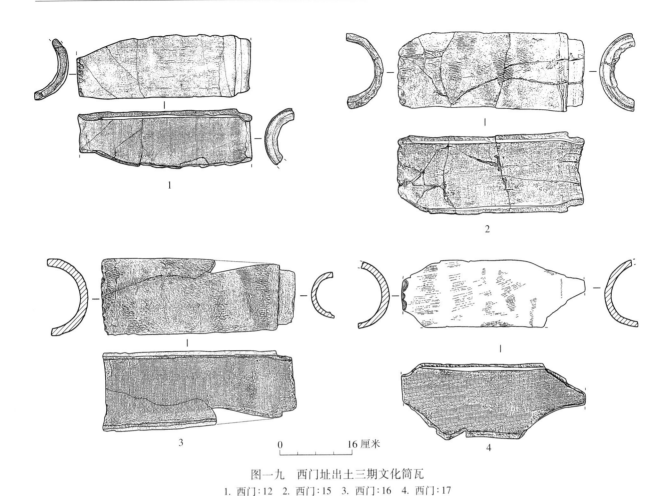

图一九　西门址出土三期文化筒瓦
1. 西门:12　2. 西门:15　3. 西门:16　4. 西门:17

门:29，泥质灰陶。前端端面较平且有切痕，稍外敞；后端端面较圆滑；侧边缘有由内向外的半切口。凸面后端向前7.5厘米范围内无绳纹，再向前饰斜向粗绳纹，绳径0.5厘米；后端向前35厘米内饰横向凹弦纹，将绳纹抹断。凹面前端向后22厘米内拍印较深的菱形网格纹，再向后饰绳纹，绳纹面上有顺向条状抹痕将绳纹抹断。长52.5、宽37、厚1.6厘米（图二一，2）。西门:35，泥质红陶。横剖面呈圆弧形，前宽后窄，两侧边有由内向外很窄的切口。前端端面较平，有切痕；后端端面较圆滑，方唇。凸面由前向后拍印斜向粗绳纹，由前端向后22厘米以后饰横向凹弦纹，大部分将绳纹抹断或不见绳纹。凹面除了后端一小部分之外均饰大菱形网格纹，网格内有近椭圆形突起。长42.5、前端宽36.5、厚1.3厘米，后端宽31.5、厚1.2厘米，中部厚1.8厘米（图二一，3）。西门:36，泥质灰陶。横剖面呈圆弧形，残存一端端面较平。凸面拍印粗绳纹，绳纹压痕较深，凹凸不平；从端首向后28厘米处饰凹弦纹并将绳纹抹断。凹面从端首向后27厘米内拍印菱格纹，余为素面。残长43.5、残宽23.5、厚1~1.5厘米（图二一，4）。西门:41，残存一小部分。泥质灰陶。横剖面呈圆弧形，一侧边缘有由内向外的切痕，但残断处在切痕之外。凸面饰顺向、斜向绳纹，还有凹弦纹将绳纹抹断现象。凹面局部有的饰斜向粗绳纹，有的饰小的网状菱形纹，大部分饰近似三角形戳印凹坑。残长25.2、残宽30、厚1.5~1.9厘米（图二二，1）。

（2）筒瓦

3 件。均残。泥质灰陶。西门:7，凸面饰抹绳纹，凹面饰布纹。瓦头外敞，上缘有指压纹。两侧边有由内向外的半切口。瓦身长 35.4、熊头长 3.8、瓦头口径 16、瓦尾口径 15.5、高 8、厚 1.7 厘米（图二二，2）。西门:8，凸面饰抹绳纹，凹面饰布纹。两侧边有由内向外的半切口。瓦头上缘有指压纹。瓦身长 36、熊头长 3.8、瓦头口径 16.5、高 9.2 厘米，瓦尾口径 16、高 9 厘米，厚 1.8 厘米（图二二，3）。西门:14，凸面饰抹绳纹，模糊不清；凹面饰布纹。瓦头稍有上翘，上下缘有指压纹。瓦身长 35.8、熊头长 4.5、瓦头口径 15.5、高 7.8 厘米（图二二，4）。

2. 陶器

1 件。为器耳。西门:38，夹砂黄褐陶。桥状横耳。残高 9.4 厘米（图二三，1）。

3. 铁器

1 件。为釜口沿残片，铸制。西门:25，方唇，敛口。口径 24、残高 10 厘米（图二三，2）。

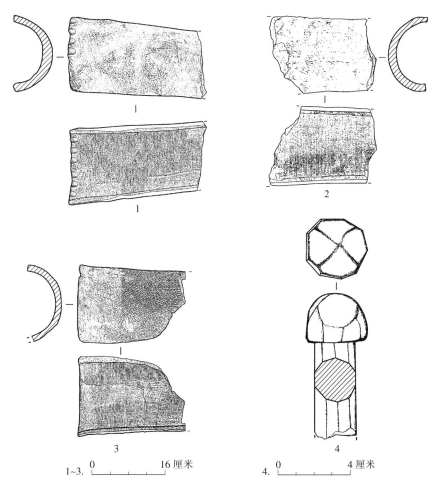

图二〇　西门址出土三期文化筒瓦、瓦钉

1~3. 筒瓦（1. 西门:39，2. 西门:42，3. 西门:43）　4. 瓦钉（西门:21）

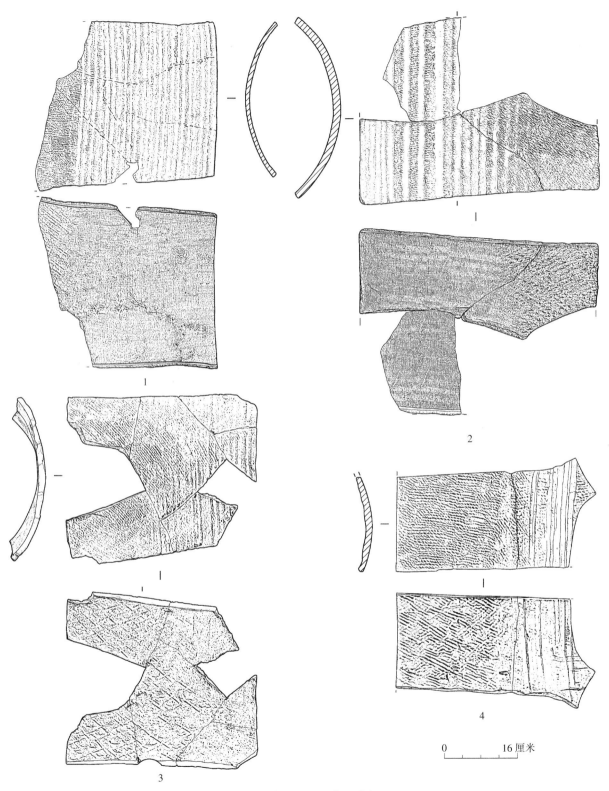

图二一　西门址出土四期文化板瓦
1. 西门：19　2. 西门：29　3. 西门：35　4. 西门：36

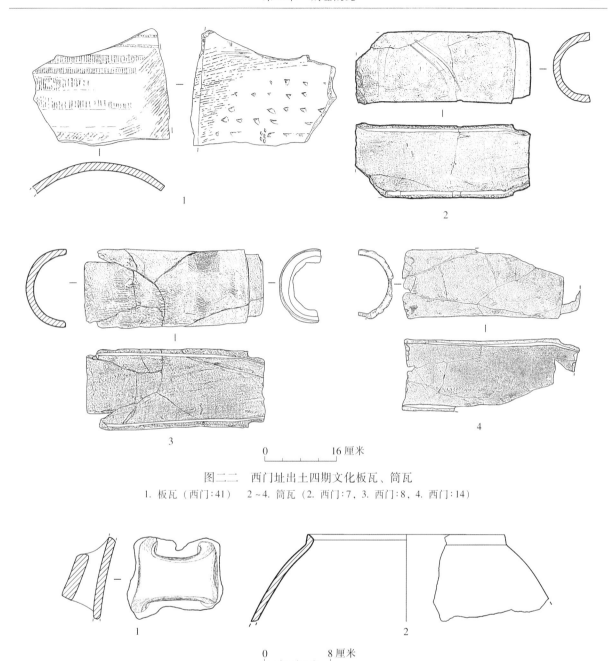

图二二　西门址出土四期文化板瓦、筒瓦
1. 板瓦（西门：41）　2～4. 筒瓦（2. 西门：7，3. 西门：8，4. 西门：14）

图二三　西门址出土四期文化陶器耳，铁釜口沿
1. 陶器耳（西门：38）　2. 铁釜口沿（西门：25）

二　东门址

（一）地层堆积

东城门位于城址东墙中部偏北，方位角86°。开口于②a层下。高出城址中心地面约1米，路面距开口层位1.2米。从残存的东城墙看，应该是修建在东城墙的中部（图版一三、一四）。

（二）城门结构

东门址东北部已被毁坏。门道呈斜坡状，宽2.5米。在门道的南北两侧各保留有一列石块平铺修筑的地栿础基，南侧残长9.7、北侧残长4.7米，宽0.4米左右。所用石材为自然石块，未经人工修整。在门道两侧紧挨地栿础基处还保留有门础石，北侧的门础石为圆角方形，长29、宽22、厚12厘米，中间有一凹坑，发掘时在其上还保存有圆筒形的铁质门枢套一件。南侧的门础石呈台阶状，长27、宽19、厚9厘米。在两门础石之间还有一石块，半埋于地下，应为挡门石，也就是俗称的"将军石"，长0.2、宽0.1米。在门道的最西端两侧，发现有用瓦片立砌铺设的遗迹，遗迹较宽，应为散水。南侧散水保存稍好，中间断续连接。全长10.9、宽0.6米。北侧散水两端保存较好，中间被破坏殆尽，推测长度8.7、宽0.7米（图二四；图版一五、一六）。

（三）出土遗物

出土遗物较少，有瓦片、残碎陶片和铁门枢套等。所出陶片均为泥质灰陶。

出土遗物根据其出土层位、器形特征等分为三、四、五期。

三期遗物

4件。有建筑构件、陶器。

1. 建筑构件

3件。圆瓦当。均为残件。泥质灰陶，青灰色。模制。当面涂朱。东门：1，当面模印双栏四界格莲花纹，莲瓣很小，略呈菱形。凹面有明显的手指按压痕迹。当面残径5.4厘米（图二五，1）。东门：2，火候较高。边轮高于当面。当面模印双栏四界格莲花纹，存两个界格和两瓣莲瓣。当背有手指抹泥痕迹。边缘有旋切痕迹。当面残径7.6厘米（图二五，2）。东门：3，边轮脱落。当面模印双栏四界格莲花纹，莲瓣两端都较尖锐。当面残径10.1厘米（图二五，3）。

2. 陶器

1件。为豆。东门：5，仅存柄部和豆座部分。泥质黑陶。饼状豆座，柱状实心柄。素面。底径11、残高13.4厘米（图二五，4）。

四期遗物

3件。主要有陶器、铁器、铜器等。

1. 陶器

1件。为瓮。东门：4，残存口沿部位。轮制。内卷沿，敛口，圆唇，矮领。口径22、残高4.5厘米（图二六，1）。

2. 铁器

1件。为门枢套。东门：10，完全锈蚀。铸制。圆环筒状。两侧有对称的两短齿。外径10、内径7.5、高5厘米（图二六，2）。

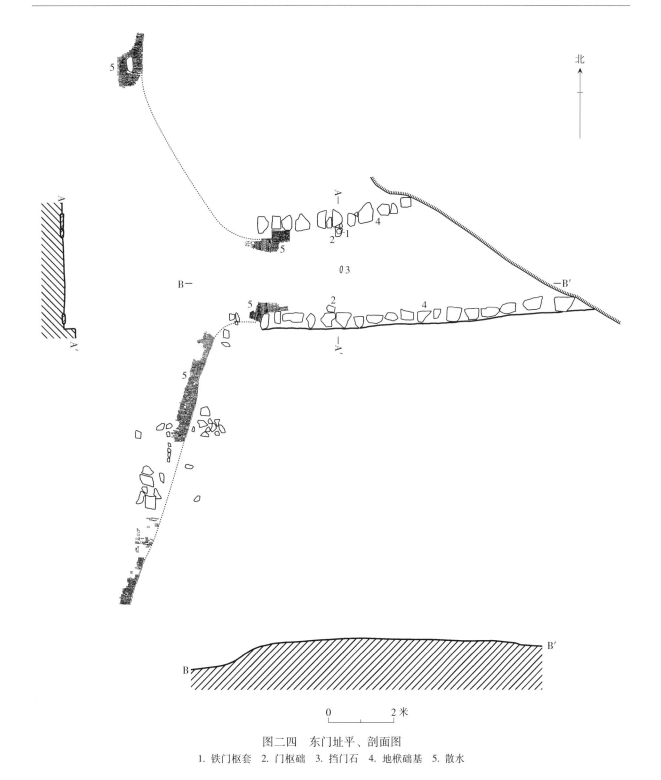

图二四 东门址平、剖面图

1. 铁门枢套 2. 门枢础 3. 挡门石 4. 地栿础基 5. 散水

3. 铜器

1件。为饰件。东门∶7，残。鸟形，扁片状，带三个圆形孔。长2.2、宽3.4厘米（图二六，3）。

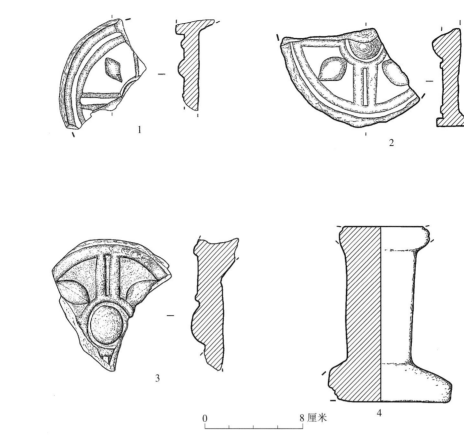

图二五　东门址出土三期文化圆瓦当，陶豆
1~3. 圆瓦当（1. 东门∶1，2. 东门∶2，3. 东门∶3）　4. 陶豆（东门∶5）

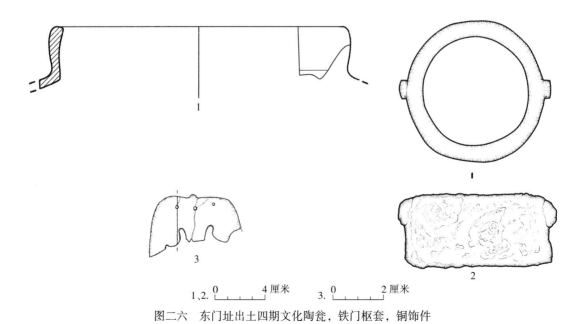

图二六　东门址出土四期文化陶瓮，铁门枢套，铜饰件
1. 瓮（东门∶4）　2. 铁门枢套（东门∶10）　3. 铜饰件（东门∶7）

五期遗物

3 件。有建筑构件、陶器和铁器等。

1. 建筑构件

1 件。为重唇板瓦。东门：8，泥质黄陶。在残存部分端面有三道凹弦纹间饰二道戳点纹。残宽 8、残高 5.9 厘米（图二七，1）。

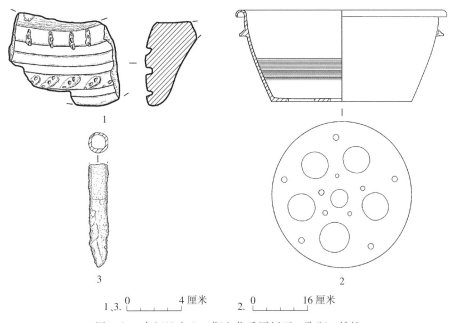

1、3. 0 ___ 4 厘米　　2. 0 ___ 16 厘米

图二七　东门址出土五期文化重唇板瓦，陶甑，铁锥

1. 重唇板瓦（东门：8）　2. 陶甑（东门：9）　3. 铁锥（东门：6）

2. 陶器

1 件。为甑。东门：9，修复完整。轮制。泥质灰陶。圆唇，卷沿，敞口，深弧腹，平底。内壁下半部饰条带状暗纹，外壁上腹部置一对对称横向錾耳。底部居中开一个圆孔，以其为中心两周小圆孔间开五个大圆孔，整体呈正五边形交替分布。口径 60、底径 40.4、高 25.6 厘米；中心圆孔直径 4.8、大圆孔直径 7~8、小圆孔直径 1~1.5 厘米（图二七，2）。

3. 铁器

1 件。为锥。东门：6，残。尖圆头，圆鋬。残长 7.2 厘米（图二七，3）。

第三章　城内考古发掘

第一节　地层堆积与分期

城内堆积可分为7层。①层为现代耕土层，黄沙土，较松散，少含遗物，现辟为耕地。②层可分为二个亚层，②a层为灰黑土，内含残碎瓦片、陶片等，本层的堆积为辽金时期遗存。为五期文化。②b层为黄沙淤土，少含遗物，为间歇层位。③层为灰黑土，内含大量残碎瓦片、陶片等。本层遗迹南北分布略有区别，城址北部的大型建筑基址及发掘区内一些较小的房址坐落于一个层面，存在时间较近，但文化属性不同的情况。据出土遗物分析，应是公孙氏、高句丽、三燕政权更替占据该城所形成的，在地层上很难区分。通过对出土遗物的综合分析发现，位于城址北部居中位置的大型建筑基址的时代稍早，应为东汉末年公孙氏割据辽东时期的遗存，也就是史书所指的三国时期前段。为四期文化早段。与其同层位的遗存为魏晋南北朝时期的建筑，遗存的时代下限可到北魏。为四期文化晚段。④层为灰黑土，内含大量碎瓦，遗存的时代为东汉时期。为三期文化。⑤层为灰黑土，质密且坚硬，为西汉时期遗存，限于发掘时间，只有少部分发掘到此层位。为二期文化。⑥层为黄沙土，未发现遗迹，仅见少量青铜时期的遗物。为一期文化（图二八；图版一七，1）。

现对几个典型探方的层位做介绍。

探方T1020东壁按土质、土色及包含物自上而下共分为7层（图二九）。

①层，现代扰土层，黄褐色土，土质疏松。出土瓦片、瓷片、铁钉等。水平堆积，厚0.6米，分布于整个探方。瓦以泥质为主。探方西部有一段晚期硬面，推测与现代人类活动有关。

②层，又可分为②a、②b两个亚层。

②a层，黑色土，质地紧密，有一定黏性。下层比上层颜色更深，但包含物无太大变化。有残瓦片、铁钉、小石子等。水平堆积，厚0.3米，分布于整个探方。据包含物推测为辽金时期。

②b层，黄沙土，质硬，有小石子、残瓦片和大石块等。水平堆积，厚0.3米，分布于整个

北

5米

j城址发掘总平面图

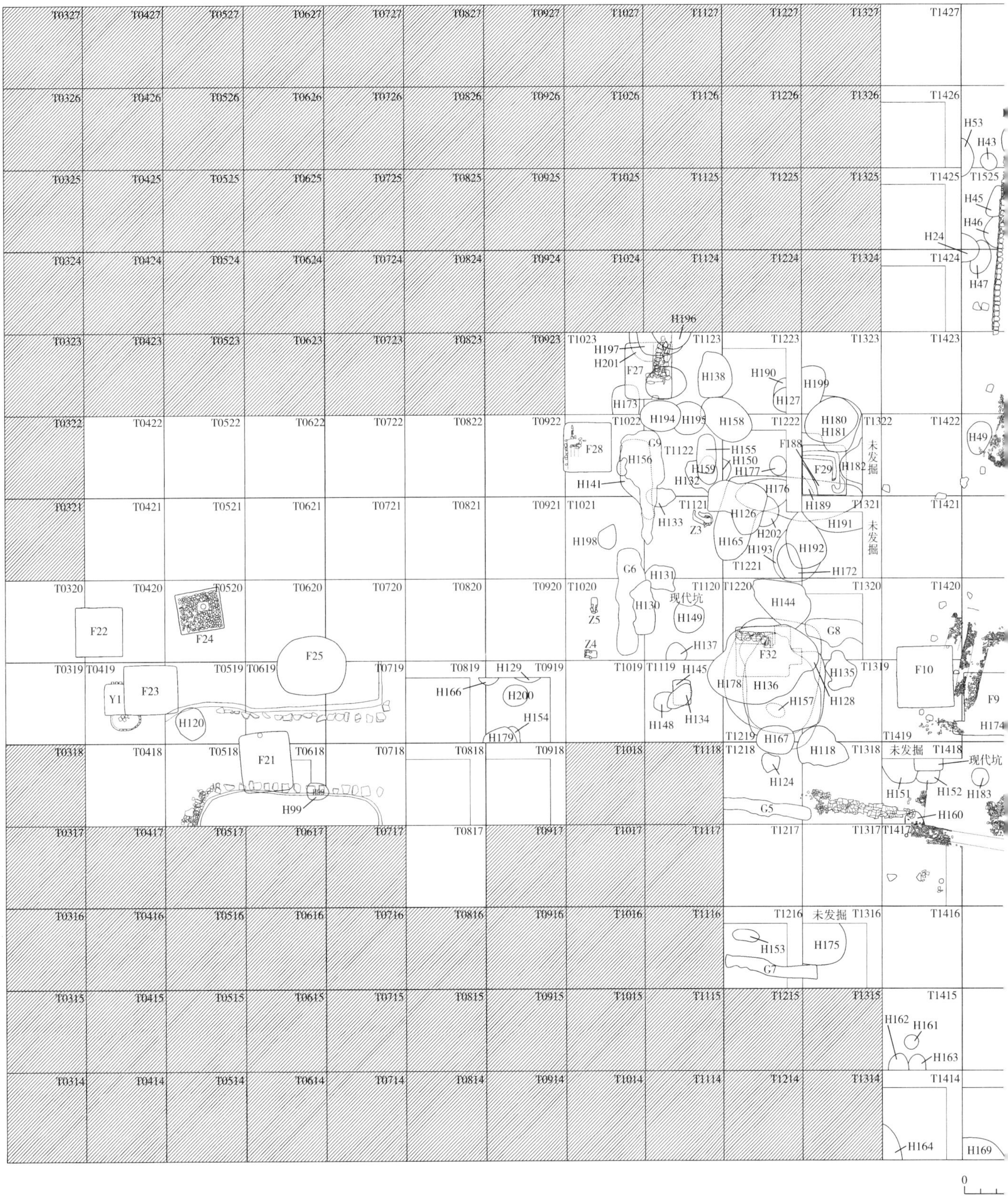

Grid unit labels (探方编号), by row (top to bottom):

Row 1: T0327, T0427, T0527, T0627, T0727, T0821, T0927, T1027, T1127, T1227, T1323, T1427

Row 2: T0326, T0426, T0526, T0626, T0726, T0826, T0926, T1026, T1126, T1226, T1326, T1426

Row 3: T0325, T0425, T0525, T0625, T0725, T0825, T0925, T1025, T1125, T1225, T1325, T1425, T1525

Row 4: T0324, T0424, T0524, T0624, T0724, T0824, T0924, T1024, T1124, T1224, T1324, T1424

Row 5: T0323, T0423, T0523, T0623, T0723, T0823, T0923, T1023, T1123, T1223, T1323, T1423

Row 6: T0322, T0422, T0522, T0622, T0722, T0822, T0922, T1022, T1122, T1222, T1322, T1422

Row 7: T0321, T0421, T0521, T0621, T0721, T0821, T0921, T1021, T1121, T1221, T1321, T1421

Row 8: T0320, T0420, T0520, T0620, T0720, T0820, T0920, T1020, T1120, T1220, T1320, T1420

Row 9: T0319, T0419, T0519, T0619, T0719, T0819, T0919, T1019, T1119, T1219, T1319, F10, F9

Row 10: T0318, T0418, T0518, T0618, T0718, T0818, T0918, T1018, T1118, T1218, T1318, T1418

Row 11: T0317, T0417, T0517, T0617, T0717, T0817, T0917, T1017, T1117, T1217, T1317, T1416

Row 12: T0316, T0416, T0516, T0616, T0716, T0816, T0916, T1016, T1116, T1216, T1316, T1416

Row 13: T0315, T0415, T0515, T0615, T0715, T0815, T0915, T1015, T1115, T1215, T1315, T1415

Row 14: T0314, T0414, T0514, T0614, T0714, T0814, T0914, T1014, T1114, T1214, T1314, T1414

Feature labels (遗迹编号):

F22, F24, F25, F23, Y1, H120, F21, H99, F28, F27, G9, H196, H197, H201, H173, H138, H190, H199, H127, H194, H195, H158, H180, H181, H49, H156, T1122, H155, H150, F188, H159, H177, F29, H182, H141, H132, H176, H189, H133, Z3, H126, H191, H198, H165, H202, H192, Z4, Z5, H131, H130, G6, H149, H144, G8, H137, F32, H135, F10, H178, H136, H145, H157, H128, H148, H134, H167, H118, H124, G5, H160, H151, H152, H183, H153, H175, G7, H162, H161, H163, H164, H169, H53, H43, H45, H46, H24, H47, H129, H200, H166, H154, H179, 未发掘, 现代坑

比例尺 0

探方，是淤土层。该层内发现一段石墙的坍塌遗迹（未编号），由若干大石头组成，贯穿探方南北，大石头下有黄泥、木炭，其土质含沙较多，松脆。石墙是坐落在③层上的建筑所残留的遗迹。②b层下开口遗迹有G6。

③层，土色整体发黄，间杂有灰土，沙性大，土质较软。包含物有瓦片、大石块。近水平堆积，厚0.4米。此层在探方南半部由东向西渐厚，厚0.5米。此层在探方南半部连续分布，部分被G6打破，在探方北半部只存在一部分。

④层，土色发黑，夹杂大量红烧土粒和木炭，并包含有大量瓦片，土质较硬。近水平堆积，厚0.4米。分布于探方南部。

⑤层，较薄，厚0.2米，在探方东部也有小部分分布。该层出土瓦片绳纹较深且清晰，火候较高。

⑥层，黄泥夹石子层。黄泥质软、细腻。此层几乎无瓦。水平堆积，厚0.1米，分布于整个探方。

第⑥层之下即为生土，是黄色纯净的细沙。

探方T1021东壁按土质、土色及包含物自上而下共分为7层（图二九）。

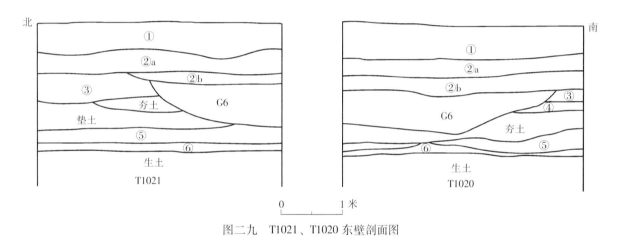

图二九　T1021、T1020东壁剖面图

①层，近现代耕土层。浅黄色土，较松软，包含一定量的瓦片。该层自西向东倾斜，平均厚0.5米。出土的瓦片为灰黑色，凸面为素面，凹面为布纹，未出土陶片。

②层，又可分为②a、②b两个亚层。

②a层，黑灰土，平均厚0.5米。较松软，在探方内呈水平状分布，遍布全方。内含较多残瓦片。残瓦凸面素面，凹面均施布纹。另出土一些陶片、瓷片等。

②b层，淤土层，黑褐色土，内含较多残瓦片及少量砾石。该层堆积自西向东倾斜分布于探方的西南部，厚0.1~0.2米。该层下开口的遗迹有G6。

③层，黑土夹灰色土，土质略黏，内含有较多瓦片，未见陶片。该层堆积自西向东倾斜分布于全方，厚0.3米。是由当时人类活动废弃的瓦片、泥土堆积而成的。该层下为夯土层。

④层，在东壁上缺失。

⑤层，黑褐色土，土质板结。厚0.3米，包含有较多瓦片、陶片等。

⑥层，黄泥夹石子层。黄泥质软，细腻。水平堆积，厚0.2米，分布于整个探方。出土陶器残片均为夹砂陶，可复原的器形有壶、鬲、罐等。该层仅分布在探方的东、西两侧，呈南北向条状分布。在探方的南、北侧及中部不见此层，应被夯土层打破。

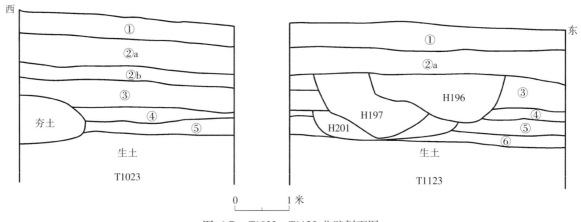

图三〇　T1023、T1123 北壁剖面图

探方 T1023 北壁按土质、土色及包含物自上而下共分为 7 层（图三〇）。

①层，黄褐色表土层。土质较松软。包含物以残瓦片为主。堆积状态为西南向东北略微倾斜，厚 0.4 米，全方分布。为近现代人类生产活动所形成，其下无开口遗迹。

②层，又可分为②a、②b 两个亚层。

②a 层，黑灰层，土质较松软。包含物主要是瓦片和少量小件铁器。堆积由南向北倾斜分布于全方，越向北堆积越薄。厚 0.4～0.5 米。

②b 层，灰土层，土质较松软，少含遗物。堆积分布全方，厚 0.3 米。其下无开口遗迹。

F③层，黑土层，土质较松软，包含物主要是瓦片、陶片和少量铁器。堆积由南向北倾斜分布于全方，且越向北越厚，厚 0.5 米。该层下有一夯土堆积，黄色土，分布于探方西部，渐厚。包含大量残瓦片。

④层，红烧土层，土质略杂，微硬，西部缺失。包含物主要有炭粒、烧土和瓦片。该层是夯土的坐落面，夯土堆积打破了⑤层、⑥层。

⑤层，黑色土，质地较硬，夹有少量细沙，水平分布，厚 0.3 米。

⑥层，细沙土，在南壁上有大量分布，在东壁和北壁上也有分布，唯西壁没有，厚 0.1 米。

探方 T1123 北壁按土质、土色及包含物自上而下共分为 7 层（图三〇）。

①层，耕土层，土色较黄，土质疏松，厚 0.5 米。包含有少量石块。堆积由西向东倾斜分布于全方，东部略薄，西部略厚。

②层，又可分为②a、②b 两个亚层。

②a 层，黑褐色土，土质松软偏黏。堆积由西向东倾斜分布于全方，厚为 0.5 米。包含物有瓦片等。该层下开口的遗迹有 H196、H197。

②b 层，灰土层，较薄，厚 0.2 米。土质较松软，内含少量遗物。堆积由东向西倾斜分布，至东部全部消失。

③层，含有少量细沙的褐色土，土质较软，土色不匀。堆积由西向东倾斜分布于全方，厚 0.5 米。包含物有瓦片、陶片及少量铁器残件。

④层，黑色黏土，土质较硬，由西向东倾斜，东、南、北壁由于被灰坑打破，只在东壁有少许保留，厚 0.2 米。包含一些瓦片、陶片等。

⑤层，褐色土，多分布于探方中部，厚0.3米。包含物有炭粒、烧土块、陶片等。该层下开口的遗迹有H201。

⑥层，灰黑色软土，夹杂黄色细沙土，厚0.3米，分布于全方。为河流冲积而成的沙层。

⑥层以下即为生土。

探方T1022北壁按土质、土色及包含物自上而下共分为7层（图三一）。

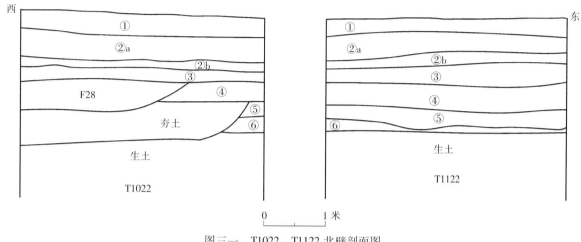

图三一　T1022、T1122北壁剖面图

①层，耕土层，为质地较疏松的黄沙土，自西向东斜呈坡状分布于全方，堆积厚0.3米。包含物有瓦片、少量兽骨及近现代遗物等。应当为现代人耕作扰动所形成的地层。

②层，又可分为②a、②b两个亚层。

②a层，灰黑土，该层土壤略显纯净，质地细密。堆积基本呈水平状分布于全方，厚0.4米。

②b层，灰土层，厚0.2米。土质较软且疏松，少含遗物。

③层，深黑灰色黏土，土质较软，包含有大量瓦片和少量陶片，堆积呈水平状分布于全方，厚0.3米。该层下开口的遗迹有F28。

④层，夹杂黄泥的黏土层，土质较纯净，较硬，夹杂有少量瓦片。堆积在探方中分布不普遍，且在探方西部被F28部分破坏。厚0.3米。该层下有一夯土台基。夯土为黄色，夹杂少量浅黄色斑点，十分坚硬，厚0.6米。该层夯土与四邻探方的夯土可连成一体。

⑤层，为夹杂大量瓦片、红烧土和黑灰炭粒的地层，土质较软，仅在探方东部有少许保留，厚0.2米。该层堆积为有意倾倒铺垫，其上大多压着夯土，推测应为建夯土台而在短时间内铺垫而成，性质类似垫土。

⑥层，卵石层，该层为较大的卵石夹杂粗砂及黄沙，不包含任何遗物，堆积水平分布于全方，厚0.2米。

⑥层下即为生土。

探方T1122北壁按土质、土色及包含物自上而下分为7层（图三一）。

①层，黄褐色土，土质较为细腻、松软。堆积由探方南部向北部倾斜分布于全方，南部略厚，北部略薄，厚0.3米。内含少量瓦片、瓷片。为现代耕土层。

②层，又可分为②a、②b两亚层。

②a 层，为质地细密的黑褐土，土质松软偏黏，土色不匀。堆积由西向东略微倾斜分布于全方，厚 0.4 米。包含物有瓦片和少量陶片。

②b 层，灰土层，较薄，厚 0.2 米。土质较软且疏松，少含遗物。

③层，含有细沙的褐色土，土质较软，土色不匀。遍布全方，厚 0.4 米。其包含物为大量瓦片和少量陶片。

④层，夹有黄泥的褐色黏土，土质较硬，较杂，厚 0.4 米。其包含物为大量瓦片和少量陶片。

⑤层，褐色软土，夹杂有大量黄泥及红烧土粒。集中分布于探方的东南角，厚 0.3 米。其包含物为大量瓦片和少量陶片。推测其由烧毁建筑的碎瓦及烧土铺砌而成。

⑥层，夹细沙灰色软土，土质较疏松。近水平分布于全方，厚 0.2 米。极少见包含物出土，其中一件夹砂红陶鬲，陶质粗疏，但因火候过低无法提取。

⑥层以下即为生土。

探方 T1222 北壁按土质、土色及包含物自上而下分为 7 层（图三二）。

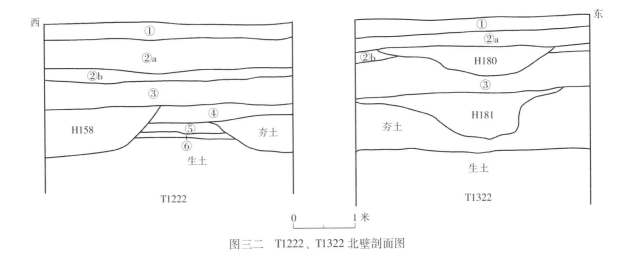

图三二　T1222、T1322 北壁剖面图

①层，耕土层，土色泛黄，较疏松，厚 0.3 米。包含物杂而少，有瓦片、小瓷片等。堆积水平分布于整个探方，当因长期耕作扰动而形成。

②层，又可分为②a、②b 两亚层。

②a 层，灰褐色土，包含有大量瓦片及一枚铜钱。堆积水平分布于全方，厚 0.5 米。

②b 层，灰土层，土质较软且疏松，厚 0.2 米。少含遗物。

③层，黄褐色土，土质较硬，内夹石块、瓦片，性质类似夯土，水平分布，厚 0.4 米。该层出有铜镞、铁器、瓦当，出土的陶片以浅灰色为主，少量为黄褐色，有刻划纹、绳纹等。

④层，堆积质地较软，土质、土色较杂，内含大量木炭粒、红烧土和较多瓦片。堆积分布于探方的东部，厚 0.2 米。该层出土陶片较少，以夹砂灰陶为主，有一较大口沿，器形不辨。该层东部叠压部分夯土，夯土延伸至 T1322。

⑤层，细沙土，土质较软，土色较纯，该文化层厚 0.1 米，主要见于探方中部。出土陶片以泥质灰陶为主，陶片上饰有绳纹，器壁薄。

⑥层，灰黑色软土，夹杂黄色细沙土，厚 0.1 米。为河流冲积而成的沙层。

⑥层以下即为生土。

探方 T1322 北壁地层堆积按土质、土色及包含物自上而下分为 4 层（图三二）。

①层，黄褐色土，内含较多的瓦片、瓷片、砖块和河卵石块，土质较硬，呈水平状分布，厚 0.2 米左右。未出土陶片，所出瓦片以泥质灰陶为主，为近现代长期耕作所致。无在该层堆积下开口的遗迹。

②层，可分为②a 层和②b 层。

②a 层，灰黄色土，土质松软，较杂，较湿，黏着成块状，在本探方内呈水平状分布，平均厚 0.3 米左右。包含物有瓦片、青花瓷片、砖块、河卵石、小铁块、木炭、白瓷片等。瓦片以泥质灰陶为主，饰有绳纹、瓦沟纹、方格纹、布纹、菱形纹等。该层下开口的遗迹有 H180。

②b 层，灰土层，厚 0.2 米。土质较软且疏松，少含遗物。

③层，深黄色土，土质坚硬，水平状分布，局部略有起伏，厚 0.5 米。内含极多的瓦片，且夹有红烧土和木炭。瓦片以泥质灰陶为主。该层堆积下开口的遗迹有 H81。本层下为夯土层，土质坚硬且夹有黄泥，包含较多的瓦片，厚 0.6 米。夯土直接起基在生土上。故本方缺失③层下的层位。

第二节　一期文化遗存

一　遗迹

本期文化遗存仅在 T1021、T1122、T1222 的⑥层堆积内少有发现，几乎被上层人类活动破坏殆尽。未发现明显遗迹，仅有一层夹细沙灰色软土近水平状分布于探方内，厚 0.4 米。出土器物有陶壶、陶罐、夹砂红陶鬲、陶折腹钵等（图版一八），推测其为祭祀山川、河流时留下的遗物。另在地层堆积内出土少量早期陶器、石器，器类有：陶壶、罐、盆、鬲、钵、纺轮、网坠，石镞、刀、凿、铲、斧等。因数量较少，故归入本期做统一介绍。其形成年代为青铜时代晚期到汉初。

二　遗物

（一）陶器

21 件。多为夹砂陶。可辨器形有壶、罐、盆、鬲、钵、纺轮、网坠等。

1. 壶

1 件。手制。T1021⑤：3，修复。夹砂灰褐陶。内掺杂滑石颗粒。侈口，尖圆唇，矮领，溜肩，缓折腹，下腹急收成小平底。最大径在腹部。素面。口径 8.8、腹径 17.2、底径 6、高 16 厘米（图三三，1；图版一九，1）。

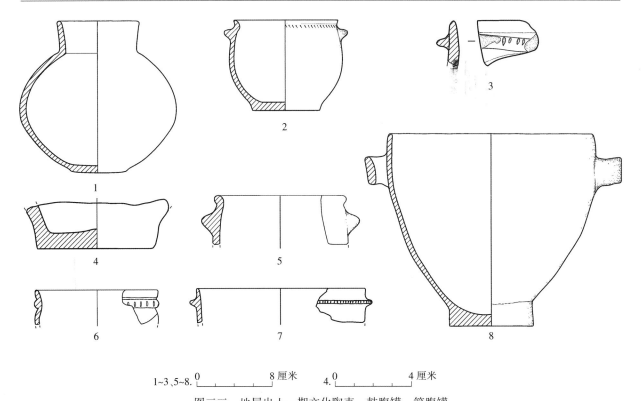

图三三　地层出土一期文化陶壶、鼓腹罐、筒腹罐
1. 壶（T1021⑤：3）　2～7. 鼓腹罐（2. T1021⑤：4, 3. T1122⑥：2, 4. T1322②a：12, 5. T1322⑤：1,
6. T1322⑤：2, 7. T1322⑤：4）　8. 筒腹罐（T1222⑥：3）

2. 罐

7件。可分为鼓腹罐和筒腹罐。

（1）鼓腹罐

6件。均残。手制。T1021⑤：4, 修复。夹砂红褐陶。圆唇, 侈口, 鼓腹, 台式平底。口沿下方饰一周戳点纹、一对称乳钉状盲耳。高9.6、口径11.6、腹径12.4、底径7.6厘米（图三三, 2；图版二〇, 1）。T1122⑥：2, 罐口沿残片, 夹砂红褐陶, 内搀滑石颗粒。外壁口沿下方有一小鋬耳, 耳上有指甲压纹。残高2.3厘米（图三三, 3）。T1322②a：12, 仅余器底部。夹砂红褐陶。平底。底径6.4、残高2.4厘米（图三三, 4）。T1322⑤：1, 夹砂红褐陶。圆唇, 敞口, 弧壁。口沿下有柱状鋬耳。口径4.4、残高5.6厘米（图三三, 5；图版二一, 1）。T1322⑤：2, 夹砂红褐陶。尖唇, 敞口, 弧壁。口沿下饰一周附加堆纹加指压纹。口径13.6、残高4厘米（图三三, 6；图版二一, 2）。T1322⑤：4, 夹砂红褐陶。手制。尖唇, 直口, 直壁。口沿下饰一周附加堆纹加指压纹。口径18.8、残高4厘米（图三三, 7；图版二一, 3）。

（2）筒腹罐

1件。T1222⑥：3, 修复。轮制。夹砂黄褐陶。尖圆唇, 敛口, 深腹, 台式平底。素面。口径22、底径9.2、高20.4厘米（图三三, 8；图版二〇, 2）。

3. 盆

1件。T1021⑤：2, 残。手制。夹砂红褐陶。尖唇, 敞口, 斜弧腹。唇外侧有一周小凸棱并置四个小鋬耳。口径24、残高9厘米（图三四, 1；图版一九, 2）。

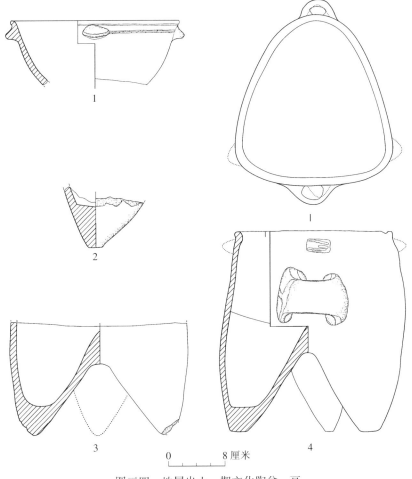

图三四　地层出土一期文化陶盆、鬲

1. 盆（T1021⑤：2）　　2～4. 鬲（2. T1122⑥：5，3. T1021⑤：1，4. T1122⑥：1）

4. 鬲

3 件。T1122⑥：5，高足。夹砂红褐陶。内底较平。外壁素面。残高 8.4 厘米（图三四，2）。T1021⑤：1，残，仅余二袋状足。夹砂红褐陶。手制。残高 15.6 厘米（图三四，3）。T1122⑥：1，修复。夹砂红褐陶。侈口，圆唇，空心足。口部平面呈三角形。器身中部置两对称桥状横耳，桥耳上置有小鋬耳；在三角形的另两个顶角，近口沿处置两个小鋬耳。素面。口径 22.8、高 28 厘米（图三四，4；图版二二）。

5. 钵

7 件。皆残。矮圈足底。T1322⑤：3，夹砂红褐陶。尖唇，口微侈，弧壁。素面。口径 8、残高 4 厘米（图三五，1；图版二一，4）。T1222⑥：6，口沿。夹砂黑褐陶。尖唇，直口，短领，溜肩。磨光。口径 10、残高 4 厘米（图三五，2）。T1222⑥：5，夹砂灰褐陶。弧壁。素面。底径 6.2、残高 5.6 厘米（图三五，3；图版二三，1）。T1222⑥：1，夹砂灰褐陶。残存部分素面。底径 6.7、残高 6 厘米（图三五，4；图版二三，2）。T1122⑥：4，夹砂红褐陶。内搀滑石颗粒。底径 6、残高 2 厘米（图三五，5）。T1122⑥：3，夹砂红褐陶。底径 6、残高 3 厘米（图三五，6）。T1222⑥：2，夹砂红褐陶。残存部分上部缓折，以下斜直。素面。底径 6.6、残高 8 厘米（图三

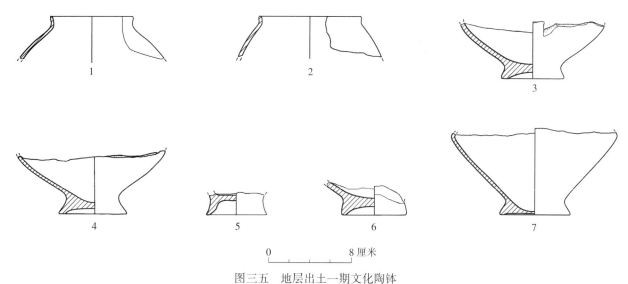

图三五　地层出土一期文化陶钵

1. T1322⑤：3　2. T1222⑥：6　3. T1222⑥：5　4. T1222⑥：1　5. T1122⑥：4　6. T1122⑥：3　7. T1222⑥：2

五，7；图版二三，3）。

6. 纺轮

1 件。T1826③：6，残。手制。夹砂红褐陶。圆形，中有小圆孔。素面。直径 4.8、厚 1.1 厘米（图三六，1；图版二一，5）。

7. 网坠

1 件。T2323③：12，夹砂红褐陶。平面呈椭圆形，长端两侧刻出凹槽。直径 3.5～3.7、厚 0.6 厘米（图三六，2；图版二一，6）。

（二）石器

9 件。有镞、刀、凿、铲、斧等。

1. 镞

1 件。T1817②a：5，残。三角形，扁平身。残长 3.8 厘米（图三六，3；图版二四，1）。

2. 刀

5 件。均残。磨制。T1322②a：13，平面近梯形，弧背，直刃。残长 6、厚 0.3 厘米（图三六，4；图版二四，2）。T1421③：3，整体呈梯形，直背，弧刃，中有一对钻孔。残长 3.1、宽 2.2、厚 0.4 厘米（图三六，5；图版二四，3）。T1515③：2，直背，弧刃。残长 5.8、宽 2、厚 0.4 厘米（图三六，6；图版二四，4）。T1817③：5，弧背，直刃。残长 5.8、残宽 7、厚 0.5 厘米（图三六，7；图版二四，5）。T2122③：5，长方形，直背，直刃。残长 3.7、宽 2.4、厚 0.3 厘米（图三六，8；图版二四，6）。

3. 凿

1 件。T1718③：8，残。磨制。整体呈长方形，弧刃，正锋。长 14、宽 3.7、厚 2.8 厘米（图三六，9；图版二四，7）。

4. 铲

1 件。T2224③：15，残。磨制。不规则形。残长 5.9、宽 3.6、厚 0.6 厘米（图三六，10）。

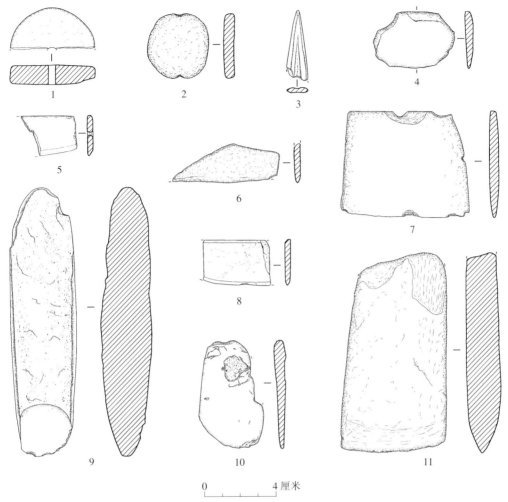

0　　　　　　4厘米

图三六　地层出土一期文化陶纺轮、网坠，石镞、刀、凿、铲、斧

1. 陶纺轮（T1826③:6）　2. 陶网坠（T2323③:12）　3. 石镞（T1817②a:5）　4~8. 石刀（4. T1322②a:13，
5. T1421③:3，6. T1515③:2，7. T1817③:5，8. T2122③:5）　9. 石凿（T1718③:8）　10. 石铲（T2224③:15）
11. 石斧（T1926③:8）

5. 斧

1件。T1926③:8，稍残。磨制。整体呈梯形，弧刃，正锋。长11、宽6.1、厚2厘米（图三
六，11；图版二四，8）。

第三节　二期文化遗存

本期是此城址的筑城起始年代，限于目前的发掘深度，并未发现大型建筑基址，仅发现一些
灰坑和遗物。灰坑9座，编号分别为 H3、H61、H92、H104、H107、H140、H158、H165、H201
（图三七）。

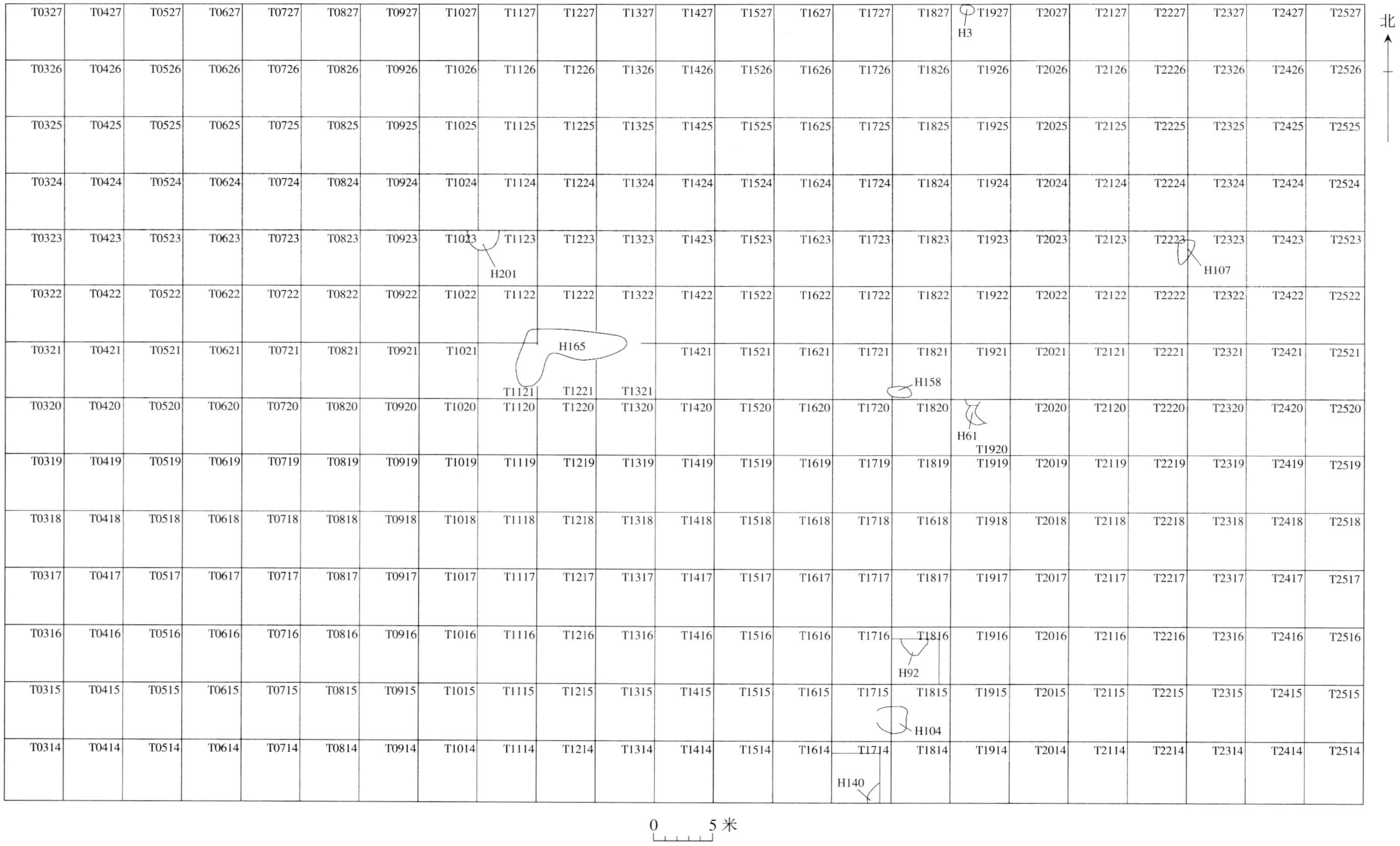

北

图三七 二期文化遗迹图

0　　5米

T2527 T2427 T2327 T2227 T2127 T2027 T1927 H3 T1827 T1727 T1627 T1527 T1427 T1327 T1227 T1127 T1027 T0927 T0827 T0727 T0627 T0527 T0427 T0327

T2526 T2426 T2326 T2226 T2126 T2026 T1926 T1826 T1726 T1626 T1526 T1426 T1326 T1226 T1126 T1026 T0926 T0826 T0726 T0626 T0526 T0426 T0326

T2525 T2425 T2325 T2225 T2125 T2025 T1925 T1825 T1725 T1625 T1525 T1425 T1325 T1225 T1125 T1025 T0925 T0825 T0725 T0625 T0525 T0425 T0325

T2524 T2424 T2324 T2224 T2124 T2024 T1924 T1824 T1724 T1624 T1524 T1424 T1324 T1224 T1124 T1024 T0924 T0824 T0724 T0624 T0524 T0424 T0324

T2523 T2423 H107 T2323 T2223 T2123 T2023 T1923 T1823 T1723 T1623 T1523 T1423 T1323 T1223 T1123 H201 T1023 H103 T0923 T0823 T0723 T0623 T0523 T0423 T0323

T2522 T2422 T2322 T2222 T2122 T2022 T1922 T1822 T1722 T1622 T1522 T1422 T1322 T1222 T1122 T1022 T0922 T0822 T0722 T0622 T0522 T0422 T0332

T2521 T2421 T2321 T2221 T2121 T2021 T1921 T1821 T1721 T1621 T1521 T1421 T1321 H165 T1021 T0921 T0821 T0721 T0621 T0521 T0421 T0321

T2520 T2420 T2320 H61 T1920 H158 T1820 T1720 T1620 T1520 T1420 T1321 T1320 T1221 T1220 T1121 T1120 T1020 T0920 T0820 T0720 T0620 T0520 T0420 T0320

T2519 T2419 T2319 T1919 T1819 T1719 T1619 T1519 T1419 T1319 T1219 T1119 T1019 T0919 T0819 T0719 T0619 T0519 T0419 T0319

T2518 T2418 T2318 T2018 T1918 T1618 T1718 T1618 T1518 T1418 T1318 T1218 T1118 T1018 T0918 T0818 T0718 T0618 T0518 T0418 T0318

T2517 T2417 T2317 T2017 T1917 H92 T1717 T1617 T1517 T1417 T1317 T1217 T1117 T1017 T0917 T0817 T0717 T0617 T0517 T0417 T0317

T2516 T2416 T2316 T2016 T1916 T1816 T1716 T1616 T1516 T1416 T1316 T1216 T1116 T1016 T0916 T0816 T0716 T0616 T0516 T0416 T0316

T2515 T2415 T2315 T2015 T1915 H104 T1815 T1715 T1615 T1515 T1415 T1315 T1215 T1115 T1015 T0915 T0815 T0715 T0615 T0515 T0415 T0315

T2514 T2414 T2314 T2014 T1914 T1814 H140 T1714 T1614 T1514 T1414 T1314 T1214 T1114 T1014 T0914 T0814 T0714 T0614 T0514 T0414 T0314

一　遗迹及遗物

H3

位于 T1927 北部，开口于⑤层下，开口距地表 1.1 米。平面呈不规则椭圆形，长径 1.2、短径 0.9、深 0.2 米。坑壁加工粗糙，推测为一废弃坑（图三八；图版一七，2）。

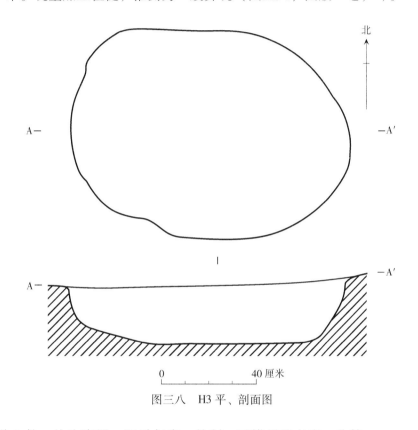

北

图三八　H3 平、剖面图

出土遗物共 3 件，均为陶器，泥质灰陶，轮制。可辨器形有壶、盆等。

（1）壶

1 件。H3∶1，修复完整。直口，圆唇外侈，高领，溜肩，鼓腹，小平底。下腹部和器底饰横向细绳纹。口径 9、最大腹径 17.6、底径 6.5、高 23 厘米（图三九，1；图版二五，1）。

（2）盆

2 件。H3∶2，口沿。方唇，卷沿，敞口，器壁斜直。唇面饰一周凹弦纹。内壁、外壁均饰凹凸弦纹。器壁有锔孔。口径 40、残高 8.6 厘米（图三九，2）。H3∶3，修复完整。方唇，卷沿，敞口，缓折腹，圜底。沿缘饰一周压印细绳纹，折腹部饰一周压印细绳纹。口径 56.5、高 16 厘米（图三九，3；图版二六，1）。

H61

位于 T1920 的北部，开口于⑤层下，被 H60、H63 打破，开口距地表 0.7 米。根据已发掘部

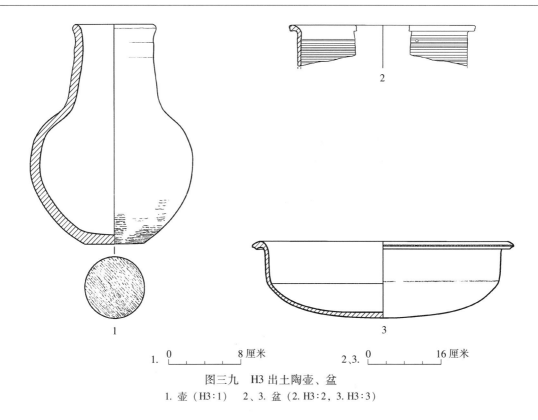

图三九　H3 出土陶壶、盆
1. 壶（H3:1）　2、3. 盆（2. H3:2, 3. H3:3）

分推测，平面近椭圆形，坑壁较直，平底略有起伏。长径 1.9、短径 0.8、深 0.4 米（图四〇）。坑内堆积以灰土为主，土质较疏松。出土遗物较少。

出土遗物共 5 件，均为陶器。可辨器形有壶、甑、器底。

（1）壶

2 件。均为口沿。泥质陶。轮制。H61:1，灰陶。圆唇，直口，束颈。沿外饰一周凹弦纹。素面。口径 10、残高 6 厘米（图四一，1）。H61:3，泥质黄褐陶。圆唇，侈口，束颈。口沿外侧下方饰一道凸棱弦纹。口径 9、残高 3 厘米（图四一，2）。

（2）甑

1 件。H61:2，甑底。泥质灰陶。腹壁、器底均饰绳纹。残存部分甑孔呈长条形。残高 2.4 厘米（图四一，3）。

（3）器底

2 件。均为轮制。泥质灰陶，弧壁，平底。H61:5，近底部饰横向压印绳纹，底部饰绳纹。底径 10、残高 6 厘米（图四一，4）。H61:4，器壁饰成组的横向粗绳纹，器底饰交叉绳纹。底径 19.6、残高 5.5 厘米（图四一，5）。

H92

位于 T1816 并延伸至其北隔梁内，开口于⑤层下，被 H95 打破，开口距地表 0.9 米。根据已发掘部分推测，平面呈不规则椭圆形，斜壁，平底略有起伏。长径存长 1.4、短径 2.3、深 0.3 米（图四二）。坑内堆积以黄土为主，土质较坚硬。坑内包含物较为丰富。

出土遗物共 13 件。有建筑构件、陶器等。

1. 建筑构件

12 件。有板瓦和筒瓦。

（1）板瓦

7 件。均残。泥质灰陶。H92：7，平面呈长方形，横剖面呈圆弧形，前宽后窄。前端外展，边缘斜切，有切痕；后端边缘圆滑。凸面饰顺向粗绳纹，前端向后 16.5 厘米以后又饰凹凸弦纹将绳纹抹断；凹面饰布纹，前端向后 17 厘米内在绳纹上饰压印菱形纹。两侧边有由内向外的切痕。长 52 厘米，前宽 40.5、厚 1.2 厘米，后宽 37、厚 1 厘米，中部厚 1.5 厘米（图四三，1；图版二七，1）。H92：9，横剖面呈圆弧形，前宽后窄。前端端面斜切，端面斜平；后端端面圆滑，外侈。两侧边有由内向外的半切口。凸面由前向后 20 厘米内饰顺向绳纹，绳径 0.5 厘米，再向后饰弦纹并将绳纹抹断；凹面前端向后 22 厘米内饰菱形网格纹，余处饰布纹。长 54 厘米，前宽 39、厚 1.5 厘米，后宽 35、厚 1.1 厘米，中部厚 1.7 厘米（图四三，2；图四四，1；图版二七，2）。

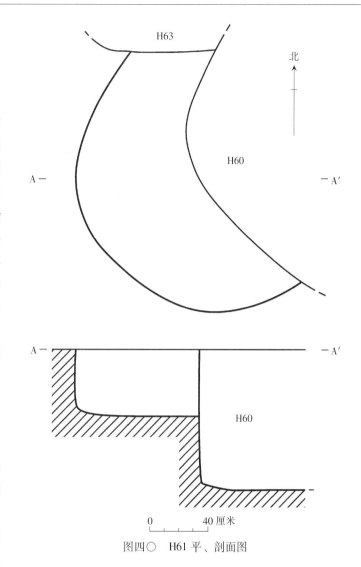

图四〇　H61 平、剖面图

H92：8，修复完整。横剖面呈圆弧形，前宽后窄。前端端面较平，有切割痕；后端端面圆滑。凸面前端向后饰斜向粗绳纹；中部饰凹弦纹将绳纹抹断，后端饰凹弦纹；凹面前半部素面，后半部饰凹弦纹。两侧边有由内向外的半切口。长 48 厘米，前端宽 37、厚 1.4 厘米，后端宽 34、厚 1.1 厘米，中部厚 1.3 厘米（图四三，3；图四四，2；图版二八，1）。H92：2，平面呈长方形，横剖面呈圆弧形，前后同宽。瓦身由前端向后渐薄。前端端面较平且有切痕，后端端面圆滑，两侧边有由内向外的半切口。凸面由前端向后 16 厘米内饰顺向粗绳纹，从 16.5 到 25 厘米饰弦断绳纹，25 厘米以后饰横向凹弦纹；凹面从前端向后 24 厘米内饰拍印纹，纹样不清晰，另一部分饰凹弦纹。长 45、宽 36.5、厚 1～2 厘米（图四三，4；图版二八，2）。H92：10，平面呈长方形，横剖面呈圆弧形，前宽后窄。前端略外展，边口斜切；后端圆唇，光滑。凸面从前向后一半饰斜向粗绳纹，一半饰凹凸弦纹带；凹面一半饰菱格形拍印纹，其余素面。两侧边有由内向外的半切口。长 42.5 厘米，前端宽 34.5、厚 1 厘米，后端宽 32、厚 0.6 厘米，中部厚 1.5 厘米（图四五，1；图版二九，1）。H92：12，横剖面近似圆弧形，一端较圆滑。凸面饰顺向绳纹并有横向凹弦纹将绳纹抹断；凹面饰布纹。残存部分有压实捶打凹坑。残长 30.5、残宽 25、厚 1.7 厘米

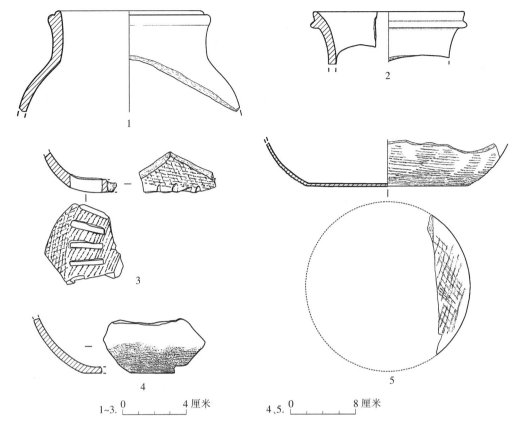

图四一　H61 出土陶壶、甑、器底
1、2. 壶（1. H61：1，2. H61：3）　3. 甑（H61：2）　4、5. 器底（4. H61：5，5. H61：4）

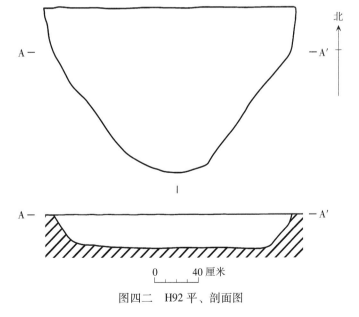

图四二　H92 平、剖面图

（图四五，2；图版二九，2）。
H92：15，板瓦残片。残存一小部
分。凸面饰顺向粗绳纹，凹面饰小
菱形网格纹。残长 20.8、宽 40、
厚 1.2 厘米（图一二，3）。

（2）筒瓦

5 件。均残。均为泥质陶。
H92：6，灰陶。凸面饰抹绳纹，仅
局部可辨；凹面饰布纹。瓦头上缘
有指压纹。瓦身长 38、熊头长 3、
瓦头口径 18、瓦尾口径 16.5、高
9.5、厚 1.8 厘米（图四六，1；图
版三〇，1）。H92：3，黄褐陶。凸
面饰抹绳纹，且有横向、斜向划

纹；凹面饰布纹。瓦头上下两缘皆施斜向指压纹。两侧边有由外向内的半切口。瓦身长 37.5、熊
头长 3、瓦头口径 17.5、高 8.8 厘米，瓦尾口径 17、高 8 厘米，厚 1.7 厘米（图四六，2；图版三
〇，2）。H92：4，黄褐陶。瓦身前宽后窄，两侧边有由内向外的半切口。凸面饰抹绳纹，凹面饰

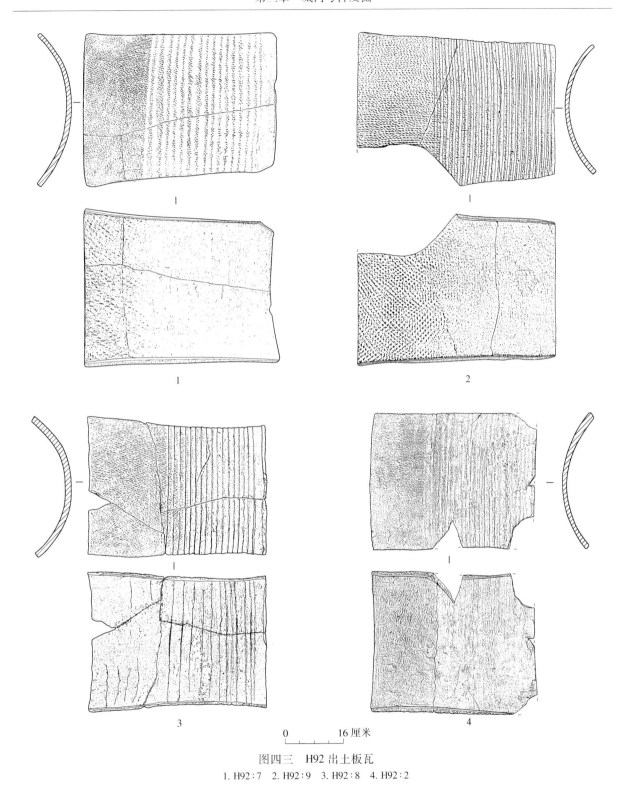

图四三　H92 出土板瓦
1. H92：7　2. H92：9　3. H92：8　4. H92：2

布纹，瓦唇上有不明显的凹弦纹，瓦头处双面有指压纹。瓦身长 37、熊头长 4、瓦头口径 16.5、瓦尾口径 13.8、高 8、厚 1.3 厘米（图四六，3；图版三〇，3）。H92：5，黄褐陶。瓦身前宽后窄，两侧边有由内向外的半切口。凸面饰顺向抹绳纹，凹面饰布纹。瓦头上下两缘皆施指压纹，

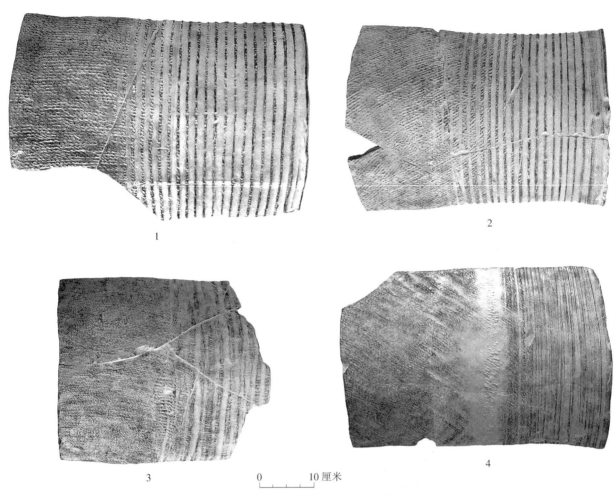

图四四　二、四期文化板瓦拓本

1、2、4. 四期文化（1. H92∶9，2. H92∶8，4. J7∶5）　3. 二期文化（T1516③∶7）

但纹饰不清晰。瓦身长 36、熊头长 4.2、瓦头口径 16.3、瓦尾口径 14、高 8、厚 1.6 厘米（图四六，4；图四七，1；图版三一，1）。H92∶13，黄褐陶。瓦身近中部有一圆孔，存留部分一侧边有由外向内的半切口。凸面素面，凹面饰布纹。瓦头上下边缘均饰正向指压纹。瓦身长 38.5、熊头长 4 厘米，钉孔直径 2 厘米（图四六，5；图版三一，2）。

2. 陶器

1 件。为盆，仅余口沿。H92∶11，轮制。泥质灰陶。方唇，展沿，弧壁。沿缘处饰一周绳纹，外壁饰凹弦纹。口径 36、残高 10 厘米（图四六，6）。

H104

位于 T1815 内，且延伸至 T1715 东隔梁内，开口于第⑤层下，坑口距地表约 1 米。根据已发掘部分推测，平面呈椭圆形，坑壁斜直内收，坑底略有起伏。长径 2.6、短径 2.4、深 0.5 米（图四八）。坑内堆积以灰褐土为主，夹杂大量的红烧土块及草木灰，土质较疏松。坑内包含物较丰富。

出土遗物共 30 件。有建筑构件、陶器、石器等。

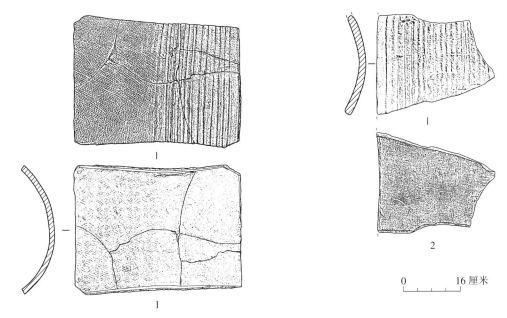

图四五　H92 出土板瓦
1. H92：10　2. H92：12

1. 建筑构件

7 件。有半瓦当、瓦当残件等。

（1）半瓦当

6 件。均残。模制。H104：3，后附筒瓦残断。泥质灰陶。当面外圆及内圆一周均有凸棱弦纹，中心饰半圆乳丁纹。两组蘑菇形云纹间以双栏隔开。云纹内有水滴纹。当背有明显的手捏痕迹，筒瓦凹面饰布纹。底边长 15.5、边轮宽 0.9、高 7.8、后接筒瓦残长 7.1 厘米（图四九，1；图五〇，1；图版三二，1）。H104：4，仅存一小部分。泥质灰陶。边轮高于当面。当面模印卷云纹。后接筒瓦部分凸面饰细绳纹，凹面饰布纹。底边长 10.5、边轮宽 0.8、高 8、后接筒瓦残长 9 厘米（图四九，2；图版三三，1）。H104：5，当面仅存一小部分。泥质灰陶。边轮高于当面。当面模印双栏二界格卷云纹。当背抹泥。后接筒瓦部分凹面饰布纹，凸面饰抹绳纹。底边长 12.5、边轮宽 0.9、高 7.5、后接筒瓦残长 9.5 厘米（图四九，3）。H104：6，后附筒瓦残断。泥质黄褐陶。当面外圆与内圆各饰一周凸弦纹，中心模印半圆乳丁纹。两组蘑菇形卷云纹间以双栏界格隔开，云纹内无水滴纹。底边长 15、边轮宽 1.2、高 8.4、后接筒瓦残长 4.5 厘米（图四九，4；图版三四，1）。H104：8，泥质陶，砖红色。当面模印双栏二界格蘑菇形卷云纹，云纹内无水滴纹。当底有明显的切割痕迹，当背瓦筒切口处横穿一孔。底边长 15.2、边轮宽 1.5 厘米、高 7.7、后接筒瓦残长 5、厚 1.6 厘米（图四九，5；图版三四，2）。H104：7，残存一小部分。泥质红陶。边轮脱落，当面模印蘑菇形卷云纹。残存两个界格。云纹内无水滴纹。当背抹泥。底边长 5.4 厘米（图四九，6）。

（2）瓦当残件

1 件。模制。H104：9，泥质黄褐陶。残存部分当面模印羊角状单线卷云纹，云纹间饰"T"和"r"形符号样纹饰。背面有明显的切割痕迹。直径 17.6、边轮宽 1.5~2、最厚处 3、平均厚 2.5 厘米（图四九，7；图版三三，2）。

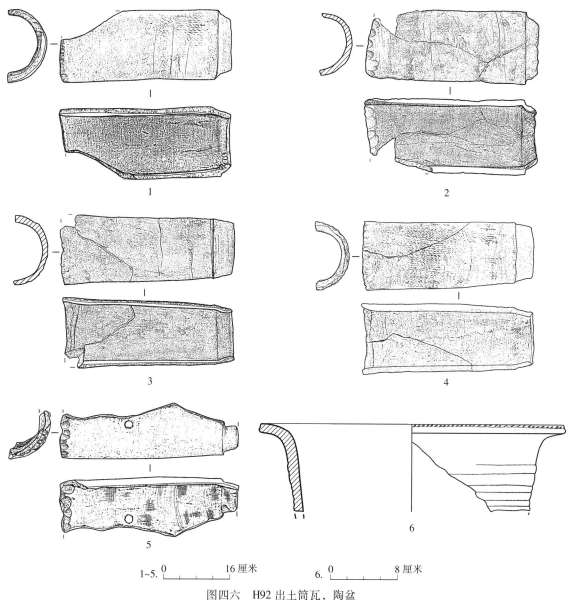

图四六　H92 出土筒瓦，陶盆

1～5. 筒瓦（1. H92：6，2. H92：3，3. H92：4，4. H92：5，5. H92：13）　6. 陶盆（H92：11）

2. 陶器

22 件。可辨器形有壶、罐、盆、盒、甑、灯等。

（1）壶

8 件。H104：15，修复完整。泥质灰陶，火候较高。直口，圆唇较厚，束颈，溜肩，鼓腹，平底。下腹部到底部饰横向细绳纹。口径 8.5、腹径 16.5、底径 6.5、高 22.8 厘米（图五一，1；图版二五，2）。H104：35，泥质灰陶。圆唇外侈，直口，高领。口径 8、残高 10 厘米（图五一，2）。H104：27，泥质红褐陶。方唇，直口，束颈。素面。口径 11.2、残高 5.9、壁厚 0.7、口沿厚 1 厘米（图五一，3）。H104：32，泥质灰陶。鼓腹，平底。内壁有明显的轮旋痕迹，内底边缘起二层台，底部中心似有乳状突起。底径 9、残高 11、腹径 15.6 厘米（图五一，4）。H104：23，仅余底部。泥质灰陶。弧壁，平底。残存部分腹壁饰横向粗绳纹，底面饰戳刺纹。底径 11.3、残高

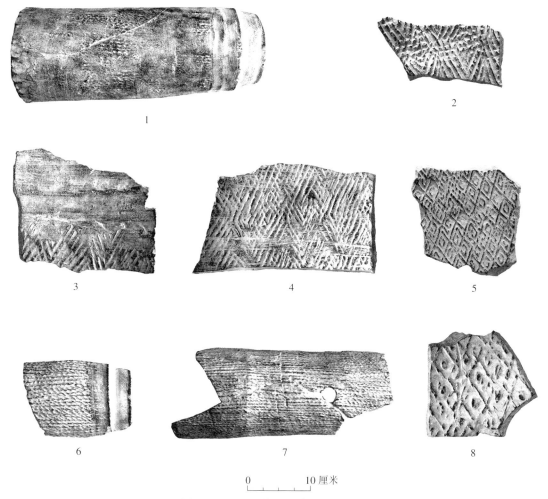

图四七　二、四期文化建筑构件拓本
1. H92∶5　2. J3∶58　3. J3∶60　4. J3∶61　5. J3∶71　6. J3∶26　7. J3∶36　8. J7∶21

4.3、底厚1、壁厚1.1厘米（图五一，5）。H104∶34，泥质红褐陶。鼓腹，平底。肩颈部饰瓦沟纹，近底部饰横向绳纹，器底饰交叉绳纹。腹径19.5、底径8、残高14厘米（图五一，6）。H104∶21，口沿部分缺失。溜肩，球腹，平底。外壁下腹部和底部饰交叉绳纹。内壁有明显的轮旋痕迹，腹径18.6、底径8、残高15、厚1厘米（图五一，7）。H104∶20，鼓腹，平底。外壁下腹部和底部饰交叉绳纹。内壁有明显的轮旋痕迹。底径6.5、残高10.3、壁厚1厘米（图五一，8）。

（2）罐

5件。轮制。均为泥质灰陶。H104∶16，尖唇，展沿，敞口，深弧腹。器表有明显的轮旋痕迹。口径15、残高12厘米（图五二，1）。H104∶25，弧壁，平底。腹壁、器底均饰交叉绳纹。底径15.6、残高3.3、底厚0.8、壁厚0.6厘米（图五二，2）。H104∶29，弧壁，平底。腹壁饰横向绳纹。底径19.7、残高4.5厘米（图五二，3）。H104∶33，鼓腹。肩部饰凹凸弦纹带，近底部饰压印绳纹。残高13.6、腹径18厘米（图五二，4）。H104∶36，仅余肩腹部。溜肩，鼓腹。素面。腹径22、残高12.8厘米（图五二，5）。

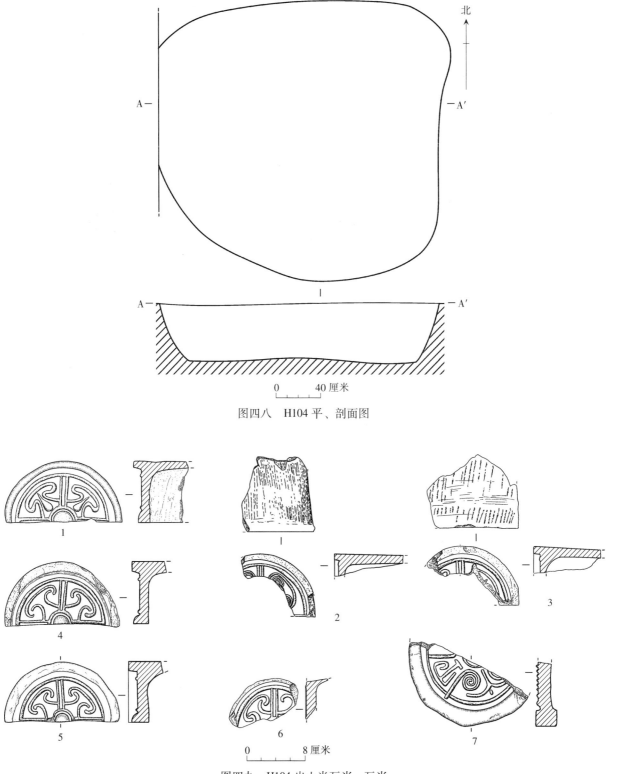

图四八　H104 平、剖面图

图四九　H104 出土半瓦当、瓦当

1～6. 半瓦当（1. H104：3，2. H104：4，3. H104：5，4. H104：6，5. H104：8，6. H104：7）　7. 瓦当（H104：9）

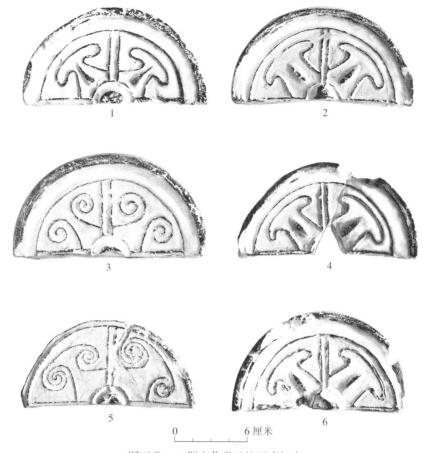

图五〇　二期文化卷云纹瓦当拓本
1. H104：3　2. H165：2　3. H165：3　4. H165：4　5. H117：29　6. H15：9

（3）盆

3 件。均为口沿残片。轮制。泥质灰陶。H104：22，方唇，平展沿，敞口，腹壁斜直。沿面有一周凸弦纹，沿缘饰一周压印绳纹，腹壁有细密的凹凸弦纹。残高 9.4、口沿厚 1.4、壁厚 0.8 厘米（图五二，6）。H104：26，方唇，卷沿，敞口，残存部分腹壁斜直。沿缘饰一周压印绳纹，腹壁饰凹凸弦纹。残高 6.6、口沿厚 1、壁厚 0.6 厘米（图五二，7）。H104：28，方唇，卷沿，敞口，腹壁斜直。沿面饰一周凹弦纹和压印绳纹，残存部分外壁有不明显的凹凸弦纹。残高 5、口沿厚 1、壁厚 0.5 厘米（图五二，8）。

（4）盆

1 件。H104：30，口沿残片。轮制。泥质黄褐陶。方唇，敞口，弧折肩，弧壁。素面。口径23.2、残高 4.8 厘米（图五三，1）。

（5）甑

2 件。均为泥质灰陶。轮制。H104：31，甑底。弧壁，平底。大圆形甑孔。底径16.2、残高 6厘米（图五三，2）。H104：13，修复完整。方唇，展沿，敞口，深弧腹，平底。底部甑孔呈长条状。腹部内侧上部有不明显的轮旋痕迹。沿面饰一周凹弦纹，唇缘饰压印绳纹，上腹饰凹凸弦纹带，下腹饰抹压绳纹。器壁有锔孔。口径 46.4、底径 19.2、高 25.6 厘米（图五三，3；图版三

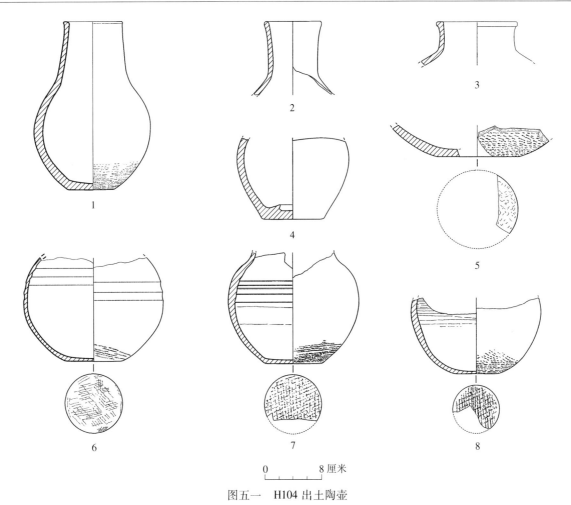

图五一　H104 出土陶壶

1. H104：15　2. H104：35　3. H104：27　4. H104：32　5. H104：23　6. H104：34　7. H104：21　8. H104：20

五，1）。

（6）灯

3 件。H104：10，灯盘。残。夹砂黄褐陶。圆唇，敞口。口径 13、残高 4.6 厘米（图五三，4）。H104：11，夹砂红褐陶。轮制。方圆唇，敞口，下部是喇叭状实心灯座，平底。素面。口径 13、底径 9.5、高 11 厘米（图五三，5；图版三六，1）。H104：12，泥质灰陶。方唇，敞口，弧壁，筒状座斜向外撇。器座近底部饰瓦沟纹。口径 11.5、底径 7.5、高 10 厘米（图五三，6；图版三六，2）。

3. 石器

1 件。颜料。H104：2，残。红褐色近长方形石块。长 4、宽 1.2、厚 1.1 厘米（图五三，7，图版四二，1）。

H107

位于 T2323 内，开口于第⑤层下，开口距地表 1.4 米。平面呈三角形，其中东、北两壁较平直，西壁斜收，平底。长 2.2、宽 1.3、深 0.5 米（图五四）。坑内堆积以深灰土为主，土质较疏

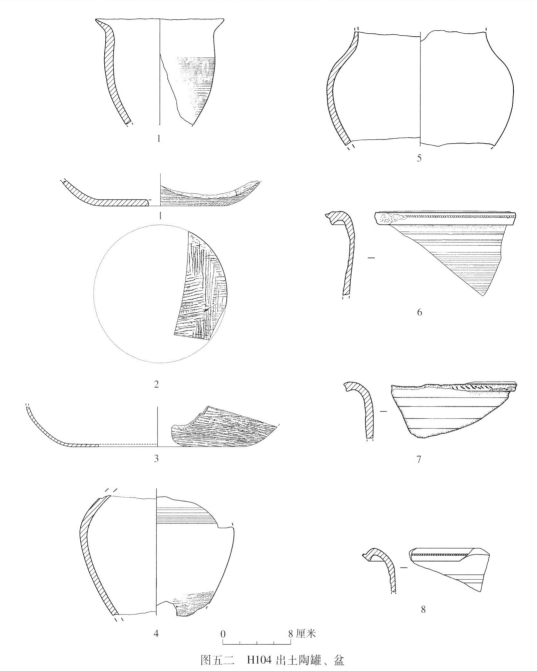

图五二　H104 出土陶罐、盆

1~5. 罐（1. H104：16，2. H104：25，3. H104：29，4. H104：33，5. H104：36）　6~8. 盆（6. H104：22，7. H104：26，8. H104：28）

松。坑内包含物较丰富。

　　出土器物共 6 件。有建筑构件、陶器、铜器等。

　　1. 建筑构件

　　3 件。有板瓦、筒瓦、半瓦当等。

　　（1）板瓦

　　1 件。H107：7，残。泥质灰陶。平面呈长方形，横剖面呈圆弧形。大头斜切，有明显的切痕。小头边缘圆钝光滑。凸面饰斜向粗绳纹，一大半又被横向的凹凸弦纹带抹断。凹面大半素

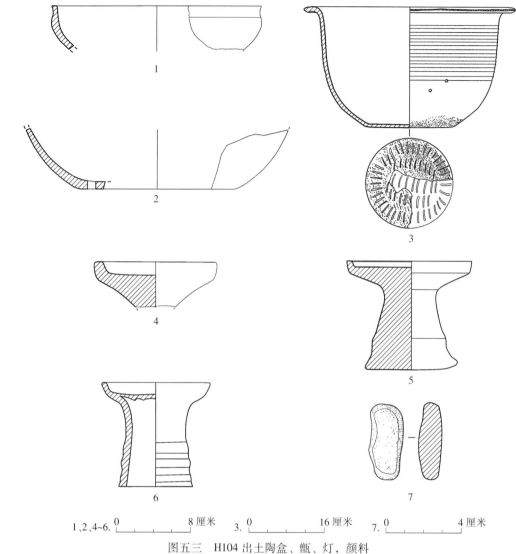

图五三　H104 出土陶盒、甗、灯，颜料

1. 陶盒（H104∶30）　　2、3. 陶甗（2. H104∶31，3. H104∶13）　　4~6. 陶灯（4. H104∶10，5. H104∶11，
6. H104∶12）　　7. 颜料（H104∶2）

面，其余饰压印方形网格纹。长 52.5、中部宽 35、厚 1.8 厘米（图五五，1）。

（2）筒瓦

1 件。H107∶9，残断。泥质灰陶。凸面饰顺向粗绳纹，凹面饰布纹。侧边缘有由外向内的半切口。瓦身残长 17.6 厘米（图五五，2）。

（3）半瓦当

1 件。H107∶1，残，边轮脱落。砖红色。当面模印双栏二界格卷云纹，云纹内无水滴纹。当底有明显的切痕。底边残长 7.8、高 7.8、筒瓦残长 3.2 厘米（图五五，3；图版三七，1）。

2. 陶器

2 件。均为泥质灰陶。器形有瓮、盆等。

（1）瓮

1 件。H107∶5，仅余底部。轮制。弧壁，圜底。上腹饰抹绳纹，下腹饰绳纹和凹弦纹，近底

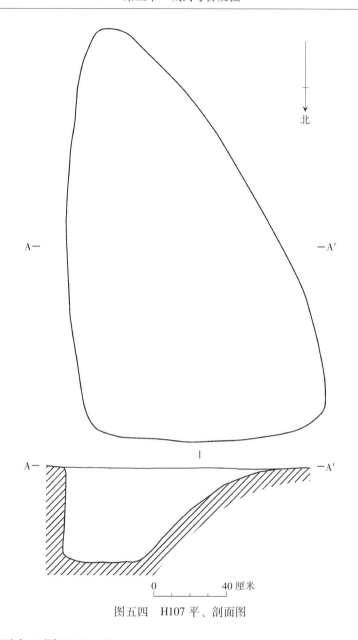

图五四　H107 平、剖面图

部饰绳纹。残高 28 厘米（图五五，4）。

（2）盆

1 件。H107：6，轮制。方唇，卷沿，敞口，深弧腹，底部残缺。沿面饰一周不明显的凹弦纹，口沿断面呈三角形。外壁饰瓦沟纹。口径 45.9、残高 19.2 厘米（图五五，5）。

3. 铜器

1 件。H107：8，残件。不规则形。长 3.6、宽 2.3、厚 0.3 厘米（图五五，6）。

H140

位于 T1714 内，开口于⑤层下，被 H146 打破，开口距地表 0.9 米。根据已发掘部分推测，平面呈椭圆形，直壁，平底。暴露部分长径 1.8、短径 1、深 0.4 米（图五六）。坑内堆积以灰褐

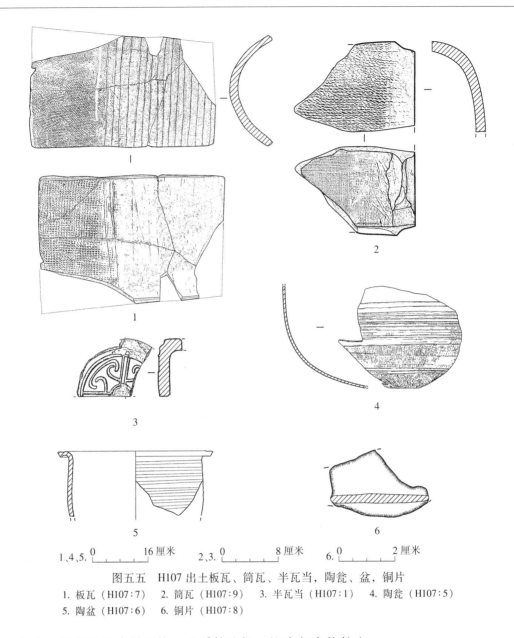

图五五　H107 出土板瓦、筒瓦、半瓦当，陶瓮、盆，铜片
1. 板瓦（H107∶7）　2. 筒瓦（H107∶9）　3. 半瓦当（H107∶1）　4. 陶瓮（H107∶5）
5. 陶盆（H107∶6）　6. 铜片（H107∶8）

土为主，夹杂少量细沙及大量石块，土质较疏松。坑内包含物较少。

出土遗物共 4 件。有建筑构件、陶器等。

1. 建筑构件

2 件。有筒瓦和半瓦当。

（1）筒瓦

1 件。H140∶3，残。模制。泥质红褐陶。瓦头略上翘，熊头较短，瓦尾处有一道凹沟。两侧边有由内向外的半切口。凸面饰抹绳纹，模糊不清；凹面饰布纹，布纹褶皱痕迹明显。瓦身长 41、熊头长 2.5、瓦头口径 16.5、瓦尾口径 14、瓦高 8.5、厚 1.8 厘米（图五七，1；图版三一，3）。

（2）半瓦当

1 件。H140∶4，残。砖红色。仅存一个界格。当面模印双栏二界格蘑菇形单线卷云纹，云纹内无水滴纹。底边残长 3、高 6 厘米（图五七，2）。

2. 陶器

2 件。皆为灯。均残。泥质灰陶。轮制。H140：2，仅余灯盘。方唇，直口，弧壁，实心柄。口径 12、残高 7 厘米（图五七，3）。H140：1，仅余灯座。底口圆唇，喇叭状。底径8.2、残高8.2厘米（图五七，4）。

H158

位于 T1122、T1123、T1222、T1223 内，开口于⑤层下，开口距地表 1.4 米。平面近似椭圆形，弧壁，圜底略有起伏。长径 3.4、短径2.3、深0.8米（图五八）。坑内堆积黑色土，其内夹杂大量炭粒，土质较疏松，内含大量的砾石。出土遗物较丰富。

出土器物共 32 件。有建筑构件、陶器、铁器、铜器等。

1. 建筑构件

1 件。为残板瓦。H158：26，泥质灰陶。凸面饰粗绳纹，印痕较浅；凹面饰篮纹，一边缘饰布纹，印纹不清楚。残长 16、残宽16.9、厚2.4厘米（图五九，1）。

2. 陶器

18 件。可辨器形有罐、瓮、盆、钵、器底、纹饰陶片、量。

（1）罐

1 件。H158：21，口沿。轮制。泥质黄褐陶。方唇，侈口，束颈，广肩。沿外缘饰一周凹弦纹。口径 17、残高 5.7 厘米（图五九，2）。

（2）瓮

5 件。H158：23，口沿。轮制。夹砂灰陶，青灰色，火候较高。方唇，直口。素面。口径 33、残高8.4 厘米（图五九，3）。H158：27，口沿。轮制。泥质灰陶。圆唇，敛口，内卷沿，颈壁外鼓。口径 21、残高 6 厘米（图五九，4）。H158：29，口沿。轮制。泥质灰陶。方圆唇，敛口，溜肩。口沿外侧饰两周不明显的凹弦纹。残高 10.6 厘米（图五九，5）。H158：33，口沿残片。轮制。泥质灰陶。圆唇，敛口，颈壁曲鼓，广肩。肩部压印菱形网格纹，纹内有不规则圆点。残高6 厘米（图五九，6）。H158：34，腹壁残片。泥质灰陶。外壁压印菱形网格纹，纹内有不规则圆点。残高3.6厘米（图五九，7；图版三六，3）。

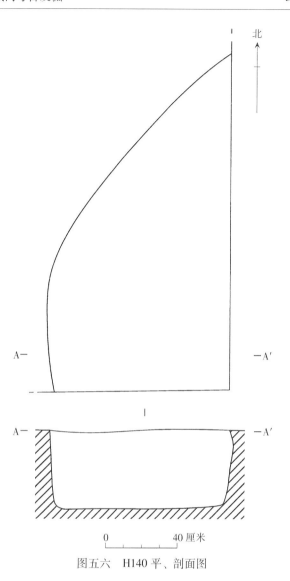

北

A—　　　—A′

A—　　　—A′

0　　40 厘米

图五六　H140 平、剖面图

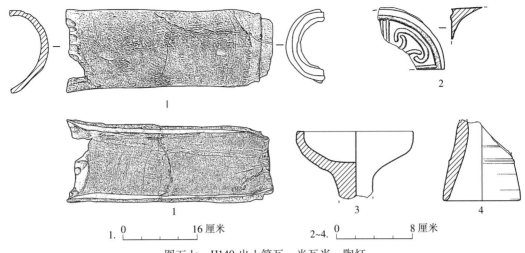

图五七　H140 出土筒瓦、半瓦当，陶灯

1. 筒瓦（H140∶3）　2. 半瓦当（H140∶4）　3、4. 陶灯（3. H140∶2，4. H140∶1）

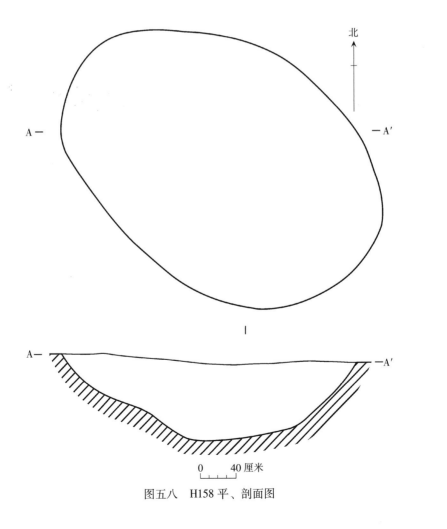

图五八　H158 平、剖面图

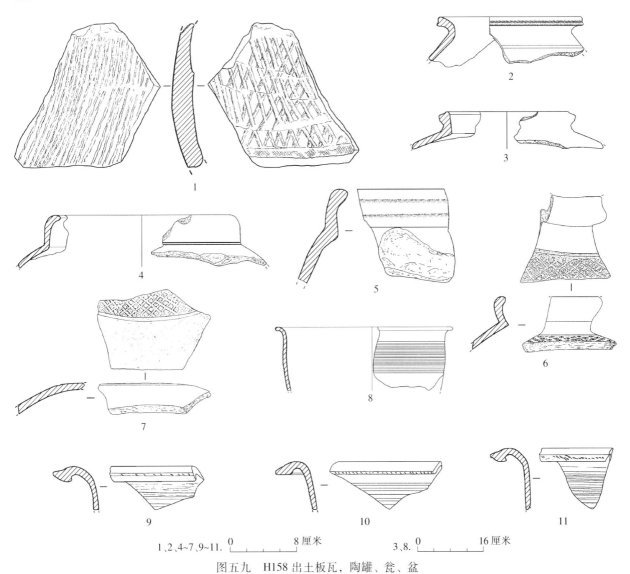

图五九　H158 出土板瓦，陶罐、瓮、盆

1. 板瓦（H158:26）　2. 陶罐（H158:21）　3～7. 陶瓮（3. H158:23，4. H158:27，5. H158:29，6. H158:33，7. H158:34）　8～11. 盆（8. H158:20，9. H158:25，10. H158:30，11. H158:32）

（3）盆

4 件。均为盆口沿。泥质灰陶。轮制。H158:20，圆唇，卷沿，敞口。口沿下方饰宽 8 厘米的凹凸弦纹带。口径 42、残高 14.5、厚 0.7 厘米（图五九，8）。H158:25，方唇，卷沿，敞口。沿缘处饰一周绳纹，沿面饰一周凹弦纹，外壁饰凹凸弦纹。口径 40、残高 5 厘米（图五九，9）。H158:30，方唇，折沿下垂。沿面有一周不明显的凹弦纹，沿缘有压印凹坑，外壁有不明显的凹凸弦纹。残高 5.4 厘米（图五九，10）。H158:32，方唇，卷沿，敞口，残存部分腹壁斜直。沿面饰一周凹弦纹，沿缘压印一周粗绳纹，外壁饰凹弦纹。残高 7 厘米（图五九，11）。

（4）钵

1 件。H158:24，残。泥质灰陶。方唇，微敛口，弧壁，平底。素面。口径 15、底径 8.4、高 6.6 厘米（图六〇，1）。

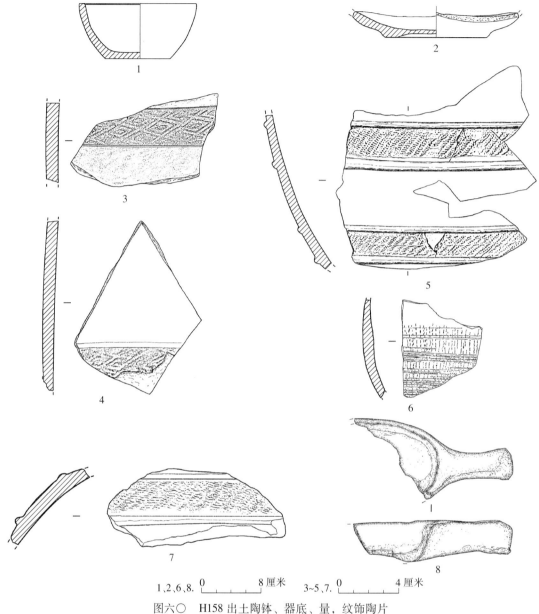

图六〇　H158 出土陶钵、器底、量，纹饰陶片

1. 陶钵（H158：24）　2. 陶器底（H158：28）　3～7. 纹饰陶片（3. H158：35，4. H158：36，5. H158：37，6. H158：31，7. H158：22）　8. 陶量（H158：5）

（5）器底

1 件。H158：28，轮制。泥质灰陶。残存部分腹壁斜直，矮圈足底。内壁有不明显的瓦沟纹。器壁有锔孔。底径 13.2、残高 3.2 厘米（图六〇，2）。

（6）纹饰陶片

5 件。H158：35，泥质灰陶。外壁有两道凹弦纹间饰菱格纹。残长 9.9、残宽 5.2、厚 0.8 厘米（图六〇，3；图版三六，4）。H158：36，外壁饰压印菱形纹，纹内有长圆点。厚 0.7 厘米（图六〇，4）。H158：37，泥质灰陶。外壁饰两周凸弦纹，间饰斜向压印绳纹。壁厚 0.9 厘米（图六〇，5）。H158：31，泥质灰陶。弧壁，器表饰竖向绳纹和横向划纹组成的复合纹饰。残高 12.2、厚 1.5 厘米（图六〇，6）。H158：22，夹砂灰陶，青灰色，火候较高。器表饰两道附加堆纹，间饰平行斜向粗绳纹。残长 11.5、残高 4.7 厘米（图六〇，7）。

（7）量

H158：5，残。泥质灰陶，青灰色，火候较高。方唇，敞口，壁较直，平底。椭圆形器身，柱状柄。柄上有明显的削坯痕迹。残长 20.2、残宽 8.5、高 5.2 厘米（图六〇，8；图版二六，2）。

3. 铁器

7 件。有锥、锸、铧、铆钉、残件等。

（1）锥

1 件。H158：1，残。锥状，中空。残长 7.2、銎孔 0.8 厘米（图六一，1）。

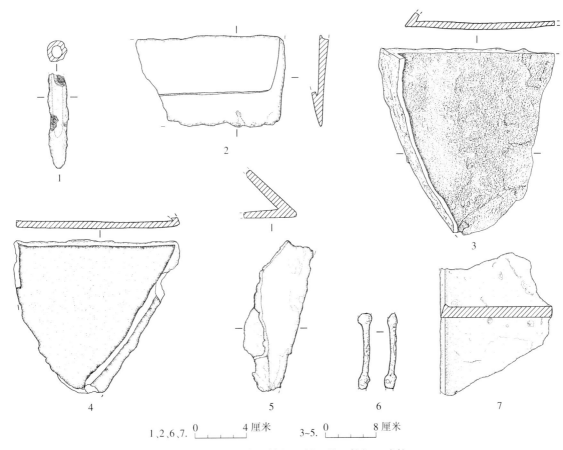

图六一　H158 出土铁锥、锸、铧、铆钉、残件

1. 锥（H158：1）　2. 锸（H158：7）　　3～5. 铧（3. H158：14，4. H158：13，5. H158：6）　6. 铆钉（H158：3）
7. 残件（H158：8）

（2）锸

1 件。H158：7，残。直刃。截面呈"V"形。残宽 11.4、长 6.9 厘米（图六一，2；图版三八，1）。

（2）铧

3 件。均残。H158：14，铸制。平面呈三角形，一侧边呈锐角回折，边缘略外弧，尾端略平。

残长 28、残宽 27 厘米（图六一，3；图版三九，1）。H158：13，铸制。平面呈三角形，一侧边斜直，另一侧边略外弧。底面较平。内侧三角形銎口。已残断，仅存边缘部位。残长 22.9、残宽 25.1 厘米（图六一，4）。H158：6，仅存侧面边缘部位。侧边斜直，底面较平，由边缘向内锐折成三角形銎口。残长 23 厘米（图六一，5）。

（3）铆钉

1 件。H158：3，圆铤。残长 5.7 厘米（图六一，6）。

另有 1 件铁器残件。

H158：8，平面近长方形。长 9.5、宽 7.6、厚 0.8 厘米（图六一，7）。

4. 铜器

6 件。皆为镞。均残。镞身三棱锥状，尖部较锋利，一面有血槽。关部截面为六棱形，铁圆铤。H158：2，残长 2.8 厘米（图六二，1）。H158：4，残长 2.6 厘米（图六二，2）。H158：9，残长 2.8 厘米（图六二，3）。H158：10，残长 3 厘米（图六二，4）。H158：11，残长 4 厘米（图六二，5）。H158：12，残长 2.8 厘米（图六二，6）。

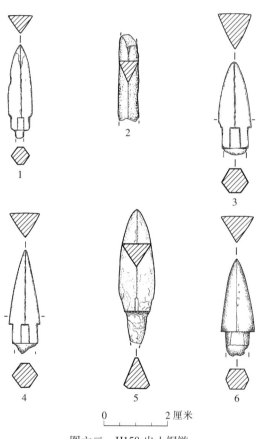

图六二　H158 出土铜镞
1. H158：2　2. H158：4　3. H158：9　4. H158：10
5. H158：11　6. H158：12

H165

位于发掘区中部偏西位置，居于 T1121、T1221、T1222、T1321 内，开口于第⑤层下，开口距地表 1.1 米。平面呈不规则曲尺形，坑壁弧缓，平底略有起伏。东西长 8.7、南北宽 5.2、深 0.6 米（图六三）。坑内堆积以灰褐土为主，土质较疏松。坑内包含物极为丰富。该灰坑较大且不深，推测是取土形成的土坑（图版四〇，1）。

出土遗物共 14 件。有建筑构件和陶器等。

1. 建筑构件

10 件。有半瓦当和瓦钉等。

（1）半瓦当

9 件。均残。模制。H165：3，后接筒瓦部分残断。泥质灰陶。边轮高于当面，当面两组羊角状云纹间以双栏隔开，当背有手指捏压凹窝，当背筒瓦切口处有一横向穿孔。筒瓦凸面拍印细绳纹，绳纹有抹断；凹面饰布纹。底边长 16、高 8.5 厘米，边轮宽 1、高 1.5 厘米，筒瓦残长 15.5 厘米（图六四，1；图五〇，3；图版四一，1）。H165：1，泥质灰陶。当面模印双栏二界格羊角状卷云纹。当底有明显的切割痕迹。筒瓦凸面饰顺向细绳纹，凹面饰布纹。内侧与筒瓦结合处有拿捏痕迹。底边长 16、高 8.5、边轮宽 1 厘米，筒瓦残长 9 厘米（图六四，2；图版四一，

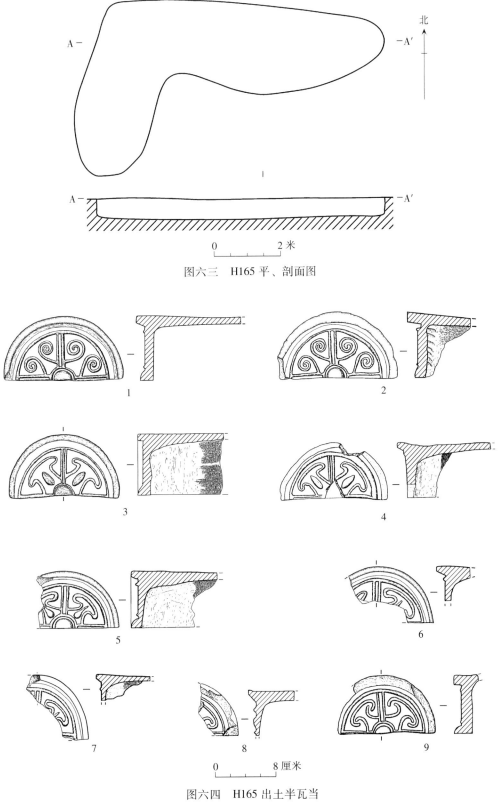

图六三　H165 平、剖面图

图六四　H165 出土半瓦当

1. H165：3　2. H165：1　3. H165：2　4. H165：4　5. H165：5　6. H165：13　7. H165：10　8. H165：9　9. H165：6

2）。H165：2，后附筒瓦残断。灰陶。当背有明显的手工捏制痕迹，当底有明显的切割痕迹。当面外缘有一周凸棱弦纹，中心有半圆乳丁纹，两组蘑菇形云纹间以双栏界格隔开，云纹内有水滴纹。筒瓦凸面饰成组的斜向细绳纹和成组的顺向细绳纹，凹面饰布纹。底边长 14.8、高 8.4、边轮宽 0.9 厘米，后接筒瓦残长 11.5、厚 1.2 厘米（图六四，3；图五〇，2；图版三二，2）。H165：4，灰陶。后附筒瓦残断。当背有明显的手工捏制痕迹，当底有明显的切割痕迹。当面外缘有一周凸棱弦纹，中心有半圆乳丁纹。两组蘑菇形云纹间以双栏凸棱隔开。云纹内有水滴纹。筒瓦凸面饰成组的斜向细绳纹和成组的顺向细绳纹，凹面饰布纹。底边长 14.5、高 7.5、边轮宽 0.8、后接筒瓦残长 12.8 厘米（图六四，4；图五〇，4；图版三二，3）。H165：5，后附筒瓦残断。泥质灰陶。当底有明显的切割痕迹。当面模印双栏二界格蘑菇形卷云纹，云纹内有水滴纹。底边残长 10.6、高 7.5 厘米，筒瓦残长 11.5 厘米（图六四，5；图版三七，2）。H165：13，灰陶。边轮高于当面，当面模印双栏二界格蘑菇形卷云纹，云纹内有水滴纹。当底有切割痕迹和横穿孔痕迹。底边残长 3.6、高 7.4 厘米（图六四，6）。H165：10，残。泥质灰陶。筒瓦前端存有半瓦当。侧边缘有由外向内的半切口，瓦当和筒瓦结合处有横穿孔痕迹。当面模印双栏二界格蘑菇形卷云纹，云纹内有水滴纹。筒瓦凸面饰顺向抹绳纹，凹面饰布纹。底边残长 1.6、筒瓦残长 9、高 7.2 厘米（图六四，7）。H165：9，砖红色。当面模印双栏二界格卷云纹，仅存一小部分。底边残长 3、残高 6.7、边轮宽 1.1 厘米，筒瓦残长 7.5 厘米（图六四，8）。H165：6，黄褐陶。当面模印双栏二界格蘑菇形卷云纹，云纹内无水滴纹。当底有切割痕迹和横穿孔痕迹，内侧有明显的手工拿捏痕迹。后接筒瓦凸面饰顺向粗绳纹，但纹饰不清楚。底边长 13.5、高 7.6、边轮宽 1.2 厘米（图六四，9；图版三四，3）。

（2）瓦钉

1 件。H165：7，残断。灰陶。钉帽呈八棱形，钉身呈圆柱状且有明显的削坯痕迹。残长 6.7、钉身截面直径 2.1 厘米（图六五，1）。

2. 陶器

4 件。均为泥质灰陶。可辨器形有壶、盆、瓮。

（1）壶

1 件。H165：17，仅余口沿。轮制。方唇，侈口，卷沿，束颈。外壁有轮旋痕迹。口径 13、残高 5.2 厘米（图六五，2）。

（2）盆

1 件。H165：18，仅余口沿。轮制。方唇，卷沿，敞口。沿面饰一周凹弦纹和绳纹的组合纹。口径 36、残高 3 厘米（图六五，3）。

（3）瓮

2 件。H165：15，仅余底部。轮制。弧壁，平底。器壁近底部饰横向绳纹，底部饰交叉绳纹。底径 17、残高 7.5 厘米（图六五，4）。H165：16，圜底，弧壁。外壁、外底饰粗绳纹，内底饰篮纹。内壁和内底有捶打凹坑。残高 5.3 厘米（图六五，5）。

H201

位于 T1023、T1123 北部，开口于⑤层下，被 H196、H197 打破，开口距地表 1.6 米。根据已

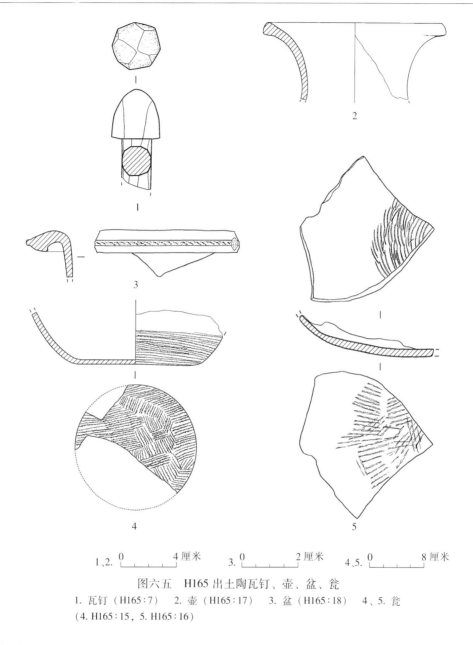

1、2.　0 ⊥⊥⊥⊥ 4 厘米　　　3.　0 ⊥⊥⊥⊥ 2 厘米　　　4、5.　0 ⊥⊥⊥⊥ 8 厘米

图六五　H165 出土陶瓦钉、壶、盆、瓮
1. 瓦钉（H165：7）　2. 壶（H165：17）　3. 盆（H165：18）　4、5. 瓮
（4. H165：15，5. H165：16）

发掘部分推测，H201 平面呈椭圆形，弧壁，平底。长径存长 1.7、短径 2.7、深 0.5 米（图六六）。坑内堆积黑褐色土，其内夹杂有大量炭粒及红烧土颗粒，土质较疏松，出土有建筑构件、陶片、铁器等。

出土铁制生产工具 6 件。

均为铁镬。铸制。平面长方形，侧视呈楔形，直刃。长方形銎口。H201：1，前后端均残断。扁四棱体，由銎口处向前逐渐变薄，前端形成刃。残高 17.2、宽 5.4 厘米，銎口长 5.4、宽 3 厘米（图六七，1；图版四三，1）。H201：2，残。残高 14.6、宽 4.8 厘米，銎口长 4.4、宽 1.2 厘米（图六七，2；图版四三，2）。H201：3，残。残高 17.5、宽 6 厘米，銎口长 4.4、宽 1.2 厘米（图六七，3；图版四三，3）。H201：4，残。残高 16.5、宽 5 厘米，銎口长 4.4、宽 1.2 厘米（图六七，4；图版四三，4）。H201：5，完整。高 17、宽 6 厘米，銎口长 4.2、宽 2.5 厘米（图六七，

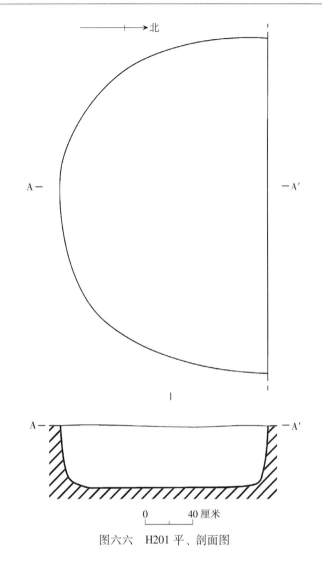

图六六 H201 平、剖面图

5；图版四三，5）。H201：6，完整。高16.5、宽5.6厘米，銎口长4.6、宽2.5厘米（图六七，6；图版四三，6）。

二 地层遗物

出土二期文化器物共189件，有建筑构件、陶器、铁器、铜器等。

（一）建筑构件

24件。主要有板瓦、筒瓦、瓦当。

1. 板瓦

8件。泥质灰陶或黄褐陶。模制。火候较高。T1416③：6，残。小头圆唇，大头有切痕。中部较厚，两端稍薄。凸面饰顺向粗绳纹，从小头向后26厘米处绳纹被抹掉；凹面从大头端向前25厘米处拍印菱形网格纹。长48.2、残宽34、厚1.1~1.7厘米（图六八，1；图版四四，1）。T1425③：1，残。前后宽度基本相同。一端端面圆滑，另一端端面较平且有切痕。两侧边有由内向外的切痕且较窄。瓦身两端稍薄，中间较厚。凸面一大半饰斜向粗绳纹，余饰凹弦纹；凹面大半饰小菱形网格纹，余素面。长51、宽35、厚1.2~1.7厘米（图六八，2；图版四四，2）。T1516③：7，残。平面呈长方形，横剖面呈圆弧形。前端方唇，后端残。两侧边有由内向外半切口。凸面饰顺向粗绳纹，前端向后20厘米以后饰横向凹弦纹带并将绳纹隔断；凹面前半部拍印方形网状纹饰，后半部素面。残长39厘米，前宽35.5、厚0.8厘米，中部厚2.2厘米（图六八，3；图四四，3；图版四五，1）。T1716③：6，残。平面近长方形，横剖面呈圆弧形，前宽后窄，前端端面较平，后端端面圆尖且稍内敛。两侧边缘有由内向外的切口。凸面前端向后一半饰斜向粗绳纹，另一半饰凹弦纹带，但纹饰不清晰；凹面整体饰布纹。长43厘米，前端宽36.5、厚1.2厘米，后端宽34、厚1厘米，中部厚2厘米（图六八，4；图版四五，2）。T1321③：17，残存一部分。一侧边缘有由内向外的半切口。凸面饰凹弦纹，凹面有不明显的凹弦纹。厚1.7厘米（图一二，4）。T2425③：3，残存一小部分。凸面饰斜向粗绳纹，凹面饰小菱形网格纹。厚1.7厘米（图一二，5）。T1727③：4，残存一小部分。两侧边缘有由内向外的半切口。凸面饰顺向细绳纹，凹面饰方形网格纹。厚1.4厘米（图一二，6）。T1425③：7，残存一小部分。凸面饰斜向粗绳纹，凹面饰小菱格网纹。厚1.5厘米（图一二，7）。

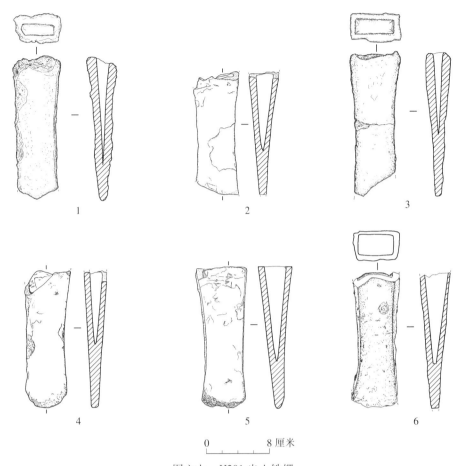

图六七　H201 出土铁镶
1. H201∶1　2. H201∶2　3. H201∶3　4. H201∶4　5. H201∶5　6. H201∶6

2. 筒瓦

2 件。模制。火候较高。T0416③∶2，残。泥质灰陶。凸面饰顺向粗绳纹，瓦身前端绳纹抹断，瓦尾上下两缘皆饰指压纹；凹面饰布纹。两侧边内侧留有脱模刀痕。瓦身长 41.8、宽 16.5、厚 1.2 厘米（图六九，1；图一二，8；图版四六，1）。T1717③∶2，黄褐陶。残断。凸面饰竖向抹绳纹，凹面饰布纹，但不清晰。瓦身长 42.3、宽 17、厚 1.9 厘米（图六九，2；图版四六，2）。

3. 瓦当

14 件。泥质灰陶或黄褐陶。模制。火候较高，可分为半瓦当和圆瓦当两种。

（1）半瓦当

13 件。当面纹饰可分为蘑菇形卷云纹、蘑菇形卷云纹内含水滴纹及卷云纹三种。

蘑菇形卷云纹瓦当

5 件。T1414③∶1，残。当底有切割痕。当背瓦筒切口处横穿一孔。底边残长 4.5、残高 7.4、边轮宽 1 厘米，筒瓦残长 7.2、厚 1 厘米（图七〇，1；图版三七，3）。T1523③∶3，残。瓦当和筒瓦衔接处抹泥较厚。当底有明显的切痕。筒瓦凸面饰粗绳纹。底边残长 6.5、高 7、边轮宽 1.3 厘米，筒瓦残长 4.7 厘米（图七〇，2）。T1714③∶3，残。凸面饰顺向粗绳纹，现已模糊不清。复原当面直径 15、高 7.3 厘米，筒瓦残长 5.7 厘米（图七〇，3；图版三七，4）。T1814③∶3，

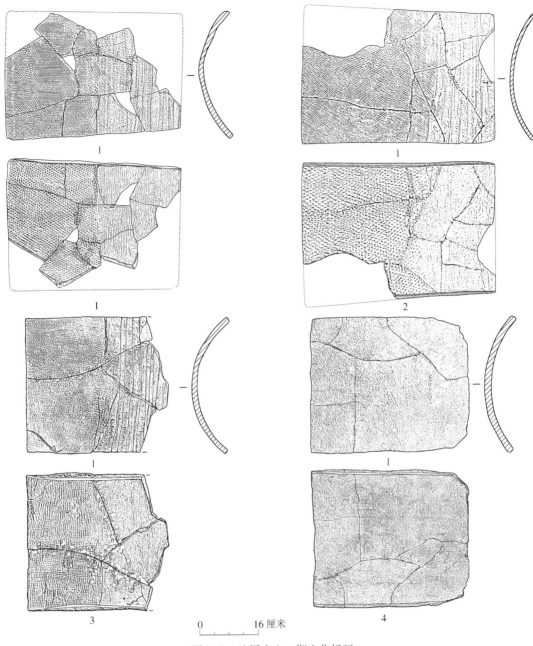

0　　　　16厘米

图六八　地层出土二期文化板瓦

1. T1416③:6　2. T1425③:1　3. T1516③:7　4. T1716③:6

残。边轮高于当面。当背有手指按压凹窝，侧边缘有横向穿孔痕迹。残存筒瓦凸面饰顺向细绳纹，凹面饰布纹。高8、边轮宽0.9厘米，筒瓦残长6.1厘米（图七〇，4）。T1825③:1，当面残存一小部分。当面饰卷云纹，当背有抹泥痕迹和横向穿孔痕迹。筒瓦部分凹面饰布纹，凸面残存部分饰戳印凹窝带。底边残长2、高7.5、边轮宽0.8厘米，筒瓦残长9.5厘米（图七〇，5）。

蘑菇形卷云纹内含水滴纹瓦当

5件。均为灰陶。T0418②a:1，残。底边残长7、残高4厘米（图七〇，6）。T2315③:1，边

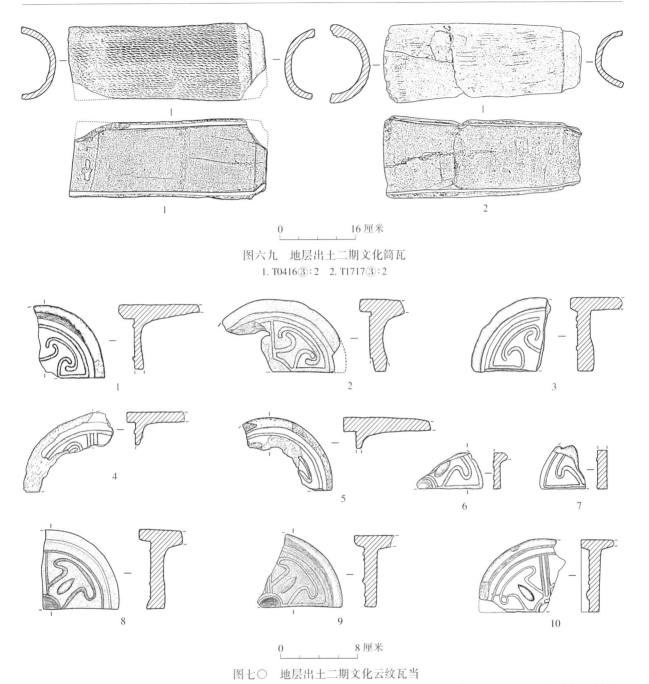

0　　　　　　16 厘米

图六九　地层出土二期文化筒瓦
1. T0416③：2　　2. T1717③：2

0　　　　　8 厘米

图七○　地层出土二期文化云纹瓦当

1~5. 蘑菇形卷云纹瓦当（1. T1414③：1, 2. T1523③：3, 3. T1714③：3, 4. T1814③：3, 5. T1825③：1）　　6~10. 蘑菇形卷云纹内含水滴纹瓦当（6. T0418②a：1, 7. T2315③：1, 8. T1121④：6, 9. T1420③：1, 10. T1820③：3）

轮高于当面。底边残长 4.8、残高 4.4 厘米（图七○，7）。T1121④：6，残。当面饰双线界格卷云纹，云纹内有水滴。当底有切割痕迹，当背有手捏痕迹。瓦筒切口处横穿一孔。筒瓦凸面饰抹绳纹。底边残长 7.6、高 8、边轮宽 0.8 厘米，筒瓦残长 4.6、厚 1.1 厘米（图七○，8；图版三七，5）。T1420③：1，残。当底有切痕，当背有明显的手工拿捏痕迹。底边残长 8.8、高 7.4、边轮宽 0.8 厘米，筒瓦残长 4.2 厘米（图七○，9；图版三七，6）。T1820③：3，残。高 7.4、边轮宽 0.8 厘米（图七○，10）。

卷云纹瓦当

3 件。均残。T1517③：4，夹细砂灰陶，青灰色。边轮稍高于当面，当面饰卷云纹。后接筒瓦，凹面饰布纹，有泥条拼接痕迹；凸面饰成组的排印绳纹。当面直径 17、高 8.5、边轮宽 0.9 厘米，筒瓦残长 14 厘米（图七一，1；图版三三，3）。T1915③：3，夹细砂灰陶。边轮低于当面。底边残长 13.9、残高 6.6 厘米，筒瓦残长 7.9 厘米（图七一，2；图版三三，4）。T2414③：2，灰陶。残高 2.6、筒瓦残长 4 厘米（图七一，3）。

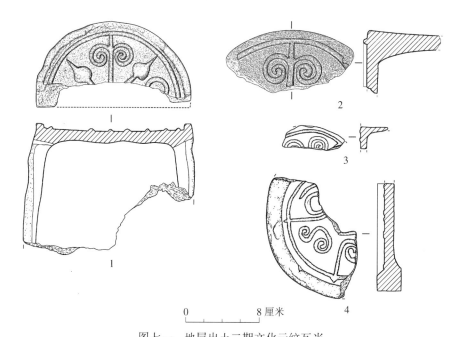

0　　　　　　8厘米

图七一　地层出土二期文化云纹瓦当
1～3. 卷云纹瓦当（1. T1517③：4　2. T1915③：3　3. T2414③：2）　4. "S" 形云纹瓦当（T1916③：12）

（2）圆瓦当

1 件。T1916③：12，残存一部分。黄褐陶。边轮高于当面。当面饰单线界格卷云纹。当背边缘有旋切痕迹。边轮外侧饰粗绳纹。当面残径 8、边轮宽 1.8 厘米（图七一，4；图版三三，5）。

（二）陶器

59 件。地层出土的陶器以泥质灰陶为主，可辨器形有壶、罐、瓮、盆、甑、豆、纺轮、纹饰陶片等。

1. 壶

7 件。均残。泥质灰陶，火候较高。其中 2 件为斜颈壶，余者仅存器底，形制不同。

斜颈壶　2 件。T1422③：3，圆唇，口微侈。口径 8.8、残高 7.8 厘米（图七二，1）。T1422③：4，圆唇，小侈口。口径 9、残高 5.5（图七二，2）。

壶　5 件。底径较小。底部和近底的器壁饰细绳纹，抹平。T1422③：5，弧壁，底略内凹。底径 5.8、残高 3.3 厘米（图七二，3）。T1422③：6，弧壁，平底。底径 7、残高 2.5 厘米（图七二，4）。T1422③：7，弧壁，平底。器壁排印横向绳纹，器底排印斜向绳纹。底径 6、残高 2.5 厘米

图七二　地层出土二期文化陶壶

1、2. 斜颈壶（1. T1422③：3，2. T1422③：4）　　3～7. 壶（3. T1422③：5，4. T1422③：6，
5. T1422③：7，6. T1422③：8，7. T1716④：3）

（图七二，5）。T1422③：8，内底有手捏痕迹。底径9、残高3厘米（图七二，6）。T1716④：3，
弧壁，平底。底径5.6、残高1厘米（图七二，7）。

2. 罐

12件。其中4件为矮领罐，另8件皆为器底，形制不明。

矮领罐　4件。均残。泥质灰陶。尖圆唇，口微敛，矮领，口沿外侧闪出扉沿，颈壁曲鼓。
T1121④：12，口径21.8、残高4.4厘米（图七三，1）。T1616③：2，溜肩。素面。口径18、残高

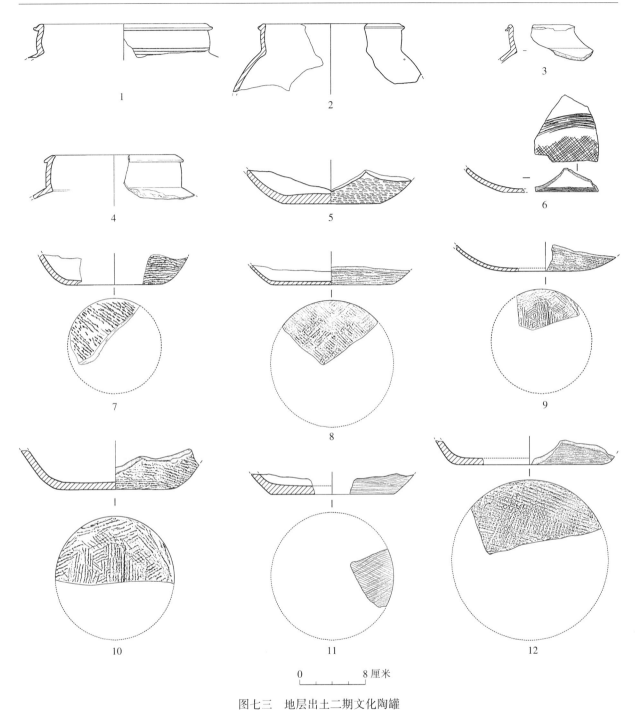

图七三　地层出土二期文化陶罐

1~4. 矮领罐（1. T1121④：12，2. T1616③：2，3. T1916②a：1，4. T2016③：8）　5~12. 罐（5. T2014③：5，6. T1321②a：5，7. T1120④：4，8. T1121④：9，9. T1121④：11，10. T1121④：10，11. T2423③：4，12. T2215③：26）

8厘米（图七三，2）。T1916②a：1，制作粗糙，口部尚余回泥（图七三，3）。T2016③：8，素面。口径15、残高5厘米（图七三，4）。

　　罐　8件。底部和近底的器壁饰细绳纹，抹平。T2014③：5，泥质灰陶。弧壁，平底。底径12、残高4厘米（图七三，5；图版四七，1）。T1321②a：5，泥质灰陶。弧壁，平底。近底部饰横向绳纹，器底饰交叉绳纹。底径18、残高3厘米（图七三，6）。T1120④：4，泥质灰陶。弧壁，平底。底径 12、残高 3.5 厘米（图七三，7）。T1121④∶9，泥质灰陶。底径 15、残高 2.2 厘米（图七三，8；图版四七，2）。T1121④∶11，泥质灰陶。弧壁，平底。底径 12.2、残高 3.1 厘米（图七三，9）。T1121④∶10，泥质灰陶。底径 14.7、残高 4.8 厘米（图七三，10）。T2423③∶4，泥质灰陶。壁斜直，平底。底径 15、残高 2.5 厘米（图七三，11）。T2215③∶26，泥质灰黑陶。底径 19、残高 2.9 厘米（图七三，12；图版四七，3）。

3. 瓮

5 件。均残。轮制。火候较高。依据口部形制可分为侈口瓮、直口瓮、敛口瓮。

（1）侈口瓮

1 件。T1023③∶14，夹少量细砂灰陶。方唇，侈口，矮领，广肩。口径 33.4、残高 10.5 厘米（图七四，1）。

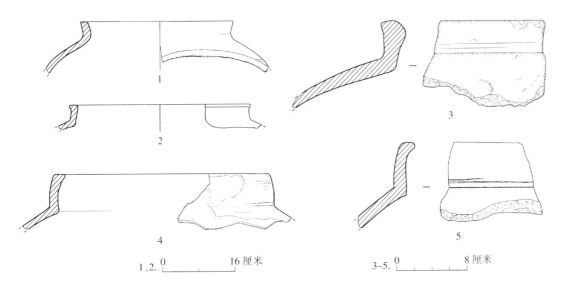

图七四　地层出土二期文化陶瓮

1. 侈口瓮（T1023③∶14）　　2、3. 直口瓮（2. T1221③∶8，3. T2014③∶6）　　4、5. 敛口瓮（4. T1023③∶13，5. T1119②a∶2）

（2）直口瓮

2 件。泥质灰陶。直口，短领。T1221③∶8，方唇。口径 40、残高 5.2 厘米（图七四，2）。T2014③∶6，圆唇，广肩。素面。残高 8 厘米（图七四，3）。

（3）敛口瓮

2 件。泥质灰陶。矮领曲鼓。T1023③∶13，方唇。素面。口径 24、残高 6 厘米（图七四，4）。T1119②a∶2，溜肩，内外壁都有明显的轮制痕迹。残长 9.4、残高 8.4 厘米（图七四，5）。

4. 盆

16 件。均残。轮制。泥质灰陶。尖唇，外折沿，唇缘上有一条压印细绳纹，深腹，腹壁较直，多饰有凸棱弦纹。T1221④∶2，沿部略下垂。口径 35、残高 5 厘米（图七五，1）。T1034③∶2，残高 4.5 厘米（图七五，2）。T1221③∶9，唇面略圆。口径 40、残高 5.5 厘米（图七五，3）。T1321③∶13，口径 40、残高 9.5 厘米（图七五，4）。T1121④∶13，口径 29、残高 7.9 厘米（图七五，5）。T1321②a∶7，外壁饰瓦沟纹。口径 38、残高 12 厘米（图七五，6）。T1321②a∶6，沿面外侧边缘饰一周凹弦纹，外壁口沿下方饰一周划纹，划纹下饰数道凹凸弦纹。口径 34、残高

8.4 厘米（图七五，7）。T1121③：5，口径 37、残高 4 厘米（图七五，8）。T1120④：5，口径 34、残高 8.5 厘米（图七五，9）。T0818②a：4，口径 44、残高 6.6、厚 0.8 厘米（图七五，10）。T1332③：3，口径 43、残高 8.2 厘米（图七六，1）。T1816③：18，沿部略下垂。口径 37、残高 9 厘米（图七六，2）。T2215③：27，口径 35、残高 3.4 厘米（图七六，3）。T2215③：28，沿下饰一段压印绳纹。口径 45、残高 3 厘米（图七六，4）。T2216③：8，口径 38、残高 3.6 厘米（图七六，5）。T2317③：6，沿面向外弧曲。口径 44、残高 9 厘米（图七六，6）。

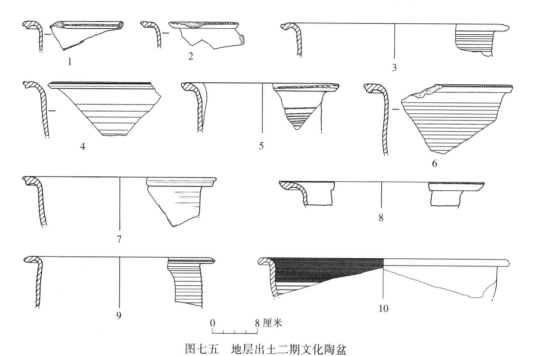

图七五　地层出土二期文化陶盆
1. T1221④：2　2. T1034③：2　3. T1221③：9　4. T1321③：13　5. T1121④：13　6. T1321②a：7
7. T1321②a：6　8. T1121③：5　9. T1120④：5　10. T0818②a：4

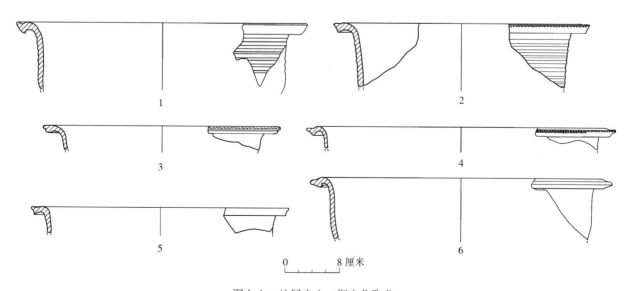

图七六　地层出土二期文化陶盆
1. T1332③：3　2. T1816③：18　3. T2215③：27　4. T2215③：28　5. T2216③：8　6. T2317③：6

5. 甑

5 件。均残。轮制。长条形甑孔。T1425③：6，修复。泥质灰陶。尖唇，卷沿，敞口，深弧腹，平底。沿缘处饰一周绳纹，上腹部饰凹凸弦纹，近底部饰横向绳纹。口径 37.5、底径 16、高 23.5 厘米（图七七，1；图版三五，2）。T1716④：2，甑底。泥质灰陶。弧壁，平底。近底部和器底均饰绳纹。底径 13、残高 5 厘米（图七七，2；图版四八，1）。T1023③：15，甑底。泥质黑陶。外底饰细绳纹。长 5.8、宽 5.4、厚 0.7 厘米（图七七，3）。T2010③：1，甑底。泥质灰陶。平底。饰绳纹。（图七七，4；图版四八，2）。T2115③：5，甑底。夹砂灰陶。素面，底部现存 5 个长条形孔。厚 0.7、孔长 3.1、宽 0.3 厘米（图七七，5；图版四八，3）。

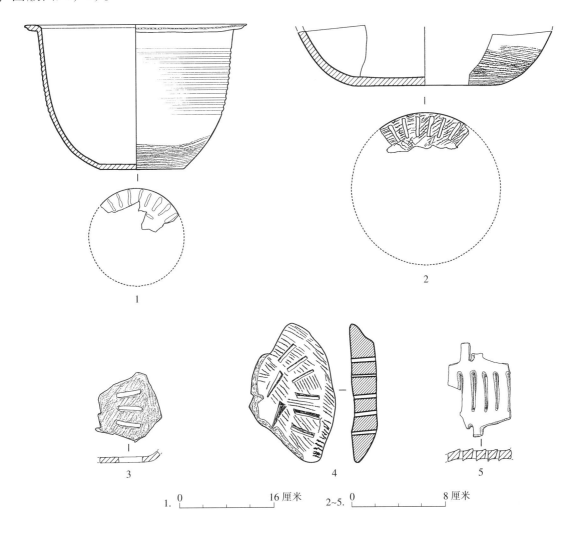

图七七　地层出土二期文化陶甑
1. T1425③：6　2. T1716④：2　3. T1023③：15　4. T2010③：1　5. T2115③：5

6. 豆

2 件。仅余柄部。轮制。泥质灰陶。T1719①：1，柱状柄，圈足保存较少。素面。残高 4.6 厘米（图七八，1）。T1926③：3，手制。柱状柄。柄部直径 5、残高 8.5 厘米（图七八，2）。

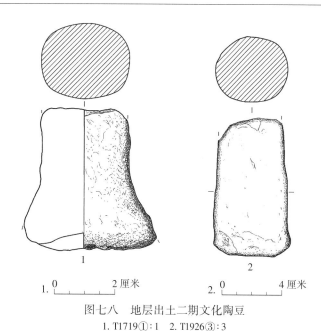

图七八　地层出土二期文化陶豆
1. T1719①:1　2. T1926③:3

7. 纺轮

7件。轮制。圆饼状，中有圆孔。T2314③:1，残。夹砂灰褐陶。直径4.4、厚1.4、孔径1.3厘米（图七九，1；图版四九，1）。T2122③:1，夹砂灰褐陶。直径4、厚0.9、孔径1.3厘米（图七九，2；图版四九，2）。T1716③:4，夹砂灰陶。直径5.4、厚1.1、孔径1.2厘米（图七九，3；图版四九，3）。T1727③:3，夹砂灰陶。直径5.2、厚1.2、孔径1.3厘米（图七九，4；图版四九，4）。T1823③:1，残。夹砂陶。一面扁平，一面圆鼓。直径5.4、厚1.7、孔径1.1厘米（图七九，5；图版四九，5）。T1019④:1，夹砂灰陶。素面。直径6.2、厚1.7、孔径1.1厘米（图七九，6；图版四九，6）。T1219②a:4，夹砂灰陶。直径7.4、厚2、孔径1.3厘米（图七九，7）。

8. 纹饰陶片

5件。包括绳纹、凸棱弦纹和弦断绳纹三种。

（1）绳纹陶片

1件。T1023③:16，腹部残片。泥质灰陶。满饰细绳纹。壁厚0.9厘米（图八〇，1；图版四七，4）。

（2）凸棱弦纹陶片

2件。腹部残片。轮制。泥质灰黑陶。T1220④:1，满饰凸棱弦纹（图八〇，2）。T1527③:2，器壁饰凹凸弦纹带（图八〇，3）。

（3）弦断绳纹

2件。腹部残片。泥质灰陶。器表饰弦断绳纹。T1121④:14，残高11、残宽12厘米（图八〇，4；图版四七，5）。T1814③:4，残高13、壁厚0.9厘米（图八〇，5；图八一，1；图版四七，6）。

（三）铁器

7件。主要是生产工具，种类有镬、锸、铧。

1. 镬

3件。均残。铸造。侧视呈楔形，长方形銎孔。T1716③:1，平面长方形。残高5、宽7.4厘米，銎口长6厘米（图八二，1；图版三八，2）。T1023②a:2，平面略呈倒梯形，弧刃。高9.8、宽8.7厘米，銎口长5.6、宽1.8厘米（图八二，2；图版三八，3）。T1122③:3，残。平面长方形，刃部残。残高7.5、宽7.1厘米，銎口长4.5、宽1.8厘米（图八二，3；图版三八，4）。

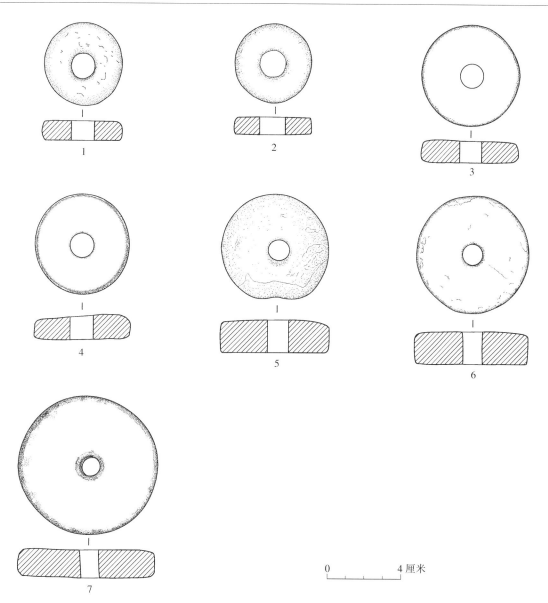

图七九 地层出土二期文化陶纺轮
1. T2314③:1 2. T2122③:1 3. T1716③:4 4. T1727③:3 5. T1823③:1 6. T1019④:1 7. T1219②a:4

2. 锸

3件。均残。铸造。平面为"一"字形,直刃,侧视呈楔形,扁方銎孔。T1020③:7,直刃。高7、宽13.9厘米,銎口长12.4、宽1.2厘米(图八三,1;图版五〇,1)。T1219③:3,中间有一圆形孔。高6、宽13.6厘米,銎口长12.4、宽1.2、孔径1.4厘米(图版五〇,2)。T1614③:3,高6、宽13.6厘米,銎口长12.6、宽1.2厘米(图八三,3;图版五〇,3)。

3. 铧

1件。T2420③:3,残。铸制。平面呈三角形,尖部略上翘,尖部套接三角形铧尖,正面中部微起脊。残长20、残宽13.5厘米(图八四;图版三九,2)。

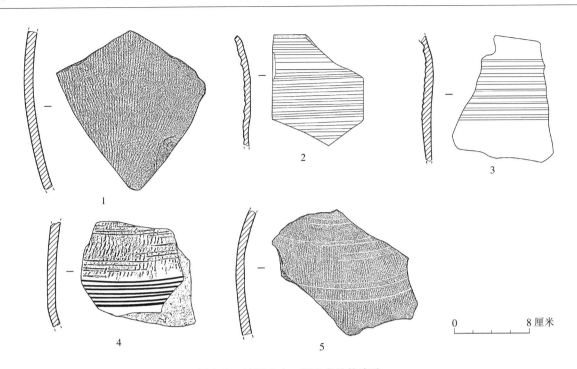

图八〇　地层出土二期文化纹饰陶片

1. 绳纹陶片（T1023③：16）　　2、3. 凸棱弦纹陶片（2. T1220④：1，3. T1527③：2），4、5. 弦断绳纹陶片（4. T1121④：14，5. T1814③：4）

（四）铜器

99件。主要有镞、盆、釜、带钩、帐钩、刷、器柄、钱模等。

1. 镞

91件。依据镞身不同分为三棱锥形镞、两翼镞和三翼镞三种，以三棱锥形镞为大宗。

（1）三棱锥形镞

镞　85件。铸制。镞身截面为三角形。分为无血槽和有血槽两种。

无血槽镞　54件。依据关部可分为无关、圆关、六棱关三种。

无关镞　16件。T1121④：5，残。铤部缺失。长2.6厘米（图八五，1）。T1322③：18，铤部缺失。残长2.6厘米（图八五，2）。T1323②a：3，尖部残，铤部缺失。残长2.7厘米（图八五，3）。T1322②a：5，铤部缺失。残长2.7厘米（图八五，4）。T1020③：8，稍残。尖部较锋利，尾端有残损，铁铤锈蚀不清。残长3.8厘米（图八五，5；图版五一，1）。T1322③：33，镞尖较锋利，铤部缺失。残长2.8厘米（图八五，6）。T1724②a：1，尖部残，铁圆铤，残断。残长2.7厘米（图八五，7）。T1123③：2，尖部残，铤部缺失。残长2.8厘米（图八五，8；图版五一，2）。T1222②a：1，铤部缺失。残长2.9厘米（图八五，9）。T1726③：6，尖部较锋利，铜圆铤，残断。残长3.2厘米（图八五，10）。T1121④：3，铁方铤。残长8厘米（图八五，11；图版五一，3）。T1122④：4，尖部残，铁圆铤。残长5.9厘米（图八五，12；图版五一，4）。T1022④：1，残。尖部较锋利，铁圆铤。残长5.6厘米（图八五，13；图版五一，5）。T1123③：5，尖部较圆钝，铁圆铤。残长3.4厘米（图八五，14）。T2018③：1，尖部残，铜圆铤。残长4.4厘米（图八五，

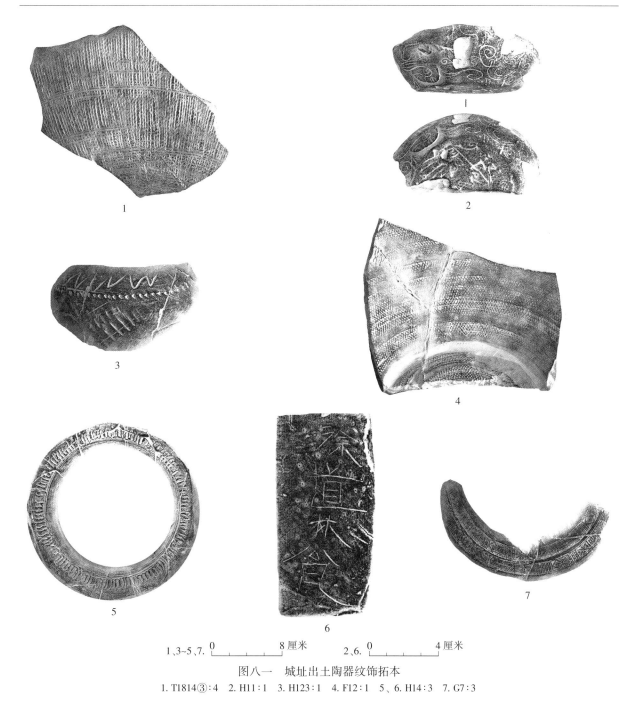

图八一　城址出土陶器纹饰拓本
1. T1814③:4　2. H11:1　3. H123:1　4. F12:1　5、6. H14:3　7. G7:3

15；图版五一，6）。T1715④:1，铁圆铤，残断。残长 3 厘米（图八五，16）。

　　圆关镞　2 件。均残。尖部较锋利。T1914③:1，圆铤。残长 3 厘米（图八六，1；图版五一，7）。T2014③:1，铁圆铤。残长 3.8 厘米（图八六，2；图版五一，8）。

　　六棱关镞　36 件。T1322③:23，尖部残。铁圆铤。残长 2.5 厘米（图八七，1）。T1219②a:3，尖部残。圆铤。残长 2.5 厘米（图八七，2）。T1322③:25，残。尖部较锋利，圆铤。残长 2.4 厘米（图八七，3）。T1322③:4，残。尖部较锋利，圆铤。残长 2.8 厘米（图八七，4；图版五一，9）。T0718②a:5，残。尖部较锋利，铁圆铤。残长 2.8 厘米（图八七，5；图版五二，1）。

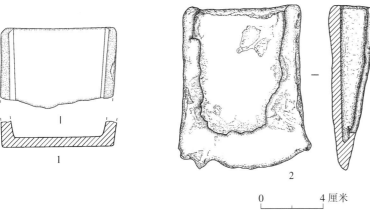

0 ————————— 4 厘米

图八二　地层出土二期文化铁锼
1. T1716③:1　2. T1023②a:2　3. T1122③:3

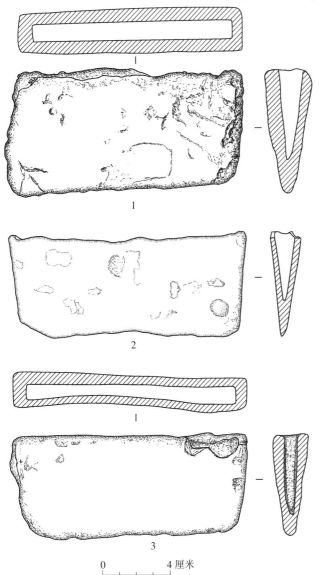

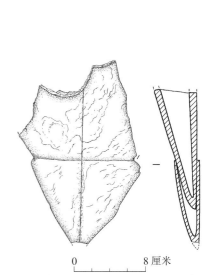

0 ————————— 4 厘米

图八三　地层出土二期文化铁锸
1. T1020③:7　2. T1219③:3　3. T1614③:3

0 ————————— 8 厘米

图八四　地层出土二期文化铁铧
（T2420③:3）

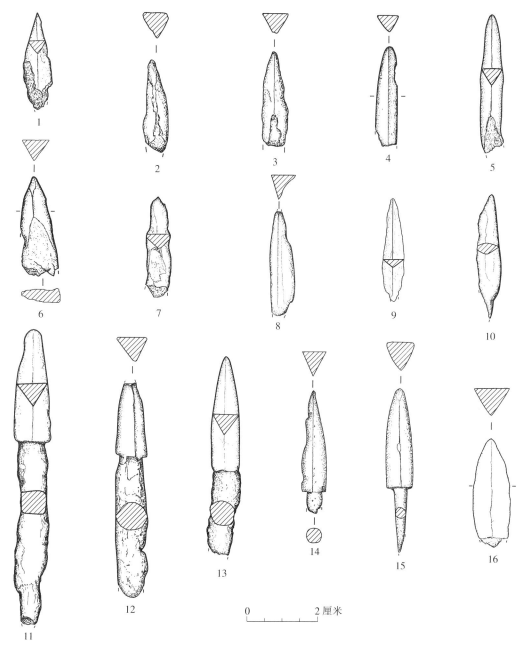

图八五　地层出土二期文化铜镞

1. T1121④:5　2. T1322③:18　3. T1323②a:3　4. T1322②a:5　5. T1020③:8　6. T1322③:33　7. T1724②a:1
8. T1123③:2　9. T1222②a:1　10. T1726③:6　11. T1121④:3　12. T1122④:4　13. T1022④:1　14. T1123③:5
15. T2018③:1　16. T1715④:1

T1123③:4，残。尖部较锋利，铁圆铤。残长 3.1 厘米（图八七，6；图版五二，2）。T1019②a:8，残。尖部较锋利，铁圆铤。残长 4 厘米（图八七，7）。T1322③:16，尖部残。铁圆铤。残长 3.8 厘米（图八七，8；图版五二，3）。T1322③:1，尖部残，铁圆铤。残长 3.5 厘米（图八七，9）。T1222②a:3，尖部残。铁圆铤。残长 4.2 厘米（图八七，10；图版五二，4）。T1122②a:3，残。铁圆铤。残长 3.5 厘米（图八七，11；图版五二，5）。T1223②a:5，残。尖部较圆钝，铁圆铤。残长 2.9 厘米（图八七，12；图版五二，6）。T1319②a:2，尖部残。铁圆铤。残长 2.8 厘米（图

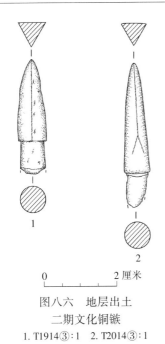

图八六 地层出土
二期文化铜镞
1. T1914③:1 2. T2014③:1

八七，13；图版五二，7）。T1322③:2，尖部残。铁圆铤。残长3.1厘米（图八七，14；图版五二，8）。T1320③:1，残。尖部较圆钝，铁圆铤。残长3.8厘米（图八七，15；图版五二，9）。T1322③:28，尖部残，铁圆铤。残长4.1厘米（图八七，16）。T1020④:4，残。尖部较圆钝，铁圆铤。残长4.4厘米（图八七，17；图版五三，1）。T1322③:22，尖部残。圆铤。残长4.7厘米（图八七，18；图版五三，2）。T1820③:13，尖部残。铁圆铤。残长2.9厘米（图八八，1）。T1322③:36，尖部残，铁圆铤。残长3.2厘米（图八八，2；图版五三，3）。T1614③:4，残。尖部较锋利，铁圆铤。残长2.9厘米（图八八，3）。T2124③:25，尖部残。铁圆铤。残长2.8厘米（图八八，4；图版五三，4）。T1322③:32，尖部残，铁圆铤。残长3厘米（图八八，5；图版五三，5）。T1323②a:1，尖部残。铁圆铤。残长2.9厘米（图八八，6；图版五三，6）。T1826③:2，残。尖部较锋利，铁圆铤。残长2.6厘米（图八八，7；图版五三，7）。T1322③:43，残。尖部较圆钝，铁圆铤。

残长2.8厘米（图八八，8）。T1322③:35，残。尖部较锋利，铁圆铤。残长3.2厘米（图八八，9；图版五三，8）。T1815③:2，残。尖部较锋利，铁圆铤。残长2.8厘米（图八八，10；图版五三，9）。T1914③:5，残。尖部较圆钝，圆铤。残长2.7厘米（图八八，11；图版五四，1）。T2026③:3，残。尖部较圆钝，铁圆铤。残长3.2厘米（图八八，12；图版五四，2）。T2220③:8，残。尖部较锋利，铁圆铤。残长3厘米（图八八，13；图版五四，3）。T1617③:6，残。尖部较锋利，铁圆铤。残长3.3厘米（图八八，14；图版五四，4）。T1517③:3，尖部残，圆铤。残长3.4厘米（图八八，15；图版五四，5）。T1426③:6，尖部残，圆铤。残长3.2厘米（图八八，16；图版五四，6）。T1515③:6，尖部残，圆铤。残长3.9厘米（图八八，17；图版五四，7）。T1417③:2，残。尖部圆钝，铁圆铤。残长5.3厘米（图八八，18；图版五四，8）。

有血槽镞 31件。镞身有铸造的凹槽，关部截面皆为六棱形。依据镞锋可分为无胡、有胡两种。

无胡镞 26件。T1123②a:2，残。一面带有三角形血槽。残长2.2厘米（图八九，1）。T1322③:23，尖部残，一面有三角形血槽，铁圆铤。残长2.5厘米（图八九，2）。T1322③:26，尖部残，一面带有三角形血槽，圆铤。残长3.3厘米（图八九，3）。T1519②a:1，尖部残，一面带有三角形血槽，铁圆铤。残长2.9厘米（图八九，4）。T1817③:13，尖部残，一面带有三角形血槽，铁圆铤。残长3.6厘米（图八九，5）。T1817③:4，尖部残，一面带有三角形血槽，铁圆铤。残长3.3厘米，铤残长0.4厘米（图八九，6；图版五四，9）。T1322③:31，尖部残，三面带有三角形血槽，铁圆铤。残长4厘米（图八九，7）。T1322③:30，残。一面带有三角形血槽，铁圆铤。残长4.2厘米（图八九，8；图版五五，1）。T1718②a:1，尖部残，三面带有三角形血槽，铁圆铤。残长3.9厘米（图八九，9；图版五五，2）。T1626③:6，残。尖部锋利，一面带有三角形血槽，铁圆铤。残长4.6厘米（图八九，10；图版五五，3）。T1322③:9，残。一面带有三角形血槽，铁圆铤。残长4.4厘米（图八九，11；图版五五，4）。T1926③:9，残。尖部较锋

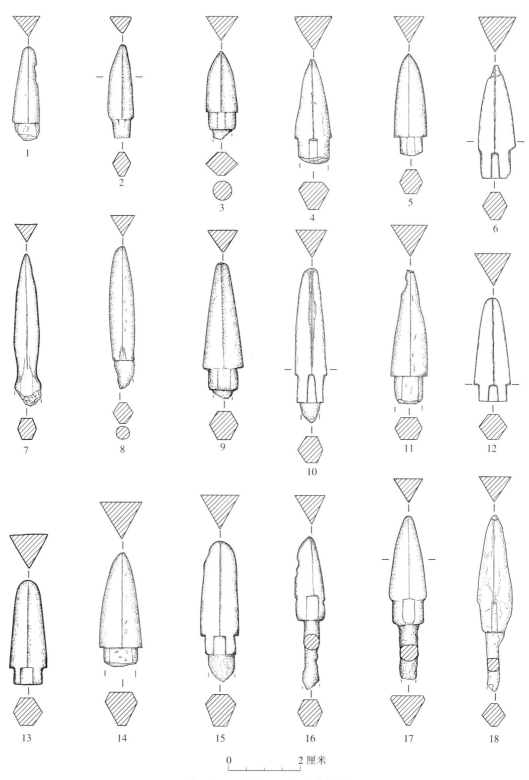

0   2 厘米

图八七 地层出土二期文化铜镞

1. T1322③:23   2. T1219②a:3   3. T1322③:25   4. T1322③:4   5. T0718②a:5   6. T1123③:4   7. T1019②a:8
8. T1322③:16   9. T1322③:1   10. T1222②a:3   11. T1122②a:3   12. T1223②a:5   13. T1319②a:2   14. T1322③:2
15. T1320③:1   16. T1322③:28   17. T1020④:4   18. T1322③:22

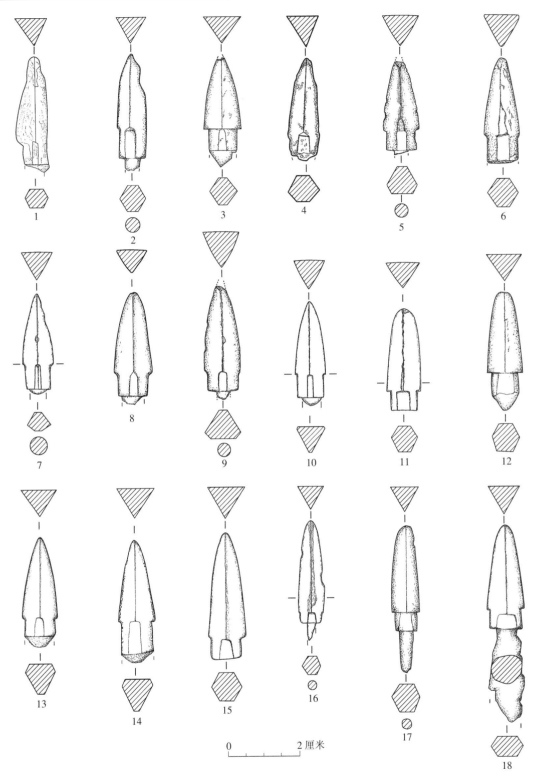

图八八　地层出土二期文化铜镞

1. T1820③:13　2. T1322③:36　3. T1614③:4　4. T2124③:25　5. T1322③:32　6. T1323②a:1　7. T1826③:2

8. T1322③:43　9. T1322③:35　10. T1815③:2　11. T1914③:5　12. T2026③:3　13. T2220③:8　14. T1617③:6

15. T1517③:3　16. T1426③:6　17. T1515③:6　18. T1417③:2

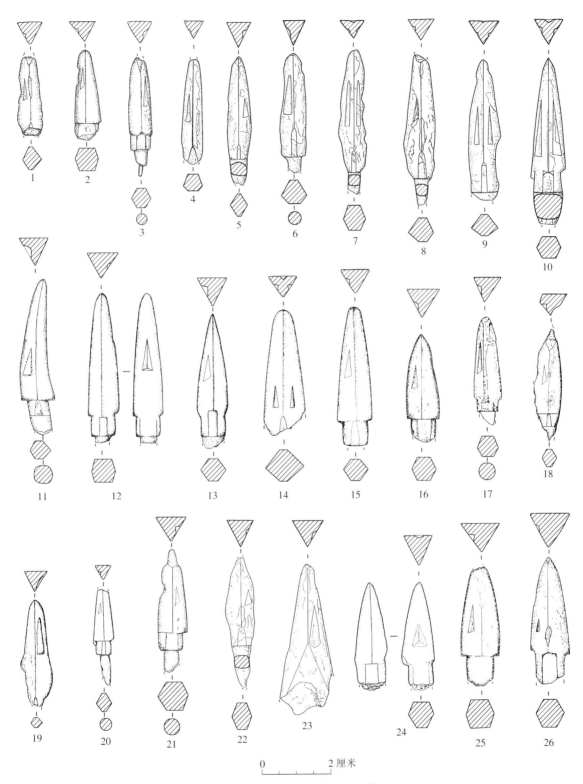

图八九 地层出土二期文化铜镞

1. T1123②a∶2　2. T1322③∶23　3. T1322③∶26　4. T1519②a∶1　5. T1817③∶13　6. T1817③∶4　7. T1322③∶31　8. T1322③∶30
9. T1718②a∶1　10. T1626③∶6　11. T1322③∶9　12. T1926③∶9　13. T1322③∶12　14. T1322③∶42　15. T1424③∶1　16. T0718②a∶4
17. T1819③∶3　18. T1122②a∶2　19. T1322③∶24　20. T2318③∶1　21. T1422②∶2　22. T1322③∶27　23. T1322③∶13　24. T1020④∶1
25. T1322②a∶9　26. T1322③∶8

利，一面带有三角形血槽，铁圆铤。残长 4.1 厘米（图八九，12；图版五五，5）。T1322③：12，残。尖部较锋利，一面有三角形血槽，铁圆铤。残长 3.7 厘米（图八九，13；图版五五，6）。T1322③：42，尖部残，三面带有三角形血槽，铁圆铤。残长 3.5 厘米（图八九，14；图版五五，7）。T1424③：1，尖部残，一面带有三角形血槽，铁圆铤。残长 3.9 厘米（图八九，15；图版五五，8）。T0718②a：4，残。尖部较锋利，一面有三角形血槽，铁圆铤。残长 3 厘米（图八九，16；图版五五，9）。T1819③：3，尖部残，一面带有三角形血槽，铁圆铤。残长 3 厘米（图八九，17；图版五六，1）。T1122②a：2，残。一面带有三角形血槽，铁圆铤。残长 3.2 厘米（图八九，18）。T1322③：24，尖部残，一面带有血槽，铁圆铤。残长 3 厘米（图八九，19）。T2318③：1，尖部残，镞身一面带有三角形血槽，圆铤。残长 2.8 厘米（图八九，20）。T1422③：2，尖部残损，铁圆铤。残长 3.5 厘米（图八九，21；图版五六，2）。T1322③：27，尖部残，一面带有三角形血槽，铁圆铤。残长 3.6 厘米（图八九，22）。T1322③：13，尖部残。残长 4.1 厘米（图八九，23）。T1020④：1，残。一面带有三角形血槽，铁圆铤。残长 3 厘米（图八九，24；图版五六，3）。T1322②a：9，尖部残，一面带有三角形血槽，铁圆铤。残长 3.3 厘米（图八九，25；图版五六，4）。T1322③：8，尖部残，一面带有三角形血槽，铁圆铤。残长 3.5 厘米（图八九，26；图版五六，5）。

有胡镞　5 件。刃末端有倒刺状胡。T0822②a：1，残。尖部较锋利，三面带有血槽和倒刺，铁圆铤。残长 3 厘米（图九〇，1；图版五六，6）。T1322③：37，尖部残，一面带有三角形血槽，铁圆铤。残长 2.7 厘米（图九〇，2）。T1815③：1，残。三面带有三角形血槽，铁圆铤。残长 3.8 厘米（图九〇，3；图版五六，7）。T2322③：12，残。尖部较圆钝，镞身三面带有三角形血槽，铁圆铤。残长 3.2 厘米（图九〇，4；图版五六，8）。T2324③：11，残。尖部较锋利，三面带有三角形血槽，铁圆铤。残长 4.4 厘米，铤长 0.8 厘米（图九〇，5；图版五六，9）。

（2）两翼镞

1 件。T1222②a：7，残。尖锋，双翼有锐刃，高脊，尾有圆銎。残长 3.5 厘米（图九一，1；图版五七，1）。

（3）三翼镞

5 件。T1021⑤：6，残。尖部较锋利，一面带有三角形孔，铤残缺。残长 3 厘米（图九一，2；图版五七，2）。T1416③：1，稍残。尖部较锋利，镞身截面近圆形，短翼，铁圆铤。残长 3.8 厘米（图九一，3；图版五七，3）。T1421②a：1，稍残。尖部较圆钝，高脊，短翼。残长 2.5 厘米（图九一，4；图版五七，4）。T1714③：5，残。镞尖部较锋利，短翼，铁圆铤。残长 3.8 厘米（图九一，5；图版五七，5）。T1825③：1，残。尖部较锋利，圆关，铁圆铤。残长 4.7 厘米（图九一，6；图版五七，6）。

2. 盆

1 件。T1123②a：4，残，铸制。口沿唇部外折，斜鼓腹。口径 25、残高 2.8 厘米（图九二，1；图版五八，1）。

3. 釜

1 件。T2322③：10，残。铸制。尖圆唇，直口。口径 9、残高 1.7、器壁厚 0.2 厘米（图九

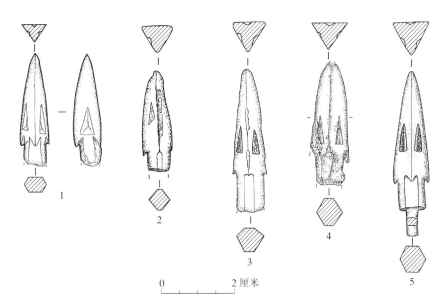

图九〇　地层出土二期文化铜镞
1. T0822②a：1　2. T1322③：37　3. T1815③：1　4. T2322③：12　5. T2324③：11

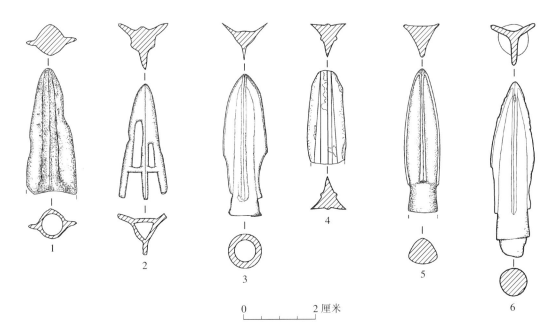

图九一　地层出土二期文化铜镞
1. T1222②a：7　2. T1021⑤：6　3. T1416③：1　4. T1421②a：1　5. T1714③：5　6. T1825③：1

二，2；图版五八，2）。

4. 带钩

2件。T1022③：3，稍残。琵琶形，侧视略呈"S"形。蛇头形钩首，钩身圆钝，钩首至钩尾渐粗，圆形扣。钩身长5.7厘米（图九二，3；图版五八，3）。T1023④：1，残。鎏金。仅余钩首，身稍扁。残长2.6厘米（图九二，4）。

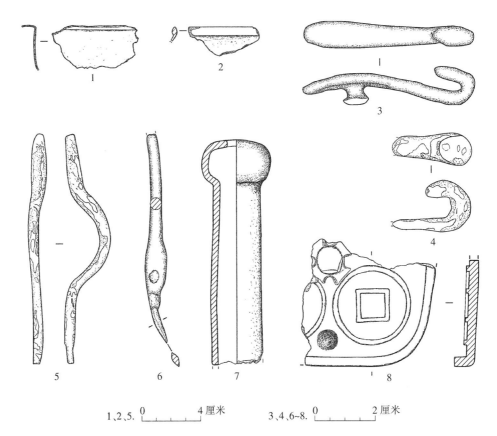

图九二　地层出土二期文化铜盆、釜、带钩、帐钩、刷、器柄、钱模

1. 盆（T1123②a∶4）　2. 釜（T2322③∶10）　3、4. 带钩（3. T1022③∶3，4. T1023④∶1）　5. 帐钩
（T2117③∶1）　6. 刷（T2226③∶1）　7. 器柄（T1120⑤∶1）　8. 钱模（T2315③∶6）

5. 帐钩

1件。T2117③∶1，残。弓形，钉端近方形，带有凹槽。长15.2厘米（图九二，5；图版五九，1）。

6. 刷

1件。T2226③∶1，残。铸制。仅余柄端。柱状实心体，做鸟首状，长喙，圆目。残长6.9厘米（图九二，6；图版五九，2）。

7. 器柄

1件。T1120⑤∶1，残。铸制。圆筒状，末端做蒜头形，上有一穿孔。筒径1.7、残长7.3厘米（图九二，7；图版五九，3）。

8. 钱模

1件。T2315③∶6，仅余一角，保留铜钱背面的模型。从其浇注口和合范的榫卯结构判断，应是范的下部。主浇道为一小圆柱体，四周等距分布四个半月形分流槽。从其断裂破损的情况分析，应是人为毁弃行为。推测为一四枚钱币的模。直径7、厚0.6厘米，钱币外郭2.5、内郭1.1、肉厚0.2厘米（图九二，8；图版六○）。

第四节　三期文化遗存

一　遗迹及遗物

本期文化遗迹有大型建筑基址 3 处，从现存的建筑布局分析，为南北分布的三组院落址。编号为 J4 ~ J6。灰坑 8 座，编号为 H100、H113、H117、H121、H172、H176、H178、H193（图九三）。

J4

位于发掘区中部偏北的位置，居于 T1522、T1523、T1622、T1623、T1522 内，坐落于④层，开口距地表 0.9 米。整个建筑仅保留部分散水和夯土台基，北部被 J1 破坏。从现存的散水分析，应为一处天井式院落基址。院落为长方形，东西宽 7.5、南北存长 9.4 米。西部散水保存稍好，编号为 S3。东部、南部仅局部保留，编号分别为 S1、S2。院落西部尚保留 6 块原位置的础石，编号为 d1、d2、d3、d4、d5、d6。方位角 107°（图九四；图版六一、六二）。

S1，系用小河卵石铺筑，两侧用扁薄的卵石或板瓦立砌，起倚护散水作用。散水近院内一侧略低于外侧。北段破坏严重，仅存立砌的卵石，南段保存稍好。两段中间略有缺失。总长 7、宽 0.7、高 0.1 ~ 0.2 米。

S2，与 S1 砌筑形制相同。仅在西部保留一小段。长 3.9、宽 0.8、高 0.1 米。

S3，与 S1 砌筑形制相若，建造略显粗糙。仅保留南段。长 6.9、宽 0.8、高 0.1 米。

d1 居于建筑西部，距离 S3 约 0.8 米。自然板石，半埋于地下。平面近长方形，稍显扁薄。长 47、宽 39、厚 5 厘米。

d2 居于建筑西南角，距离 S2 约 0.4 米。自然板石略经打制加工而成，半埋于地下。平面长方形。长 46、宽 36、厚 5 厘米。

d3 居于建筑西南角，距离 S2 约 1.7 米。自然板石，半埋于地下。平面近三角形。长边 70、厚 7 厘米。

d4 居于建筑西南角，距离 S2 约 3.4 米。自然板石略经打制加工而成，半埋于地下。平面近梯形。长 65、宽 39、厚 6 厘米。

d5、d6 连接在一起，居于建筑西部。d5 距离 S3 约 2.4 米，半埋于地下。平面近长方形。长 50、宽 46、厚 6 厘米。d6 平面近三角形，长边 57、厚 5 厘米。

出土遗物共 22 件。有建筑构件、陶器、铁器、铜器等。

1. 建筑构件

14 件。有板瓦、筒瓦、圆瓦当等。

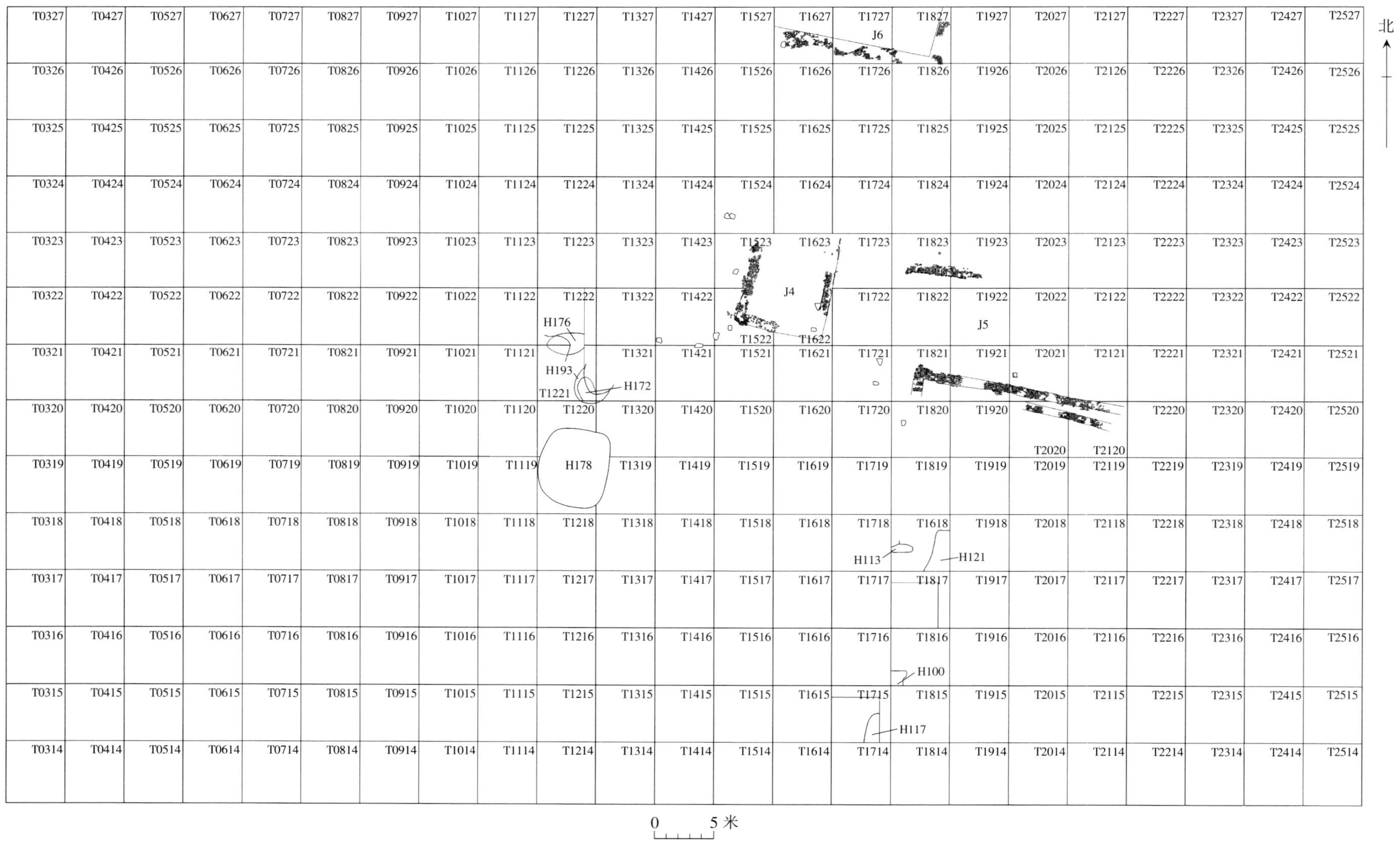

北

图九三　三期文化遗迹图

0　　5米

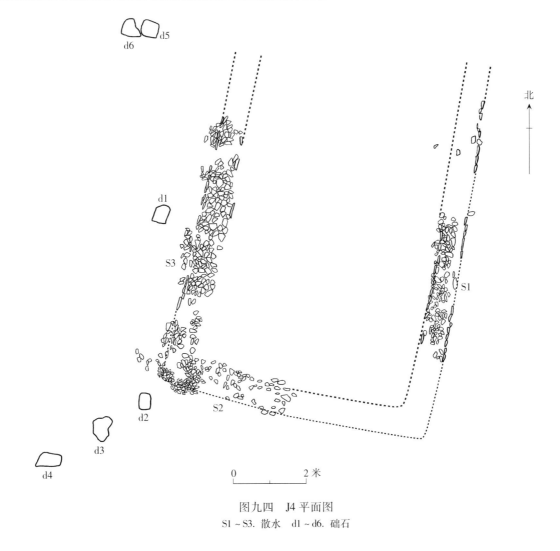

图九四　J4 平面图
S1 ~ S3. 散水　d1 ~ d6. 础石

（1）板瓦

2件。均残。泥质灰陶。J4：11，平面呈长方形，横剖面呈圆弧形。前宽后窄。前端较薄，上下两侧边缘均饰斜向指压纹。后端斜切。凸面整体饰顺向粗绳纹，后端向前25厘米范围内饰横向凹弦纹将绳纹抹断，有的凹弦纹方向不规整；凹面饰布纹，前端向后端17厘米内拍印菱形网格纹。长47、前端宽36.5、厚0.9厘米，后端宽33、厚1.5厘米（图九五，1；图版六三，1）。J4：23，横剖面近似圆弧形。前端端面较平，沿面有一道较浅且窄的凹弦纹。凸面由前向后12厘米内饰绳纹，再向后饰绳纹和凹弦纹的组合纹饰；凹面前端向后21厘米范围内拍印横向绳纹。侧边缘有由内向外的半切口。残长38.5、残宽21.5、前端厚0.9、中部厚1.5厘米（图九五，2；图版六三，2）。

（2）筒瓦

2件。均残。J4：12，泥质黄褐陶。残存瓦头部分。凸面近前端有横向划纹，再向后饰顺向绳纹；凹面饰布纹。瓦身残长21、宽12、厚1.1厘米（图九六，1）。J4：20，泥质灰陶。凸面饰抹绳纹，抹得较重的绳纹非常模糊；凹面饰布纹。残存部分一侧边有由外向内的半切口，瓦中部有一钉孔，瓦头边缘有横向穿孔痕。瓦身长36、熊头长3.8、厚1.6厘米，钉孔直径2.3厘米（图

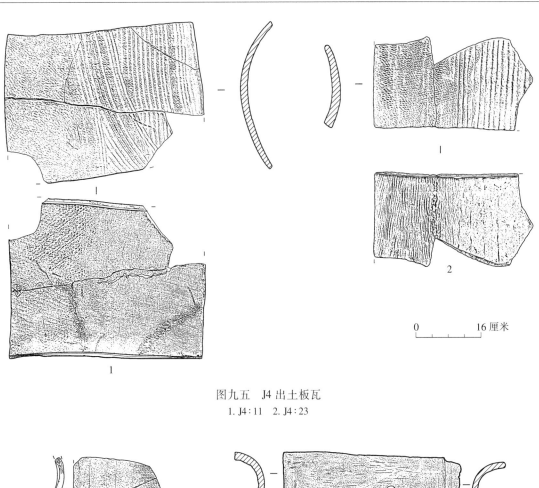

图九五　J4 出土板瓦
1. J4:11　2. J4:23

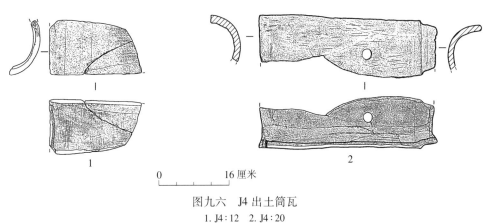

图九六　J4 出土筒瓦
1. J4:12　2. J4:20

九六，2；图版六四，1）。

　　（3）圆瓦当

　　10 件。均残。模制。泥质灰陶。J4:16，当面模印双栏四界格莲花纹，仅存两道双栏和一个界格。莲瓣呈椭圆形，前端、后端较圆钝。当背有手指按压凹窝。当面涂朱。当面残径 7 厘米（图九七，1）。J4:21，当面模印双栏四界格莲花纹，仅存一瓣莲瓣，饱满规整，后端圆钝，前端尖锐。当心模印乳丁纹。当面残径 8.4 厘米（图九七，2）。J4:26，残存一小部分。边轮高于当面。筒瓦部分脱落，残存边轮较窄。当面模印双栏四界格莲花纹，存两瓣莲瓣。当背有按压凹窝。当面残径 5.8 厘米（图九七，3）。J4:27，青灰色，火候较高。边轮脱落。当面模印

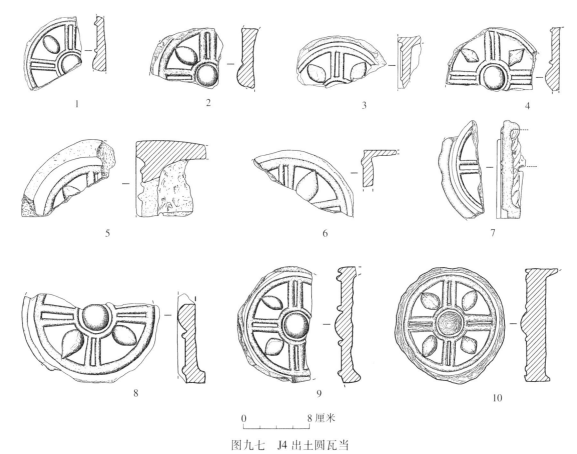

图九七　J4出土圆瓦当

1. J4：16　2. J4：21　3. J4：26　4. J4：27　5. J4：25　6. J4：24　7. J4：22　8. J4：18　9. J4：17　10. J4：19

双栏四界格菱形莲花纹，存三道双线界格和两瓣莲瓣，莲瓣呈菱形，前后两端都非常尖锐，四角中部都有明显的棱线。当心模印乳丁纹。当面涂朱。当背有明显的抹泥痕迹。当面残径10.7厘米（图九七，4；图版六五，1）。J4：25，当面残存边缘部分，后接筒瓦残存一小段。边轮高于当面。当面模印双栏四界格莲花纹。当面涂朱。当背中部边缘有横穿孔痕迹。筒瓦部分凸面饰拍印绳纹，但模糊不清。当面残径5.3厘米（图九七，5）。J4：24，残存一小部分。边轮部分脱落。当面模印双栏四界格莲花纹，仅存一瓣莲瓣，前端尖锐。当面涂朱。当面残径4.9厘米（图九七，6）。J4：22，边轮高于当面，残存部分当面仅存外周凸棱和一道横向双栏。当背边缘有横向穿孔痕迹和旋切痕迹。当面残径4.9厘米（图九七，7）。J4：18，筒瓦部分脱落，残存部分边轮较窄。当面模印双栏四界格莲花纹，莲瓣饱满，后端圆钝，前端尖锐。当心模印乳丁纹。当面涂朱。当背有指压凹坑和横向穿孔痕迹。残存边轮宽0.7、当面残径16.4厘米（图九七，8；图版六五，2）。J4：17，当面模印双栏四界格莲花纹，莲瓣形状不尽规整，当心模印乳丁纹。背面有明显的拿捏痕迹。当面残径13.8厘米（图九七，9；图版六五，3）。J4：19，边轮脱落。当面模印双栏四界格莲花纹，莲瓣形状不尽统一，有的呈椭圆形，有的呈菱形，中部略起棱线。当心模印乳丁纹。当面涂朱。当背中部有横向穿孔痕。当面直径13.3、宽3厘米（图九七，10；图版六六，1）。

2. 陶器

出土陶壶1件。J4：13，仅存底部。轮制。泥质灰陶。弧壁，平底。器底拍印交叉绳纹。底径12、残高1.9厘米（图九八，1）。

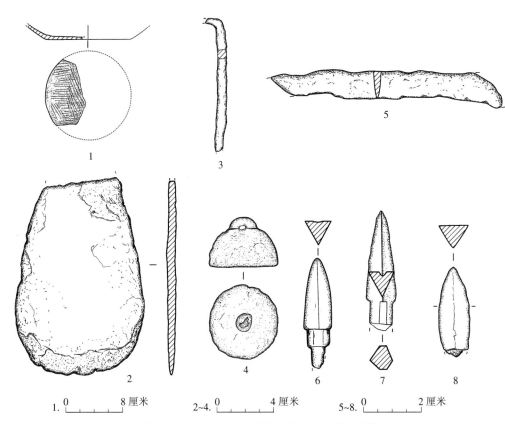

1. 0 ―――― 8厘米　　　2~4. 0 ―――― 4厘米　　　5~8. 0 ―――― 2厘米

图九八　J4出土陶壶，铁铲、钉、权、削，铜镞

1. 陶壶（J4：13）　2. 铁铲（J4：5）　3. 铁钉（J4：10）　4. 铁权（J4：1）　5. 铁削（J4：3）

6 ~ 8. 铜镞（6. J4：6，7. J4：14，8. J4：15）

3. 铁器

4件。有生产工具和生活用具两类。

（1）铲

1件。J4：5，残。铸制。扁体，弧刃。残长13、宽8.8、厚0.5厘米（图九八，2）。

（2）钉

1件。J4：10，顶尖残断。折首，圆身。残长8.9厘米（图九八，3；图版六七，1）。

（3）权

1件。J4：1，完整。近圆锥形，平底，底部中间有一圆坑，顶端置一环钮，椭圆形穿孔。直径4.8、高3.2、孔径1.1厘米（图九八，4；图版六七，2）。

（4）削

1件。J4：3，残断。锻制。直背，直刃。残长8、宽1、厚0.4厘米（图九八，5）。

4. 铜器

3件。均为镞。均残。镞身呈三棱锥状。J4：6，尖部较锋利，关部截面为六棱形，一面带有三角形血槽，铜圆铤。残长 3.6 厘米（图九八，6；图版六八，1）。J4：14，尖部较锋利，关部截面为六棱形，一面带有三角形血槽，铁圆铤。残长 4 厘米（图九八，7；图版六八，2）。J4：15，镞身呈三棱锥状，铁铤，铤残断。残长 2.9 厘米（图九八，8）。

J5

位于发掘区中部偏东的位置，居于 T1821、T1822、T1823、T1921、T1922、T1923、T2020、T2021、T2120、T2121 内，坐落于④层，开口距地表 0.9 米。整个建筑仅留有夯土台基和部分散水，北部被 J3 叠压。建筑址破坏严重，布局不明。南部散水保存稍好，编号为 S1，东西走向，其西端头横砌一小段散水，与其形成直角，编号为 S2。建筑址北部仅局部保留散水，编号为 S3。在 S1 南部叠压一相同走向的散水，形制相若，推测为早于 J5 的散水，抑或 J5 散水改建后的遗留。出于对建筑本体的保护，未对其进行清理，编号 S1－1。在建筑址西部保存有 3 块础石，编号为 d1、d2、d3（图九九；图版六九）。

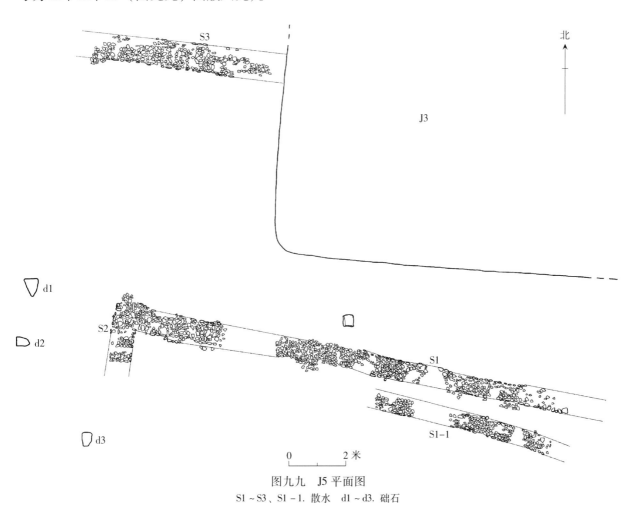

图九九　J5 平面图
S1～S3、S1－1. 散水　d1～d3. 础石

S1 用小河卵石铺筑，两侧用扁薄的卵石或板瓦立砌，北侧边缘多用板瓦做路牙倚护散水。长 16.8、宽 0.8、高 0.1～0.2 米。

S2 与 S1 砌筑形制相同。长 2.1、宽 0.9、高 0.1 米。

S3 与 S1 砌筑形制相若，多被扰动，保存不好。存长 6.5、宽 0.9、高 0.1 米（图一〇〇；图版七〇）。

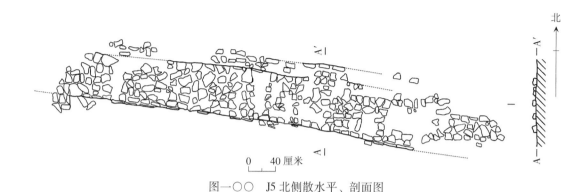

图一〇〇　J5 北侧散水平、剖面图

S1－1 保存不好，存长 6.7、宽 0.7、高 0.1 米。

J5 仅出土 16 件建筑构件。共有板瓦、筒瓦、圆瓦当三种。

（1）板瓦

1 件。J5：24，残。泥质灰陶。凸面饰横向凹弦纹带，凹面饰规整的小方形网格纹。残长 28.5、残宽 30.5、厚 0.9 厘米（图一〇一，1）。

（2）筒瓦

1 件。J5：20，残。泥质灰陶。凸面饰顺向抹绳纹，凹面饰布纹。一侧边有由外向内的半切口。瓦身长 38.2、熊头长 3.4、高 7.2、厚 1.5 厘米（图一〇二；图版六四，2）。

（3）圆瓦当

14 件。均为残件。模制。当面模印双线栏四界格莲花纹，当心模印圆乳丁纹。J5：5，泥质黄陶。边轮高于当面，莲瓣瘦长。当背有手捏痕迹，边缘有明显的旋切痕迹。当面残径 6 厘米（图一〇三，1）。J5：9，灰陶。残存部分莲瓣呈椭圆形，前后两端圆钝，不及中心和外周凸棱弦纹。当面残径 5.2 厘米（图一〇三，2）。J5：12，灰陶。当面残存一道界格和一瓣莲瓣。莲瓣瘦长，后端圆钝，前端残断。当面残径 5.8 厘米（图一〇三，3）。J5：22，灰陶。边轮脱落。当背有手指拿捏痕迹。当面残径 7 厘米（图一〇三，4）。J5：11，灰陶。边轮脱落。残存一瓣莲瓣，莲瓣较长且饱满，后端圆钝，前端较尖锐。当面涂朱。当背有明显的指压凹窝，花头边缘有切痕。当面残径 6 厘米（图一〇三，5）。J5：18，红褐陶。边轮高于当面。残存部分莲瓣未及外周凸棱弦纹。当面残径 4.4、边轮宽 1.3 厘米（图一〇三，6）。J5：23，灰陶。边轮脱落，存一瓣莲瓣，较长且饱满，两端尖锐。当面涂朱。当面残径 5.4 厘米（图一〇三，7）。J5：6，灰陶。边轮脱落。当面残径 5.7 厘米（图一〇三，8）。J5：14，灰陶。莲瓣较长且饱满，后端圆钝，前端尖锐，前后两端均与内外凸棱弦纹相连。背面有明显的手工拿捏痕迹。当面残径 7.2 厘米（图一〇三，9）。J5：21，灰陶。边轮脱落。莲瓣圆滑饱满，前后两端尖锐。当面涂朱。当面残径 13、边轮宽 1.9 厘米（图一〇三，10）。J5：8，灰陶。边轮和当面等高。残存部分莲瓣瘦长，前端尖锐且不及外周凸棱弦纹。当背有抹泥痕迹，瓦筒切口处有横向穿孔痕迹。当面残径 4.8、边轮宽 1.4 厘米（图一〇三，11）。J5：10，灰陶。边轮部分脱落。存两瓣莲瓣，莲瓣瘦长、饱满，前后两端较尖锐。当面涂朱。当面残径 12 厘米（图一〇三，12；图版六五，4）。J5：7，灰陶。边轮高于当面。

图一〇一　三期、四期文化板瓦拓本

1~7. 三期文化（1. J5：24　2. J6：5　3. J6：6　4. J6：7　5. J6：8　6. J6：9　7. H172：15）

8、9. 四期文化（8. T1425③：10，9. T2215③：46）

莲瓣饱满，前端尖锐，后端圆钝，前后两端都不及内外两周凸棱弦纹。当面涂朱。当背有抹泥痕迹，中部边缘有横向穿孔痕迹和旋切痕迹。边轮宽 0.7~1.2、当面直径 16 厘米（图一〇三，13；图版六五，5）。J5：15，灰陶。边轮大部分脱落。边轮和当面同高。莲瓣瘦长，表面有明显的凸起棱线。当面涂朱。当背有抹泥痕迹，边缘有旋切痕迹。边轮宽 1.2~1.4、当面残径 14 厘米（图一〇三，14）。

J6

位于发掘区最北部，临近冲沟，居于 T1627、T1727、T1827 内，坐落于④层，开口距地表 1.1 米。整个建筑仅留有夯土台基和部分散水。但因 J6 临近苏子河冲击的河床，已大部被毁，仅南部保留一些散水。且因地表沉陷等原因，散水多已变形，断续连接。编号 S1。东部仅保留断续的

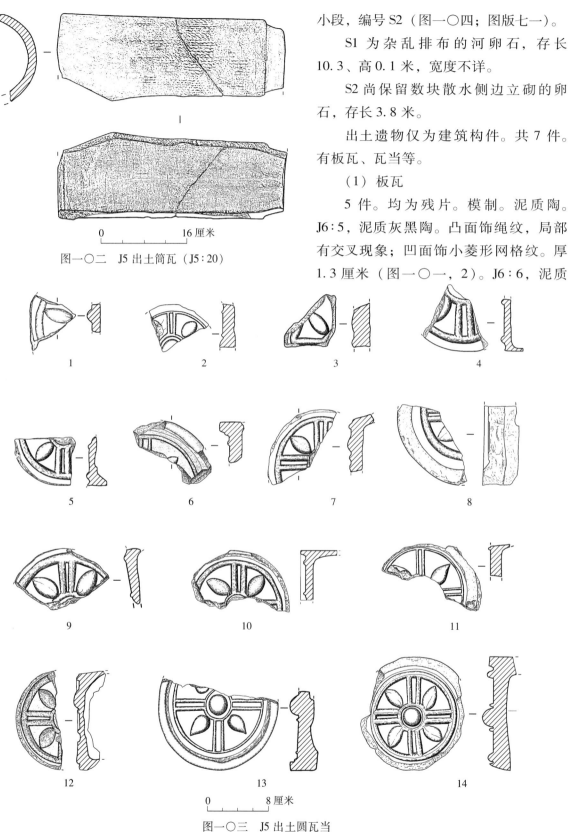

0　　　　　16厘米

图一〇二　J5 出土筒瓦（J5:20）

小段，编号 S2（图一〇四；图版七一）。

S1 为杂乱排布的河卵石，存长 10.3、高 0.1 米，宽度不详。

S2 尚保留数块散水侧边立砌的卵石，存长 3.8 米。

出土遗物仅为建筑构件。共 7 件。有板瓦、瓦当等。

（1）板瓦

5 件。均为残片。模制。泥质陶。J6:5，泥质灰黑陶。凸面饰绳纹，局部有交叉现象；凹面饰小菱形网格纹。厚 1.3 厘米（图一〇一，2）。J6:6，泥质

0　　　　　8厘米

图一〇三　J5 出土圆瓦当

1. J5:5　2. J5:9　3. J5:12　4. J5:22　5. J5:11　6. J5:18　7. J5:23　8. J5:6　9. J5:14　10. J5:21

11. J5:8　12. J5:10　13. J5:7　14. J5:15

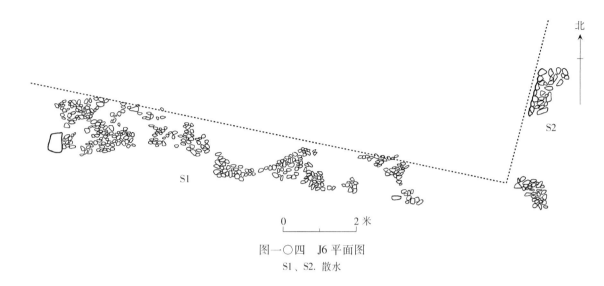

图一〇四 J6 平面图

S1、S2. 散水

灰陶。凸面、凹面均饰粗绳纹，纹饰不规整。厚 1.4 厘米（图一〇一，3）。J6：7，泥质灰陶。凸面饰斜向粗绳纹和弦纹组成的复合纹饰，凹面饰小菱形网格纹。厚 1.6 厘米（图一〇一，4）。J6：8，泥质灰陶。凸面饰弦断粗绳纹，凹面饰小菱形网格纹。厚 1.9 厘米（图一〇一，5）。J6：9，泥质灰陶。凸面饰弦断绳纹，以弦纹为主；凹面饰布纹。厚 1.4 厘米。一侧边有由内向外的半切口（图一〇一，6）。

（2）瓦当

2 件。均为残件。模制。J6：1，红褐色。推测当面模印卷云纹。当面残径 3.2、边轮宽 1.2 厘米（图一〇五，1）。J6：3，黄陶。边轮稍高于当面。当面模印"S"形卷云纹。当面残径 6.7、当面厚 2.8、边轮宽 1.7 厘米（图一〇五，2）。

H100

位于 T1816 内，且延伸至 T1716 东

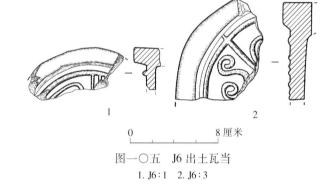

图一〇五 J6 出土瓦当

1. J6：1 2. J6：3

隔梁及 T1815 北隔梁内，开口于④层下，被 H83 打破，开口距地表 1.1 米。根据已发掘部分推测，平面近方形，坑壁斜直内收，平底略有起伏。暴露部分长 1.3、深 0.6 米（图一〇六）。坑内堆积以灰黑土为主，夹杂有大量的红烧土块及少量木炭，土质较疏松。坑内包含物较为丰富，以陶质建筑构件及生活用具为主。

出土遗物共 13 件。有建筑构件、陶器、铁器等。

1. 建筑构件

4 件。有筒瓦、半瓦当、圆瓦当等。

（1）筒瓦

1 件。H100：8，修复完整。青灰色。瓦身前窄后宽。凸面饰顺向抹绳纹，凹面饰布纹。两侧

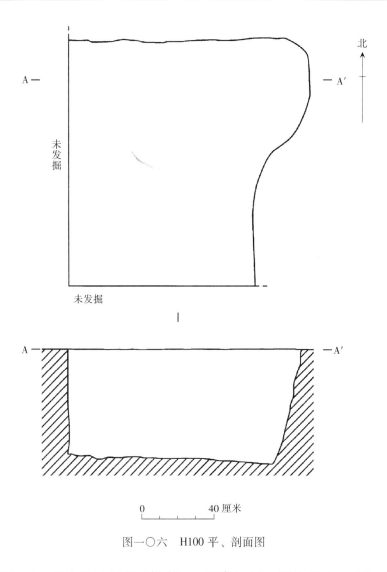

图一○六　H100 平、剖面图

边有由外向内的半切口。瓦头边口亦有刀削痕迹。瓦身长 34、熊头长 3、瓦头口径 16、瓦尾口径 13.5、高 7.5～8.2、厚 1.2 厘米（图一○七，1；图版六四，3）。

（2）半瓦当

2 件。残。灰陶。当面模印双栏二界格蘑菇形卷云纹。H100：5，当面仅存一小部分。背面有明显的手工拿捏和横穿孔痕迹。后接筒瓦凸面饰顺向细绳纹，两侧边缘有外切刀痕。底边残长 3.2、高 7.5、边轮厚 1 厘米，筒瓦残长 9.2、厚 1.3 厘米（图一○七，2）。H100：7，边轮高于当面。当面模印云纹，内有水滴纹。瓦身残长 6.5、残高 6.5 厘米（图一○七，3）。

（3）圆瓦当

1 件。H100：6，残半。模制。泥质灰陶。边轮高于当面。当面模印双栏四界格莲花纹，莲瓣较小，前端尖锐，后端圆钝，前后两端都未连接到内外凸棱弦纹。当心有圆形素面乳丁纹。当背中部边缘有横穿孔痕迹，边缘有明显的切痕。当面直径 16、边轮宽 1 厘米（图一○七，4；图版六五，6）。

2. 陶器

8 件。可辨器形有盆、罐、纺轮、权。

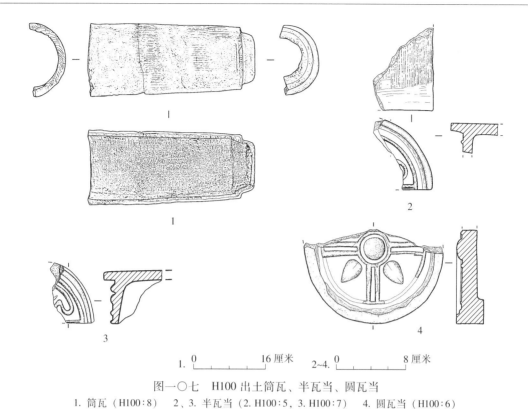

1.　　0 　　　　　16 厘米　　　2~4.　0 　　　　　8 厘米

图一〇七　H100 出土筒瓦、半瓦当、圆瓦当

1. 筒瓦（H100：8）　2、3. 半瓦当（2. H100：5，3. H100：7）　4. 圆瓦当（H100：6）

（1）盆

2 件。均为口沿。轮制。泥质灰陶。H100：17，方唇，卷沿，敞口，沿缘处压印一周绳纹。外壁口沿下方有一周较细的划纹。口径 40、残高 7 厘米（图一〇八，1）。H100：20，青灰色，火候较高。方唇，展沿微卷，敞口，弧壁。沿缘处饰一周压印绳纹，器壁口沿下方饰凹凸弦纹带。口径 42、残高 13.8 厘米（图一〇八，2）。

（2）罐

4 件。均残。轮制。泥质陶。H100：2，据推测复原。红褐陶。尖唇，短领，溜肩，鼓腹，口沿外侧有一周凸棱。上腹饰凹弦纹带，底部饰细绳纹。口径 17.5、底径 9、高 28 厘米（图一〇八，3；图版七二，1）。H100：9，灰陶。鼓腹，平底。外壁饰凹凸弦纹，内壁有明显的轮旋痕迹，近底部饰斜向绳纹，纹饰不清晰。底径 6.5、残高 15.4 厘米（图一〇八，4）。H100：19，残存口沿。轮制。灰陶。微敛口，矮领。外口径 18、残高 6 厘米（图一〇八，5）。

H100：16，仅余器底。泥质灰陶。轮制。弧壁，平底。腹壁、器底均饰绳纹。底径 20、残高 7.5 厘米（图一〇八，6）。

（3）纺轮

1 件。H100：4，残。夹细砂灰陶。轮制。圆台状，平底，凸面弧鼓，中部有一圆孔。台面饰同心弦纹带。制作精细规整。下底直径 6.3、上底直径 2.1、高 2.2 厘米，孔径 1 厘米（图一〇八，7）。

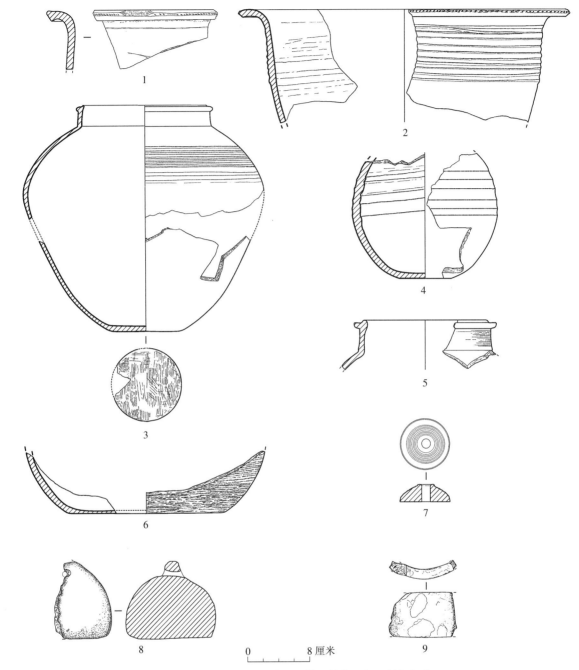

图一〇八　H100 出土陶盆、罐、纺轮、权，铁门枢套

1、2. 陶盆（1. H100：17，2. H100：20）　3～6. 陶罐（3. H100：2，4. H100：9，5. H100：19，6. H100：16）

7. 陶纺轮（H100：4）　8. 陶权（H100：11）　9. 铁门枢套（H100：1）

（4）权

1 件。H100：11，残。泥质灰陶。整体呈馒头状，平底，上有一环状系。底径 10、高 9.5、孔径 0.7 厘米。残存部分重 621.7 克（图一〇八，8；图版七三，1）。

3. 铁器

1 件。为门枢套。H100：1，残断。铸制。圆环形筒状。外径 8.4、残高 5.5、厚 1.2 厘米（图一〇八，9）。

H113

位于 T1818 内，开口于④层下，被 H22 打破，开口距地表 0.8 米。平面呈圆角长方形，斜壁，平底。长 1.9、宽 0.7、深 0.3 米（图一〇九）。坑内堆积以灰黑土为主，土质较疏松。出土少量陶器残片、铁器等遗物。

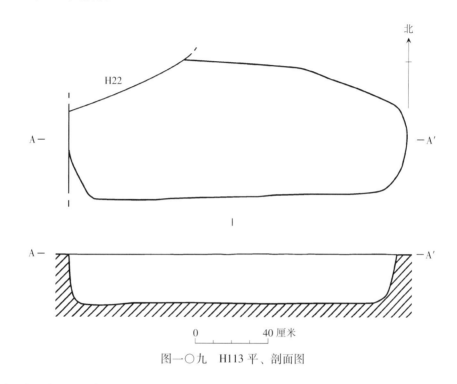

图一〇九　H113 平、剖面图

出土遗物共 9 件。有陶器、铁器等。

1. 陶器

8 件。可辨器形有罐、盆、灯、奁等。

（1）罐

1 件。H113：13，口沿。轮制。夹砂灰黑陶。方唇，侈口。素面。口径 23、残高 7.2 厘米（图一一〇，1）。

（2）盆

3 件。均为口沿。轮制。H113：11，夹砂红陶。方唇，卷沿，敞口，弧壁。口沿横截面呈三角形。沿缘处饰一周压印绳纹，外壁口沿下方饰瓦沟纹。口径 41、残高 8.5 厘米（图一一〇，2）。H113：12，泥质灰陶。尖唇，卷沿，敞口，弧壁。口沿断面近三角形。沿缘处饰一周压印绳纹，缘下有一周凹槽，腹壁饰瓦沟纹。口径 44、残高 7.6 厘米（图一一〇，3）。H113：15，泥质灰陶。方唇，卷沿，敞口，残存部分腹壁斜直。沿缘处饰一周压印绳纹。口径 28、残高 7.4 厘米（图一一〇，4）。

（3）灯

3 件。轮制。泥质灰陶。均残。H113：2，灯座。底座呈圆筒状稍外撇。底径 9.6、残高 9.5厘米（图一一〇，5；图版七四，1）。H113：3，灯座。内壁有明显的轮旋痕迹。底径 8.5、残高

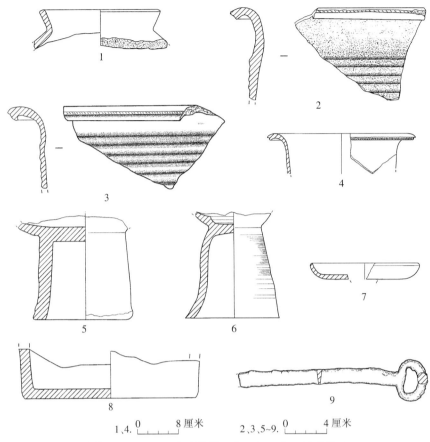

图一一〇　H113 出土陶罐、盆、灯、奁，铁环首刀

1. 陶罐（H113：13）　　2~4. 陶盆（2. H113：11, 3. H113：12, 4. H113：15）　　5~7. 陶灯
（5. H113：2, 6. H113：3, 7. H113：10）　　8. 陶奁（H113：14）　　9. 铁环首刀（H113：1）

9.3 厘米（图一一〇, 6）。H113：10, 灯盘。尖唇, 敞口, 弧壁。素面。口径 10、高 1.5 厘米
（图一一〇, 7）。

（4）奁

1 件。H113：14, 仅余底部。轮制。泥质黑陶。残存部分腹壁较直, 平底。素面。底径 16.3、
残高 4.5 厘米（图一一〇, 8）。

2. 铁器

1 件。环首刀。H113：1, 残。锻制。扁条状柄, 柄端具扁圆环首, 锋残, 直背直刃。残长
18、环首孔径 2.2 厘米（图一一〇, 9）。

H117

位于 T1715 内, 且延伸至 T1715 东隔梁及 T1714 北隔梁内, 开口于④层下, 开口距地表 0.9
米。根据已发掘部分推测, 平面呈不规则椭圆形, 斜壁, 平底略有起伏。长径 2.6、短径 1.3、深
0.2 米（图一一一）。坑内堆积以黑土为主, 夹有少量红烧土及沙石, 土质较疏松。坑内包含物较
丰富, 以建筑构件及陶质生活用具为主。建筑构件多为板瓦残片, 少量筒瓦和瓦当残件。生活用
具以灰陶为主。

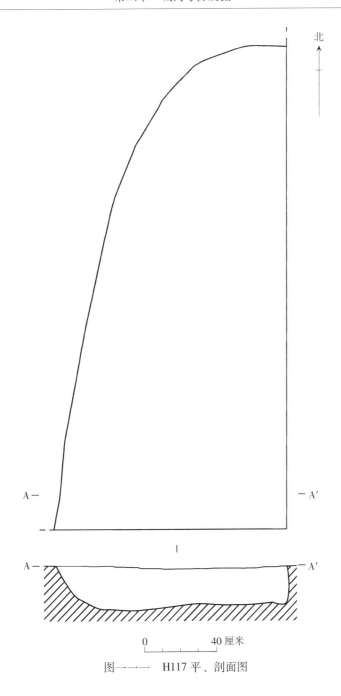

图一一一　H117 平、剖面图

出土遗物共 25 件。有建筑构件、陶器、石器等。

1. 建筑构件

6 件。有半瓦当和圆瓦当两种。

（1）半瓦当

2 件。均残。H117:3，砖红色。当面模印双栏二界格单线蘑菇形卷云纹，云纹内无水滴纹。底有明显的切痕。当背瓦筒切口处横穿一孔。底边残长 4.6、边轮宽 1.2、高 7.5 厘米，筒瓦残长 4.4 厘米（图一一二，5）。H117:29，边轮脱落。模制。泥质灰陶。当面模印双栏二界格蘑菇形卷云纹，云头多达四圈，云纹内无水滴纹。中间饰半个圆乳丁纹。底有切割痕。底边长 14、高 7

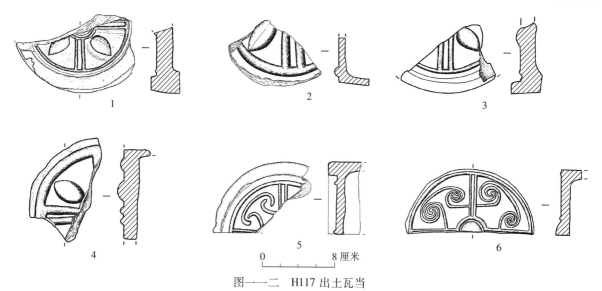

图一一二　H117 出土瓦当

1～4. 圆瓦当（1. H117：2，2. H117：10，3. H117：26，4. H117：27）　5、6. 半瓦当（5. H117：3，6. H117：29）

厘米（图一一二，6；图五〇，5；图版三三，6）。

（2）圆瓦当

4 件。均残存一小部分。模制。灰陶。H117：2，边轮脱落。当面模印双栏四界格莲花纹。莲瓣前端尖锐，后端圆钝，前后都不与中心和外周凸棱弦纹连接。当面残径 6.6、边轮宽 1.4 厘米（图一一二，1）。H117：10，边轮部分脱落，当面模印双栏四界格莲花纹。仅存一道双栏界格和一瓣莲瓣。莲瓣瘦长，略起棱线，前端尖锐且连接外周凸棱弦纹。当面残径 6.9 厘米（图一一二，2）。H117：26，边轮高于当面。当面模印双栏四界格莲花纹。仅存一道双栏和一瓣莲瓣。莲瓣瘦小，前端尖锐，后端圆钝，前后两端都不与中心和外周凸棱弦纹连接。当面残径 6.4、边轮宽 1.1 厘米（图一一二，3）。H117：27，边轮脱落，当面模印双栏四界格莲花纹，存一道双栏和一瓣莲瓣。莲瓣肥硕，后端圆钝，前端尖锐。当面涂朱。当背有手指拿捏痕迹。当面残径 6.4 厘米（图一一二，4）。

2. 陶器

18 件。以泥质灰陶为主。可辨器形有壶、瓮、盆、釜、灯、纺轮、器底、纹饰陶片。

（1）壶

1 件。H117：15，残存颈部。轮制。泥质灰陶。素面。残高 13.8 厘米（图一一三，1）。

（2）瓮

1 件。H117：23，口沿。泥质灰陶。轮制。圆唇，敛口，广肩。沿面饰 5 道凹弦纹。口径 35.8、残高 8.5 厘米（图一一三，2）。

（3）盆

9 件。均残。轮制。H117：11，口沿。泥质灰陶。方唇，卷沿，敞口。口沿断面呈三角形。沿面饰两道凹弦纹，沿缘处饰一周压印绳纹，器壁饰凹凸弦纹。口径 36、残高 5.7 厘米（图一一三，3）。H117：13，口沿。夹砂灰陶。方圆唇，折沿，敞口，残存部分腹壁斜直。沿缘处饰两道绳纹，器表饰瓦沟纹。口径 32、残高 8.5 厘米（图一一三，4）。H117：14，口沿。泥质灰陶。方唇，卷沿，敞口，腹壁较深。口径 42、残高 9.2 厘米（图一一三，5）。

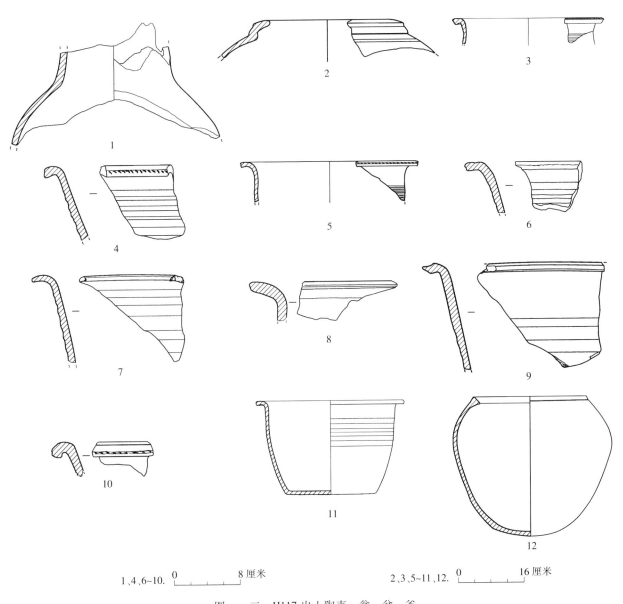

1、4、6~10.　0———8厘米　　　　2、3、5~11、12.　0———16厘米

图一一三　H117出土陶壶、瓮、盆、釜

1. 壶（H117：15）　2. 瓮（H117：23）　3~11. 盆（3. H117：11，4. H117：13，5. H117：14，6. H117：16，7. H117：17，8. H117：18，9. H117：21，10. H117：24，11. H117：28）　12. 釜（H117：1）

H117：16，口沿。泥质灰陶。方唇，展沿，沿面饰一道凹弦纹。残高5.8厘米（图一一三，6）。H117：17，口沿。泥质灰陶。圆唇，卷沿，敞口，腹壁斜直。残存部分外壁有不明显的凹凸弦纹。残高10厘米（图一一三，7）。H117：18，口沿。泥质灰陶。圆唇，展沿，敞口。沿缘处饰有一周凹弦纹。残高4.5厘米（图一一三，8）。H117：21，口沿。泥质灰陶。尖唇，折沿，敞口，斜直壁。沿面有一周凹弦纹。残高12厘米（图一一三，9）。H117：24，口沿。轮制。泥质黑陶。圆唇，卷沿，沿缘处有一周压印绳纹。残高3.9厘米（图一一三，10）。H117：28，修复完整。泥质黄陶。浅黄色。方唇，平沿，直口，深弧腹，平底。沿缘处饰一周不明显的绳纹，其余素面。口径35、底径22.5、高21.5厘米（图一一三，11；图版七五，1）。

（4）釜

1件。H117：1，修复完整。夹砂灰褐陶。内掺滑石颗粒。方唇，敛口，腹缓折，圜底。口沿外侧下方有一周凹弦纹。口径27、腹径39、高32厘米（图一一三，12；图版七五，2）。

（5）灯

1件。H117：12，仅余灯座。轮制。泥质灰陶。盘状座。口径8、残高5厘米（图一一四，1）。

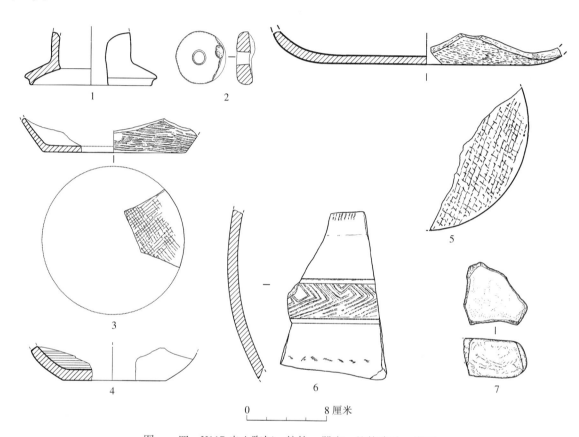

图一一四　H117出土陶灯、纺轮、器底，纹饰陶片，磨石
1. 陶灯（H117：12）　2. 陶纺轮（H117：30）　3～5. 陶器底（3. H117：19，4. H117：20，5. H117：22）
6. 纹饰陶片（H117：25）　7. 磨石（H117：5）

（6）纺轮

1件。H117：30，残。泥质灰黑陶。圆形，中孔。直径5、厚1.8、孔径0.9厘米（图一一四，2；图版七六，1）。

（7）器底

3件。均为泥质陶。轮制。H117：19，灰陶。腹壁饰绳纹，底部饰篮纹。底径14、残高3.2厘米（图一一四，3）。H117：20，黑陶。弧壁，平底。内壁有明显的轮旋痕迹。底径10、残高3厘米（图一一四，4）。H117：22，灰陶。腹壁饰绳纹，底部饰篮纹。底径18、残高3厘米（图一一四，5）。

（8）纹饰陶片

1件。H117：25，泥质灰陶。残存部分中间饰两道凹弦纹间饰压印菱格纹，下部饰绳纹。残宽 11.5、残高 16 厘米（图一一四，6）。

　　3. 石器

　　1 件。为磨石。H117：5，残。磨制。近三角形。长 6.2、宽 5.9、厚 3.7 厘米（图一一四，7）。

H121

　　位于 T1818 内，且延伸至 T1918 内，开口于④层下，开口距地表 0.8 米。斜壁，平底略有起伏。暴露部分平面近梯形，长 3.6、宽 2.2、深 0.5 米（图一一五）。坑内堆积以黄褐土为主，土质较疏松。坑内包含物较丰富。

　　出土遗物共 6 件。有建筑构件、陶器、铜器等。

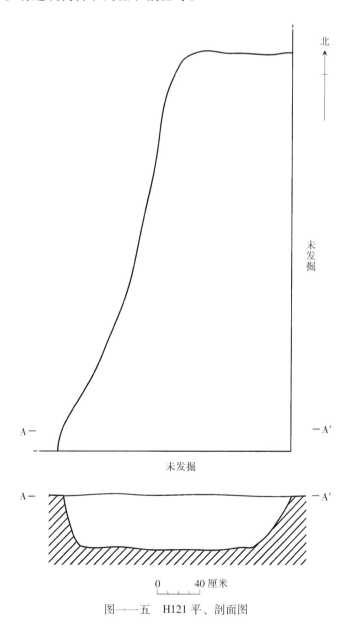

图一一五　H121 平、剖面图

1．建筑构件

2 件。有砖和瓦钉。

（1）砖

1 件。H121：6，残断。灰色。素面。残长 34.7、残宽 28、厚 4.8 厘米（图一一六，1）。

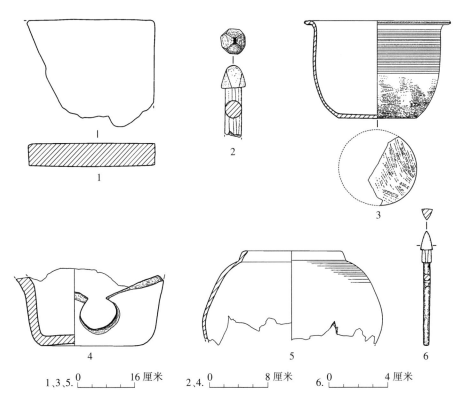

图一一六　H121 出土砖，瓦钉，陶盆、器座、瓮，铜镞

1. 砖（H121：6）　2. 瓦钉（H121：2）　3. 陶盆（H121：3）　4. 陶器座（H121：4）　5. 陶瓮
（H121：5）　6. 铜镞（H121：7）

（2）瓦钉

1 件。H121：2，残断。泥质灰陶。刀削制坯。顶部呈棱锥状，身呈圆柱状。残长 9.4 厘米
（图一一六，2；图版七七，1）。

2．陶器

3 件。均为泥质陶。可辨器形有盆、器座、瓮等。

（1）盆

1 件。H121：3，修复完整。轮制。灰陶。方唇，折沿，直口，深腹，平底。沿面饰一周凹弦
纹，沿缘饰一周压印绳纹，上腹部饰凹凸弦纹带，下腹部和底部饰绳纹。口径 39.4、底径 21、高
26 厘米（图一一六，3；图版七八，1）。

（2）器座

1 件。H121：4，残。黄褐陶。轮制。残存部分近底部器壁较直，凹底。侧壁有一大圆孔。底
径 14、残高 10 厘米（图一一六，4；图版七九，1）。

（3）瓮

1件。H121∶5，口沿。灰陶。轮制。圆唇，敛口，溜肩，鼓腹。沿面边缘饰一周绳纹，肩部有不明显的轮旋痕迹，下腹部和底部饰不规则绳纹。口径27、残高25.2厘米（图一一六，5；图版七二，2）。

3. 铜器

1件。为镞。H121∶7，残。镞身三棱锥状，无血槽，截面呈三角形。尖部较锋利，六棱关，铁圆铤。镞身长1.2、通长7.5厘米（图一一六，6）。

H172

位于T1221内，且延伸至T1220北隔梁内，开口于第④层下，被H192打破，并打破H193，开口距地表深1.3米。暴露部分平面呈椭圆形，弧壁，圜底，整体近似锅底状。长径2.3、短径1.4、深0.9米（图一一七）。坑内堆积为灰黑色土，较疏松。夹杂有大量的碳粒及红烧土块，出土有少量的建筑构件、陶片及铜器等。建筑构件多为板瓦残片，陶片多为灰陶，较为残碎，以素面为主。

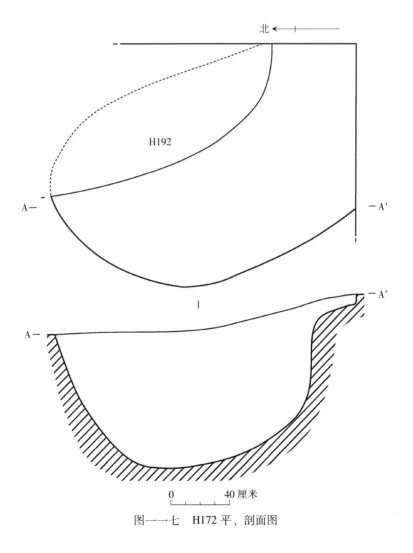

图一一七　H172平、剖面图

出土遗物共8件。有建筑构件、陶器、铜器。

1. 建筑构件

3件。均为板瓦。均残。模制。H172：4，泥质灰陶。凸面饰粗绳纹和凹凸弦纹，凹面饰布纹，其中，一半在绳纹上饰压印菱形纹。两侧边有由内向外的半切口，前端端面有刀切痕迹，后端端面圆滑。长47.5、前宽37.5、厚1.2厘米，后端宽34.5、厚1.2厘米（图一一八，1；图版八〇，1）。H172：5，泥质灰黑陶。前宽后窄，横剖面近圆弧形。前端端面一部分斜切，一部分较平；后端端面较平。两侧边有由内向外的半切口。凸面前半部分饰顺向绳纹，后半部分饰弦纹将绳纹抹断；凹面饰布纹。长43、前宽30.5、后宽27、厚1.3厘米（图一一八，2；图版八〇，2）。H172：15，残存一小块。凸面饰顺向粗绳纹，凹面压印菱形纹。残长24、残宽21、厚0.8厘米（图一〇一，7）。

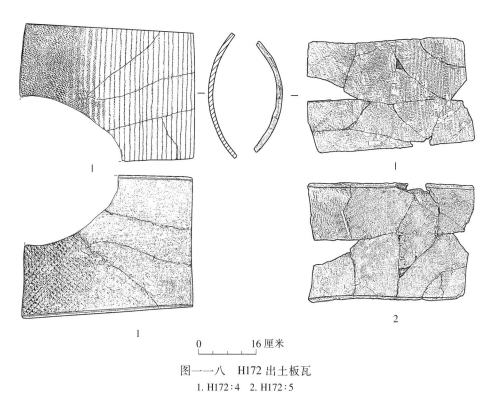

图一一八　H172 出土板瓦
1. H172：4　2. H172：5

2. 陶器

4件。均为泥质陶。可辨器形有盆、甑、权等。

（1）盆

2件。均残。轮制。H172：3，灰黑陶。方唇外侈，敞口，平展沿，深腹。上腹饰凹凸弦纹带，下腹饰绳纹。口径33、残高19.2厘米（图一一九，1）。H172：10，仅存腹壁部分。灰陶。敞口，弧壁。外壁素面，内壁中部以下有刮削弦纹。残存部分口径36、残高13厘米（图一一九，2）。

（2）甑

1件。H172：6，修复完整。泥质灰黑陶。方唇，平折沿，敞口，深弧腹，平底。底部有条状

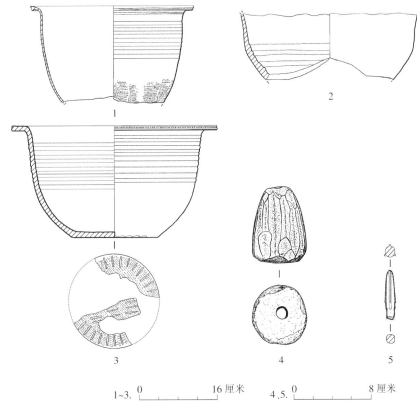

1~3. |0　　　　　　16 厘米|　　4、5. |0　　　　　　8 厘米|

图一一九　H172 出土陶盆、甑、权，铜镞
1、2. 陶盆（1. H172：3，2. H172：10）　　3. 陶甑（H172：6）
4. 陶权（H172：1）　　5. 铜镞（H172：2）

甑孔。沿面有一周凹弦纹，沿缘饰一周绳纹，上腹饰凹弦纹带，下腹饰极不明显的篮纹，外底部饰绳纹。口径41.6、底径17、高22厘米（图一一九，3；图版七八，2）。

（3）权

1件。H172：1，稍残。泥质灰陶。纵向剖面呈梯形，横向剖面呈圆形。平底。中部有一竖向通孔。器表有明显的刀削痕迹。高7.5、底径5.5～6厘米。重243.9克（图一一九，4；图版七三，2）。

3. 铜器

1件。为镞。H172：2，镞身短三翼，尖部圆钝，高脊，铁圆铤残断。残长5.2厘米（图一一九，5）。

H176

位于T1221、T1222内，开口于第④层下，开口距地表1.4米。据已发掘部分推测，灰坑平面近似椭圆形，斜壁不规整，圜底。长径3.2、短径1.9、深0.2～0.7米（图一二〇）。坑内堆积为灰黑色土，土质较疏松，夹杂有大量的红烧土、炭粒等。出土有建筑构件、陶片及兽骨。建筑构件多为板瓦残片，瓦面多饰有绳纹、瓦棱纹，瓦背多饰有菱形纹等几何纹。陶片多为灰陶，较为残碎，以素面为主。兽骨残碎严重，不能提取。

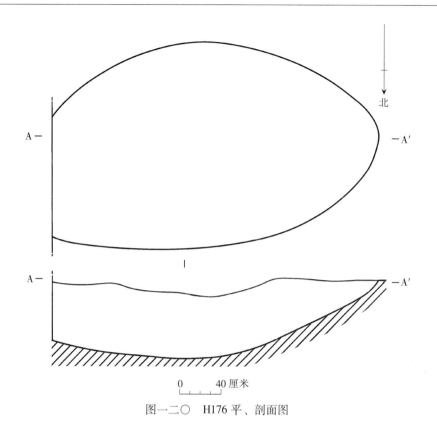

0　　40 厘米

图一二〇　H176 平、剖面图

H178

位于 T1319、T1320、T1219 及 T1220 内，开口于④层下，开口距地表 1.2 米。平面近似圆角方形，斜壁，平底起伏较大，坑底均匀铺有一层碎瓦片。长 6.8、深 0.3~0.5 米（图一二一）。坑内堆积以黑褐土为主，夹杂大量木炭及红烧土，土质较疏松。坑内包含物比较丰富。

出土遗物共 14 件。有陶器、铁器、石器等。

1. 陶器

5 件。均为泥质陶。可辨器形有盆、釜、纺轮。

（1）盆

3 件。H178：2，修复完整。灰陶。方唇，短折沿，敞口，深弧腹，平底。上腹部饰弦纹带，下半部有明显的刀削痕迹。口径 28、底径 15、高 13.5~14.1 厘米（图一二二，1；图版七五，3）。H178：3，修复完整。灰陶。轮制。方圆唇，短折沿，沿面内高外低，敛口，弧腹，平底。沿缘处饰有一周凹弦纹，口沿下方饰数条凹弦纹。口径 26、底径 15.6、高 9.5 厘米（图一二二，2；图版七五，4）。H178：45，口沿。轮制。灰黑陶。圆唇，宽折沿，敞口。沿面有磨光暗纹。残高 7 厘米（图一二二，3）。

（2）釜

1 件。H178：1，残。修复完整。轮制。灰陶。方唇，敛口，溜肩，球腹，小平底。上腹部有轮旋痕迹，中部饰一周戳点纹，下腹部饰绳纹。口径 23.5、腹径 37、底径 6、高 29 厘米（图一二二，4；图版七五，5）。

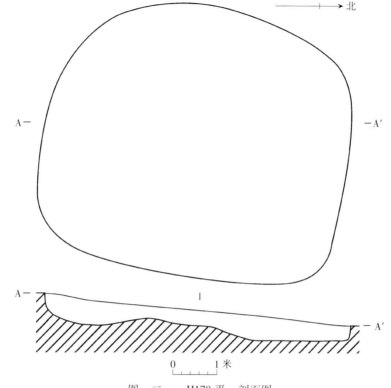

图一二一　H178 平、剖面图

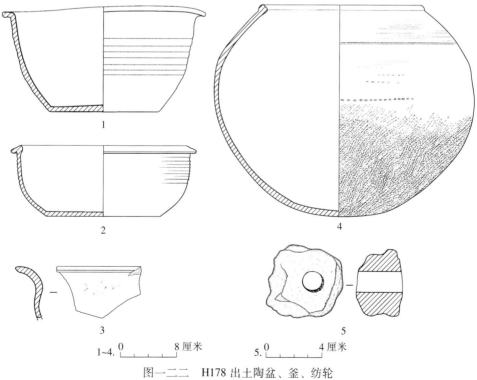

图一二二　H178 出土陶盆、釜、纺轮

1~3. 盆（1. H178：2，2. H178：3，3. H178：45）　4. 釜（H178：1）　5. 纺轮（H178：6）

（3）纺轮

1件。残。H178：6，红陶。中间有圆孔。直径4.6～5.9、厚3.2、孔径1.4厘米（图一二二，5）。

2. 铁器

8件。有生产工具、生活用具、车马器等。

（1）镬

1件。H178：19，刃部和銎口处残断。平面近长方形，由銎口部位向尖端逐渐变薄。銎口方形。残长9.8、前端宽5.5、厚0.6厘米，銎口处宽5、厚1.8厘米，銎口长3、宽1厘米（图一二三，1；图版三八，5）。

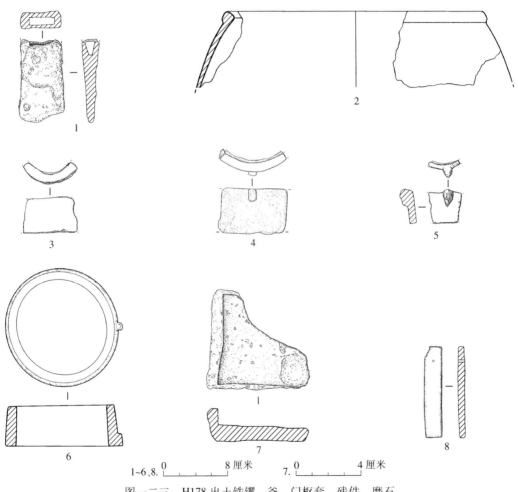

图一二三　　H178出土铁镬、釜、门枢套、残件，磨石

1. 铁镬（H178：19）　2. 铁釜（H178：39）　3～6. 铁门枢套（3. H178：21，4. H178：28，5. H178：40，6. H178：33）
7. 铁器残件（H178：9）　8. 磨石（H178：38）

（2）铧

1件。H178：35，残碎，无法修复。

（3）釜

1件。H178：39，口沿残片。方唇，敛口，溜肩。口径32、残高9、壁厚0.9厘米（图一二

三, 2)。

（4）门枢套

4件。均残。铸制。圆环形。H178：21，外径8、高4.2、厚1厘米（图一二三，3）。H178：28，一侧边缘有一短齿，呈长方形。外径8.4、高5.5、厚1厘米。短齿长1.4、宽1、残高0.5厘米（图一二三，4）。H178：40，残存部分一侧边缘有一短齿，呈棱锥形。外径4、高4、厚0.6~0.8厘米，齿长2、宽1.2、高1.2厘米（图一二三，5）。H178：33，一侧边缘只存有一短齿。外径14、高4.9、厚1厘米，短齿长1.7、宽0.9、高0.6厘米（图一二三，6）。

（5）残件

1件。H178：9，铸制。一边呈直角折起，平面一边内弧。残长6.7、残宽6.1、厚0.8厘米（图一二三，7）。

3. 石器

1件。为磨石。H178：38，残。长条形，横截面呈长方形，一头带对钻孔。长10.8、宽2、厚1、孔径0.2厘米（图一二三，8）。

H193

位于T1221内，且延伸至T1220、T1320北隔梁内，开口于第④层下，被H192、H172打破，开口距地表1.4米。根据已发掘部分推测，H193平面近似椭圆形，斜壁不甚规整，圜底。长径存长2.1、短径2.9、深1.3米（图一二四）。坑内堆积灰黑色土，夹杂少量粗砂粒及石块，土质较疏松，出土少量建筑构件、陶片及铁镞等。陶片多为灰陶，较为残碎，以素面为主。

出土遗物共4件。有陶器和铁器等。

1. 陶器

2件。有熏盖和器底，均为泥质灰陶。

（1）熏盖

1件。H193：3，残。轮制。覆钵状，器壁有三角形孔。底径11、高3.8厘米（图一二五，1；图版八一，1）。

（2）器底

1件。轮制。H193：4，内底刻画一鱼形图案，因残缺较大，图案不全。残高1.6厘米（图一二五，2；图版八二，1）。

2. 铁器

2件。均为镞。均残。依据镞身形制，分为矛形镞、锥形镞两种。

矛形镞 1件。H193：1，圆铤。残长10厘米（图一二五，3）。

锥形镞 1件。H193：2，圆铤。残长7.4厘米（图一二五，4）。

二 遗 物

本期遗物共267件，有建筑构件、陶器、铁器、铜器、货币、石器等。

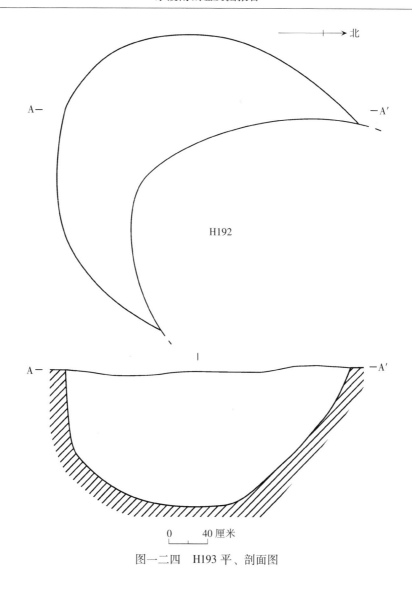

图一二四　H193 平、剖面图

（一）建筑构件

34 件。主要有板瓦、筒瓦、圆瓦当、瓦钉等。

1. 板瓦

2 件。泥质灰陶。模制。火候较高。T1318③：1，残。横剖面呈圆弧形。前宽后窄，但不明显。两侧边有由里向外的半切口。前端端面较平，有切痕。后端斜切，端面较斜。凸面从后向前25 厘米范围内饰横向凹弦纹，余饰斜向粗绳纹，纹饰已模糊；凹面由前向后15 厘米内拍印小菱形网格纹，余饰布纹。长44 厘米，前宽36.5、厚1.7 厘米，后宽34、厚1.4 厘米，中部厚1.7 厘米（图一二六，1；图版八三，1）。T1319③：5，残断。横剖面呈圆弧形。前端端面平齐。凸面由前向后18 厘米部分饰斜向粗绳纹，再向后饰凹凸弦纹带；凹面由前端向后大约12 厘米部分似有拍印纹，不清晰，再向后素面。残长31.5、残宽33、前端厚0.9、中部厚1.8 厘米（图一二六，2；图版八三，2）。

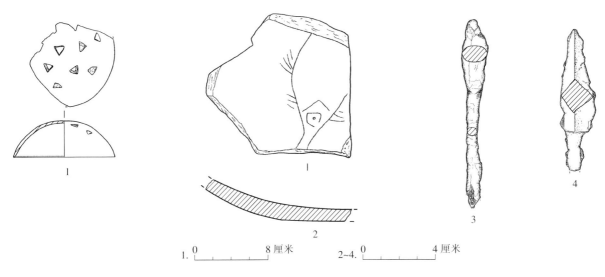

图一二五　H193 出土陶熏盖、器底，铁镞

1. 陶熏盖（H193∶3）　　2. 陶器底（H193∶4）　　3、4. 铁镞（3. H193∶1，4. H193∶2）

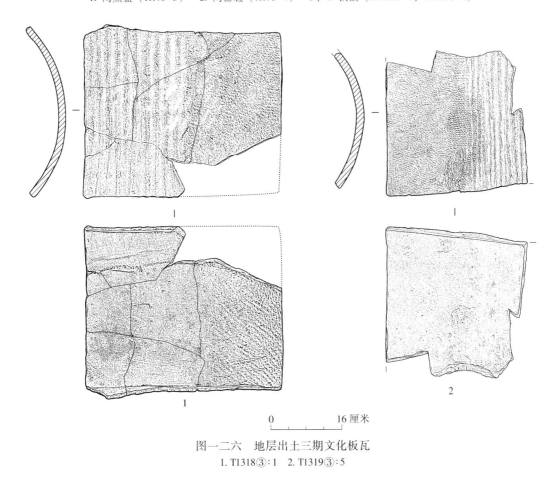

图一二六　地层出土三期文化板瓦

1. T1318③∶1　　2. T1319③∶5

2. 筒瓦

5 件。泥质灰陶。模制。火候较高。T1816③∶1，残。凸面饰抹绳纹，凹面饰布纹。瓦头上下缘有指压纹。在凹面可见泥条拼接痕迹。瓦身长 43、厚 0.9 厘米（图一二七，1；图一七，7；图版八

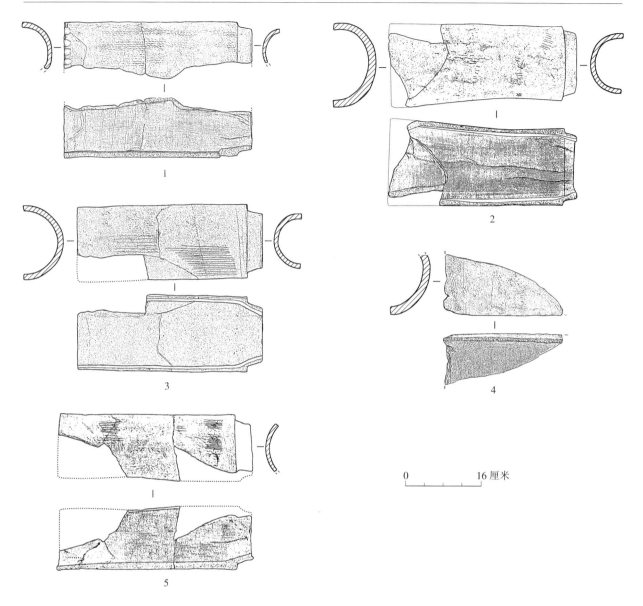

图一二七　地层出土三期文化筒瓦
1. T1816③：1　2. T1817③：1　3. T1817③：2　4. T2215③：20　5. T2321③：1

四，1）。T1817③：1，残。凸面素面，凹面饰绳纹，瓦头有不明显的指压纹。两侧边内侧有脱模刀削痕。瓦身残长 39.7、宽 17.1、厚 1.6 厘米（图一二七，2；图版八四，2）。T1817③：2，残。凸面饰抹绳纹，纹饰不清晰；凹面素面。两侧边缘内侧有刀削痕迹。瓦身长 39.4、宽 15.1、厚 1.2 厘米（图一二七，3；图版八四，3）。T2215③：20，残。凸面饰抹绳纹，凹面饰布纹。一侧边外侧有脱模刀削痕。瓦身残长 24.9、残宽 10.2、厚 1.7 厘米（图一二七，4）。T2321③：1，残。凸面饰抹绳纹，凹面饰布纹。两侧边缘内侧有脱模刀削痕。瓦身长 41.5、残宽 13.6 厘米（图一二七，5）。

　　3. 圆瓦当

　　23 件。形制基本相同，皆为浅浮雕莲瓣纹瓦当。泥质灰陶。模制。火候较高。高边轮，当面近边轮处饰一道粗凸弦纹，当面界格线为二条凸棱线，平均分成四个扇面，每个扇面内饰有一枚高浮雕单瓣莲纹，花瓣上有一条棱线或模糊不显的线条。T0418②a：2，残。边轮脱落。莲瓣短小肥厚，前端略尖，后端圆钝，且前后两端未与内外凸棱弦纹相连。当背有指压痕和横向穿孔痕迹。下边缘有切痕。当面直径 14 厘米（图一二八，1；图版六六，2）。T1020④：5，残。边轮脱落。仅存一瓣莲瓣，残存部分前端尖锐。当面涂朱（图一二八，2）。T1119②a：7，残。边轮脱落，莲瓣瘦长。当背有明显的抹泥痕迹，边缘有旋切痕迹（图一二八，3）。T1717③：1，残。边轮脱落。莲瓣较长且肥厚，形状不规整。当面涂朱。当背有手指按压凹窝（图一二八，4）。T1826②a：2，残，仅存一瓣椭圆形莲瓣。当背边缘有切割痕。当面残径 2.5、边轮宽 1.2 厘米（图一二八，5）。T1916③：11，残。莲瓣形状不规整。当背有指压凹窝（图一二八，6；图版八五，1）。T2026③：2，残。边轮脱落。莲瓣瘦长。当面涂朱，当背有手指抹压痕迹（图一二八，7）。T2027③：2，边轮局部残缺。莲瓣呈椭圆形，较短且较肥厚，两端未连接到内外凸棱弦纹。当面直径 13.5、边轮宽 1.4 厘米（图一二八，8；图版八六，1）。T2110③：1，边轮局部残缺。莲瓣呈椭圆形且较规整，两端未连接到内外凸棱弦纹。当背抹泥。边缘有旋切痕迹。当面残径 13 厘米（图一二八，9；图版八五，2）。T2120③：10，残。莲瓣肥厚。残高 3.4 厘米（图一二九，1）。T2120③：11，残。莲瓣瘦长，两端未连接到内外凸棱弦纹。当背边缘有旋切痕迹。边轮宽 1.4 厘米（图一二九，2）。T2125③：8，残。莲瓣肥厚，两端与内外凸棱弦纹相连。当面涂朱，当背有抹泥痕迹。边轮宽 1.4 厘米（图一二九，3）。T2125③：9，仅存一端外周凸棱弦纹和一段双栏界格。当面残径 4 厘米（图一二九，4）。T2215③：29，仅存一道双栏界格和一瓣莲瓣。莲瓣前端略尖，后端圆钝。当面残径 7.5 厘米（图一二九，5）。T2216③：9，残。莲瓣肥厚。当背有抹泥痕迹。当面残径 12.6 厘米（图一二九，6）。T2220③：20，残。莲瓣肥厚，形状不规整。当面涂朱。当背有手指按压凹窝，边缘有切割痕。当面残径 13 厘米（图一二九，7；图版八五，3）。T2220③：30，边轮稍有残缺，宽窄不均，高于当面。莲瓣瘦长，形状不规整，两端尖锐，均与内、外凸棱弦纹相连。当面涂朱。当背有明显的手指抹泥痕迹，下边缘有旋切痕迹。后接筒瓦部分残断。当面直径 16、边轮宽 1.3～1.9 厘米，筒瓦残长 4.1 厘米（图一二九，8；图版八七，1）。T2220④：1，残。边轮脱落。存两瓣莲瓣，莲瓣肥厚，两端较尖锐。当面涂朱。当面残径 11.5 厘米（图一二九，9）。T2314②a：2，边轮脱落。莲瓣瘦长，两端连接内、外凸棱弦纹。当面涂朱。当背有按压凹窝和横向穿孔痕迹。边缘有旋切痕迹。当面直径 14、残宽 3.2 厘米（图一二九，10；图版八六，2）。T2315③：5，残存两道双栏界格和一瓣莲瓣。莲瓣形状不规整。当面涂朱。当背有抹泥痕迹，边缘有切痕。当面残径 4.9 厘米（图一二九，11）。T2316③：1，边轮脱落。当面清晰规整。莲瓣较短，前端尖锐，后端圆钝，两端都未连接到内、外凸棱弦纹。当背有明显的抹泥痕迹。当面残径 13.5 厘米（图一二九，12；图版八七，2）。T2316③：15，仅存两个界格。莲瓣不规整，后端未连接内圈凸棱弦纹，前端连接至外周凸棱弦纹。当面涂朱。当背有手抹痕迹。当面残径 4.8 厘米（图一二九，13）。T2420③：6，仅存两个界格。凸棱弦纹和双栏都较宽。莲瓣两端尖锐。当面涂朱。当背有指压凹窝。边缘有刀切痕迹。后接筒瓦凸面饰顺向粗绳纹。当面残径 9.3、边轮宽 2.1 厘米（图一二九，14；图版八五，4）。

4. 瓦钉

4 件。泥质灰陶。蘑菇形。抹角四棱锥状顶，钉身柱状，有明显的刀削痕迹。T1222②a：6，仅存钉身。残长 5 厘米（图一三〇，1；图版七七，2）。T1218③：2，仅余钉身。残长 8.2 厘米

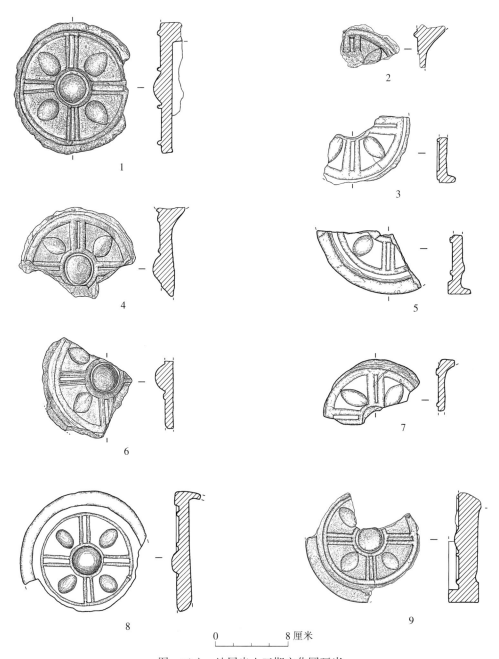

图一二八　地层出土三期文化圆瓦当

1. T0418②a∶2　2. T1020④∶5　3. T1119②a∶7　4. T1717③∶1　5. T1826②a∶2　6. T1916③∶11
7. T2026③∶2　8. T2027③∶2　9. T2110③∶1

（图一三○，2；图版七七，3）。T1020③∶9，残。残长11.7、直径2.3厘米（图一三○，3；图版七七，4）。T1120④∶6，钉身截面呈圆形，尖端圆钝。长18、钉身截面直径2.3厘米（图一三○，4；图版七七，5）。

（二）陶器

130件。以泥质灰陶为主，可辨器形有壶、罐、瓮、盆、甑、熏盖、釜、钵、灯、纺轮、印

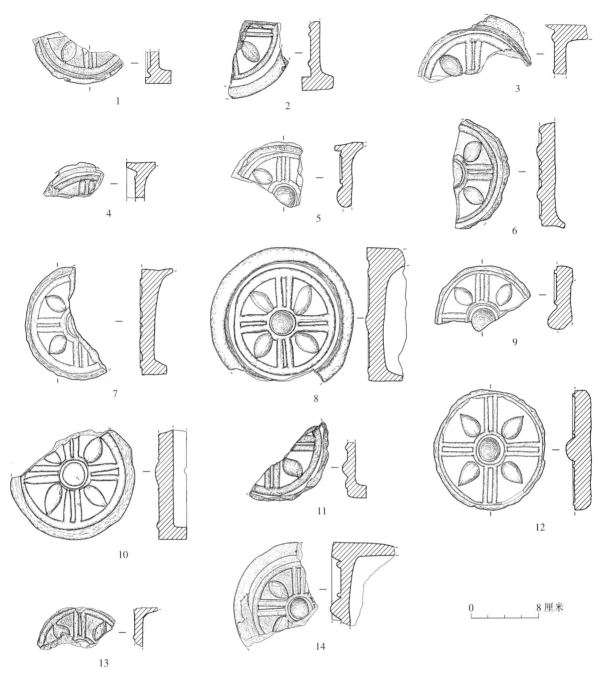

图一二九　地层出土三期文化圆瓦当

1. T2120③：10　2. T2120③：11　3. T2125③：8　4. T2125③：9　5. T2215③：29　6. T2216③：9　7. T2220③：20　8. T2220③：30

9. T2220④：1　10. T2314②a：2　11. T2315③：5　12. T2316③：1　13. T2316③：15　14. T2420③：6

模、权、纹饰陶片等。

1. 壶

9 件。均残。轮制。泥质陶，火候较高。依据口沿形制可分为侈口壶和直口壶。

（1）侈口壶

5 件。T1023③：17，黄陶。圆唇，展沿，束颈。素面。口径 24、残高 12.5 厘米（图一三一，

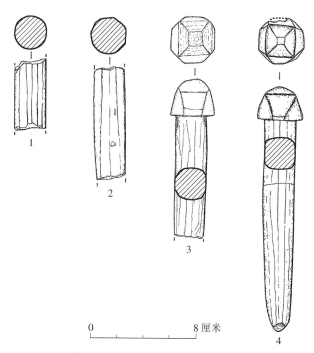

0　　　　　　　　　8厘米

图一三〇　地层出土三期文化瓦钉
1. T1222②a：6　2. T1218③：2　3. T1020③：9　4. T1120④：6

1）。T1119②a：1，红褐陶。圆唇，束颈。素面。口径13、残高6.3厘米（图一三一，2）。T1221③：10，灰陶。圆唇，卷沿，高领，束颈。口径12、残高7.4厘米（图一三一，3）。T2015③：9，黄陶。方唇，束颈。沿缘饰一周凹弦纹。口径13、残高5.4厘米（图一三一，4）。T2315③：6，灰褐陶。圆唇，展沿，束颈。口径16.9、口沿厚1、壁厚0.6、残高7.6厘米（图一三一，5）。

（2）直口壶

2件。T1121③：6，黄陶。圆唇，短斜颈。肩颈部饰凹凸弦纹。口径10、残高6.8厘米。从残存的器身推测，应为扁腹壶（图一三一，6）。T1814②a：6，灰陶。圆唇，高领，束颈。外侧口沿下方附加一道凸棱。素面。口径10.4、残高5.5厘米（图一三一，7）。

另有壶底2件。口部缺失。T1914③：12，灰陶。弧壁，平底。素面。底径8、残高4.7厘米（图一三一，8）。T1715③：2，灰陶。鼓腹，平底。器底四周较厚，中间较薄。素面。底径11、残高13.7厘米（图一三一，9）。

2. 罐

21件。可分为鼓腹罐、筒腹罐和一类具有典型特征的竖耳罐三种形制。

（1）鼓腹罐

9件。依据口部特征分为折沿罐、敛口罐两种。

折沿罐　8件。均残。T1427②a：2，夹砂灰黑陶。圆唇，素面。口径12、残高5厘米（图一三二，1）。T1427②a：3，夹砂红褐陶。圆唇。素面。口径16、残高4.4厘米（图一三二，2）。T1614④：1，泥质灰陶。圆唇。口径20、残高4.1厘米（图一三二，3）。T1901③：1，泥质灰陶。方圆唇，素面。口径16、残高5厘米（图一三二，4）。T1926③：11，泥质黑陶。圆唇，残存部分有一个锔孔。素面。口径17、残高4厘米（图一三二，5）。T1715③：3，泥质灰陶。方唇，溜肩。

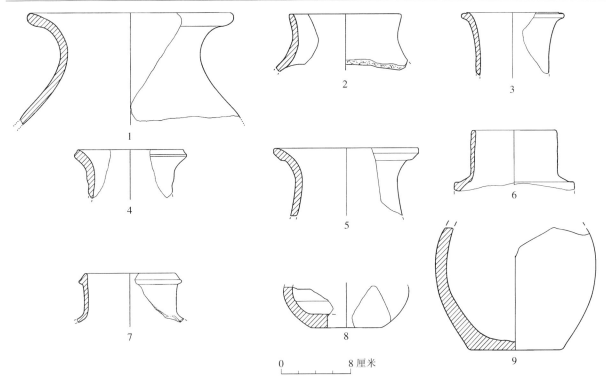

图一三一　地层出土三期文化陶壶

1～5. 侈口壶（1. T1023③:17，2. T1119②a:1，3. T1221③:10，4. T2015③:9，5. T2315③:6）　　6、7. 直口壶
（6. T1121③:6，7. T1814②a:6）　　8、9. 壶底（8. T1914③:12，9. T1715③:2）

素面。口径22.2、残高7.3厘米（图一三二，6）。T1921③:1，泥质黄褐陶。方唇，溜肩。口径16、残高7厘米（图一三二，7）。T2323③:11，夹砂灰褐陶。修复。方唇，平底。口径6.4、底径5、高10厘米（图一三二，8；图版八八，1）。

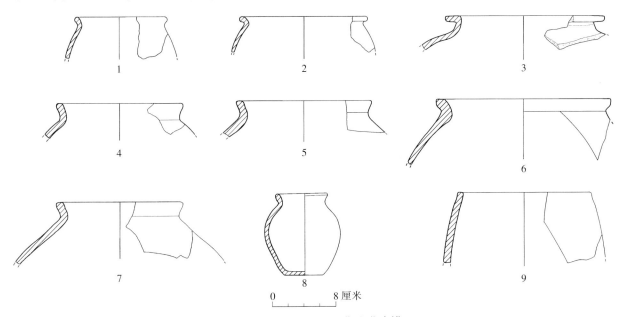

图一三二　地层出土三期文化陶罐

1～8. 折沿罐（1. T1427②a:2，2. T1427②a:3，3. T1614④:1，4. T1901③:1，5. T1926③:11，6. T1715③:3，7. T1921③:1，8. T2323③:11）　　9. 敛口罐（T1034③:3）

敛口罐　1件。T1034③：3，残。夹砂灰陶，方唇，弧壁。素面。口径17、残高8.5厘米（图一三二，9）。

（2）筒腹罐

6件。侈口，腹壁微弧。T1032②a：1，泥质灰陶。尖圆唇。口径15、残高3厘米（图一三三，1）。T1123③：6，夹砂灰黑陶。圆唇。口沿下方饰两周戳点纹。口径17、残高12.6厘米（图一三三，2）。T1527③：3，夹砂红褐陶。圆唇。口沿下方饰一周斜向按压纹。口径16、残高11.2厘米（图一三三，3）。T2317③：7，修复完整。夹细砂灰褐陶。圆唇，平底。素面。口径10.7、腹径10.8、底径6.7、高12.3厘米（图一三三，4；图版八八，2）。T2025③：12，夹砂灰黑陶。圆唇。口径12、残高7.6、厚0.5厘米（图一三三，5）。T2318③：2，夹砂红褐陶。圆唇。口径14厘米（图一三三，6）。

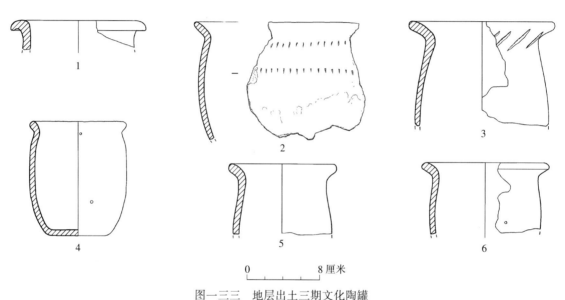

图一三三　地层出土三期文化陶罐
1. T1032②a：1　2. T1123③：6　3. T1527③：3　4. T2317③：7　5. T2025③：12　6. T2318③：2

（3）竖耳罐

6件。均残。小侈口，近口沿处置一对较小的桥状竖耳。T1031②a：2，夹砂灰陶。方唇，深弧腹。素面。口径10、残高5.5厘米（图一三四，1）。T1219②a：2，夹砂红褐陶，内搀滑石颗粒。方唇。口径16、残高6厘米（图一三四，2）。T1614④：4，夹砂红褐陶。方唇，深弧腹。素面。口径13、残高7.5厘米（图一三四，3）。T1826③：7，夹砂红褐陶。圆唇，侈口，弧腹。素面。口径15、残高8.8、厚0.6厘米（图一三四，4；图版八九，1）。T2124③：29，夹砂红褐陶。圆唇，侈口，深弧腹。素面。口径16、残高5.6厘米（图一三四，5）。T2321③：27，夹砂黄褐陶。圆唇，深弧腹。素面。口径11、残高9厘米（图一三四，6；图版八九，2）。

3. 瓮

22件。均残。轮制。泥质灰陶，火候较高。依据口沿不同可分为敛口瓮、直口瓮和侈口瓮三种。

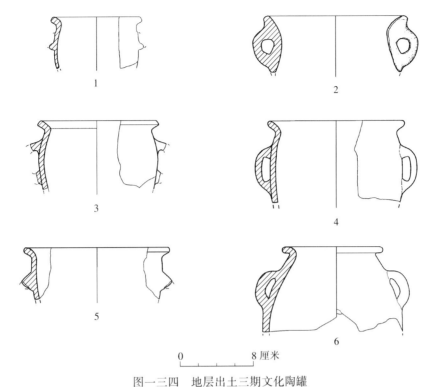

图一三四　地层出土三期文化陶罐

1. T1031②a：2　2. T1219②a：2　3. T1614④：4　4. T1826③：7　5. T2124③：29　6. T2321③：27

（1）敛口瓮

5件。口沿部位弧曲内敛。T1034③：4，圆唇，沿稍向内卷。口径20、残高4厘米（图一三五，1）。T1322③：44，仅余口沿部。圆唇。口沿厚1.5、残高5.6厘米（图一三五，2）。T2115③：9，圆唇，内卷沿，矮领。素面。口径32、残高7.8厘米（图一三五，3）。T2115③：10，尖唇。残高4.3厘米（图一三五，4）。T1519③：8，圆唇，高领，溜肩。内壁口沿下方有后接瓮口时留下的凸棱。素面。口径32、残高12厘米（图一三五，5；图版八九，3）。

（2）直口瓮

14件。均残。T2014②a：1，方唇。口径22、残高7.4厘米（图一三六，1）。T1119②a：3，圆唇，溜肩。素面。残高9.8厘米（图一三六，2）。T2017③：3，方唇，短领，广肩。口径20、残高9厘米（图一三六，3）。T1322③：45，方唇，广肩。内侧肩颈处有一周凸棱。残高8.8厘米（图一三六，4）。T2315③：7，方唇，广肩。肩部饰一周凹弦纹。内壁有数道凹凸弦纹。口径13.8、残高5.9、口沿厚1.2、壁厚0.7厘米（图一三六，5）。T1816③：19，圆唇，广肩。肩部饰一周凹弦纹。口径26、残高6.8厘米（图一三六，6）。T1217②a：1，圆唇。高9.2厘米（图一三六，7）。T1221④：3，夹砂灰陶。轮制。圆唇。口径24、残高5.8厘米（图一三六，8）。T1614④：5，圆唇，矮领，溜肩。素面。口径28、残高12厘米（图一三六，9；图版八九，4）。T1519③：9，方圆唇，高领，溜肩。内壁口沿下方有后接瓮口时留下的凸棱，外壁有明显的轮旋痕迹。口径29、残高10厘米（图一三六，10）。T2017③：2，方唇，矮领，溜肩。素面。口径20、残高9.5厘米（图一三六，11）。T1219④：1，方唇，广肩。素面。口径21.4、残高6.6厘米（图一三六，12）。T2216③：11，残。泥质灰陶。方唇，广肩。唇面有一周凹弦纹。口径16、残高4.5厘米（图一三

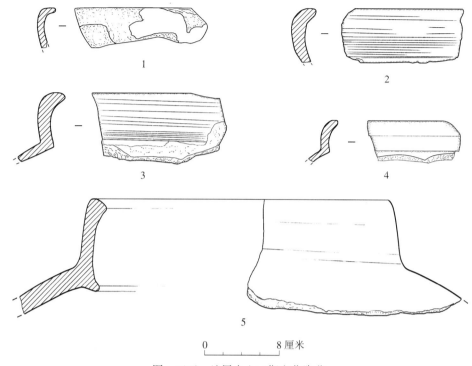

图一三五　地层出土三期文化陶瓮
1. T1034③:4　2. T1322③:44　3. T2115③:9　4. T2115③:10　5. T1519③:8

六，13）。T1020④:6，方唇，短领。素面。口径34、残高6.5厘米（图一三六，14）。

（3）侈口瓮

3件。小侈口。T2015③:10，方唇，矮领，广肩。口径14、残高7厘米（图一三七，1）。T1418③:1，轮制。泥质灰陶。圆唇，侈口，矮领，广肩。唇内缘饰一道凸棱。肩部压印菱形纹。口径35.5、残高7.2厘米（图一三七，2）。T1716③:10，方圆唇，矮领，广肩。沿缘内侧饰一凸棱。口径34、残高7厘米（图一三七，3）。

4. 盆

46件。均残。轮制。多为泥质灰陶，火候较高。依据腹部形制可分为直腹盆、弧腹盆和折腹盆三种。

（1）直腹盆

20件。腹壁较直且深，仅在近底部略有收束。T1120④:3，尖唇，折沿，敞口。沿缘处饰一周压印绳纹，沿面近边缘处有一周凹弦纹，外壁有瓦沟纹。口径34、残高7.2厘米（图一三八，1）。T1121④:15，圆唇，展沿。口沿截面近三角形。沿面饰两道凹弦纹，沿缘处饰一周压印绳纹。口径58、残高4.5厘米（图一三八，2）。T1121④:16，尖唇，折沿，敞口。口沿剖面近三角形。沿面饰两道凹弦纹，沿缘处饰一周压印绳纹，外壁饰瓦沟纹。口径50、残高6厘米（图一三八，3）。T1223③:2，方唇，展沿。沿缘处饰一周压印绳纹。残高7.6、壁厚0.6厘米（图一三八，4）。T1321②a:8，尖唇，折沿，敞口。口沿断面呈三角形。沿缘处饰一周压印绳纹。器壁有锔孔。外壁有轮制时的凹凸弦纹。口径34、残高5厘米（图一三八，5）。T1321③:14，尖唇，折沿，口沿断面呈三角形，敞口，直壁。沿面有一周凹弦纹，器表饰凹凸弦纹。口径40、残高9.3

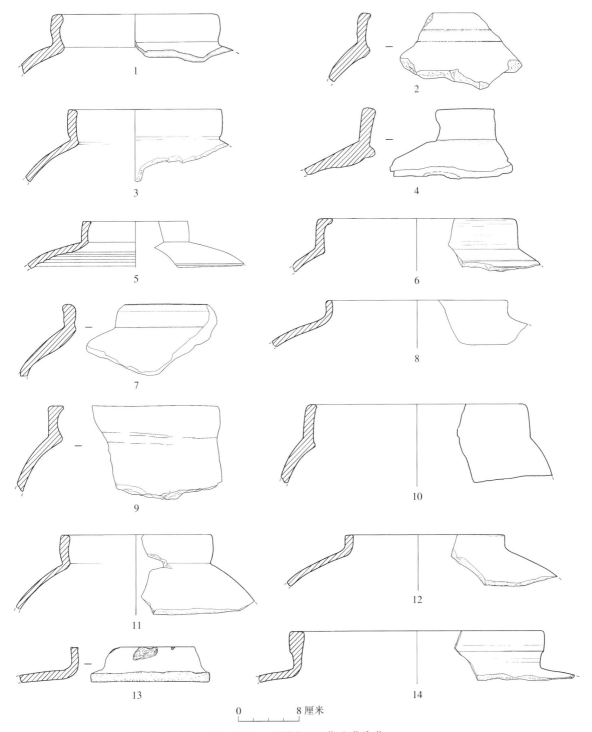

图一三六　地层出土三期文化陶瓷

1. T2014②a：1　2. T1119②a：3　3. T2017③：3　4. T1322③：45　5. T2315③：7　6. T1816③：19　7. T1217②a：1　8. T1221④：3
9. T1614④：5　10. T1519③：9　11. T2017③：2　12. T1219④：1　13. T2216③：11　14. T1020④：6

厘米（图一三八，6）。T1332③：6，尖唇，敞口。素面。口径34、残高3.5厘米（图一三八，7）。
T1711③：1，斜方唇，敞口。沿面饰一周凹弦纹，沿缘处饰一周绳纹。残高6厘米（图一三八，
8）。T1816④：11，方唇，展沿，器壁较直，平底。沿面饰五道凹凸弦纹，沿缘处饰一道凹弦纹，

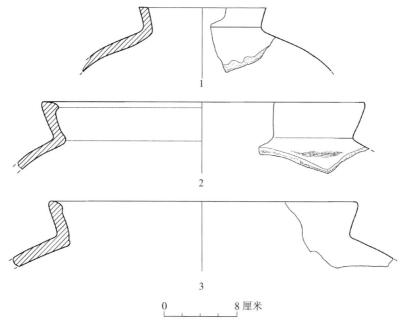

0　　　　　8厘米

图一三七　地层出土三期文化陶瓮
1. T2015③：10　2. T1418③：1　3. T1716③：10

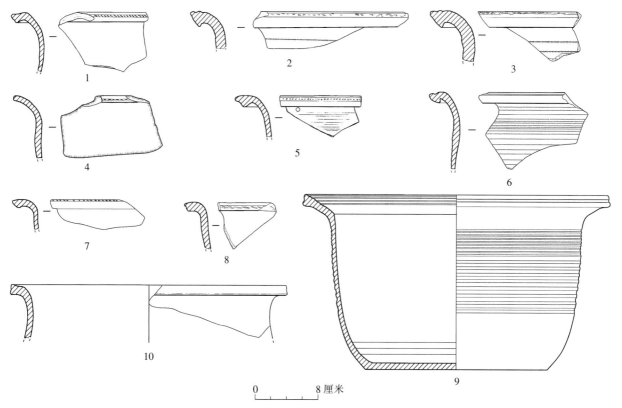

0　　　　　8厘米

图一三八　地层出土三期文化陶盆
1. T1120④：3　2. T1121④：15　3. T1121④：16　4. T1223③：2　5. T1321②a：8　6. T1321③：14　7. T1332③：6
8. T1711③：1　9. T1816④：11　10. T1818③：3

腹壁饰凹凸弦纹带，近底部素面。口径 38、底径 22.2、高 20 厘米（图一三八，9）。T1818③：3，方唇，折沿，敞口，器壁较直。沿缘处饰一周压印绳纹。口径 38、残高 6 厘米（图一三八，10）。T1822②a：1，圆唇，折沿，敞口。口沿下方沿面饰一道压印绳纹。口径 34、残高 4 厘米（图一三九，1）。T1921③：2，方唇，侈口，溜肩，素面。口径 35、残高 6.4 厘米（图一三九，2）。T2025③：13，方唇，敞口。唇缘有压印绳纹，沿外下方有一周凹弦纹。残高 5.7、厚 1 厘米（图一三九，3）。T2115③：11，方唇，折沿，敞口。沿缘有一周凹弦纹。残高 2.5 厘米（图一三九，4）。T2119③：3，尖唇，折沿，敞口。沿缘饰一周绳纹，器壁饰瓦沟纹。残高 5.5 厘米（图一三九，5）。T2210②a：1，夹砂黄褐陶。方唇，敞口。沿缘有一周压印绳纹。残宽 6、残高 2.8 厘米（图一三九，6）。T2218③：5，灰黑陶。方唇，敞口。沿缘有一道不明显的压印绳纹。口径 34、残高 6.5 厘米（图一三九，7）。T2215③：30，方唇，敞口。沿面有一道凸棱，器壁饰数道凸棱纹。残高 13 厘米（图一三九，8）。T2315③：8，尖唇，展沿，敞口。残存的外壁饰数道凹凸弦纹。残高 5.1、口沿 1.2、壁厚 0.7 厘米（图一三九，9）。T2421③：9，方唇，折沿。外壁饰磨光暗纹。残片上有一孔。口径 33、高 4.7 厘米（图一三九，10）。

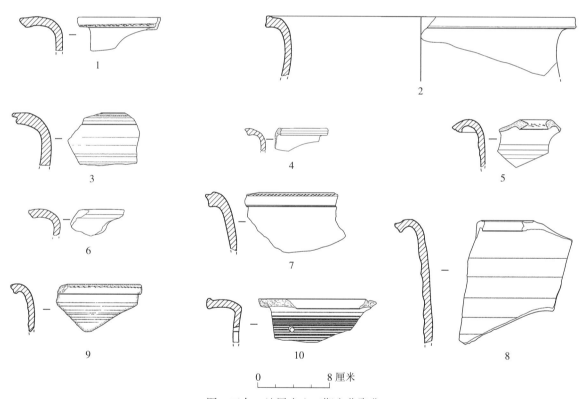

0　　　　8厘米

图一三九　地层出土三期文化陶盆

1. T1822②a：1　2. T1921③：2　3. T2025③：13　4. T2115③：11　5. T2119③：3　6. T2210②a：1　7. T2218③：5
8. T2215③：30　9. T2315③：8　10. T2421③：9

（2）弧腹盆

18 件。腹壁弧缓，多为浅腹盆。T1218③：3，方唇，展沿，敞口。沿缘饰一周压印绳纹。残高 5.4、口沿厚 0.9、壁厚 0.7 厘米（图一四〇，1）。T1220②a：2，尖唇，敞口。沿缘饰一周压印绳纹，下缘饰一周凹弦纹。残高 4.2 厘米（图一四〇，2）。T1221③：11，尖唇，卷沿。沿缘饰一

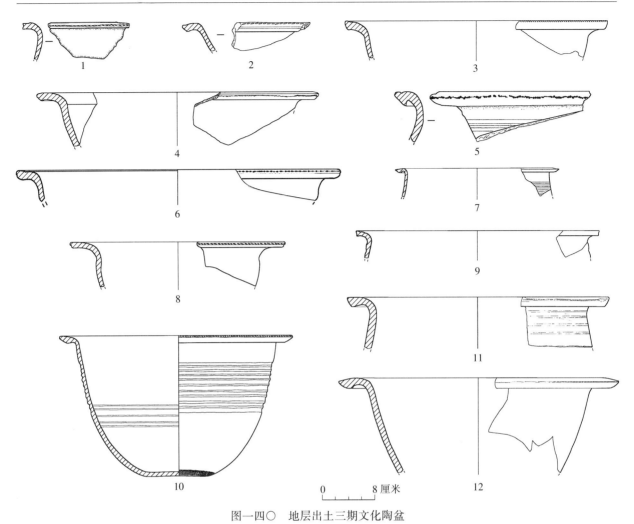

图一四〇　地层出土三期文化陶盆

1. T1218③:3　2. T1220②a:2　3. T1221③:11　4. T1316③:1　5. T1322③:46　6. T1322③:47　7. T1418②a:3　8. T1514③:7
9. T1516②a:2　10. T1614③:2　11. T1814②a:7　12. T2016③:7

周压印绳纹。外壁有不明显的凹凸弦纹。口径40、残高4.5（图一四〇，3）。T1316③:1，方唇，展沿。沿缘饰一周绳纹。口径43.3、残高7.8厘米（图一四〇，4）。T1322③:46，方唇，卷沿，唇缘加厚，敞口。沿缘饰一周压印绳纹，残存的沿缘下方有一段压印粗绳纹，残存部分饰数匝凹凸弦纹。口径50、残高7.1厘米（图一四〇，5）。T1322③:47，方唇，平折沿，敞口。素面。口径50、残高5厘米（图一四〇，6）。T1418②a:3，尖唇，卷沿，敞口。外壁饰凹凸弦纹。口径24、残高4.2厘米（图一四〇，7）。T1514③:7，尖唇，展沿，敞口。沿面饰四道划纹，沿缘饰一道压印绳纹。口径33、残高6.6厘米（图一四〇，8）。T1516②a:2，方唇，折沿，敞口。口沿断面呈三角形。沿缘饰一周绳纹，外壁饰瓦沟纹。口径37、残高4厘米（图一四〇，9）。T1614③:2，修复完整。圆唇。腹部饰凹弦纹，近底部饰一周斜向粗绳纹，底部饰斜向粗绳纹。口径36、底径10、高20.8厘米（图一四〇，10）。T1814②a:7，方唇，折沿。沿面饰一周凹弦纹，沿缘饰一周绳纹，器壁饰凹凸弦纹。口径40、残高7.5厘米（图一四〇，11）。T2016③:7，尖唇，卷沿，敞口。沿缘饰一周绳纹。口径42、残高14厘米（图一四〇，12）。T2020④:1，尖唇，卷沿，敞口。沿面饰一周凹弦纹，沿缘饰压印绳纹。口径40、残高4厘米（图一四一，1）。T2115

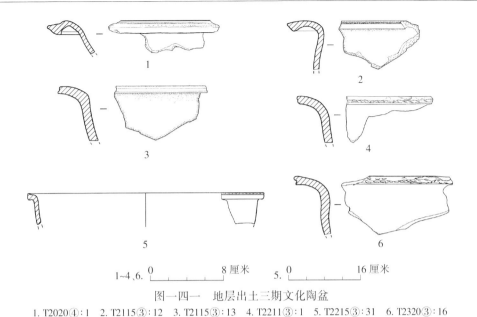

图一四一　地层出土三期文化陶盆
1. T2020④:1　2. T2115③:12　3. T2115③:13　4. T2211③:1　5. T2215③:31　6. T2320③:16

③:12，方唇，卷沿，敞口。唇缘饰一周压印绳纹。残高 5 厘米（图一四一，2）。T2115 ③:13，方唇，敞口。沿缘饰一周凹弦纹。残高 5.7 厘米（图一四一，3）。T2211③:1，方唇，展沿，弧壁。沿缘有一周压印绳纹。残长 9.7、残高 4.9、厚 0.9 厘米（图一四一，4）。T2215③:31，方唇，折沿，沿面略内凹。沿缘饰一周压印绳纹。口径 52、残高 6.6 厘米（图一四一，5）。T2320 ③:16，方唇，卷沿，敞口。沿缘饰压印绳纹。口径 40、残高 6.2 厘米（图一四一，6）。

（3）折腹盆

8 件。腹部有明显折曲，器底较小。T1321②a:4，修复。敛口，平折沿，上腹壁急折，下腹壁斜直，矮圈足。外壁素面。内壁两匝弦纹带之间对称刻画双鱼、鹳，器底刻划乌龟图案。口径 34、底径 10.4、高 9.8 厘米（图一四二，1；图一四三；图版九〇）。T1121③:7，方唇，平沿，敞口，弧壁。沿缘饰一周凹弦纹，残存腹壁饰五道凹弦纹。口径 20、残高 5 厘米（图一四二，2）。T1321③:2，修复。方唇，平折沿，敞口，台式平底。沿面有一周凹沟，内壁有明显的梯状凸棱。沿缘饰一周压印绳纹，外壁近底部饰抹绳纹。口径 44.6、底径 11.6、高 15.2 厘米（图一四二，3；图版七五，6）。T2015③:12，圆唇，展沿，敞口。沿缘下方饰一周凹弦纹。口径 52、残高 8.8 厘米（图一四二，4）。T2015③:11，方唇，折沿，沿面边缘饰一周压印绳纹。残高 10.4 厘米（图一四二，5）。T2114④:2，口沿残缺，平底。残存部分素面。底径 14、残高 11.5（图一四二，6）。T2215③:32，方唇，折沿，沿面较平，敞口。沿缘饰一周压印绳纹，腹壁素面。残高 10.8、壁厚 1.2 厘米（图一四二，7）。T2314③:9，尖唇，展沿，敞口。残高 8.4 厘米（图一四二，8）。

5. 甑

2 件。仅余器底。均为轮制。泥质灰陶，火候较高。T0819④:1，弧壁。残存的甑孔呈椭圆形。腹壁饰横向粗绳纹。残高 3.2 厘米（图一四四，1）。T1614④:3，弧壁，平底。近底部和器底饰绳纹。器壁近底部为椭圆形甑孔，底部为长条形斜向甑孔。底径 16、残高 2.2 厘米（图一四四，2；图版四八，4）。

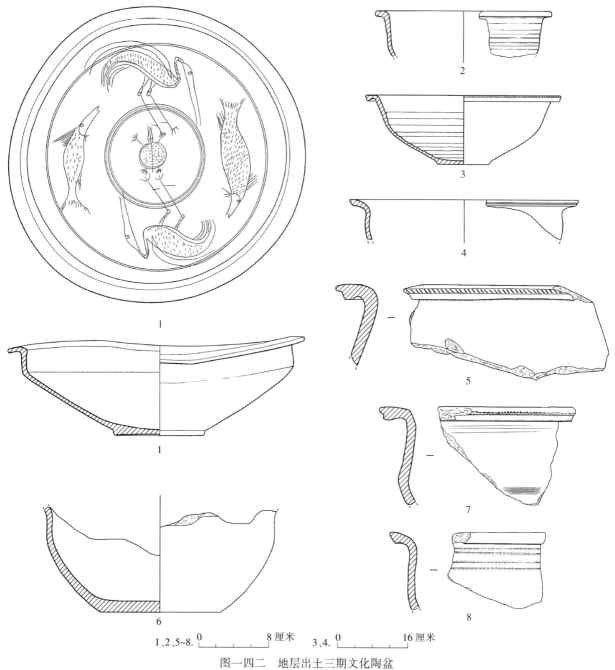

图一四二　地层出土三期文化陶盆

1. T1321②a：4　2. T1121③：7　3. T1321③：2　4. T2015③：12　5. T2015③：11　6. T2114③：2　7. T2215③：32　8. T2314③：9

6. 熏盖

1件。T1815③：5，残。馒头形，长条状孔。残长10.5、残宽7.8、厚2.5厘米（图一四四，3；图版八一，2）。

7. 釜

5件。均残。轮制。夹砂灰陶，内含大量滑石颗粒。方唇，唇面内斜，敛口，折腹。素面。T1120④：2，口沿外侧下方有一周凹弦纹。口沿较厚。口径30、残高10厘米（图一四五，1）。T1124③：1，口径25、腹径32.6、残高11.4厘米（图一四五，2；图版八九，5）。

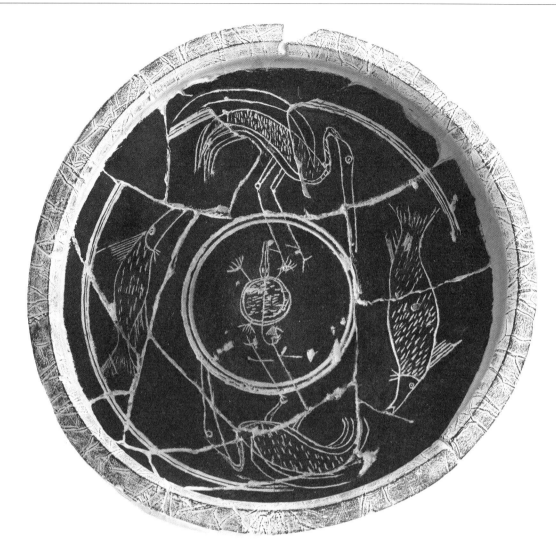

0 —————————— 6 厘米

图一四三　陶盆纹饰拓本（T1321②a：4）

T1218③：4，口径27、残高8.8厘米（图一四五，3）。T1219②a：5，口径26、残高8厘米（图一四五，4）。T2315③：9，唇剖面呈三角形。口径31、残高12.8厘米（图一四五，5；图版八九，6）。

8. 钵

5件。轮制。泥质灰陶。形制相若，皆为圆唇，口微敛，鼓腹，平底。素面。T1424③：2，复原。口径7.4、底径3.6、高3.5厘米（图一四六，1；图版九一，1）。T1321②a：9，仅余口沿。口径9、残高4厘米（图一四六，2）。T1221③：6，残。口径15.5、底径7.7、高7.5厘米（图一四六，3）。T1521③：19，残。口径9、底径5、高4厘米（图一四六，4；图版九一，2）。T1122③：6，残。口径17、底径11、高8.2厘米（图一四六，5；图版九一，3）。

9. 灯

9件。皆残。泥质灰陶，火候较高。残存部分有灯盘、灯座。

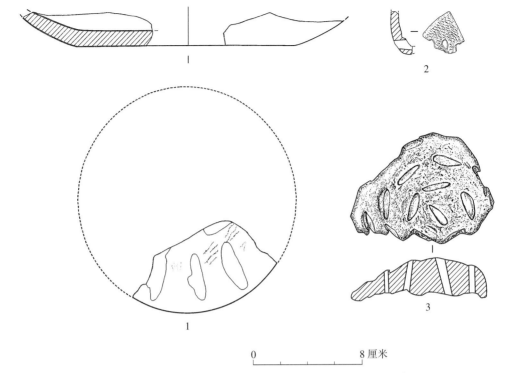

图一四四　地层出土三期文化陶甑、熏盖
1、2. 甑（1. T0819④：1，2. T1614④：3）　3. 熏盖（T1815③：5）

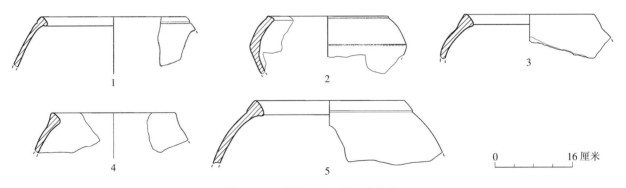

图一四五　地层出土三期文化陶釜
1. T1120④：2　2. T1124③：1　3. T1218③：4　4. T1219②a：5　5. T2315③：9

（1）灯盘

5件。T1816③：4，尖唇，敞口，器壁缓折。口径10.6、残高2.7厘米（图一四七，1）。T1514③：6，尖圆唇，敞口，浅腹。口径12.6、残高2.2厘米（图一四七，2；图版七四，2）。T1716④：1，方唇，侈口，腹壁弧折。素面。口径11.6、残高3.3厘米（图一四七，3）。T2220③：36，方唇，敞口，腹部缓折。底径12、残高3.2厘米（图一四七，4）。T1427②a：4，方唇，直口，弧壁。素面。口径14、残高4.4厘米（图一四七，5）。

（2）灯座

4件。依据圈足不同可分为筒状圈足和喇叭状圈足。

筒状圈足灯座　3件。T1916②a：2，仅余灯盘底部。残高3厘米（图一四七，6）。T0718③：

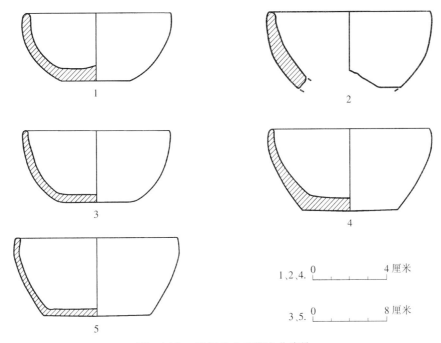

图一四六　地层出土三期文化陶钵
1. T1424③:2　2. T1321②a:9　3. T1221③:6　4. T1521③:19　5. T1122③:6

1，仅余圈足。底径 11、残高 12.2 厘米（图一四七，7；图版七四，3）。T1715③:2，底径 8、残高 10.5 厘米（图一四七，8；图版七四，4）。

喇叭状圈足灯座　1 件。T1216②a:1，底径 11、残高 7 厘米（图一四七，9）。

10. 纺轮

6 件。圆形，中间有一圆孔。可分为三型：圆锥形、圆饼形、圆台形。

（1）圆锥形纺轮

2 件。底面较平，上面圆鼓。T1827③:2，完整。泥质红陶。斜面饰戳点纹。直径 4、厚 1.6、孔径 0.4 厘米（图一四八，1；图版七六，2）。T2115③:7，残。夹砂灰褐陶。上面饰弦纹带。直径 6.4、厚 2.4、孔径 1.3 厘米（图一四八，2）。

（2）圆饼形纺轮

1 件。T2221③:1，完整。夹砂灰褐陶。素面。直径 4.5、厚 1.5、孔径 1.2 厘米（图一四八，3；图版七六，3）。

（3）圆台形纺轮

3 件。上端有一个较小的台面。T1121④:17，稍残。夹砂灰陶。圆台斜面饰同心凹弦纹，背面扁平。直径 5.8、厚 1.9、孔径 1.3 厘米（图一四八，4；图版七六，4）。T1714③:4，完整。夹砂灰陶。正面圆鼓，背面扁平。直径 5.4、厚 2.1、孔径 0.9 厘米（图一四八，5；图版七六，5）。T1316②a:1，残。泥质灰陶。下面扁平，圆台斜面饰两道凹弦纹。直径 6.6、厚 2.2、孔径 1.2 厘米（图一四八，6；图版七六，6）。

11. 印模

1 件。T1620③:4，仅余一角。泥质灰陶。残存部分外侧边缘有一周凸棱，中部有一道凸

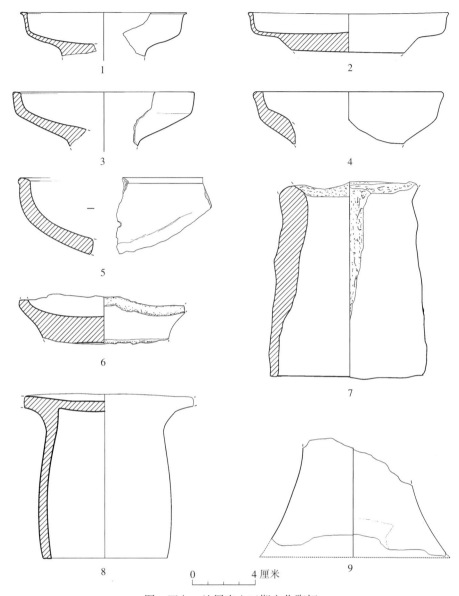

图一四七　地层出土三期文化陶灯

1. T1816③：4　2. T1514③：6　3. T1716④：1　4. T2220③：36　5. T1427②a：4　6. T1916②a：2
7. T0718③：1　8. T1715③：2　9. T1216②a：1

棱，余为长方形、方形短凸棱。残长 7.8、残宽 5.5、残厚 4.9 厘米（图一四九，1；图版七九，2）。

12. 权

1 件。T1223②a：14，残。泥质灰陶。环纽，圆穿，权身似半球体。素面。残径 10、残高 6.3、孔径 0.6 厘米。残存部分重 266.9 克（图一四九，2；图版七三，3）。

13. 纹饰陶片

2 件。均为泥质灰陶。T1416③：10，腹片。上部有一周横压粗绳纹，以下饰竖压细绳纹，抹平。长 15.5、厚 0.9 厘米（图一五〇，1）。T1425③：11，器底。平底，残存部分腹壁斜直。内壁近底部刻画一鱼形图案。底径 10、残高 3 厘米（图一五〇，2；图版八二，2）。

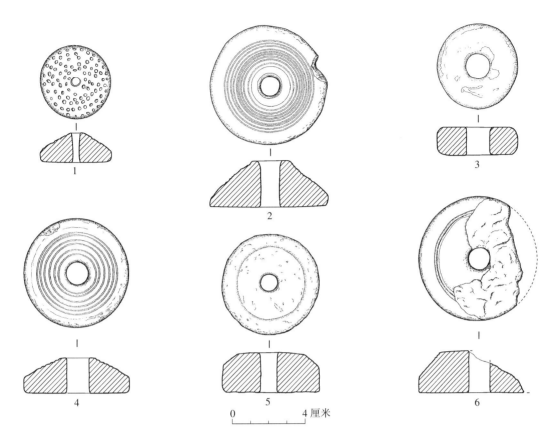

图一四八　地层出土三期文化陶纺轮
1. T1827③：2　2. T2115③：7　3. T2221③：1　4. T1121④：17　5. T1714③：4　6. T1316②a：1

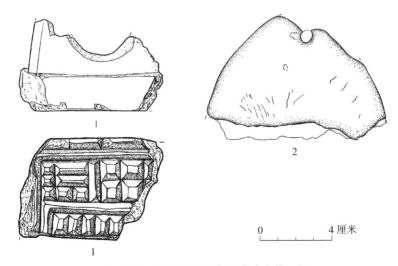

图一四九　地层出土三期文化陶印模、权
1. 印模（T1620③：4）　　2. 权（T1223②a：14）

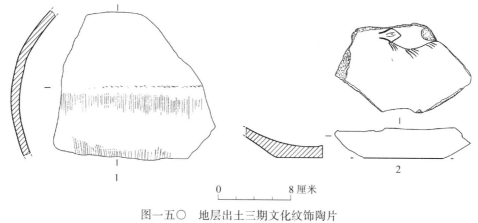

图一五〇 地层出土三期文化纹饰陶片
1. T1416③：10 2. T1425③：11

（三）铁器

80 件。地层出土的铁器主要有镞、镬、锸、铲、镰、铧、锛、器柄、带扣、钉等。

1. 镞

59 件。锻制。依据镞身不同分为矛形、蛇头形、阔叶形、四棱锥形、三棱锥形镞五种，以矛形镞为大宗。

（1）矛形镞

27 件。均残。T1322②a：10，扁方铤。残长 4.7 厘米（图一五一，1；图版九二，1）。T2025④：1，方铤。残长 7.6 厘米（图一五一，2；图版九二，2）。T2318④：5，圆铤。残长 7.8 厘米（图一五一，3）。T2320③：17，镞身扁平，扁圆铤。残长 7.5 厘米（图一五一，4；图版九二，3）。T2016③：3，方铤。残长 7.7 厘米（图一五一，5）。T1926③：7，圆铤。残长 8.4 厘米（图一五一，6；图版九一，4）。T1414③：2，圆铤。残长 8.7 厘米（图一五一，7；图版九二，5）。T2216③：1，扁圆铤。残长 9.1 厘米（图一五一，8；图版九一，6）。T2316③：10，镞身扁平，扁方铤。残长 10.4 厘米（图一五一，9；图版九二，7）。T1914③：13，镞身扁平。方铤。残长 11.5 厘米（图一五一，10）。T2221③：7，扁方铤。残长 10.9 厘米（图一五一，11；图版九二，8）。T1019②a：6，镞身扁平，铤略圆。残长 8.9 厘米（图一五一，12）。T1820③：1，镞身扁平，扁圆形铤。残长 8.4 厘米（图一五一，13；图版九二，9）。T2123③：4，镞身扁平，圆铤。残长 8 厘米（图一五一，14；图版九二，10）。T2323③：6，方铤。残长 7.9 厘米（图一五一，15）。T2125③：2，扁方铤。残长 8 厘米（图一五一，16）。T1518③：2，镞身扁平。残长 7.3 厘米（图一五一，17；图版九二，11）。T1919③：1，圆铤。残长 7.5 厘米（图一五一，18；图版九二，12）。T1415③：1，镞身扁平，圆铤。残长 6.6 厘米（图一五一，19；图版九三，1）。T2222③：4，圆铤。残长 7.6 厘米（图一五一，20；图版九三，2）。T2314③：5，扁方铤。残长 8.3 厘米（图一五一，21；图版九三，3）。T1915③：1，圆铤。残长 9.5 厘米（图一五一，22；图版九三，4）。T2019③：3，镞身下半段呈方形。圆铤。残长 11.5 厘米（图一五一，23；图版九三，5）。T2025③：5，圆铤。残长 12.4 厘米（图一五一，24；图版九三，6）。T1626③：7，镞身扁平，圆铤。残长 11.4 厘米（图一五一，25；图版九三，7）。T2423③：1，扁方铤。残长 12.9 厘米（图一五一，26；图版九三，8）。T2320③：8，镞身扁平，方铤。残长 13.4 厘米（图一五一，27）。

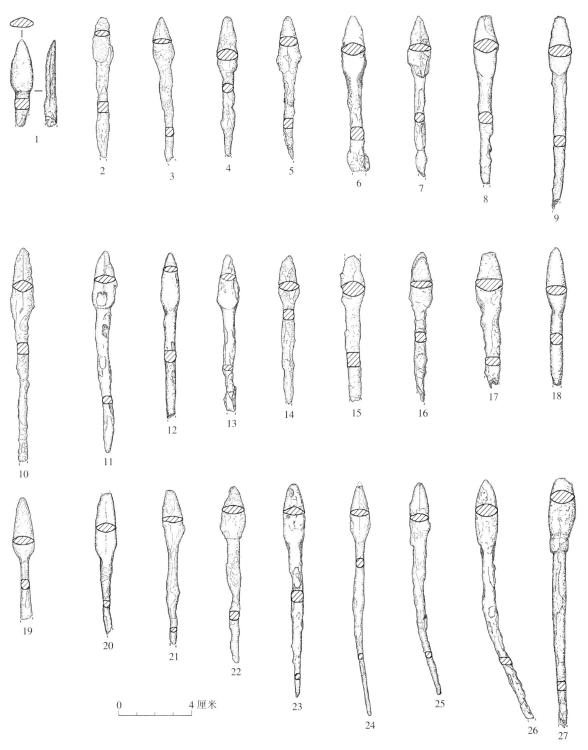

0　　　　4 厘米

图一五一　地层出土三期文化铁镞

1. T1322②a：10　2. T2025④：1　3. T2318④：5　4. T2320③：17　5. T2016③：3　6. T1926③：7　7. T1414③：2
8. T2216③：1　9. T2316③：10　10. T1914③：13　11. T2221③：7　12. T1019②a：6　13. T1820③：1　14. T2123③：4
15. T2323③：6　16. T2125③：2　17. T1518③：2　18. T1919③：1　19. T1415③：1　20. T2222③：4　21. T2314③：5
22. T1915③：1　23. T2019③：3　24. T2025③：5　25. T1626③：7　26. T2423③：1　27. T2320③：8

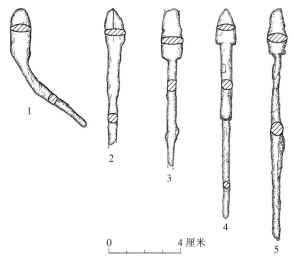

图一五二　地层出土三期文化铁镞

1. T2022③：6　2. T2316③：8　3. T1816③：20
4. T2316③：2　5. T2320③：6

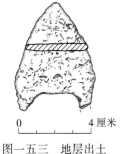

图一五三　地层出土
三期文化铁镞
（T2421③：8）

（2）蛇头形镞

5件。均残。T2022③：6，圆铤。残长6.4厘米（图一五二，1）。T2316③：8，镞身扁平，圆铤。残长7.3厘米（图一五二，2；图版九三，9）。T1816③：20，镞身扁平，圆铤。残长8.4厘米（图一五二，3；图版九三，10）。T2316③：2，镞身扁平，圆铤。残长11.2厘米（图一五二，4；图版九三，11）。T2320③：6，镞身扁平，圆铤。残长12.3厘米（图一五二，5；图版九三，12）。

（3）阔叶形镞

1件。T2421③：8，残。凹尾，镞身扁平。残长5.8厘米（图一五三；图版九四，1）。

（4）四棱锥形镞

17件。均残。镞身截面为菱形，短关收束，长铤。T1222②a：8，方铤。残长6.3厘米（图一五四，1）。T1022③：4，扁圆铤。残长7.5厘米（图一五四，2）。T1426②a：1，圆关，圆铤，铤部残断。残长7.8厘米（图一五四，3）。T1020④：3，圆铤。残长7.8厘米（图一五四，4）。T2221③：6，方铤。残长9.1厘米（图一五四，5；图版九四，2）。T1020④：2，圆铤。残长7.4厘米（图一五四，6）。T2328④：2，圆铤。残长9.6厘米（图一五四，7；图版九四，3）。T1323③：2，圆铤。残长9.1厘米（图一五四，8；图版九四，4）。T1725③：1，圆铤。残长13.8厘米（图一五四，9；图版九四，5）。T1021③：12，方铤。残长12.2厘米（图一五四，10）。T1021③：10，扁方铤。残长11厘米（图一五四，11；图版九四，6）。T1019③：1，圆铤。残长9.8厘米（图一五四，12；图版九四，7）。T1414③：4，圆铤。残长9.6厘米（图一五四，13；图版九五，1）。T1318②a：2，圆铤。残长8.6厘米（图一五四，14）。T2316③：7，扁圆铤。残长6厘米（图一五四，15；图版九五，2）。T2125③：3，扁方铤。残长5.4厘米（图一五四，16）。T1619②a：1，扁圆铤。残长6.1厘米（图一五四，17）。

（5）三棱锥形镞

9件。均残。个体较小。T1722③：1，铤部缺失。残长3.6厘米（图一五五，1；图版九五，3）。T2120③：6，铤部残缺。残长4.4厘米（图一五五，2；图版九五，4）。T2316③：6，扁方铤。残长5.2厘米（图一五五，3；图版九五，5）。T1021③：8，圆铤。残长5.6厘米（图一五五，4）。T2124②a：2，铤部缺失。残长6.4厘米（图一五五，5；图版九五，6）。T2326③：2，圆铤。残长6.9厘米（图一五五，6；图版九五，7）。T1520③：1，方铤。残长6.5厘米（图一五五，7）。T1716③：2，圆铤。残长5.8厘米（图一五五，8；图版九五，8）。T1122②a：1，圆铤。残长8.3厘米（图一五五，9；图版九五，9）。

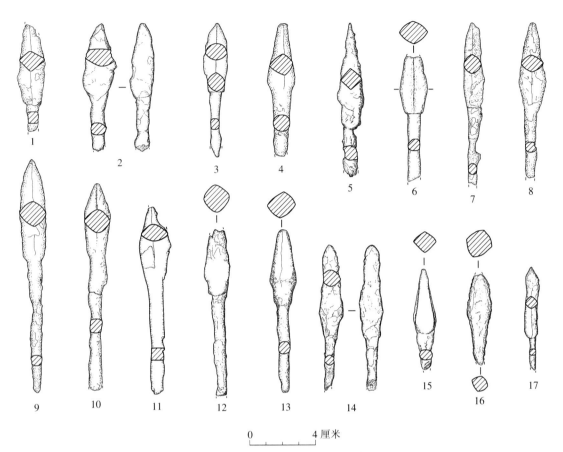

0　　　　　4厘米

图一五四　地层出土三期文化铁镞

1. T1222②a：8　2. T1022③：4　3. T1426②a：1　4. T1020④：3　5. T2221③：6　6. T1020④：2　7. T2328④：2
8. T1323③：2　9. T1725③：1　10. T1021③：12　11. T1021③：10　12. T1019③：1　13. T1414③：4　14. T1318②a：2
15. T2316③：7　16. T2125③：3　17. T1619②a：1

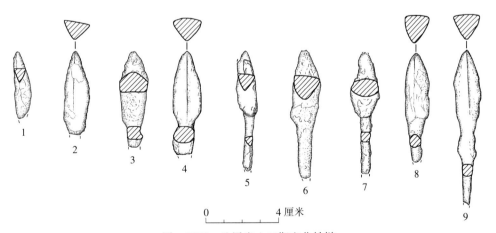

0　　　　　4厘米

图一五五　地层出土三期文化铁镞

1. T1722③：1　2. T2120③：6　3. T2316③：6　4. T1021③：8　5. T2124②a：2　6. T2326③：2　7. T1520③：1
8. T1716③：2　9. T1122②a：1

2. 锼

6件。残。铸制。平面呈长方形，侧视呈楔形，长方形銎孔。T1223④：1，直刃，上部残断。残高11、宽8.8厘米，銎口长6、宽1.2厘米（图一五六，1；图版九六，1）。T1614③：1，刃部残断。残高6、宽4.5厘米，銎口长3.8、宽1.4厘米（图一五六，2；图版九六，2）。T1723③：1，刃部残断。残高5、宽5.6厘米（图一五六，3）。T1820③：6，仅余中部一段。残高5.6、宽5.8厘米（图一五六，4）。T1821③：3，上部残断，刃部略弧。残高6.2、残宽4.2厘米（图一五六，5；图版六七，3）。T2216④：1，两侧有范缝。刃部残。残高6、宽5、厚0.6~2.3厘米，銎孔长4、宽1.5、深3厘米（图一五六，6；图版九六，3）。

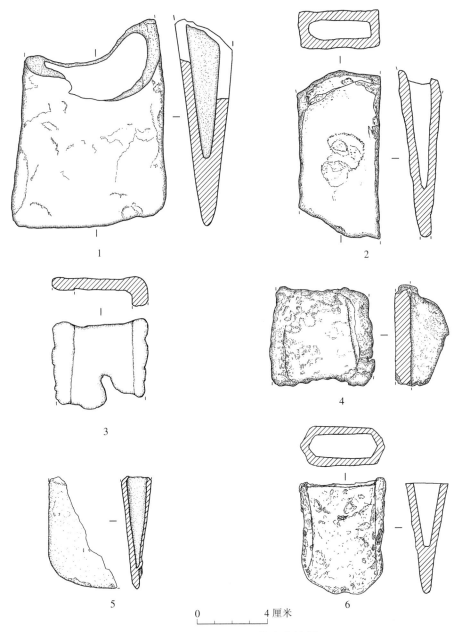

0 　　　　 4厘米

图一五六　地层出土三期文化铁锼

1. T1223④：1　2. T1614③：1　3. T1723③：1　4. T1820③：6　5. T1821③：3　6. T2216④：1

3. 锸

3 件。残。铸制，平面略呈倒梯形，侧视呈楔形，长方形銎孔，直刃。T1019①：1，高 4.5、残宽 4.8 厘米（图一五七，1；图版六七，4）。T1417③：3，残宽 9、高 8.8 厘米（图一五七，2）。T1916③：2，残高 6.9、残宽 7.2 厘米（图一五七，3）。

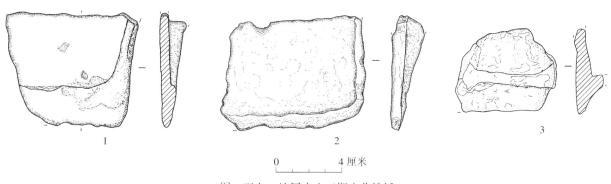

图一五七　地层出土三期文化铁锸
1. T1019①：1　2. T1417③：3　3. T1916③：2

4. 铲

2 件。铸造，均残。平面呈"凸"字形，侧视呈楔形，扁方銎。T1331②a：1，圆肩，刃部略弧。高 10.2、刃宽 10 厘米，銎口长 3.8、宽 1.4 厘米（图一五八，1；图版九七，1）。T2220③：33，圆肩，弧刃。高 9、刃宽 10 厘米，銎口长 3.9、宽 1.5 厘米（图一五八，2；图版九七，2）。

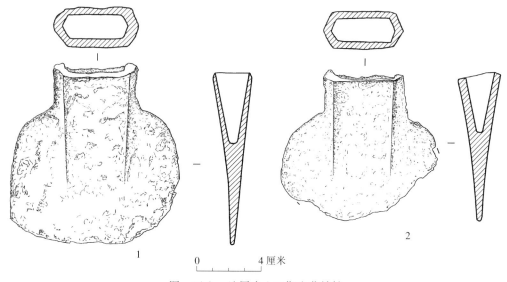

图一五八　地层出土三期文化铁铲
1. T1331②a：1　2. T2220③：33

5. 镰

1 件。残。T1714④：5，锻制，平背，斜直刃。残长 11.8、宽 3.8 厘米（图一五九；图版六七，5）。

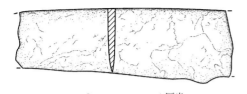

图一五九　地层出土三期文化铁镰
（T1714④：5）

6. 铧

3 件。皆残。T1123③：7，残存部分呈三角形，一侧边回折（图一六〇，1）。T1322③：11，平面呈三角形，尾端略平。残长 10.4、残宽 6.7 厘米（图一六〇，2）。T1417③：1，平面呈三角形，侧边斜直，与底边形成三角形銎孔和尖部。残长 4.8 厘米（图一六〇，3）。

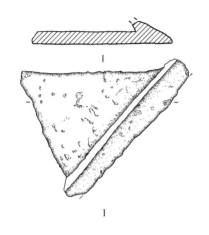
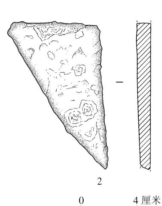
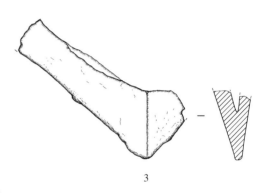

图一六〇　地层出土三期文化铁铧
1. T1123③：7　2. T1322③：11　3. T1417③：1

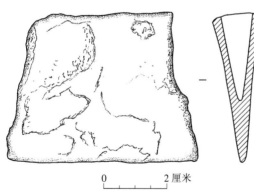

图一六一　地层出土三期文化铁锛
（T1120②a：5）

7. 锛

1 件。T1120②a：5，残。平面近梯形，平刃，刃角外展。长方形銎孔。高 4.6、宽 6 厘米，銎孔长 3.5、宽 0.8 厘米（图一六一；图版九七，3）。

8. 器柄

1 件。残。T1121④：4，锻制。圆柱状身，两端渐细，残断。残长 13.3 厘米（图一六二，1）。

9. 带扣

1 件。T2323③：13，稍残。长方形扣身，"一"字形扣针回卷于扣身的一条短边上。长 4.3、宽 3.6 厘米（图一六二，2；图版六七，6）。

10. 钉

3 件。锻制。均残。环首，向下渐细成尖，钉身较短，截面呈圆形。T1816③：12，残长 6.4 厘米（图一六三，1；图版六七，7）。T1816④：6，尖部残断。残长 8 厘米（图一六三，2；图版六七，8）。T1914③：10，环首较扁，圆身。残长 8.5 厘米（图一六三，3；图版六七，9）。

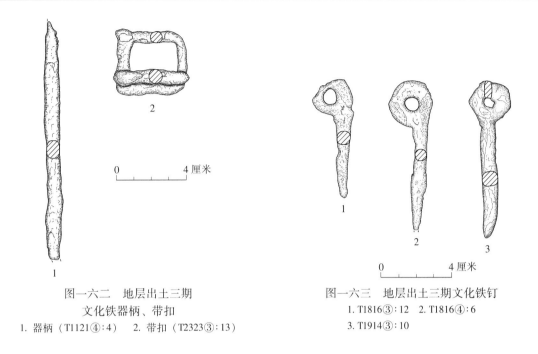

图一六二　地层出土三期
文化铁器柄、带扣
1. 器柄（T1121④:4）　2. 带扣（T2323③:13）

图一六三　地层出土三期文化铁钉
1. T1816③:12　2. T1816④:6
3. T1914③:10

（四）铜器

13 件。主要有镞、腹片、器柄、销钉、帽、泡、镜等。

1. 镞

6 件。铸制。依据镞身不同分为圆柱形、矛形二种。

圆柱形镞　2 件。铤部残断。镞身圆柱状。T0418②a:5，平顶，铁铤。残长 2.6 厘米（图一六四，1；图版六八，3）。T0718②a:3，尖部做三棱锋，铁圆铤。残长 3 厘米（图一六四，2；图版六八，4）。

矛形镞　4 件。镞身呈矛形，关部收束。T2321③:23，仅余四棱锥形铤部。残长 5.4 厘米（图一六四，3）。T2218③:2，镞身和关部截面成菱形。残长 5 厘米（图一六四，4）。T2026③:6，镞身截面呈菱形，关部截面呈扁六棱形，圆铤。残长 8.3 厘米（图一六四，5；图版六八，5）。T1414④:4，镞身和关部截面呈菱形，圆铤。残长 9.1 厘米（图一六四，6；图版六八，6）。

2. 腹片

1 件。铸制。T1322③:34，仅余一小片，其上有一乳丁纹，壁上有明显的铸接痕迹。残长 3.8 厘米（图一六五，1；图版九八，1）。

3. 器柄

2 件。锻制。均残。T1123③:3，近圆锥形，圆銎。鎏金。残长 3.3 厘米（图一六五，2；图版九八，2）。T1817③:11，扁圆筒状，截面呈六棱形。残长 7.2 厘米（图一六五，3；图版九八，3）。

4. 销钉

1 件。铸制。T1823③:2，完整。方形顶，圆柱形钉身，钉身下端有一圆形穿孔。长 6.2 厘米（图一六六，1；图版九八，4）。

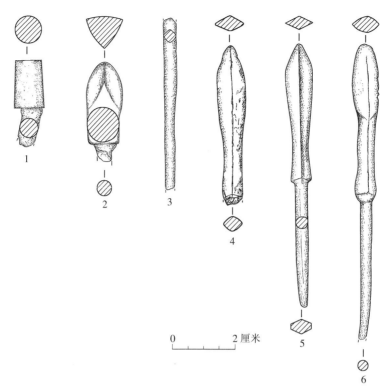

图一六四 地层出土三期文化铜镞

1、2. 圆柱形镞（1. T0418②a：5，2. T0718②a：3） 3~6. 矛形镞（3. T2321③：23，4. T2218③：2，5. T2026③：6，6. T1414④：4）

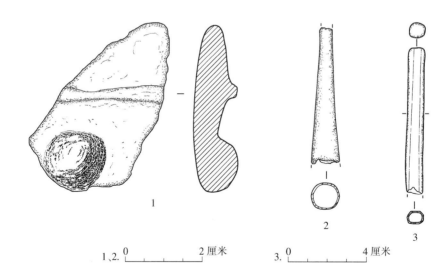

图一六五 地层出土三期文化铜腹片、器柄

1. 腹片（T1322③：34） 2、3. 器柄（2. T1123③：3，3. T1817③：11）

5. 帽

1 件。铸制。T1820③：4，残。圆柱形，中空。残长 0.8 厘米（图一六六，2；图版九八，5）。

6. 泡

1 件。铸制。T2221③：10，泡面略鼓，背有横梁。直径 4.7 厘米（图一六六，3；图版九八，6）。

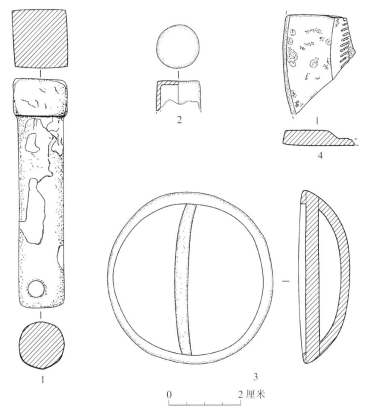

图一六六　地层出土三期文化铜销钉、帽、泡、镜

1. 销钉（T1823③:2）　　2. 帽（T1820③:4）　　3. 泡（T2221③:10）　　4. 镜（T2019③:11）

7. 镜

1 件。T2019③:11，仅余一角。外缘较宽，内缘可见短斜线纹。缘宽1.4、边缘厚0.4、外区厚0.2厘米，直径11、长2.7、残宽2.1厘米（图一六六，4；图版九八，7）。

（五）货币

4 枚。

1. 五铢

3 枚。方孔圆形。完整。面有外廓，内廓不明显，面文篆书"五铢"，自右向左顺读。"五"字交笔弯曲。光背无文。T1819②a:4，直径2.4、外廓0.1、穿宽1厘米。重1.5克（图一六七，1）。T1515③:4，直径2.5、外廓0.1、穿宽1厘米。重1.3克（图一六七，2）。T1620③:1，直径2.4、外廓0.1、穿宽1厘米（图一六七，3）。

2. 货泉

1 枚。T1717③:5，方孔圆形。残。有内外廓，面文篆书"货泉"二字，由右向左顺读。直径2.3、外廓0.1、内廓0.1、穿宽0.7厘米（图一六七，4）。

（六）石器

6 件。主要有范、磨石。

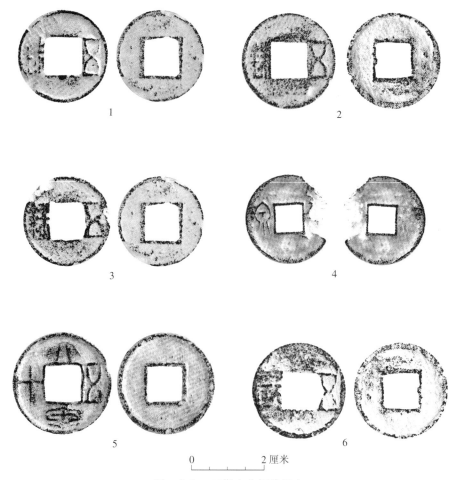

图一六七　三期文化铜钱拓本

1~3、6. 五铢（1. T1819②a：4，2. T1515③：4，3. T1620③：1，6. H128：4）

4. 货泉（T1717③：5）　5. 大泉五十（H105：8）

1. 范

1 件。T0821②a：2，仅余半面且已残断。滑石磨制。平面近长方形。喇叭形注孔，中有一道不规整的凹槽，模型不详。长 3、宽 2.1、厚 0.8 厘米（图一六八；图版九九，1）。

2. 磨石

图一六八　地层出土
三期文化石范
（T0821②a：2）

5 件。T1418③：2，残。砂岩。平面近方形。长 9.7、宽 8.1、厚 7.6 厘米（图一六九，1；图版九八，2）。T2314③：4，残断。青灰色细砂岩。两面均有磨面。残长 8.64、残宽 8.31、厚 2.5 厘米（图一六九，2；图版九八，3）。T1222③：1，残。页岩。平面呈梯形。边缘打制。近梯形。残长 4.6、高 4.4、厚 0.4 厘米（图一六九，3；图版九八，4）。T1020③：10，残。砂岩。平面呈长方形。两面均有内凹磨面。残长 6.4、宽 4.9、厚 1 厘米（图一六九，4；图版九八，5）。T1121③：2，残。暗红色细砂岩。平面呈条形，截面呈方形。两个面有明显的磨面。残长 7.1、残宽 4.3、厚 3.6 厘米（图一六九，5；图版九八，6）。

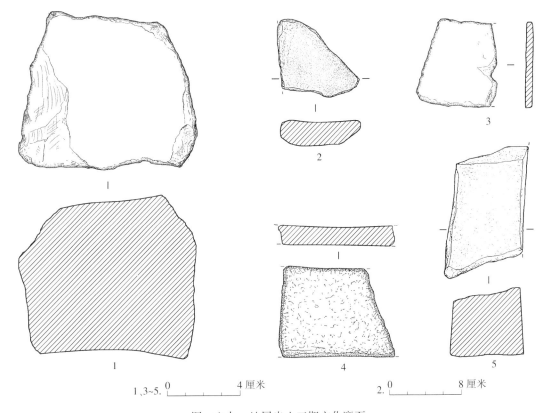

图一六九 地层出土三期文化磨石
1. T1418③:2 2. T2314③:4 3. T1222③:1 4. T1020③:10 5. T1121③:2

第五节 四期文化遗存

一 遗迹及遗物

（一）早段遗迹及遗物

本期文化可分为早、晚两阶段。早段遗迹有大型建筑基址 3 处，编号为 J2、J3、J7。从现存的建筑布局分析，为南北分布的三组院落址。房址两座，编号为 F1、F2。灰坑 10 座，编号为 H11、H50、H90、H96、H116、H123、H156、H159、H177、H203（图一七〇）。

J2

位于城址中部偏北的 T1524、T1525、T1624、T1625、T1724、T1725、T1824、T1825 内，坐落于③层，被 J1 叠压。平面呈长方形，系高台建筑。整个建筑建于一个夯土台上，夯土为黄色，

图一七〇 四期文化早段遗迹平面图

0 ___ 5 米

质地较硬，有明显的分层。J2 存长 12、宽 8.3 米，方位角 190°（图一七一；图版一〇〇、一〇一）。由于历代破坏，整个范围不是很清楚。

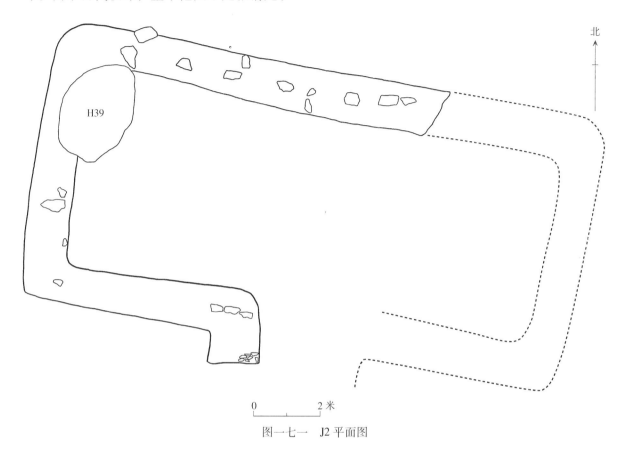

图一七一 J2 平面图

在夯土台上发现一排础石，现存有 7 块柱础，柱础间隔 1.1 米左右，所选石料都是易风化的砂岩，由于破坏及风化，柱础高低不平，且都埋于夯土内，推测应为暗础。在础石两边有坚硬的黄土带，推测应为泥墙，墙宽 1.1 米。南墙中部偏西有 3 块立石，总长 1.2、宽 0.2 米。

经局部解剖发现，J2 以下还有一个夯土台基，范围要大于 J2，而且台基之上分布有成排的础石。出于对文物本体的保护，未作进一步发掘。

出土遗物共 19 件。有建筑构件、陶器、铁器、铜器等。

1. 建筑构件

5 件。皆为圆瓦当。均为残件。模制。泥质灰陶。J2：1，当面模印双栏四界格莲花纹，莲瓣瘦长，两端与内、外凸棱弦纹连接。当心模印乳丁纹。当面残径 9.5 厘米（图一七二，1；图版一〇二，1）。J2：10，边轮高于当面，当面模印双栏四界格莲花纹。莲瓣前端尖锐，后端圆钝，两端都未与内、外凸棱弦纹相连。当面涂朱，当背抹泥，边缘有横向穿孔痕迹和旋切痕迹。边轮宽 1.4 厘米（图一七二，2）。J2：25，当面模印双栏四界格莲花纹。仅存一瓣莲瓣。残高 7.4、残宽 2.4 厘米（图一七二，3）。J2：6，青灰色。边轮部分残缺。当背有明显的切割痕迹。当面模印双栏四界格莲花纹。莲瓣前端略尖，后端圆钝，两端都未与内、外凸棱弦纹连接。当心模印乳丁纹。当面直径 15、边轮宽 1.4、厚 2～2.4 厘米（图一七二，4；图版一〇三，1）。J2：17，边轮部分脱落，后接筒瓦残断。边轮较宽，高于当面。当背有手指按压凹坑，边缘有横向穿孔痕迹，下边缘有旋切痕迹。当面模印双栏四界格莲花纹，莲瓣瘦长，呈枣核形，莲瓣中部略起棱线，两端连接到内、外凸棱弦纹。当心模印乳丁纹。筒瓦部分凸面饰排印绳纹，纹饰不清楚。当面直径17、边轮宽2、宽3.5厘米（图一七二，5；图版一〇四，1）。

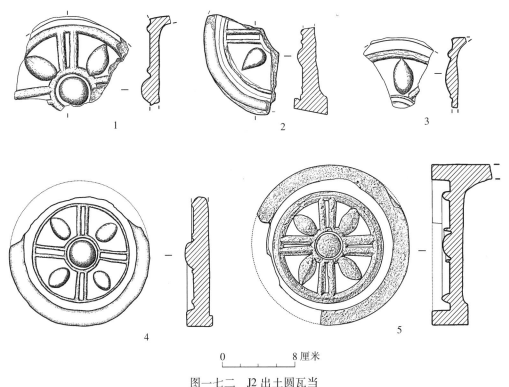

图一七二　J2 出土圆瓦当
1. J2：1　2. J2：10　3. J2：25　4. J2：6　5. J2：17

2. 陶器

6件。可辨器形有罐、瓮、盆、甑、钵。

（1）罐

1件。残存口沿。J2：7，夹砂黑陶。圆唇，直口，口沿外侧下方饰一周附加堆纹，堆纹上有指甲纹。残高2.3厘米（图一七三，1）。

（2）瓮

1件。残存口沿。J2：16，轮制。泥质黄陶。方唇，微敛口，短颈。素面。口径30、残高6.6厘米（图一七三，2）。

（3）盆

2件。J2：9，盆口沿。厚圆唇，卷沿，敞口。残高7.5厘米（图一七三，3）。J2：21，修复完整。泥质红褐陶。圆唇，展沿，腹壁略弧，平底。素面。口径38、底径17、高15.6厘米（图一七三，4；图版一〇五，1）。

（4）甑

1件。J2：13，仅余甑底。夹砂灰黑陶。底部现存7个圆孔。素面。厚1.6、孔径0.7厘米（图一七三，5）。

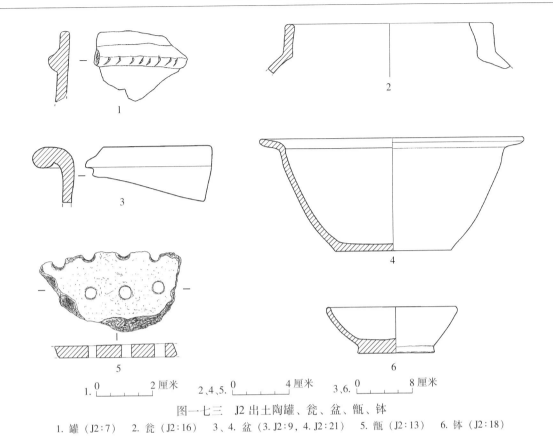

图一七三 J2 出土陶罐、瓮、盆、甑、钵

1. 罐（J2：7） 2. 瓮（J2：16） 3、4. 盆（3.J2：9，4.J2：21） 5. 甑（J2：13） 6. 钵（J2：18）

（5）钵

1 件。J2：18，修复完整。轮制。圆唇，敞口，弧壁，台式底。素面。口径 9.5、底径 5.5、高 3.2 厘米（图一七三，6；图版一〇六，1）。

3. 铁器

6 件。有镞、镬、钉三类。

（1）镞

4 件。均残。依据镞身形制可将其分为矛形镞、凿形镞、铲形镞。

矛形镞 2 件。镞身扁平。J2：19，铤部近圆形。残长 5 厘米（图一七四，1）。J2：20，扁方铤。残长 8.2 厘米（图一七四，2）。

凿形镞 1 件。J2：15，扁方铤。残长 5.7 厘米（图一七四，3）。

铲形镞 1 件。J2：11，镞身扁平，扁方铤。残长 7.1 厘米（图一七四，4；图版一〇七，1）。

（2）镬

1 件。J2：5，残。铸制。平面呈长方形，侧视呈楔形，长方形銎口，直刃。残高 7.8、宽 6.8 厘米，銎口长 5.5、宽 1 厘米（图一七四，5）。

（3）钉

1 件。J2：14，仅存钉身。截面呈圆形。残长 6.5 厘米（图一七四，6）。

4. 铜器

2 件。均为镞。镞身三棱锥状，尖部残，关部截面为六棱形，铜圆铤。

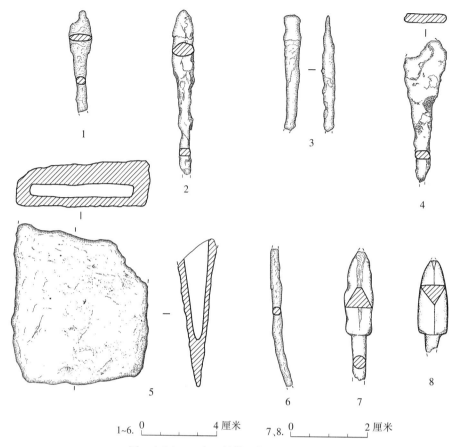

图一七四　J2 出土铁镞、镢、钉，铜镞

1～4. 铁镞（1. J2：19，2. J2：20，3. J2：15，4. J2：11）　5. 铁镢（J2：5）　6. 铁钉（J2：14）
7、8. 铜镞（7. J2：8，8. J2：12）

J2：8，残长 3.3 厘米（图一七四，7）。J2：12，残长 2.4 厘米（图一七四，8）。

J3

位于城址东部，临近东门。分布于 15 个探方内，分别是 T2024、T2124、T2224、T2324、T2424、T2023、T2123、T2223、T2323、T2423、T2022、T2122、T2222、T2322、T2422。坐落于③层。方位角 185°（图一七五；图版一〇八、一〇九）。

J3 破坏严重，但仍保留了夯土台基。台基平面呈长方形，东西长 21、南北宽 12、存高 0.2～0.5 米。夯土取用黄黏土，内含板瓦、筒瓦残片。

台基上由南向北分布有 5 排柱础，分别编号为 d1～d4、d5～d9、d10～d12、d13～d16。

第一排柱础当为前廊柱，廊面阔 19.3、进深 1.6 米。

d1，自然板石，半埋于地下。平面近三角形。长边长 60、厚 5 厘米。

d2，自然板石，半埋于地下。平面近梯形。长 51、宽 31、厚 5 厘米。

d3，自然板石略加休整，半埋于地下。平面近梯形。长 74、宽 58、厚 18 厘米。

d4，自然板石，半埋于地下。平面近长方形。长 52、宽 38、厚 6 厘米。

第二排柱础为建筑的前墙基址。

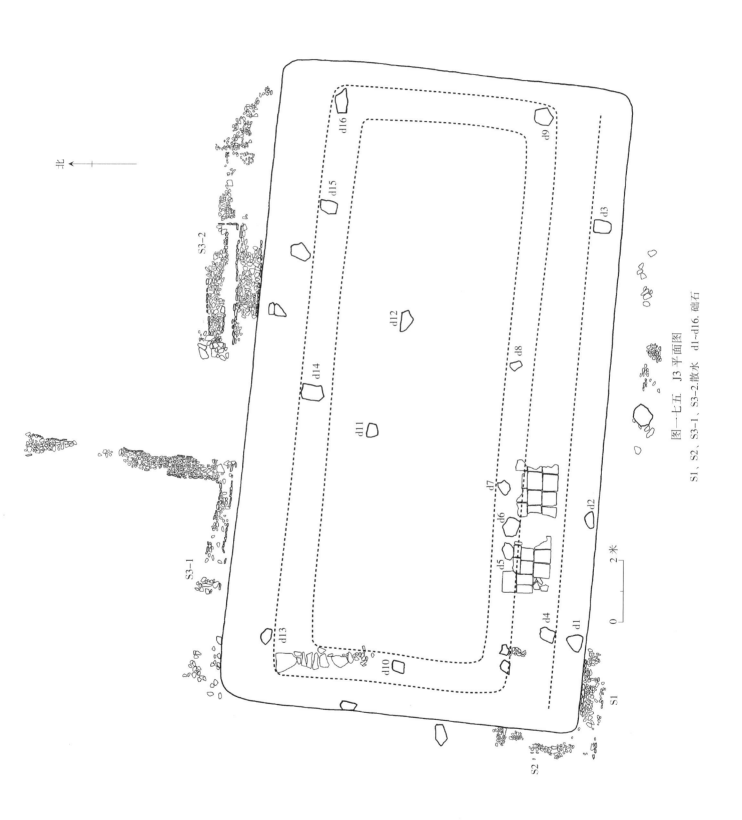

北

S3-2

S3-1

S1

S2

d1~d16

d16
d15
d14
d13
d12
d11
d10
d9
d8
d7
d6
d5
d4
d3
d2
d1

图一七五　J3平面图

S1、S2、S3-1、S3-2.散水　d1~d16.础石

0　　2米

d5，自然石块，埋于地下。平面近椭圆形。长径58、厚11厘米。

d6，自然板石略加修整，埋于地下。平面呈五边形。长64、宽53、厚9厘米。

d7，自然石块，半埋于地下。平面近梯形。长74、宽44、厚11厘米。

d8，自然板石，半埋于地下。平面近梯形。长40、宽27、厚5厘米。

d9，自然石块略加修整，埋于地下。平面呈五边形。长65、宽51、厚12厘米。

第三排柱础排列无规律，应是建筑内支撑所用。

d10，自然板石，埋于地下。平面近长方形。长42、宽34、厚5厘米。

d11，自然板石略加修整，埋于地下。平面近梯形。长45、宽40、厚6厘米。

d12，自然石块，半埋于地下。平面近三角形。长61、厚7厘米。

第四排柱础为建筑的后墙。

d13，自然板石，半埋于地下。平面近梯形。长68、宽62、厚8厘米。

d14，自然板石略加修整，埋于地下。平面呈长方形。长71、宽49、厚5厘米。

d15，自然板石略加修整，埋于地下。平面近长方形。长58、宽44、厚6厘米。

d16，自然石块，埋于地下。平面近梯形。长78、宽41、厚15厘米。

在第一排础石和第二排础石间的西部尚保留铺地方砖，系直缝平砌，共有三行。铺砖地面长4.2、宽1.6米。方砖多已残碎，边长43、厚6厘米（图一七六）。

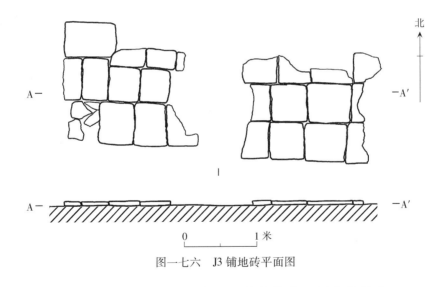

图一七六　J3铺地砖平面图

夯土台基南侧、西侧及北侧断续保留河卵石砌筑的散水，顺序编号为S1、S2、S3。其中S3的西段呈曲尺形，编号为S3-1，推测可能是北门的门道。东段外侧尚存一段散水，推测是早期建筑遗留，抑或是本建筑散水改建，编号为S3-2（图版一一〇）。

S1西段保存稍好，中间段断续保留一些小河卵石。西段存长3.4、宽0.7、高0.1米。

S2保存不好，存长2.8米。

S3-1存长10.4、宽0.8、高0.1米。

S3-2地处河水冲击的边缘，已扭曲变形，存长9、宽0.6、高0.1米。

从现存的柱础排布、散水分布等情况分析，J3应为多开间带前廊道的高台式建筑（图版一一一）。

出土遗物共 67 件。有建筑构件、陶器、石器等。

1. 建筑构件

65 件。有板瓦、筒瓦、圆瓦当、半瓦当等。

（1）板瓦

9 件。均为残件。模制。泥质灰陶。J3：54，平面呈长方形，横剖面弧曲。残存的一端端面圆滑。凸面饰瓦沟纹；凹面素面，较光滑。残长 22.5、残宽 14.5、厚 1.6 厘米（图一七七，1）。J3：55，横剖面呈圆弧形。残存的一端端面较平。凸面饰斜向绳纹，绳径 0.4 厘米；凹面饰菱形纹和斜向篮纹，纹饰较凌乱。残长 26.5、残宽 27、厚 1.5 厘米（图一

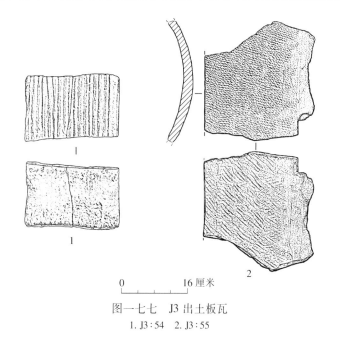

图一七七　J3 出土板瓦
1. J3：54　2. J3：55

七七，2）。J3：58，一侧边缘有由内向外的半切口。凸面饰斜向粗绳纹，凹面饰较乱的大菱形纹。厚 1.7 厘米（图四七，2）。J3：59，一侧边缘有由内向外的半切口。凸面饰粗绳纹，凹面饰较乱的大菱形纹。厚 1.5 厘米（图五，2）。J3：60，一侧边缘有由内向外的半切口。凸面一部分饰凹弦纹，一部分饰斜向绳纹；凹面饰较乱的大菱形纹。厚 2.1 厘米（图四七，3）。J3：61，前端端面斜平，一侧边缘有由内向外的半切口。凸面饰斜向粗绳纹，凹面饰不规则的大菱形纹。厚 1.6 厘米（图四七，4）。J3：62，前端饰斜向指压纹。凸面饰较为规整的顺向绳纹，凹面饰较乱的大菱形纹。一侧边缘有由内向外的半切口。厚 2 厘米（图一七八，1）。J3：64，侧边缘有由内向外的半切口。凸面饰规整的斜向粗绳纹，凹面饰小菱格网纹。厚 2 厘米（图一二，9）。J3：71，模制。泥质灰陶。凸面饰粗绳纹，凹面饰菱格纹。厚 1.5 厘米（图四七，5）。

（2）筒瓦

8 件。均残。模制。泥质灰陶。J3：16，横剖面呈半圆弧形。瓦头处黏结圆瓦当，当面模印双栏四界格鸟虫篆体"千秋万岁"文字纹。当面残断，仅存"千"、"萬"二字，自右向左直读。做法是将瓦头内外抹泥，之后将筒瓦顶在当面边缘，再稍加修整而成。边轮高于当面。后接一筒瓦，两侧长边有整体旋切痕迹。熊头边口圆唇，内斜凹。筒瓦凸面饰顺向抹断粗绳纹，凹面饰布纹。边轮宽 1.5、当面直径 17.5 厘米，筒瓦长 38.5、熊头长 3.5、厚 1.5 厘米（图一七九，1；图一八〇，1；图版一一二，1）。J3：26，残存部分凸面饰顺向粗绳纹，纹饰清晰；凹面饰布纹。一侧边缘有由外向内的半切口，瓦背中部有一圆孔。瓦身残长 18 厘米（图一七九，2；图四七，6）。J3：29，当面模印双栏四界格莲花纹，莲瓣瘦长。当心模印圆乳丁纹。筒瓦凸面饰顺向粗绳纹，凹面饰布纹。当背瓦筒切口处横穿一孔，两侧边有由外向内的半切口。当面直径 17、边轮宽 1.4～1.7 厘米，瓦身残长 30.5 厘米（图一七九，3；图版一一三，1）。J3：36，前窄后宽。凸面饰顺向粗绳纹，纹饰清晰；凹面饰布纹。两侧边有由外向内的半切口，瓦身中部有一钉孔。瓦身残长 36.6、瓦头口径 16.2、高 8、厚 1.7、钉孔直径 2 厘米（图一七九，4；图四七，7；图版一

图一七八　四期文化板瓦拓本
1. J3：62　2. H90：3　3. T1020③：13　4. T1416③：3　5. T1516③：8　6. T1516③：11　7. T2215③：45　8. 采：36　9. 采：37

一四，1）。J3：37，凸面饰顺向抹绳纹，凹面饰布纹。瓦头边口上下两缘均有不明显的指压纹。
两侧边有由内向外的半切口。瓦身长37.5、熊头长3.5、瓦头口径17、瓦尾口径16.5、高9.8、
厚1.5厘米（图一七九，5；图版一一四，2）。J3：49，拼对完整。瓦头处黏结圆瓦当，边轮稍高
于当面。当面模印双栏四界格"千秋万岁"文字纹，自右向左直读。当心模印一素面大圆乳丁。
筒瓦两侧边全切口，凸面饰顺向抹绳纹，凹面饰布纹，瓦尾处布纹褶痕明显。当面直径17、边轮

宽1.2厘米；筒瓦长39、宽16厘米，熊头长4厘米（图一七九，6；图一八一，1；图版一一三，2）。J3：52，残存瓦头部分。凸面饰抹绳纹；凹面饰布纹，纹饰不清晰。残存部分一侧边缘有由内向外的半切口。瓦身残长12.5、残宽15.3、厚1.4厘米（图一七九，7）。J3：53，青灰色。凸面饰抹绳纹，凹面饰布纹。两侧边缘整体有明显的脱模切割痕迹。瓦身残长28、熊头长3.5、厚1.2、瓦尾宽17.3厘米（图一七九，8；图版一一四，3）。

0 ⸺ 16厘米

图一七九　J3出土筒瓦

1. J3：16　2. J3：26　3. J3：29　4. J3：36　5. J3：37　6. J3：49　7. J3：52　8. J3：53

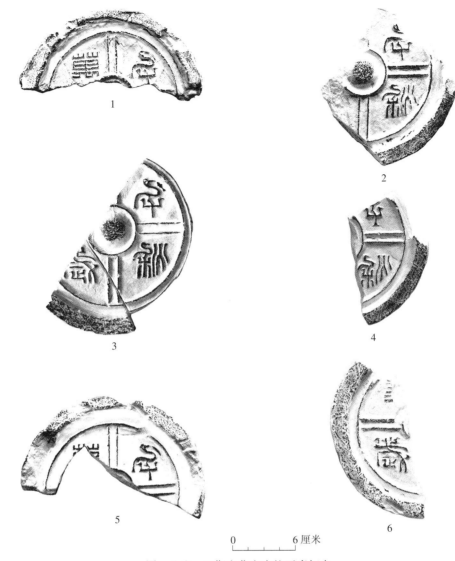

图一八〇　四期文化文字纹瓦当拓本

1. J3：16　2. J3：32　3. J3：33　4. J3：65　5. T1314③：1　6. T1516②a：1

（3）圆瓦当

47 件。均残。模制。按当面模印纹饰不同可分成莲花纹和文字纹两种。

莲花纹瓦当　18 件。

J3：5，泥质灰陶。当面模印双栏四界格莲花纹，残存两个界格和两瓣莲瓣，莲瓣圆润饱满。当心模印素面乳丁纹。当面残径 5.2 厘米（图一八二，1）。J3：6，灰陶。当面模印双栏四界格莲花纹，仅残存一道双栏界格和一瓣莲瓣，莲瓣饱满，两端较尖锐。当面涂朱。当面残径 4.3 厘米（图一八二，2）。J3：7，灰陶。当面模印双栏四界格莲花纹，仅存一道双栏和一瓣莲瓣。当面涂朱。当面残径 4.8 厘米（图一八二，3）。J3：9，灰陶，青灰色。当面模印双栏四界格莲花纹，仅存一道双栏和一瓣莲瓣。莲瓣饱满，后端圆钝，前端尖锐。当面残径 6.8 厘米（图一八二，4）。J3：10，灰陶。边轮脱落。当面模印双栏四界格莲花纹，莲瓣形状不尽相同。当心模印一素面乳丁纹。当背有明显的抹泥痕迹。当面残径 10 厘米（图一八二，5）。J3：19，边轮低于当面。当面模

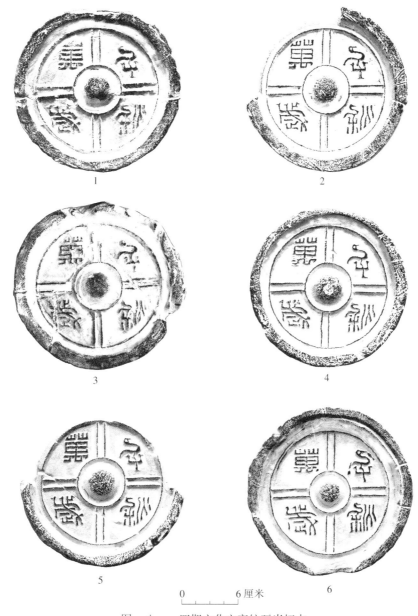

图一八一　四期文化文字纹瓦当拓本
1. J3：49　2. J3：68　3. J3：13　4. J3：18　5. J3：24　6. J3：63

印双栏四界格莲花纹。莲瓣较长，前端尖锐，后端较圆钝。当面涂朱。当面残径6.6厘米（图一
八二，6）。J3：20，筒瓦和瓦当共同组成边轮，筒瓦部分脱落，边轮高于当面。模印双栏四界格
莲花纹，莲瓣圆鼓，两端较尖锐，中部略起棱线。当面涂朱。当背有手指按压凹坑。当面直径
13.5、残存部分边轮宽0.7厘米（图一八二，7；图版一〇二，2）。J3：21，泥质灰陶。当面模印
双栏四界格莲花纹，存一瓣莲瓣和一道双栏界格。当面残径5.6厘米（图一八二，8）。J3：27，
灰陶。边轮稍高于当面。当面模印双栏四界格莲花纹，仅存一个界格和一瓣莲瓣。当面涂朱。当
面残径3.2、边轮宽1厘米（图一八二，9）。J3：28，泥质灰陶。边轮高于当面。当面模印双栏四
界格莲花纹，莲瓣瘦长。当心模印乳丁纹。当面涂朱，当背有明显的手工拿捏按压凹窝，后接筒

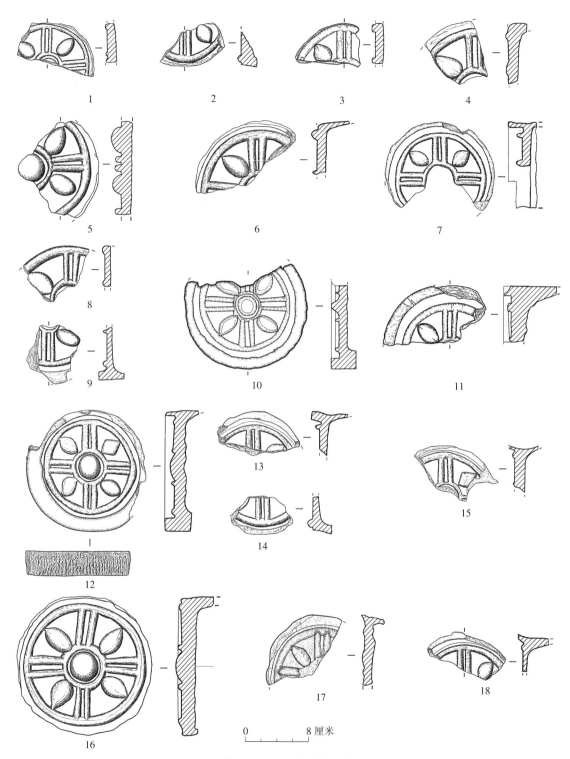

图一八二　J3 出土圆瓦当

1. J3：5　2. J3：6　3. J3：7　4. J3：9　5. J3：10　6. J3：19　7. J3：20　8. J3：21　9. J3：27　10. J3：28　11. J3：30
12. J3：42　13. J3：43　14. J3：44　15. J3：45　16　J3：46　17. J3：47　18. J3：51

瓦部分残断。下边缘有明显的旋切痕迹。当面直径15、边轮宽1.5厘米（图一八二，10；图版一一五，1）。J3：30，泥质灰陶。边轮高于当面，当面涂朱，当背有明显的手工拿捏按压凹窝，后接筒瓦部分残断。当面模印双栏四界格莲花纹，存一道双栏界格和一瓣莲瓣，两端较尖锐。当面残径6.7、边轮宽1.2、残存筒瓦长5.6厘米（图一八二，11）。J3：42，灰陶。边轮部分脱落。外侧饰顺向粗绳纹。边轮高于当面，当面涂朱，当背有指压凹坑和抹泥痕迹，边缘有旋切痕迹。当面模印双栏四界格莲花纹，莲瓣形状不统一，有的呈椭圆形，有的呈菱形。中心模印一素面圆乳丁。当面残径15、边轮宽2厘米（图一八二，12；图版一〇四，2）。J3：43，灰陶。当面模印双栏四界格莲花纹，仅存一道双栏，半朵莲瓣。背面有明显的手工抹泥痕迹。残高5.4、筒瓦残长4.7厘米（图一八二，13）。J3：44，泥质灰陶。边轮脱落。当面模印双栏四界格莲花纹，仅存一道双栏。当面涂朱。当面残径4.6厘米（图一八二，14）。J3：45，灰陶。边轮脱落。当面模印双栏四界格莲花纹，仅存一道双栏和一菱形莲瓣。当面涂朱。当面残径5.6厘米（图一八二，15）。J3：46，边轮缺失。当面模印双栏四界格莲花纹，莲瓣较长，前端尖锐，后端圆钝，前后两端连接内外凸棱弦纹。当面涂朱。当面直径16.5厘米（图一八二，16；图版一一六，1）。J3：47，泥质灰陶。边轮部分脱落。当面模印双栏四界格莲花纹，仅存一道界格及一莲瓣纹，莲瓣瘦长。当面涂朱。当背有戳压凹坑。当面残径6.2厘米（图一八二，17）。J3：51，边轮部分脱落。当面模印双栏四界格莲花纹，仅残存一道双栏和一瓣莲瓣。当面涂朱。当背有手工抹泥痕迹。当面残径4.8厘米（图一八二，18）。

文字纹瓦当　29件。

J3：1，泥质灰陶。边轮稍高于当面，部分已脱落。当面模印双栏四界格鸟虫篆体"千秋万岁"文字纹，每个界格内置一个字，由右至左直读。残存当面直径15.5、边轮宽1.3厘米（图一八三，1；图一八四，1；图版一一七，1）。J3：8，灰陶。当面模印双栏四界格鸟虫篆体"千秋万岁"文字纹，仅存"岁"上半部。当面残径5.3厘米（图一八三，2）。J3：11，泥质灰陶。边轮高于当面。当面模印双栏四界格鸟虫篆体"千秋万岁"文字纹，仅存"万"字上半部分。后接筒瓦，凹面饰布纹。边轮宽1.2厘米（图一八三，3）。J3：13，泥质黄陶。筒瓦部分脱落，边轮高于当面，当面模印双栏四界格鸟虫篆体"千秋万岁"文字纹，每个界格内置一字，由右至左直读。边轮宽窄不均。当面直径17.5、宽0.9～1.6厘米（图一八三，4；图一八一，3；图版一一七，2）。J3：12，灰陶。当面模印双栏四界格鸟虫篆体"千秋万岁"文字纹，仅存"万"字的一部分。当面残径4.5厘米（图一八三，5）。J3：14，灰陶。当面模印双栏四界格鸟虫篆体"千秋万岁"文字纹，仅存"秋"、"岁"二字，由右至左直读。当面残径7.6、边轮宽1.5厘米（图一八三，6）。J3：15，灰陶。边轮高于当面。当面外饰一周凸棱弦纹，内模印双栏四界格"千秋万岁"文字纹，每个界格内置一字，由右至左直读。内心一周凸棱弦纹与四界格相连。中心置一素面圆乳丁，当面涂朱。后接筒瓦，瓦当和筒瓦衔接处用泥抹平。筒瓦凹面饰规整的布纹。当面直径18、边轮宽1.5、筒瓦残长17.5厘米（图一八三，7；图版一一八，1）。J3：17，灰陶。边轮部分脱落。边轮高于当面，当面模印双栏四界格鸟虫篆体"千秋万岁"文字纹，由右至左直读。当面直径17、边轮宽1.3厘米（图一八三，8；图一八四，2；图版一一八，2）。J3：18，灰陶。筒瓦脱落。边轮高于当面，当面模印双栏四界格鸟虫篆体"千秋万岁"文字纹，每个界格内置一字，由右至左直读。当心模印一圆形乳丁。当背有抹泥痕迹，边缘有接筒瓦的痕迹。当面直径

16.5、宽2厘米（图一八三，9；图一八一，4）。J3：22，灰陶。边轮高于当面，当面模印双栏四界格鸟虫篆体"千秋万岁"文字纹，仅存"秋"字的一小部分。当面涂朱。当面残径4、边轮宽1厘米（图一八三，10）。J3：23，灰陶。当面模印双栏四界格鸟虫篆体"千秋万岁"文字纹，仅存"岁"字的一小部分。当面残径4.8厘米（图一八三，11）。J3：24，泥质灰陶。边轮部分脱落。边轮高于当面，当面模印双栏四界格鸟虫篆体"千秋万岁"文字纹，每个界格内置一字，由右至左直读。中心饰一素面圆乳丁。当面直径17、边轮宽1厘米（图一八五，1；图一八一，5；图版一一九，1）。J3：25，边轮大部分脱落。当心圆乳丁稍高于边轮。当面模印双栏四界格鸟虫篆体"千秋万岁"文字纹，由右至左直读。当心模印一素面圆乳丁。当面直径15.5、边轮宽1.3厘米（图一八五，2；图一八三，3；图版一一九，2）。J3：31，泥质灰陶。边轮部分脱落，高于当面。当面模印双栏四界格鸟虫篆体"千秋万岁"文字纹，由右至左直读。当面涂朱。当面残径10、边轮宽1.3厘米（图一八五，3）。J3：32，泥质灰陶。边轮高于当面。当面模印双栏四界格鸟虫篆体"千秋万岁"文字纹，仅存"千"和"秋"二字，由右至左直读。当心模印一素面圆乳丁。当背印有绳纹纹饰。当面残径15、边轮宽1.4厘米（图一八五，4；图一八〇，2）。J3：33，当面模印双栏四界格鸟虫篆体"千秋万岁"文字纹，由右至左直读。"万"字缺失，"岁"字缺失一小部分。当面涂朱。当面直径16.8厘米（图一八五，5；图一八〇，3）。J3：34，灰陶。当面模印双栏四界格鸟虫篆体"千秋万岁"文字纹，仅存"秋"字的一部分。当面涂朱。当面残径4.3厘米（图一八五，6）。J3：35，泥质灰陶。当面模印双栏四界格鸟虫篆体"千秋万岁"文字纹，仅存"万"字的一小部分。当面残径4.9厘米（图一八五，7）。J3：38，后接筒瓦残断。灰陶。边轮高于当面。当面模印双栏四界格鸟虫篆体"千秋万岁"文字纹，每个界格内置一字，由右至左直读。当面涂朱。当背较光滑，且中心高、周缘低。筒瓦部分凸面素面，凹面饰布纹。当面直径17、边轮宽1.5、厚1.8厘米，残存筒瓦长14厘米（图一八五，8；图版一二〇，1）。J3：41，灰陶。当面模印双栏四界格鸟虫篆体"千秋万岁"文字纹，"万"字缺失，由右至左直读。"千"字鸟喙处模印一条小鱼。当面涂朱，当背有不明显的粗绳纹。当面残径13.2、边轮宽1.8厘米（图一八五，9）。J3：50，泥质灰陶。当面残存部分存一篆书"万"字。当面残径3.4厘米（图一八六，1）。J3：57，灰陶。当面模印双栏四界格鸟虫篆体"千秋万岁"文字纹，仅存"千"字。"千"字第一笔画为一只鸟衔一条带鳍小鱼。当面残径4.7厘米（图一八六，2）。J3：63，筒瓦部分脱落。泥质黄褐陶。边轮高于当面，当面模印双栏四界格鸟虫篆体"千秋万岁"文字纹，由右至左直读，"千"字鸟喙处模印一条小鱼，作鸟衔鱼状。当心模印一素面圆形乳丁纹。当面涂朱。边轮宽窄不均，最窄0.8、最宽1.6厘米。当面直径17.5、宽2.2厘米（图一八六，3；图一八一，6；图版一二〇，2）。J3：65，泥质灰陶。边轮高于当面，当面模印双栏四界格鸟虫篆体"千秋万岁"文字纹，仅存"千"和"秋"二字。边轮宽1.2厘米（图一八六，4；图一八〇，4）。J3：66，灰陶。当面模印双栏四界格鸟虫篆体"千秋万岁"文字纹，仅存"万"字的一部分。当面残径6厘米（图一八六，5）。J3：67，灰陶。当面模印双栏四界格鸟虫篆体"千秋万岁"文字纹，仅存"千"、"万"字的一部分。当面涂朱。当面残径3.4厘米（图一八六，6）。J3：68，部分边轮和后接筒瓦脱落。泥质灰陶。边轮高于当面，当面模印双栏四界格鸟虫篆体"千秋万岁"文字纹，由右至左直读。中心模印一素面圆形乳丁。当背有手工捏压痕迹，是将筒瓦边缘顶在瓦当边轮后侧，之后抹泥固定留下的。当面直径17.5、边轮宽1.2厘米（图一八六，

7；图一八一，2；图版一二一，1）。J3∶69，黄陶。当面模印双栏四界格鸟虫篆体"千秋万岁"
文字纹，仅存"千"字，第一笔画作鸟首状，口衔一条有鳍小鱼。当面残径4.6厘米（图一八
六，8）。J3∶70，边轮脱落。模制。灰陶，青灰色。当面模印双栏四界格鸟虫篆体"千秋万岁"
文字纹，"万"字缺失，"千"字第一笔画为一只鸟衔一条带鳍小鱼。当面涂朱，中心模印一素面
圆乳丁。当背抹泥。残存当面直径15.5厘米（图一八六，9）。

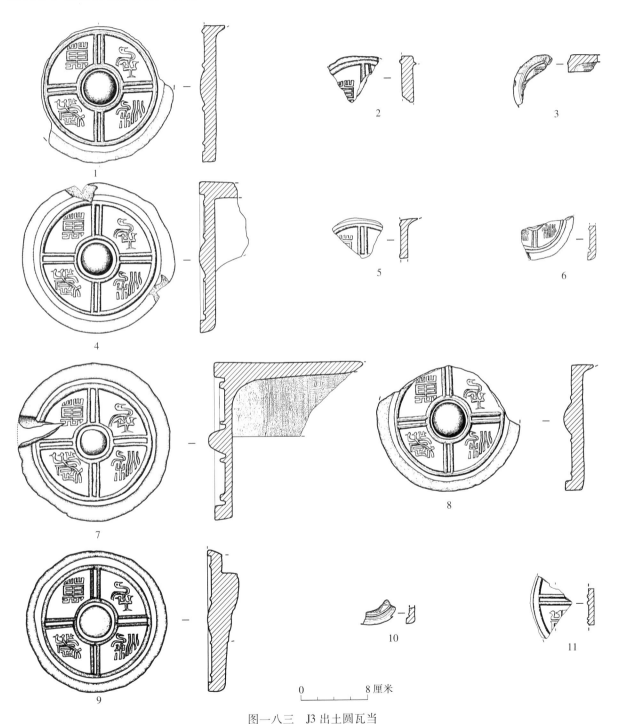

图一八三　J3出土圆瓦当

1. J3∶1　2. J3∶8　3. J3∶11　4. J3∶13　5. J3∶12　6. J3∶14　7. J3∶15　8. J3∶17　9. J3∶18　10. J3∶22　11. J3∶23

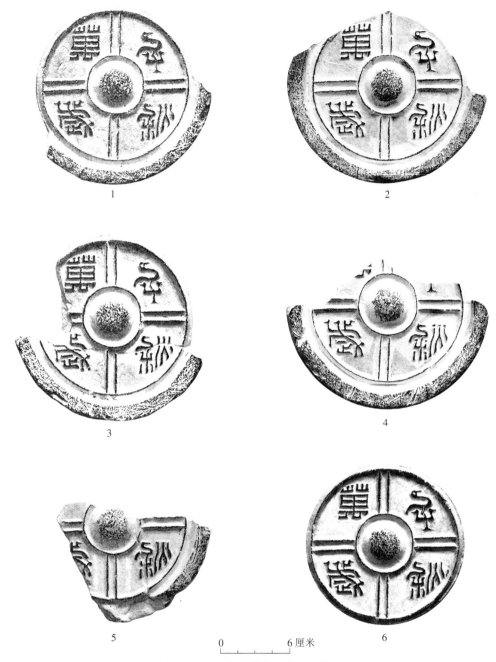

图一八四　四期文化文字纹瓦当拓本

1. J3：1　2. J3：17　3. J3：25　4. T2221③：15　5. T2221③：16　6. T2315③：3

（4）半瓦当

1件。J3：40，仅残存一小部分。模制。灰陶。边轮高于当面，推测当面应模印卷云纹。当背有横向穿孔痕迹。边轮宽0.6、残高6、筒瓦残长7厘米（图一八六，10）。

2. 陶器

1件。权。J3：56，残存一半。泥质灰陶。馒头状，平底。素面。底径10、残高6.2厘米（图一八七，1；图版一二二，1）。

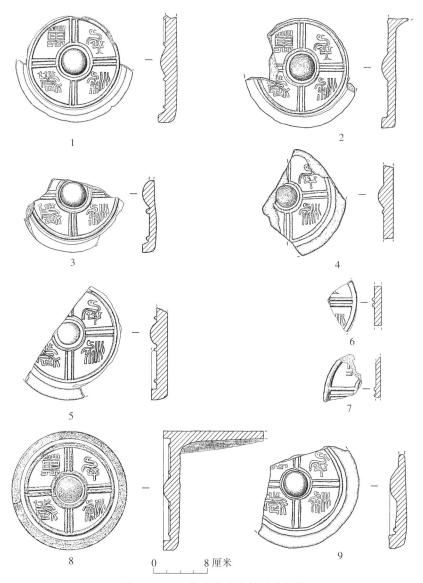

图一八五　四期文化文字纹瓦当拓本

1. J3：24　2. J3：25　3. J3：31　4. J3：32　5. J3：33　6. J3：34　7. J3：35　8. J3：38　9. J3：41

3. 石器

1 件。为磨石。J3：39，残。灰黑色。长方形，磨制，两面各有一个凹槽。残长 6.6、宽 5.2、厚 1.2 厘米（图一八七，2）。

J7

位于发掘区中部，接近西门。分布在探方 T1417、T1418、T1419、T1420、T1517、T1578、T1519、T1520、T1616、T1617、T1618、T1619、T1620 中，坐落于③层。地层中散落大量瓦片。东西宽 11.3、南北长 14.2、厚 0.8 米。院落内侧用河卵石铺设一周散水，散水在东、北边分为上下两层，在西边呈阶梯状平行分布，由西向东渐渐升高。在南边则紧挨着原来的散水外边铺设散水。散水的边沿或用立瓦镶边或用卵石立砌做边。在院落南部发现小河卵石铺设的地面，在此范

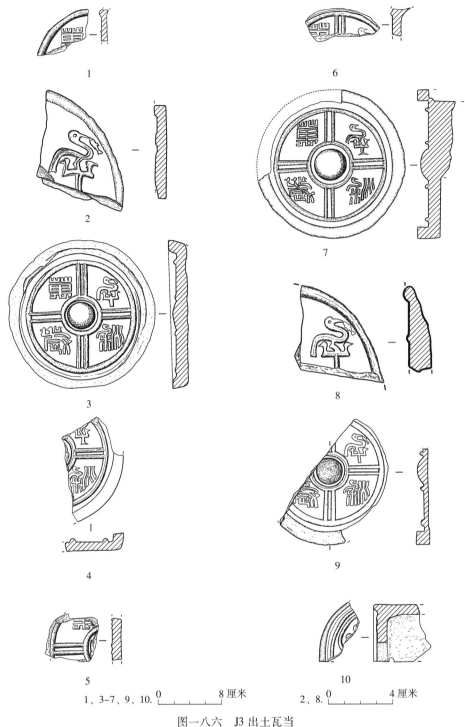

1、3～7、9、10. ┠─────┤ 8厘米　　　2、8. ┠───┤ 4厘米

图一八六　J3 出土瓦当

1. J3：50　2. J3：57　3. J3：63　4. J3：65　5. J3：66　6. J3：67　7. J3：68　8. J3：69　9. J3：70　10. J3：40

围内发现了水井遗迹（图一八八；图版一二三）。

从现存的迹象分析，J7 应为一处高台式建筑基址。现存的散水布局表明，其为一座天井式长方形院落，南北长 12、东西宽 9.5 米。院内四面都有散水。靠近南侧散水中部有一水井，编号井1；院落西南角有一条通向外面的排水沟，编号排 1；在院落东北角和西南角散水转折处各有一个

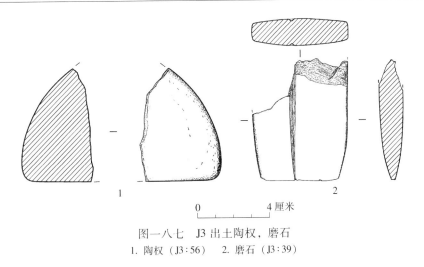

图一八七　J3 出土陶权，磨石
1. 陶权（J3∶56）　2. 磨石（J3∶39）

用筒瓦围成的柱洞，编号为 d1、d2。散水四周都留有板石柱础，东部仅有 2 块础石，编号 d3、d4。南部存 3 块础石，由东向西编为 d5 ~ d7。西部存 4 块础石，由南向北编为 d8 ~ d11。北部存 7 块础石，由西向东编为 d12 ~ d18。方位角 98°。

散水按照方位东、南、西、北编号为 S1、S2、S3、S4。系用小河卵石铺筑，两侧用扁薄的卵石或板瓦立砌，起倚护散水作用。散水近院内一侧略低于外侧。S1 南段编号 S1 - 1，北段编号 S1 - 2。S2 在东、西两端保留一小段，中部断续保留少许小卵石。东段编号 S2 - 1，西段编号 S2 - 2。S3 建造略显粗糙，在南部保存少许，编号 S3 - 1，北端保留稍长，编号 S3 - 2，且在其外侧保留两段与其平行的散水，推测为早于该建筑设施，编号为 S3W - 1、S3W - 2。S4 断续保存砌筑的卵石，扰乱较甚（图版一二四）。

S1 - 1 存长 2.9、宽 0.5、高 0.1 米。

S1 - 2 存长 3.5、宽 0.8、高 0.1 米。

S2 - 1 存长 2.4、宽 0.8、高 0.1 米。

S2 - 2 存长 2.7、宽 0.8、高 0.1 米。

S3 - 1 存长 1.7、宽 0.6、高 0.1 米。

S3 - 2 存长 5、宽 0.7、高 0.1 米。

S3W - 1 坐落面低于编号 S3 - 2，存长 4.7、宽 0.6、高 0.1 米。

S3W - 2 与 S3W - 1 坐落面近于一个平面，存长 1.7、宽 0.6、高 0.1 米。

S4 存长 10.2、宽 0.5、高 0.1 米。

井 1，位于 J7 南部居中位置。井口平面呈圆形，井口西部尚局部保留环形砌石。井壁为直凿的生土，未见砌石。井内填灰黑色土，伴出一些残碎的瓦片。直径 0.7、深 1.6 米（图一八九；图版一二五）。

排 1，位于 J7 的西南角。开口与散水平齐，排水沟低于散水，上距地表 0.6 ~ 1.1 米。开口处为一些残碎瓦片堆积在一起，推测为渗水而设置。排水沟是开于地面的一条沟槽，上覆多层较大的板瓦，凸面向上压缝砌筑，一直通向 J7 外，端头加宽，用残碎瓦片无规则堆砌在一起，推测具有排水的功能。排水与 J7 方向一致，总长 7.2、宽 0.5 ~ 0.7、深 0.1 米（图一九〇；图版一二六）。

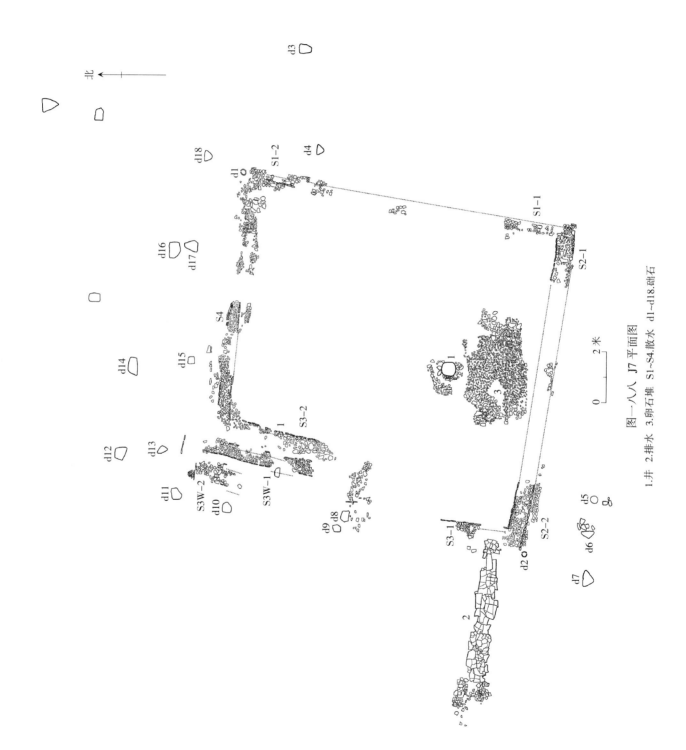

图一八八　J7 平面图

1.井　2.排水　3.卵石堆　S1~S4.散水　d1~d18.础石

d1 位于 J7 东北角，系利用两件筒瓦立置围拢而成，半埋于地下。直径 26、深 40 厘米（图版一二七，1）。

d2 位于 J7 西南角，系利用三件残筒瓦立置围拢而成，半埋于地下。直径 24、深 21 厘米（图版一二七，2）。

d3 与 S1－2 距离为 4.8 米。自然板石，半埋于地下。平面呈梯形。长 53、宽 39、厚 6 厘米。

d4 与 S1－2 距离为 0.9 米。自然板石略加修整，半埋于地下。平面近三角形。长边长 35、厚 4 厘米。

d5 与 S2－2 距离为 2.3 米。自然板石，半埋于地下。平面圆形。直径 32、厚 5 厘米。

d6 与 S2－2 距离为 2.2 米。自然板石，半埋于地下。平面三角形。长边长 54、厚 6 厘米。

d7 与 S2－2 距离为 2.6 米。自然板石，半埋于地下。平面三角形。长边长 64、厚 7 厘米。

d8 与 S3－2 距离为 2.1 米。自然板石，半埋于地下。平面呈长方形。长 43、宽 35、厚 6 厘米。

d9 与 S3－2 距离为 2.5 米。自然板石，半埋于地下。平面近长方形。长 33、宽 27、厚 5 厘米。

d10 与 S3－2 距离为 2.9 米，距离 S3－2 0.6 米。自然板石，半埋于地下。平面呈不规则圆形。长径 41、厚 6 厘米。

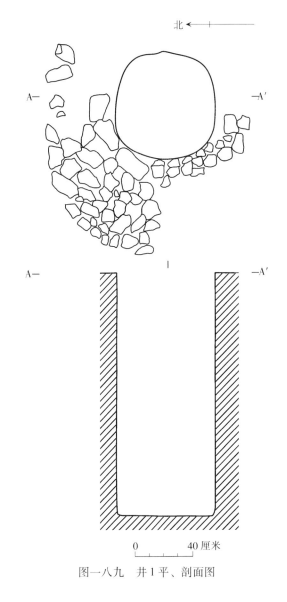

图一八九 井1平、剖面图

d11 距离 S3 与 S4 内转角 3.5 米。自然板石，半埋于地下。平面呈不规则五边形。长径 52、厚 6 厘米。

d12 与 S4 距离为 3.9 米。自然板石略加修整，半埋于地下。平面呈梯形。长 51、宽 44、厚 6 厘米。

d13 与 S4 距离为 2.4 米，自然板石略加修整，半埋于地下。平面近三角形。长边长 39、宽 26、厚 5 厘米。

d14 与 S4 距离为 3.4 米。自然板石，半埋于地下。平面近梯形。长 69、宽 38、厚 6 厘米。

d15 与 S4 距离为 1 米。自然板石，半埋于地下。平面方形。边长 28、厚 5 厘米。

d16 与 S4 距离为 2.2 米。自然板石，半埋于地下。平面近梯形。长 64、宽 46、厚 6 厘米。

d17 与 S4 距离为 1.7 米。自然板石略加修整，半埋于地下。平面近三角形。长边长 61、厚 5 厘米。

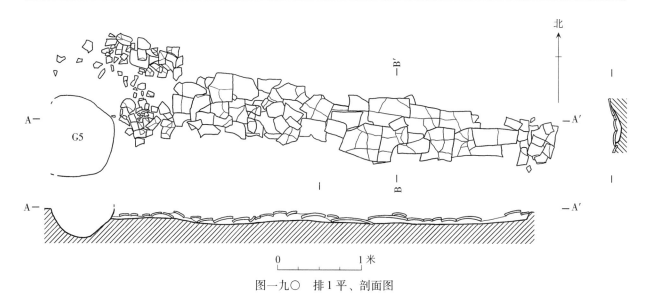

图一九〇　排 1 平、剖面图

d18 与 S4 距离为 1.6 米。自然板石，半埋于地下。平面近三角形。长边长 39、厚 5 厘米。

从现存的础石分析，院落址周围应该有多组建筑，因为后期破坏严重，故无法推测建筑格局。

出土遗物共 19 件。有建筑构件、陶器等。

1. 建筑构件

18 件。有板瓦、筒瓦、圆瓦当。

（1）板瓦

4 件。均为残件。J7：5，泥质灰陶。前后同宽。横剖面近圆弧形。大头端面较平，小头端面圆滑且略内凹。两侧边缘有由内向外的半切口。凸面由大头向后 29 厘米内饰斜向绳纹，29 厘米至 34 厘米饰弦断绳纹，再后端饰较细密的弦纹；凹面大头向后 26 厘米内饰菱形纹，纹内有菱形凸起。余为素面。长 48.5、宽 33 ~ 34、大头厚 0.8、小头厚 1、中部厚 1.6 厘米（图一九一，1；图四四，4；图版一二八，1）。J7：21，仅存一小部分。一侧边缘有很窄的由内向外的半切口。凸面饰斜向粗绳纹；凹面饰大菱形纹，纹内饰一椭圆乳丁。厚 1.2 厘米（图四七，8）。J7：22，仅存一小部分。泥质灰陶。凸面饰斜向绳纹，凹面饰菱形回格纹。厚 1.4 厘米（图五，3）。J7：23，仅存一小部分。凸面饰斜向粗绳纹，凹面饰小菱形网格纹。厚 1.8 厘米（图一二，10）。

（2）筒瓦

2 件。均残断。泥质灰陶。J7：17，凸面饰顺向抹绳纹，凹面饰布纹。两侧边有由内向外的半切口。瓦身残长 19.5、熊头长 3、高 9、厚 1.4 厘米（图一九一，2）。J7：18，凸面饰抹绳纹并以横向划纹隔断，凹面饰布纹。两侧边缘整体都是刀削切口痕迹。瓦身残长 22、熊头长 3.7、瓦尾口径 16.5、高 7.8、厚 1.4 厘米（图一九一，3）。

（3）圆瓦当

12 件。模制。灰陶。J7：6，仅存一道双栏界格。当面残径 9.9 厘米（图一九二，1）。J7：7，部分边轮残缺。边轮较宽，稍高于当面。当面模印双栏四界格莲花纹，莲瓣较长，前端尖锐，后

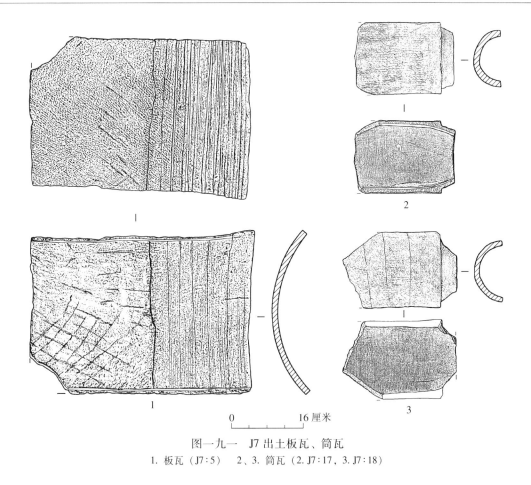

图一九一　J7 出土板瓦、筒瓦

1. 板瓦（J7:5）　　2、3. 筒瓦（2. J7:17，3. J7:18）

端圆钝，顶部稍抹平。当背有横向穿孔痕迹。当面残径 13.5、宽 2.8 厘米（图一九二，2；图版一〇二，3）。J7:8，当面模印双栏四界格莲花纹，莲瓣瘦长。当心饰一素面扁圆形乳丁纹。背面有横穿孔痕迹。当面残径 14.7、厚 3、后接筒瓦残长 4.5 厘米（图一九二，3；图一九三，1；图版一一五，2）。J7:9，边轮脱落。当面模印双栏四界格莲花纹，莲瓣后端不规整，前端尖锐，两端都连接到内、外凸棱弦纹。当心模印一素面扁圆形乳丁纹。当面涂朱。当背有指压凹窝。当面直径 16.5 厘米（图一九二，4；图版一一六，2）。J7:10，边轮大部分脱落，高于当面。当面模印双栏四界格莲花纹，莲瓣两端都较为尖锐，且都未连接到内、外凸棱弦纹上，中心圆乳丁呈圆锥状。当面涂朱。当面直径 12、边轮宽 2.3 厘米（图一九二，5；图版一二九，1）。J7:11，边轮低于当面。当面模印双栏四界格莲花纹，莲瓣前端尖锐，后端圆钝。现仅存一道双栏界格和一莲瓣纹。当背有明显的手工拿捏痕迹。当面残径 9.6、边轮宽 0.9 厘米（图一九二，6）。J7:12，边轮高于当面，宽窄不均匀。当面模印双栏四界格莲花纹，莲瓣略显瘦长，前端较尖锐，后端圆钝，前后两端均未连接到内、外凸棱弦纹上。当心模印一素面圆形乳丁纹。当面直径 15、边轮宽 1.2~1.74 厘米（图一九二，7）。J7:13，边轮高于当面。当面模印双栏四界格莲花纹，内圆中心饰一素面圆乳丁。莲瓣前端尖锐，后端圆钝，前后两端都未连接到内外两道弦纹凸棱上。当面涂朱。当背有手指抹泥痕迹，上边缘有筒瓦脱落痕迹，下边缘有旋切痕迹。当背筒瓦切口处有横穿孔。当面直径 16.5、边轮宽 1.2~1.5、厚 2.5~3.5 厘米（图一九二，8；图一九三，2；图版一二九，2）。J7:14，仅存一小部分。边轮高于当面。推测当面模印卷云纹。边轮宽 1.8 厘米（图

图一九二　J7 出土圆瓦当
1. J7∶6　2. J7∶7　3. J7∶8　4. J7∶9　5. J7∶10　6. J7∶11　7. J7∶12　8. J7∶13

一九四，1）。J7∶15，边轮高于当面。当面模印双栏四界格莲花纹，莲瓣瘦长，两端较尖锐，现
存一道界格和二个莲瓣纹。当心饰一素面圆乳丁纹。后接筒瓦残断，当背后接筒瓦切口处横穿一
孔。当面残径10.8、边轮宽1.3、筒瓦残长6.2厘米（图一九四，2；图版一○二，4）。J7∶16，
边轮稍高于当面。当面模印双栏四界格莲花纹，现存二道界栏和一瓣莲瓣。当面涂朱。当背有

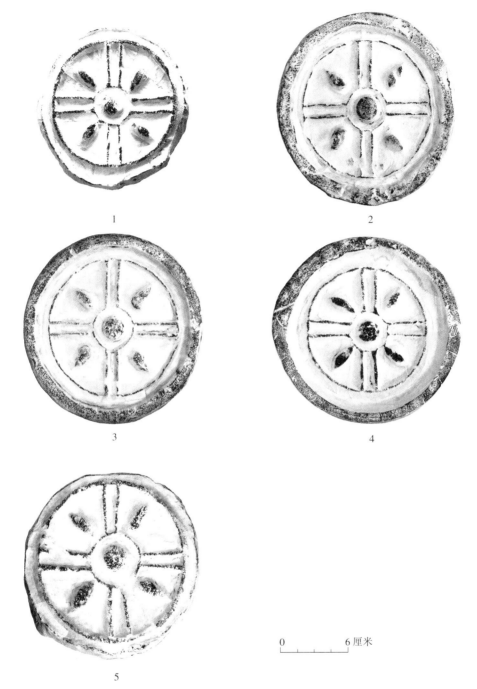

1　　　　　　　　　　　　　2

3　　　　　　　　　　　　　4

0 _____ 6 厘米

5

图一九三　四期文化莲花纹瓦当拓本
1. J7∶8　2. J7∶13　3. T2019③∶4　4. T2315③∶2　5. T2319③∶3

手指按压凹坑。制法是将瓦当装入筒瓦内抹泥固定而成（图一九四，3；图版一〇二，5）。
J7∶19，边轮和当面等高。当面模印莲花纹，仅存一瓣莲瓣。当面残径7.3、边轮宽1.2厘米
（图一九四，4）。

2. 陶器

1件。壶颈腹部残片。J7∶20，轮制。泥质灰陶。束颈，折腹。下腹饰竖向绳纹。残高16厘

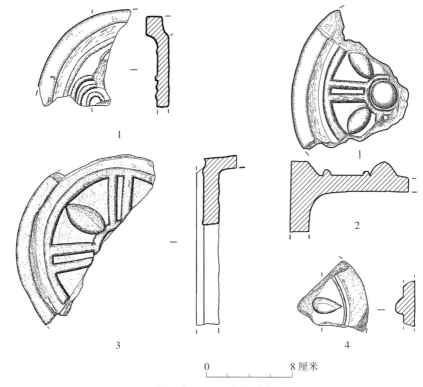

图一九四　J7 出土瓦当
1. J7：14　2. J7：15　3. J7：16　4. J7：19

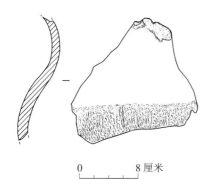

图一九五　J7 出土陶壶（J7：20）

米（图一九五）。

F1

位于城内东南部 T2116、T2117、T2216、T2217 探方内，距 F2 为 1.8 米，开口于③层下，上距地表 1.1 米。半地穴式建筑。平面呈圆角方形，东西 6.6、南北 6.2、深 0.2 米。方位角 181°（图一九六；图版一三〇）。

灶位于东北角，火口朝南，西壁用块石砌筑，东侧立支板石。灶东侧有一块石砌筑的灶台，灶台长 1.2、宽 0.6、高 0.3 米。灶口远端通向火炕，与灶形成直角，分出两条烟道。火炕在室内北侧筑，西部被 H10 及 G1 打破，火炕仅存东段，设有两条烟道。烟道直接在地面挖出沟槽，宽 0.3、深 0.2 米，其上局部还保留有铺炕石板。烟道存长 3.1、深 0.3 米。在北部残存烟道西端 1 米处，保留有一处黑色烧土面，平面呈椭圆形，长 0.5、宽 0.4 米，分析可能是被破坏的烟囱，位置与形制均不清。东、南、西三壁现存遗迹为略高的黄土塄，土塄宽 0.4～0.6、存高 0.1 米左右。在南壁东端，发现一些埋入土内的石块，或是墙的基础。地面为黄褐色土，稍硬。门道可能位于西部，因破坏已不清。在灶台东部有一圆形柱洞，编号 d1，直径 0.4、深 0.3 米。

出土遗物共 47 件。有建筑构件、陶器、铁器等。

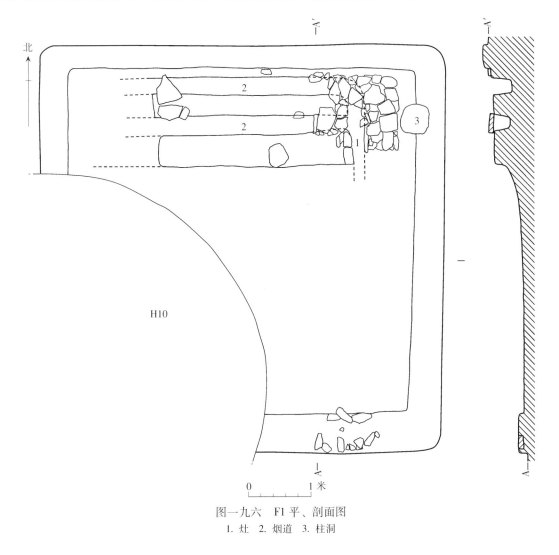

图一九六　F1 平、剖面图

1. 灶　2. 烟道　3. 柱洞

1．建筑构件

1 件。圆瓦当。F1：2，边轮脱落。模制。泥质灰黑陶。当面中间低，边缘高。当面模印双栏四界格莲花纹，莲瓣不甚饱满，形状不规整。当心模印一素面扁圆形乳丁纹。当背有手指抹泥痕迹，边缘有切割痕迹。当面残存部分直径 13 厘米（图一九七，1；图版一〇三，2）。

2．陶器

25 件。有罐、瓮、盆、甑、釜、纹饰陶片、残片、器耳、纺轮、圆饼等。

（1）罐

3 件。F1：38，口沿。轮制。夹砂黄褐陶。方唇，侈口，束颈。素面。口径 28、残高 9 厘米（图一九七，2）。F1：43，口沿。轮制。夹砂红褐陶。圆唇，侈口，短颈。口沿下缘饰一周不明显的指压窝纹，腹壁有镝孔。口径 15.6、残高 7 厘米（图一九七，3）。F1：47，肩颈部残片。轮制。泥质红褐陶，肩部上下两道凹弦纹间饰一周水波纹。残高 6.5 厘米（图一九七，4）。

（2）瓮

2 件。仅存口沿。均为轮制。F1：19，泥质灰陶。方唇，侈口，矮领。内侧口沿下方留有回泥形成的凸棱。口径 30、残高 3.5 厘米（图一九七，5）。F1：44，泥质灰黑陶。方唇，微敛口，短

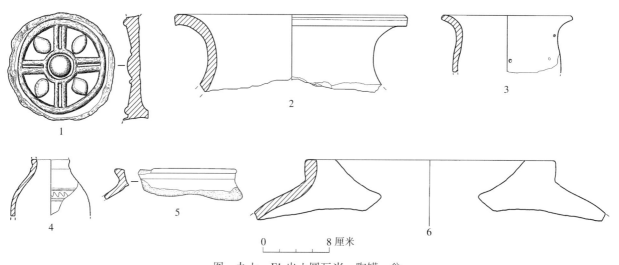

图一九七　F1 出土圆瓦当，陶罐、瓮

1. 圆瓦当（F1:2）　　2~4. 陶罐（2. F1:38，3. F1:43，4. F1:47）　　5、6. 陶瓮（5. F1:19，6. F1:44）

斜颈，广肩。唇面上饰一道较浅的凹弦纹。口径 30、残高 6 厘米（图一九七，6）。

（3）盆

8 件。均为口沿。轮制。F1:18，泥质灰陶。圆唇，折沿，弧壁。沿面有一周凹槽，沿缘饰一周压印绳纹。残存部分器壁有一周压印绳纹。口径 44、残高 11.5 厘米（图一九八，1）。F1:25，泥质灰陶。方唇，平展沿，敞口，弧壁。外壁素面，内壁有磨光暗纹。残高 8.5 厘米（图一九八，2）。F1:34，泥质灰陶。方圆唇，卷沿，敞口。沿面有一周凹弦纹。残高 9.5 厘米（图一九八，3）。F1:35，泥质黄褐陶。圆唇，折沿，斜弧腹。素面。口径 42、残高 16 厘米（图一九八，4；图版一三一，1）。F1:37，夹砂黄褐陶。圆唇，展沿，敞口。残存部分腹壁斜直。素面。残高 6、壁厚 0.6 厘米（图一九八，5）。F1:39，方唇，折沿，敞口，弧壁。口沿下方置一桥状横耳。口径 28、残高 11.2 厘米（图一九八，6）。F1:41，夹砂灰褐陶。圆唇，敞口。素面。口径 10、残高 1.8 厘米（图一九八，7）。F1:42，夹砂灰陶。圆唇，折沿，敞口。素面。残高 5 厘米（图一九八，8）。

（4）甑

1 件。F1:6，仅存器底。轮制。夹砂灰陶。弧壁，平底，小圆形甑孔。底径 20、残高 8.4、厚 1.6 厘米（图一九九，1）。

（5）釜

4 件。均为口沿残片。轮制。F1:5，夹砂红褐陶。方唇，敛口，折腹。素面。内含滑石颗粒。口径 28、残高 14.5 厘米（图一九九，2；图版一三一，2）。F1:14，夹砂黄褐陶。方唇，敛口，折肩。素面。口径 25、残高 9 厘米（图一九九，3）。F1:40，夹砂灰褐陶。方唇，敛口，折腹。素面。内搀滑石颗粒。口径 26、残高 7.5 厘米（图一九九，4）。F1:46，夹砂红褐陶。方唇，敛口，折腹。素面。内含滑石颗粒。残高 13 厘米（图一九九，5）。

（6）纹饰陶片

1 件。F1:8，轮制。泥质灰陶，青灰色，火候较高，器表两周凹弦纹间饰单道水波纹。残长 8.8、厚 0.6 厘米（图一九九，6）。

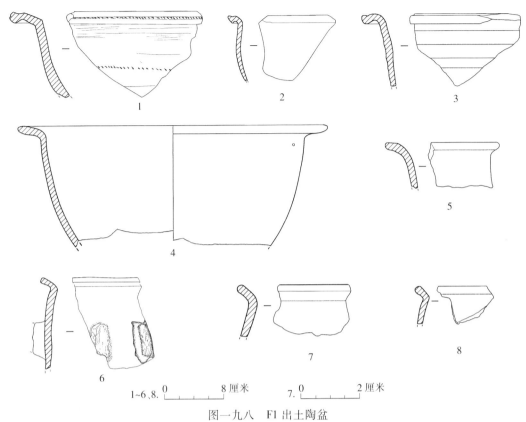

图一九八　F1 出土陶盆

1. F1：18　2. F1：25　3. F1：34　4. F1：35　5. F1：37　6. F1：39　7. F1：41　8. F1：42

（7）残片

1 件。F1：20，底部残片。泥质灰陶。近底部有一孔。残高 9.5 厘米（图一九九，7）。

（8）器耳

2 件。桥状横耳。F1：9，夹砂灰褐陶。残高 13.8 厘米（图一九九，8）。F1：24，夹砂红褐陶。残高 12.5 厘米（图一九九，9）。

（9）纺轮

2 件。均完整。F1：4，夹砂灰褐陶。正面饰粗绳纹，背面饰菱格纹。中间有一圆形钻孔。直径 6.5、厚 1.6、孔径 1.1 厘米（图一九九，10）。F1：45，泥质灰陶。中部有一圆孔。一面饰粗绳纹。直径 7、厚 1.7、孔径 1 厘米（图一九九，11；图版一三二，1）。

（10）圆饼

1 件。F1：36，完整。泥质黄褐陶。凸面饰凹凸弦纹和粗绳纹，凹面饰布纹。长径 7.4、厚 1.3 厘米（图一九九，12）。

3. 铁器

21 件。主要有镞、蒺藜、镢、门枢套等。

（1）镞

14 件。依据镞身不同分为矛形、凿形、锥形三种。

矛形镞　4 件。扁方铤。均残。F1：3，残长 7.5 厘米（图二〇〇，1）。F1：7，残长 5.1 厘米（图二〇〇，2）。F1：10，残长 7 厘米（图二〇〇，3）。F1：33，残长 7.4 厘米（图二〇〇，4；图

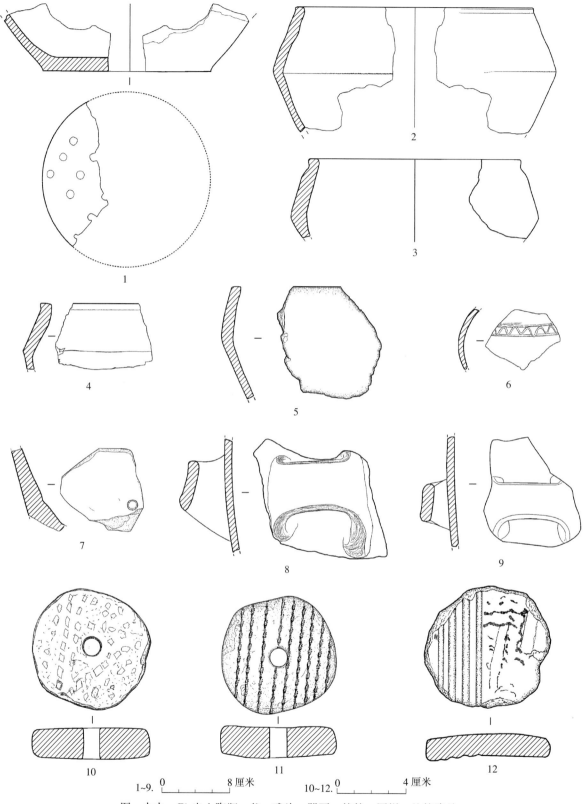

图一九九　F1 出土陶甑、釜、残片、器耳、纺轮、圆饼，纹饰陶片
1. 甑（F1：6）　2～5. 釜（2. F1：5，3. F1：14，4. F1：40，5. F1：46）　6. 纹饰陶片（F1：8）　7. 残片（F1：20）
8、9. 器耳（8. F1：9，9. F1：24）　10、11. 纺轮（10. F1：4，11. F1：45）　12. 圆饼（F1：36）

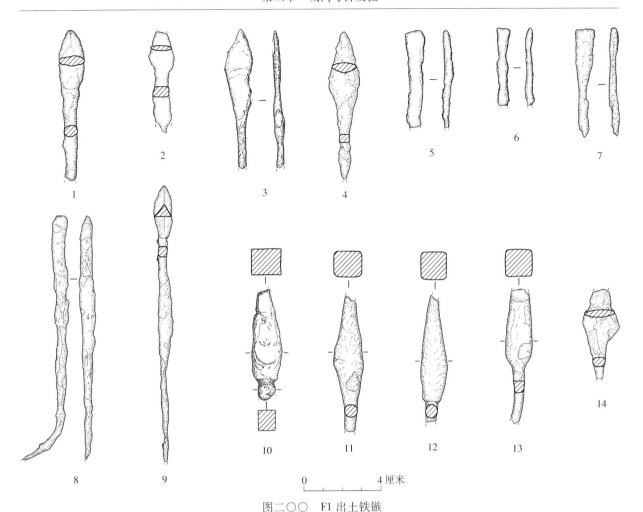

图二〇〇　F1 出土铁镞

1. F1：3　2. F1：7　3. F1：10　4. F1：33　5. F1：15　6. F1：16　7. F1：17　8. F1：23　9. F1：21　10. F1：1
11. F1：11　12. F1：12　13. F1：13　14. F1：27

版一三三，1）。

凿形镞　4件。扁方铤。均残。F1：15，残长4.9厘米（图二〇〇，5）。F1：16，残长3.9厘米（图二〇〇，6）。F1：17，残长5.3厘米（图二〇〇，7）。F1：23，残长12.2厘米（图二〇〇，8）。

锥形镞　6件。依据镞身形状可分为三棱锥、四棱锥两种。

三棱锥形镞　1件。镞身截面呈三角形。F1：21，残。扁方铤。残长13.8厘米（图二〇〇，9；图版一三四，1）。

四棱锥形镞　5件。镞身截面为方形或菱形。均残。F1：1，方铤。残长5.5厘米（图二〇〇，10）。F1：11，圆铤。残长6.8厘米（图二〇〇，11）。F1：12，圆铤。残长6.4厘米（图二〇〇，12）。F1：13，方铤。残长6.8厘米（图二〇〇，13）。F1：27，扁方铤。残长4.8厘米（图二〇〇，14）。

（2）蒺藜

4件。均残。锻制。出四尖锋，中间有一圆孔。对应两锋尖朝向一侧。F1：28，锋长2.5厘米（图二〇一，1；图版一三五，1）。F1：30，锋长2.9厘米（图二〇一，2；图版一三五，2）。F1：

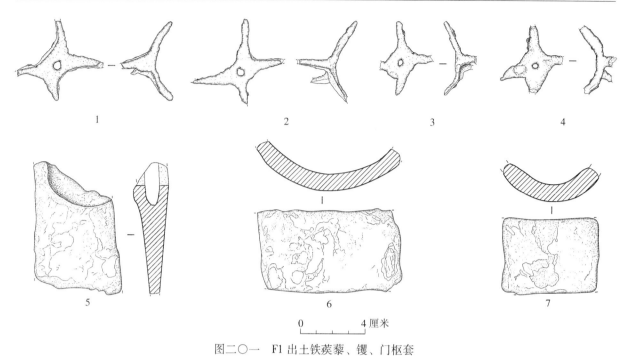

图二〇一　F1 出土铁蒺藜、镤、门枢套

1~4. 蒺藜（1. F1：28，2. F1：30，3. F1：31，4. F1：32）　5. 镤（F1：29）　6、7. 门枢套（6. F1：22，7. F1：26）

31，锋长 2.2 厘米（图二〇一，3；图版一三五，3）。F1：32，锋长 2 厘米（图二〇一，4；图版一三五，4）。

（3）镤

1 件。F1：29，残。铸制。平面呈长方形，侧视呈楔形，长方形銎口。残高 7.7、宽 5.2，銎口长 3.5、宽 0.8 厘米（图二〇一，5；图版一三六，1）。

（4）门枢套

2 件。残断。F1：22，外径 11、厚 0.9、宽 4.9 厘米（图二〇一，6）。F1：26，外径 7、宽 4.2、厚 0.8 厘米（图二〇一，7）。

F2

位于城址中部偏东处 T2118、T2119、T2218、T2219 探方内，开口于③层下，上距地表 1 米，被 H8、H9、G1 打破。平面呈圆角长方形，长 9.3、宽 7 米，地面低于炕面及房周土塄 0.1~0.2 米。方位角 275°（图二〇二；图版一三七）。

北侧设有长方形火炕，火炕下设两条烟道。烟道系直接在地面挖土槽，长 5.5、宽 0.3、深 0.1~0.3 米。烟道底部由东向西渐次升高，存有少量炭渣及烟炱痕迹。烟道中间隔梁宽 0.2~0.3 米，上面有一些摆砌的小石块，推测其上应覆有板石以形成炕面。火炕东端为石砌矮墙，即灶台。灶台长 1.5、宽 0.5、高 0.2 米。两条烟道在矮墙前相汇，此处应为灶址所在，里面残留有红烧土。由于破坏严重，具体形制不清。在北侧烟道的外面，断续残留一道用小石块砌成的石墙。烟道西端铺砌有一片河卵石，平面大体呈椭圆形，长 0.2、宽 0.1、高 0.02 米，应为烟囱所在。早期试掘的探沟由此处经过。房址东、南为黄土堆积的土塄，土质纯净，有黏度，一般宽 0.9、存高 0.1~0.2 米左右。居住面为黑褐色土，稍硬。在房址的东北部及西北部发现两处瓦砾堆积。

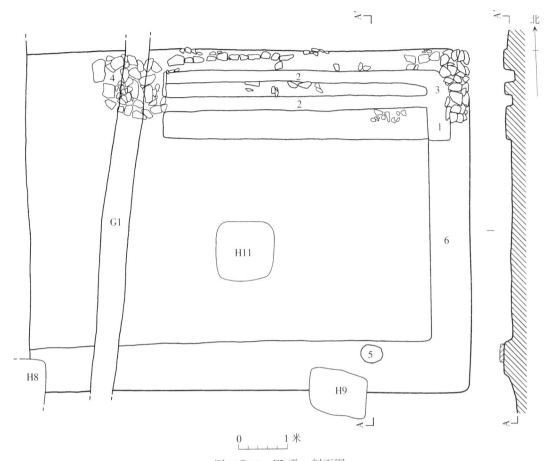

图二○二　F2 平、剖面图
1. 灶　2. 烟道　3. 灶台　4. 烟囱　5. 础石　6. 土墼

火炕烟道打破了东北部的瓦砾堆积。

出土遗物共 20 件。有陶器、铁器、铜器和石器等。

1. 陶器

9 件。按质地可分为泥质陶和夹砂陶两种。可辨器形有壶、罐、甑、钵、灯、纺轮、圆饼、纹饰陶片等。

（1）壶

2 件。F2：13，修复完整。轮制。夹砂红褐陶。平折沿，方唇，束颈，溜肩，鼓腹，平底。肩腹部饰"个"字形刻划符号。口径 13.4、底径 9.2、高 18.8 厘米（图二○三，1；图版一三八，1）。F2：27，口沿。轮制。夹砂灰陶。圆唇，侈口，束颈。素面。口径 18、残高 6.5 厘米（图二○三，2）。

（2）罐

1 件。F2：14，夹细砂黄褐陶。方唇，侈口，弧腹，平底。肩腹部有一对称桥状竖耳。口径 9.6、底径 5.8、高 13.2 厘米（图二○三，3；图版一三九，1）。

（3）甑

1 件。F2：15，仅存器底。夹砂灰陶。平底。大圆形甑孔。底径 18、残高 2.8 厘米（图二○

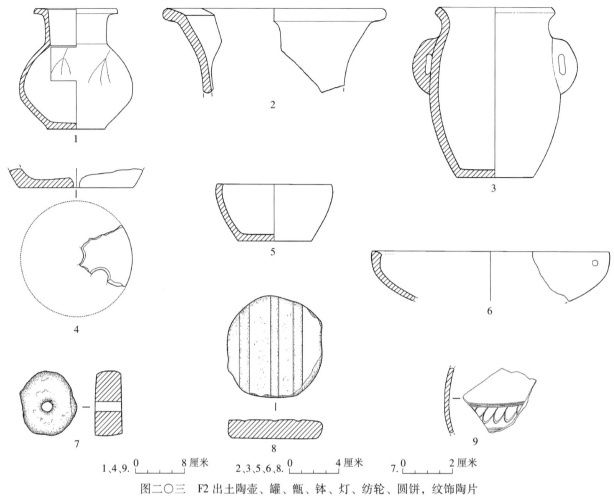

图二〇三　F2 出土陶壶、罐、瓿、钵、灯、纺轮、圆饼，纹饰陶片

1、2. 壶（1. F2∶13，2. F2∶27）　3. 罐（F2∶14）　4. 瓿（F2∶15）　5. 钵（F2∶12）　6. 灯（F2∶28）
7. 纺轮（F2∶26）　8. 圆饼（F2∶24）　9. 纹饰陶片（F2∶23）

三，4；图版一四〇，1）。

（4）钵

1 件。F2∶12，修复完整。方唇，敛口，弧壁，平底。素面。口径 9.2、底径 6、高 4.4 厘米
（图二〇三，5；图版一二二，2）。

（5）灯

1 件。F2∶28，仅余灯盘。泥质灰陶。方唇，口微敛，弧壁。素面。口径 19、残高 4 厘米
（图二〇三，6）。

（6）纺轮

1 件。完整。F2∶26，磨制。灰胎青釉。近圆形，中间对钻孔。直径 2.4、厚 1.1、孔径 0.4
厘米（图二〇三，7）。

（7）圆饼

1 件。完整。F2∶24，夹砂灰陶。上有三道凹弦纹。直径 7.8、厚 1.6 厘米（图二〇三，8）。

（8）纹饰陶片

1 件。F2∶23，泥质灰陶。两道凹弦纹间饰水波纹。残高 10、壁厚 0.8 厘米（图二〇三，9）。

2. 铁器

8 件。镞、钉、带扣、门枢套等。

（1）镞

3 件。均残。依据镞身的形制可分为锥形镞和凿形镞两类。

锥形镞　1 件。F2：9，镞身呈四棱锥状，截面呈方形。残长 6.8 厘米（图二〇四，1）。

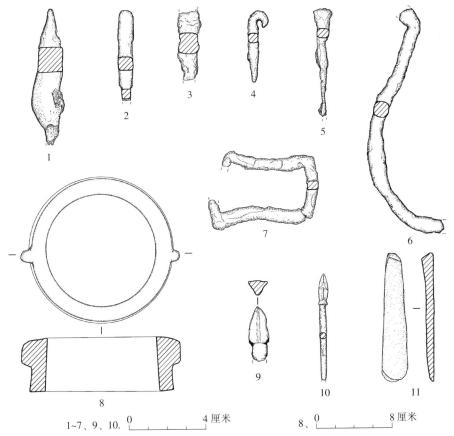

1~7、9、10.　0 ——————— 4 厘米　　　　8.　0 ——————— 8 厘米

图二〇四　F2 出土铁镞、钉、带扣、门枢套，铜镞，磨石

1~3. 铁镞（1. F2：9，2. F2：22，3. F2：18）　4~6. 铁钉（4. F2：16，5. F2：17，6. F2：3）　7. 铁带扣
（F2：20）　8. 铁门枢套（F2：29）　9、10. 铜镞（9. F2：19，10. F2：21）　11. 磨石（F2：25）

凿形镞　1 件。F2：22，镞身做凿形，扁方铤。残长 4.5 厘米（图二〇四，2）。

另有 F2：18，仅存铤部，为扁方铤。残长 3.4 厘米（图二〇四，3）。

（2）钉

3 件。均残。根据形制不同分为扁方身和圆形身两种。

扁方身钉　2 件。F2：16，钉首弯折。残长 3.6 厘米（图二〇四，4）。F2：17，折首。残长
5.3 厘米（图二〇四，5）。

圆形身钉　1 件。F2：3，弯曲变形。残长 11.3 厘米（图二〇四，6）。

（3）带扣

1 件。残。F2：20，平面近长方形，扣针残缺。长 5.4、厚 0.4 厘米（图二〇四，7）。

（4）门枢套

1件。完整。锈蚀。F2：29，铸制。圆环形筒状，上口略细于底口。上口部边缘置一对称竖向短齿。上口径14、底口径14.6、高5.3厘米，齿长2.8、宽1.3厘米（图二〇四，8；图版四二，2；图版一四一，1）。

3. 铜器

2件。皆为镞。均为残件。镞身三翼形，尖部较锋利，铁圆铤。F2：19，残长2.7厘米（图二〇四，9）。F2：21，残长10.6厘米（图二〇四，10）。

4. 石器

1件。为磨石。F2：25，残。长方形，磨制。残长6.4、宽1.4、厚0.5厘米（图二〇四，11）。

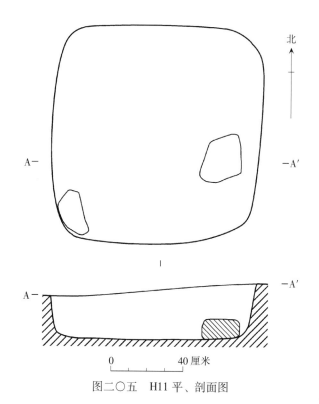

图二〇五　H11平、剖面图

H11

位于T2118、T2218内，开口于③层下，开口距地表1.2米。平面呈不规则圆角长方形，坑壁斜直内收，平底。长1.2、宽1.1、深0.3米（图二〇五）。坑内堆积以灰褐土为主，夹杂大量的炭粒等，土质较疏松。该灰坑在F2的室内活动面开口，推测是房址的贮藏坑。

出土遗物共4件。有陶器、铁器等。

1. 陶器

3件。可辨器形有器耳、器底等。

（1）器耳

1件。H11：2，夹砂黑陶。桥状横耳。残高13厘米（图二〇六，1）。

（2）器底

2件。均为泥质陶。弧壁，平底。H11：1，泥质黑陶。残存部分刻划凤纹。底径6、残高3厘米（图二〇六，2；图八一，2；图版一四二，1）。H11：3，轮制。泥质灰陶。素面。底径16、残高4厘米（图二〇六，3）。

2. 铁器

1件。为铁斧。H11：4，锻制。平面近长方形，斧体略向一侧弯折，刃部略宽且平，侧面贯穿一长方形銎孔。长12、刃宽6厘米，銎孔长4、宽0.7厘米（图二〇六，4；图版一四三，1）。

H50

位于T1622、T1623的北部，延伸到T1723内，开口于③层下，被H17打破，开口距地表0.8米。平面近似椭圆形，坑壁较直，平底略有起伏。长径2.5、短径1.9、深0.7米（图二〇七）。

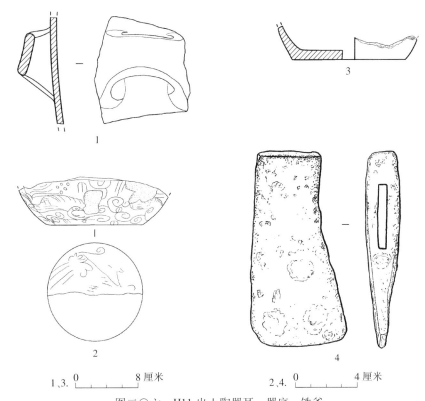

图二〇六　H11 出土陶器耳、器底，铁斧

1. 陶器耳（H11：2）　　2、3. 陶器底（2. H11：1，3. H11：3）　　4. 铁斧（H11：4）

坑内堆积以灰土为主，土质较疏松。出土遗物较少。

出土遗物共 3 件。均为陶器，按质地分为夹砂陶和泥质陶。可辨器形有瓮、器底、灯等。

（1）瓮

1 件。H50：3，口沿。轮制。泥质黑陶。圆唇，内卷沿，侈口，广肩。外壁素面，内壁口沿下方有后接口沿时留下的凸棱。口径 32、残高 7.6 厘米（图二〇八，1）。

（2）器底

1 件。H50：2，轮制。夹砂灰陶。近底部急收成平底。底径 3.8、残高 1.4 厘米（图二〇八，2）。

（3）灯

1 件。H50：1，泥质灰陶。仅余灯座，呈喇叭状。底径 6.4、残高 8.8 厘米（图二〇八，3；图版一四四，1）。

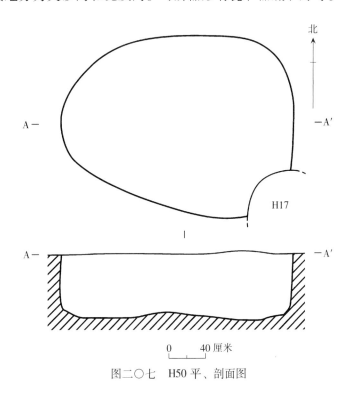

图二〇七　H50 平、剖面图

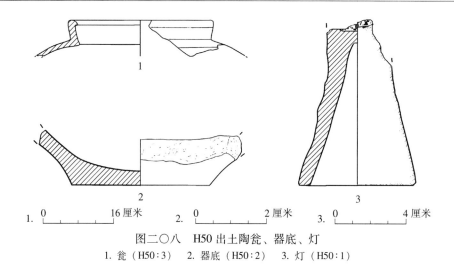

1. 0 ————— 16厘米　　2. 0 ——— 2厘米　　3. 0 —— 4厘米

图二〇八　H50 出土陶瓮、器底、灯
1. 瓮（H50：3）　2. 器底（H50：2）　3. 灯（H50：1）

H90

位于 T1817 内，开口于③层下，开口距地表 0.8 米。平面呈不规则长方形，斜壁，平底。长 2.3、宽 1.6、深 0.3 米（图二〇九）。坑内堆积以灰土为主，土质较疏松。包含物较少。

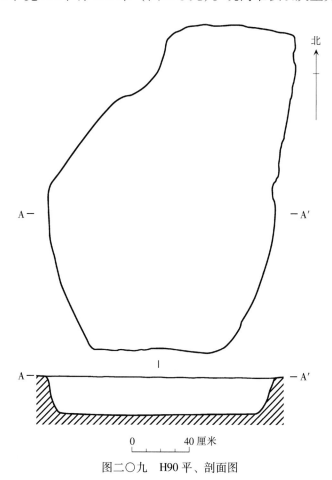

0 ——— 40厘米

图二〇九　H90 平、剖面图

出土遗物共 3 件。有建筑构件、铁器等。

1. 建筑构件

2 件。均为板瓦。H90：1，修复完整。泥质灰陶，青灰色，火候较高。平面近长方形，横剖面呈圆弧形。前宽后窄。前端端面较平，后端端面圆弧。两侧边缘有由内向外的半切口。凸面前端向后 28 厘米部分饰斜向粗绳纹，绳纹宽 0.5 厘米，其余部位饰横向凹弦纹。凹面前端向后 30 厘米内部分饰菱形纹，其余部位素面且较光滑。长 46 厘米，前端宽 39.5、厚 1.4 厘米，后端宽 36、厚 1.2 厘米，中部厚 2.2 厘米（图二一〇，1；图版一四五，1）。H90：3，残。泥质灰陶，青灰色。凸面饰斜向粗绳纹，凹面饰大菱形回格纹，纹内有菱形凸起。两侧边有由内向外的半切口。残长 31.6、宽 43.3、厚 1.3 厘米（图一七八，2）。

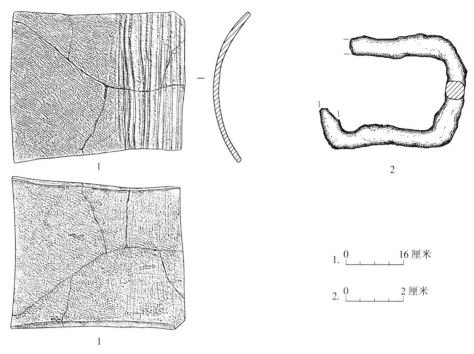

图二一〇 H90 出土板瓦，铁带扣
1. 板瓦（H90：1） 2. 铁带扣（H90：2）

2. 铁器

1 件。带扣。H90：2，残。平面呈长方形，扣针残。长 4.9、宽 3.7 厘米（图二一〇，2；图版一四六，1）。

H96

位于 T1816 内，且延伸至其东隔梁及 T1815 北隔梁内，开口于③层下，被 H83 叠压，开口距地表 1.1 米。根据已发掘部分推测，平面呈不规则长方形，直壁，平底略有起伏。长 1.6、宽 0.6、深 0.4 米（图二一一）。坑内堆积以灰黑土为主，土质较疏松。坑内包含物较少，以建筑构件及生活用具为主。建筑构件多为板瓦残片，灰陶为主，凸面多饰有绳纹、瓦棱纹，凹面多饰有菱形纹等几何纹。生活用具多为泥质灰陶，较为残碎，多为素面。

H116

位于 T2324、T2325 内，开口于③层下，开口距地表 1.1 米。平面呈椭圆形，直壁，平底。长径 1.5、短径 0.9、深 0.9 米（图二一二）。坑内堆积以黑土为主，夹杂少量的红烧土及沙石，土质较疏松。坑内包含物较少。

出土遗物共 8 件。有建筑构件、陶器、铁器等。

1. 建筑构件

3 件。皆为圆瓦当。均残。模制。灰陶。H116：1，青灰色，火候较高。边轮脱落。当面模印双栏四界格"千秋万岁"文字纹，仅存"万"字。当面涂朱。当面残径 4.7 厘米（图二一三，1）。H116：2，青灰色，火候较高。当面模印双栏四界格莲花纹，莲瓣瘦长。边轮部分脱落。当面

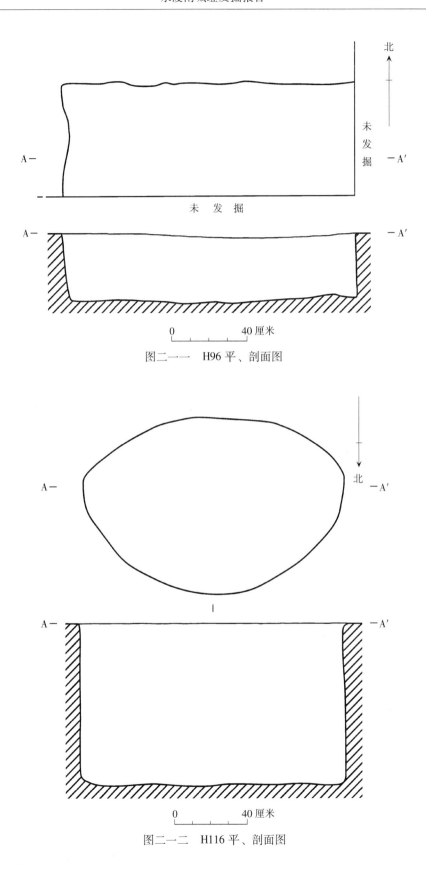

北

未
发
掘

未　发　掘

0　　　　　40 厘米

图二一一　H96 平、剖面图

北

0　　　　　40 厘米

图二一二　H116 平、剖面图

涂朱。当背有手工拿捏痕迹。边缘有旋切痕迹。当面残径 12.3 厘米（图二一三，2）。H116:3，青灰色，火候较高。当面模印双栏四界格莲花纹，莲瓣肥硕，顶部有抹平迹象，形状不规整。当面涂朱。当面残径 10.8 厘米（图二一三，3）。

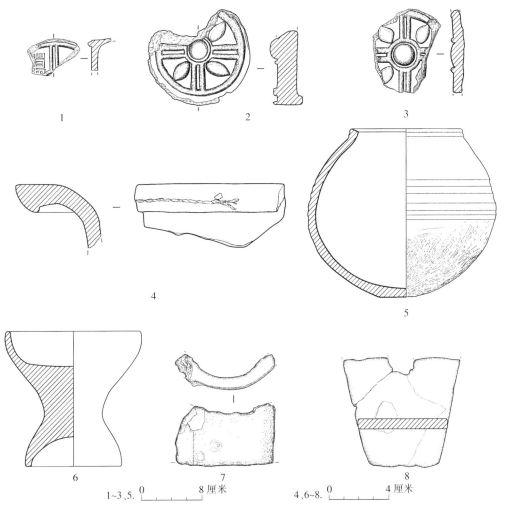

图二一三　H116 出土圆瓦当，陶盆、釜、灯、铁门枢套、残件
1~3. 圆瓦当（1. H116:1，2. H116:2，3. H116:3）　4. 陶盆（H116:7）　5. 陶釜（H116:5）
6. 陶灯（H116:8）　7. 铁门枢套（H116:6）　8. 铁器残片（H116:4）

2. 陶器

3 件。按质地可分为夹砂陶和泥质陶两种。可辨器形有盆、釜、灯等。

（1）盆

1 件。H116:7，口沿。轮制。泥质灰陶。尖唇，展沿，敞口。沿面饰一道凹弦纹，沿缘饰一道断续的压印绳纹。口径 44、残高 4 厘米（图二一三，4）。

（2）釜

1 件。H116:5，修复完整。轮制。泥质灰陶。方唇，敛口，球状腹，平底。上腹部饰 3~4 道凹弦纹，下腹到底部饰斜向绳纹。口径 15、高 21.4 厘米（图二一三，5；图版一三一，3）。

（3）灯

1件。H116：8，残。夹砂灰陶。手制，器表有明显的手捏痕迹。圆唇，敞口，实心短柄，覆钵状底。口径9、底径7、通高8.6厘米（图二一三，6；图版一四四，2）。

3. 铁器

2件。有门枢套和残片等。

（1）门枢套

1件。H116：6，残断。铸制。圆环筒状。侧面边缘有一短齿。外径8.3、残高4、厚0.9厘米（图二一三，7）。

（2）残片

1件。H116：4，残存部分平面呈等腰梯形，长边处有半圆孔。长边长7.8、短边长4.4、残长7.2、厚0.4、孔径1.6厘米（图二一三，8）。

H123

位于T1518、T1618内，开口于③层下，开口距地表0.7米。平面呈椭圆形，西壁平直，其余向内斜收，平底略有起伏。长径3.6、短径2.7、深0.6米（图二一四）。坑内堆积以黄褐土为主，土质较疏松。坑内包含物较丰富。

出土遗物共7件。有建筑构件和陶器等。

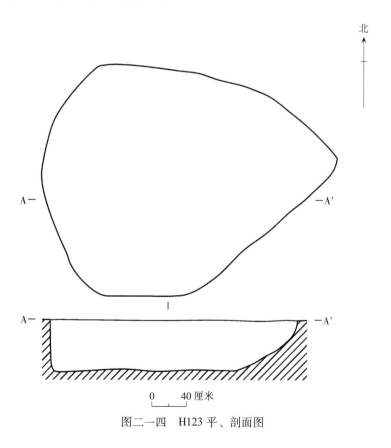

北

0　　40厘米

图二一四　H123平、剖面图

1. 建筑构件

1 件。为圆瓦当。H123：10，残。模制。泥质灰陶。边轮高于当面，模印双栏四界格"千秋万岁"文字纹，仅存"岁"字。当面涂朱。当面残径 6、边轮宽 1～1.4 厘米（图二一五，1）。

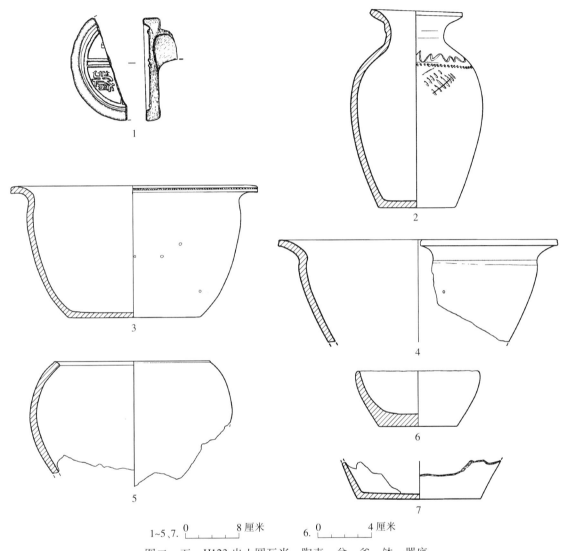

1～5、7. ⌞0⎯⎯⎯⎯8 厘米⌟　　6. ⌞0⎯⎯⎯⎯4 厘米⌟

图二一五　H123 出土圆瓦当，陶壶、盆、釜、钵、器底
1. 圆瓦当（H123：10）　2. 陶壶（H123：1）　3、4. 陶盆（3. H123：4，4. H123：5）　5. 陶釜（H123：13）
6. 陶钵（H123：11）　7. 陶器底（H123：12）

2. 陶器

6 件。按质地可分为夹砂陶和泥质陶。其中泥质陶数量较多。可辨器形有壶、盆、釜、钵、器底。

（1）壶

1 件。H123：1，修复完整。泥质灰陶。方唇，展沿，束颈，溜肩，深弧腹，平底。肩部饰一周水波纹，水波纹下饰一周戳点纹。下腹到底部有刀削痕迹。口径 14、底径 12、高 28.5 厘米（图二一五，2；图八一，3；图版一四七，1）。

（2）盆

2 件。H123：4，深腹盆。修复完整。泥质灰陶。方唇，敛口，卷沿，弧壁，平底。沿缘饰一周压印绳纹，口沿外侧下方饰一周指压纹，纹饰模糊，以下素面。器身有镧孔。口径 36.8、底径 20、高 19 厘米（图二一五，3；图版一四八，1）。H123：5，口沿。轮制。泥质灰陶。方唇，折沿，沿面较宽，弧壁。素面。器身有镧孔。口径 42、残高 14.8 厘米（图二一五，4；图版一四八，2）。

（3）釜

1 件。H123：13，轮制。夹砂灰陶。方唇，敛口，鼓腹。素面。口径 23、腹径 17.6、残高 18 厘米（图二一五，5）。

（4）钵

1 件。H123：11，修复完整。泥质灰陶。圆唇，口微敛，弧壁，平底。素面。口径 9.4、底径 5.8、高 4 厘米（图二一五，6；图版一四九，1）。

（5）器底

1 件。H123：12，泥质灰陶。轮制。残存部分腹壁斜直，平底。底径 18.5、残高 5.5 厘米。（图二一五，7）

H156

位于 T1021、T1121、T1022、T1122 内，开口于③层下，开口距地表 1.6 米。平面呈不规则长方形，斜壁，坑底起伏较大。长 5、宽 0.7～2、深 0.2～0.5 米（图二一六）。坑内堆积以灰褐土为主，土质较疏松。坑内包含物较少。

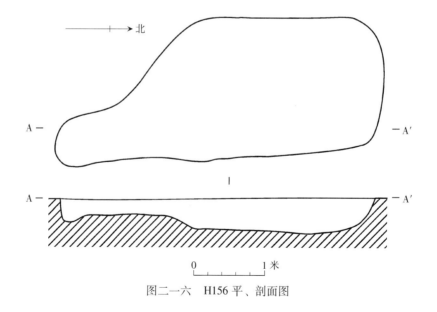

图二一六　H156 平、剖面图

出土陶器残片 2 件。均为泥质陶。为器底和纹饰陶片。

（1）器底

1 件。H156：1，泥质黑陶。轮制。弧壁，平底，腹壁有一大一小两个镧孔。底径 24、残高 8.4 厘米（图二一七，1）。

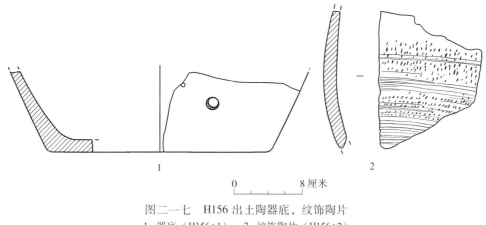

图二一七　H156 出土陶器底，纹饰陶片
1. 器底（H156∶1）　2. 纹饰陶片（H156∶2）

（2）纹饰陶片

1 件。H156∶2，泥质灰陶。器表饰弦纹和戳点纹组成的复合纹饰。残高 14.5 厘米（图二一七，2）。

H159

位于 T1122 内，开口于③层下，开口距地表 1.5 米。平面近椭圆形，斜壁，圜底，整体呈锅底状。长径存长 0.7、短径 1.2、深 0.5 米（图二一八）。坑内堆积以灰褐土为主，夹杂有少量的石块、细沙、炭粒及红烧土颗粒，土质较疏松。坑内包含物较少。

H177

位于 T1222 内，开口于③层下，开口距地表 1.5 米。暴露部分平面近半圆形，斜壁，圜底。直径 1.2、深 0.3 米（图二一九）。坑内堆积呈灰黑色，夹杂有大量的粗沙粒，土质较疏松，出土遗物较少。

出土遗物共 4 件。有建筑构件和陶器等。

1. 建筑构件

3 件。皆为圆瓦当。均残。模制。泥质灰陶。H177∶1，边轮高于当面。当面仅存一道双栏界格和外圈弦纹。当面残径 4.1、边轮宽 1.5 厘米（图二二〇，1）。H177∶2，当面模印双栏四界格莲花纹，仅存一双栏界格和一瓣莲瓣。当面残径 5.4 厘米（图二二

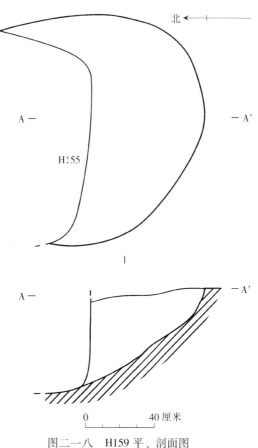

图二一八　H159 平、剖面图

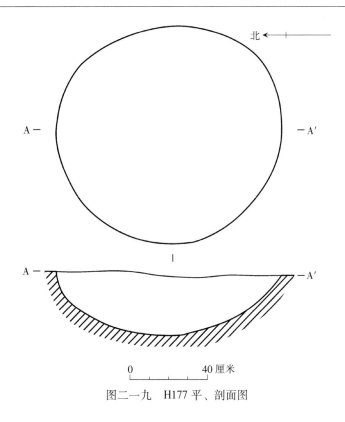

北 ←

图二一九　H177 平、剖面图

〇，2）。H177：4，边轮高于当面，双栏四界格，每个界格内有一莲瓣。莲瓣前端尖锐，后端圆钝，两端都不及内外单弦纹，中心素面圆乳丁。当背后接筒瓦脱落，筒瓦接口处有一横向穿孔，花头和筒瓦间抹泥固定。下半部边缘有旋切痕迹。当面直径 16.5、边轮宽 1.2 厘米（图二二〇，3；图版八五，5）。

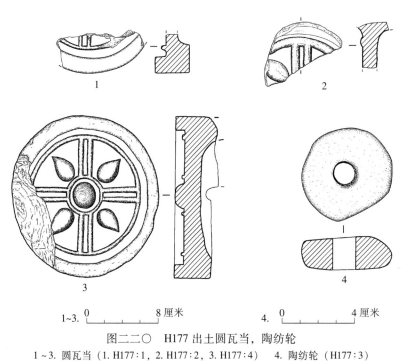

图二二〇　H177 出土圆瓦当，陶纺轮
1～3. 圆瓦当（1. H177：1，2. H177：2，3. H177：4）　4. 陶纺轮（H177：3）

2. 陶器

1 件。为纺轮。H177：3，完整。夹砂红褐陶。不规则圆形，中部有圆孔。直径 4.9、厚 1.7、孔径 1.2 厘米（图二二〇，4）。

H203

位于 T1123 内，开口于③层下，开口距地表 1.8 米。平面近似椭圆形，弧壁，圜底。长径 2.5、短径 2、深 0.2 米（图二二一）。坑内堆积以黑褐土为主，夹杂有少量炭粒及红烧土颗粒，土质较疏松。坑内包含物较少，以陶器为主，多为泥质灰陶，夹砂陶较少，极为残碎，以素面为主。

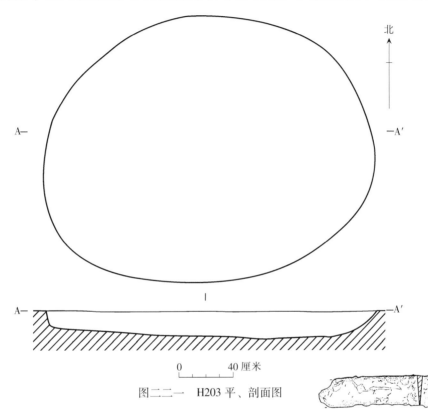

图二二一　H203 平、剖面图

出土遗物共 2 件。均为铁制生产工具。

（1）镰

1 件。H203：1，仅存中部一小段。锻制。弧背弧刃。残长 16.5、宽 3.2～3.5 厘米（图二二二，1；图版一四一，2）。

（2）铧

1 件。H203：2，仅残存一小部分。铸制。一侧边回折成锐角以形成銎口。残长 19.8、残宽 14.8、厚 1.1 厘米（图二二二，2；图版一四三，2）。

（二）晚段遗迹及遗物

晚段遗迹主要是房址、灰坑、灶址。房址 19 座，编号为 F3～F7、F9～F12、F16、F17、F19、F20、F26、F28、F29、F31～F33。灰坑 93 座，编号为 H12、H14、H15、H19、H24、H26、H27、H29～H37、H39～H47、H49、H51～H60、H62、

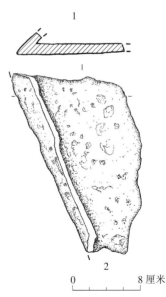

图二二二　H203 出土铁镰、铧
1. 镰（H203：1）　2. 铧（H203：2）

H63、H65、H72、H73、H82、H87、H88、H93、H95、H97、H101 ~ H103、H105、H106、H108 ~ H112、H115、H119、H124、H125、H128、H129、H131 ~ H133、H139、H143、H145 ~ H148、H153 ~ H155、H157、H161 ~ H164、H166、H169、H173、H174、H181、H183、H185、H188、H189、H198、H200、H204、H206。窑 1 处，编号 Y1。沟 1 条，编号 G4。灶址 2 处，系居住址外临时用火所建，编号为 Z4、Z5（图二二三）。

F3

位于城内东部，在 T2317 探方内，开口于③层下，开口距地表 1 米。半地穴式建筑，下凿少许成圹，外围堆砌土墚，土墚现已不明显，几乎与外围相平。在房址东部用板石、卵石等立砌成烟道，上覆板石。平面呈圆角方形，长 4.2、深 0.3 米。方位角 268°（图二二四；图版一五○，1）。

倚屋内东壁砌筑火炕，南端设灶，火炕北端顶角处设烟囱，灶位于房址最低处。二条烟道由灶处分开，排放不太规矩，近灶处烟道较宽。由西向东计，第一条烟道宽而短，长 0.5、宽 0.2、深 0.2 米，斜向汇于第二条烟道；第二条烟道长 1.9、宽 0.3、深 0.2 米。烟道用小石块立砌，上覆板石，其间填铺小块石，烟道中部间砌多块立石，形成所谓的花洞。灶用块石立砌，部分见涂抹黄泥的现象，灶门近方形，高 0.2、宽 0.4 米。炕面铺砌平整，长 2、宽 1、高于居住面 0.2 米。烟道上的板石保存较好，较大块的石板拼铺于烟道上，石板间填砌小块石，推测其上应抹有黄泥。烟道汇于折角通向烟囱。烟囱在土墚上，用小石块贴附土墚砌筑，烟囱与土墚相平。居住面下凿后用黄土垫平，地面较板结。门道不详。

出土遗物共 2 件。有陶器、石器两类。

1. 陶器

1 件。为盆口沿。F3：10，泥质灰陶。方圆唇，展沿，敞口。沿缘处饰绳纹及二道凹弦纹。口径 48、残高 5 厘米（图二二五，1）。

2. 石器

1 件。为刀。F3：9，残断。黑绿色页岩磨制。刃部略弧，单面刃。残长 4.5、残宽 4.8、厚 0.5 厘米（图二二五，2）。

F4

位于城内东部，在 T2015、T2016、T2115 探方内，开口于③层下，开口距地表 0.9 米，被 H15、H12 打破。半地穴式建筑，下凿少许成圹。房址破坏非常严重，形制不详。土墚仅存很少部分，几乎与外围相平。房址平面呈圆角方形，长 4.5、深 0.3 米。方位角 301°（图二二六）。

倚屋内东、北壁砌筑火炕，北端残缺，仅存一条烟道，烟道由板石和卵石等立砌，上覆板石，残长 1.6、宽 0.3、深 0.3 米。东北端设灶。灶位于房址最低处，用块石立砌，灶门近方形，高 0.2、宽 0.3 米。烟囱已不详。

居住面下凿后用灰土垫平，地面较板结，夹含大量烧土、炭粒等。门道不详。

出土遗物共 13 件。有陶器、铁器、铜器、石器等。

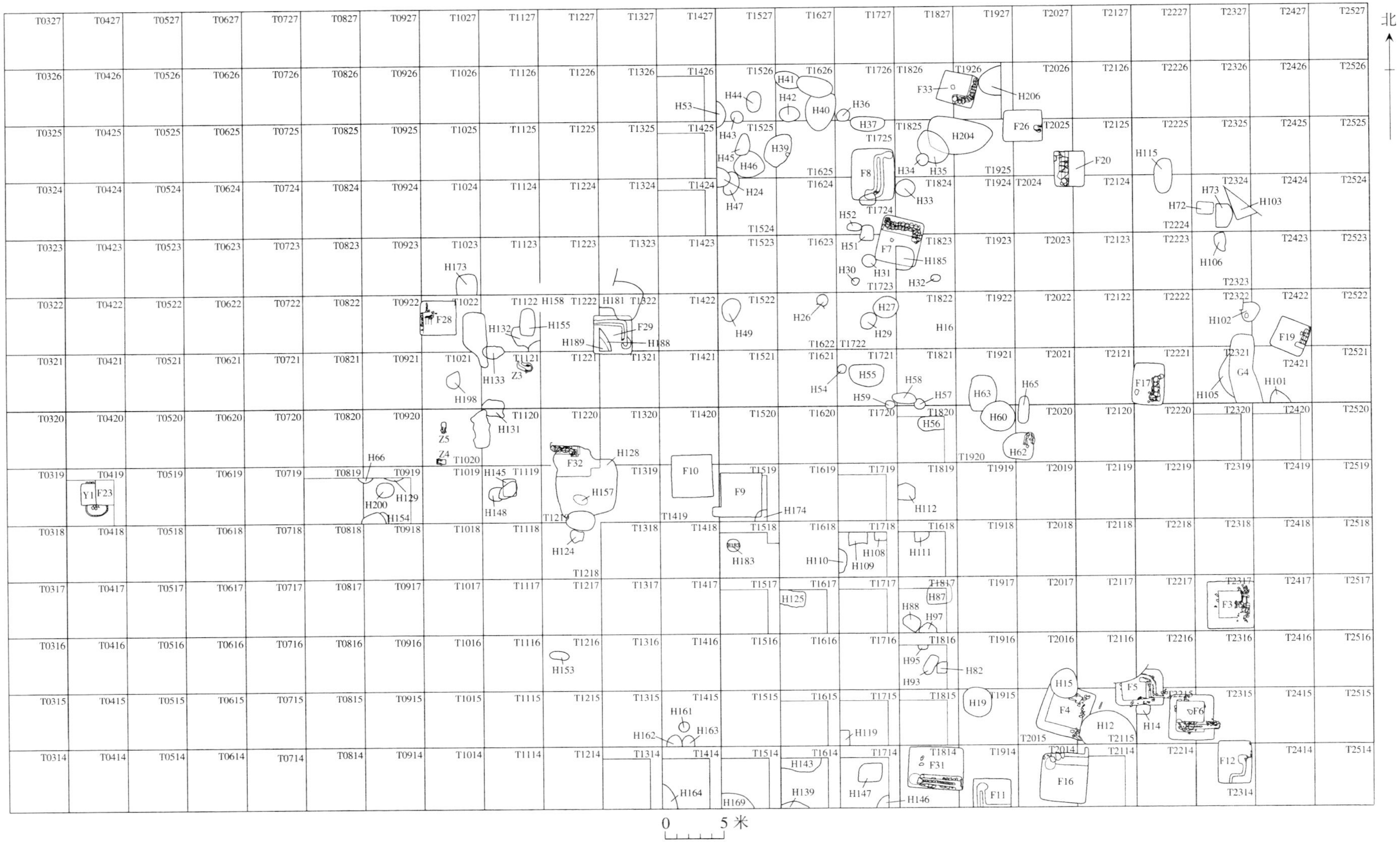

图二二三 四期文化晚段遗迹平面图

北

0 5 米

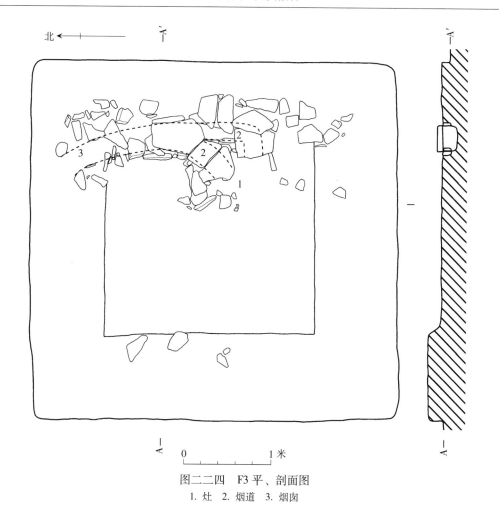

图二二四　F3 平、剖面图
1. 灶　2. 烟道　3. 烟囱

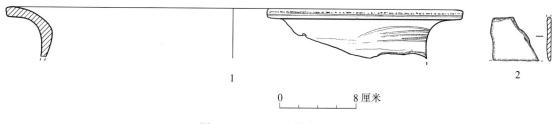

图二二五　F3 出土陶盆，石刀
1. 陶盆（F3：10）　2. 石刀（F3：9）

1. 陶器

8 件。可辨器形有罐、盆、钵、网坠、球等。

（1）罐

1 件。F4：14，修复完整。轮制。夹砂灰陶。方唇，侈口，束颈，深弧腹，平底。沿缘饰一周凹弦纹（肩腹部有一"甲"字形刻划符号）。口径 42、底径 21、高 53.8 厘米（图二二七，1）。

（2）盆

3 件。均残。轮制。F4：13，盆口沿。泥质黄褐陶。圆唇，展沿，敞口，弧壁。素面。口径 52、残高 12.4 厘米（图二二七，2）。F4：15，底部残缺。夹砂红褐陶。方唇，折沿，敛口，弧

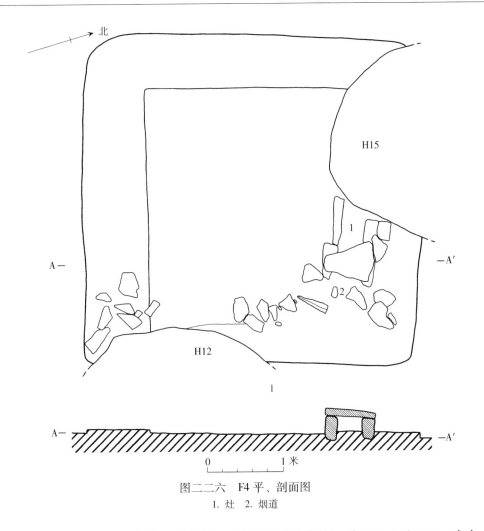

图二二六　F4 平、剖面图
1. 灶　2. 烟道

腹。沿缘处有一道不明显的凹弦纹。肩部置二组对称桥状横耳。素面。口径 38、残高 23.8 厘米（图二二七，3；图版一五一，1）。F4：16，底部缺失。夹砂黄陶。方唇，外折沿，敛口，深弧腹。残存的上腹部置一对对称桥状横耳。素面。口径 36、残高 19 厘米（图二二七，4；图版一五一，2）。

（3）钵

1 件。F4：12，修复完整。泥质灰陶。方唇，敞口，弧壁，平底。素面。口径 15、底径 9、高 7 厘米（图二二七，5；图版一二二，3）。

（4）网坠

1 件。F4：10，稍残。泥质红褐陶。长方形，两端各有一个凹槽。长 2.7、宽 1.4、厚 1.3 厘米（图二二八，1；图版一五二，1）。

（5）球

2 件。完整。红褐陶。圆形实心球体。F4：5，直径 2 厘米（图二二八，2）。F4：7，直径 1.9 厘米（图二二八，3）。

2. 铁器

3 件。均残。主要为钉、削、铁片等。

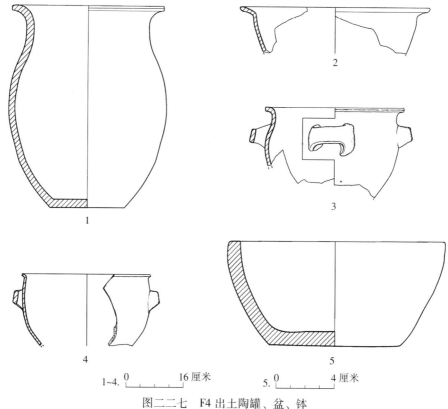

图二二七　F4 出土陶罐、盆、钵
1. 罐（F4:14）　　2~4. 盆（2. F4:13，3. F4:15，4. F4:16）　　5. 钵（F4:12）

（1）钉

1件。F4:6，折首，扁方身。残长 2.4 厘米（图二二八，4）。

（2）削

1件。F4:9，锻制。直背，斜直刃。残长 7.6、厚 0.4 厘米（图二二八，5）。

（3）铁片

1件。F4:11，平面呈长方形。长 8.3、宽 4.5、厚 0.4 厘米（图二二八，6）。

2. 铜器

1件。为镞。F4:4，残。矛形。铜铤。镞身截面呈菱形，铤部截面呈椭圆形。镞身长 4.1、铤部残长 2 厘米（图二二八，7）。

3. 石器

1件。为磨石。F4:8，残。长方形。一面有内凹磨面。残长 5.1、宽 3.2、厚 1.3 厘米（图二二八，8；图版一五三，1）。

F5

位于城内东南部，在 T2115、T2116、T2215、T2216 探方内，距东墙 35 米，南距城墙 45 米，开口于③层下，开口距地表 0.8 米，被 H10 打破。半地穴式建筑，下凿少许成圹，外围堆砌土埒，土埒现已不明显，几乎与外围相平。房址平面呈圆角长方形，东西长 4、南北宽 3.3、深 0.4 米。方位角 268°（图二二九；图版一五〇，2）。

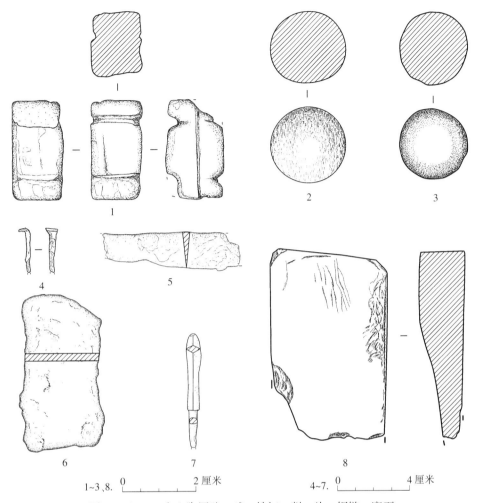

图二二八　F4 出土陶网坠、球，铁钉、削、片，铜镞，磨石

1. 陶网坠（F4：10）　　2、3. 陶球（2. F4：5，3. F4：7）　　4. 铁钉（F4：6）　　5. 铁削（F4：9）　　6. 铁片
（F4：11）　　7. 铜镞（F4：4）　　8. 磨石（F4：8）

倚室内东壁砌筑弧曲的折尺形火炕，用板石立砌成烟道，上覆板石多已不存。北端设灶，烟囱越过东侧土埂，通向室外。灶位于房址最低处，用块石立砌，部分残缺，整体形制不明。近灶处仅为一条较宽的烟道，在火炕弧曲处用小块石间砌分成两条烟道，排放较规矩。为叙述方便，暂称其为北炕和东炕。北炕一条烟道，与房址略呈斜角，烟道系用数块板石立砌，长 1.2、宽 0.3、深 0.2 米。烟道靠近室内部分堆筑黄泥，形成炕面，烧结严重。东炕用板石立砌，用黄泥堆筑成烟道。由西向东，第一条烟道长 1.4、宽 0.2、深 0.2 米，第二条烟道长 1.5、宽 0.2、深 0.2 米，东炕两条烟道抵于南壁，再折向东壁，通向烟囱。烟囱在土埂上，用小石块贴附土埂砌筑，平面近椭圆形，烟囱与土埂相平。居住面下凿后用灰土垫平，地面较板结。门道应开于西侧。

出土遗物共 32 件。有陶器、铁器、铜器、石器等。

1. 陶器

14 件。可辨器形有壶、罐、盆、纺轮、网坠、球。

（1）壶

2 件。F5：41，修复完整。轮制。夹砂灰陶。方唇，展沿，束颈，深弧腹，平底。素面。上腹

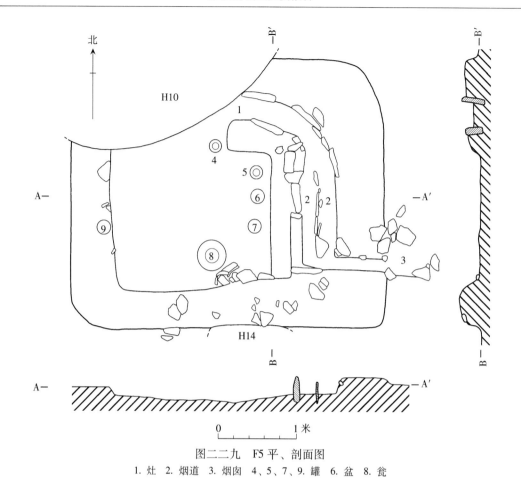

图二二九 F5 平、剖面图

1. 灶 2. 烟道 3. 烟囱 4、5、7、9. 罐 6. 盆 8. 瓮

具两组对称桥状横耳。口径 26、底径 13、高 35 厘米（图二三〇，1；图版一五四，1）。F5：43，修复完整。夹砂灰褐陶。方唇，侈口，溜肩，深弧腹，近底部内收成小平底。素面。上腹置两组对称桥状横耳。口径 33、底径 14、高 61.8 厘米（图二三〇，2；图版一五四，2）。

（2）罐

5 件。均残。轮制。F5：2，泥质灰陶。方圆唇，直口，广肩，斜直腹，平底。口径 9、底径 12.5、高 14.9 厘米（图二三〇，3；图版一五五，1）。F5：36，仅存口、腹部。泥质红陶。方圆唇，侈口，广肩，鼓腹。口沿内侧和沿面各有一周凹槽。肩部两周凹弦纹间饰垂幔纹，以下素面。口径 24.8、腹径 45.9、残高 35 厘米（图二三〇，4）。F5：37，残存口沿。夹砂灰陶。圆唇，折沿，沿面较平，敛口，溜肩。素面。口径 12、残高 6.7 厘米（图二三〇，5）。F5：42，仅存口腹部。夹砂灰黑陶。圆唇，侈口，束颈，溜肩，鼓腹。素面。肩腹部具两组对称桥状横耳。口径 18.5、残高 23.8 厘米（图二三〇，6；图版一三八，2）。F5：40，残。夹砂红褐陶。侈口，圆唇，弧腹，近底部内收，平底。肩腹部置一对对称桥状竖耳。口径 12、底径 7.3、高 15 厘米（图二三〇，7；图版一三九，2）。

（3）盆

3 件。均轮制。残存口沿。F5：38，泥质灰陶。方唇，折沿，敞口，残存部分腹壁斜直。沿缘处饰一周压印绳纹，外壁口沿下方饰瓦沟纹。口径 30、残高 6.2 厘米（图二三〇，8）。F5：39，泥质黄陶。尖圆唇，侈口，口沿下方内凹，深弧腹。素面。口径 44、残高 20.6 厘米（图二三〇，

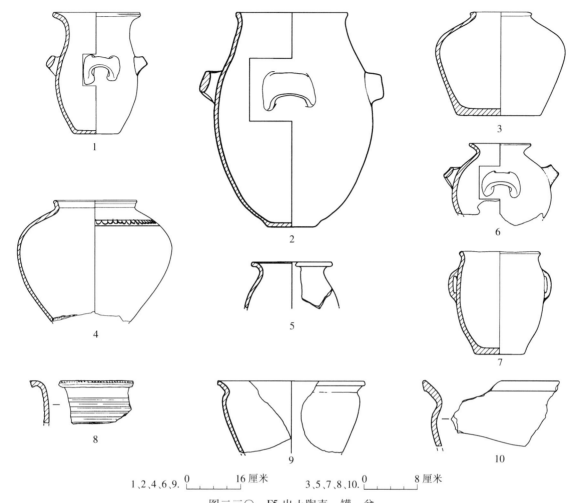

图二三〇　F5 出土陶壶、罐、盆

1、2. 壶（1. F5∶41，2. F5∶43）　3～7. 罐（3. F5∶2，4. F5∶36，5. F5∶37，6. F5∶42，7. F5∶40）

8～10. 盆（8. F5∶38，9. F5∶39，10. F5∶44）

9）。F5∶44，泥质黄褐陶。圆唇，折沿，敞口，弧壁。素面。口径 40、残高 9.4 厘米（图二三〇，10）。

（4）纺轮

1 件。F5∶24，残。夹砂灰褐陶。圆台状，侧面略内凹，中间有一圆孔。素面。直径 5.5、厚 1.5、孔径 1 厘米（图二三一，1）。

（5）网坠

1 件。F5∶23，完整。夹砂灰褐陶。圆柱形，中间有一圆形穿孔。素面。长 7、厚 2.4、孔径 0.4 厘米（图二三一，2；图版一五二，2）。

（6）球

2 件。完整。圆形。F5∶26，灰陶。直径 2.1 厘米（图二三一，3）。F5∶27，灰褐陶。直径 2 厘米（图二三一，4）。

2. 铁器

13 件。主要有镞、蒺藜、钉、削。

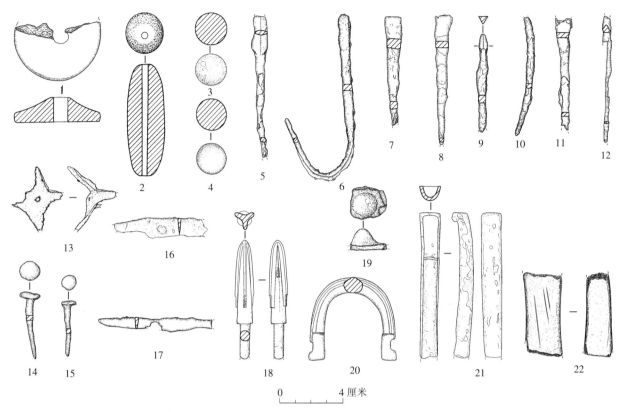

图二三一　F5 出土陶纺轮、网坠、球，铁镞、蒺藜、钉、削，铜镞、纽、锁栓，鎏金饰件，磨石

1. 陶纺轮（F5:24）　2. 陶网坠（F5:23）　3、4. 陶球（3. F5:26，4. F5:27）　5～12. 铁镞（5. F5:16，6. F5:14，7. F5:32，8. F5:33，9. F5:20，10. F5:15，11. F5:17，12. F5:34）　13. 铁蒺藜（F5:13）　14、15. 铁钉（14. F5:11，15. F5:18）　16、17. 铁削（16. F5:12，17. F5:35）　18. 铜镞（F5:1）　19. 铜纽（F5:10）　20. 铜锁栓（F5:22）　21. 鎏金饰件（F5:31）　22. 磨石（F5:30）

（1）镞

8件。其中五件可根据镞身形制分为矛形镞、凿形镞、锥形镞。另外三件仅存铤部。

矛形镞　1件。F5:16，残。镞身扁平，方铤不尽规整。残长 8.8 厘米（图二三一，5；图版一三四，2）。

凿形镞　3件。均残。F5:14，弯曲变形。凿形镞尖，扁平镞身，圆形铤。长 17.2 厘米（图二三一，6）。F5:32，扁方铤。残长 6.8 厘米（图二三一，7）。F5:33，扁方铤。残长 8.1 厘米（图二三一，8）。

锥形镞　1件。F5:20，残。三棱锥状镞尖，扁方铤。残长 6.1 厘米（图二三一，9）。

仅存铤部镞，3件。均残。F5:15，方铤。残长 7.4 厘米（图二三一，10）。F5:17，扁方铤。残长 7 厘米（图二三一，11）。F5:34，残长 7.9 厘米（图二三一，12）。

（2）蒺藜

1件。残。F5:13，锻制。出四尖锋，对称两锋尖向一面凸出。中部有一孔。锋尖残长 2.5 厘米（图二三一，13；图版一三五，5）。

（3）钉

2件。均残。圆顶，扁方身，由顶部向下渐细成尖。F5:11，残长 4.2 厘米（图二三一，14；

图版一五六，1）。F5：18，残长3.4厘米（图二三一，15）。

（4）削

2件。均残。F5：12，背略弧，斜刃，短柄。残长6、宽1.2、厚0.3厘米（图二三一，16；图版一五七，1）。F5：35，直背，斜弧刃，正锋。残长7.4、宽0.7~0.9、厚0.2厘米（图二三一，17）。

3. 铜器

4件。主要有镞、纽、锁栓、鎏金饰件等。

（1）镞

1件。F5：1，完整。镞身呈三翼形，锋圆钝，刃部锋利，一面有三棱形血槽。铁圆铤。镞身长5.2、铤残长2.26厘米（图二三一，18）。

（2）纽

1件。F5：10，残。圆形。直径1.6厘米（图二三一，19）。

（3）锁栓

1件。F5：22，完整。平面"U"形，两端扁平，外侧各有一个长方形凹槽。长5.2、宽5.4厘米（图二三一，20；图版一五八，1）。

（4）鎏金饰件

1件。F5：31，残。条形，内卷。一头有半圆形堵头，内凹。残长9.1厘米（图二三一，21；图版一五八，2）。

4. 石器

1件。为磨石。F5：30，残。长条形，三面均有磨面。其中一面磨面有三道条状磨痕。残长5.2、宽2.2、厚1.6厘米（图二三一，22；图版一五九，1）。

F6

位于城内东部，在T2215、T2315探方内，距东墙12米，开口于③层下，开口距地表1.1米。半地穴式建筑，下凿少许成圹，外围堆砌土堎，土堎现已不明显，几乎与外围相平。房址平面呈圆角长方形，南北长4.1、东西宽3.8、深0.3米。方位角268°（图二三二；图版一六〇，1）。

倚屋内南壁砌筑火炕，室内西南角设灶，火炕东端烟道延出土堎，通向烟囱。灶位于房址最低处。二条烟道由灶处分开，排放比较规矩，近灶处烟道较宽，由北向南，第一条烟道长1.8、宽0.2、深0.2米，第二条烟道长1.8、宽0.2、深0.2米，在烟道中部间砌多块立石，形成所谓的花洞。烟道上覆板石，其间填铺小块石，炕面铺砌平整，仅余两块炕面石，以烟道计炕面长2、宽0.9、高于居住面0.2米。灶址部分被破坏，立石砌筑灶口，部分见涂抹黄泥。灶口下立支圆柱形卵石一块，这种形制的灶在F4中也有出现。灶口外底铺板石。灶门近方形，高0.2、宽0.4米。烟囱在土堎上，用小石块贴附土堎砌筑，烟囱与土堎相平。居住面下凿后用黄土垫平，地面较板结。推测门道为西向。

出土遗物共7件。有陶器、铁器等。

1. 陶器

3件。以夹砂陶为主，可辨器形有壶、罐、器底。

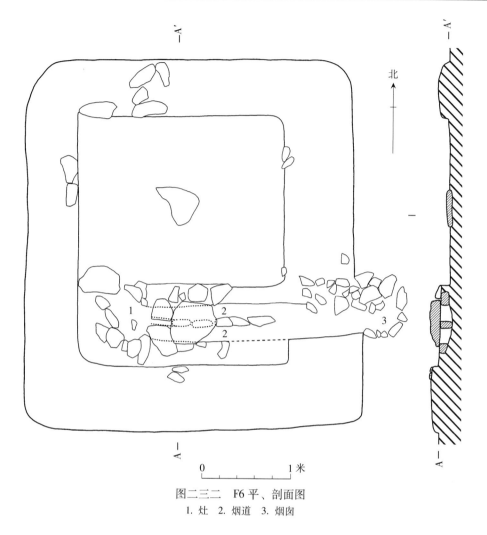

图二三二　F6 平、剖面图
1. 灶　2. 烟道　3. 烟囱

（1）壶

1 件。F6：8，修复完整。轮制。夹砂灰陶。圆唇，侈口，束颈，溜肩，深弧腹，平底。沿缘处饰一道凹弦纹。上腹置两组对称桥状横耳。口径 37、高 55.8、底径 18.2 厘米（图二三三，1；图版一五四，3）。

（2）罐

1 件。残。轮制。F6：7，口沿。夹砂黄褐陶。方唇，侈口，小折沿，深弧腹。素面。口径 12.9、残高 8.4 厘米（图二三三，2）。

（3）器底

1 件。F6：9，夹砂黑陶。弧壁，平底。素面。底径 16.6、残高 8.4 厘米（图二三三，3）。

2. 铁器

4 件。有镞、镢、削等。

（1）镞

2 件。均残。按镞身形制不同可分为矛形镞和菱形镞两种。

矛形镞　1 件。F6：5，镞身扁平，圆铤。残长 7.4 厘米（图二三三，4）。

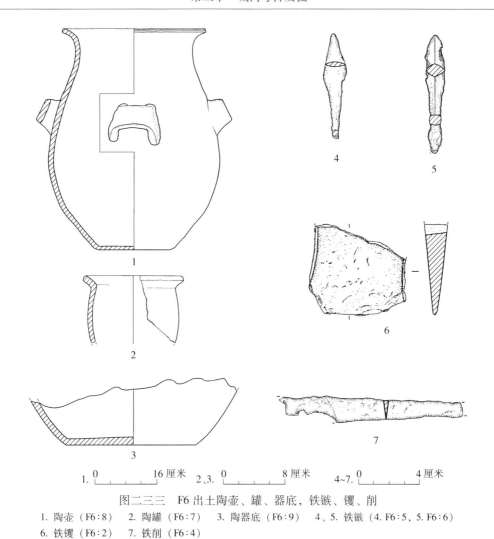

图二三三　F6 出土陶壶、罐、器底，铁镞、镤、削

1. 陶壶（F6∶8）　　2. 陶罐（F6∶7）　　3. 陶器底（F6∶9）　　4、5. 铁镞（4. F6∶5，5. F6∶6）
6. 铁镤（F6∶2）　　7. 铁削（F6∶4）

菱形镞　1 件。F6∶6，镞身扁平，扁圆铤。残长 6.6 厘米（图二三三，5；图版一三三，2）。

（2）镤

1 件。F6∶2，仅存刃部。锻制。残高 5.7、刃宽 6 厘米（图二三三，6；图版一三六，2）。

（3）削

1 件。F6∶4，残。锻制。直背，斜直刃。残长 12、宽 1.5、厚 0.3 厘米（图二三三，6；图版一五七，2）。

F7

位于城内东部，在 T1723、T1724、T1823、T1824 探方内，开口于③层下，开口距地表 0.6 米。半地穴式建筑，下凿少许成圹，外围堆砌土塄，土塄现已不明显，几乎与外围相平。房址平面呈圆角长方形，长 4、宽 3.5、深 0.3 米。方位角 196°（图二三四；图版一六〇，2）。

室内北侧筑火炕，火炕下设二条烟道，烟道均系掘土形成的沟槽，未见砌石，烟道宽 0.2、高 0.2 米。隔梁宽 0.3 米左右。烟道隔梁上铺砌石板炕面，石板也呈两行排列，缝隙处抹黄泥。朝向室内的烟道隔梁外侧，又用土和块石叠筑炕墙。灶址设于东侧火炕南端，此处正是室内的东

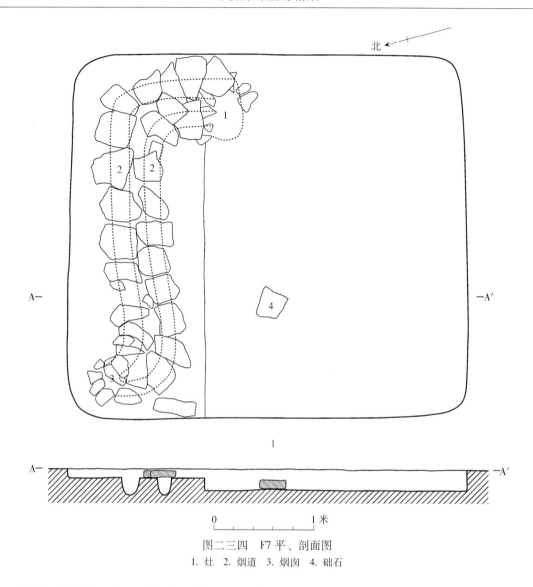

图二三四　F7 平、剖面图
1. 灶　2. 烟道　3. 烟囱　4. 础石

北角，由灶坑和灶台组成。首先在地表下挖一个圆角长方形土坑，坑长 0.7、宽 0.6、深 0.3 米，灶用卵石或块石砌筑，灶门向西，灶址底部多为红烧土面，内存大量炭粒。灶口长 0.4、宽 0.3、深 0.3 米。土坑南部砌筑灶台，用块石立砌，外部填充泥土，灶台长 0.7、宽 0.3、高 0.2 米。土坑北部为火炕，平面呈长方形，长 3.1、宽 1.5、高出居住面 0.2 米。烟道由灶处分开，在近烟囱处汇合成一条，通向烟囱。烟囱位于室内西北角，平面呈不规则圆形，径长 24、高 0.4 米。构筑方法是：先在房址东壁北端边缘凿出一个半圆形土坑，圆坑朝向室内的缺口处，又以立支的石板围封，因此，烟囱一半在室外，一半在室内。南壁居中位置较低，应是门道所在。地面为灰褐色土，平整，坚硬，室内长 2.8、宽 2.7、深 0.3 米。室内居中偏西位置有一平放的板石，半埋于地下，推测应为础石。室内堆积为灰褐色土，内含残碎瓦片及少量陶片等。

出土遗物共 4 件。有陶器、铁器、石器等。

1. 陶器

1 件。为灯盘。F7：5，残。泥质灰陶，火候较高。圆唇，口微敛，弧壁。口径 10.5、底径 7.4、高 2.7 厘米（图二三五，1）。

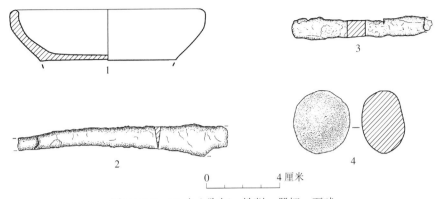

图二三五　F7 出土陶灯，铁削、器柄，石球
1. 陶灯（F7:5）　2. 铁削（F7:1）　3. 铁器柄（F7:3）　4. 石球（F7:4）

2. 铁器

2 件。

（1）削

1 件。F7:1，残。弧背，弧刃，中锋。残长 11.4、宽 1～1.7、厚 0.3 厘米（图二三五，2；图版一五七，3）。

（2）器柄

1 件。F7:3，残。长条形，截面呈方形。残长 7.7 厘米（图二三五，3）。

3. 石器

1 件。为石球。F7:4，完整。灰褐色花岗岩磨制。平面呈圆形，侧视呈椭圆形。直径 3.1、厚 2.3 厘米（图二三五，4）。

F9

位于 T1519 内，延伸至 T1419 内，被 H174 叠压，又打破 J7，西距 F10 的距离为 0.7 米。开口在③层下，上距地表 0.9 米。半地穴式建筑。平面呈圆角长方形，长 3.8、宽 3.4、深 0.5 米。方位角 182°（图二三六）。

房址中部偏南位置残存一石砌烟道，用板石立砌。在烟道东端残留较多的烧土痕迹，推测应是灶址所在。烟道长 1.5、宽 0.2、深 0.2 米。室内散落较多的石块，应是后期扰乱所致。

出土遗物有建筑构件 3 件。均为板瓦残件。

F9:7，凸面饰斜向粗绳纹，凹面饰规整的菱形"回"字纹。残长 11.2、残宽 8.9、厚 1.6 厘米（图五，4）。F9:8，凸面饰顺向粗绳纹，凹面饰大菱格纹，菱格内饰菊花状纹饰。残长 17、残宽 14、厚 1.5 厘米（图五，5）。F9:9，残存部分一侧边有很窄的由内向外的半切口。凸面饰绳纹，凹面饰较乱的菱形纹。残长 13、残宽 18、厚 1.7 厘米（图五，6）。

F10

位于 T1419 的北部，延伸至 T1420 内，东距 F9 的距离为 0.7 米，西距 F32 的距离为 6 米。开口在③层下，上距地表 0.9 米。半地穴式建筑。平面近似圆角方形，长 3.7、宽 3.4、深 0.5 米。方位角 178°（图二三七）。

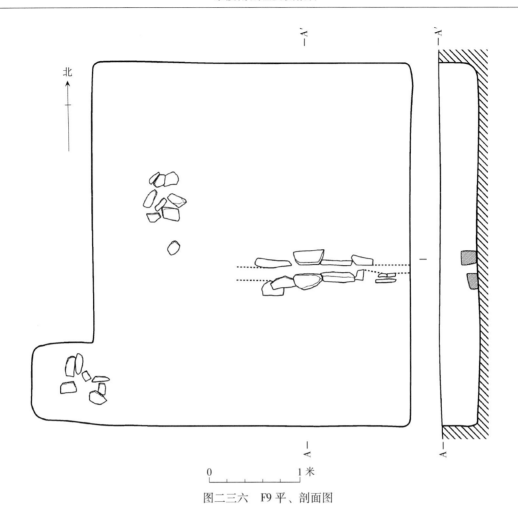

图二三六　F9 平、剖面图

房内东部现存炕面板石，其下发现南北向残长 0.9 米的石砌烟道两条，宽 0.1、深 0.3 米。室内居中发现一块长方形础石，长 0.3、宽 0.2、厚 0.4 米。

出土遗物仅有 2 件陶器。可辨器形有壶、器底。

（1）壶

1 件。F10:2，残。轮制。泥质红褐陶。方唇，卷沿，束颈，溜肩，深弧腹，小平底。素面。口径 15.7、底径 5.8、高 34.6 厘米（图二三八，1；图版一四七，2）。

（2）器底

1 件。F10:1，轮制。夹砂灰褐陶。弧腹，底略内凹。素面。底径 8.8、残高 6 厘米（图二三八，2）。

F11

位于城内南部居中位置，在 T1914 探方内，东距 F16 的距离为 3.8 米，开口于③层下，上距地表 1.3 米。半地穴式建筑。平面呈长方形，长 3.2、宽 2.5、深 0.3 米。方位角 176°（图二三九）。

室内东侧筑有折尺形火炕，火炕残存北段，设有两条烟道。烟道系直接在地面挖出沟槽，存长 2.9、宽 0.3、深 0.2 米。因为 T1913 未发掘，南部烟道情况不明。烟道北端保留有一处黑烧土

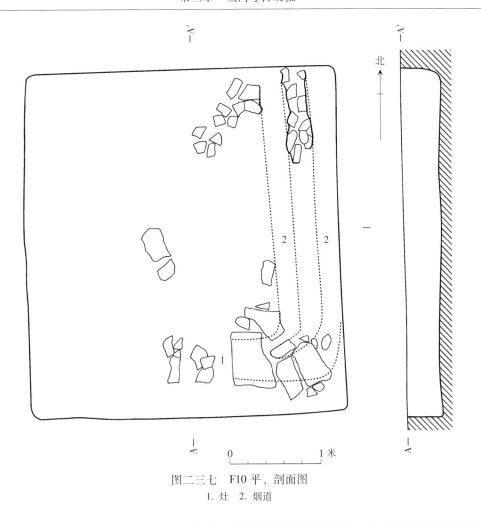

图二三七　F10 平、剖面图
1. 灶　2. 烟道

面，平面呈椭圆形，长 0.5、宽 0.4 米，分析可能是被破坏的灶址。由于房址遭到严重破坏，位置与形制均不清。

出土遗物共 10 件。有陶器、铁器等。

1. 陶器

2 件。有泥质陶和夹砂陶。可辨器形有罐、甑。

（1）罐

1 件。F11：4，修复完整。轮制。夹砂红褐陶。圆唇，折沿，短束颈，溜肩，鼓腹，底略内凹。肩腹部置两组对称桥状横耳。上腹部饰"个"字刻划纹。口径 15.7、最大腹径 19、底径 9.2、高 19.7 厘米（图二四〇，1；图版一三八，3）。

（2）甑

1 件。F11：5，仅余甑底。夹砂灰陶。素面。底部现存 3 个长条形甑孔。厚 0.7、孔长 2.8、宽 5.1 厘米（图二四〇，2；图版四八，5）。

2. 铁器

8 件。有镞、削、铁条等。

（1）镞

6 件。均残。依据镞身形制不同可分为矛形镞、凿形镞、锥形镞和叶形镞。

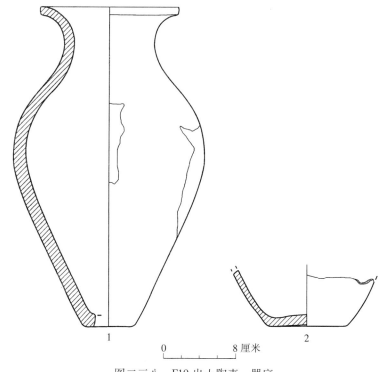

图二三八　F10 出土陶壶、器底

1. 壶（F10∶2）　　2. 器底（F10∶1）

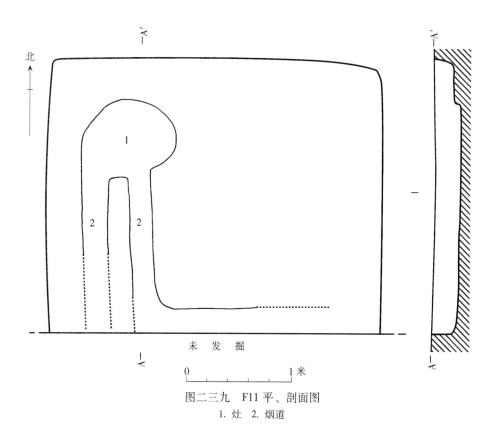

图二三九　F11 平、剖面图

1. 灶　2. 烟道

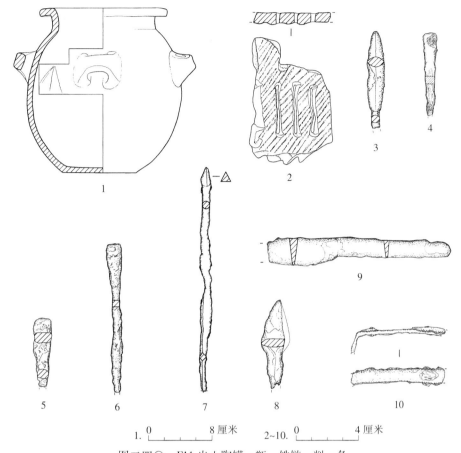

图二四〇　F11 出土陶罐、甑，铁镞、削、条

1. 陶罐（F11：4）　　2. 陶甑（F11：5）　　3～8. 铁镞（3. F11：14，4. F11：10，5. F11：11，6. F11：12，7. F11：13，8. F11：8）　　9. 铁削（F11：6）　　10. 铁条（F11：7）

矛形镞　1件。F11：14，镞身扁平，圆铤。残长 5.8 厘米（图二四〇，3）。

凿形镞　3件。F11：10，扁方铤。残长 5.1 厘米（图二四〇，4）。F11：11，铤部截面呈椭圆形。残长 4.1 厘米（图二四〇，5）。F11：12，扁方铤。残长 8.9 厘米（图二四〇，6）。

锥形镞　1件。F11：13，镞尖呈三棱锥状。扁方铤。残长 13.4 厘米（图二四〇，7）。

叶形镞　1件。F11：8，镞身截面呈不规则长方形。残长 5.3 厘米（图二四〇，8）。

（2）削

1件。F11：6，残。锻制。直背直刃。残长 11.3 厘米（图二四〇，9；图版一五七，4）。

（3）铁条

1件。F11：7，残。扁体，长条形，一端弯折。残长 5.8 厘米（图二四〇，10）。

F12

位于城南部，在 T2314、T2315 探方内，西距 F16 的距离为 0.6 米。开口于③层下，上距地表 1.3 米。半地穴式建筑。平面呈圆角长方形，长 3.7、宽 2.8、深 0.5 米。方位角 200°（图二四一）。

室内东南侧筑有折尺形火炕，东侧火炕存有 1 条烟道，系直接在地面上挖出沟槽而成，东部烟道存长 1.2、宽 0.3、深 0.2 米。南部烟道长 1.1 米，在东侧烟道北端保留有一处黑烧土面，平面呈

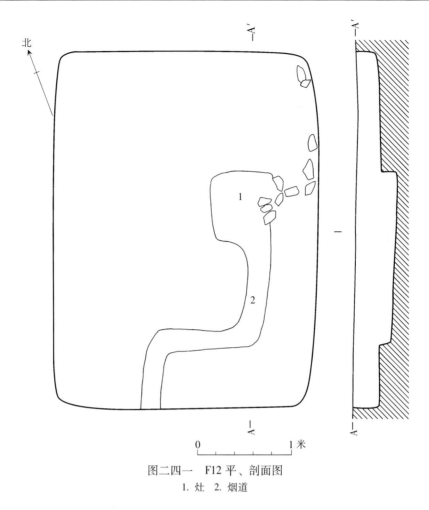

图二四一　F12 平、剖面图
1. 灶　2. 烟道

椭圆形，长 0.7、宽 0.8、深 0.3 米，分析可能是被破坏的灶址。由于房址遭到严重破坏，形制不清。

出土遗物仅有陶器 4 件。可辨器形有盆、器底。

（1）盆

2 件。均为轮制。F12:3，口沿。泥质灰陶。方唇，展沿，敞口。沿缘处饰一周凹弦纹，内壁口沿下方压印菱格纹带。口径 49.8、残高 7.6 厘米（图二四二，1）。F12:4，修复完整。泥质灰陶。方唇，折沿，口微敛，深弧腹，平底。素面。器壁有锔孔。口径 42、底径 17.8、高 23 厘米（图二四二，2；图版一〇五，2）。

（2）器底

2 件。均为泥质黑陶。轮制。F12:1，弧壁，平底。外壁素面，残存部分内壁和内底饰条带状菱形几何纹。底径 18、残高 14.7 厘米（图二四二，3；图八一，4）。F12:5，弧壁，平底。内壁饰压印菱格纹。底径 23.2、残高 5.6 厘米（图二四二，4）。

F16

位于城内东南部，在 T2014、T2114 探方内，西距 F11 的距离为 1.8 米，北距 F4 的距离为 1.3 米。开口于③层下，上距地表 1.3 米。半地穴式建筑。平面呈圆角长方形，长 4.9、宽 3.9、深 0.3 米。方位角 174°（图二四三；图版一六一，1）。

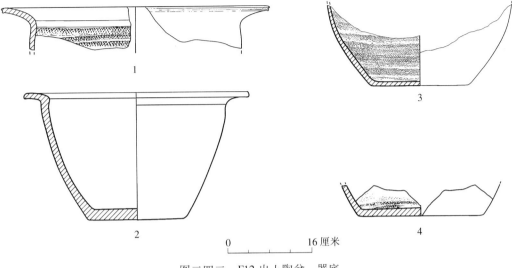

图二四二　F12 出土陶盆、器底

1、2. 盆（1. F12∶3，2. F12∶4）　　3、4. 器底（3. F12∶1，4. F12∶5）

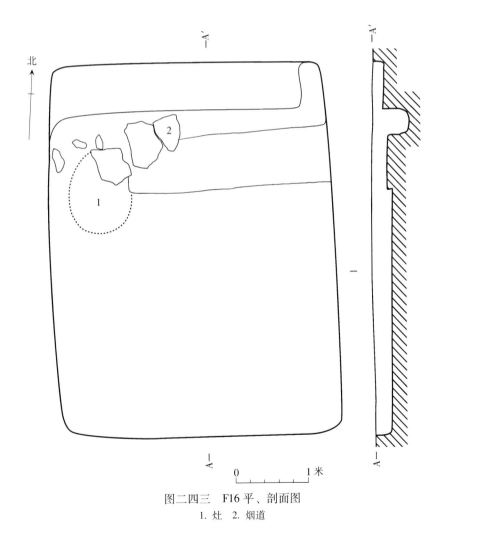

图二四三　F16 平、剖面图

1. 灶　2. 烟道

室内北部筑有火炕，存有 1 条烟道，系直接在地面上挖沟槽形成。烟道两侧部分有小块砌石，上覆板石，板石长 0.6 米，残存 3 块。烟道长 1.1、宽 0.3、深 0.2 米。在北侧烟道西端保留有一处红烧土面，平面呈椭圆形，长 1.1、宽 0.7、深 0.2 米，分析可能是被破坏的灶址。由于房址遭到严重破坏，形制不清。

出土遗物共 3 件。有陶器、铁器等。

1. 陶器

2 件。轮制。均为盆。F16:3，残。泥质灰陶。方唇，展沿，弧折肩，弧壁，平底。素面。口径 47、底径 24、高 20 厘米（图二四四，1；图版一四八，3）。F16:2，修复完整。泥质灰黑陶。方圆唇，沿缘外敞，敛口，弧腹，平底。素面。口径 25、底径 14、高 14 厘米（图二四四，2；图版一四八，4）。

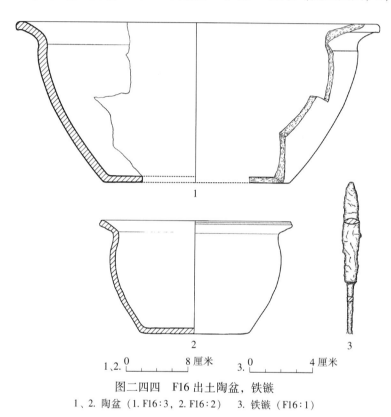

图二四四　F16 出土陶盆，铁镞
1、2. 陶盆（1. F16:3，2. F16:2）　3. 铁镞（F16:1）

2. 铁器

1 件。为镞。F16:1，残。矛形，镞身扁平，扁方铤。残长 9.4 厘米（图二四四，3；图版一六二，1）。

F17

位于城内东北部，在 T2120、T2121、T2220、T2221 探方内，开口于③层下，开口距地表 1 米。半地穴式建筑，下凿成圹，外围堆砌土墙，土墙现已不明显，几乎与外围相平。房址平面呈圆角长方形，长 2.8、宽 2.1、深 0.2 米。方位角 275°（图二四五；图版一六三）。

倚屋内西壁砌筑火炕，室内西北角设灶，火炕南端烟道西折倚塝砌筑烟囱。灶位于房址最低处，用块石立砌，部分见涂抹的黄泥，平面近似方形，长 0.4、宽 0.3、高 0.2 米。烟道长 1.5、

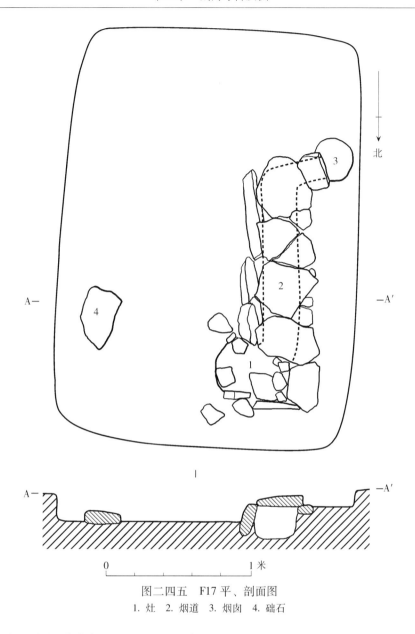

图二四五　F17 平、剖面图
1. 灶　2. 烟道　3. 烟囱　4. 础石

宽 0.3、深 0.2 米，在烟道东部立砌板石，西部立砌块石，烟道上覆板石，其间填铺小块石或瓦片，炕面铺砌平整，保存较好，高于室内地面 0.2 米。灶址部分被破坏，立石砌筑灶口。烟囱在土埂上，靠室内面用板石贴砌，外侧用板瓦环砌，烟囱与土埂相平。居住面下凿后用灰土垫平，地面较板结。门道西向，两侧用小块石垒砌。

出土遗物共 9 件。有建筑构件、陶器、铁器、石器等。

1. 建筑构件

1 件。为圆瓦当。F17∶11，残。模制。泥质灰陶。边轮高于当面，当面模印双栏四界格"千秋万岁"文字纹，仅存"秋"和"岁"的一部分。当心模印一素面扁圆乳丁。当面涂朱。当面残径 9.9、边轮宽 1.3 厘米（图二四六，1）。

2. 陶器

3 件。可辨器形有壶、罐、器底。

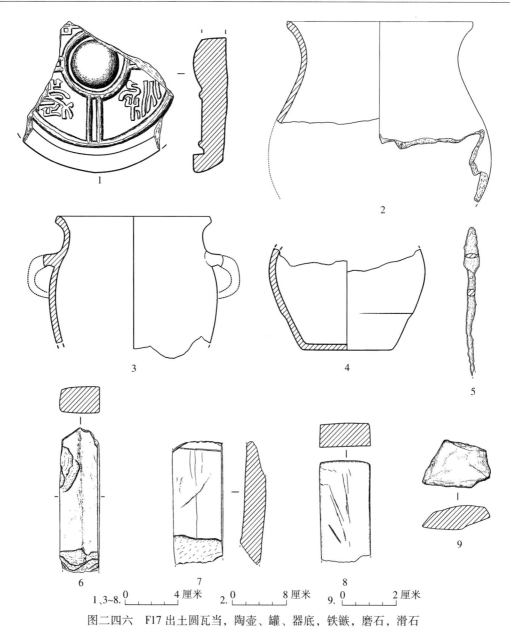

图二四六　F17 出土圆瓦当，陶壶、罐、器底，铁镞，磨石，滑石

1. 圆瓦当（F17：11）　2. 陶壶（F17：12）　3. 陶罐（F17：1）　4. 陶器底（F17：2）　5. 铁镞（F17：6）
6～8. 磨石（6. F17：8，7. F17：10，8. F17：7）　9. 滑石（F17：9）

（1）壶

1件。F17：12，仅存口部。泥质红褐陶。圆唇，侈口，溜肩。残存部分素面。口径 28.3、残高 26.6 厘米（图二四六，2；图版一五一，3）。

（2）罐

1件。F17：1，夹砂黑褐陶。轮制。内搀滑石颗粒，口沿下方有一对对称桥状竖耳。素面。口径 12、残高 10.4 厘米（图二四六，3）。

（3）器底

1件。F17：2，泥质灰褐陶。轮制。鼓腹，下腹内收形成一道不明显的凸棱，平底。素面。底径 6.8、残高 7.4 厘米（图二四六，4）。

3. 铁器

1 件。为镞。F17:6，残。镞身呈矛形，圆铤。残长 11 厘米（图二四六，5；图版一三四，3）。

4. 石器

4 件。有磨石、滑石等。

（1）磨石

3 件。均残。F17:8，灰黑色。长条形，横截面呈长方形。残长 10.7、宽 2.9、厚 3 厘米（图二四六，6；图版一六四，1）。F17:10，长方形。残长 9、宽 3.7、厚 1.6 厘米（图二四六，7；图版一六四，2）。F17:7，残断。黄灰色细砂岩条石，四面均有磨面，一端打磨规整。残长 7.5、宽 3.8、厚 1.7 厘米（图二四六，8）。

（2）滑石

1 件。F17:9，残。平面近三角形。残长 2.6、宽 2、厚 0.6 厘米（图二四六，9）。

F19

位于 T2421、T2422 探方内，开口于③层下。平面呈圆角方形，长 2.9、深 0.2 米。方位角 203°（图二四七）。

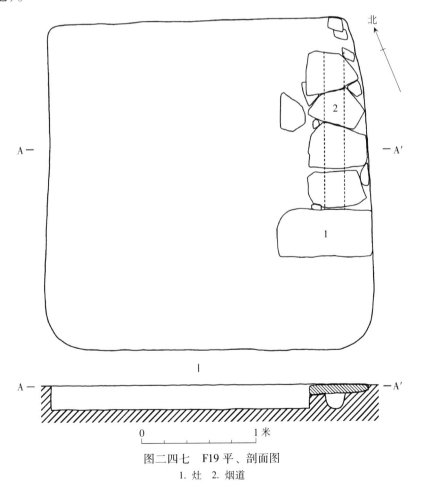

图二四七　F19 平、剖面图

1. 灶　2. 烟道

房内东南角有一个灶址。平面近长方形，斜壁，圜底。长径0.6、短径0.4、深0.2米。灶内有较厚的红烧土和炭灰，质地极疏松。发现一条土槽烟道，长1.3、宽0.4、深0.1～15米。烟道平面呈长条状，其内残留大量炭灰。烟道上用四块石板铺成炕面，炕面长1.4、宽0.5米。房内堆积为黑褐土，土质较疏松，内含夹砂陶片、瓦片等。

出土遗物共4件。有建筑构件、铁器、石器等。

1. 建筑构件

1件。为圆瓦当。F19：1，残半。边轮脱落。模制。灰陶。当面模印双栏四界格莲花纹，莲瓣形状不统一，残存部分一瓣呈菱形，一瓣略呈椭圆形。当心模印圆形素面乳丁纹。当面涂朱。当背抹泥明显。当面残径12.5厘米（图二四八，1；图版一〇二，6）。

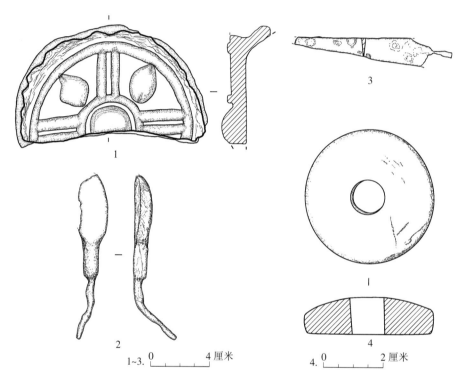

图二四八　F19出土圆瓦当，铁镢、削，石纺轮
1. 圆瓦当（F19：1）　2. 铁镢（F19：2）　3. 铁削（F19：11）　4. 石纺轮（F19：3）

2. 铁器

2件。可辨器形有镢和削。

（1）镢

1件。F19：2，残。镢身呈凿形，扁方铤，铤部弯曲变形。残长10.5厘米（图二四八，2）。

（2）削

1件。F19：11，残。直背，斜直刃。表面锈蚀严重。残长10.3、厚0.3厘米（图二四八，3）。

3. 石器

1件。为纺轮。F19：3，完整。磨制。圆形，一面扁平，一面圆鼓，中间对钻孔。制作精细。直径4.2、厚1.2、孔径1.1厘米（图二四八，4；图版一六五，1）。

F20

位于 T2024、T2025、T2124、T2125 探方内，开口于③层下。居住面较平整。平面呈圆角长方形，长3、宽2.6、深0.2米。方位角181°（图二四九）。

图二四九　F20平、剖面图
1. 灶　2. 烟道

室内西部设有火炕，在火炕南端置灶，灶平面呈圆形，平底。直径0.4、深0.2米。灶内有较厚的红烧土和炭灰，质地极疏松。发现一条土槽烟道，烟道平面呈长条状，其内残留大量炭灰。长2.3、宽0.3、深0.1米。烟道上铺用四块石板砌成的炕面，炕面长1.9、宽0.8米。烟道北端直折通向室外，尚保留几块较大的石块，推测是烟囱被破坏后留下的。房址内堆积为黑褐土，土质较疏松，内含夹砂陶片、瓦片等。

出土遗物共19件。有建筑构件、陶器、铁器、铜器等。

1. 建筑构件

4件。均为圆瓦当。均残。泥质灰陶。模制。F20：3，边轮脱落。当面模印双栏四界格莲花纹，莲瓣后端圆钝，前端较尖锐，且与外周凸弦纹相接。现仅存一界格和一瓣莲瓣纹。当面涂朱。当面残径 5.4 厘米（图二五〇，1）。F20：9，边轮部分脱落，当面模印双栏四界格莲花纹，莲瓣前后两端都较尖，且与中心弦纹、外周弦纹相连，现仅存一界格及一莲瓣纹。当面涂朱。当面残径 5.6 厘米（图二五〇，2）。F20：10，边轮脱落。仅存一莲瓣，莲瓣前端尖锐，后端圆钝。当面涂朱。当面残径 4.1 厘米（图二五〇，3）。F20：11，边轮高于当面，当面模印文字纹，仅存"秋"字的一部分。当背饰绳纹。当面残径 5.7、边轮宽 1.9 厘米（图二五〇，4）。

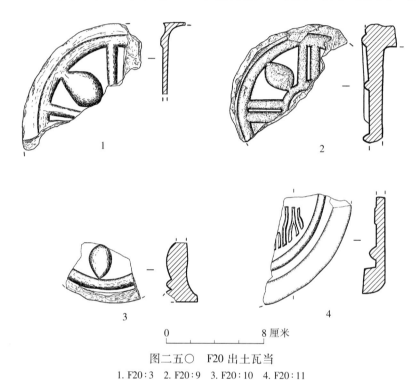

图二五〇　F20 出土瓦当
1. F20：3　2. F20：9　3. F20：10　4. F20：11

2. 陶器

9 件。按质地不同可分为泥质陶和夹砂陶。可辨器形有罐、甑、纺轮、器耳、器底。

（1）罐

1 件。F20：13，口沿。泥质灰黑陶。方唇，侈口，短束颈，广肩。肩部有纹饰，因残缺无法分辨。口径 16、残高 5.6 厘米（图二五一，1）。

（2）甑

1 件。F20：23，残。夹砂红褐陶。方唇，折沿，敛口，深弧腹，平底。腹部两侧置一对对称桥状横耳，甑底有小圆形甑孔。口径 48、底径 26.6、高 30 厘米（图二五一，2）。

（3）纺轮

2 件。完整。F20：1，夹砂灰褐陶，近圆形，中间有一圆孔。素面。直径 5.1、厚 0.4、孔径 0.5 厘米（图二五一，3；图版一六六，1）。F20：5，夹砂红褐陶。圆形，中间有一圆孔。素面。直径 4.6、厚 1.5、孔径 1.1 厘米（图二五一，4；图版一三二，2）。

（4）器耳

3 件。均为夹砂陶。桥状横耳。F20：15，灰黑陶。残高 10 厘米（图二五二，1）。F20：16，

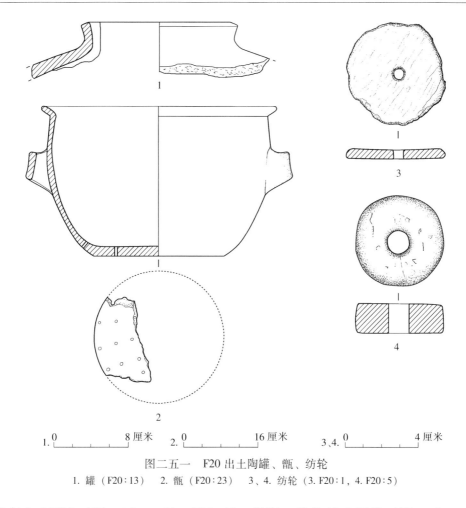

图二五一　F20 出土陶罐、瓿、纺轮
1. 罐（F20：13）　2. 瓿（F20：23）　3、4. 纺轮（3. F20：1，4. F20：5）

红褐陶。残高 9.6 厘米（图二五二，2）。F20：18，黑陶。残高 12.3 厘米（图二五二，3）。

（5）器底

2 件。F20：14，泥质黑陶。器壁略弧，平底。残高 8.1 厘米（图二五二，4）。F20：21，夹砂红褐陶。残存部分斜壁，平底。底径 12.1、残高 2.5 厘米（图二五二，5）。

3. 铁器

5 件。有镞、镬、甲片等。

（1）镞

3 件。均残。锻制。F20：4，仅余铤部，横截面呈长方形。残长 4.4 厘米（图二五三，1）。F20：7，矛形，镞身扁平，椭圆铤。残长 10.6 厘米（图二五三，2；图版一三四，4）。F20：6，扁铤。残长 8.2 厘米（图二五三，3）。

（2）镬

1 件。F20：12，残断。残存部分平面呈方形，侧视呈楔形。弧刃。长方形銎口。残高 8.5、宽 6.8 厘米，銎口长 5.7、残宽 1 厘米（图二五三，4）。

（3）甲片

1 件。F20：19，平面呈椭圆形，上有 5 个穿孔。长 4.8、宽 3.6、厚 0.2 厘米（图二五三，5）。

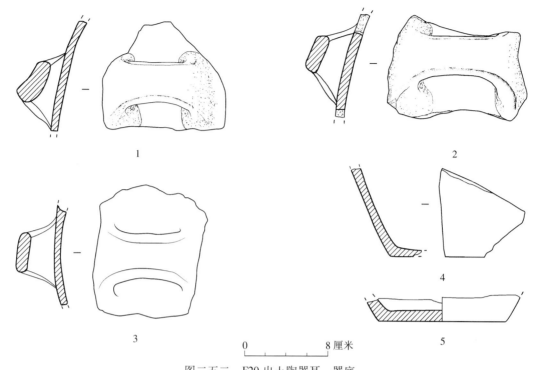

图二五二　F20 出土陶器耳、器底

1~3. 器耳（1. F20：15，2. F20：16，3. F20：18）　　4、5. 器底（4. F20：14，5. F20：21）

4. 铜器

1 件。为镞。F20：2，残。镞身呈矛形，尖部较锋利，关部收束，截面呈菱形。残长 4.8 厘米（图二五三，6）。

F26

位于 T1925、T1926、T2025、T2026 探方内，开口于③层下。平面呈圆角长方形，长 3.3、宽 2.8、深 0.2 米。方位角 181°（图二五四）。

房内东南部有一个灶址，平面呈圆角长方形，直壁，平底，用石板围成。长 0.6、宽 0.4、深 0.2 米。灶内有较厚的红烧土和炭灰，质地极疏松。由于该房址破坏较严重，未发现烟道，仅在靠南壁位置发现有一条红烧土带，东西方向，宽 0.2~0.3、厚 0.1 米，推测原来可能为烟道。房址内堆积为黑褐土，土质较疏松，内含夹砂陶片、瓦片等。

出土遗物共 9 件。有陶器、铁器、铜器等。

1. 陶器

3 件。按质地可分为夹砂陶和泥质陶。可辨器形有壶、盆、器耳。

（1）壶

1 件。口沿。F26：8，轮制。夹砂灰陶。方唇，侈口，束颈。口沿下方有一周指压窝纹。口径 28、残高 7.2 厘米（图二五五，1）。

（2）盆

1 件。口沿。F26：6，轮制。泥质灰陶。尖唇，卷沿，敞口。沿面近沿缘处饰一道凹弦纹，沿

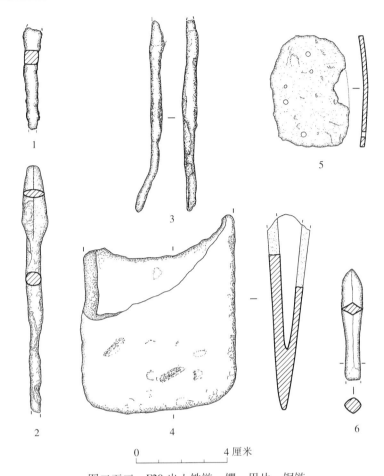

图二五三 F20 出土铁镞、鐻、甲片，铜镞
1～3. 铁镞（1. F20:4，2. F20:7，3. F20:6） 4. 铁鐻（F20:12） 5. 铁甲片（F20:19） 6. 铜镞（F20:2）

缘处饰一周压印绳纹。口径 40、残高 3 厘米（图二五五，2）。

（3）器耳

1 件。F26:7，夹砂灰褐陶。桥状横耳。残高 11.4 厘米（图二五五，3）。

2. 铁器

4 件。皆为镞。均残。依据镞身的形制可分为矛形镞、凿形镞和铲形镞。

矛形镞 1 件。F26:2，镞身扁平，圆铤。残长 9.5 厘米（图二五五，4）。

凿形镞 1 件。F26:3，扁方铤。残长 5.8 厘米（图二五五，5）。

铲形镞 1 件。F26:4，扁方铤。残长 10 厘米（图二五五，6）。

另有一件仅存铤部。F26:5，圆铤。残长 7.4 厘米（图二五五，7）。

3. 铜器

2 件。有环和簪。

（1）环

1 件。F26:1，残断。截面近方形。残长 3.5 厘米（图二五五，8）。

（2）簪

1 件。F26:9，残断。扁体，前端呈锥状。残长 11 厘米（图二五五，9）。

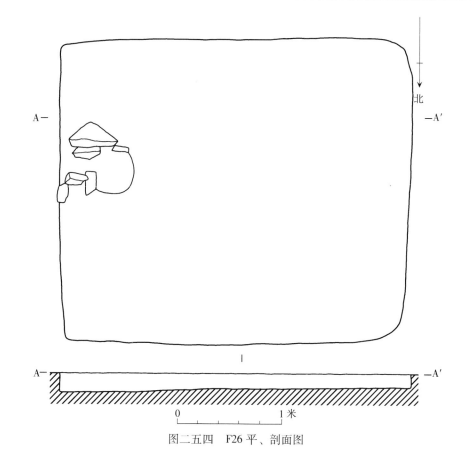

图二五四　F26 平、剖面图

F28

位于 T1022 探方内，部分延入 T0922，开口于③层下。半地穴式房址。平面呈圆角方形，长 3、深 0.2 米。方位角 181°（图二五六）。

未发现门道。灶址位于室内北部偏西位置，近长方形，长 0.8、宽 0.4 米。灶东半部可见红烧土带，西半部只余石块，推测西半部为石块与泥混筑而成。在室内北部发现二条烟道，仅灶外残留的一段较完整，从灶南侧接出并向西折出，长 1.3 米，其余部分已被破坏。居住面有红烧土与炭灰痕迹，表面较平整，土质紧密、较硬，石块多移位。根据残留部分推测，烟道两侧用石块垒砌，顶部可能压盖石板。室内地面土色发黄，土质较硬，含有许多石块、小砾石等，厚 0.5 米。

出土遗物共 7 件。有铁器、石器等。

1. 铁器

2 件。皆为镞。均残。锻制。镞身呈矛形。F28∶1，方铤。残长 9.5 厘米（图二五七，1）。F28∶3，扁方铤。残长 6.7 厘米（图二五七，2）。

2. 石器

5 件。均为磨石。F28∶2，完整。墨绿色细砂岩。长条形，横截面呈长方形。长 12、宽 2.5、厚 1.2 厘米（图二五七，3；图版一六四，3）。F28∶5，残。长条形。横截面近长方形。长 12.8、

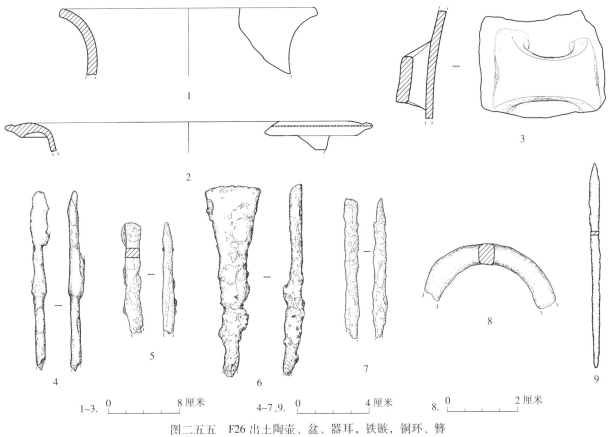

图二五五　F26 出土陶壶、盆、器耳，铁镞，铜环、簪

1. 陶壶（F26：8）　　2. 陶盆（F26：6）　　3. 陶器耳（F26：7）　　4～7. 铁镞（4. F26：2, 5. F26：3, 6. F26：4, 7. F26：5）
8. 铜环（F26：1）　　9. 铜簪（F26：9）

宽 4.2、厚 2.7 厘米（图二五七, 4；图版一六四, 4）。F28：7，残。长方形，有磨面。长 15.5、宽 4.2、厚 2.4 厘米（图二五七, 5；图版一六四, 5）。F28：4，残。墨绿色细砂岩。长条形。横截面呈长方形。长 15.6、宽 3.2、厚 1.8 厘米（图二五七, 6；图版一六四, 6）。F28：6，完整。长方形，有磨面。长 13.4、宽 3.5、厚 2 厘米（图二五七, 7；图版一六四, 7）。

F29

位于 T1222、T1321、T1322 探方内，开口于③层下。平面呈圆角长方形，长 3.4、宽 3.3、深 0.2 米。方位角 181°（图二五八；图版一六一, 2）。

室内东、北有曲尺形火炕，南端接灶址，北端置烟囱。火炕仅有一条烟道，东侧烟道长 1.4、宽 0.2、深 0.1 米；北侧烟道长 2.2、宽 0.3、深 0.1 米。灶位于室内东南角，灶口西向，用黄泥围筑，平面呈椭圆形。长径 1.1、短径 0.8、深 0.3 米。灶口长径 0.6、短径 0.3 米。烟囱近圆形，直径 0.3、深 0.1 米。居住面较坚硬，平整。

F31

位于 T1814、T1914 探方内，开口于③层下。平面呈圆角长方形。长 4.8、宽 3.8、深 0.2 米。方位角 181°（图二五九）。

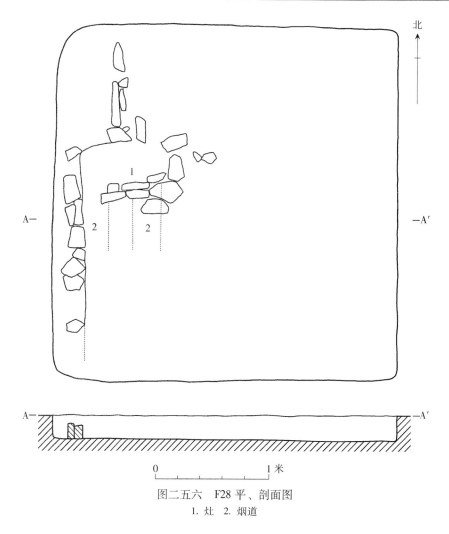

图二五六　F28 平、剖面图
1. 灶　2. 烟道

火炕位于房址南部，有两条小石板砌成的烟道。北部的一条长 3.3、宽 0.2～0.4、深 0.1 米。南部的一条长 3.4、宽 0.2、深 0.1 米，两条烟道间距 0.2 米。烟道平面呈长条状，直壁，平底，其内残留大量炭灰。烟道尽头有一排立砌的挡风石，长 1、宽约 0.1 米。火炕西端有一红烧土堆积，范围不清楚，推测是灶的位置。室内地面坚硬，平整。

出土遗物仅为铁器，共 2 件。均为生活用具。

（1）釜

1 件。F31:2，腹部残片。残长 14.4、宽 8.2 厘米（图二六〇，1）。

（2）门枢套

1 件。F31:1，残断。铸制。圆环筒状。侧面边缘存有一圆锥形齿。外径 8、厚 1、高 4.6 厘米（图二六〇，2；图版一四一，3）。

F32

位于 T1219、T1220 探方内，开口于③层下。半地穴式房址。平面呈圆角长方形，长 3.5、宽 3.1、深 0.2 米。方位角 91°。门道位于东壁偏南（图二六一；图版一六七）。

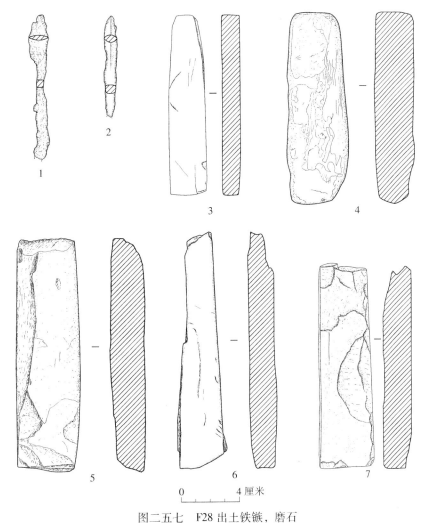

图二五七　F28 出土铁镞，磨石

1、2. 铁镞（1. F28：1，2. F28：3）　3~7. 磨石（3. F28：2，4. F28：5，5. F28：7，6. F28：4，7. F28：6）

　　房内沿北壁有一炕，炕面呈长方形，表面由石板夹杂小块砾石及瓦片铺成，仅有一条土槽式烟道，西高东低。长 1.9、宽 0.1~0.3、深 0.1 米。炕东有一灶，由两块立支的板石围成，板石外抹黄泥，已烧结成棕红色。灶口近长方形，长 0.5、宽 0.3、深 0.2 米。室内北壁残高 0.2、南壁 0.1、西壁 0.2 米，东壁居中开一斜坡状门道，门道进深 0.5、宽 0.7 米。居住面坚硬，平整，厚 0.1 米。

　　出土遗物皆为陶器，共 4 件。均为轮制。

　　（1）盆

　　1 件。F32：2，仅余口沿。夹砂黄褐陶，圆唇，敞口，弧腹。素面。残高 12 厘米（图二六二，1）。

　　（2）器底

　　2 件。F32：1，夹砂黑陶，火候较高。残存部分腹壁较直，平底。外壁有不明显的凹凸弦纹，内壁有明显的轮旋痕迹。为底包壁的制法。底径 24、残高 9.3 厘米（图二六二，2）。F32：3，泥质灰陶。弧壁，平底。器壁饰横向绳纹，器底饰交叉绳纹。底径 20、残高 5 厘米

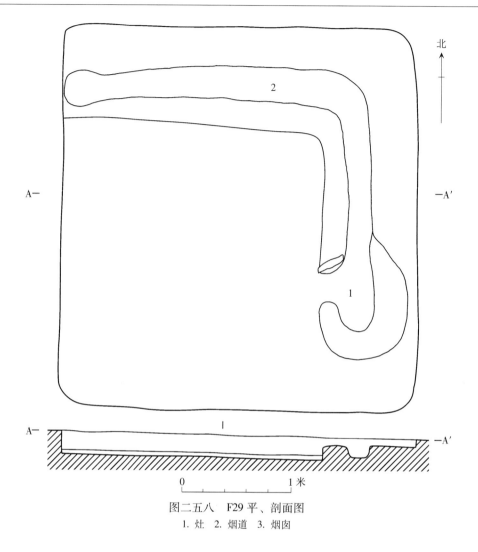

图二五八　F29 平、剖面图
1. 灶　2. 烟道　3. 烟囱

（图二六二，3）。

（3）纹饰陶片

1 件。F32：4，残片。泥质灰陶。两组凹弦纹间饰垂幔纹。残高 9.1、壁厚 0.6 厘米（图二六二，4）。

F33

位于 T1826、T1926 探方内，开口于③层下，开口距地表 0.8 米。半地穴式建筑，平面呈圆角方形，长 3.1、深 0.3 米。方位角 106°（图二六三；图版一六八）。

倚室内东壁及南壁砌筑弧曲的折尺形火炕，西端设灶。灶位于房址最低处，四周用板石堆砌，灶口近椭圆形，平底，长径 0.6、短径 0.4、深 0.2 米。灶内有较厚的红烧土和炭灰，质地极疏松。近灶处连接一条较宽的土槽烟道，上覆板石。烟道长 2.4、宽 0.1、深 0.1 米。烟囱在火炕最北端，用小石块砌筑，平面近长方形，与土埂相平，长 0.2、宽 0.1、深 0.3 米。居住面下凿后用灰土垫平，地面较板结。门道不详。

出土遗物共 4 件。有陶器和铁器。

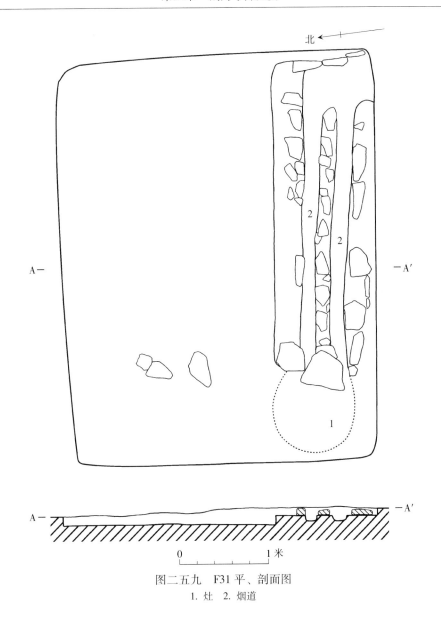

图二五九　F31 平、剖面图
1. 灶　2. 烟道

1. 陶器

3 件。可辨器形有罐、纺轮、器底。

（1）罐

1 件。仅存口沿。F33:5，轮制。夹砂灰陶。方唇，侈口，深弧腹，上腹部置一对对称桥状竖耳。素面。口径 14.4、残高 10.6 厘米（图二六四，1）。

（2）纺轮

1 件。F33:4，完整。夹砂灰褐陶。正面饰粗绳纹，背面饰布纹。直径 7.6、厚 1.6、孔径 1.6 厘米（图二六四，2；图版一三二，3）。

（3）器底

1 件。F33:2，泥质灰陶。高圈足，覆钵状。素面。底径 9、残高 5 厘米（图二六四，3）。

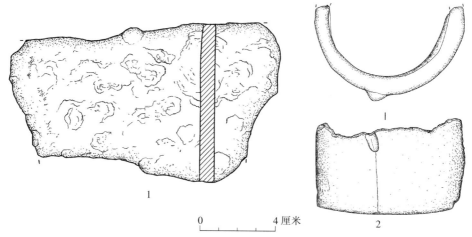

图二六〇　F31 出土铁釜、门枢套
1. 釜（F31：2）　　2. 门枢套（F31：1）

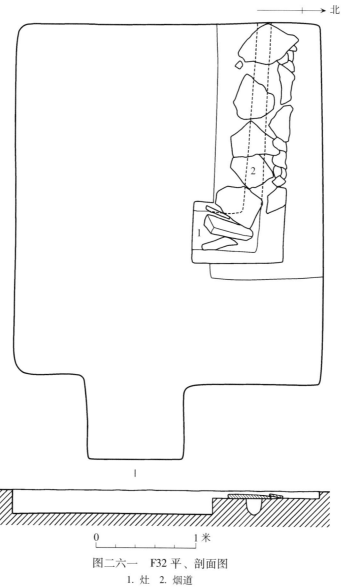

图二六一　F32 平、剖面图
1. 灶　2. 烟道

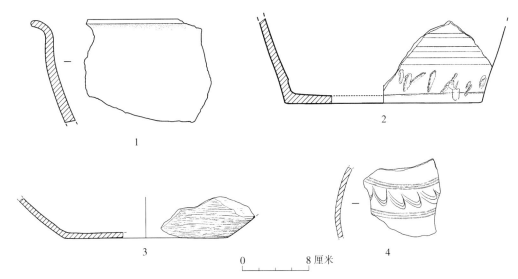

图二六二 F32 出土陶盆、器底，纹饰陶片

1. 盆（F32:2） 2、3. 器底（2. F32:1，3. F32:3） 4. 纹饰陶片（F32:4）

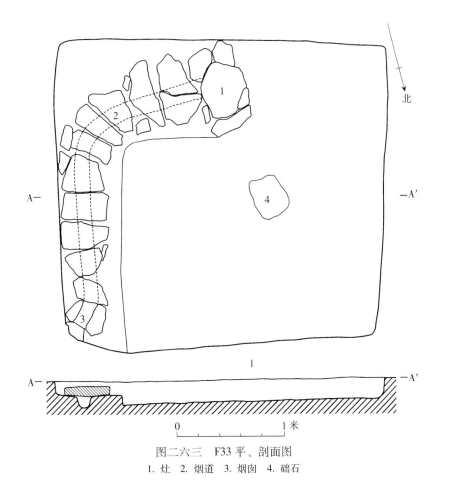

图二六三 F33 平、剖面图

1. 灶 2. 烟道 3. 烟囱 4. 础石

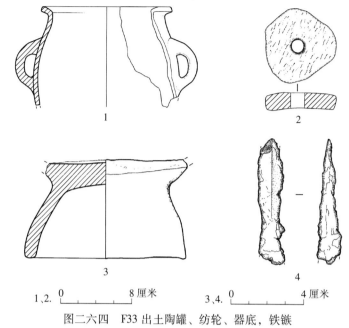

图二六四　F33 出土陶罐、纺轮、器底，铁镞
1. 陶罐（F33：5）　2. 陶纺轮（F33：4）　3. 陶器底（F33：2）　4. 铁镞（F33：1）

2. 铁器

1 件。镞。F33：1，残。锻制。矛形，镞身扁平，圆铤。残长 6.7 厘米（图二六四，4）。

H12

位于 T2115 南部，延伸到 T2115 南壁内，开口于③层下，开口距地表 0.8 米。因 H12 延伸至南壁内部分没有发掘完，所以平面形状不详。坑壁直壁稍内收，坑底西高、东低，坑深 0.7 ~ 0.9 米（图二六五）。坑内堆积以灰黑土为主，土质较疏松，包含物较少。

H12 仅出土 1 件陶器耳。

H12：6，夹砂灰陶。桥状横耳。残高 9.4 厘米（图二六六）。

H14

位于 T2115、T2215 内，开口于③层下，开口距地表 0.7 米。平面近似圆角方

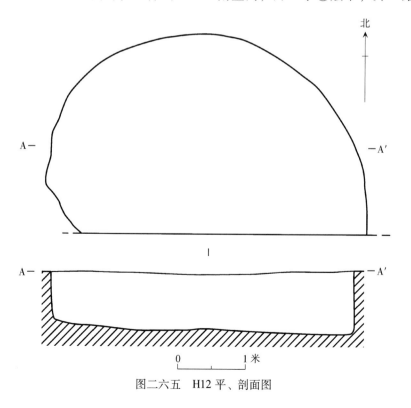

图二六五　H12 平、剖面图

形，斜壁，平底。北壁倚 F5 南壁土埂，东壁用块石贴砌，仅存两块，其余两侧为土壁。长 1.2、宽 0.9、深 0.3 米（图二六七；图版一六九）。坑内堆积以灰黑土为主，夹杂有少量的炭粒等，土质较疏松。

出土遗物共 8 件。有陶器、铁器、骨器等。

1. 陶器

4 件。均为泥质陶。可辨器形有瓮、罐、钵等。

（1）瓮

1 件。H14∶3，泥质灰陶。尖唇，直口，矮领，广肩，弧腹，平底。肩部饰一周垂幔纹，器壁上竖排阴刻文字，可辨文字有隶书"徐道林瓮"、"□徐□□"等文字。口径 12.6、腹径 26.2、底径 14.2、高 18.5 厘米（图二六八，1；图八一，5、6；图版一七〇）。

（2）罐

2 件。H14∶4，仅存口沿部。泥质灰陶。方唇，侈口，广肩。肩部两周凹弦纹间饰戳点折线纹。残高 5 厘米（图二六八，2）。H14∶5，残存口沿。泥质灰黑陶。方唇，侈口，束颈，广肩。肩部两周凹弦纹间饰两道交叉戳点折线纹。口径 13、残高 7.5 厘米（图二六八，3）。

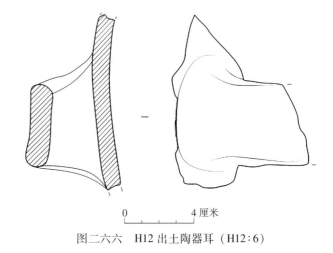

图二六六　H12 出土陶器耳（H12∶6）

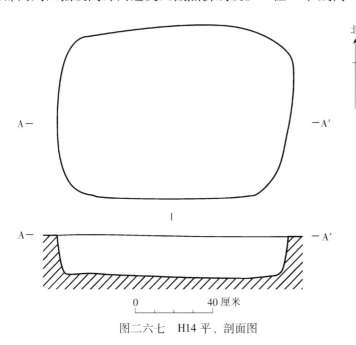

图二六七　H14 平、剖面图

（3）钵

1 件。H14∶2，修复完整。泥质灰黑陶。方唇，敛口，弧壁，平底。素面。口径 15.6、底径 10、高 7.9 厘米（图二六八，4；图版一四九，2）。

2. 铁器

1 件。镞。H14∶1，残。菱形镞身，截面扁薄，圆銎。残长 8.8、銎孔直径 0.6 厘米（图二六八，5；图版一〇七，2）。

3. 骨器

3 件。

（1）动物系骨制品

2 件。平面为亚腰长方形，应该是大型食草类动物的骨骼。H14∶6，凸面有 4 个圆形管钻凹坑，凹面有 5 个圆形管钻凹坑。残长 8.6、宽 5、厚 2.2 ~ 3 厘米（图二六九，1；图版一七一，1）。H14∶7，应为半成品。长 8.3、宽 4.6、厚 2.4 ~ 3 厘米（图二六九，2；图版一七一，2）。

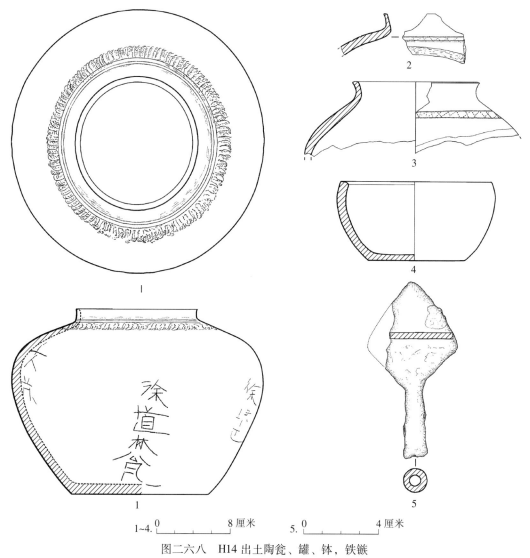

图二六八　H14 出土陶瓮、罐、钵，铁镢

1. 陶瓮（H14：3）　　2、3. 陶罐（2. H14：4，3. H14：5）　　4. 陶钵（H14：2）　　5. 铁镢（H14：1）

（2）距骨

1 件。H14：8，应是羊的骨骼。长 6.1、宽 4.4、厚 3.7 厘米（图版一七一，3）。

H15

位于 T2015、T2016 内，开口于③层下，开口距地表 0.8 米，打破 F4。平面近圆形，斜壁，平底，坑壁及底部均不甚规整。直径 2.7、深 0.9 米（图二七○；图版一七二）。坑内堆积以灰黑土为主，土质较疏松，夹杂有少量的黄土块等。

出土遗物共 23 件。有建筑构件、陶器、铁器及兽骨等。

1. 建筑构件

1 件。为半瓦当。H15：9，后附筒瓦残断。青灰色。外缘有半周凸弦纹，中心模印半圆乳丁纹。两组蘑菇形单线云纹以双栏界格隔开，云纹内有水滴纹。瓦当里面有明显的手工捏痕，当底有明显的切割痕迹。筒瓦凸面饰抹绳纹，凹面饰布纹。底边长 13.6、边轮厚 0.8、高 7.8 厘米，

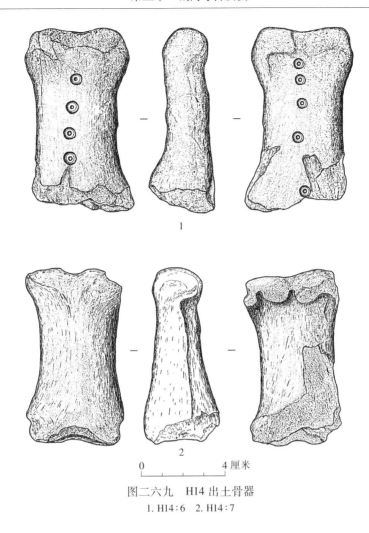

图二六九　H14 出土骨器
1. H14：6　2. H14：7

后接筒瓦残长 12.4、厚 1 厘米（图二七一，1；图五〇，6）。

2. 陶器

19 件。按质地可分为夹砂陶和泥质陶，可辨器形有壶、罐、盆、钵、甑、豆、器耳、器底。

（1）壶

2 件。均为夹砂陶。H15：16，口沿。轮制。灰陶。圆唇，侈口。沿缘有不明显的划纹。口径 32、残高 6.2 厘米（图二七一，2）。H15：22，颈部残片。灰黑陶。上饰 5 道凹弦纹。残高 7、厚 0.9 厘米（图二七一，3）。

（2）罐

1 件。残存口沿。轮制。H15：14，泥质灰陶。方唇，直口，矮领，广肩，弧腹。肩部三条划纹间饰两道水波纹。口径 18、残高 8.5 厘米（图二七一，4；图版一五五，2）。

（3）盆

5 件。均残。轮制。H15：6，修复完整。泥质灰黑陶。圆唇，展沿，敞口，深弧腹，平底。口径 37～40、底径 18～18.5、高 20～20.5 厘米（图二七一，5；图版一〇五，3）。H15：12，口沿。泥质灰陶。方唇，卷沿，敞口。口径 43、残高 4.5 厘米（图二七一，6）。H15：18，口沿。泥质灰陶。方唇，卷沿，敞口。沿面有一周凹弦纹，沿缘饰一周压印绳纹。残高 10、壁厚 0.8 厘米（图

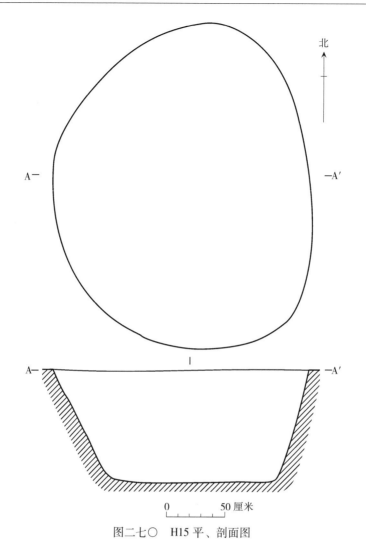

北

0　　　　50 厘米

图二七〇　H15 平、剖面图

二七一，7）。H15：20，口沿。夹砂红褐陶。圆唇，展沿，敞口。素面。残高 7.5、口沿厚 0.7 厘米（图二七一，8）。H15：23，口沿。泥质灰陶。圆唇，敞口，折沿。沿缘饰一道凹弦纹。口径 52、残高 5 厘米（图二七一，9）。

（4）钵

3 件。均修复完整。轮制。泥质陶。H15：3，灰陶。圆唇，敛口，弧壁，平底。素面。口径 18、底径 11、高 9 厘米（图二七二，1）。H15：4，灰黑陶。方唇，敛口，弧壁，平底。素面。器身有锔孔。口径 16.5、底径 10、高 8.2 厘米（图二七二，2；图版一四九，3）。H15：5，红褐陶。方唇，直口，弧壁，平底。素面。口径 17.5、底径 8.5、高 8.5 厘米（图二七二，3；图版一四九，4）。

（5）甑

1 件。H15：8，修复完整。泥质灰黑陶。圆唇，展沿，深弧腹，底略内凹，有五个较大圆孔。外壁饰斜竖向划纹和网状暗纹。口径 40、高 25.4、底径 19、甑孔径 2.5～3.2 厘米（图二七二，4）。

（6）盉

2 件。H15：10，修复完整。轮制。夹砂灰陶。方唇，敞口，腹壁内凹，近底部稍外撇，平底。

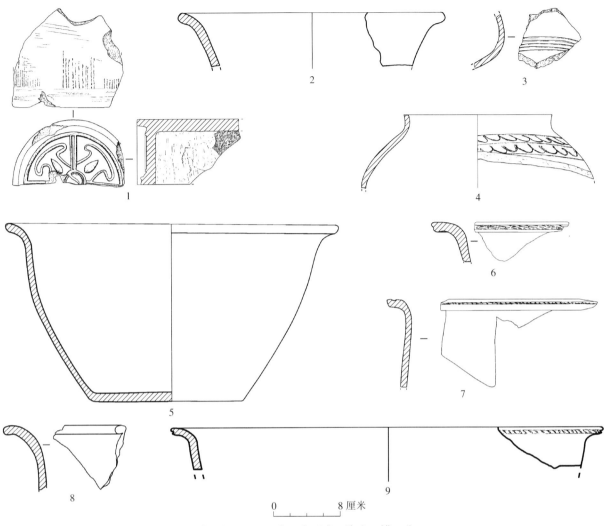

图二七一 H15 出土半瓦当，陶壶、罐、盆

1. 半瓦当（H15：9） 2、3. 陶壶（2. H15：16，3. H15：22） 4. 陶罐（H15：14） 5~9. 陶盆
（5. H15：6，6. H15：12，7. H15：18，8. H15：20，9. H15：23）

素面。口径 23、底径 18、高 18.5 厘米（图二七二，5；图版一七三，1）。H15：11，仅余底部，泥质黑陶。器壁向内倾斜，近底部稍外撇，平底。外壁饰数道凹弦纹。底径 18、残高 6.6 厘米（图二七二，6）。

（7）器耳

1 件。H15：15，轮制。夹砂灰陶。桥状横耳，器耳下方有一道划纹。残高 12 厘米（图二七二，7）。

（8）器底

4 件。均为轮制。H15：13，夹砂灰陶。平底。底径 7.2、残高 1.8 厘米（图二七二，8）。H15：17，泥质灰陶。残存部分腹壁斜直，平底。素面。底径 20、残高 7 厘米（图二七二，9）。H15：19，泥质灰黑陶。弧壁，平底。素面。底径 11、残高 4 厘米（图二七二，10）。H15：21，泥质灰陶。斜直壁，平底。器壁和器底都有小圆孔。推测此器应为漏盆之类的东西。底径 18、残高 9.5 厘米（图二七二，11）。

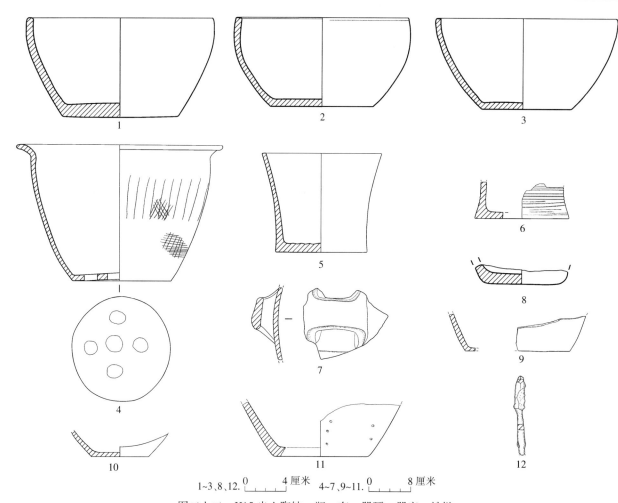

图二七二　H15 出土陶钵、甑、瓮、器耳、器底，铁镞

1~3. 陶钵（1. H15：3，2. H15：4，3. H15：5）　4. 陶甑（H15：8）　5、6. 陶瓮（5. H15：10，6. H15：11）　7. 陶器耳（H15：15）　8~11. 陶器底（8. H15：13，9. H15：17，10. H15：19，11. H15：21）　12. 铁镞（H15：1）

3. 铁器

1 件。为镞。H15：1，残。矛形，扁方铤。残长 7.4 厘米（图二七二，12）。

4. 兽骨

2 件。其一为猪下颚骨，其上残存有多枚牙齿，臼齿丘面保存较好。另一件为成年雄性野生马鹿右侧角，整体呈树枝状，近底处分一小枝，近末端又分出一枝。

H19

位于 T1915、T1916 探方内，开口于③层下，开口距地表 0.8 米。平面近椭圆形，坑壁斜直内收，其中南壁立砌两块石板，平底。长径 2.7、短径 2.4、深 0.6 米（图二七三）。坑内堆积以灰黑土为主，夹杂少量的炭粒等，土质较疏松。

出土遗物仅为陶器，共 3 件。均为泥质陶。可辨器形有盆、罐等。

1. 盆

1 件。H19：3，口沿。灰陶。轮制。方唇，展沿，敞口，弧腹。沿缘处饰一周压印绳纹。残高 6.5 厘米（图二七四，1）。

2. 罐

2 件。H19∶2，口沿。轮制。灰陶，青灰色，火候较高。方唇，束颈，鼓腹。器壁有锔孔。素面。口径14.5、残高 15 厘米（图二七四，2）。H19∶1，修复完整。红褐陶。圆唇，侈口，圆肩，平底。肩部两道凹弦纹间饰水波纹。腹外壁有较明显的轮制痕迹。口径 19、腹径 36、底径 18、高 32 厘米（图二七四，3；图版一五五，3）。

H24

位于 T1524、T1525 内，开口于③层下，打破 H47，开口距地表 0.4 米。据已发掘部分推测，灰坑平面近似椭圆形，斜壁，平底略有起伏。长径存长 1.1、短径 1.7、深 0.6 米（图二七五）。坑内堆积以灰黑土为主，土质较疏松，包含物较少，其内夹杂有少量石块等。

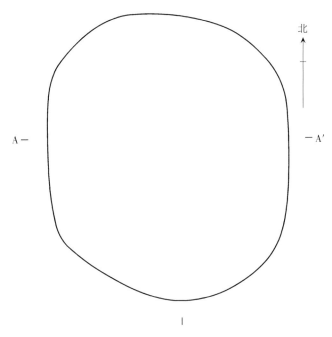

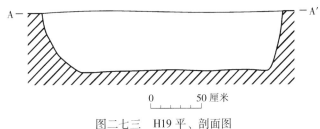

图二七三　H19 平、剖面图

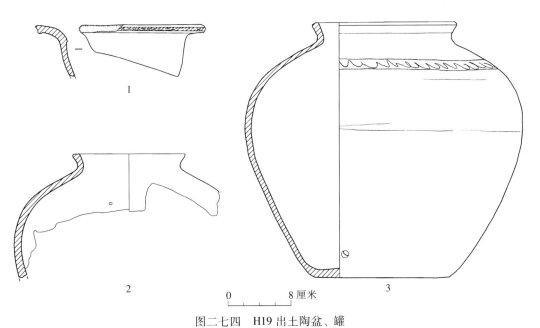

图二七四　H19 出土陶盆、罐
1. 盆（H19∶3）　2、3. 罐（2. H19∶2，3. H19∶1）

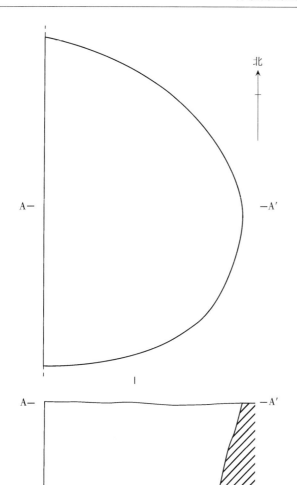

图二七五　H24 平、剖面图

出土遗物共 4 件。有陶器、铁器等。

1. 陶器

1 件。为瓮口沿。H24：2，轮制。泥质红陶。圆唇，侈口，矮领，广肩。口径 28、残高 7 厘米（图二七六，1）。

2. 铁器

3 件。有镞、带扣等。

（1）镞

2 件。H24：1，铤部残断。镞身呈四棱锥状，圆铤。残长 9 厘米（图二七六，2）。H24：4，镞身残断。扁体，扁方铤。残长 6.8 厘米（图二七六，3）。

（2）带扣

1 件。H24：3，残。先用铁条弯折成"∩"形，在其两末端各凿一孔，穿入铁条为轴，扣针残缺。长 4.7、宽 3.4 厘米（图二七六，4；图版一四六，2）。

H26

位于 T1622 内，开口于③层下，被 H1 打破，开口距地表 0.4 米。平面近圆形，斜壁，平底略有起伏。直径 1、深 0.4 米（图二七七）。坑内堆积以灰黑土为主，夹杂少量的石块等，土质较疏松，包含物较少。

出土陶器残片共 2 件。可辨器形有釜、奁等。

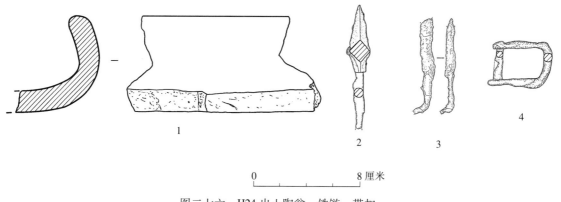

图二七六　H24 出土陶瓮，铁镞、带扣
1. 陶瓮（H24：2）　2、3. 铁镞（2. H24：1，3. H24：4）　4. 铁带扣（H24：3）

1. 釜

1件。H26：1，残。夹砂黄褐陶。方唇，敛口。素面。复原口径18、残高9厘米（图二七八，1）。

2. 瓮

1件。H26：2，仅余底部。轮制。器壁内斜，平底。素面。底径16、残高4厘米（图二七八，2）。

H27

位于T1722的东北角，延伸到T1822内，开口于③层下，开口距地表0.7米。平面呈椭圆形，坑壁斜直内收，平底略有起伏。长径2.1、短径1.9、深0.4米（图二七九）。坑内堆积以灰土为主，土质较疏松、纯净。出土遗物较少。

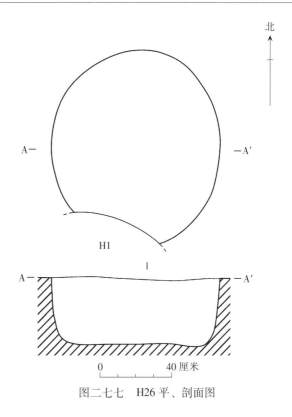

北

图二七七　H26平、剖面图

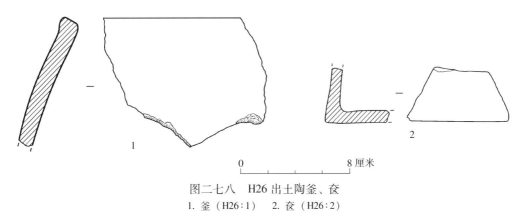

图二七八　H26出土陶釜、瓮
1. 釜（H26：1）　2. 瓮（H26：2）

H29

位于T1722中部，开口于③层下，开口距地表0.8米。平面近椭圆形，坑壁斜直内收，平底略有起伏。长径1.6、短径1.2、深0.7米（图二八〇）。坑内堆积以灰土为主，土质较疏松，出土遗物较少。

出土遗物共5件。有陶器、铁器等。

1. 陶器

4件。按质地分为夹砂陶和泥质陶。可辨器形有壶、罐、盆、纹饰陶片等。

（1）壶

1件。H29：3，口沿。夹砂红褐陶。圆唇，侈口。残高11厘米（图二八一，1）。

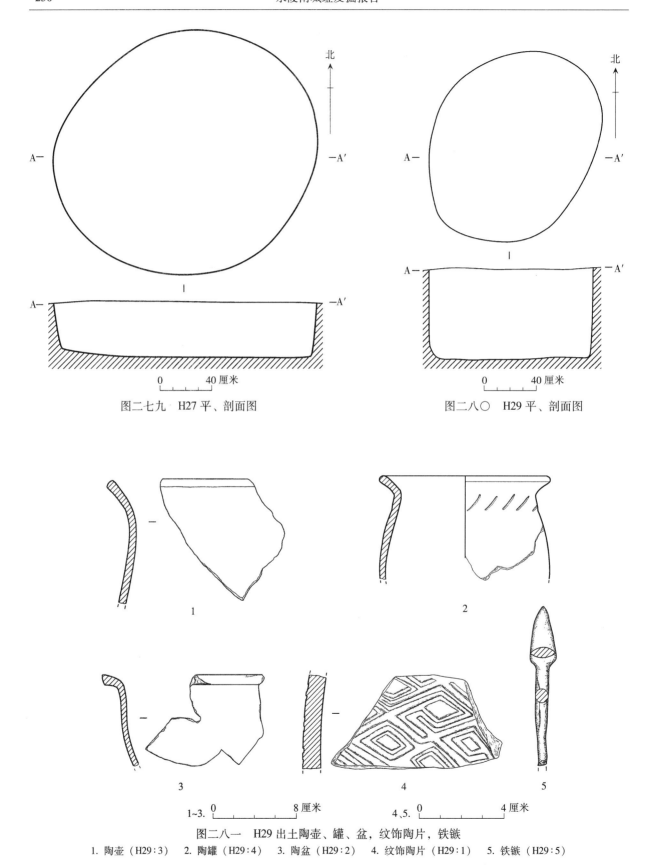

图二七九　H27 平、剖面图

图二八○　H29 平、剖面图

图二八一　H29 出土陶壶、罐、盆，纹饰陶片，铁镞

1. 陶壶（H29：3）　2. 陶罐（H29：4）　3. 陶盆（H29：2）　4. 纹饰陶片（H29：1）　5. 铁镞（H29：5）

（2）罐

1件。H29：4，口沿。轮制。夹砂灰褐陶。圆唇，侈口。口部下方饰斜向压划纹。口径16、残高9.5厘米（图二八一，2）。

（3）盆

1件。H29：2，口沿。夹砂黑陶。斜方唇，折沿，敞口。素面。残高8.3厘米（图二八一，3）。

（4）纹饰陶片

1件。H29：1，泥质灰陶。器表压印菱形回格纹。残高4.4、残宽8.2厘米（图二八一，4）。

2. 铁器

1件。为镞。H29：5，残断。锈蚀严重。镞身呈矛形，铤部截面呈圆形。残长7.2、刃宽1.2、铤径0.7厘米（图二八一，5）。

H30

位于 T1723 的西南部，开口于③层下，开口距地表 0.8 米。平面近似椭圆形，坑壁较直，平底略有起伏。长径0.7、短径0.6、深0.2米（图二八二）。坑内堆积以灰土为主，土质较疏松，包含物较少。

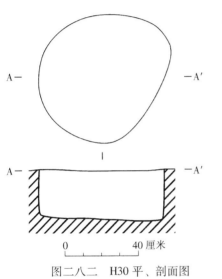

图二八二 H30 平、剖面图

H31

位于 T1723 的中部，开口于③层下，开口距地表0.7米。平面呈圆形，坑壁较直，平底略有起伏。直径1.2、深0.5米（图二八三）。坑内堆积以灰土为主，土质较疏松，细腻纯净。遗物较少。

H32

位于 T1823 的东南部，开口于③层下，开口距地表 0.8 米。平面近似椭圆形，坑壁较直，平底略有起伏。长径0.8、短径0.6、深0.4米（图二八四）。坑内堆积以灰土为主，土质较疏松、纯净。出土遗物较少。

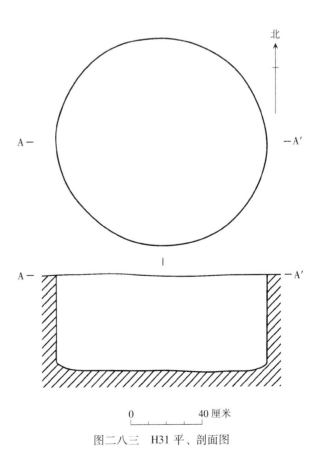

图二八三 H31 平、剖面图

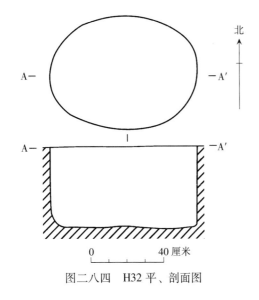

图二八四　H32 平、剖面图

H33

位于 T1824 的西北角，开口于③层下，开口距地表 0.8 米。平面近似椭圆形，坑壁较直，平底略有起伏。长径 1.6、短径 1.5、深 0.7 米（图二八五）。坑内堆积以灰土为主，土质较疏松，遗物较少。

H34

位于 T1825 的中部偏南，开口于③层下，打破 H35。开口距地表 0.8 米。平面近圆形，坑壁较直，平底略有起伏。直径 1、深 0.5 米（图二八六）。坑内堆积以灰土为主，土质较疏松。出土遗物较少，仅有一些残碎瓦片等。

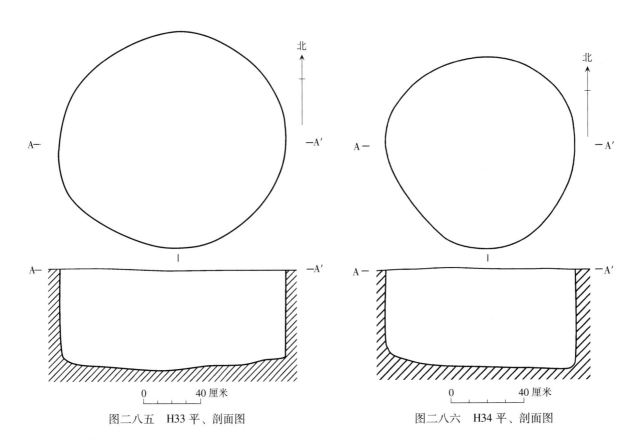

图二八五　H33 平、剖面图　　　　　图二八六　H34 平、剖面图

H35

位于 T1825 的中部偏南，开口于③层下，开口距地表 0.7 米。被 H34 打破，又被 H204 打破。平面近似椭圆形，坑壁较直，平底略有起伏。长径 3、短径 1.1、深 0.2 米（图二八七）。坑内堆积以灰土为主，土质较疏松，出土遗物较少。

H36

位于 T1726 的西南角，延伸到 T1725 内。开口于③层下，开口距地表 0.7 米。平面近椭圆形，坑壁较直，平底略有起伏。长径 1.1、短径 1、深 0.4 米（图二八八）。坑内堆积以灰土为主，土质较疏松。出土遗物较少。

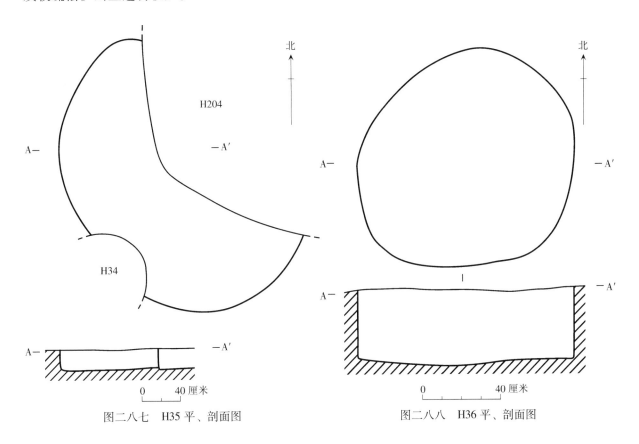

图二八七　H35 平、剖面图　　　　　　图二八八　H36 平、剖面图

H37

位于 T1725 的北部，延伸到 T1726 内。开口于③层下，开口距地表 0.8 米。平面近椭圆形，坑壁较直，平底略有起伏。长径 2.9、短径 1.3、深 0.5 米（图二八九）。坑内堆积以灰土为主，土质较疏松。出土遗物较少。

H39

位于 T1625 的西部，延伸到 T1525 内。开口于③层下，打破 J2，开口距地表 0.7 米。平面呈椭圆形，坑壁较直，平底略有起伏。长径 3、短径 2.1、深 0.9 米（图二九〇）。坑内堆积以灰土为主，含有碎石块、瓦片等。

H40

位于 T1626 的东南角，延伸到 T1625、T1726 内。开口于③层下，被 H13 打破，开口距地表

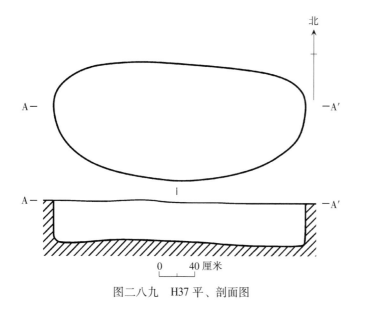

图二八九　H37 平、剖面图

0.8 米。平面近椭圆形，坑壁较直，平底略有起伏。长径 3.5、短径 2.5、深 1 米（图二九一）。坑内堆积以灰土为主，土质较疏松。出土残碎瓦片、陶片等。

H41

位于 T1626 的西北角，延伸到 T1526 内，被 H13 打破。开口于③层下，开口距地表 0.8 米。平面近似椭圆形，坑壁较直，平底略有起伏。长径 2、短径 1.5、深 0.3 米（图二九二）。坑内堆积以灰土为主，土质较疏松。出土遗物较少。

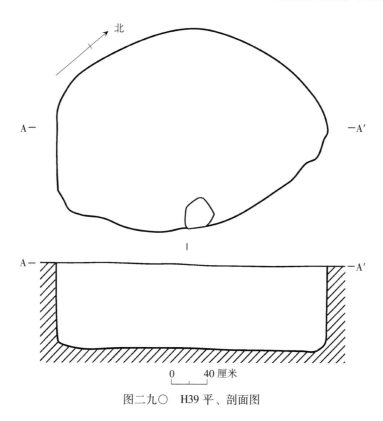

图二九〇　H39 平、剖面图

H42

位于 T1626 的西南角，延伸到 T1625 内。开口于③层下，开口距地表 0.8 米。平面近椭圆形，坑壁较直，平底略有起伏。长径 1.7、短径 1.3、深 0.4 米（图二九三）。坑内堆积以灰土为主，土质较疏松，包含物较少，仅出土一些残碎的瓦片。

H43

位于 T1526 的南部，延伸到 T1525 内。开口于③层下，开口距地表 0.7 米。平面近似圆形，坑壁较直，平底略有起伏。直径 1.1、深 0.3 米（图二九四）。坑内堆积以灰土为主，土质较疏松。出土遗物较少，仅为一些残碎的瓦片、陶片等。

H44

位于 T1526 的中部，开口于③层下，开口距地表 0.7 米。平面呈椭圆形，坑壁较直，平底略有起伏。长径 1.8、短径 1.2、深 0.4 米（图二九五）。坑内堆积以灰褐土为主，土质较疏松。仅出土一些残碎瓦片。

H45

位于 T1525 的中部，开口于③层下，打破 H46，开口距地表 0.7 米。平面近椭圆形，坑壁较直，平底略有起伏。长径 2、短径 1.1、深 0.3 米（图二九六）。坑内堆积以灰土为主，土质较疏松，内含小石块和残瓦片等。

H46

位于 T1525 的南部，开口于③层下，被 H45 打破，开口距地表 0.8 米。平面近似圆形，坑壁较直，平底略有起伏。直径 2.6、深 0.4 米（图二九七）。坑内堆积以灰土为主，土质较疏松。出土遗物较少。

H47

位于 T1524 的西北部，延伸到 T1525 内。开口于③层下，被 H24 打破，开口距地表 0.7 米。平面近似椭圆形，坑壁较直，平底略有起伏。暴露部分长径 2.1、短径 1.3、深 0.3 米（图二九八）。坑内堆积以灰土为主，土质较疏松。出土遗物较少。

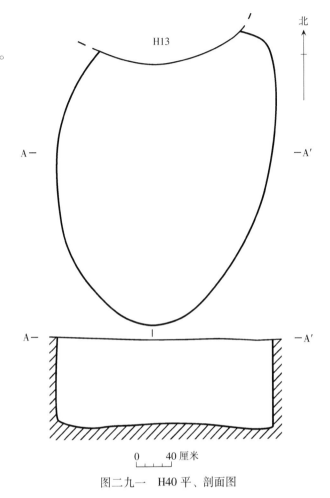

北

H13

0　40厘米

图二九一　H40 平、剖面图

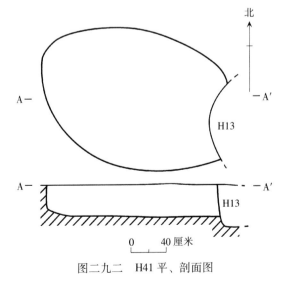

北

H13

0　40厘米

图二九二　H41 平、剖面图

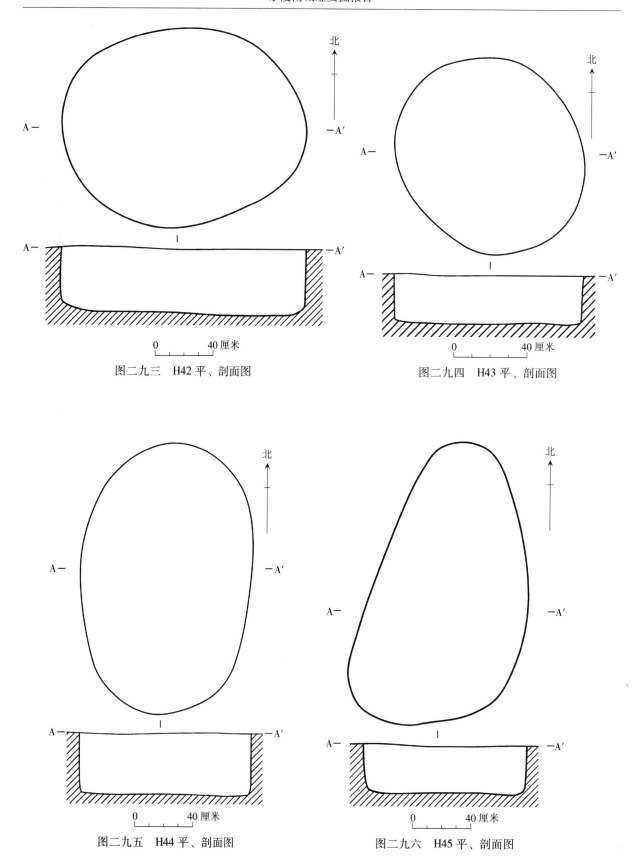

图二九三　H42 平、剖面图

图二九四　H43 平、剖面图

图二九五　H44 平、剖面图

图二九六　H45 平、剖面图

H49

位于 T1522 的西北角，开口于③层下，开口距地表 0.8 米。平面近似椭圆形，坑壁较直，平底略有起伏。长径 2、短径 1.5、深 0.7 米（图二九九）。坑内堆积以灰土为主，土质较疏松。出土遗物较少。

仅出土 1 件陶器耳。

H49：1，夹砂灰黑陶。桥状横耳。残高 5.2 厘米（图三〇〇）。

H51

位于 T1724 的南部，延伸到 T1723 内，开口于③层下，开口距地表 0.7 米。平面呈圆角长方形，坑壁较直，平底略有起伏。长 1.3、宽 1.2、深 0.2 米（图三〇一）。坑内堆积以灰土为主，土质较疏松、纯净。出土遗物较少。

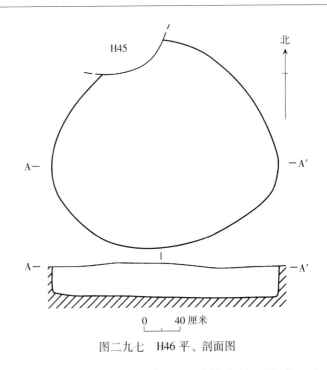

图二九七　H46 平、剖面图

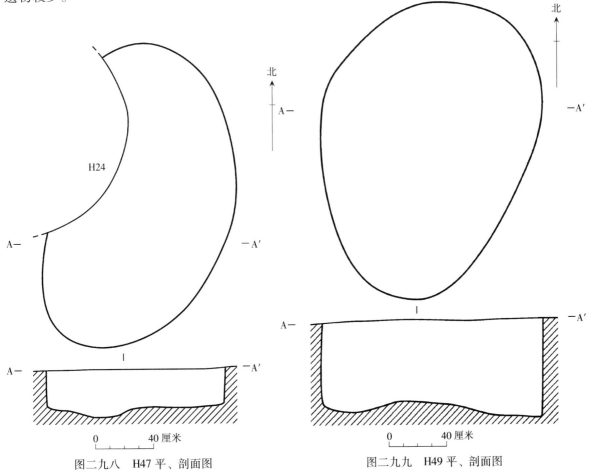

图二九八　H47 平、剖面图　　　　　图二九九　H49 平、剖面图

H52

位于 T1724 的西南部，开口于③层下，开口距地表 0.8 米。平面近椭圆形，坑壁较直，平底略有起伏。长径 1.2、短径 0.7、深 0.3 米（图三〇二）。坑内堆积以灰土为主，土质较疏松。仅出土残碎瓦片。

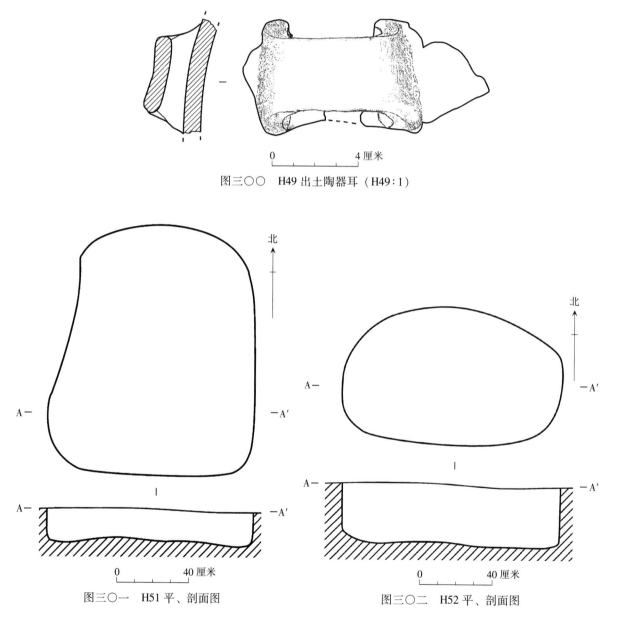

图三〇〇　H49 出土陶器耳（H49:1）

图三〇一　H51 平、剖面图

图三〇二　H52 平、剖面图

H53

位于 T1526 的西南角，延伸到 T1525 内，开口于③层下，开口距地表 0.7 米。据已发掘部分推测，H53 平面近圆形，坑壁较直，平底略有起伏。直径 2.3、深 0.5 米（图三〇三）。坑内堆积以灰土为主，土质较疏松，包含一些碎石块。出土遗物较少。

H54

位于 T1721 的西部，开口于③层下，开口距地表 0.8 米。平面近似圆形，坑壁较直，平底略有起伏。直径 0.7、深 0.2 米（图三〇四）。坑内堆积以灰土为主，土质较疏松，包含物较少，出土遗物较少。

H55

位于 T1721 的中间，开口于③层下，开口距地表 0.7 米。平面近椭圆形，坑壁较直，平底。长径 2.9、短径 1.9、深 0.6 米（图三〇五）。坑内堆积以灰土为主，土质较疏松。出土一些残碎的瓦片和陶片，多为泥质灰陶。

H56

位于 T1820 的东北部，开口于③层下，开口距地表 0.8 米。据已发掘部分推测，平面呈圆角长方形，坑壁较直，平底。暴露部分长 2.3、宽 1.2、深 0.5 米（图三〇六）。坑内堆积以灰土为主。出土一些残碎的绳纹瓦片。

H57

位于 T1821 的南部，延伸到 T1820 内，部分被 H58 打破，开口于③层下，开口距地表 0.7 米。平面近似圆形，坑壁较直，底部不平。直径 0.9、深 0.3 米（图三〇七）。坑内堆积以灰土为主，包含少许泥质灰陶片。

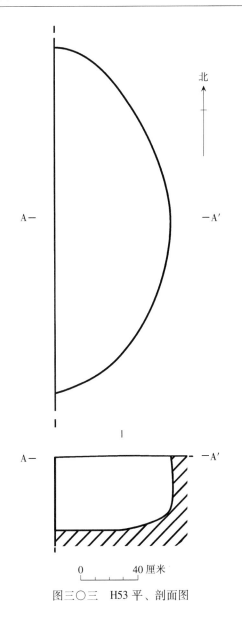

图三〇三　H53 平、剖面图

H58

位于 T1821 的西南角，延伸到 T1721 内，开口于③层下，开口距地表 0.7 米。平面近椭圆形，坑壁较直，平底略有起伏。长径 2、短径 1、深 0.3 米（图三〇八）。坑内堆积以灰土为主，土质较疏松，含碎石块、瓦片、陶片等。

陶罐

2 件。仅存口沿。均为夹砂灰褐陶。轮制。H58：1，方唇，侈口，深弧腹。素面。口径 10、残高 4.8 厘米（图三〇九，1）。H58：2，圆唇，侈口，溜肩，深弧腹。素面。口径 11、残高 5.8 厘米（图三〇九，2）。

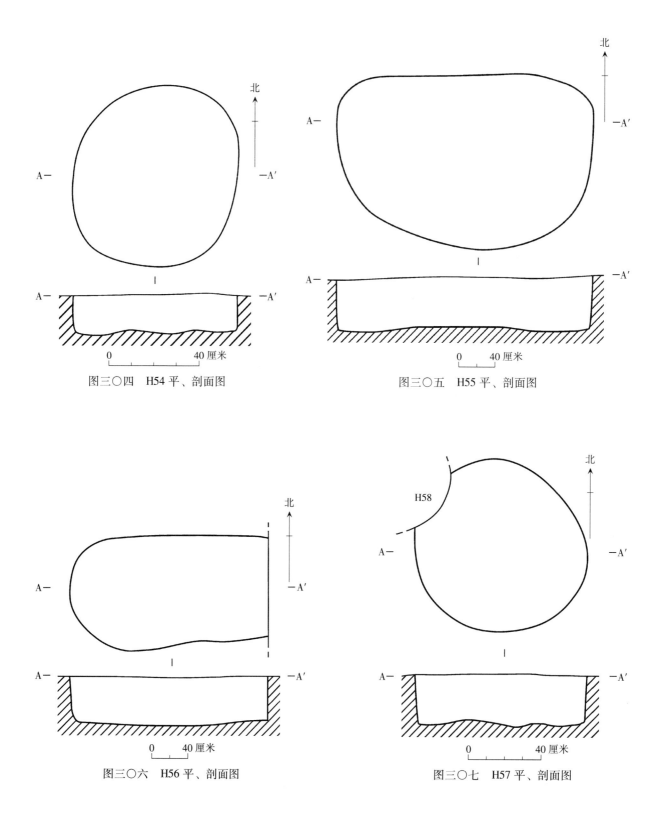

图三〇四　H54 平、剖面图

图三〇五　H55 平、剖面图

图三〇六　H56 平、剖面图

图三〇七　H57 平、剖面图

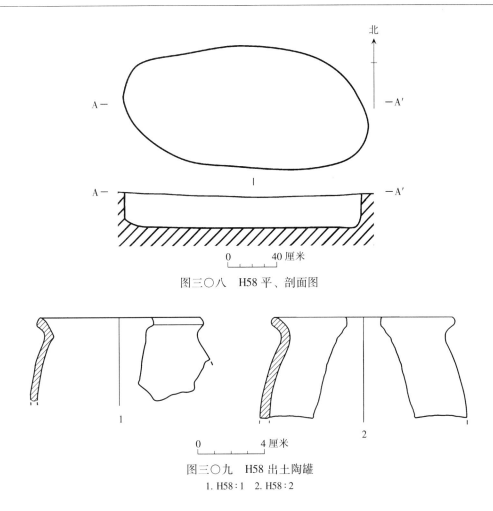

图三〇八　H58 平、剖面图

图三〇九　H58 出土陶罐

1. H58∶1　2. H58∶2

H59

位于 T1721 的西南角，延伸到 T1720 内，开口于③层下，开口距地表 0.7 米。平面近圆形，坑壁较直，平底。直径 0.8、深 0.3 米（图三一〇）。坑内堆积以灰土为主，土质较疏松，包含残碎瓦片、陶片等，出土遗物较少。

H60

位于 T1920 的东北部，延伸到 T1921 内，开口于③层下，开口距地表 0.8 米。平面呈圆形，坑壁较直，平底略有起伏。直径 2.9、深 0.9 米（图三一一）。坑内堆积以灰土为主，土质较疏松。出土遗物较少。

出土遗物共 6 件。有建筑构件和陶器。

1. 建筑构件

3 件。有板瓦、瓦当。

（1）板瓦

2 件。H60∶4，凸面饰斜向绳纹，凹面饰篮纹。残长 18.7、残宽 20.6 厘米（图五，7）。H60∶5，凸面饰斜向绳纹，凹面饰不甚规整的大菱形纹。残长 21、残宽 19.2 厘米（图五，8）。

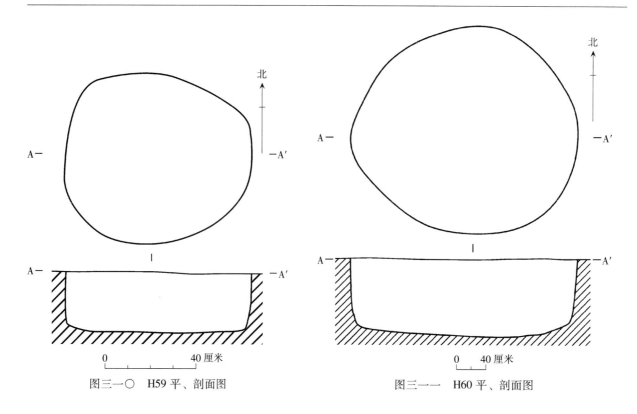

图三一〇　H59 平、剖面图　　　　　　　　　图三一一　H60 平、剖面图

（2）瓦当

1 件。残。H60：6，青灰色。当面仅存一小部分界格。残存部分花头边缘饰顺向规整的粗绳
纹，绳纹直径 0.4、压印深度 0.2 厘米。当面涂朱。凹面饰布纹。当面残径 4、边轮宽 1.6 厘米
（图三一二，1）。

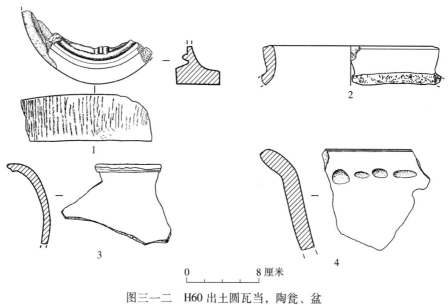

图三一二　H60 出土圆瓦当，陶瓮、盆
1. 圆瓦当（H60：6）　2. 陶瓮（H60：3）　3、4. 陶盆（3. H60：2，4. H60：1）

2. 陶器

3 件。可辨器形有瓮、盆等。

（1）瓮

1 件。H60：3，口沿。轮制。泥质灰陶。方唇，侈口，矮领。口径 19、残高 4.2 厘米（图三一二，2）。

（2）盆

2 件。均为口沿。H60：2，夹砂灰陶。圆唇，敞口，折沿。口沿下方有按压凹坑。残高 8.4 厘米（图三一二，3）。H60：1，轮制。泥质黑陶。圆唇，展沿，敞口。唇缘下方有一道凹弦纹。残高 8.5 厘米（图三一二，4）。

H62

位于 T2020 的西南角，延伸到 T1920 内，开口于③层下，开口距地表 0.7 米。平面近圆形，坑壁较直，平底。直径 2.6、深 0.5 米（图三一三）。在灰坑东北角有一个石砌的灶址，周围抹黄泥，烧结程度较轻，推测是短期使用的室外灶址。坑内堆积以灰土为主，土质较疏松。出土遗物较少。

H63

位于 T1921 的西南角，延伸到 T1920 内，被 H60 部分破坏，打破 H61，开口于③层下，开口距地表 0.7 米。平面近椭圆形，坑壁较直，平底略有起伏。长径 3.1、短径 2.3、深 0.7 米（图三一四）。坑内堆积以灰土为主，土质较疏松。出土遗物较少。

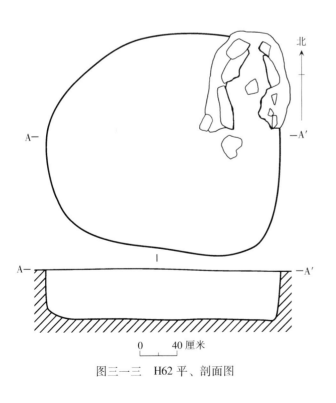

图三一三　H62 平、剖面图

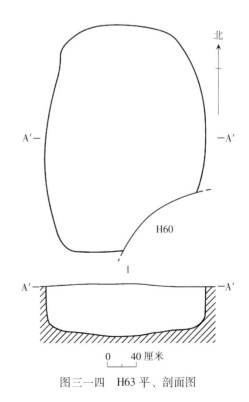

图三一四　H63 平、剖面图

出土遗物仅为陶器，共5件。可辨器形有罐、盆、钵、器底。

（1）罐

2件。H63：4，口沿。泥质红褐陶。方唇，侈口，矮领，广肩。残存部分饰两周压印几何纹。口径18、残高8厘米（图三一五，1）。H63：5，修复完整。泥质灰陶。圆唇，侈口，束颈，溜肩，鼓腹，底略内凹。底部有不明显的绳纹痕迹。口径12、腹径21、底径11、高15厘米（图三一五，2）。

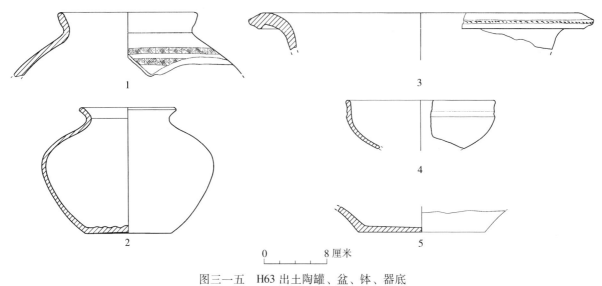

图三一五　H63出土陶罐、盆、钵、器底
1、2. 罐（1. H63：4, 2. H63：5）　3. 盆（H63：2）　4. 钵（H63：3）　5. 器底（H63：1）

（2）盆

1件。H63：2，口沿。轮制。泥质灰陶。方唇，卷沿。沿缘外侧饰一周压印绳纹。口径44、残高4.6厘米（图三一五，3）。

（3）钵

1件。H63：3，轮制。泥质灰黑陶。圆唇，敞口，弧壁内收，外壁口沿下方器壁内凹，内外壁都有明显的轮旋痕迹。口径19、残高6厘米（图三一五，4）。

（4）器底

1件。H63：1，轮制。泥质红褐陶。平底。素面。底径16、残高3厘米（图三一五，5）。

H65

位于T2020的西南角，延伸到T2021内，开口于③层下，开口距地表0.7米。平面近椭圆形，坑壁较直，坑底不平。长径2.4、短径0.9、深0.4米（图三一六）。坑内堆积以灰土为主，夹杂大量残碎板瓦，土质较疏松（图三一六；图版四〇，2）。

出土遗物共6件。有陶器、铁器等。

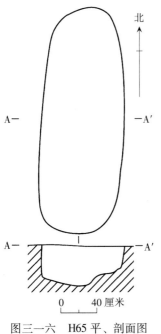

图三一六　H65平、剖面图

1. 陶器

5件。可辨器形有罐、盆、钵、器耳。

（1）罐

1件。H65：3，口沿。轮制。夹砂红褐陶。方唇，侈口，深弧腹，上腹部置一桥状竖耳。残高9厘米（图三一七，1；图版一三九，3）。

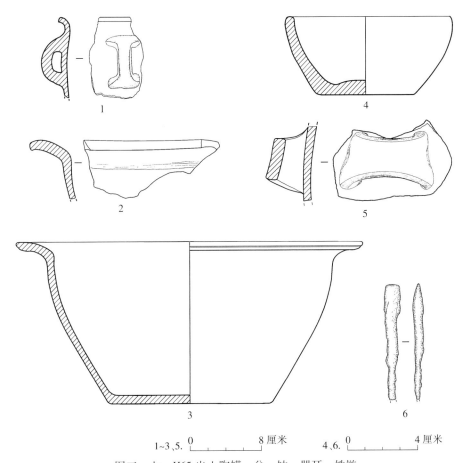

图三一七 H65出土陶罐、盆、钵、器耳，铁镞
1. 陶罐（H65：3） 2、3陶盆（2.H65：2，3.H65：6） 4. 陶钵（H65：5）
5. 陶器耳（H65：4） 6. 铁镞（H65：1）

（2）盆

2件。H65：2，口沿。轮制。泥质灰黑陶。尖唇，折沿，弧壁。素面。口径42、残高6.5厘米（图三一七，2）。H65：6，深腹盆。修复完整。泥质灰陶。圆唇，折沿，敞口，深弧腹，平底。沿缘有一道不明显的凹弦纹。口径39.2、高17.7、底径18.4厘米（图三一七，3；图版一〇五，4）。

（3）钵

1件。H65：5，修复完整。泥质灰陶。圆唇，微敛口，弧壁，平底。素面。口径9.3、底径5.6、高4.3厘米（图三一七，4）。

（4）器耳

1件。H65：4，夹砂灰陶。轮制。桥状横耳。素面。残高8.8厘米（图三一七，5）。

2. 铁器

镞 1件。H65:1，残。镞身呈凿形，扁方铤。残长6.3厘米（图三一七，6）。

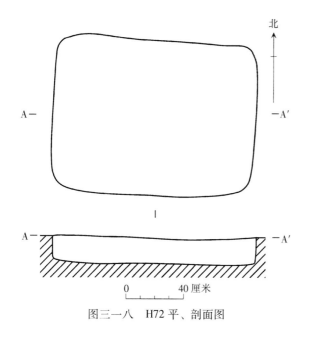

0   40厘米

图三一八 H72平、剖面图

H72

位于T2324的西南部，开口于③层下，开口距地表1.2米。平面呈圆角长方形，坑壁较直，圜底。长1.4、宽1、深0.2米（图三一八）。坑内堆积以灰土为主，土质较疏松。包含物较少，仅见一些陶器残片。

陶罐

3件。均残。H72:1，轮制。夹砂红褐陶。圆唇，侈口，深弧腹。口沿下方饰两周三角形戳刺纹，上腹部贴塑两对对称竖向小錾耳。口径17.5、残高14.6厘米（图三一九，1；图版一三八，4）。H72:3，罐底。夹砂灰褐陶。深弧腹，平底。素面。底径11.9、残高20.8厘米（图三一九，2）。

H72:2，修复完整。夹砂黄褐陶。圆唇，侈口，深弧腹，台式底。肩腹部有不显的戳印纹，置对称竖向錾耳。素面。口径22、底径12、高27.2厘米（图三一九，3；图版一三八，5）。

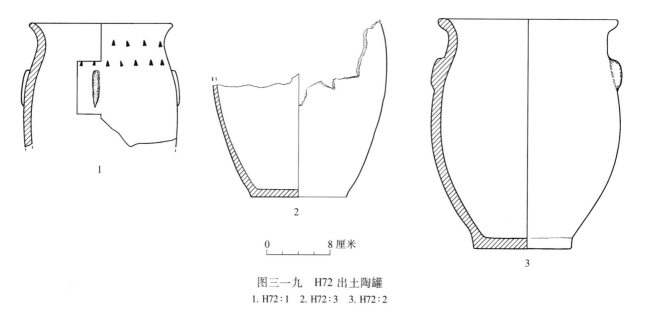

0   8厘米

图三一九 H72出土陶罐
1. H72:1 2. H72:3 3. H72:2

H73

位于T2324内，开口于③层下，开口距地表1.4米。平面呈不规则长方形，直壁，平底。长2.4、宽1.7、深0.7米（图三二○）。坑内堆积以黄褐土为主，夹杂少量的灰土，土质偏硬。坑内包含物以建筑构件为主，生活用具较少。建筑构件多为板瓦残片，凸面多饰绳纹、瓦棱纹，凹面多饰布纹或菱形纹等。

出土遗物共 6 件。有陶器、铜器、石器等。

1. 陶器

2 件。可辨器形有壶、圆饼等。

（1）壶

1 件。H73∶1，修复。口部缺失。束颈，溜肩，鼓腹，平底。素面。肩腹部置两对对称桥状横耳。底部有锔孔。残存颈部口径 14、底径 12.4、残高 35 厘米（图三二一，1；图版一三八，6）。

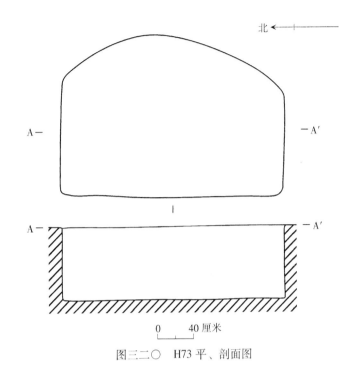

0 ——— 40 厘米

图三二〇　H73 平、剖面图

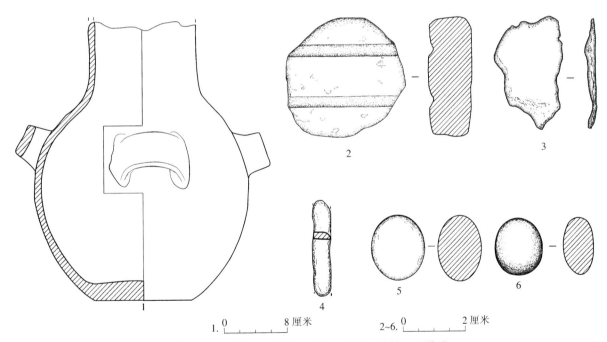

1. 0 ——— 8 厘米　　　2~6. 0 —— 2 厘米

图三二一　H73 出土陶壶、圆饼，铜片、残件，石棋子

1. 陶壶（H73∶1）　2. 陶圆饼（H73∶6）　3. 铜片（H73∶2）　4. 铜器残件（H73∶3）　5、6. 石棋子（5. H73∶4，6. H73∶5）

（2）圆饼

1 件。H73∶6，完整。近圆形。夹砂灰褐陶，一面饰凹弦纹。直径 3.7、厚 1.4 厘米（图三二一，2）。

2. 铜器

2 件。

（1）片

1 件。H73：2，残。不规则形。长 3.5、宽 2.2 厘米（图三二一，3）。

（2）残件

1 件。H73：3，条状。残长 3 厘米（图三二一，4）。

3. 石器

2 件。棋子。均完整。磨制。卵形。H73：4，直径 1.8、厚 1 厘米（图三二一，5；图版一六五，2）。H73：5，直径 2.1、厚 1.4 厘米（图三二一，6；图版一六五，3）。

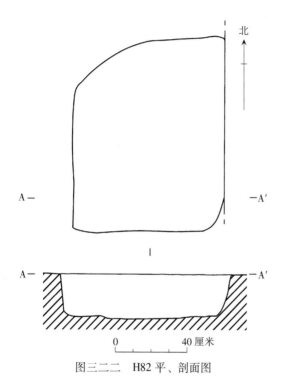

图三二二　H82 平、剖面图

H82

位于 T1816 内，且延伸至其东隔梁内，开口于③层下，开口距地表 0.8 米。据已发掘部分推测，平面近长方形，斜壁，平底。长 1、宽 0.8、深 0.2 米（图三二二）。坑内堆积以灰土为主，土质较疏松。坑内出土遗物较少。

出土遗物共 3 件。有建筑构件、铁器等。

1. 建筑构件

1 件。为半瓦当。H82：2，残。灰陶。当面保存较小，推测为双栏二界格卷云纹。当底有明显的切痕，当背瓦筒切口处横穿一孔。筒瓦凸面饰粗绳纹，凹面饰布纹。筒瓦一侧边缘有由外向内的半切口。底边残长 3.8、残高 7.8、边轮厚 0.8 厘米，筒瓦残长 9 厘米（图三二三，1）。

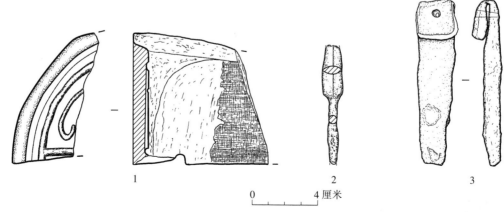

图三二三　H82 出土半瓦当，铁锸、车辖
1. 半瓦当（H82：2）　2. 铁锸（H82：1）　3. 铁车辖（H82：3）

2. 铁器

2件。有镞、车辖等。

（1）镞

1件。H82:1，残。矛形，圆铤。残长7.2厘米（图三二三，2）。

（2）车辖

1件。H82:3，锈蚀。扁体，平面近梯形，横剖面呈长方形。做上宽下窄的条柄状，顶端回折一小段，回折处中部横贯一孔。长10、最宽2.6、最窄1.3、厚1、孔径0.4厘米（图三二三，3；图版一五六，2）。

H87

位于T1817内，且延伸至东、北隔梁内，开口于③层下，开口距地表0.8米。据已发掘部分推测，H87平面呈圆角长方形，直壁，平底。长1.6、宽1.4、深0.3米（图三二四）。坑内堆积以灰土为主，土质较疏松。坑内包含物较丰富，以建筑构件及生活用具为主。建筑构件多为板瓦残片，凸面多饰绳纹、瓦棱纹，凹面多饰布纹或菱形纹等几何纹。生活用具以灰陶为主，多数素面。

出土遗物共6件。有建筑构件、陶器、铁器等。

1. 建筑构件

1件。为筒瓦。H87:7，残。泥质黄褐陶。凸面饰抹绳纹，凹面饰布纹，但纹饰非常模糊。瓦头有模糊的指压纹。两侧边缘有由内向外的半切口。瓦身残长25、瓦头口径15.8、高6.5、厚1.4厘米（图三二五，1）。

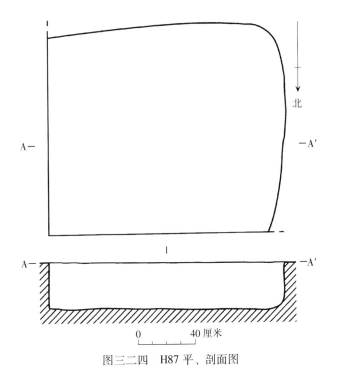

图三二四　H87平、剖面图

2. 陶器

4件。可辨器形有罐、盆、钵等。

（1）罐

1件。H87:4，残存颈部以下。轮制。夹砂灰陶。溜肩，鼓腹，平底。肩部两周弦纹间饰三道为一组的垂幔纹。近底部有明显的刀削痕迹。最大腹径26、底径14、残高18厘米（图三二五，2）。

（2）盆

2件。均残。轮制。H87:3，夹砂灰陶。方唇，卷沿，弧壁，平底。沿缘饰一周凹弦纹。外壁有轮旋痕迹。器壁有锔孔。口径34、底径16、高13.8厘米（图三二五，3；图版一〇五，5）。H87:5，口

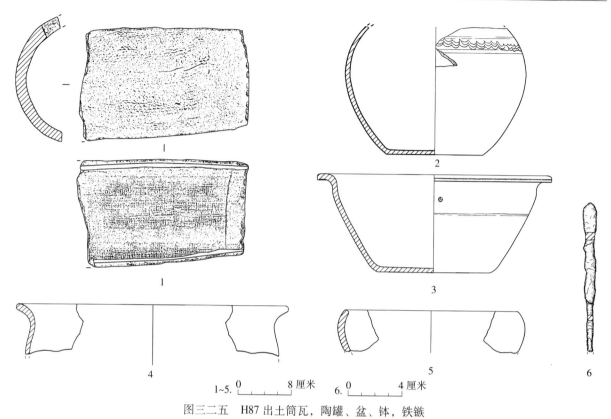

图三二五　H87 出土筒瓦，陶罐、盆、钵、铁镞

1. 筒瓦（H87：7）　2. 陶罐（H87：4）　3、4. 陶盆（3. H87：3，4. H87：5）　5. 陶钵（H87：6）　6. 铁镞（H87：2）

沿。泥质灰陶。圆唇，侈口，素面。器壁有铆孔。口径 40、残高 7 厘米（图三二五，4）。

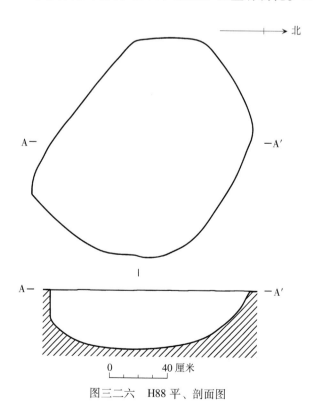

图三二六　H88 平、剖面图

（3）钵

1 件。H87：6，口沿，轮制。夹砂灰陶。圆唇，敛口，弧壁。素面。口径 25、残高 5.8 厘米（图三二五，5）。

3. 铁器

1 件。为镞。H87：2，残。蛇头形，镞身截面呈长方形，圆铤。残长 10.5 厘米（图三二五，6）。

H88

位于 T1817 内，开口于③层下，开口距地表 0.9 米。平面呈不规则的椭圆形，斜壁，圜底。长径 1.6、短径 1.2、深 0.4 米（图三二六）。坑内堆积以灰土为主，土质较疏松。包含物有建筑构件、铁器等。板瓦较残碎，凸面多饰绳纹、瓦棱纹，凹面多饰布纹或菱形纹等纹饰。

出土铁器共 2 件。主要有镞、削等。

（1）镞

1 件。H88：2，残断。镞身呈凿形，圆铤。残长 7.7 厘米（图三二七，1）。

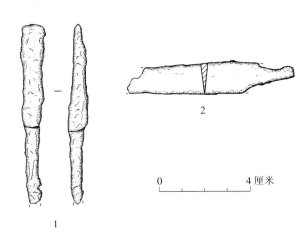

图三二七　H88 出土铁镞、削
1. 镞（H88：2）　2. 削（H88：1）

出土遗物共 5 件。仅为陶器。均为泥质灰陶。可辨器形有盆、器底。

（1）盆

2 件。均为口沿。轮制。H93：5，方唇，折沿，敞口，残存部分腹壁斜直。唇缘上压印一周绳纹。外壁饰凹凸弦纹带。口径 48、残高 7.5 厘米（图三二九，1）。H93：8，方唇，展沿，器壁斜直。沿缘处饰压印绳纹。外壁有不明显的凹弦纹，凹弦纹上有斜向压划纹。残高 11 厘米（图三二九，2）。

（2）器底

3 件。均为轮制。H93：6，弧壁，矮圈足底。底径 13.4、残高 4.7、厚 1.1 厘米（图三二九，3）。H93：7，弧壁，平底。残存部分饰细绳纹，纹饰不清晰。底径 18、残高 8.5 厘米（图三二九，4）。H93：9，残存部分腹壁和底部均饰细绳纹。底径 14、残高 2.4、厚 0.7 厘米（图三二九，5）。

（2）削

1 件。H88：1，尾部和尖部残断，直背直刃。残长 7.3、宽 1～1.5、厚 0.3 厘米（图三二七，2）。

H93

位于 T1816 内，开口于③层下，开口距地表 0.8 米。平面近长方形，坑壁斜直内收，平底。长 2.2、宽 1.1、深 0.4 米（图三二八）。坑内堆积以灰土为主，土质较疏松。坑内包含物较少，出土一些陶器残片、残瓦片等。

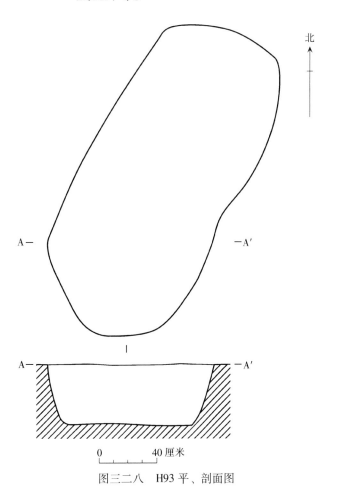

图三二八　H93 平、剖面图

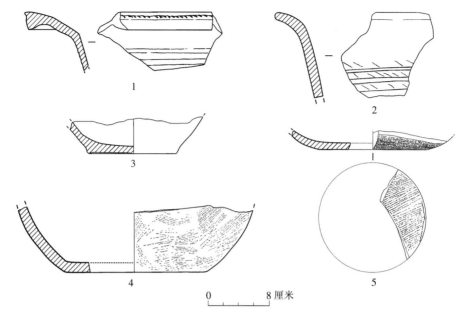

图三二九　H93 出土陶盆、器底

1、2. 盆（1. H93∶5，2. H93∶8）　3～5. 器底（3. H93∶6，4. H93∶7，5. H93∶9）

H95

位于 T1816 内，且延伸至其北隔梁内，开口于③层下，打破 H92，开口距地表 0.8 米。据已发掘部分推测，平面近椭圆形，斜壁，平底。暴露部分长径 1.1、短径 0.5、深 0.2 米（图三三〇）。坑内堆积以灰黑土为主，土质较疏松。坑内包含物较少。

出土一些残碎瓦片和铜镞。

镞

1 件。H95∶1，稍残。镞身三棱锥状，关部截面呈六角形，铜圆铤。长 5 厘米（图三三一）。

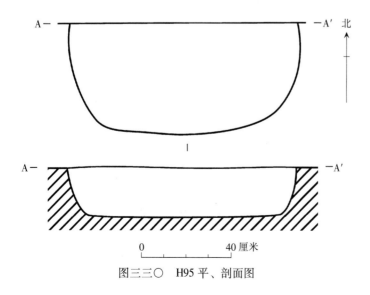

图三三〇　H95 平、剖面图

H97

位于 T1817 内，且延伸至 T1816 北隔梁内，开口于③层下，开口距地表 0.8 米。据已发掘部分推测，平面呈不规则椭圆形，斜壁，平底。长径 1.5、短径 0.9、深 0.4 米（图三三二）。坑内堆积以黄褐土为主，土质较坚硬。坑内包含物较少。

出土遗物共 2 件。有陶器、铁器等。

1. 陶器

1件。盆。仅余口沿。H97∶2，轮制。泥质灰陶。方唇，折沿，敞口，深腹，腹壁斜直。沿缘饰两道绳纹，下腹壁饰斜向抹绳纹。口径34、残高22厘米（图三三三，1）。

2. 铁器

1件。门枢套。H97∶1，残断。圆环筒状。外径8.8、高5.8、厚1.3厘米（图三三三，2）。

H101

位于T2421内，且延伸至T2420北隔梁内，开口于③层下，开口距地表1.3米。据已发掘部分推测，平面呈不规则三角形，斜壁，圜底。长径存长1.1、短径1.7、深0.5米（图三三四）。坑内堆积以深灰土为主，夹杂有少量的黑土，土质较疏松。坑内出土遗物较少。

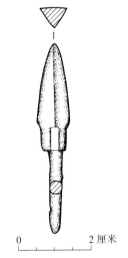

图三三一　H95 出土铜镞
（H95∶1）

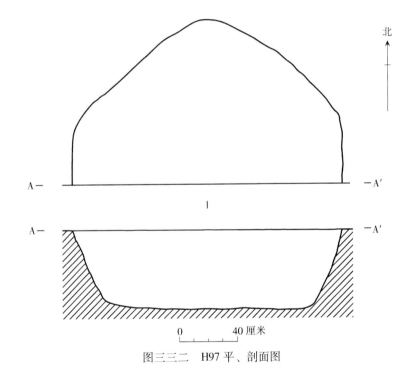

图三三二　H97 平、剖面图

出土遗物共4件。有陶器、铜器等。

1. 陶器

3件。均为口沿，可辨器形有罐、瓮、盆等。

（1）罐

1件。轮制。H101∶5，泥质灰黑陶。圆唇，侈口，溜肩。肩部饰数道划纹，上、下划纹间饰垂幔纹。口径13、残高9厘米（图三三五，1）。

（2）瓮

1件。H101∶6，夹砂灰陶。圆唇，直口，束颈，广肩。素面。口径24、残高6.4厘米（图

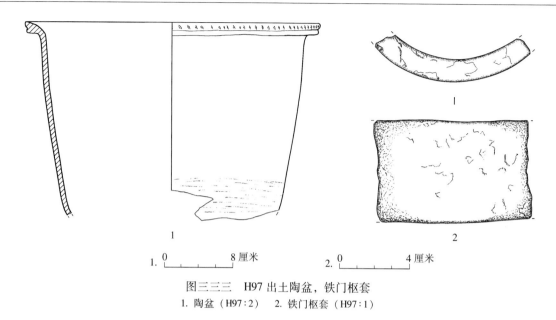

1. ⌞___0___8厘米⌟　　2. ⌞___0___4厘米⌟

图三三三　H97 出土陶盆，铁门枢套
1. 陶盆（H97：2）　2. 铁门枢套（H97：1）

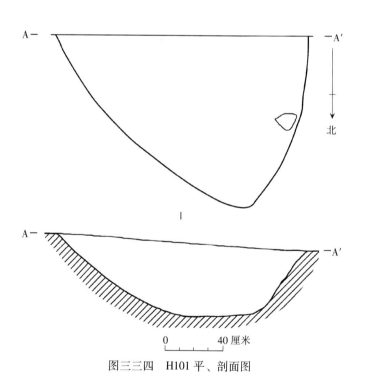

图三三四　H101 平、剖面图

三三五，2）。

（3）盆

1件。H101：7，轮制。泥质灰陶，方唇，折沿，敞口，器壁斜直。沿面靠近内侧饰一周凹弦纹，沿缘饰一周绳纹，外壁饰凹凸弦纹。口径36、残高8厘米（图三三五，3）。

2. 铜器

1件。为废料。H101：1，残。不规则形。长3.5、宽2.1厘米（图三三五，4）。

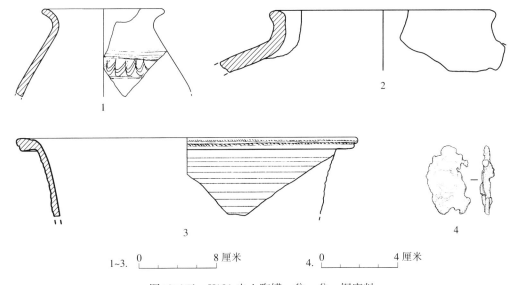

图三三五　H101 出土陶罐、瓮、盆，铜废料
1. 陶罐（H101：5）　2. 陶瓮（H101：6）　3. 陶盆（H101：7）　4. 铜废料（H101：1）

H102

位于 T2322、T2422 内，开口于③层下，西北角被 H81 打破，开口距地表 1.3 米。平面近圆形。直径 2.1、深 0.1～0.4 米（图三三六）。北侧底部陡直下切，形成二层台，二层台上残留有础石。直壁。坑内堆积以深灰土为主，夹杂有少量的黄土，土质较疏松。坑内包含物较少，出土少量残瓦片、陶器残片。

H103

位于 T2324、T2424 内，开口于③层下，开口距地表 1.1 米。灰坑临近断崖，部分被近现代取土时破坏。从残存部分推测，平面呈圆角方形，坑壁略斜直，平底略有起伏。保留部分长 3、深 0.2 米（图三三七）。坑内堆积以深黑土为主，土质较疏松。坑内包含物以建筑构件为主，陶片极少。

出土遗物共 4 件。有陶器、铁器、石器等。

1. 陶器

2 件。包括圆饼和纹饰陶片。

（1）圆饼

1 件。H103：2，完整。夹砂灰褐陶。近圆形。素面。直径 4.5、厚 1 厘米（图三三八，1；图版一七四，1）。

（2）纹饰陶片

1 件。H103：4，泥质灰陶。器表压印菱形回格纹。壁厚 0.5 厘米（图三三八，2；图版一四二，2）。

2. 铁器

1 件。为镞。H103：3，残。矛形，镞身扁平，方铤。残长 9.6 厘米（图三三八，3）。

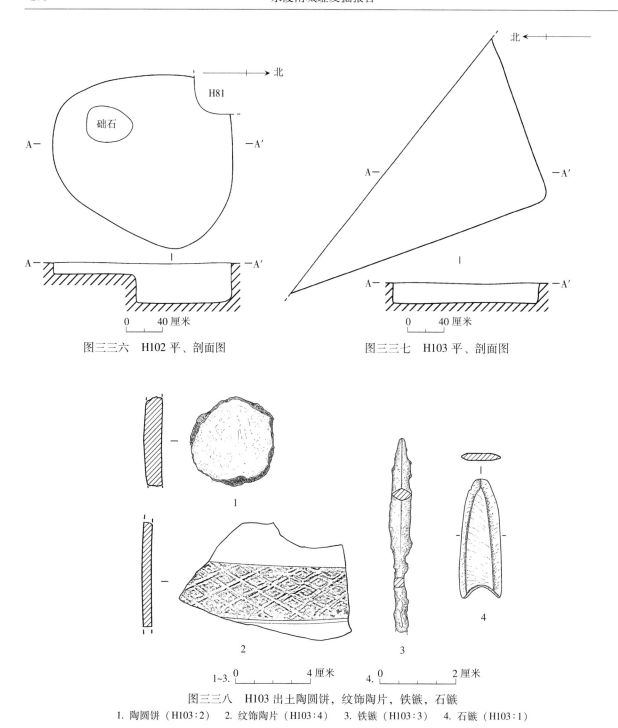

图三三六　H102 平、剖面图　　　　　　图三三七　H103 平、剖面图

图三三八　H103 出土陶圆饼，纹饰陶片，铁镞，石镞

1. 陶圆饼（H103：2）　2. 纹饰陶片（H103：4）　3. 铁镞（H103：3）　4. 石镞（H103：1）

3. 石器

1件。为镞。H103：1，完整。磨制。平面呈三角形，平脊，凹尾。残长 3、宽 1.1 厘米（图三三八，4；图版一六五，4）。

H105

位于 T2321 内，开口于③层下，东部被 G4 打破，开口距地表 1.4 米。从残存部分推测，平

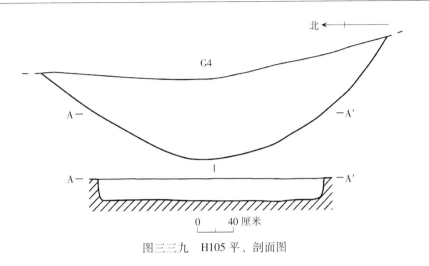

图三三九　H105 平、剖面图

面近椭圆形，直壁，平底。保留部分长径 4.3、短径 0.9、深 0.2 米（图三三九）。坑内堆积以深灰土为主，土质较疏松。坑内包含物较丰富。

出土遗物共 7 件。有建筑构件、铁器、货币等。

1. 建筑构件

2 件。均残。为半瓦当。H105:10，当面残缺严重。模制。泥质灰陶。边轮高于当面，模印双栏二界格卷云纹。当底有横向穿孔痕和切割痕。筒瓦部分凹面饰布纹，凸面贴近瓦头部位饰斜向短压印绳纹，瓦身饰顺向压印绳纹。边轮宽 1、高 7.5 厘米；筒瓦残长 5.8 厘米（图三四〇，1）。H105:11，当面模印双栏二界格卷云纹，边轮高于当面。当背底部一侧边缘有横向穿孔痕迹。底边残长 3.3、边轮宽 1.4、高 9 厘米（图三四〇，2）。

2. 铁器

4 件。有镞、环等。

（1）镞

3 件。均为残件。锻制。镞身呈凿形，扁方铤。H105:2，残长 6.6 厘米（图三四〇，3）。H105:4，残长 9.9 厘米（图三四〇，4）。H105:9，残长 10.3 厘米（图三四〇，5）。

（2）环

1 件。H105:7，残。圆形铁条弯卷呈圆环状。直径 4.3 厘米（图三四〇，6）。

3. 货币

1 枚。为大泉五十。H105:8，方孔圆形。外廓较窄，边厚而肉薄。面文小篆"大泉五十"，对读，光背。钱径 2.8、外廓 0.2、内廓 0.1、穿宽 0.8、肉厚 0.1 厘米。钱重 5.6 克（图一六七，5）。

H106

位于 T2323 内，开口于③层下，开口距地表 1.4 米。平面近似椭圆形，直壁，平底。长径 1.6、短径 1、深 0.4 米（图三四一）。坑内堆积以深灰土为主，土质较疏松。坑内包含物较少，有少量残瓦片、陶器残片、铁镞、铜镞等。

出土遗物共 4 件。有建筑构件、铁器、铜器等。

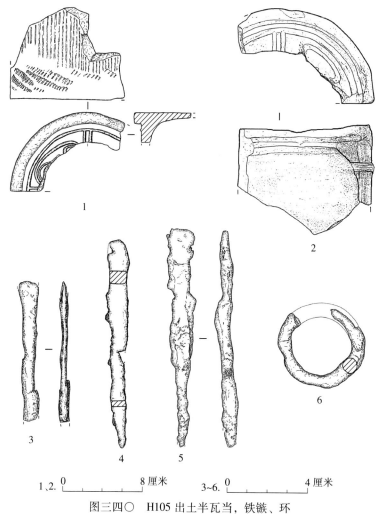

图三四〇　H105 出土半瓦当，铁镞、环

1、2. 半瓦当（1. H105∶10，2. H105∶11）　3～5. 铁镞（3. H105∶2，4. H105∶4，
5. H105∶9）　6. 铁环（H105∶7）

1. 建筑构件

1 件。为板瓦。H106∶4，残断。泥质灰陶。横剖面呈圆弧形。前宽后窄。前端端面较平，较薄；后端端面圆滑。瓦身整体两边较薄，中部较厚。两侧边缘有由内向外的半切口。凸面从前端向后 15 厘米范围内饰顺向粗绳纹，其余部分饰横向凹弦纹；凹面从前端向后 15 厘米范围内拍印菱形网格纹，余为素面。全长 47.8 厘米，前端宽 38、厚 1 厘米，后端宽 34、厚 0.8 厘米，中部最厚 2.4 厘米（图三四二，1；图版一四五，2）。

2. 铁器

2 件。皆为镞。均残。依据镞身形制不同，分为矛形镞和铲形镞两种。

矛形镞　1 件。H106∶2，扁方铤。残长 7.8 厘米（图三四二，2）。

铲形镞　1 件。H106∶3，扁圆铤。残长 7.8 厘米（图三四二，3）。

3. 铜器

1 件。为镞。H106∶1，残。镞身为三棱锥状，尖部残，关部截面为五棱形，一面带有三角形血槽，铁圆铤。残长 3.4 厘米（图三四二，4）。

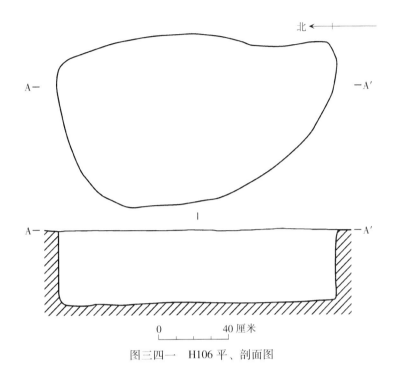

图三四一　H106 平、剖面图

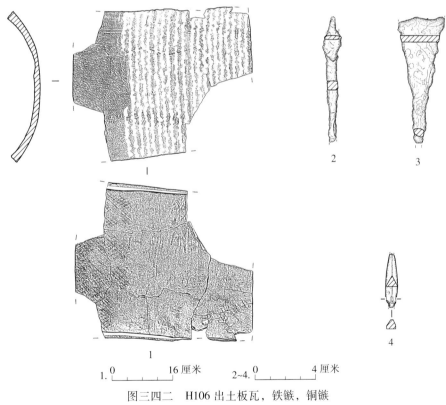

图三四二　H106 出土板瓦，铁镞，铜镞

1. 板瓦（H106：4）　　2、3. 铁镞（2. H106：2，3. H106：3）　　4. 铜镞（H106：1）

H108

位于T1718内，且延伸至其东、北隔梁内，开口于③层下，开口距地表0.8米。据已发掘部分推测，平面呈圆角方形，斜壁，平底略有起伏。暴露部分长1、深0.3米（图三四三）。坑内堆积以灰黑土为主，土质较疏松。坑内包含物较少，出土少量残瓦片、陶器残片等遗物。

H109

位于T1718内，且延伸至其北隔梁内，开口于③层下，开口距地表0.8米。据已发掘部分推测，平面近长方形，斜壁，平底略有起伏。长1.6、宽1.1、深0.2米（图三四四）。坑内堆积以灰黑土为主，土质较疏松。坑内包含物较少，出土少量残瓦片、陶器残片等，器形不可辨。

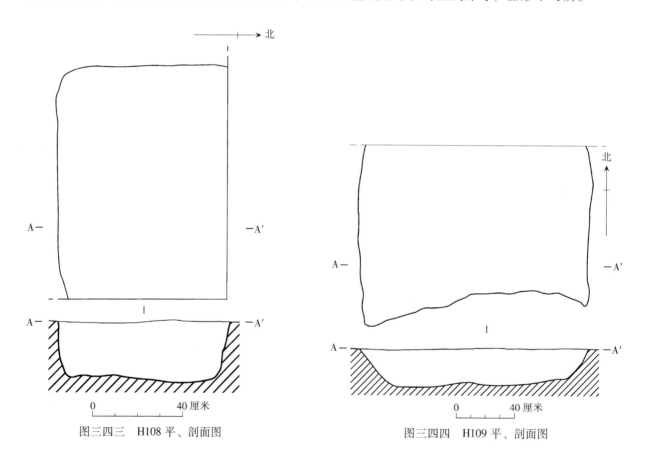

图三四三　H108平、剖面图　　　　　　图三四四　H109平、剖面图

H110

位于T1718内，且延伸至T1618东隔梁内，开口于③层下，开口距地表0.8米。据已发掘部分推测，平面近似椭圆形，斜壁，底略有不平。长径2.1、短径0.7、深0.5米（图三四五）。坑内堆积以灰黑土为主，土质较疏松。坑内包含物较少，以灰陶为主，极为残碎，多数素面。

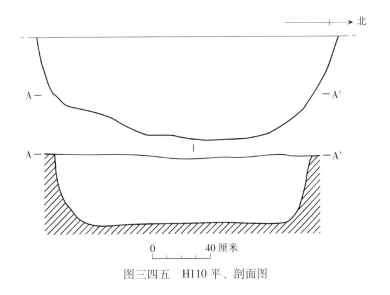

图三四五　H110 平、剖面图

H111

位于 T1818 内，且延伸至其北隔梁内，开口于③层下，开口距地表 0.8 米。据已发掘部分推测，平面呈不规则椭圆形，斜壁，平底。长径 1.2、短径 0.9、深 0.2 米（图三四六）。坑内堆积以灰黑土为主，土质较疏松。坑内包含物较少，以建筑构件及生活用具为主。建筑构件多为板瓦残片。生活用具以灰陶为主，极为残碎，器形不可辨。

H112

位于 T1819 内，且延伸至 T1719 东隔梁内，开口于③层下，开口距地表 0.8 米。据已发掘部分推测，平面呈不规则长方形，斜壁，坑底稍有不平。存长 1.5、宽 1.5、深 0.4 米（图三四七）。坑内堆积以灰黑土为主，土质较硬。

出土遗物共 3 件。有建筑构件和陶构件。

1. 建筑构件

2 件。为圆瓦当。均残。模制。灰陶。H112：2，青灰色。边轮连接筒瓦部分脱落。当面模印双栏四界格莲花纹，莲瓣后端圆钝，前端尖锐且与外周弦纹相连。仅存一个界格和一个莲瓣。当面涂朱。当背有指压凹窝，边缘有旋切痕迹。当面残径 7 厘米（图三四八，1）。H112：3，当面仅存一段外周单弦纹和一道双栏界格。当面残径 7.5 厘米（图三四八，2）。

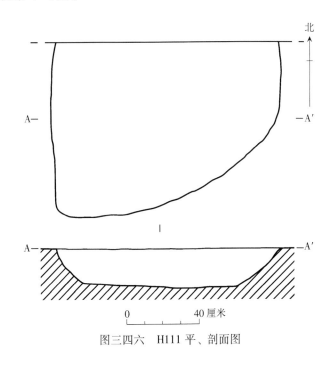

图三四六　H111 平、剖面图

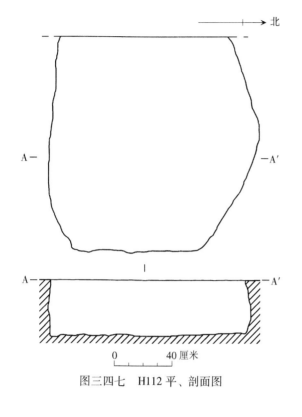

图三四七　H112 平、剖面图

2. 陶构件

1 件。H112：1，残。夹砂灰陶。方形身，三层阶台状。中空。顶部有不规则方孔。内壁从底部到顶部斜直。素面。顶部边长 3.4、推测底边长 5.4、高 6.5 厘米。用途不详（图三四八，3）。

H115

位于 T2224、T2225 内，开口于③层下，开口距地表 1.1 米。平面呈椭圆形，直壁，平底。长径 3、短径 1.5、深 0.7 米（图三四九）。坑内堆积以黄色沙石为主，土质较疏松。坑内包含物较少，仅出土一些陶器残片。

器耳

1 件。H115：5，桥状横耳。夹砂黄褐陶。素面。残高 12.4 厘米（图三五〇）。

H119

位于 T1715 内，且延伸至 T1615 东隔梁内，开口于③层下，开口距地表 0.9 米。据已发掘部分推测，平面呈长方形，直壁，平底。长 1.4、宽 0.8、深 0.4 米（图三五一）。坑内堆积以灰褐土为主，土质较疏松。内含少量残瓦片、陶器残片。

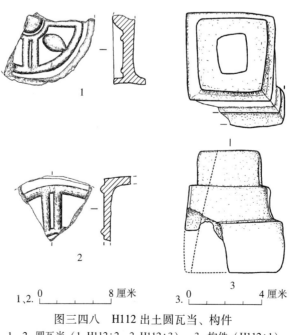

图三四八　H112 出土圆瓦当、构件
1、2. 圆瓦当（1. H112：2，2. H112：3）　3. 构件（H112：1）

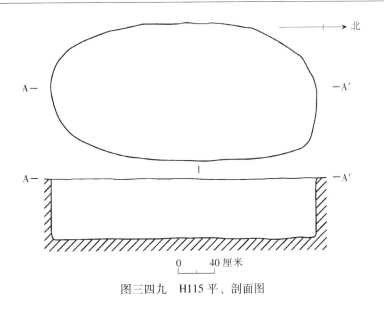

图三四九　H115 平、剖面图

H124

位于 T1218 内，开口于③层下，开口距地表 0.8 米。平面呈不规则圆形，直壁，坑底不平，西部稍深。长径 1.2、短径 1.1、深 0.3~0.4 米（图三五二）。坑内堆积以灰黑土为主，土质较疏松。内含大量的红烧土块及少量铁渣。

H125

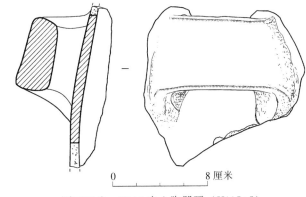

图三五〇　H115 出土陶器耳（H115：5）

位于 T1617 内，延伸至北隔梁及 T1517 东隔梁内，开口于③层下，开口距地表 0.7 米。据已发掘部分推测，平面呈不规则圆角长方形，斜壁，坑底东高西低，凹凸不平。长 2.2、宽 1.3、深 0.5 米（图三五三）。坑内土质较疏松，以黄褐土为主。包含物较丰富。

出土遗物共 10 件。有建筑构件、陶器、铁器、铜器等。

1. 建筑构件

3 件。主要是圆瓦当。

均残。模制。H125：3，灰陶。边轮高于当面，模印文字纹，仅存"秋"字的一小部分。当面残径 3.2、边轮宽 1.2 厘米（图三五四，1）。H125：4，泥质黄陶。边轮稍高于当面。当面模印卷云纹。当背有横向穿孔痕和切割痕迹。当面残径 6.8、边轮宽 1.8 厘米（图三五四，2）。H125：9，泥质黄褐陶。圆形。当心方形凸棱弦纹外接"十"字单栏，左斜向单栏接到中圈凸棱弦纹，右斜向单栏穿过中圈凸棱弦纹接到外圈"山"字形凸棱弦纹上。背面有明显的切割痕迹。当面直径 18、边轮宽 2、厚 3.8 厘米（图三五四，3）。

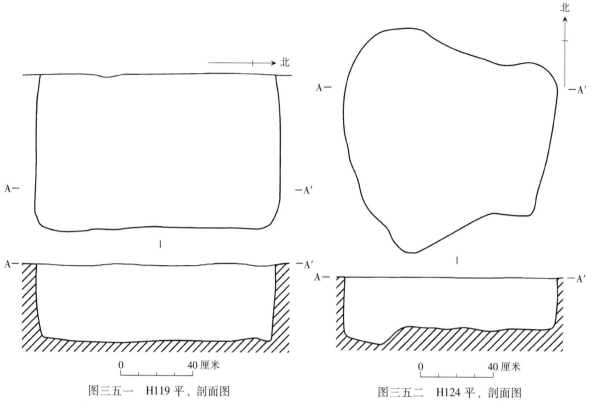

图三五一　H119 平、剖面图

图三五二　H124 平、剖面图

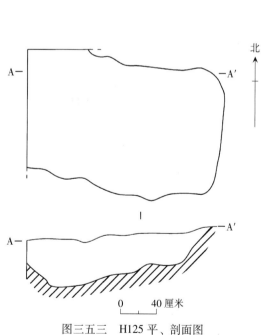

图三五三　H125 平、剖面图

2. 陶器

3 件。可辨器形有钵、圆饼、权等。

（1）钵

1 件。H125：1，修复完整。轮制。泥质红褐陶。方唇，敛口，弧壁，平底。近底部有明显的刀削痕迹。口径 15.3、底径 9.1、高 7.3 厘米（图三五四，4；图版一四九，5）。

（2）圆饼

1 件。H125：5，完整。夹砂灰褐陶，正面饰粗绳纹，背面饰菱格纹。直径 8、厚 1.4 厘米（图三五四，5）。

（3）权

1 件。H125：10，残。泥质灰陶。整体呈馒头状。弧壁，平底，顶部环纽，圆穿。素面。底径 10.5、高 7.6、孔径 0.6 厘米。重

540.1 克（图三五四，6；图版一二二，4）。

3. 铁器

3 件。均为镞。依据镞身形制不同分为凿形镞和锥形镞两种。

凿形镞　1 件。H125：7，残。扁方铤。残长 9 厘米（图三五四，7）。

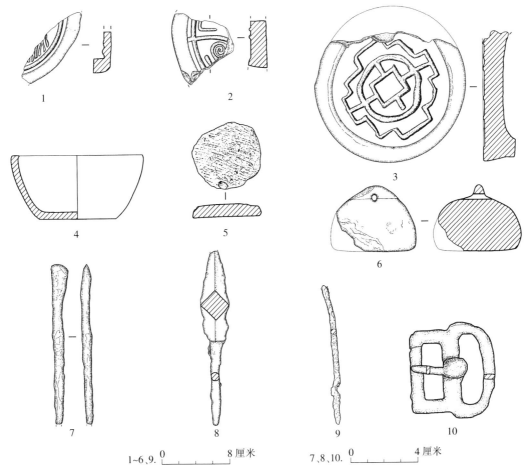

图三五四　H125 出土圆瓦当，陶钵、圆饼、权，铁镞，铜带扣

1~3. 圆瓦当（1. H125：3，2. H125：4，3. H125：9）　4. 陶钵（H125：1）　5. 陶圆饼（H125：5）　6. 陶权（H125：10）
7~9. 铁镞（7. H125：7，8. H125：8，9. H125：6）　10. 铜带扣（H125：2）

锥形镞　1件。H125：8，镞身呈四棱锥状，镞尖残断。圆铤。残长 10 厘米（图三五四，8）。另有 H125：6，只残存铤部。圆铤。残长 16 厘米（图三五四，9）。

4. 铜器

1件。为带扣。H125：2，完整。扣身平面呈"曰"字形。后部呈长方形，前部呈椭圆形，中间横梁凸起一小梁，扣针套接其上。长 5、宽 3.4 厘米（图三五四，10；图版一五八，3）。

H128

位于 T1319、T1219、T1220、T1320 内，开口于③层下，被 H167、H136 打破，开口距地表 0.9 米。平面近椭圆形，斜壁，平底。长径 6.2、短径 5.1、深 0.7 米（图三五五）。坑内堆积以黄褐土为主，土质疏松。坑内包含物较丰富。

出土遗物共 24 件。有建筑构件、陶器、铁器、铜器、货币、石器等。

1. 建筑构件

3件。皆为圆瓦当。均残。模制。灰陶。H128：3，仅存当面一部分。当面模印双栏四界格莲花纹。莲瓣瘦长，前后两端较尖锐，未连接到中心和外周凸棱弦纹。当面涂朱。当面残径 11 厘米

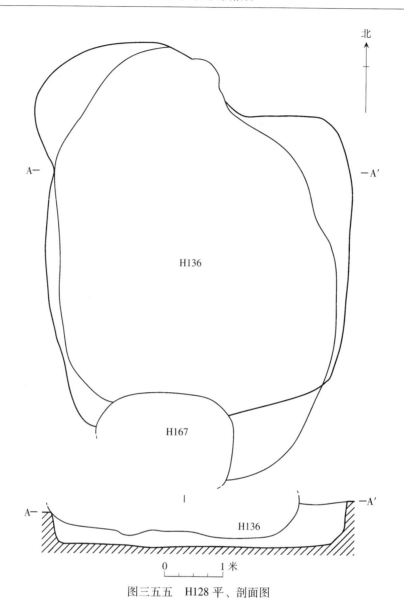

图三五五　H128 平、剖面图

（图三五六，1）。H128：7，仅存一道双栏和一段外周凸棱弦纹。当面残径 5.7 厘米（图三五六，2）。H128：8，仅残存一小部分。青灰色，火候较高。边轮稍高于当面。当面模印双栏界格莲花纹。当背有穿孔和旋切痕迹。当面残径 8 厘米（图三五六，3）。

2. 陶器

15 件。可辨器形有壶、瓮、盆、奁、器耳、器底。

（1）壶

6 件。均为口沿。轮制。夹砂红褐陶。H128：12，圆唇，侈口。口径 16、残高 4.5 厘米（图三五六，4）。H128：13，圆唇，侈口，束颈。颈腹部有小圆孔。素面。口径 18、残高 7.3 厘米（图三五六，5）。H128：15，圆唇，侈口，束颈。口径 34、残高 11.2 厘米（图三五六，6）。H128：17，方唇，侈口，束颈。素面。口径 38、残高 12.4 厘米（图三五六，7）。H128：18，圆唇，侈口。素面。口径 16、残高 6.6 厘米（图三五六，8）。H128：22，圆唇，侈口，束颈。素面。

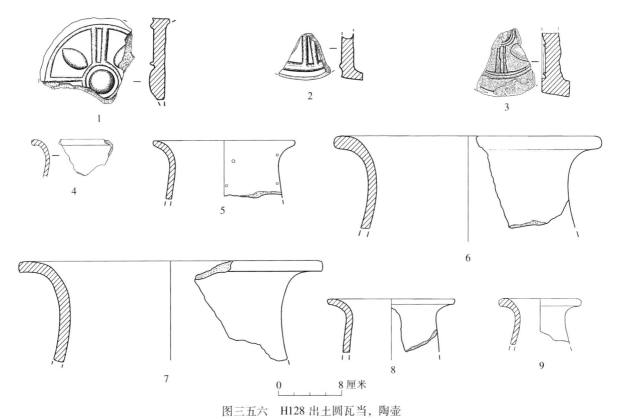

图三五六 H128 出土圆瓦当，陶壶

1~3. 圆瓦当（1. H128：3，2. H128：7，3. H128：8） 4~9. 陶壶（4. H128：12，5. H128：13，6. H128：15，7. H128：17，8. H128：18，9. H128：22）

口径 10、残高 5.5 厘米（图三五六，9）。

（2）瓮

3 件。口沿。轮制。泥质灰陶。H128：19，尖唇，敛口，颈壁曲鼓，广肩。口径 28、残高 11.5 厘米（图三五七，1）。H128：21，尖唇，敛口，颈壁曲鼓，溜肩。内壁口沿下方有后接瓮口时留下的凸棱。残高 15.5 厘米（图三五七，2）。H128：23，圆唇，颈壁曲鼓，溜肩。素面。内壁有明显的轮旋痕迹。口径 36、残高 16 厘米（图三五七，3）。

（3）盆

1 件。H128：11，口沿。方唇，折沿，敞口。沿面饰一周凹弦纹，沿缘饰一周压印绳纹。口径 40、残高 4.8 厘米（图三五七，4）。

（4）奁

1 件。H128：1，泥质黑陶。器表压光。轮制。修复完整。敞口，圆唇，平沿外展，筒式腹，近底部外撇，平底。口沿下方和器腹中部饰两周三匝凸弦纹带。口径 22.5、底径 16.5、高 19 厘米（图三五七，5；图版一七三，2）。

（5）器耳

1 件。H128：20，夹砂灰黑陶。桥状横耳。残高 10 厘米（图三五七，6）。

（6）器底

3 件。轮制。H128：10，残存部分腹壁斜直，平底。底部有一圆形孔。底径 20、残高 3 厘米

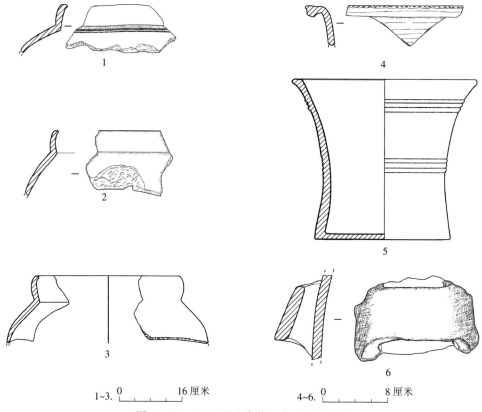

图三五七　H128 出土陶瓮、盆、奁、器耳

1～3. 瓮（1. H128：19，2. H128：21，3. H128：23）　4. 盆（H128：11）

5. 奁（H128：1）　6. 器耳（H128：20）

（图三五八，1）。H128：14，夹砂红褐陶。弧壁，平底。素面。底径 8、残高 2.3 厘米（图三五八，2）。H128：16，夹砂灰陶。弧壁。素面。底径 30、残高 5.7 厘米（图三五八，3）。

3. 铁器

3 件。有镞、车釭。

（1）镞

2 件。均残。扁方铤。H128：9－1，残长 8.2 厘米（图三五八，4）。H128：9－2，残长 4.9 厘米（图三五八，5）。

（2）车釭

1 件。H128：5，残断。铸制。推测应为六角形。残存部分边长 6.8、厚 1.3、高 4 厘米（图三五八，6）。

4. 铜器

1 件。为镞。

H128：2，残。镞身呈三棱锥状，尖部残，圆铤，中有銎孔。残长 3 厘米（图三五八，7）。

5. 货币

1 枚。为五铢。H128：4，方孔圆形。面有外廓无内廓。面文篆书"五铢"，由右至左顺读。

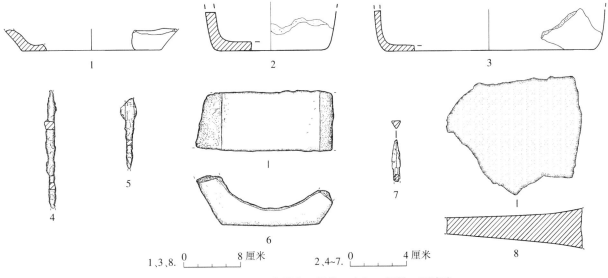

图三五八　H128 出土陶器底，铁镞、车钌，铜镞，石磨盘

1~3. 陶器底（1. H128:10，2. H128:14，3. H128:16）　　4、5. 铁镞（4. H128:9-1，5. H128:9-2）

6. 铁车钌（H128:5）　　7. 铜镞（H128:2）　　8. 石磨盘（H128:6）

"五"字交笔弯曲，"金"头呈正三角形，下四点排列整齐，"朱"字头圆折，中间两头尖细。钱径 2.3、外廓 0.2、背有内廓 0.2、穿宽 0.9、肉厚 0.1 厘米。钱重 2.7 克（图一六七，6）。

6. 石器

1 件。为磨盘。H128:6，残。两面均有内凹磨面。残长 19.5、残宽 16.6、厚 2~5.2 厘米（图三五八，8）。

H129

位于 T0919 内，且延伸至其北隔梁内，开口于③层下，开口距地表 1.4 米。据已发掘部分推测，平面近似椭圆形，斜壁，圜底起伏较大。长径 1.6、短径 0.3、深 0.2 米（图三五九）。坑内堆积以黄褐土为主，土质疏松。坑内包含物较少，以建筑构件为主，多为板瓦残片，瓦面多饰有绳纹、瓦棱纹，瓦背多饰有菱形纹等几何纹。

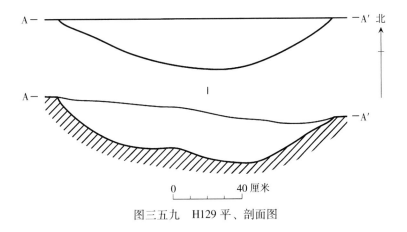

图三五九　H129 平、剖面图

H131

位于 T1120、T1121 内，开口于③层下，被 H130 叠压，开口距地表 1 米。平面呈不规则长方形，东壁较为粗糙，斜收起伏不平，其余三壁较陡直，平底略有起伏。长 1.8、宽 1.5、深 0.6 米（图三六〇）。坑内堆积为黄褐色土，质地坚硬，出土建筑构件及陶片等。建筑构件多为板瓦残片，瓦面多饰有绳纹、瓦棱纹，瓦背多饰有菱形纹等几何纹。

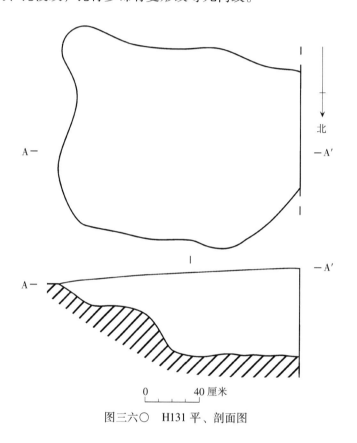

北

0　　　40 厘米

图三六〇　H131 平、剖面图

出土的陶器残片为器底。

器底　1 件。H131：1，泥质灰陶。弧壁，平底。素面。底径 25、残高 6.4 厘米（图三六一）。

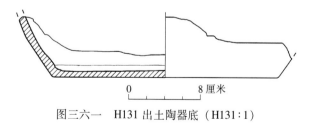

0　　　8 厘米

图三六一　H131 出土陶器底（H131：1）

H132

位于 T1122 内，且延伸至其东隔梁内，开口于③层下，被 H155 打破，开口距地表 1.1 米。据已发掘部分推测，平面呈不规则椭圆形，斜壁，圜底。长径存长 1.4、短径 1.7、深 0.5 米（图三六二）。

坑内堆积以灰土为主，夹杂有少量的细沙、红烧土块及石块，土质较疏松。坑内包含物较丰富，以建筑构件及生活用具为主。建筑构件多为板瓦残片，瓦面多饰有绳纹、瓦棱纹，瓦背多饰有菱形纹等几何纹；陶片多为灰陶，极为残碎，多为素面。

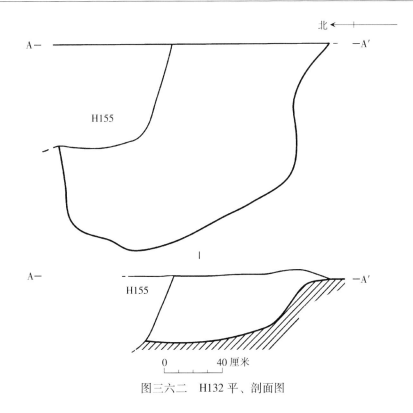

图三六二 H132 平、剖面图

出土的陶器残片为器底。

1 件。H132∶1，轮制。泥质灰陶。弧壁，台式平底。内壁有轮旋纹。残片上有镉孔。底径 12、残高 8 厘米（图三六三）。

H133

位于 T1121、T1122 内，开口于③层下，打破 H156，开口距地表 1.1 米。平面呈不规则椭圆形，斜壁，圜底。长径 1.3、短径 1.1、深 0.3 米（图三六四）。坑内堆积以灰土为主，夹杂有少量的细沙及石块，土质较疏松。坑内包含物较少，以建筑构件及生活用具为主。建筑构

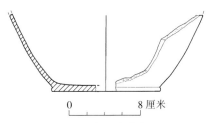

图三六三 H132 出土陶器底（H132∶1）

件多为板瓦残片，瓦面多饰有绳纹、瓦棱纹，瓦背多饰有菱形纹等几何纹。陶片多为灰陶，极为残碎，多为素面。

H139

位于 T1614 内，且延伸至 T1514 东隔梁及 T1613 北隔梁内，开口于③层下，开口距地表 0.9 米。据已发掘部分推测，平面呈不规则椭圆形，斜壁，圜底。暴露部分长径 2.4、短径 0.6、深 0.5 米（图三六五）。坑内堆积以黑褐土为主，夹杂有少量的细沙及大量的石块，土质较疏松。坑内包含物较少，以建筑构件及生活用具为主。建筑构件多为板瓦残片，瓦面多饰有绳纹、瓦棱纹，瓦背多饰有菱形纹等几何纹。陶片数量较少，多为泥质灰陶，且多为素面，可辨器形有罐底、盆口等。

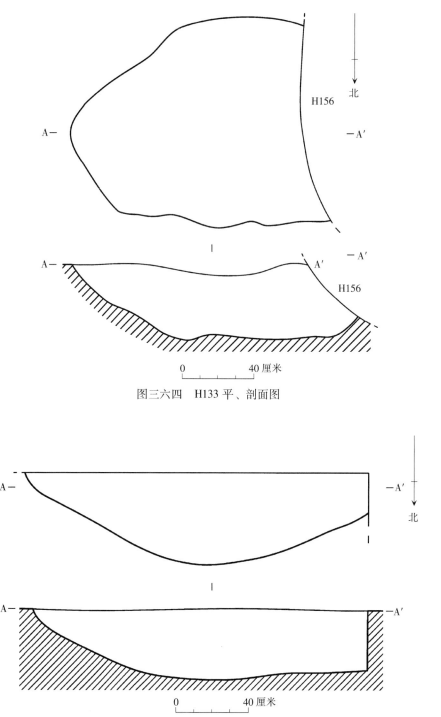

图三六四　H133 平、剖面图

图三六五　H139 平、剖面图

H143

位于 T1614 内，且延伸至其北隔梁及 T1514 东隔梁内，开口于③层下，开口距地表 0.9 米。据已发掘部分推测，平面呈不规则椭圆形，斜壁，底部起伏不平。暴露部分长径 3.4、短径 1.2、深 1 米（图三六六）。坑内堆积以黑褐土为主，夹杂有少量的细沙及大量的木炭，土质较疏松。

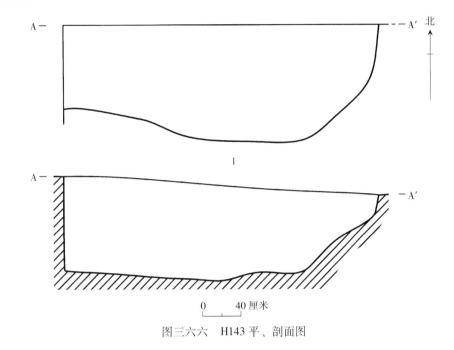

图三六六　H143 平、剖面图

坑内包含物较少，以建筑构件及生活用具为主。筒瓦残片多数瓦面饰绳纹或绳纹抹平，瓦背饰有布纹。板瓦残片瓦面多饰有绳纹、瓦棱纹，瓦背多饰有菱形纹等几何纹。陶片数量较少，多为泥质灰陶，素面为主，可辨器形有罐、盆口沿等。

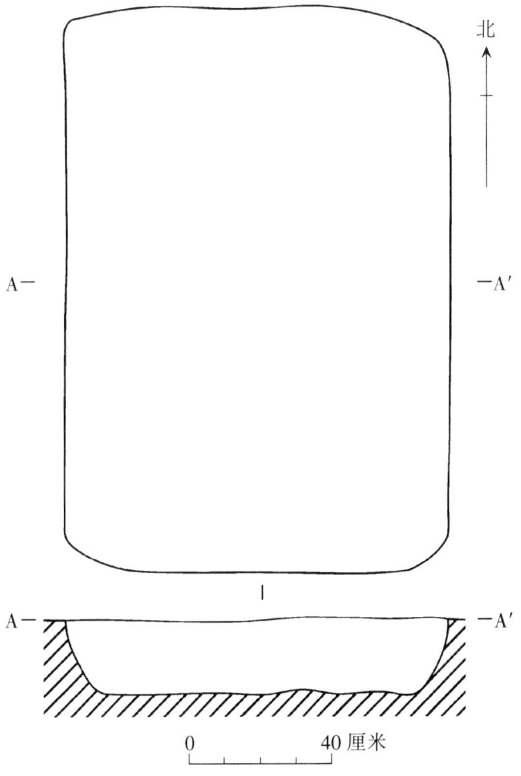

H145

位于 T1119 内，开口于③层下，被 H134 叠压，打破 H148，开口距地表 1.3 米。平面呈圆角长方形，斜壁，平底。长 1.5、宽 1.1、深 0.2 米（图三六七）。坑内堆积以黑土为主，夹杂有少量的红烧土颗粒及炭粒，土质较疏松。坑内包含物较少，主要是建筑构件。筒瓦残片多数瓦面饰绳纹或绳纹抹平，瓦背饰有布纹。板瓦残片瓦面多饰有绳纹、瓦棱纹，瓦背多饰有菱形纹等几何纹。

H146

位于 T1714 内，开口于③层下，打破

图三六七　H145 平、剖面图

H140，开口距地表 0.9 米。根据已发掘部分推测，平面呈不规则椭圆形，直壁，平底。长径 1.1、短径 1、深 0.4 米（图三六八）。坑内堆积以黑褐土为主，夹杂有少量的细沙及大量的木炭，土质

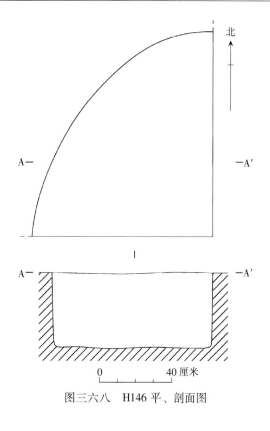

图三六八　H146 平、剖面图

较疏松。坑内包含物较少，以建筑构件及生活用具为主。筒瓦残片多数瓦面饰绳纹或绳纹抹平，瓦背饰有布纹。板瓦残片瓦面多饰有绳纹、瓦棱纹，瓦背多饰有菱形纹等几何纹。青砖多为残块。陶片数量较少，多为泥质灰陶，素面为主，可辨器形有罐口沿、罐底等。

H147

位于 T1714 内，开口于③层下，开口距地表 0.9 米。平面近似长方形，直壁，平底略有起伏。长 2、宽 1.6、深 0.4 米（图三六九）。坑内堆积以黑褐土为主，夹杂有少量的木炭及红烧土块，土质较疏松。坑内包含物较少，以建筑构件及生活用具为主。

H147 仅出土一些陶器残片。

灯

1 件。H147：1，圈足缺失。轮制。泥质灰陶。方唇，敞口，弧壁，喇叭状灯座。素面。灯盘口径 13、残高 9.3 厘米（图三七〇；图版一四四，3）。

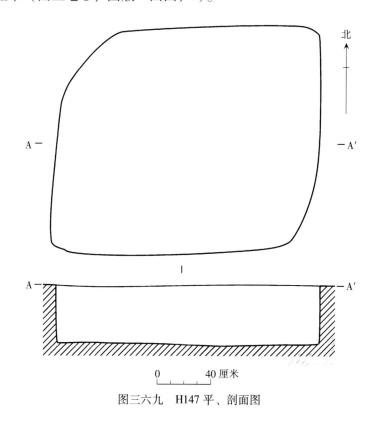

图三六九　H147 平、剖面图

H148

位于 T1119 内，开口于③层下，被 H134 打破，开口距地表 1.3 米。平面呈不规则椭圆形，弧壁，圜底，整体近似锅底状。保留部分长径存长 1、短径 1.2、深 0.4 米（图三七一）。坑内堆积以黑褐土为主，夹杂有少量的黄沙、石块、木炭及红烧土块，土质较疏松。坑内包含物较少。

出土遗物共 4 件。有陶器、石器等。

1. 陶器

3 件。可辨器形有瓮、器耳。

（1）瓮

1 件。H148：5，口沿。泥质灰陶。方唇，直口。残高 9 厘米（图三七二，1）。

（2）器耳

2 件。桥状横耳。H148：6，夹砂灰黑陶。残高 7.4 厘米（图三七二，2）。H148：7，夹砂红褐陶。残高 9.2 厘米（图三七二，3）。

2. 石器

1 件。为磨石。残。H148：1，一面器表有明显的磨痕，中部有一对钻孔。残长 7.7、宽 3.4、厚 0.6 厘米（图三七二，4；图版一六五，5）。

H153

位于 T1216 内，开口于③层下，开口距地表 0.7 米。平面近似椭圆形，弧壁，平底略有起伏。长径 1.7、短径 0.7、深 0.6 米（图三七三）。坑内堆积以灰黑土为主，夹杂有少量的细沙及草木灰，土质较疏松。坑内包含有大量的板瓦残片及陶片，板瓦残片瓦面多为素面，瓦背满饰布纹。陶片多为泥质灰陶，极为残碎，以素面为主。

H154

位于 T0919 南侧，开口于③层下，被 H179 打破，开口距地表 1.5 米。据已发掘部分推测，平面近似椭圆形，弧壁，圜底。暴露部分长径 1、短径 1、深 0.4 米（图三七四）。坑内堆积以灰

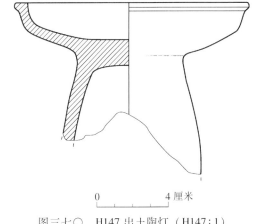

0　　　　4 厘米

图三七〇　H147 出土陶灯（H147：1）

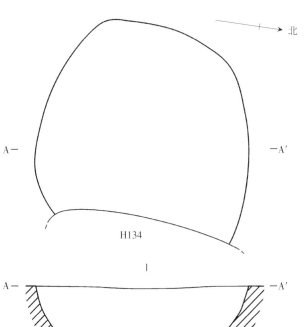

北

A—　　　—A'

H134

A—　　　—A'

0　　　　40 厘米

图三七一　H148 平、剖面图

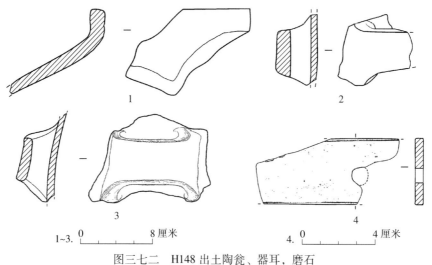

图三七二　H148 出土陶瓮、器耳，磨石

1. 陶瓮（H148∶5）　　2、3. 陶器耳（2. H148∶6，3. H148∶7）　　4. 磨石（H148∶1）

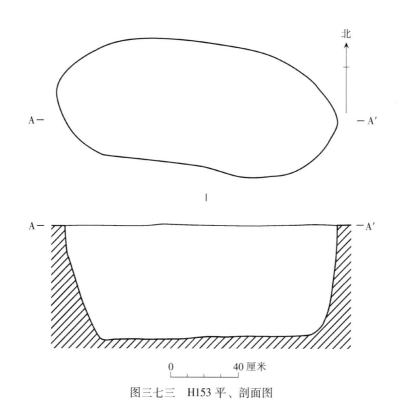

图三七三　H153 平、剖面图

褐土为主，土质较疏松。坑内包含物较少，以建筑构件及生活用具为主。筒瓦残片多数瓦面饰绳纹或绳纹抹平，瓦背饰有布纹。板瓦残片瓦面多饰有绳纹、瓦棱纹，瓦背多饰有方格纹、菱形纹等几何纹。陶片数量较少，多为泥质灰陶，以素面为主。

H154 出土一残铁器。

铁锸

1 件。H154∶2，铸制。侧视呈楔形，直刃。高 6.7、宽 2.4 厘米（图三七五）。

H155

位于 T1122 内，开口于③层下，打破 H132，开口距地表 1.3 米。平面近似圆角长方形，弧壁，底部起伏较大。长 2.4、宽 1.3、深 0.6 米（图三七六）。坑内堆积以黄土为主，夹杂有少量的石块，土质较疏松。坑内包含物较少，以建筑构件及生活用具为主。筒瓦残片多数瓦面饰绳纹或绳纹抹平，瓦背饰有布纹。板瓦残片瓦面多饰有绳纹、瓦棱纹，瓦背多饰有方格纹、菱形纹等几何纹。陶片数量较少，多为泥质灰陶，素面为主。

H157

位于 T1219 北侧，开口于③层下，开口距地表 1 米。据残存部分推

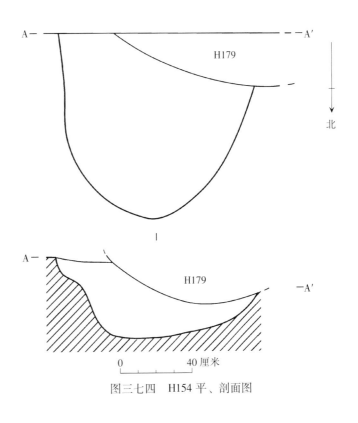

图三七四　H154 平、剖面图

测，平面近似椭圆形，弧壁，平底。保留部分长径 1.1、短径 0.8、深 0.6 米（图三七七）。坑内堆积以灰褐土为主，夹杂有大量的草木灰、炭粒及红烧土颗粒，土质较疏松。坑内包含物较少，以建筑构件及生活用具为主。筒瓦残片多数瓦面饰绳纹或绳纹抹平，瓦背饰有布纹。板瓦残片瓦面多饰有绳纹、瓦棱纹，瓦背多饰有方格纹、菱形纹等几何纹。陶片数量较少，多为泥质灰陶，以素面为主。

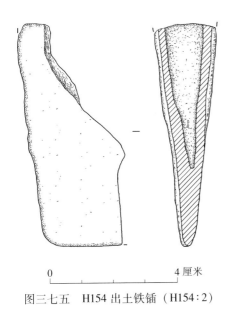

图三七五　H154 出土铁锸（H154：2）

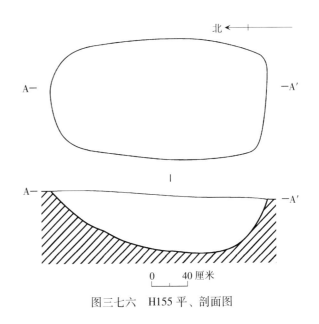

图三七六　H155 平、剖面图

H161

位于 T1415 中部，开口于③层下，开口距地表 1.2 米。平面近似圆形，直壁，平底。直径 0.9、深 0.2 米（图三七八）。坑内堆积以灰褐土为主，夹杂有少量的黑土，土质较疏松。坑内包含物较少，以建筑构件及生活用具为主。筒瓦残片多数瓦面饰绳纹或绳纹抹平，瓦背饰有布纹。板瓦残片瓦面多饰有绳纹、瓦棱纹，瓦背多饰有方格纹、菱形纹等几何纹。陶片数量较少，多为泥质灰陶，以素面为主，可辨器形有罐口沿等。

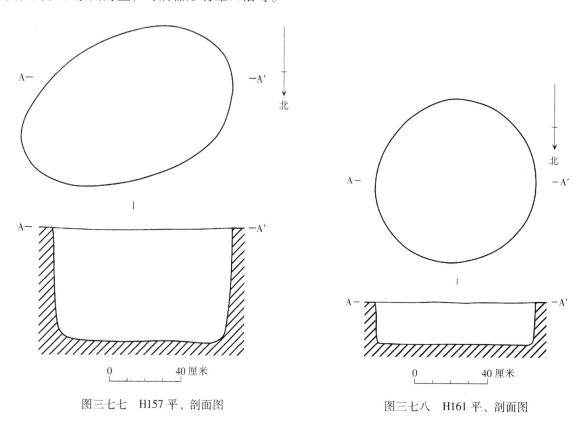

图三七七　H157 平、剖面图　　　　　　图三七八　H161 平、剖面图

H162

位于 T1415 内，且延伸至 T1414 北隔梁内，开口于③层下，打破 H163，开口距地表 1.2 米（图三七九）。根据已发掘部分推测，灰坑平面呈椭圆形，弧壁，平底略有起伏。长径存长 1、短径 1.3、深 0.2 米。坑内堆积以灰土为主，夹杂有大量的炭灰及红烧土，土质较疏松。坑内包含物较少，以建筑构件及生活用具为主。筒瓦残片多数瓦面饰绳纹或绳纹抹平，瓦背饰有布纹。板瓦残片瓦面多饰有绳纹、瓦棱纹，瓦背多饰有方格纹、菱形纹等几何纹。陶片数量较少，多为泥质灰陶，素面为主。

H163

位于 T1415 内，且延伸至 T1414 北隔梁内，开口于③层下，被 H162 打破，开口距地表 1.2

米。根据已发掘部分推测，平面呈椭圆形，直壁，平底。保留部分长径存长1、短径1.1、深0.2米（图三八〇）。坑内堆积以灰土为主，土质较疏松。坑内包含物较少，以建筑构件及生活用具为主。

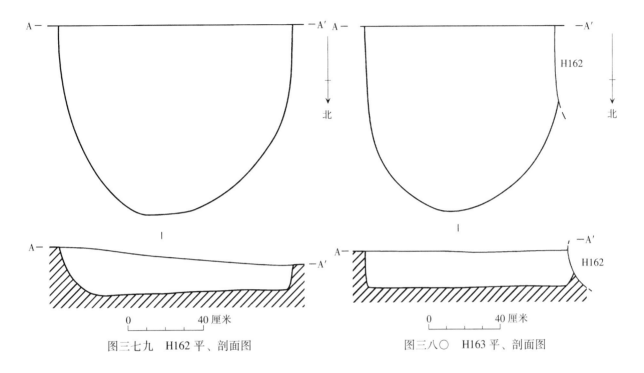

图三七九　H162 平、剖面图　　　　　　　图三八〇　H163 平、剖面图

H164

位于T1414内，且延伸至T1314东南角，开口于③层下，开口距地表1.2米。根据已发掘部分推测，平面呈椭圆形，斜壁，平底。暴露部分长径2.2、短径1.3、深0.5~0.6米（图三八一）。坑内堆积以灰褐土为主，夹杂有少量的木炭，土质较疏松。坑内包含物较少。

出土遗物共11件。有陶器、铁器、铜器、石器等。

1. 陶器

6件。可辨器形有盆、甑、器耳。

（1）盆

4件。均为口沿。轮制。H164:10，泥质灰陶。圆唇，折沿，敞口。素面。口径40、残高5.1厘米（图三八二，1）。H164:11，夹砂黑陶。方唇，平折沿，敞口。唇面饰划纹。素面。残高9厘米（图三八二，2）。H164:12，泥质灰陶。尖唇，卷沿，敞口。口沿截面呈三角形。器壁饰瓦沟纹。口径38、残高4.5厘米（图三八二，3）。H164:15，泥质黄褐陶。方唇，卷沿，敞口，残存部分腹壁斜直。沿缘饰一周绳

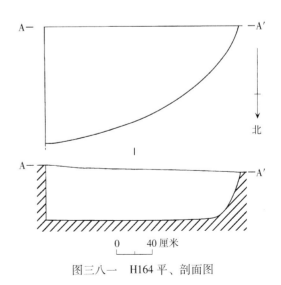

图三八一　H164 平、剖面图

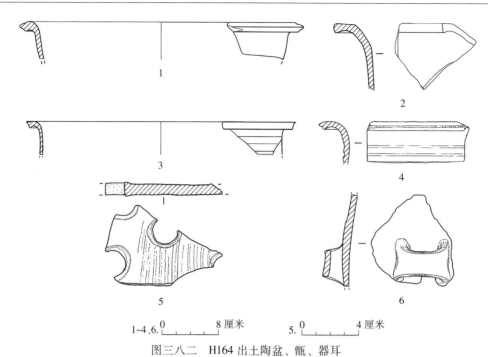

图三八二　H164 出土陶盆、甑、器耳

1~4. 盆（1. H164：10，2. H164：11，3. H164：12，4. H164：15）　5. 甑（H164：14）　6. 器耳（H164：13）

纹，器壁饰瓦沟纹。口径 40、残高 5.5 厘米（图三八二，4）。

（2）甑

1 件。H164：14，仅余底部。泥质灰陶。圆形甑孔。厚 0.9 厘米（图三八二，5；图版一四〇，2）。

（3）器耳

1 件。H164：13，轮制。夹砂灰陶，青灰色，火候较高。桥状横耳。素面。残高 12.4 厘米（图三八二，6）。

2. 铁器

3 件。皆为镞。均残。依据镞身形制不同分为凿形镞和铲形镞两种。

凿形镞　2 件。扁方铤。H164：2，残长 11.5 厘米（图三八三，1）。H164：3，长 10.5 厘米（图三八三，2）。

铲形镞　1 件。H164：1，扁方铤。残长 8.1 厘米（图三八三，3；图版一〇七，3）。

3. 铜器

1 件。为镞。H164：4，残。镞身三翼，尖部残，铁圆铤。残长 4.1 厘米（图三八三，4）。

4. 石器

1 件。为磨石。H164：5，残。长方形，磨制，一头带对钻孔。残长 7.2、宽 3.4、厚 1.4、孔径 0.5 厘米（图三八三，5；图版一五三，2）。

H166

位于 T0819、T0919 内，开口于③层下，开口距地表 1.5 米。根据已发掘部分推测，平面呈圆形，斜壁，圜底，整体呈锅底状。直径 1.2、深 0.4 米（图三八四）。坑内堆积以黑褐土为主，土

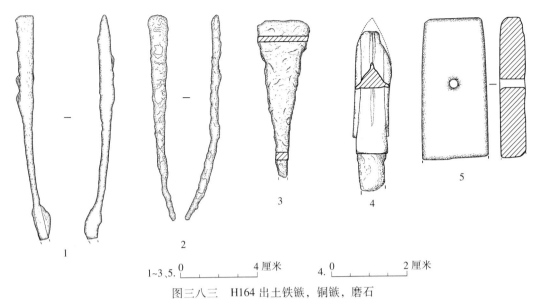

图三八三　H164 出土铁镞，铜镞，磨石

1~3. 铁镞（1. H164：2，2. H164：3，3. H164：1）　4. 铜镞（H164：4）　5. 磨石（H164：5）

质较疏松。坑内包含有大量的板瓦残片，瓦面多饰有绳纹、瓦棱纹，瓦背多饰有方格纹、菱形纹等几何纹。

出土陶器共 4 件。均为泥质陶。均残。可辨器形有盆，残片等。

（1）盆

3 件。均为口沿。轮制。H166：1，黄褐陶。尖唇，卷沿，敞口。沿缘饰一周绳纹，纹饰不清晰。口径 37、残高 4.4 厘米（图三八五，1）。H166：2，灰陶。方唇，卷沿，敞口。沿缘饰绳纹，纹饰不清晰。口径 48、残高 3 厘米（图三八五，2）。H166：3，灰陶。方唇，折沿，敞口，弧壁。沿面有一周凹弦纹。素面。口径 26、残高 4.2 厘米（图三八五，3）。

（2）残片

1 件。为陶器的腹部残片。H166：4，轮制。灰陶。溜肩，鼓腹。腹部饰斜向绳纹。高 12 厘米（图三八五，4）。

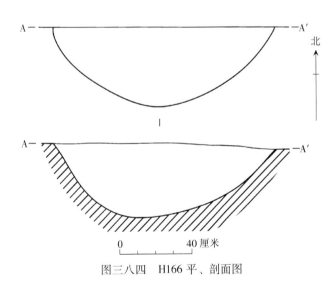

图三八四　H166 平、剖面图

H169

位于 T1514 西南角，开口于③层下，开口距地表 0.7 米。根据已发掘部分推测，平面呈椭圆形，斜壁，平底略有起伏。暴露部分长径 2.8、短径 1.4、深 0.6 米（图三八六）。坑内堆积以黄

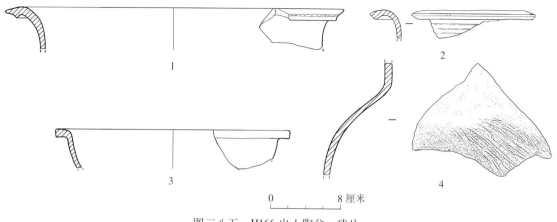

图三八五　H166 出土陶盆、残片
1~3. 盆（1. H166：1，2. H166：2，3. H166：3）　4. 残片（H166：4）

褐土为主，夹杂有大量的炭灰，土质较疏松。坑内包含物较少，以建筑构件及生活用具为主。筒瓦残片多数瓦面饰绳纹或绳纹抹平，瓦背饰有布纹。板瓦残片瓦面多饰有绳纹、瓦棱纹，瓦背多饰有方格纹、菱形纹等几何纹。陶片数量较少。

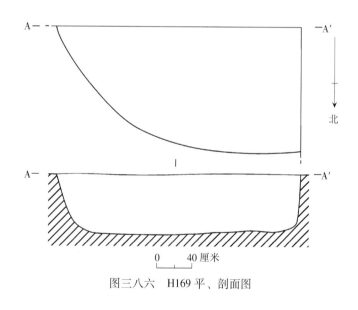

图三八六　H169 平、剖面图

出土遗物共5件。有陶器、铁器等。

1. 陶器

4件。可辨器形有盆、甑及纹饰陶片。

（1）盆

2件。轮制。H169：3，夹砂灰陶。方唇，卷沿，敞口，腹壁缓折。素面。复原后口径42、残高7.5厘米（图三八七，1）。H169：2，夹细砂灰陶。圆唇，卷沿，敞口，腹壁斜直。残片上有锔孔。口径50、残高10.5厘米（图三八七，2）

（2）甑

1件。H169：5，仅余底部。深弧腹，平底。底部是较密的小圆形甑孔。底径26、残高8厘米，甑孔直径1.5厘米（图三八七，3；图版一四〇，3）。

（3）纹饰陶片

1件。H169：4，夹砂灰黑陶。器表饰三道一组的水波纹。残高9、厚0.8厘米（图三八七，4）。

2. 铁器

1件。为镞。H169：1，残。矛形，镞身扁平，方形铤。残长12.5厘米（图三八七，5；图版一三四，5）。

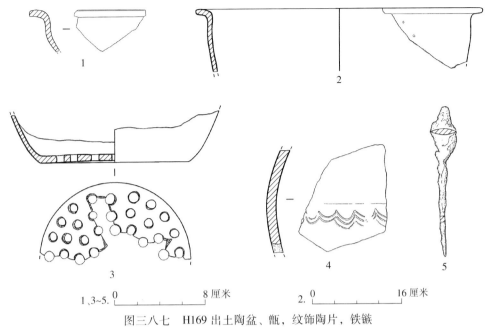

图三八七　H169 出土陶盆、甑，纹饰陶片，铁镞

1、2. 陶盆（1. H169∶3，2. H169∶2）　3. 陶甑（H169∶5）　4. 纹饰陶片（H169∶4）　5. 铁镞（H169∶1）

H173

位于 T1023 内，延伸至 T1022 北隔梁内，开口于③层下，开口距地表 1.6 米。根据已发掘部分推测，平面近似圆角长方形，斜壁，底部起伏较大。暴露部分长 1.8、宽 1.8、深 0.3～0.4 米（图三八八）。坑内堆积以黑土为主，夹杂有少量的石块，土质较疏松。坑内包含物较少，以陶片为主，多为泥质陶，素面为主，少量饰有暗纹。

出土遗物共 3 件。有铁器和铜器。均为兵器类。

1. 铁器

1 件。镞。H173∶1，残。镞身呈四棱锥状，圆铤。残长 6 厘米（图三八九，1）。

2. 铜器

2 件。皆为镞。均残。镞身呈三棱锥状。H173∶2，尖部残，关部截面为六棱形，铁圆铤。残长 3.4 厘米（图三八九，2）。H173∶5，圆关，铁圆铤。残长 3.9 厘米（图三八九，3）。

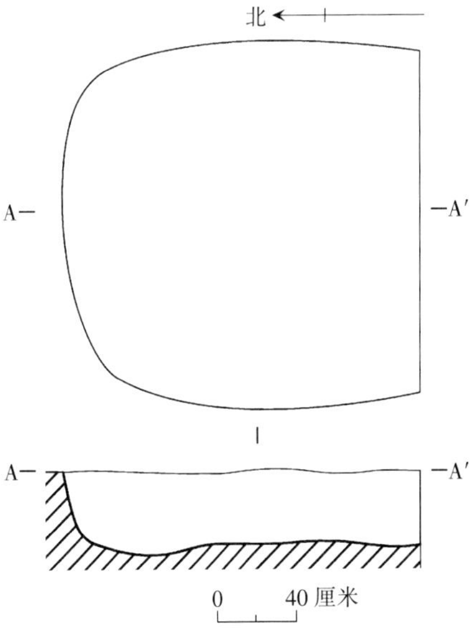

H174

位于 T1519 东南角，开口于③层下，打破 F9，开口距地表 0.9 米。根据已发掘部分推测，平面呈圆形，直壁，平底略有起伏。半径 1、深 0.3 米（图三九○）。坑内堆积以黑褐土为主，夹杂有大量的木炭及红烧土，土质较疏松。坑内包含物较少，以建筑构件及生活用具为主。

图三八八　H173 平、剖面图

出土遗物共 3 件。有建筑构件和陶器等。

1. 建筑构件

2 件。均为瓦当。均残。模制。H174：2，仅残存一小部分，黄色。从残存部分看当面模印卷云纹。当面残径 7.2 厘米（图三九一，1）。H174：3，圆瓦当。泥质灰陶。当面模印双栏四界格莲花纹，仅存一个界格。莲瓣瘦长，前端尖锐，后端圆钝。当背有手捏痕迹。当面残径 7.5 厘米（图三九一，2）。

2. 陶器

1 件。甑。H174：1，轮制。泥质黄褐陶。圆唇，展沿，腹略弧，平底。素面。底部中心的大圆孔外围有六个小圆孔。口径 42.5、高 20.8、底径 22.5 厘米，底部大圆孔直径 5.5、小圆孔直径 3.3～3.7 厘米（图三九一，3；图版一四八，5）。

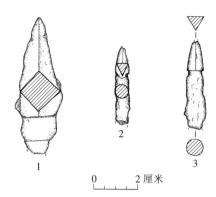

图三八九　H173 出土铁镞，铜镞
1. 铁镞（H173：1）　2、3. 铜镞
（2. H173：2、3. H173：5）

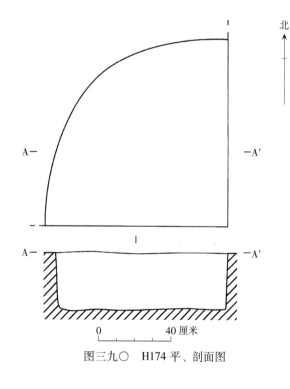

图三九〇　H174 平、剖面图

H181

位于 T1322、T1323 内，开口于③层下，打破 F29，开口距地表 1.2 米。暴露部分呈扇形，斜壁，圜底起伏较大。保留部分长 3.3、深 0.1～0.7 米（图三九二）。坑内堆积以黄褐土为主，夹杂有少量的大石块及炭粒，土质较疏松。坑内包含物较少。

出土遗物共 8 件。有陶器、铁器、石器等。

1. 陶器

2 件。均为陶器残片。

（1）器底

1 件。H181：6，泥质灰陶。轮制。弧壁，平底。残存部分腹、底均饰压印绳纹。残高 5.1 厘米（图三九三，1）。

（2）纹饰残片

1 件。H181：5，泥质黄陶。轮制。器表饰横向绳纹和凹凸弦纹。残高 9.5、壁厚 0.8 厘米（图三九三，2）。

2. 铁器

5 件。有镞、环。

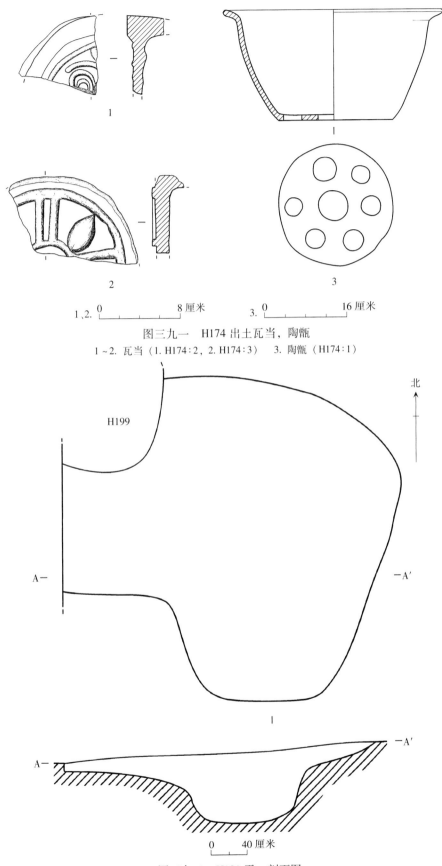

图三九一　H174 出土瓦当，陶甑

1~2. 瓦当（1. H174：2，2. H174：3）　　3. 陶甑（H174：1）

图三九二　H181 平、剖面图

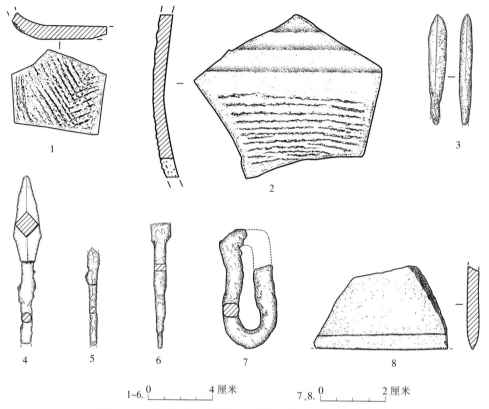

图三九三　H181 出土陶器底，纹饰陶片，铁镞、环，石刀

1. 陶器底（H181:6）　2. 纹饰陶片（H181:5）　3~6. 铁镞（3. H181:8, 4. H181:11, 5. H181:9,
6. H181:10）　7. 铁环（H181:7）　8. 石刀（H181:1）

（1）镞

4 件。均残。依据镞身形制不同分为矛形镞、锥形镞两种。

矛形镞　1 件。H181:8，圆铤。残长 6.5 厘米（图三九三，3）。

锥形镞　1 件。H181:11，圆铤。残长 9.8 厘米（图三九三，4）。

另有 2 件镞，镞身残断。H181:9，圆铤。残长 5.8 厘米（图三九三，5）。H181:10，扁方铤。
残长 7.4 厘米（图三九三，6）。

（2）环

1 件。H181:7，残。不规则形。残长 3.5 厘米（图三九三，7）。

3. 石器

1 件。为刀。H181:1，残。磨制。直刃，正锋。残长 4、厚 0.3 厘米（图三九三，8）。

H183

位于 T1518 内，开口于③层下，开口距地表 0.8 米。平面呈圆形，直壁，平底。直径 1.1、
深 0.5 米（图三九四）。坑内堆积以黑褐土为主，夹杂有大量的木炭及红烧土颗粒，土质较疏松。
坑内包含物较少，以建筑构件及陶片为主。建筑构件以板瓦为主，筒瓦较少。板瓦残片以灰陶为
主，瓦面多饰有绳纹、瓦棱纹，瓦背多饰有方格纹、菱形纹等几何纹。陶片以泥质灰陶为主，且
以素面为主，可辨器形有甑底等。

H185

位于 T1823 西侧，且延伸至 T1723 东隔梁内，开口于③层下，开口距地表 0.8 米。根据已发掘部分推测，平面呈椭圆形，直壁，平底。暴露部分长径 2.1、短径 1.5、深 0.4 米（图三九五）。坑内堆积以黑褐土为主，夹杂有少量的木炭及红烧土颗粒，土质较疏松。坑内包含物较丰富。

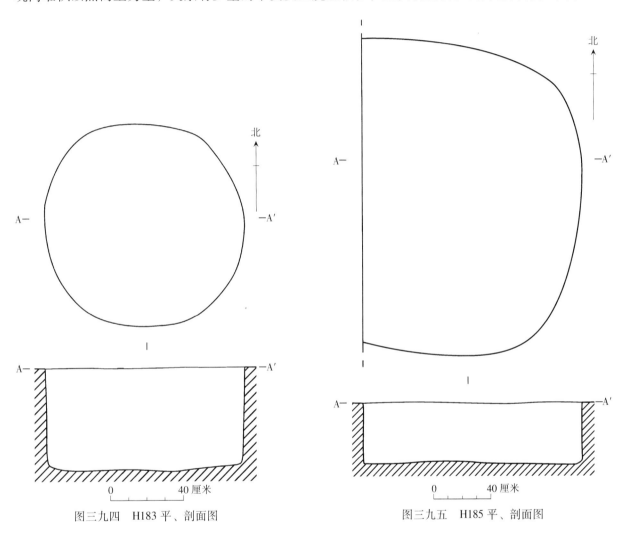

图三九四　H183 平、剖面图　　　　　　　图三九五　H185 平、剖面图

出土遗物共 12 件。有建筑构件、陶器、铁器、兽骨等。

1. 建筑构件

1 件。为圆瓦当。H185：8，残。青灰色。当面模印双栏四界格莲花纹，仅余一小部分。边缘凸面饰顺向粗绳纹，凹面饰布纹。有明显的旋切痕迹。残高 4.5 厘米（图三九六，1）。

2. 陶器

3 件。可辨器形有壶、盆、器耳。

（1）壶

1 件。残存口沿。H185：5。夹砂黄褐陶。轮制。圆唇，展沿，束颈，溜肩。沿缘饰有一周断续的凹弦纹，肩部饰交叉细划纹。口径 37、残高 23.8 厘米（图三九六，2）。

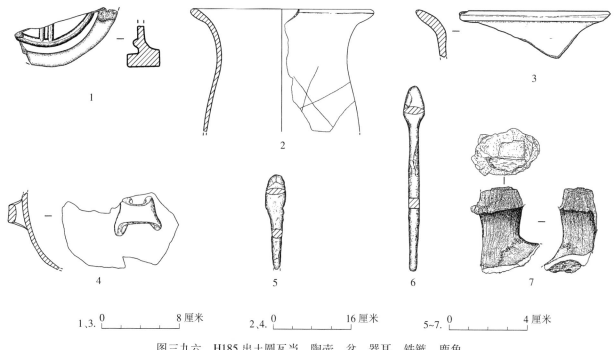

图三九六　H185 出土圆瓦当，陶壶、盆、器耳，铁镞，鹿角

1. 圆瓦当（H185:8）　2. 陶壶（H185:5）　3. 陶盆（H185:6）　4. 陶器耳（H185:7）　5、6. 铁镞
（5. H185:2，6. H185:3）　7. 鹿角（3. H185:4）

（2）盆

1 件。残存口沿。H185:6，轮制。泥质红陶。圆唇，侈口。沿缘饰绳纹。口径 30、残高 4.5 厘米（图三九六，3）。

（3）器耳

1 件。H185:7，轮制。夹砂红褐陶。残存部分器壁置一桥状横耳。残高 15 厘米（图三九六，4）。

3. 铁器

2 件。皆为镞。均残。矛形，方铤。H185:2，残长 4.6 厘米（图三九六，5）。H185:3，残长 8.9 厘米（图三九六，6）。

4. 兽骨

6 件。有鹿角和动物牙齿。

（1）鹿角

1 件。H185:4，残断。应是鹿角根部，一端有横切痕迹。残长 4.2 厘米（图三九六，7；图版一七五，1）。

（2）动物牙齿

5 件。均残。推测为大型食草类动物牙齿（图版一七五，2~6）。

H188

位于 T1322 内，且延伸至 T1321 北隔梁及 T1222 东隔梁内，开口于③层下，打破 H189，开口距地表 1.2 米。根据已发掘部分推测，平面呈椭圆形，坑壁及底部均不太规整。暴露部分长径1.6、短径 0.9、深 0.1～0.5 米（图三九七）。坑内堆积以灰褐土为主，夹杂有少量的木炭，土质较疏松。坑内包含物较少。

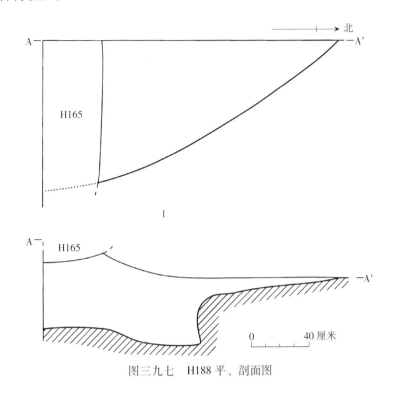

图三九七　H188 平、剖面图

H189

位于 T1322 内，且延伸至 T1321 北隔梁及 T1222 东隔梁内，开口于③层下，被 H188 打破，开口距地表 1.2 米。根据已发掘部分推测，H189 平面呈椭圆形，弧壁，圜底。暴露部分长径1.3、短径 0.8、深 0.3～0.6 米（图三九八）。坑内堆积以黑褐土为主，土质较疏松。坑内包含物较少，以建筑构件及陶片为主。建筑构件以板瓦为主，筒瓦较少。板瓦残片瓦面多饰有绳纹、瓦棱纹，瓦背多饰有方格纹、菱形纹等几何纹。陶片以泥质灰陶为主，可辨器形有罐等。

H198

位于 T1021 中部，开口于③层下，开口距地表 0.9 米。平面近似椭圆形，弧壁，圜底，整体呈锅底状。长径 1.5、短径 1.1、深 0.3 米（图三九九）。坑内堆积以黑褐土为主，土质较坚硬。坑内包含物极少，仅出土一些残碎的瓦片。

H200

位于 T0919 内，开口于③层下，开口距地表 1.4 米。平面近似椭圆形，弧壁，圜底。长径1.5、短径 1.3、深 0.2 米（图四〇〇）。坑内堆积以黑褐土为主，土质较疏松。坑内包含物较少，以建筑构件及陶片为主。板瓦残片瓦面多饰有绳纹、瓦棱纹，瓦背多饰有方格纹、菱形纹等几何

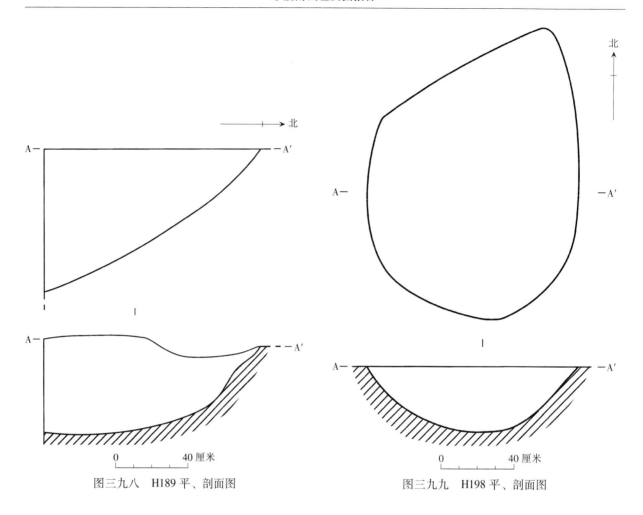

图三九八　H189平、剖面图　　　　　　图三九九　H198平、剖面图

纹。陶片以泥质灰陶为主，较为残碎，多为素面。

H204

位于T1825、T1925、T1926、T1826内，开口于③层下，打破H35，开口距地表0.9米。平面近似椭圆形，直壁，平底，底部为一沙石堆。长径5.4、短径3.2、深0.2～0.3米（图四〇一）。坑内堆积以灰黑土为主，夹杂有少量的细沙及红烧土颗粒，土质较疏松。坑内包含物较丰富。

出土遗物共27件。有建筑构件、陶器、铁器、石器等。

1. 建筑构件

1件。圆瓦当。H204:15，残。泥质灰陶。边轮缺失，当面模印双栏四界格莲花纹。莲瓣瘦长，前端尖锐，后端圆钝，后端与中心弦纹相连，前端与外圈弦纹相连。当面残径14厘米（图四〇二，1；图版八五，6）。

2. 陶器

17件。可辨器形有壶、罐、盆、钵、甑、灯、器耳、器底、球、圆饼等。

（1）壶

1件。H204:27，颈腹部残片。轮制。夹细砂灰陶。溜肩，深弧腹。肩部两道凹弦纹间饰一道水波纹。腹径 25、残高 22.5 厘米（图四〇二，2）。

（2）罐

1 件。H204：14，修复完整。圆唇，侈口，弧腹，平底。肩腹部有一对对称桥状竖耳。口径 10、底径 7、高 11.5 厘米（图四〇二，3；图版一三九，4）。

（3）盆

3 件。泥质灰陶。轮制。展沿，敞口。H204：20，方唇，沿面饰一周凹弦纹。沿缘饰压印绳纹，器壁饰凹凸弦纹。残高 9.5 厘米（图四〇二，4）。H204：21，方唇，器壁斜直。沿缘饰一周绳纹，外壁饰凹弦纹。口径 24、残高 6 厘米（图四〇二，5）。另有腹片 1 件。H204：25，泥质黄褐陶。浅弧腹。外壁素面，内壁饰菱形网状划纹。器壁有锔孔。残高 6、壁厚 1.1 厘米（图四〇二，6）。

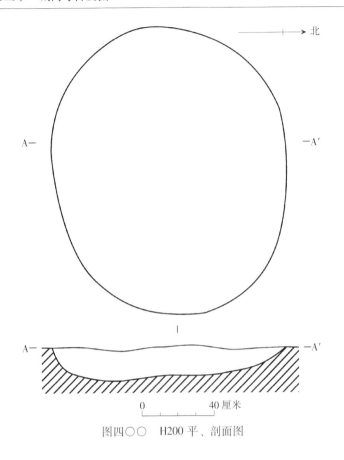

图四〇〇　H200 平、剖面图

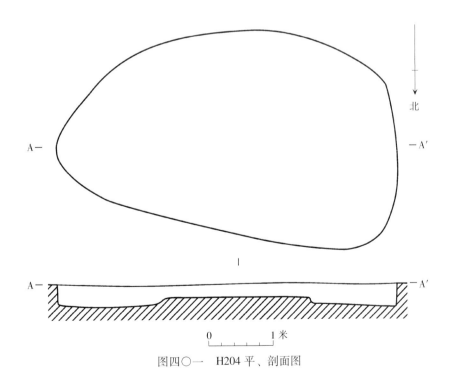

图四〇一　H204 平、剖面图

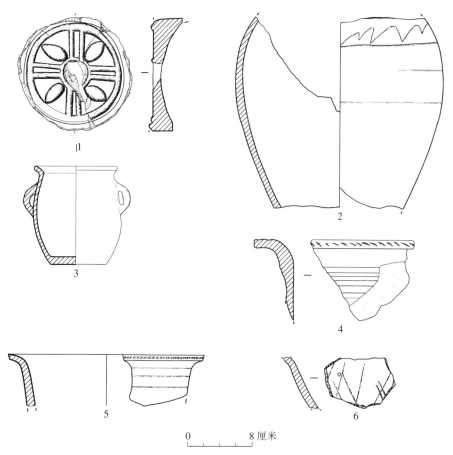

图四〇二　H204 出土圆瓦当，陶壶、罐、盆
1. 圆瓦当（H204∶15）　2. 陶壶（H204∶27）　3. 陶罐（H204∶14）　4～6. 陶盆（4. H204∶20，5. H204∶21，6. H204∶25）

（4）钵

6件。H204∶4，残。轮制。夹砂灰陶。方唇，敛口，弧壁，平底。素面。口径8.8、底径4.7、高4.3厘米（图四〇三，1）。H204∶5，泥质灰黑陶。残。轮制。方唇，敞口，弧壁，平底。口径17、底径8.6、高9厘米（图四〇三，2；图版一四九，6）。H204∶11，修复完整。泥质灰陶。圆唇，敛口，弧壁，平底。素面。口径9、底径6.1、高4.4、壁厚0.7厘米（图四〇三，3；图版一二二，5）。H204∶16，残。轮制。泥质黑陶。方唇，敞口，弧壁，平底。素面。外壁呈黑色，内壁呈红褐色。口径18.8、底径9.5、高8.4厘米（图四〇三，4；图版一四九，7）。H204∶22，修复完整。夹砂灰陶，火候较高。方唇，敛口，弧壁，平底。素面。口径13.6、底径9.6、高6.6厘米（图四〇三，5；图版一四九，8）。H204∶24，泥质灰陶。残。轮制。方唇，敞口，弧壁，近底部残。口径14、残高7.5厘米（图四〇三，6）。

（5）甑

1件。H204∶28，修复完整。轮制，制作不规整。泥质红褐陶。圆唇，展沿，敞口，深弧腹，平底。内壁饰菱形网状压光暗纹，纹饰不清晰。底部中心有一个甑孔，外围有6个甑孔，均为圆形。口径49、底径24、高25厘米，甑孔直径平均2.6厘米（图四〇三，7；图版一五一，4）。

（6）灯

1件。H204∶19，残。泥质灰陶。轮制。筒形柄，覆钵形座。底径10、残高9厘米（图四〇

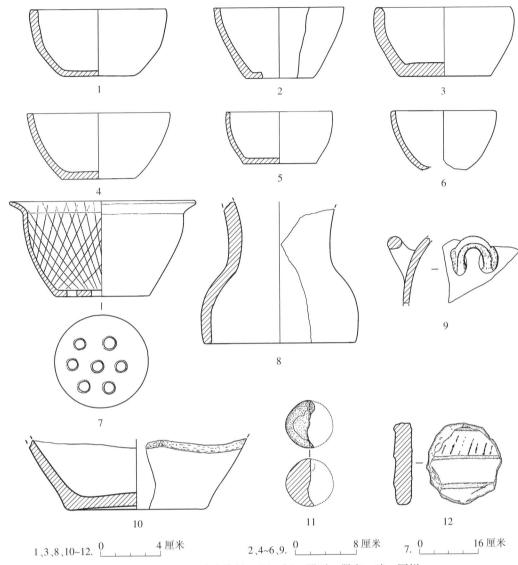

图四〇三　H204 出土陶钵、甑、灯、器耳、器底、球、圆饼

1～6. 钵（1. H204：4，2. H204：5，3. H204：11，4. H204：16，5. H204：22，6. H204：24）　7. 甑（H204：28）
8. 灯（H204：19）　9. 器耳（H204：26）　10. 器底（H204：23）　11. 球（H204：17）　12. 圆饼（H204：12）

三，8）。

（7）器耳

1 件。H204：26，夹细砂黄褐陶。环状耳斜上翘。残高 8.7、壁厚 1 厘米（图四〇三，9）。

（8）器底

1 件。H204：23，夹砂红褐陶，内搀滑石颗粒。底略内凹。底径 9、残高 4.5 厘米（图四〇三，10）。

（9）球

1 件。H204：17，残。红褐陶。圆形。直径 3.1 厘米（图四〇三，11）。

（10）圆饼

1 件。H204：12，完整。夹砂灰褐陶，近圆形，一面带有凸弦纹加粗绳纹，一面凹弦纹。直径5.2、厚1.2厘米（图四〇三，12）。

3. 铁器

8件。有镞、钉等。

（1）镞

6件。依据镞身形制不同可分为矛形镞、凿形镞。

矛形镞　3件。H204：2，残。方铤。残长8.7厘米（图四〇四，1）。H204：3，铤部残断。扁圆铤。长11.5厘米（图四〇四，2；图版一三四，6）。H204：7，完整。圆铤。长10.3厘米（图四〇四，3；图版一三四，7）。

凿形镞　3件。均残。扁方铤。H204：1，残长6.4厘米（图四〇四，4）。H204：6，长10.8厘米（图四〇四，5）。H204：8，残长10.2厘米（图四〇四，6）。

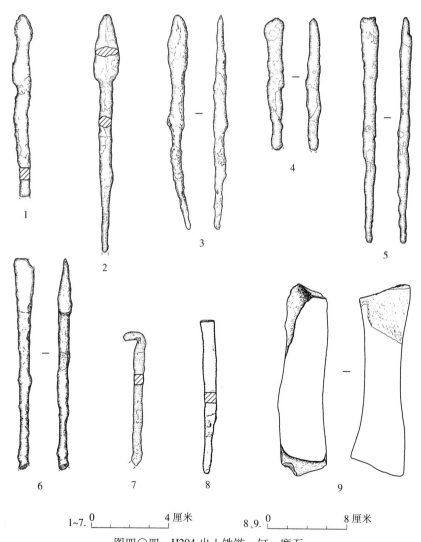

图四〇四　H204 出土铁镞、钉，磨石
1~6. 铁镞（1. H204：2，2. H204：3，3. H204：7，4. H204：1，5. H204：6，6. H204：8）
7、8. 铁钉（7. H204：9，8. H204：10）　9. 磨石（H204：13）

（2）钉

2件。H204：9，残。折首，扁方身。残长6.5厘米（图四〇四，7）。H204：10，完整。平头，扁方身，尖部圆钝。长14.8厘米（图四〇四，8；图版一五六，3）。

4. 石器

1件。为磨石。H204：13，残。磨制。平面长条形，三面都有内凹磨面。残长18.4、宽4.5、厚5.3厘米（图四〇四，9；图版一六四，8）。

H206

位于T1926内，开口于③层下，开口距地表0.9米。根据已发掘部分推测，平面呈椭圆形，直壁，平底。暴露部分长径存长1.9、短径2.6、深0.4米（图四〇五）。坑内堆积以浅黑土为主，夹杂有少量的黄土及红烧土颗粒，土质较疏松。坑内包含物较丰富。

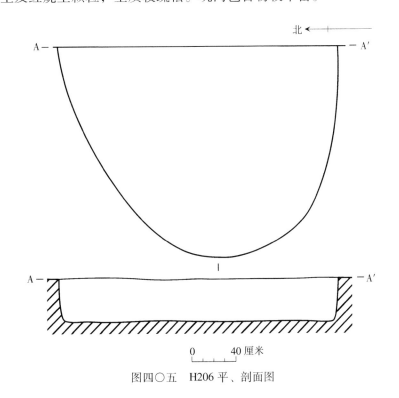

图四〇五　H206平、剖面图

出土遗物共5件。有陶器、铁器、铜器等。

1. 陶器

3件。均为夹砂陶。可辨器形有壶、器底。

（1）壶

2件。H206：3，残。仅存口、腹部。轮制。夹细砂灰黑陶。尖唇，敞口，束颈，溜肩，弧腹。肩腹部有轮旋痕迹，上腹部置一对对称桥状横耳。口径26.2、残高26.4厘米（图四〇六，1；图版一四七，3）。H206：4，修复。夹砂灰黑陶。口部残缺，束颈，深腹，平底。素面。上腹部具两组对称桥状横耳。残存口径23、底径13、高37厘米（图四〇六，2；图版一五四，4）。

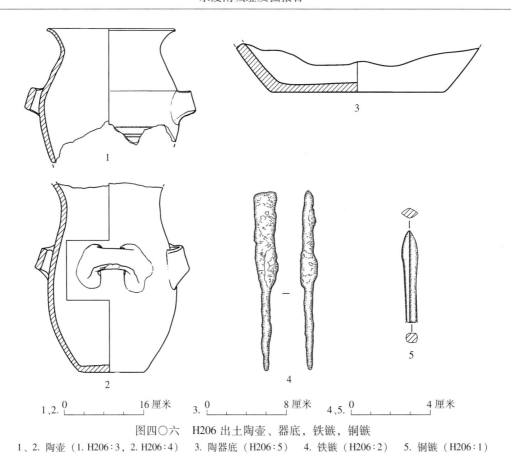

图四〇六　H206 出土陶壶、器底，铁镞，铜镞
1、2. 陶壶（1. H206：3，2. H206：4）　3. 陶器底（H206：5）　4. 铁镞（H206：2）　5. 铜镞（H206：1）

（2）器底

1 件。H206：5，轮制。夹砂灰陶。残存部分腹壁斜直，平底。素面。底径 17、残高 4.7、底厚 2.1 厘米（图四〇六，3）。

2. 铁器

1 件。为镞。H206：2，完整。镞身凿形，圆铤。长 8.8 厘米（图四〇六，4）。

3. 铜器

1 件。为镞。H206：1，残。矛形，尖部较锋利，关部截面呈六棱形，尾部残断。残长 4.5 厘米（图四〇六，5）。

Y1

位于 T0319、T0419 内，开口于③层下，上距地表 0.7 米。窑床东部被 F23 打破，仅余少部。方位角 175°（图四〇七）。

窑床残存部分平面近长方形，南北进深 1.9、存宽 1.3、高 0.3 米。窑床北壁用土坯砌筑，土坯均已残碎，形制不详。西壁似经抹泥。地面北高南低，烧结严重，呈灰白色。火膛位于窑床南端，平面呈半圆形，土坯砌筑。地面尚保留几块砖，平砌。火膛长径 1.6、短径 0.9、深 0.9 米，低于窑床 0.5 米。窑址内有土坯出土。

土坯

2 件。均残。Y1：1，夹细砂灰陶。长 14、宽 14.8 厘米（图四〇八，1）。Y1：2，夹砂灰陶，

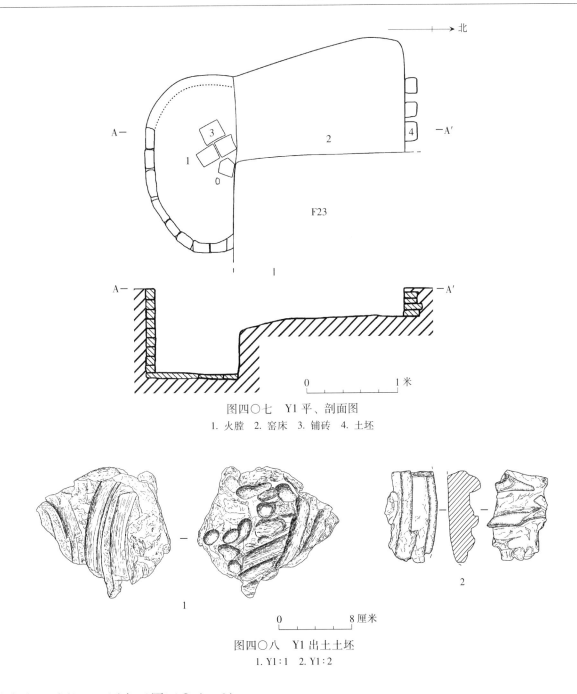

图四〇七　Y1 平、剖面图

1. 火膛　2. 窑床　3. 铺砖　4. 土坯

图四〇八　Y1 出土土坯

1. Y1:1　2. Y1:2

青灰色。残长 9.9 厘米（图四〇八，2）。

G4

位于 T2321、T2322、T2421、T2422 内，开口于③层下，开口距地表 1.3 米。斜壁，平底，呈覆斗状。已发掘部分长 6、宽 1.2～2.2、深 0.3 米（图四〇九）。沟内堆积以深灰土为主，夹杂有大量的黄土，土质较疏松。沟内包含物较丰富，以建筑构件为主，陶片较少。板瓦残片以灰陶为主，瓦面多饰有绳纹、瓦棱纹，瓦背多饰有方格纹、菱形纹等几何纹。发现一枚四界格莲花纹瓦当。陶片以泥质灰陶为主，夹砂陶次之，多为素面。此外，还出土有铁镢。

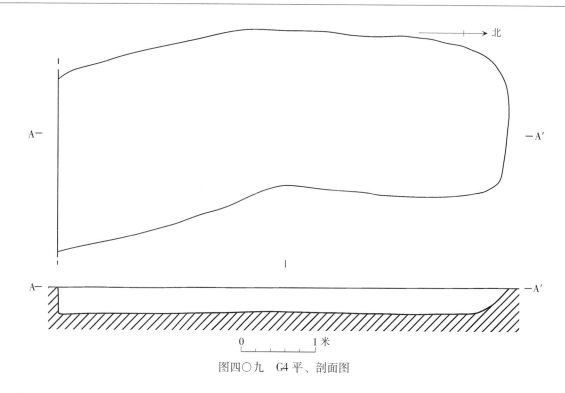

图四〇九　G4 平、剖面图

镞

2 件。均残。矛形，镞身扁平。G4：1，扁方铤。残长 7.4 厘米（图四一〇，1）。G4：2，圆铤。长 9.3 厘米（图四一〇，2）。

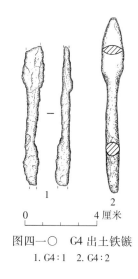

图四一〇　G4 出土铁镞
1. G4：1　2. G4：2

Z3

位于 T1121 的东北部，坐落于③层。灶平面呈椭圆形，长 1.3、南北宽 0.8 米（图四一一）。用泥土和石板、石块混筑而成。灶口两侧壁用石块和石板砌筑，其余部分为烧硬的黄色泥土。灶膛近圆角方形，长 0.6、宽 0.3、深 0.4 米。灶底部向下凹陷，灶口部较矮，有一突起的土棱。灶外连接烟道，只残留一小段烟道的土槽，其余部分只见烟道底部的炭灰。主要为红烧土和少量黑色炭粒，无其他包含物。应是房址内的室内灶，因房址被破坏严重，只残留灶和一小段烟道。

Z4

位于 T1020 探方南部中间位置，坐落于③层，与 Z5 南北相对，层位相同。灶由若干大小不等的石块分上下两层砌成，平面呈长方形，长 0.8、宽 0.5 米（图四一二）。灶口向东，火膛平面近长方形，长 0.4、宽 0.3、高 0.2 米。灶前有近圆形的红烧土堆积。灶膛的底部从灶膛后端向灶膛口处略倾斜。灶膛底部是一个较硬的烧结面。灶中堆积主要为红烧土、木炭。土质较杂，包含有黄泥等。

出土一些铁镞残件。

镞

3 件。均残。镞身为四棱锥状，圆铤。Z4：1，残长 7.2 厘米（图四一三，1）。Z4：2，残长 9.2 厘米（图四一三，2）。Z4：3，残长 7.8 厘米（图四一三，3）。

Z5

位于 T1020 探方北部中间位置，开口距地表 1.5 米，坐落于③层，与 Z4 南北相对，层位相同（图四一四；图版一七六，1、2）。灶由石块、石板、黄泥等砌筑，平面呈长方形，长 1、宽 0.5 米。火膛平面近长方形，长 0.5、宽 0.2、高 0.1 米。灶口向北。灶前（灶北）有圆形的红烧土堆积。灶膛底部较硬且从灶膛后端向灶膛口处略微倾斜。灶中堆积以红烧土、木炭为主，土质较杂。出土多件铁镞，推测可能是锻造铁兵器等用的简易炉灶。

出土铁器共 17 件。有镞和环首钉。

（1）镞

16 件。均为残件。依据镞身形制可分为三棱锥形和四棱锥形。

三棱锥形镞　1 件。镞身横截面为三角形。Z5：11－2，圆铤。残长 7 厘米（图四一五，1）。

四棱锥形镞　14 件。按镞身横截面可分为菱形和方形两种。圆铤。

菱形截面镞　6 件。Z5：11－3，残长 9.4 厘米（图四一五，2）。Z5：11－4，残长 7.7 厘米（图四一五，3）。Z5：11－6，残长 6.7 厘米（图四一五，4）。Z5：11－7，长 9.3 厘米（图四一五，5）。Z5：11－10，残长 6.6 厘米（图四一五，6）。Z5：11－12，残长 10.4 厘米（图四一五，7）。

方形截面镞　8 件。Z5：11－1，残长 7.2 厘米（图四一五，8）。Z5：11－5，残长 8.4 厘米（图四一五，9）。Z5：11－8，残长 10.2 厘米（图四一五，10）。Z5：11－9，残长 9.6 厘米（图四一五，11）。Z5：11－11，残长 8.1 厘米（图四一五，12）。Z5：11－13，残长 6.7 厘米（图四一五，13）。Z5：11－14，残长 4.7 厘米（图四一五，14）。Z5：11－16，残长 8.9 厘米（图四一五，15）。

另有 1 件扁方铤镞。Z5：11－15，扁方铤。残长 13 厘米（图四一五，16）。

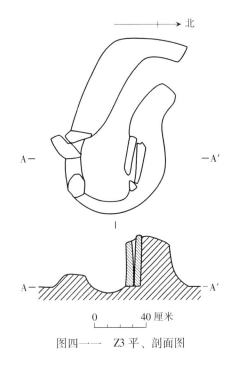

图四一一　Z3 平、剖面图

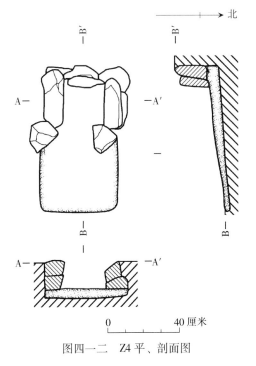

图四一二　Z4 平、剖面图

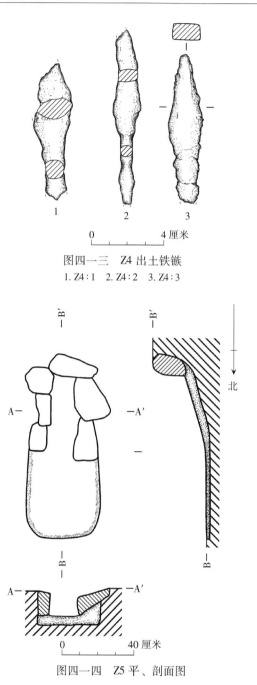

图四一三　Z4 出土铁镞

1. Z4∶1　2. Z4∶2　3. Z4∶3

图四一四　Z5 平、剖面图

（2）环首钉

1 件。Z5∶10，残。一端弯折呈环首状，四棱柱状器身。残长 6 厘米（图四一五，17）。

二　地层出土遗物

地层出土的本期遗物共 654 件。包括建筑构件、陶器、铁器、铜器、金器、石器等。建筑构件主要在早段地层出土，晚段地层少见建筑构件。一些具有典型时代特征的器物分早、晚介绍，一些不可分段的器物仅做了综合叙述。

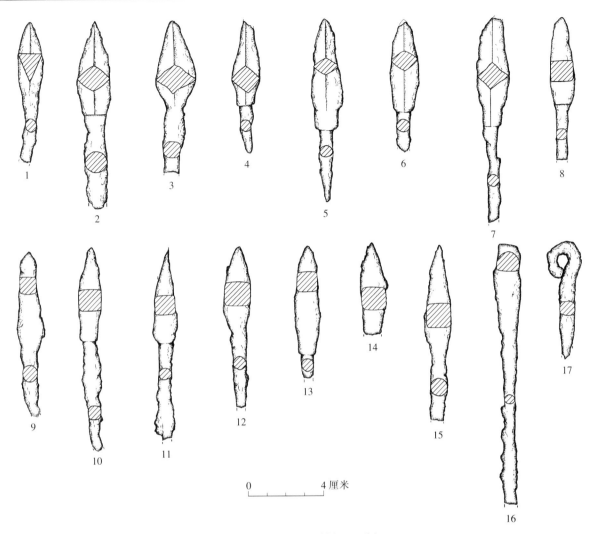

图四一五　Z5 出土铁镞、环首钉

1～16. 镞（1. Z5∶11－2，2. Z5∶11－3，3. Z5∶11－4，4. Z5∶11－6，5. Z5∶11－7，6. Z5∶11－10，7. Z5∶11－12，8. Z5∶11－1，9. Z5∶11－5，10. Z5∶11－8，11. Z5∶11－9，12. Z5∶11－11，13. Z5∶11－13，14. Z5∶11－14，15. Z5∶11－16，16. Z5∶11－15）17. 环首钉（Z5∶10）

（一）建筑构件

96 件。主要有板瓦、筒瓦、圆瓦当、砖等。

1. 板瓦

15 件。泥质灰陶。模制。火候较高。T1020 ③∶13，残存一小部分。凸面饰顺向粗绳纹，凹面饰小菱形网格纹。一侧边缘有很窄的由内向外的半切口。残长 14、残宽 14.2、厚 1.5 厘米（图一七八，3）。T1319 ③∶6，仅存前端一小部分。横剖面近似圆弧形。前端端面较平，上缘饰斜向指压纹。凸面由前向后 16 厘米范围内饰斜向粗绳纹，绳径 0.3 厘米，余素面；凹面由前向后 15 厘米内压印菱格纹，中心有菱形凸起。残长 23、残宽 33.5、前端厚 1、中部厚 1.6 厘米（图四一六，1）。T1416 ③∶3，残。前宽后窄，横剖面近圆弧形。前端端面较平，后端端面圆滑。两侧边缘有由内向外的半切口。凸面拍印斜向绳纹，由后端向前 15 厘米内饰横向凹弦纹并将绳纹抹断；凹面由前向后 16 厘米内拍印菱形网格纹，格内有近似菱形的凸起，再向后素面。长 44 厘米，前

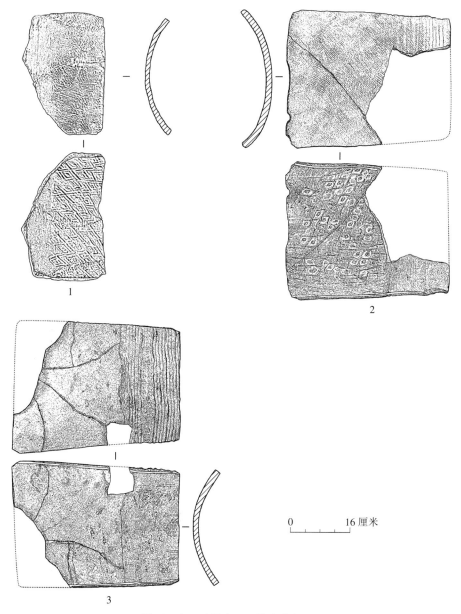

图四一六　地层出土四期文化板瓦
1. T1319 ③∶6　2. T1416 ③∶3　3. T1516 ③∶5

端宽 36.5、厚 0.9 厘米，后端宽 31.5、厚 1.4 厘米，中部厚 1.5 厘米（图四一六，2；图一七八，4；图版一七七，1）。T1425 ③∶10，残存一小部分。凸面饰顺向粗绳纹；凹面饰布纹，在布纹上又饰小菱形纹。两侧边缘有不明显的切痕。残长 15、残宽 16、厚 2 厘米（图一〇一，8）。T1516 ③∶5，残。凸面从口部到里面 16 厘米处饰凹凸弦纹带，再向后饰斜向绳纹，纹饰不清晰；凹面局部能看出布纹痕迹。两侧边缘有由内向外的半切口。残长 45.5、宽 29.5～34.5、厚 1.6 厘米（图四一六，3；图版一七七，2）。T1516 ③∶6，稍残。前宽后窄，横剖面呈圆弧形。瓦身中间厚，并向两端渐薄。前端端面较平，后端端面较圆滑。凸面饰斜向绳纹，近后端无绳纹，从后端向前 17 厘米内饰横向凹弦纹，绳纹有抹断现象；凹面前端向后 21 厘米内拍印菱形纹，纹内有菱形凸起。余为素面。两侧边缘有由里向外的切口。长 35.5 厘米，前宽 36、厚 1.1～1.6 厘米，后

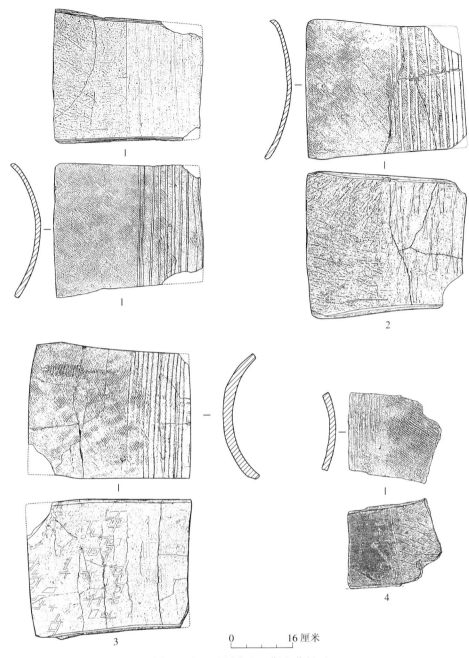

图四一七　地层出土四期文化板瓦

1. T1516 ③:6　2. T1516 ③:8　3. T1616 ③:1　4. T2215 ③:25

宽31、厚1.9厘米，中间厚1.9厘米（图四一七，1；图版一七八，1）。T1516 ③:8，残。平面呈长方形，横剖面圆弧形。前端方唇，后端残。凸面饰顺向粗绳纹，前端向后20厘米以后饰横向凹弦纹带并将绳纹隔断；凹面前半部拍印方形网状纹饰，后半部素面。两侧边有由内向外的半切口。残长43厘米，前宽37、后宽37、厚0.8厘米，中部厚2厘米（图四一七，2；图一七八，5；图版一七八，2）。T1516 ③:10，残存一小部分。凸面饰弦断斜向粗绳纹，凹面饰较乱的菱形纹。一侧边缘有很窄的由内向外的半切口，瓦尾有斜向指捏纹。残长19、残宽16.6、厚1.4厘米（图五，9）。T1516 ③:11，残。凸面饰凹弦纹带；凹面饰大菱形纹，纹内有椭圆形突起。

残长 22、宽 35.6、厚 1.1 厘米（图一七八，6）。T1616③：1，残。平面呈长方形，横剖面呈圆弧形。前宽后窄。后端圆唇，前端方唇略外展，有明显的切痕。凸面饰斜向粗绳纹，后端小口处向前 17 厘米处饰凹凸弦纹带并将绳纹抹断。凹面小口端向后 17 厘米以内较光滑；向后到大口端饰大菱形纹，纹内有菱形凸起。两侧边缘有由内向外的半切口。大头口径 36、小头口径 33.5、厚 1～1.8 厘米（图四一七，3；图版一二八，2）。T2215③：25，残。横剖面呈圆弧形。凸面一部分饰斜向粗绳纹，另一部分饰横向凹弦纹；凹面整体饰布纹，一部分在布纹上饰菱形网格纹，格内有椭圆形突起。一侧边有由内向外的切痕。残长 25.5、残宽 21、厚 1.7 厘米（图四一七，4）。T2215③：44，残。凸面饰斜向粗绳纹；凹面饰菱形纹，纹内饰椭圆形乳丁。一侧边缘有由内向外的半切口。残长 23.2、残宽 19、厚 1.8 厘米（图五，10）。T2215③：45，残。凸面饰斜向粗绳纹；凹面饰菱格纹，纹内饰椭圆形乳丁。一侧边缘有很窄的由内向外的半切口。厚 1.8 厘米（图一七八，7）。T2215③：46，残。凸面饰凹弦纹和斜向粗绳纹；凹面饰布纹，有一道明显的褶痕。厚 2.2 厘米（图一〇一，9）。T2222③：5，残。凸面饰凹弦纹和弦断绳纹，凹面饰菱格纹。一侧边缘有很窄的由内向外的半切口。残长 19、残宽 18.4、厚 1.6 厘米（图五，11）。

2. 筒瓦

7 件。泥质灰陶或黄褐陶。模制。火候较高。T1826②a：1，残。灰陶。凸面压印抹断绳纹，凹面压印布纹。熊头和瓦身结合处起一道凸棱。从一侧边缘看出脱模刀痕在边缘外侧。瓦身残长 16.3、残宽 8.6、厚 1 厘米（图四一八，1）。T1226③：1，残断。灰陶。残存部分瓦身凸面近前端有一按压的凹弦纹，凹面压印布纹。瓦身残长 6.9 厘米（图四一八，2）。T2425③：2，残，仅存前段。灰陶。凸面压印绳纹，凹面压印布纹，纹饰模糊不清。一侧边边缘整体都是脱模刀切痕迹。瓦身残长 19.2、残宽 13、厚 1.4 厘米（图四一八，3）。T1626③：4，残断。黄褐陶。凸面压印绳纹，纹饰不清晰，且能看到泥条对接痕迹；凹面压印布纹。两侧边缘外侧有脱模刀痕。瓦身残长 17、宽 14.8、厚 0.9 厘米（图四一八，4）。T1626③：3，残。黄褐陶。侧面边缘内侧有脱模刀痕。凸面素面，凹面饰绳纹。残长 20.3、残宽 12.5、厚 1.5 厘米（图四一八，5）。T2215③：33，残断。存筒瓦前半部。灰陶。凸面抹绳纹，凹面饰布纹。两侧靠外缘部位有刀削痕迹。瓦身残长 19.4、熊头长 3.6、口径 14.1 厘米（图四一八，6；图版一一二，2）。T1516③：9，残。灰陶。瓦头上边缘有指压纹。凸面压印顺向抹绳纹，凹面压印布纹。瓦身长 37.2、宽 15.8、厚 2.3 厘米（图四一八，7；图版一一二，3）。

3. 圆瓦当

70 件。模制。泥质灰陶，火候较高。依据当面不同可分为四界格"千秋万岁"文字瓦当和四界格莲花纹瓦当两种。

（1）"千秋万岁"文字瓦当

17 件。均残。当面模印双线四界格，内篆书"千秋万岁"，从右到左直读。中心饰一素面大圆乳丁。T1022②a：3，仅存"千"字（图四一九，1）。T1023③：18，边轮高于当面，仅存"万"字的上半部（图四一九，2）。T1314③：1，边轮高于当面，仅存"千"和"万"字的一小部分，"千"字第一笔画做鸟首状，鸟喙下衔一小鱼。瓦当直接塞入筒瓦内，当背抹泥固定。残存筒瓦凸面素面，凹面饰布纹。瓦当直径 17.5、边轮宽 1.7 厘米，筒瓦残长 9、厚 1.6 厘米（图四一九，

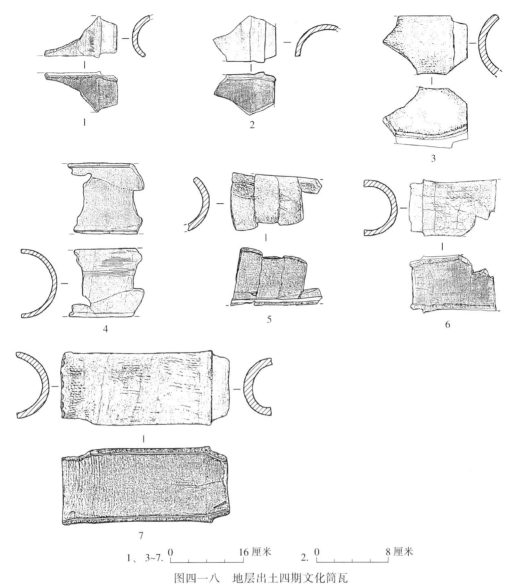

1、3~7. 0 ⸺⸺⸺ 16厘米　　2. 0 ⸺⸺⸺ 8厘米

图四一八　地层出土四期文化筒瓦

1. T1826②a:1　2. T1226③:1　3. T2425③:2　4. T1626③:4　5. T1626③:3　6. T2215③:33　7. T1516③:9

3；图一八〇，5；图版一七九，1）。T1321③:15，边轮高于当面。仅存"万"和"岁"的一部分。边轮宽1.2厘米（图四一九，4；图版一七九，2）。T1516②a:1，边轮高于当面，存一"岁"字。边轮宽1.8厘米（图四一九，5；图一八〇，6；图版一七九，3）。T1925②a:1，仅存"岁"字的一部分（图四一九，6）。T2025③:1，边轮高于当面，当背光滑平整。当面残径11.4、边轮宽1.2~1.6厘米（图四一九，7）。T2026③:9，仅存"万"字和两条直线凸棱（图四一九，8）。T2117①:1，仅存"万"字，表面涂朱（图四一九，9）。T2120③:12，边轮脱落。当面仅存"万"字（图四二〇，1）。T2125③:6，边轮脱落，仅存"秋"字的一部分（图四二〇，2）。T2221③:15，边轮部分脱落，边轮高于当面。存"秋"和"岁"。当面直径17、边轮宽1.3厘米（图四二〇，3；图一八五，4；图版一七九，4）。T2221③:16，残存一小部分边轮。边轮高于当面，当心圆乳丁和边轮同高。仅存"秋"和"岁"字。边轮宽1.3、花头宽2.1厘米（图四二〇，4；图一八五，5；图版一七九，5）。T2315③:3，残。边轮脱落。表面涂红。中心饰一素面

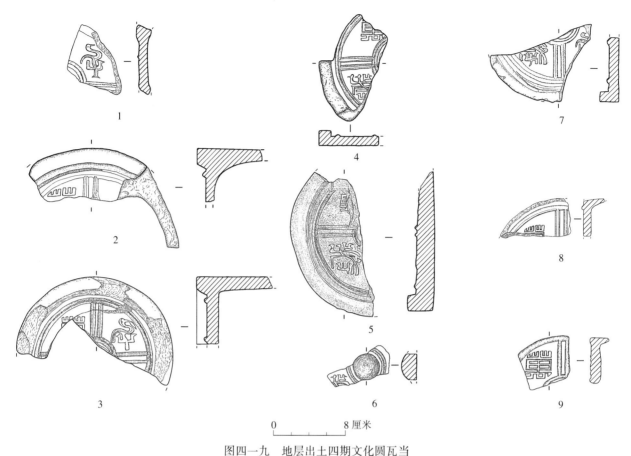

图四一九　地层出土四期文化圆瓦当

1. T1022②a：3　2. T1023③：18　3. T1314③：1　4. T1321③：15　5. T1516②a：1　6. T1925②a：1
7. T2025③：1　8. T2026③：9　9. T2117①：1

大圆乳丁。当背抹泥。残存当面直径13.5厘米（图四二〇，5；图一八五，6；图版一二一，2）。
T2316③：17，仅存一小部分（图四二〇，6）。T2420③：7，仅存"千"字上半部分（图四二〇，
8）。T2316③：18，边轮高于当面，仅存"岁"字。边轮宽1.5厘米（图四二〇，7；图版一七
九，6）。

（2）莲花纹瓦当

53件。皆为浅浮雕四界格莲花纹圆瓦当。泥质灰陶。模制。火候较高。高边轮，当面近边轮
处为一道粗凸弦纹，当面界格线为二凸棱线，平均分成四个扇面，每个扇面内有一枚高浮雕单瓣
莲纹，花瓣上有一条棱线或模糊不显的线条。莲瓣较瘦长，形似枣核。当心饰圆锥状素面乳丁
纹。依据花瓣不同可分为长瓣、短瓣二种形制。

短瓣瓦当　23件。界格内的花瓣较小，不抵外界格。T0422①：1，残。当面残径7.2厘米
（图四二一，1）。T0821②a：3，残。边轮脱落，当背有指压凹窝，边缘有旋切痕迹。当面残径
13厘米（图四二一，2；图版一八〇，1）。T1119③：2，残，边轮脱落。表面涂红（图四二
一，3；图版一八〇，2）。T1121③：1，残。当背抹泥。当面残径4.7、边轮宽1.2厘米（图四
二一，4）。T1221③：12，残。由筒瓦和瓦当共同组成边轮，筒瓦部分脱落（图四二一，5）。
T1221③：4，残。瓦当内侧有明显的手工拿捏痕迹。当面残径16厘米（图四二一，6；图版一

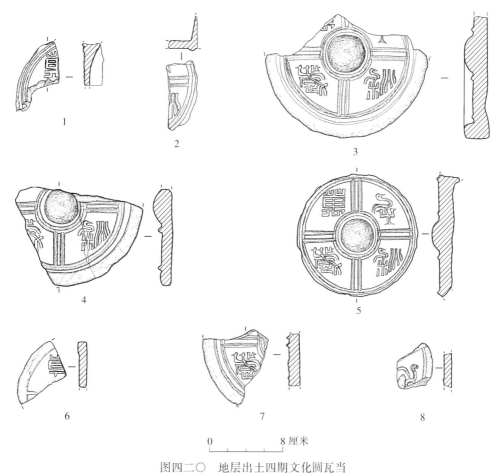

图四二〇　地层出土四期文化圆瓦当
1. T2120 ③:12　2. T2125 ③:6　3. T2221 ③:15　4. T2221 ③:16　5. T2315 ③:3　6. T2316 ③:17
7. T2316 ③:18　8. T2420 ③:7

八〇，3）。T1321 ③:1，筒瓦部分脱落。边轮宽窄不均，表面涂红。当背有抹泥痕迹。当面直径16、边轮宽1~2厘米（图四二一，7；图版一八〇，4）。T1421 ③:1，残。表面涂红。后接筒瓦部分残断。复原当面直径17、边轮宽1.2、筒瓦残长6.5厘米（图四二一，8；图版一八〇，5）。T1423 ③:2，残。当背有穿孔痕迹，边缘有旋切痕迹。背面瓦头和筒瓦衔接痕迹明显（图四二二，1；图版一八〇，6）。T1526 ③:6，残。当面残径7.6厘米（图四二二，2）。T1816 ③:21，残。边轮高于当面。当背中部有明显的横向穿孔痕迹，边缘有旋切痕迹。当面直径16.5、边轮高1厘米（图四二二，3；图版一八一，1）。T1816 ③:2，残。边轮脱落。当面饰莲花纹（图四二二，4）。T1817 ③:12，残。当面存一个莲瓣（图四二二，5）。T1914 ③:3，残。边轮宽1厘米（图四二二，6）。T1916 ③:13，残。当面直径15.3、边轮宽1.5厘米（图四二二，7；图版一八一，2）。T1926 ③:2，残。表面涂红。当背有横向穿孔痕迹和切痕。边轮宽1.2厘米（图四二二，8；图版一八一，3）。T2015 ③:7，残。当背有指压凹窝。当面残径13.5厘米（图四二二，9；图版一八二，4）。T2019 ③:4，筒瓦部分缺失。当背有横向穿孔痕迹。当面直径16.5、边轮宽1.3厘米（图四二三，1；图一九三，3；图版一八一，5）。T2125 ③:7，残。边轮高于当面。表面涂红。当背有手工拿捏痕迹，边缘有旋切痕迹。边轮宽2厘米（图四二三，2；图版一八一，6）。T2315 ③:2，残。当背有捶打凹窝，边缘切口处有横向

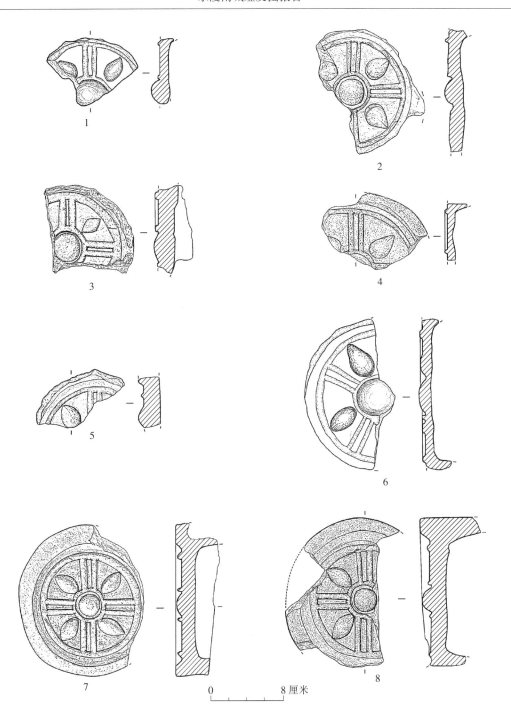

图四二一　地层出土四期文化圆瓦当

1. T0422①∶1　2. T0821②a∶3　3. T1119③∶2　4. T1121③∶1　5. T1221③∶12　6. T1221③∶4
7. T1321③∶1　8. T1421③∶1

穿孔。当面直径 17、筒瓦部分残长 7 厘米（图四二三，3；图一九三，4；图版一八二，1）。
T2315③∶10，残。边轮高于当面。后接筒瓦残断。边轮宽 1.6、筒瓦部分残长 5 厘米（图四二
三，4）。T2320③∶18，残。表面涂红（图四二三，5）。T2420③∶5，残。当背有手指捏痕。边
缘有旋切痕迹（图四二三，6）。

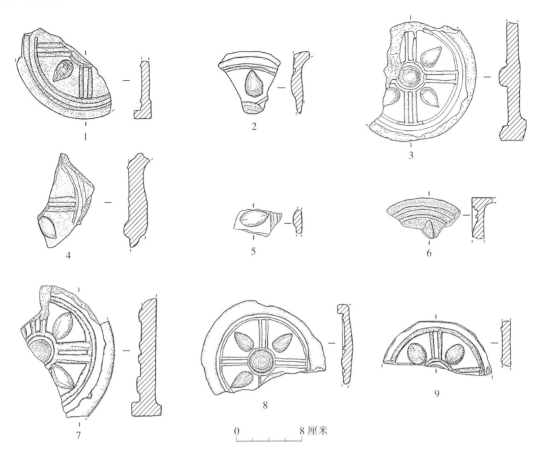

图四二二　地层出土四期文化圆瓦当
1. T1423 ③:2　2. T1526 ③:6　3. T1816 ③:21　4. T1816 ③:2　5. T1817 ③:12　6. T1914 ③:3
7. T1916 ③:13　8. T1926 ③:2　9. T2015 ③:7

长瓣瓦当　30件。均残。界格内的花瓣瘦长，与外界格相抵。T1020 ③:5，边轮较宽，高于当面（图四二四，1）。T1110 ③:11，花瓣制作粗糙，近似菱形（图四二四，2）。T1121 ③:4，边轮脱落（图四二四，3）。T1123②a:1，边轮脱落。当背有指压凹窝（图四二四，4；图版一八二，2）。T1220 ③:3，边轮脱落。表面涂朱。当背有指压凹窝（图四二四，5；图版一八二，3）。T1221 ③:7，边轮脱落。当背指压凹窝，凹凸不平（图四二四，6）。T1222②a:11，残。（图四二四，7）。T1223②a:3，边轮脱落（图四二四，8）。T1320 ③:2，边轮较宽，高于当面。后接筒瓦一侧边缘有切痕。边轮宽2、筒瓦残长4.9厘米（图四二四，9）。T1426 ③:7，当面直径14.2、筒瓦残长2.8厘米（图四二四，10）。T1514 ③:1，当背有手工拿捏痕迹，筒瓦切口处有横向穿孔痕迹，边缘有旋切痕迹。边轮宽1.4厘米（图四二五，1）。T1526 ③:7，当背有手工拿捏痕迹，边缘有旋切痕迹。边轮宽1.1厘米（图四二五，2）。T1614 ③:2，表面涂红（图四二五，3）。T1621 ③:1，边轮脱落（图四二五，4；图版一八二，4）。T1716 ③:3，边轮脱落（图四二五，5）。T1726 ③:5，边轮较窄，当背有明显的手捏痕迹（图四二五，6）。T1819 ③:1，边轮脱落（图四二五，7）。T1819 ③:4，当面残径4.4厘米（图四二五，8）。T1826 ③:1，边轮脱落。表面涂朱（图四二五，9）。T1926 ③:4，边轮高于当面。当背有明显的指压凹窝（图四二五，10）。T1926 ③:10，边轮脱落（图四二五，11）。T2019 ③:5，表面涂朱（图四二六，1）。T2025 ③:

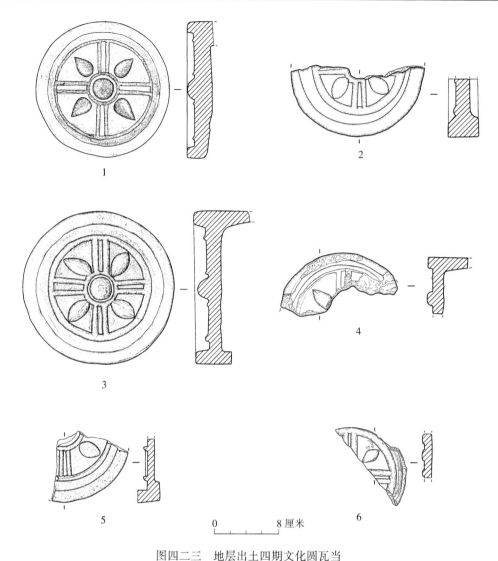

图四二三　地层出土四期文化圆瓦当
1. T2019 ③：4　2. T2125 ③：7　3. T2315 ③：2　4. T2315 ③：10　5. T2320 ③：18　6. T2420 ③：5

14，残高 7 厘米（图四二六，2）。T2117 ③：2，边轮脱落。仅存一道双线界格和一瓣莲瓣（图四二六，3）。T2125 ③：10，边轮高于当面，筒瓦部分脱落。莲瓣呈菱形。表面涂朱，当背有指压凹窝。边缘有切痕。边轮残宽 1 厘米（图四二六，4）。T2125 ③：20，边轮高于当面，当面涂朱。瓦当外边缘饰抹绳纹。当面直径 15.5、边轮宽 1.2 厘米（图四二六，5；图版一八二，5）。T2215 ③：34，残（图四二六，6）。T2220 ③：31，边轮脱落。当面仅存双竖线。表面涂朱（图四二六，7）。T2319 ③：3，边轮脱落，当背有横向穿孔和手捏痕迹。当面直径 16 厘米（图四二六，8；图一九三，5；图版一八二，6）。T2420 ③：4，边轮脱落。当背有指压痕和横向穿孔痕迹（图四二六，9）。

4. 砖

4 件。均残。为方形铺地砖。泥质灰陶。素面。T2215 ③：36，残存部分一面内凹，一面略弧鼓。内凹的一面表面较光滑，弧鼓的一面表面粗糙。残长 21、残宽 14、厚 3 厘米（图四二七，1）。T2215 ③：35，残存部分近三角形。残长 20、残宽 17.5、厚 5 厘米（图四二七，2；图版一八

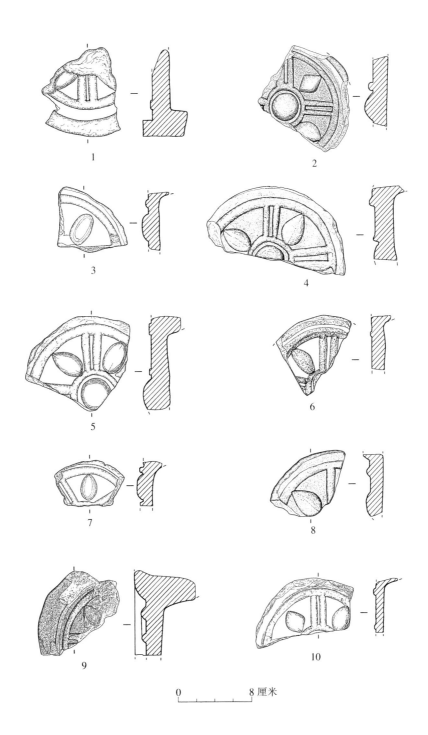

图四二四　地层出土四期文化圆瓦当

1. T1020③:5　2. T1110③:11　3. T1121③:4　4. T1123②a:1　5. T1220③:3　6. T1221③:7
7. T1222②a:11　8. T1223②a:3　9. T1320③:2　10. T1426③:7

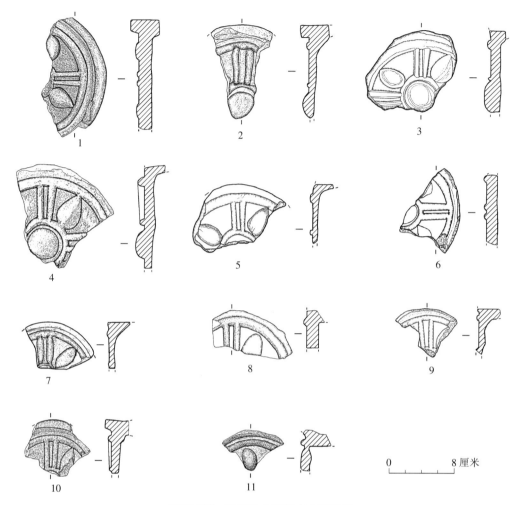

图四二五　地层出土四期文化圆瓦当

1. T1514 ③：1　2. T1526 ③：7　3. T1614 ③：2　4. T1621 ③：1　5. T1716 ③：3　6. T1726 ③：5
7. T1819 ③：1　8. 1819 ③：4　9. T1826 ③：1　10. T1926 ③：4　11. T1926 ③：10

三，1）。T2215 ③：37，残存部分近长方形。一面光滑，另一面较为粗糙。残长 22.2、厚 4.5 厘米（图四二七，3；图版一八三，2）。T1514 ③：8，残存平面近似梯形。一面较光滑，另一面粗糙。长 39.5、残宽 25、厚 6.5 厘米（图四二七，4；图版一八三，3）。

（二）陶器

238 件。以泥质灰陶为主，可辨器形有壶、罐、瓮、盆、甑、釜、奁、钵、灯、纺轮、网坠、圆饼、盅、杯、熏盖、球、棋子、器盖、器耳、器底、纹饰陶片。

1. 壶

8 件。分为小口束颈壶和大口展沿壶，其中小口束颈壶为早段器物，大口展沿壶为晚段器物。

（1）小口束颈壶

3 件。轮制。泥质灰陶。口部残缺，束颈，溜肩，仅余颈肩部。T1626 ③：8，残存部分有两个钻孔。素面。残高 10 厘米（图四二八，1）。T1916 ③：14，内壁有明显的轮旋痕迹。残高 7.5

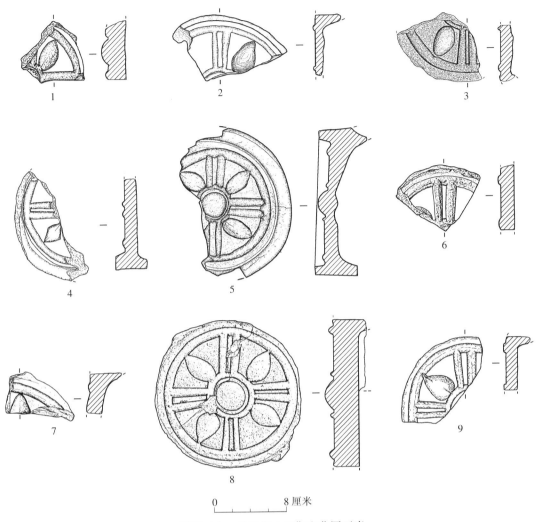

图四二六　地层出土四期文化圆瓦当

1. T2019③:5　2. T2025③:14　3. T2117③:2　4. T2125③:10　5. T2125③:20　6. T2215③:34　7. T2220③:31
8. T2319③:3　9. T2420③:4

厘米（图四二八，2；图版一四七，4）。T2217③:2，素面。颈部直径7.7、残高7.3厘米（图四二八，3；图版一四七，5）。

（2）大口展沿壶

5件。轮制。展沿。敞口，束颈，溜肩。T1123③:8，泥质灰陶。方唇，沿缘处沿面内凹。肩部有一对对称横桥耳。口径22.8、残高22.6厘米（图四二八，4；图版一四七，6）。T1925③:3，泥质灰陶，火候较高，口部窑烧变形。圆唇。颈部饰竖向暗纹，肩部饰两道凹弦纹，腹部饰斜向暗纹。口径12.2、残高10.5厘米（图四二八，5）。T2125③:26，残。圆唇。残存部分肩部有一桥状横耳。口径23.8、残高14.5厘米（图四二八，6）。T2320③:19，夹砂褐陶。圆唇。口径28、残高4厘米（图四二八，7）。T2322③:4，夹砂灰褐陶。圆唇。素面。口径39.5、残高17.8厘米（图四二八，8）。

2. 罐

17件。依据口部特征可分为折沿罐、束颈罐。其中折沿罐为本期早段器物，余者为晚段

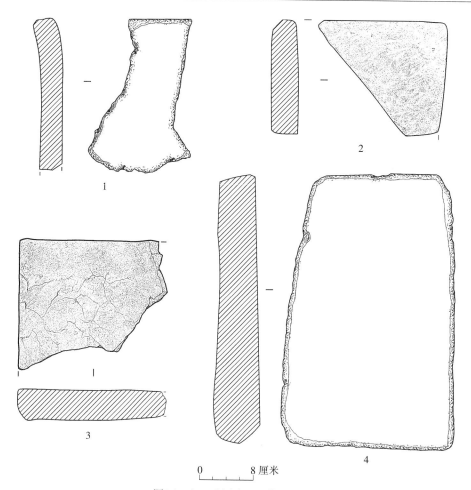

图四二七　地层出土四期文化砖
1. T2215 ③:36　2. T2215 ③:35　3. T2215 ③:37　4. T1514 ③:8

器物。

（1）折沿罐

11 件。小折沿，侈口。T1332 ③:4，夹砂红褐陶。圆唇。口径 15、残高 3.5 厘米（图四二九，1）。T1332 ③:5，圆唇，溜肩。口径 11、残高 4.2 厘米（图四二九，2）。T0818②a:5，夹砂红褐陶。圆唇，素面。口径 52、残高 14.5 厘米（图四二九，3）。T1033②a:1，夹砂灰陶。尖唇，素面。口径 20、残高 7.2 厘米（图四二九，4）。T1023 ③:19，夹砂灰陶。方唇。口径 19、残高 5.2 厘米（图四二九，5）。T1826 ③:8，夹砂灰褐陶。圆唇，短领溜肩。素面。口径 15、残高 9 厘米（图四二九，6）。T1817 ③:15，夹砂灰陶。圆唇。沿内面斜平。口径 36、残高 11.5 厘米（图四二九，7）。T2014 ③:4，夹砂红褐陶。方唇。素面。口径 16、残高 9 厘米（图四二九，8）。T1826 ③:9，夹细砂灰黑陶。圆唇，溜肩，素面。口径 15、残高 9.5 厘米（图四二九，9）。T2025 ③:11，残。方唇，鼓腹。肩部两道凹弦纹间饰戳点波折纹，下饰水波纹。口径 17、残高 23 厘米（图四二九，10；图版一五五，4）。T1123 ③:13，残。夹砂黄褐陶。圆唇。素面。口径 19、残高 7 厘米（图四二九，11）。

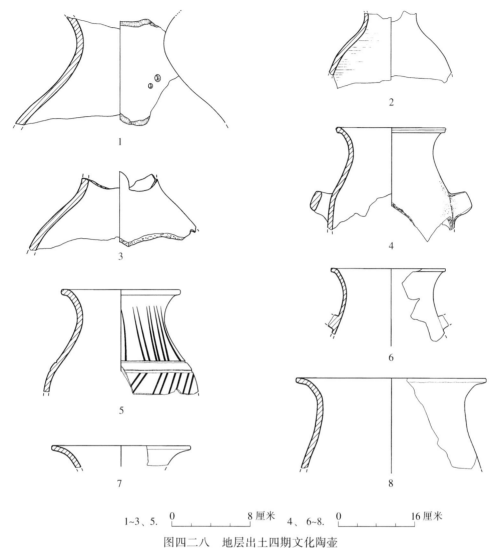

1~3、5.　0 ————————— 8 厘米　　　4、6~8.　0 ————————— 16 厘米

图四二八　地层出土四期文化陶壶

1. T1626 ③：8　2. T1916 ③：14　3. T2217 ③：2　4. T1123 ③：8　5. T1925 ③：3　6. T2125 ③：26
7. T2320 ③：19　8. T2322 ③：4

（2）束颈罐

6 件。敞口，束颈。T2315 ③：11，夹砂灰黑陶。圆唇。口径 12、残高 4.2 厘米（图四三〇，1）。T1627 ③：6，圆唇，平沿，弧腹。素面。内掺滑石。口径 16、残高 9 厘米（图四三〇，2）。T2318 ③：3，泥质灰陶。圆唇，斜平沿，深弧腹。上腹部置桥状横耳。素面。口径 13、残高 13 厘米（图四三〇，3）。T2115 ③：8，夹砂灰陶。方唇，溜肩。素面。口径 19、残高 12 厘米（图四三〇，4）。T1123 ③：9，泥质灰陶。方唇，弧壁。沿缘饰一周压印绳纹。残片上有锔孔。口径 39、壁厚 0.9、残高 12.2 厘米（图四三〇，5）。T2216 ③：10，夹砂灰陶。方唇，颈较粗。内侧沿面斜平。唇缘有一周断续的划纹。口径 42、残高 15 厘米（图四三〇，6）。

3. 瓮

12 件。依据口部形制不同分为敛口瓮、直口瓮和侈口瓮三种。其中敛口瓮为本期早段器物，余者为晚段器物。

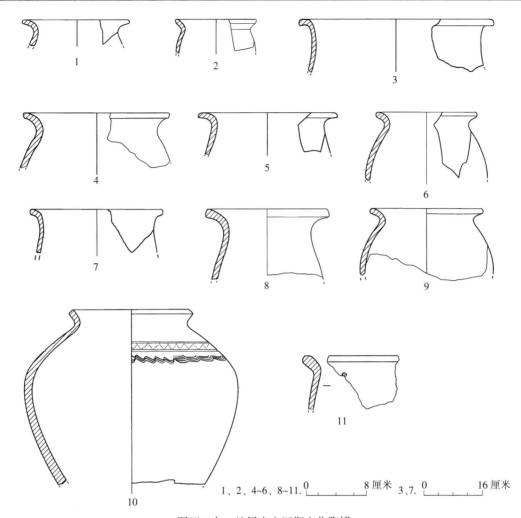

图四二九　地层出土四期文化陶罐

1. T1332③:4　2. T1332③:5　3. T0818②a:5　4. T1033②a:1　5. T1023③:19　6. T1826③:8
7. T1817③:15　8. T2014③:4　9. T1826③:9　10. T2025③:11　11. T1123③:13

（1）敛口瓮

2件。均残。T1816③:6，仅存口、腹部。泥质黑陶。轮制。圆唇，溜肩，鼓腹。口沿外侧有压印凹坑。下腹部饰戳点纹和压印绳纹。口径31.6、腹径52.6、残高36厘米（图四三一，1）。T1827③:5，泥质灰陶。圆唇，内卷沿，弧壁。素面。口径31、残高9.3厘米（图四三一，2）。

（2）直口瓮

3件。均残。泥质灰陶。T1219③:6，方唇，短领（图四三二，1）。T2024③:8，罐口沿。方唇，矮领，广肩。肩部两周凹弦纹间饰垂幔纹。口径19、残高6.5厘米（图四三二，2）。T2215③:38，方唇，矮领，广肩。肩部两道划纹间饰水波纹。内壁有明显的抹刷痕迹。口径22、残高7.6厘米（图四三二，3）。

（3）侈口瓮

7件。均残。T2115③:14，泥质灰陶。圆唇，束颈。沿面饰一周凹弦纹。口径21、残高5.4厘米（图四三三，1）。T2015③:13，泥质灰陶。方唇，矮领，广肩。肩部两周凹弦纹间饰水波

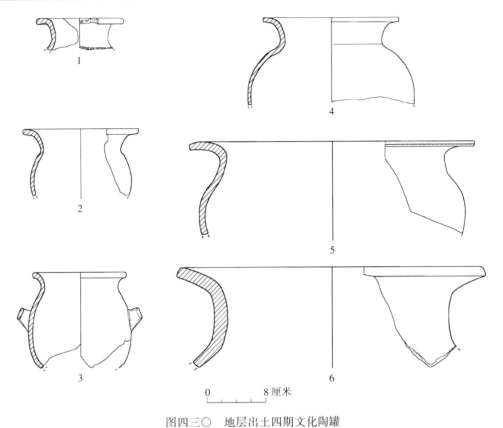

图四三〇　地层出土四期文化陶罐
1. T2315 ③:11　　2. T1627 ③:6　　3. T2318 ③:3　　4. T2115 ③:8　　5. T1123 ③:9　　6. T2216 ③:10

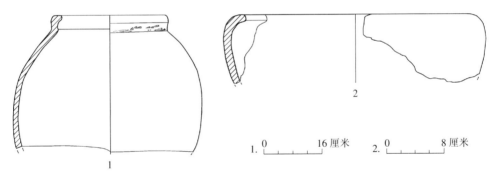

图四三一　地层出土四期文化陶瓮
1. T1816 ③:6　　2. T1827 ③:5

纹。口径 14、残高 7 厘米（图四三三，2）。T2215 ③:39，泥质灰陶。方唇，矮领，广肩。肩部两道划纹间饰水波纹，内壁有明显的抹刷痕迹。口径 20、残高 5.6 厘米（图四三三，3）。T2024 ③:3，泥质黄褐陶。方唇，矮领，广肩。肩部压印菱形纹。口径 32、残高 9 厘米（图四三三，4）。T1818 ③:4，泥质灰陶。方唇，短颈，广肩。素面。口径 24、残高 7.6 厘米（图四三三，5）。T1121 ③:8，泥质灰陶。圆唇，矮领，广肩。口沿内侧饰一周凹弦纹，外侧肩部两周凹弦纹间饰压印菱格纹。口径 32.2、残高 12.4 厘米（图四三三，6）。T2421 ③:13，泥质灰陶。方唇，矮领，广肩。肩部两道凹弦纹间饰垂幔纹。口径 14、残高 7.3 厘米（图四三三，7）。

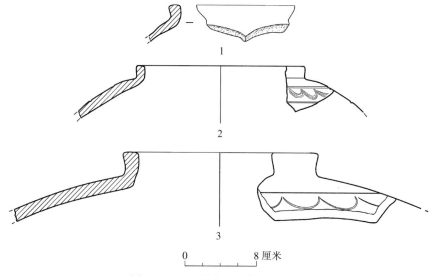

0 ————————— 8厘米

图四三二　地层出土四期文化陶瓮

1. T1219 ③:6　2. T2024 ③:8　3. T2215 ③:38

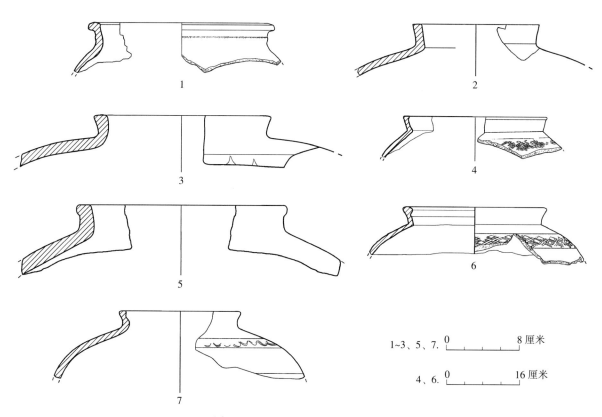

1~3、5、7. 0 ————————— 8厘米

4、6. 0 ————————— 16厘米

图四三三　地层出土四期文化陶瓮

1. T2115 ③:14　2. T2015 ③:13　3. T2215 ③:39　4. T2024 ③:3　5. T1818 ③:4　6. T1121 ③:8　7. T2421 ③:13

4. 盆

40件。依据口沿特征，分为斜折沿盆和平折沿盆，斜折沿盆又可分为宽折沿盆和短折沿盆。其中的宽折沿盆为四期早段器物，余者为晚段器物。

（1）斜折沿盆

35 件。分为宽折沿盆、短折沿盆。

宽折沿盆件　16 件。沿部较宽大，口、腹部间略有收束。T2025 ③：15，夹砂灰黑陶。轮制。圆唇，沿面较平，敛口，束颈。残高 4.7、厚 0.9 厘米（图四三四，1）。T2323 ③：14，泥质灰陶。方唇，沿面较宽，弧壁。素面。口径 48、残高 6.9 厘米（图四三四，2）。T1220②a：1，灰黑陶。方唇，弧壁。残片上有锔孔。残高 6.5 厘米（图四三四，3）。T2217 ③：3，泥质灰黑陶。方

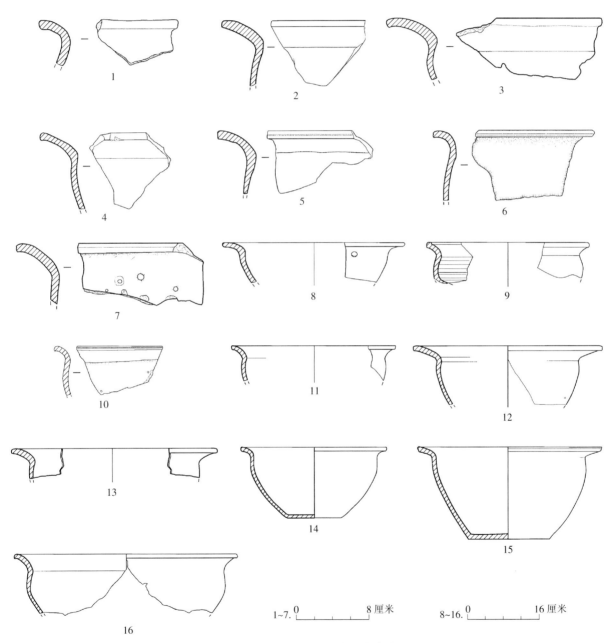

图四三四　地层出土四期文化陶盆

1. T2025 ③：15　2. T2323 ③：14　3. T1220②a：1　4. T2217 ③：3　5. T2317 ③：8　6. T2115 ③：15　7. T1020 ③：11　8. T2115 ③：16　9. T2423②a：1　10. T1123 ③：10　11. T2220 ③：36　12. T0818 ③：2　13. T1219②a：6　14. T2420 ③：8　15. T2220 ③：35　16. T2018 ③：2

唇，弧壁。素面。残高8.1厘米（图四三四，4）。T2317③：8，夹细砂灰陶。方唇，沿面略鼓，弧壁。沿缘饰一周压印绳纹，纹饰不清晰，绳纹下饰两道较细的划纹。口径50、残高6.6厘米（图四三四，5）。T2115③：15，灰陶。圆唇，敞口，弧腹。沿缘饰一周凹弦纹，其余素面。残高7.4、口沿厚0.6、壁厚0.5厘米（图四三四，6）。T1020③：11，泥质灰陶。方唇，弧腹。沿缘有一周不明显的压印绳纹。残存口沿下方有一个通透的小孔，其余三孔未通透。残高6.6厘米（图四三四，7）。T2115③：16，夹砂灰陶。圆唇，敞口。素面。口径40、残高8厘米（图四三四，8）。T2423②a：1，泥质灰陶。圆唇，敞口，弧壁。口沿边缘起一周凸棱。外壁有明显的轮旋痕迹，内壁腹部有数周磨光暗纹。口径36、残高7.5厘米（图四三四，9）。T1123③：10，泥质灰陶。方唇，弧腹。沿缘饰一周压印绳纹，器表有锔孔。推测复原口径35、残高10.4、壁厚1厘米（图四三四，10）。T2220③：36，泥质灰陶。方唇，敞口，弧壁。素面。口径36、残高7.4厘米（图四三四，11）。T0818③：2，泥质黑陶。方唇，弧腹。器身有锔孔。素面。口径42、残高12.5厘米（图四三四，12）。T1219②a：6，泥质灰陶。方唇，弧腹。素面。口径46、残高6.2厘米（图四三四，13）。T2420③：8，夹砂灰褐陶。圆唇，弧壁，平底。素面。内搀云母片。口径32、底径11.5、高15厘米（图四三四，14；图版一〇五，6）。T2220③：35，修复。泥质灰陶。尖唇，深腹，平底。素面。口径40、底径18、高19.7厘米（图四三四，15；图版一四八，6）。T2018③：2，泥质黑陶。方唇，弧腹。素面。口径49、残高12.5厘米（图四三四，16）。

短折沿盆　19件。折沿较短，弧腹。T0318③：5，夹砂黄褐陶。方唇。上腹部置桥状横耳。口径30、残高7厘米（图四三五，1）。T1219②a：7，泥质灰陶。尖唇，素面。口径40、残高6厘米（图四三五，2）。T1219③：7，夹砂灰陶。圆唇，敞口（图四三五，3）。T1219③：8，夹砂灰黑陶。圆唇，敞口。素面（图四三五，4）。T1321②a：10，泥质灰陶。圆唇，敞口，残存部分腹壁斜直。外壁饰凹凸弦纹。口径20、残高6厘米（图四三五，5）。T1332②a：1，泥质灰陶。圆唇，敞口，唇外缘加厚。素面。口径42、残高7.5厘米（图四三五，6）。T1527③：1，夹砂黄褐陶。圆唇。素面。口径29、残高9厘米（图四三五，7）。T1827③：6，夹砂红褐陶。方唇，敞口。外壁有明显的轮制痕迹。残宽12.6、残高14.4厘米（图四三五，8）。T1827③：7，夹砂红陶。方唇，敞口。口沿下方置一横桥状耳。残宽14.9、残高16.3、耳高3.3厘米（图四三五，9）。T2025③：16，夹砂红褐陶。圆唇，素面。壁厚0.9、残高3.6厘米（图四三五，10）。T2025③：17，夹砂灰黑陶。轮制。圆唇，敞口。素面。残长6.8、厚0.8厘米（图四三五，11）。T2115③：17，泥质黑陶。圆唇。外壁饰凹凸弦纹。口径22、高5.5厘米（图四三五，12）。T2120③：13，泥质灰陶。圆唇，敞口。素面。器壁有锔孔。口径38、残高12.5厘米（图四三五，13）。T2120③：8，修复。夹砂灰褐陶。方唇，平底。口径36.2、底径15.8、高30厘米（图四三五，14；图版一三一，4）。T2215③：40，夹砂灰陶。方唇，敞口。沿缘饰一周凹弦纹。器壁有锔孔。口径40、残高9.5厘米（图四三六，1）。T2220③：38，泥质灰黑陶。方唇，敞口。素面。口径33、残高7.8厘米（图四三六，2）。T2220③：37，夹砂灰黑陶。圆唇，敞口。素面。口径33、残高6.8厘米（图四三六，3）。T2316③：19，夹砂灰陶。方唇，卷沿。素面。口径37、残高5厘米（图四三六，4）。T2421③：11，夹砂灰陶。圆唇，敞口。素面。口径26、残高5.8厘米（图四三六，5）。

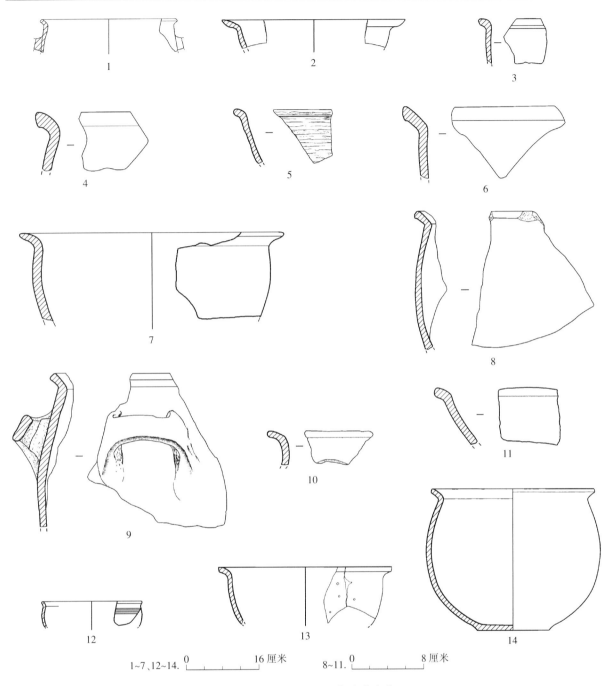

图四三五　地层出土四期文化陶盆

1. T0318 ③:5　2. T1219②a:7　3. T1219 ③:7　4. T1219 ③:8　5. T1321②a:10　6. T1332②a:1　7. T1527 ③:1
8. T1827 ③:6　9. T1827 ③:7　10. T2025 ③:16　11. T2025 ③:17　12. T2115 ③:17　13. T2120 ③:13　14. T2120 ③:8

（2）平折沿盆

5件。平沿，深腹。T0718 ③:2，泥质灰黑陶。圆唇，敞口。素面。口径38、残高4.5厘米（图四三七，1）。T1119②a:4，盆口沿。轮制。夹砂灰陶。方唇，敞口，弧壁。素面。口径37、残高11厘米（图四三七，2）。T1321②a:11，泥质灰陶。尖唇，敞口，弧壁。素面。口径32、残高4厘米（图四三七，3）。T1620 ③:13，夹砂灰陶。方唇，敞口，弧壁。沿缘饰有一周不明显的凹弦

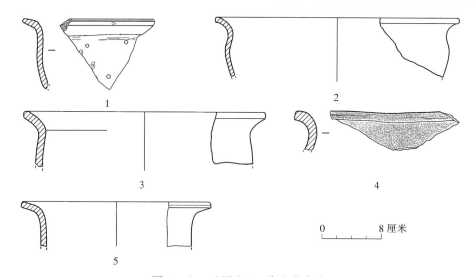

图四三六　地层出土四期文化陶盆
1. T2215 ③:40　2. T2220 ③:38　3. T2220 ③:37　4. T2316 ③:19　5. T2421 ③:11

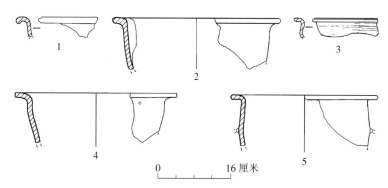

图四三七　地层出土四期文化陶盆
1. T0718 ③:2　2. T1119②a:4　3. T1321②a:11　4. T1620 ③:13　5. T2420 ③:9

纹。器壁有锔孔。口径36、残高10.5厘米（图四三七，4）。T2420 ③:9，泥质黑陶。圆唇，敞口，弧壁，器壁有竖向桥状耳。沿面饰有一周凹弦纹，沿缘饰两条绳纹。口径32、残高10.7厘米（图四三七，5）。

5. 甑

15件。依据甑孔不同，分为大孔甑、小孔甑及大孔加小孔甑。其中大孔甑为本期早段器物，余者为晚段器物。

（1）大孔甑

4件。泥质灰陶。一般在底部中间开一圆孔，以此为中心放射状排列5或6个大孔。孔大小相若，排列均匀。T1116 ③:10，修复。方唇，展沿，敛口，深弧腹，平底。沿缘饰一周凹弦纹。底部开7孔。器壁有锔孔。口径35.2、底径19、高20.4厘米（图四三八，1；图版一八四）。T1219②a:8，仅余底部。壁斜直，平底。素面。残存二孔，推测底部开6孔。底径16、残高4厘米（图四三八，2）。T1514 ③:9，甑底。轮制。残存部分腹壁斜直，平底。残存二孔，推测底部开6孔。器壁有锔孔。底径18、残高7厘米（图四三八，3）。T2219 ③:1，灰黑陶。弧腹，平

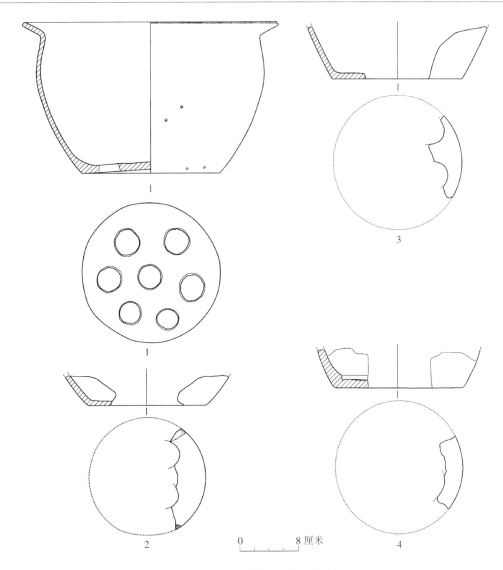

图四三八　地层出土四期文化陶甑
1. T1116 ③：10　2. T1219 ②a：8　3. T1514 ③：9　4. T2219 ③：1

底。底径 18、残高 4.5 厘米（图四三八，4）。

（2）小孔甑

8 件。底部均匀排布细小的甑孔，有的在近底的器壁也开有小孔。T1514 ③：10，残。夹砂灰陶。腹壁斜直，平底。底径 12、残高 6 厘米（图四三九，1）。T2325 ③：1，夹砂黑陶。残长 6.9、残宽 6.8 厘米（图四三九，2；图版一八五，1）。T1320 ③：4，残。夹砂红褐陶。腹壁斜直，平底。底径 14、残高 5 厘米（图四三九，3）。T2220 ③：9，残。夹砂陶，黄黑掺杂。厚 0.8 厘米（图四三九，4；图版一八五，2）。T1826 ③：5，修复。夹砂红陶。方唇，展沿，敛口，深弧腹，平底。素面。口沿下方有一对对称桥状横耳。口径 27.9、底径 11.2、高 20.5、孔径 0.4 厘米（图四三九，5；图版一五一，5）。T1715 ③：4，泥质灰陶。底部残存两圆孔。底径 24、残高 5 厘米（图四三九，6）。T2025 ③：18，残。泥质灰陶。轮制。底径 20.3、残高 11.6、厚 1 厘米（图四三九，7；图版一八五，3）。T2210 ③：3，残。夹砂黄褐陶。素面。近底的壁上开有小孔。残高 9.5 厘米（图四三九，8）。

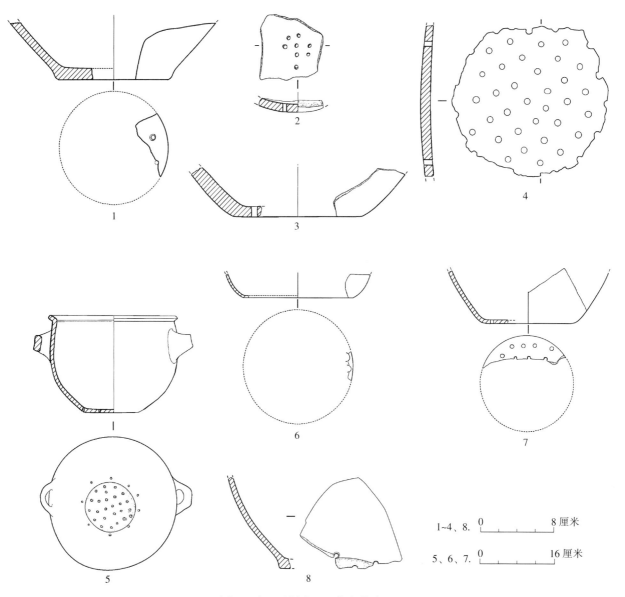

图四三九　地层出土四期文化陶甑

1. T1514③：10　2. T2325③：1　3. T1320③：4　4. T2220③：9　5. T1826③：5　6. T1715③：4　7. T2025③：18　8. T2210③：3

（3）大孔加小孔甑

3件。底部中间开一大孔，大孔周围开多个小孔。均残。T2224③：7，夹砂黄褐陶。弧壁，平底。甑底较厚。甑孔直径0.8，推测中间是四或六边形大甑孔，周围开小圆孔。底径14、残高7.4、底厚1.6厘米（图四四〇，1；图版一八五，4）。T2224③：8，泥质红陶。斜壁，平底。底部边缘为小圆孔，中间是一个大圆孔。底径12、残高5厘米（图四四〇，2；图版一八五，5）。T2421③：12，夹砂灰褐陶。弧壁，底略内凹。底部中心有一圆孔，底面外侧有一个未通透的圆孔。底径15、残高4.6厘米，甑孔径2.8厘米（图四四〇，3；图版一八五，6）。

6. 釜

4件。轮制。夹砂陶。方唇，敛口，折腹。T1519③：10，红褐陶。唇沿沿面略内凹。器壁有

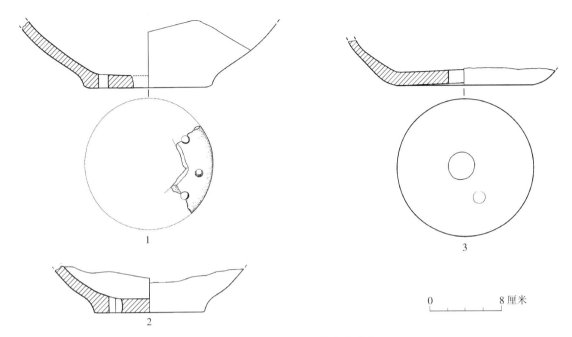

图四四〇　地层出土四期文化陶甑
1. T2224 ③：7　2. T2224 ③：8　3. T2421 ③：12

镉孔。素面。口径 32、残高 10.8 厘米（图四四一，1；图版一三一，5）。T1826 ③：10，红褐陶。
内搀滑石颗粒。口径 26、残高 9.8 厘米（图四四一，2）。T1924 ③：1，内搀滑石颗粒。口径 30、
残高 9.5 厘米（图四四一，3；图版一三一，6）。T2023 ③：1，修复。红褐陶。平底。素面。口径

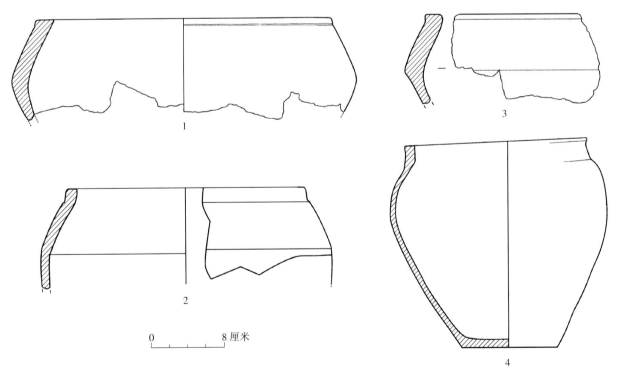

图四四一　地层出土四期文化陶釜
1. T1519 ③：10　2. T1826 ③：10　3. T1924 ③：1　4. T2023 ③：1

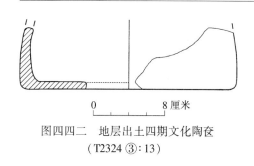

图四四二　地层出土四期文化陶奁
（T2324 ③：13）

20.1、底径 10.6、高 21.4～22.2 厘米（图四四一，4；图版一五一，6）。

　　7. 奁

　　1 件。仅余底部。T2324 ③：13，轮制。泥质灰陶。弧壁，平底。器底周边厚，中间薄。底径 24、残高 6.6 厘米（图四四二）。

　　8. 钵

10 件。轮制。依据口部特征，可分为直口钵和敞口钵。其中直口钵为本期早段器物，余者为晚段器物。

　　（1）直口钵

　　8 件。方唇，直口，弧壁，平底。素面。T2216 ③：7，修复。泥质灰陶。口径 15.4、底径 8.2、高 7.3 厘米（图四四三，1；图版一〇六，2）。T2314 ③：10，泥质灰陶。口径 14、底径 9、

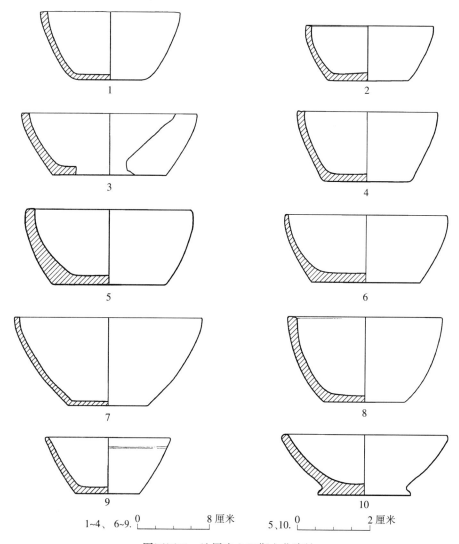

图四四三　地层出土四期文化陶钵
1. T2216 ③：7　2. T2314 ③：10　3. T1216 ③：1　4. T1714 ③：2　5. T1223②a：9　6. T1520 ③：3
7. T2316 ③：14　8. T1914 ③：8　9. T1020②a：6　10. T2422 ③：1

高6、壁厚0.6厘米（图四四三，2；图版一〇六，3）。T1216③：1，复原。口径19.6、底径12.6、高6.6厘米（图四四三，3；图版一〇六，4）。T1714③：2，修复。方唇，腹壁略弧，平底。沿上有一周凹槽。素面。口径15.2、底径9.5、高7.5厘米（图四四三，4；图版一〇六，5）。T1223②a：9，残。夹砂黄灰陶。口径9、底径6.5、高4厘米（图四四三，5）。T1520③：3，残。泥质灰陶。口径9、底径6、高3.6厘米（图四四三，6）。T2316③：14，修复。泥质黄褐陶。口径21、底径10、高9.4厘米（图四四三，7；图版一〇六，6）。T1914③：8，残。泥质红陶。口径17、底径9、高9厘米（图四四三，8；图版一〇六，7）。

（2）敞口钵

2件。方唇，敞口，腹壁斜直，平底。T1020②a：6，泥质红褐陶。口径14、底径7.2、高6厘米（图四四三，9；图版一〇六，8）。T2422③：1，口沿残损。泥质黑陶。小台式底。口径9.2、底径5.6、高3.4厘米（图四四三，10；图版一二二，6）。

9. 灯

4件。依据灯座形制不同，可分为矮圈足灯和高圈足灯两种。皆为本期早段器物。

（1）矮圈足灯

3件。均残。手制。泥质灰陶。喇叭状矮圈足。T1714③：1，修复。制作粗糙。器表有明显的手捏痕迹。方唇，敞口，灯盘为平底，实心短柄。口径11.2、底径7.6、通高8.7厘米（图四四四，1；图版一四四，4）。T1814②a：8，实心柄。底径9.5、残高6.5厘米（图四四四，2）。T1916③：5，底座底面内凹。底径7.2、残高3厘米（图四四四，3；图版一四四，5）。

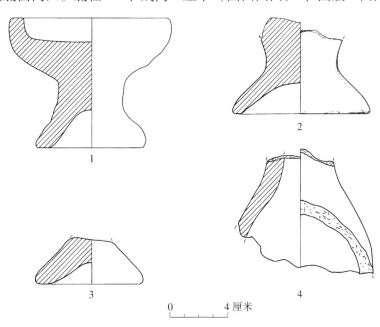

图四四四　地层出土四期文化陶灯
1. T1714③：1　2. T1814②a：8　3. T1916③：5　4. T2120③：14

（2）高圈足灯

1件。T2120③：14，轮制。泥质黑褐陶。素面。柄径4.7、残高8厘米（图四四四，4；图版一四四，6）。

10. 纺轮

14 件。圆形，中间有一圆孔。依据制法不同，可分为轮制和残陶片、瓦片磨制两种类型。

（1）轮制纺轮

4 件。素面。T1419 ③：1，完整。夹砂红褐陶。直径 3.6、孔径 0.9、厚 1 厘米（图四四五，1；图版一六六，2）。T1822 ③：1，残。夹砂红褐陶。一面扁平，一面圆鼓。直径 4.5、厚 1.7、

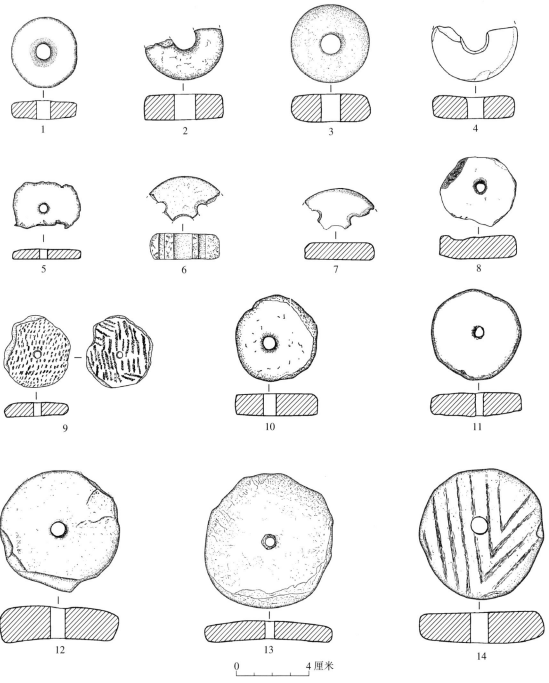

0   4 厘米

图四四五　地层出土四期文化陶纺轮

1. T1419 ③：1　2. T1822 ③：1　3. T2220 ③：24　4. T2324 ③：14　5. T1223 ②a：7　6. T1419 ③：2　7. T1418 ③：3
8. T2024 ③：7　9. T2324 ③：15　10. T2215 ③：42　11. T2325 ③：3　12. T1019 ②a：3　13. T1626 ③：1　14. 1322 ②a：8

孔径 1 厘米（图四四五，2；图版一六六，3）。T2220③:24，完整。夹砂红褐陶。直径 4.3、厚 1.4、孔径 1.1 厘米（图四四五，3；图版一六六，4）。T2324③:14，残。夹砂黄褐陶。直径 4.5、厚 1.2、孔径 0.9 厘米（图四四五，4；图版一六六，5）。

（2）磨制纺轮

10 件。T1223②a:7，残。夹砂黑陶。中部有一圆孔。直径 3.8、孔径 0.4、厚 0.5 厘米（图四四五，5；图版一六六，6）。T1419③:2，残。夹砂灰黑陶。用甑底磨制。直径 3.8、厚 1.4 厘米（图四四五，6）。T1418③:3，残。夹砂灰褐陶。圆形，中间有一圆孔。直径 3.6、厚 0.7、孔径 0.9 厘米（图四四五，7）。T2024③:7，稍残。夹砂红褐陶。近圆形，中间有一圆孔。素面。直径 3.7~4.2、孔径 0.5、厚 1 厘米（图四四五，8；图版一三二，4）。T2324③:15，泥质灰板瓦残片修整制成。中部有一圆孔。凸面饰粗绳纹，凹面饰篮纹。长 3.8、厚 1.6、孔径 0.7 厘米（图四四五，9；图版一三二，5）。T2215③:42，完整。夹砂红褐陶。圆形，中间有圆形钻孔。素面。直径 4.4、厚 1.2、孔径 0.6 厘米（图四四五，10；图版一六六，7）。T2325③:3，完整。泥质灰黑陶。素面。中间有一圆孔。直径 5、厚 1.2、孔径 0.5 厘米（图四四五，11；图版一六七，8）。T1019②a:3，夹砂灰陶。中间有一圆形对钻孔。素面。直径 6.6、厚 1.8、孔径 0.8 厘米（图四四五，12；图版一三二，6）。T1626③:1，残。泥质灰陶。圆形，中间有不规则圆孔。直径 7.1、厚 0.7、孔径 0.5 厘米（图四四五，13；图版一三二，7）。T1322②a:8，残。夹砂灰褐色瓦片磨制而成。圆形，中间有一圆孔。正面有粗绳纹，背面有菱格纹。直径 6.9、厚 1.6、孔径 1 厘米（图四四五，14；图版一三二，8）。

11. 网坠

4 件。手制。椭圆形，长轴方向有一圆形穿孔。素面。T0204①:1，稍残。夹砂灰褐陶。长 2.2、厚 1.1、孔径 0.2 厘米（图四四六，1）。T0304①:2，稍残。夹砂黄褐陶。一侧带有凹槽。长 2.6、截面直径 1.7、孔径 0.3 厘米（图四四六，2；图版一五二，3）。T0914①:1，残。夹砂黄褐陶。长 4.9、截面直径 2.4、孔径 0.6 厘米（图四四六，3；图版一五二，4）。T2321③:11，稍残。夹砂黑陶。长 3、截面直径 2.1、孔径 0.6 厘米（图四四六，4；图版一五二，5）。

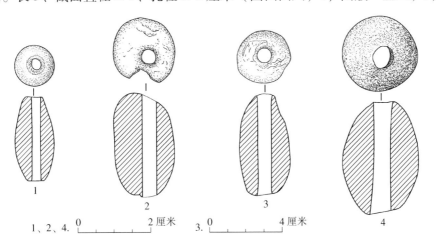

图四四六　地层出土四期文化陶网坠
1. T0204①:1　2. T0304①:2　3. T0914①:1　4. T2321③:11

12. 圆饼

17件。利用残陶片或瓦片打制，有的边缘稍加打磨。T2321 ③∶28，泥质灰褐陶。素面。直径3.6、厚0.8厘米（图四四七，1；图版一七四，2）。T1816 ③∶3，泥质灰陶。一面素面，另一面

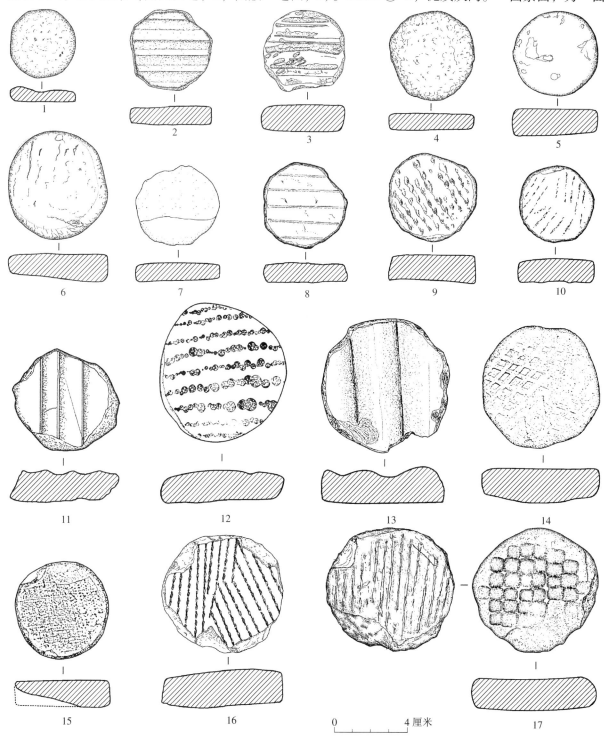

图四四七　地层出土四期文化陶圆饼

1. T2321 ③∶28　2. T1816 ③∶3　3. T1923 ③∶3　4. T2026 ③∶10　5. T2314 ③∶2　6. T1716 ③∶5
7. T1019②a∶7　8. T1021 ③∶13　9. T2421 ③∶5　10. T1122 ③∶1　11. T1816 ③∶5　12. T2324 ③∶16
13. T1714 ③∶9　14. T2420 ③∶10　15. T1116 ③∶11　16. T2026 ③∶4　17. T2016 ③∶4

饰凹凸弦纹。直径4.6、厚1厘米（图四四七，2；图版一七四，3）。T1923 ③：3，泥质灰陶。直径4.4、厚1.5厘米（图四四七，3；图版一七四，4）。T2026 ③：10，夹砂灰褐陶。素面。直径4.7、厚0.9厘米（图四四七，4）。T2314 ③：2，夹砂灰褐陶。素面。直径4.6、厚1.3厘米（图四四七，5；图版一七四，5）。T1716 ③：5，夹砂灰褐陶。正面饰抹绳纹，背面饰布纹。直径5.5、厚1.4厘米（图四四七，6；图版一七四，6）。T1019②a：7，泥质灰陶。素面。直径4.7、厚0.9厘米（图四四七，7；图版一七四，7）。T1021 ③：13，泥质灰黑陶。一面有不明显的凹凸弦纹。直径4.7、厚1厘米（图四四七，8）。T2421 ③：5，夹砂灰褐陶。一面饰粗绳纹，一面饰布纹。直径4.9、厚1.5厘米（图四四七，9；图版一七四，8）。T1122 ③：1，夹砂灰褐陶。正面饰粗绳纹，背面饰大菱格纹。直径4.2、厚1.3厘米（图四四七，10；图版一八六，1）。T1816 ③：5，泥质灰陶。一面饰凸弦纹，一面饰凹弦纹。直径5.8、厚1.5厘米（图四四七，11；图版一八六，2）。T2324 ③：16，泥质灰陶。凸面饰粗绳纹，凹面饰篮纹。长6.8、厚1.2厘米（图四四七，12；图版一八六，3）。T1714 ③：9，夹砂灰陶。正面饰粗绳纹。直径6.8、厚1.8厘米（图四四七，13；图版一八六，4）。T2420 ③：10，泥质灰陶。较鼓的一面饰压印绳纹，凹面饰压印菱形网格纹。直径6.5、厚1.8厘米（图四四七，14；图版一八六，5）。T1116 ③：11，泥质灰陶。一面留有布纹。直径5.2、厚1.5厘米（图四四七，15；图版一八六，6）。T2026 ③：4，泥质灰陶。一面饰绳纹，一面饰菱形网格纹。直径6.5～6.8、厚1.7厘米（图四四七，16；图版一八六，7）。T2016 ③：4，泥质灰陶。一面饰粗绳纹，另一面饰方形网格纹。直径7、厚1.7厘米（图四四七，17）。

13. 盅

1件。T2019 ③：10，残。泥质黄褐陶。圆唇，直口，弧腹，圈足。素面。口径2.6、底径2、高2.1厘米（图四四八，1；图版一五二，6）。

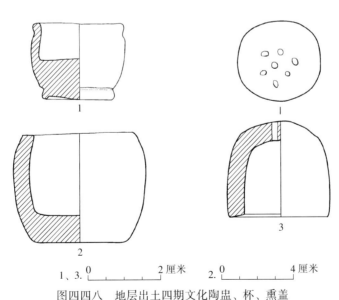

图四四八　地层出土四期文化陶盅、杯、熏盖
1. 盅（T2019 ③：10）　2. 杯（T2125 ③：5）　3. 熏盖（T2520 ③：1）

14. 杯

1件。T2125 ③：5，修复。夹砂红褐陶。口微敛，方唇，弧腹，平底。素面。口径5.9、底径

5.2、高 6 厘米（图四四八，2；图版一三九，5）。

15. 熏盖

1 件。T2520③:1，泥质红褐陶。手制。方唇，弧壁，弧顶，其上分布不规则戳孔。口径 3、高 2.6 厘米（图四四八，3；图版一八七，1）。

16. 球

5 件。完整。T2015③:2，泥质黄褐陶。直径 1.8 厘米（图四四九，1；图版一五二，7）。T2015③:8，夹砂红褐陶。直径 1.9 厘米（图四四九，2；图版一五二，8）。T2222③:1，红褐陶。直径 1.9 厘米（图四四九，3；图版一五二，9）。T2320③:15，泥质红褐陶。直径 1.8 厘米（图四四九，4；图版一五二，10）。T2321③:13，泥质红褐陶。直径 1.9 厘米（图四四九，5；图版一五二，11）。

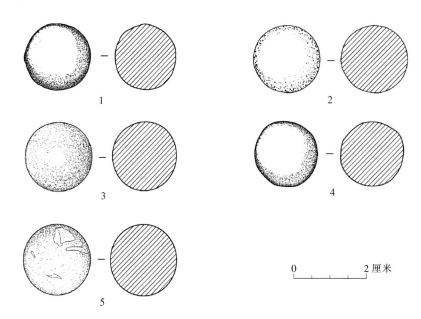

图四四九　地层出土四期文化陶球
1. T2015③:2　2. T2015③:8　3. T2222③:1　4. T2320③:15　5. T2321③:13

17. 棋子

3 件。圆饼形。完整。T1120②a:1，夹砂灰陶。素面。直径 2、厚 0.8 厘米（图四五〇，1；图版一五二，12）。T2321③:12，中间微鼓。直径 1.6、厚 0.4 厘米（图四五〇，2）。

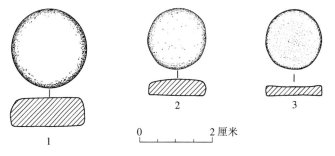

图四五〇　地层出土四期文化陶棋子
1. T1120②a:1　2. T2321③:12　3. T2321③:10

T2321 ③：10，夹砂灰褐陶。直径1.6、厚0.5厘米（图四五〇，3；图版一五二，13）。

18. 器盖

5件。可分为圆饼状和子母口两种形制。

（1）圆饼状器盖

4件。桥状纽。T1416 ③：4，夹砂灰褐陶。纽残断缺失。边缘内侧有一条不明显的凹沟。直径13.5、厚2厘米（图四五一，1；图版一八七，2）。T2025 ③：19，残。夹砂灰褐陶。纽残缺。直径16、厚1.6厘米（图四五一，2；图版一八七，3）。T2026 ③：1，修复。夹砂红褐陶。周缘略上翘。直径13.2、高3、厚1.3厘米（图四五一，3；图版一八七，4）。T2420 ③：2，残。夹砂红褐陶。圆形，正面略内凹，背面稍弧鼓。上有纽痕。直径15、厚1.9厘米（图四五一，4；图版一八七，5）。

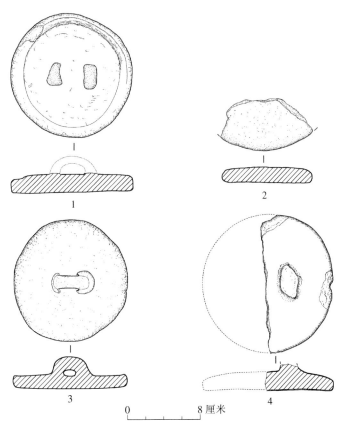

图四五一 地层出土四期文化陶器盖
1. T1416 ③：4 2. T2025 ③：19 3. T2026 ③：1 4. T2420 ③：2

（2）子母口器盖

1件。T1827 ③：8，残。夹细砂灰陶。扉沿很短，底颈很长。弧形盖顶，纽残。顶部直径6.8、残高5.5厘米（图四五二；图版一八七，6）。

19. 器耳

43件。可分为横桥耳、小竖耳和錾耳三种形制。

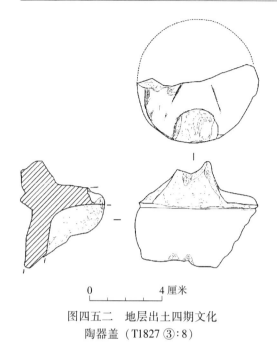

图四五二　地层出土四期文化
陶器盖（T1827③:8）

（1）横桥耳

39件。T1032③:2，夹砂黑陶。残宽7.8厘米（图四五三，1）。T1925③:2，夹砂红褐陶（图四五三，2）。T1020③:12，夹砂灰陶。宽9.5厘米（图四五三，3）。T1320②a:2，泥质灰陶。残高6厘米（图四五三，4）。T2120③:15，夹砂黑陶，内搀滑石颗粒。残长9.2、耳高4厘米（图四五三，5）。T1818③:5，夹砂灰黑陶。残高10.5厘米（图四五三，6）。T2115③:18，夹砂陶。黄白色。残宽10.2、残高8.7、耳高2.6厘米（图四五三，7；图版一八八，1）。T2025③:22，夹砂黑陶。残长11.4厘米（图四五三，8）。T2015③:14，夹砂灰褐陶。残长13.6厘米（图四五三，9）。T2324③:17，夹砂灰褐陶。残高9厘米（图四五三，10）。T2420③:12，夹砂灰褐陶。残高6厘米（图四五三，11）。T2319③:4，夹砂红褐陶（图四五三，12）。

T2117③:3，夹砂黑陶。残高10.8、厚0.8厘米（图四五三，13）。T2316③:11，夹砂灰黑陶。残长11.4厘米（图四五三，14）。T2025③:20，夹砂红陶。残长15.7、厚0.9厘米（图四五三，15）。T2315③:12，夹砂灰黑陶。残长12.8、残宽13.2、耳高3.4厘米（图四五四，1）。T1626③:9，夹砂红褐陶。残高7.3、残宽9.7厘米（图四五四，2；图版一八八，2）。T2019③:12，泥质灰陶（图四五四，3；图版一八八，3）。T2025③:21，夹砂灰褐陶。残长12.6、厚0.7厘米（图四五四，4；图版一八八，4）。T2421③:10，夹砂黄褐陶。残高7厘米（图四五四，5）。T2124③:30，夹砂红褐陶。残宽12、残高9厘米（图四五四，6）。T2215③:13，夹砂黄褐陶。残长12.8厘米（图四五四，7）。T2314③:11，夹砂红褐陶。残高8厘米（图四五四，8）。T2022③:5，夹砂灰褐陶。残高10厘米（图四五四，9；图版一八八，5）。T1023③:20，夹砂灰黑陶。残高10厘米（图四五四，10；图版一八八，6）。T2316③:20，夹砂红褐陶。长10.4、宽11.6、残高8.5厘米（图四五四，11）。T2215③:43，夹砂红褐陶。残高7.5厘米（图四五四，12）。T2420③:11，泥质灰陶。器耳上翘（图四五四，13）。T2318②a:2，夹砂红褐陶。桥状横耳。残高13.5厘米（图四五四，14）。T1726③:2，夹砂黄褐陶。残宽13.9、残高10.8厘米（图四五四，15；图版一八九，1）。T1827③:9，夹砂灰陶。内含云母和滑石颗粒。残宽13.5、耳高4.5厘米（图四五五，1；图版一八九，2）。T1034③:1，夹砂灰陶（图四五五，2；图版一九〇，3）。T2026③:7，夹砂黑陶。残高10.5厘米（图四五五，3；图版一八九，4）。T2120③:16，夹砂红褐陶。残高13.2厘米（图四五五，4；图版一八九，5）。T2015③:3，夹砂灰黑陶。残长13.6、残高12.1厘米（图四五五，5）。T1814②a:9，夹砂红陶。残高11.5厘米（图四五五，6）。T2026③:8，夹砂灰陶。残高5.8厘米（图四五五，7）。T2323③:1，夹砂灰黑陶。残高17.2、残宽19.2厘米（图四五五，8）。T1918③:1，夹砂黄褐陶。残宽17.9厘米（图四五五，9；图版一八九，6）。

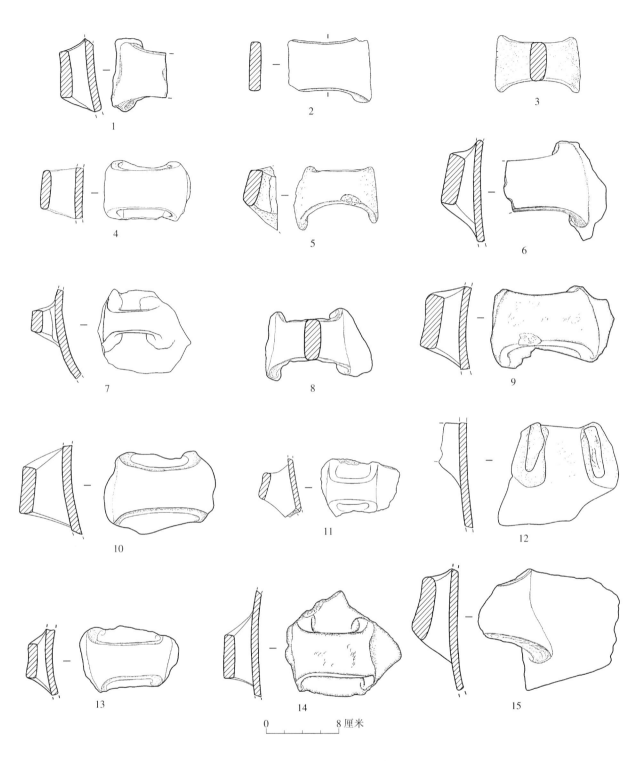

图四五三　地层出土四期文化陶器耳

1. T1032③:2　2. T1925③:2　3. T1020③:12　4. T1320②a:2　5. T2120③:15　6. T1818③:5　7. T2115③:18　8. T2025③:22
9. T2015③:14　10. T2324③:17　11. T2420③:12　12. T2319③:4　13. T2117③:3　14. T2316③:11　15. T2025③:20

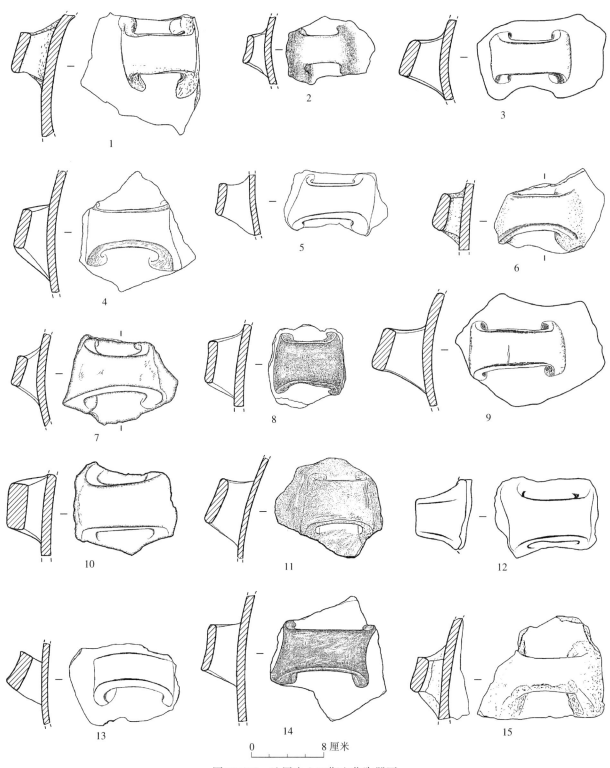

图四五四　地层出土四期文化陶器耳

1. T2315 ③∶12　2. T1626 ③∶9　3. T2019 ③∶12　4. T2025 ③∶21　5. T2421 ③∶10　6. T2124 ③∶30
7. T2215 ③∶13　8. T2314 ③∶11　9. T2022 ③∶5　10. T1023 ③∶20　11. T2316 ③∶20　12. T2215 ③∶43
13. T2420 ③∶11　14. T2318 ②a∶2　15. T1726 ③∶2

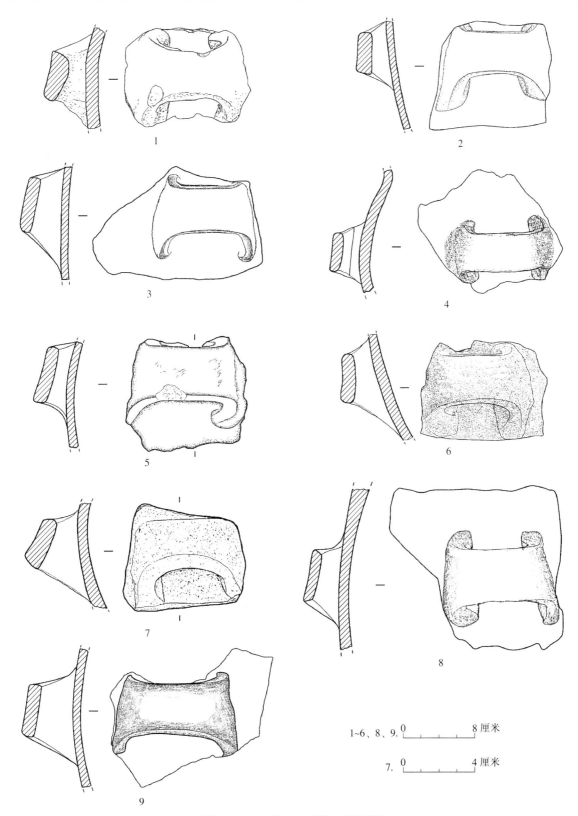

图四五五　地层出土四期文化陶器耳
1. T1827 ③: 9　　2. T1034 ③: 1　　3. T2026 ③: 7　　4. T2120 ③: 16　　5. T2015 ③: 3　　6. T1814②a: 9
7. T2026 ③: 8　　8. T2323 ③: 1　　9. T1918 ③: 1

（2）小竖耳

3 件。T1823②a：1，夹砂黑陶。残宽7.5、残高6.5厘米（图四五六，1）。T2015③：15，泥质灰陶。残高11.5、壁厚1厘米（图四五六，2）。T2025③：23，夹砂红褐陶。残长7.5、厚0.6厘米（图四五六，3）。

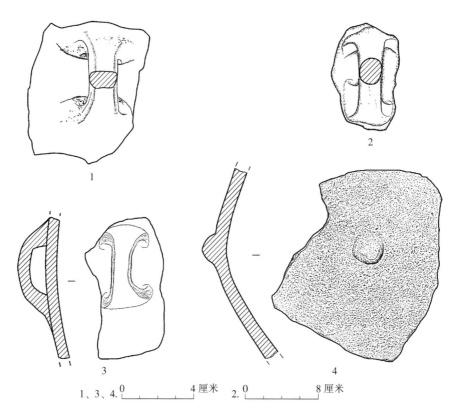

1　　　　　　　　　　2

3　　　4

1、3、4. 0 —— 4厘米　　2. 0 —— 8厘米

图四五六　地层出土四期文化陶器耳
1. T1823②a：1　2. T2015③：15　3. T2025③：23　4. T1916③：15

（3）鋬耳

1 件。T1916③：15，夹砂灰陶。残片上置一圆乳突状小鋬耳。残高10.2厘米（图四五六，4）。

20. 器底

21 件。皆为残存的陶器底部，依据完整陶器的形制、陶质、陶色、火候等，对器形进行大致推断。

（1）壶

4 件。T1121②a：2，泥质灰陶。弧壁，底略内凹。素面。内底有明显的轮旋痕迹，中部有乳状凸起。底径9、残高4厘米（图四五七，1）。T1319③：7，夹砂灰陶。弧壁，平底。素面。底径11.5、残高6厘米（图四五七，2）。T1320②a：3，泥质灰陶。弧壁，矮圈足。外壁素面，内壁饰凹弦纹。底径9、残高4.4厘米（图四五七，3）。T1918③：2，夹砂黄褐陶。轮制。平底。素面。制作方法为壁包底。底径20、残高6.3、厚2厘米（图四五七，4）。

（2）罐

11 件。T1222②a：12，夹砂红褐陶。台式底。底径7.7、残高4厘米（图四五八，1）。T1620

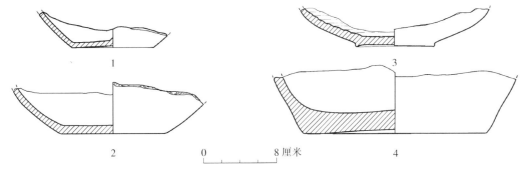

图四五七　地层出土四期文化陶器底
1. T1121②a：2　2. T1319③：7　3. T1320②a：3　4. T1918③：2

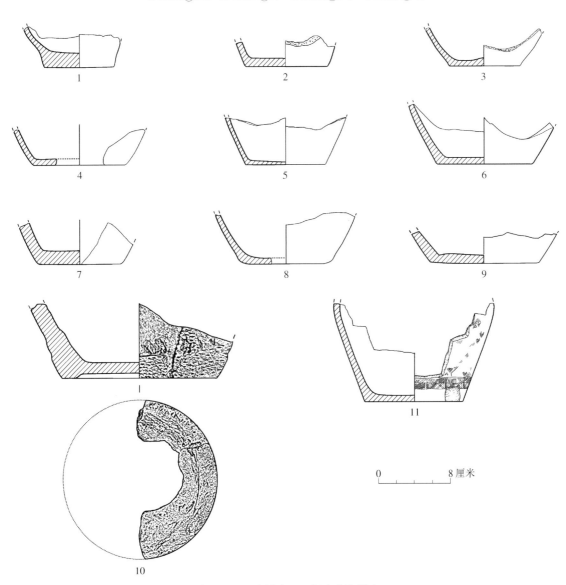

图四五八　地层出土四期文化陶器底
1. T1222②a：12　2. T1620③：10　3. T1321②a：12　4. T1022③：13　5. T1121③：9　6. T1217②a：2
7. T1614③：6　8. T1414③：6　9. T1123③：11　10. T2115③：20　11. T2224③：3

③:10，夹砂红褐陶。弧壁，平底。素面。底径9、残高3.3厘米（图四五八，2）。T1321②a:12，泥质灰陶。弧壁，平底。内底中部有乳状突起。素面。底径8、残高4.1厘米（图四五八，3）。T1022③:13，泥质黑陶。残存部分腹壁斜直，平底。素面。底径10、残高3.8厘米（图四五八，4）。T1121③:9，夹砂红褐陶。壁斜直，平底。素面。底径9、残高5厘米（图四五八，5）。T1217②a:2，泥质灰陶。残存部分腹壁斜直，平底。素面。底径10.5、残高6.4厘米（图四五八，6）。T1614③:6，夹砂红褐陶。残存部分腹壁斜直，平底。素面。底径9、残高4.5厘米（图四五八，7）。T1414③:6，泥质灰陶。残存部分腹壁斜直，平底。底径10、残高5.4厘米（图四五八，8）。T1123③:11，泥质灰陶。残存部分器壁斜直，平底。存有一锔孔。底径12.1、残高3.3厘米（图四五八，9）。T2115③:20，泥质灰陶。斜直壁，矮圈足。残存部分腹壁上部饰瓦沟纹，近底部饰横向粗绳纹，绳纹和瓦沟纹间还有戳点纹。器底圈足部分饰绳纹，内壁有轮旋时留下的凹凸弦纹。底径17.6、残高8、残存部分器壁厚3厘米（图四五八，10）。T2224③:3，泥质灰陶。残存部分腹壁斜直，平底。外壁饰压印几何纹。底径11、残高10.5厘米（图四五八，11）。

（3）盆

6件。T0718③:3，泥质灰黑陶。残存部分腹壁斜直，平底。外壁近底部有暗纹。底径17、残高4.5厘米（图四五九，1）。T0718③:4，泥质灰陶。外壁近底部有数道暗纹。残长7.5、残高5.5厘米（图四五九，2）。T1023③:21，泥质黄褐陶。残存部分腹壁斜直，平底。腹壁上存有一锔孔。底径23.8、残高9.6、底厚0.4、壁厚0.6厘米（图四五九，3）。T1332③:1，弧壁，平底。残存部分素面。底径19、残高9.6厘米（图四五九，4）。T1620③:14，夹砂黄褐陶。残存部分腹壁斜直，平底。底径19、残高7厘米（图四五九，5）。T1817③:16，泥质灰陶。残存部分腹壁斜直，平底。素面。器壁有锔孔。底径20、残高5厘米（图四五九，6）。

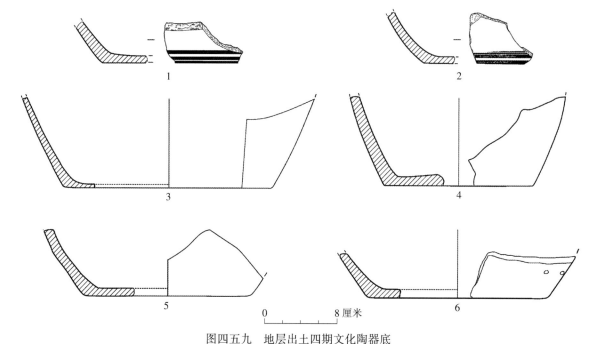

图四五九　地层出土四期文化陶器底

1. T0718③:3　2. T0718③:4　3. T1023③:21　4. T1332③:1　5. T1620③:14　6. T1817③:16

17. 纹饰陶片

12 件。依据纹饰不同，可分为垂幔纹、几何纹和凸棱弦纹三种。

（1）垂幔纹陶片

4 件。T1032 ③：1，泥质红褐陶。垂幔纹下饰一周划纹。厚 1 厘米（图四六〇，1）。T1620 ③：15，夹砂黄褐陶。垂幔纹上下各有一条压划弦纹。残宽 5、残高 4.9 厘米（图四六〇，2；图版一四二，3）。T1620 ③：11，泥质灰陶，火候较高。饰两周划纹，划纹间饰垂幔纹。残高 6、厚 0.9 厘米（图四六〇，3；图版一四二，4）。T1620 ③：12，泥质灰陶。垂幔纹上部饰一周压划弦纹，弦纹上又有一周戳刺纹。长 6.4、宽 6.7、壁厚 0.8 厘米（图四六〇，4；图版一四二，5）。

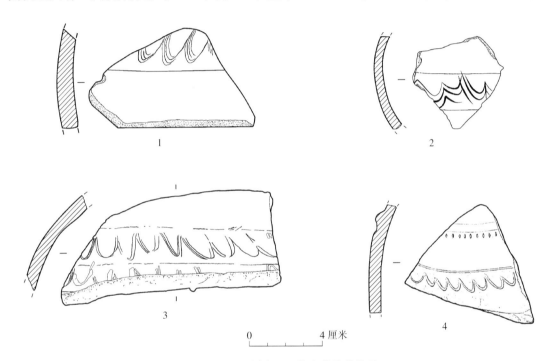

图四六〇　地层出土四期文化纹饰陶片
1. T1032 ③：1　2. T1620 ③：15　3. T1620 ③：11　4. T1620 ③：12

（2）几何纹陶片

5 件。T1121 ③：11，泥质灰陶。器表压印两周弦纹，弦纹间填充成组的三角纹。残高 12.4、残宽 8 厘米（图四六一，1；图版一四二，6）。T1321 ③：16，泥质黄褐陶。器表压印两周弦纹，弦纹间填充菱格纹，菱格内填圆饼纹。壁厚 1.2 厘米（图四六一，2）。T1322 ③：48，泥质灰陶。肩部饰两周凹弦纹，间饰细密的菱形网格纹。厚 0.7 厘米（图四六一，3；图版一四二，7）。T1816 ③：22，泥质灰陶。两道凹弦纹间饰斜线纹。残高 8 厘米（图四六一，4）。T1914 ③：14，夹细砂灰黄褐。器表饰压印菱形纹和细绳纹组成的复合纹饰。残宽 8.1、残高 6.4 厘米（图四六一，5；图版一四二，8）。

（3）凸棱弦纹陶片

3 件。T1122 ③：7，泥质灰陶。外壁素面，内壁饰凸棱弦纹。壁厚 0.5 厘米（图四六二，1）。T1219 ③：9，泥质灰陶。器壁饰凸棱弦纹。长 8.8、高 6 厘米（图四六二，2）。T1320 ③：3，泥质灰陶。折腹。外壁上腹部饰凸棱弦纹。残高 8.2 厘米（图四六二，3）。

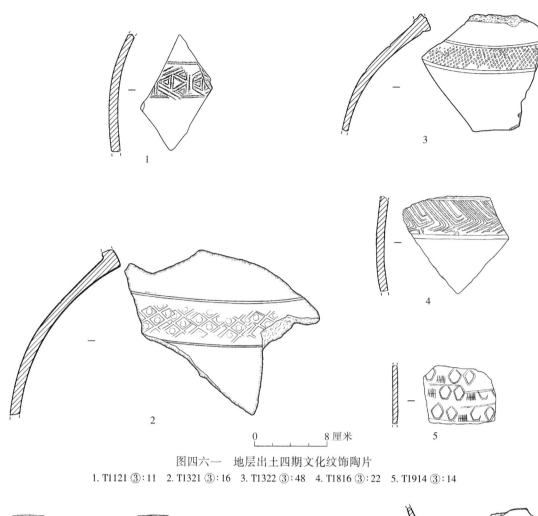

图四六一　地层出土四期文化纹饰陶片
1. T1121 ③∶11　2. T1321 ③∶16　3. T1322 ③∶48　4. T1816 ③∶22　5. T1914 ③∶14

图四六二　地层出土四期文化纹饰陶片
1. T1122 ③∶7　2. T1219 ③∶9　3. T1320 ③∶3

（三）铁器

289 件。主要有兵器、生产工具和生活用具等。

1. 镞

199 件。锻制。依据镞身不同分为矛形镞、蛇头形镞、柳叶形镞、阔叶形镞、凿形镞、四棱锥镞、铲形镞七种，以矛形镞和凿形镞为大宗。

（1）矛形镞

40 件。依据镞锋不同分为长锋镞和短锋镞。

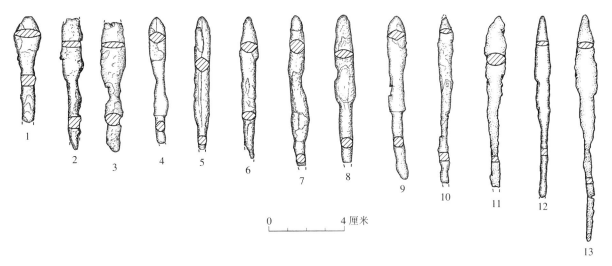

图四六三　地层出土四期文化铁镞

1. T2215③:1　2. T0518②a:1　3. T1823③:3　4. T1617③:7　5. T2023③:5　6. T2421③:3　7. T2120③:17　8. T1423③:3
9. T2123③:5　10. T2216③:2　11. T1827③:10　12. T2215③:16　13. T2019③:2

长锋镞　13 件。镞锋较长。T2215③:1，圆铤。残长 5.5 厘米（图四六三，1）。T0518②a:1，镞身扁平，圆铤。残长 7 厘米（图四六三，2；图版一六二，2）。T1823③:3，镞身扁平，圆铤。残长 6.8 厘米（图四六三，3）。T1617③:7，镞身扁平，圆铤。残长 6.5 厘米（图四六三，4；图版一六二，3）。T2023③:5，圆铤。残长 6.9 厘米（图四六三，5；图版一六二，4）。T2421③:3，圆铤。残长 7.4 厘米（图四六三，6）。T2120③:17，扁方铤。残长 7.8 厘米（图四六三，7）。T1423③:3，圆铤。残长 7.7 厘米（图四六三，8）。T2123③:5，镞身扁平，圆铤。残长 8.5 厘米（图四六三，9；图版一六二，5）。T2216③:2，残长 8.6 厘米（图四六三，10）。T1827③:10，扁方铤。残长 8.9 厘米（图四六三，11）。T2215③:16，扁方铤。残长 9.4 厘米（图四六三，12；图版一六二，6）。T2019③:2，扁方铤。残长 11.8 厘米（图四六三，13；图版一六二，7）。

短锋镞　27 件。镞身较短。均残。T1621③:2，镞身扁平。残长 4.8 厘米（图四六四，1；图版一六二，8）。T1617③:10，镞身扁平，圆铤。残长 5.2 厘米（图四六四，2；图版一六二，9）。T0818②a:1，镞身扁平，圆铤。残长 5.9 厘米（图四六四，3；图版一九〇，1）。T2220③:26，圆铤。残长 5.6 厘米（图四六四，4）。T2218③:4，扁方铤。残长 6.5 厘米（图四六四，5；图版一九〇，2）。T2220③:3，圆铤。残长 6.3 厘米（图四六四，6）。T2025③:4，圆铤。残长 7.2 厘米（图四六四，7；图版一九〇，3）。T1914②a:1，镞身扁平，扁方铤。残长 7.5 厘米（图四六四，8；图版一九一，4）。T2024③:5，圆铤。残长 8 厘米（图四六四，9；图版一九〇，5）。T2015③:4，残。圆铤。残长 8.7 厘米（图四六四，10；图版一九〇，6）。T1819③:2，镞身扁方，方铤。残长 8.3 厘米（图四六四，11）。T1917③:1，扁方铤。残长 9 厘米（图四六四，12）。T1816③:25，镞身扁平。残长 11.2 厘米（图四六四，13；图版一九〇，7）。T2125③:15，圆铤。残长 12.2 厘米（图四六四，14；图版一九〇，8）。T1615③:4，镞身扁平，扁方铤。残长 11.4 厘米（图四六四，15；图版一九〇，9）。T1626③:10，圆铤。残长 10.8 厘米（图四六四，16；图版一九一，1）。T2125③:21，圆铤。残长 7.1 厘米（图四六四，17；图版一九一，2）。

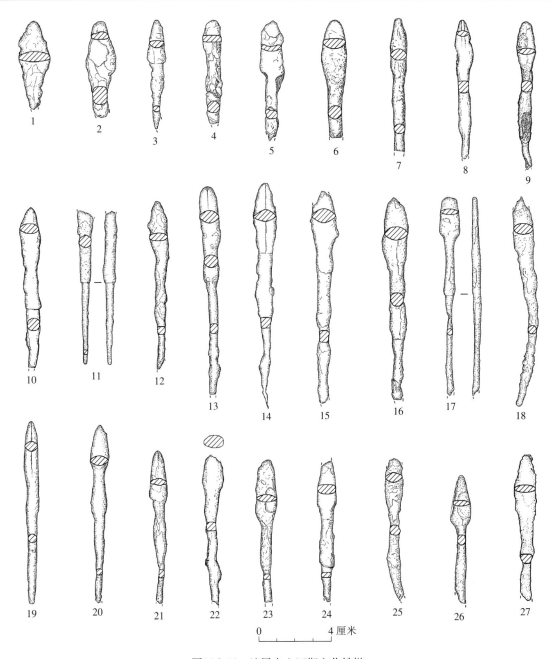

图四六四　地层出土四期文化铁镞

1. T1621 ③:2　2. T1617 ③:10　3. T0818②a:1　4. T2220 ③:26　5. T2218 ③:4　6. T2220 ③:3
7. T2025 ③:4　8. T1914②a:1　9. T2024 ③:5　10. T2015 ③:4　11. T1819 ③:2　12. T1917 ③:1
13. T1816 ③:25　14. T2125 ③:15　15. T1615 ③:4　16. T1626 ③:10　17. T2125 ③:21　18. T1919 ③:4
19. T1415 ③:2　20. T2124 ③:27　21. T1718 ③:4　22. T2422②a:6　23. T2221 ③:13　24. T2320 ③:1
25. T1627 ③:4　26. T2421 ③:4　27. T1725 ③:3

T1919 ③:4，细方铤。残长 11.4 厘米（图四六四，18；图版一九一，3）。T1415 ③:2，扁方铤。残长 9.6 厘米（图四六四，19；图版一九一，4）。T2124 ③:27，圆铤。残长 9.6 厘米（图四六四，20；图版一九一，5）。T1718 ③:4，镞身扁平，扁方铤。残长 8.2 厘米（图四六四，21；图版一九一，6）。T2422②a:6，圆铤。残长 8.1 厘米（图四六四，22）。T2221 ③:13，扁方铤。残长 7.7 厘米（图四六四，23）。T2320 ③：1，镞身扁平。残长 7.6 厘米（图四六四，24）。T1627 ③：4，镞身扁平。残长 7.7 厘米（图四六四，25）。T2421 ③：4，圆铤。残长 6.9 厘米（图四六四，26）。T1725 ③：3，扁方铤。残长 7.8 厘米（图四六四，27；图版一九一，7）。

（2）蛇头形镞

14 件。锋部作蛇头状，长身，短铤。均残。T2026 ③：5，镞身扁平，圆铤。残长 6.2 厘米（图四六五，1）。T1223②a：16，扁方铤。残长 6.4 厘米（图四六五，2）。T2125 ③：22，扁方铤。残长 7.1 厘米（图四六五，3）。T2321 ③：15，镞身扁平，扁方铤。残长 7.5 厘米（图四六五，4）。T2023 ③：4，扁方铤。残长 8.3 厘米（图四六五，5）。T2024 ③：6，扁方铤。残长 7.7 厘米（图四六五，6）。T0819②a：1，扁方铤。残长 8.3 厘米（图四六五，7）。T1423 ③：4，扁方铤。残长 14 厘米（图四六五，8）。T1718 ③：3，圆铤。残长 13.2 厘米（图四六五，9；图版一三四，8）。T2324 ③：10，镞身扁平。残长 13.5 厘米（图四六五，10）。T1827 ③：4，镞身扁平，扁方

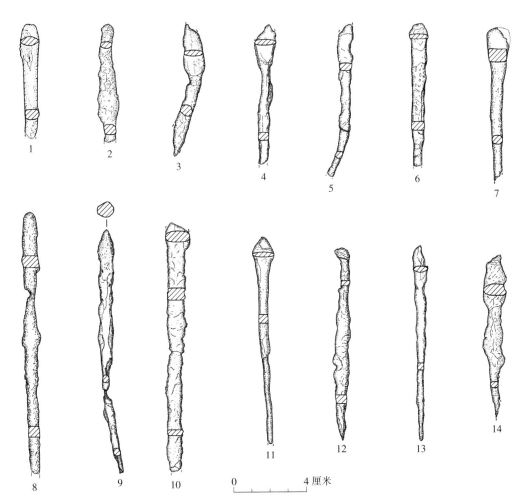

图四六五　地层出土四期文化铁镞

1. T2026 ③：5　2. T1223②a：16　3. T2125 ③：22　4. T2321 ③：15　5. T2023 ③：4　6. T2024 ③：6
7. T0819②a：1　8. T1423 ③：4　9. T1718 ③：3　10. T2324 ③：10　11. T1827 ③：4　12. T1614 ③：5
13. T1920 ③：1　14. T1516 ③：4

铤。残长11.2厘米（图四六五，11；图版一九一，8）。T1614③:5，扁方铤。残长10.4厘米（图四六五，12）。T1920③:1，扁方铤。残长10.5厘米（图四六五，13；图版一三四，9）。T1516③:4，圆铤。残长8.8厘米（图四六五，14；图版一九一，9）。

（3）柳叶形镞

35件。依据镞锋不同分为长锋镞和短锋镞。

长锋镞　15件。镞身稍长。均残。T2120③:2，镞身扁平。残长5.4厘米（图四六六，1；图版一三三，3）。T1617③:2，镞身扁平，扁方铤。残长5.6厘米（图四六六，2）。T2318③:4，扁方铤。残长6.2厘米（图四六六，3）。T1914③:2，扁方铤。残长6.5厘米（图四六六，4）。T1720③:1，镞身扁平。残长6.2厘米（图四六六，5；图版一三三，4）。T1518③:1，镞身扁平，扁方铤。残长6.7厘米（图四六六，6）。T0918③:1，圆铤。残长6.6厘米（图四六六，7）。T2321③:22，镞身扁平，扁方铤。残长7厘米（图四六六，8）。T1717③:3，圆铤。残长6.5厘米（图四六六，9；图版一三三，5）。T2022③:7，圆铤。残长7.4厘米（图四六六，10）。T2221③:11，残长7.6厘米（图四六六，11）。T1718③:5，扁方铤。残长8.4厘米（图四六六，12；图版一三三，6）。T1033③:1，镞身扁平，扁方铤。残长8.6厘米（图四六六，13；图版一三三，7）。T2014③:2，圆铤。残长9厘米（图四六六，14；图版一三三，8）。T2320③:7，扁方铤。残长9.5厘米（图四六六，15）。

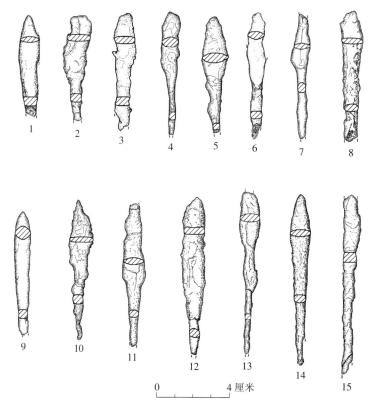

图四六六　地层出土四期文化铁镞

1. T2120③:2　2. T1617③:2　3. T2318③:4　4. T1914③:2　5. T1720③:1　6. T1518③:1
7. T0918③:1　8. T2321③:22　9. T1717③:3　10. T2022③:7　11. T2221③:11　12. T1718③:5
13. T1033③:1　14. T2014③:2　15. T2320③:7

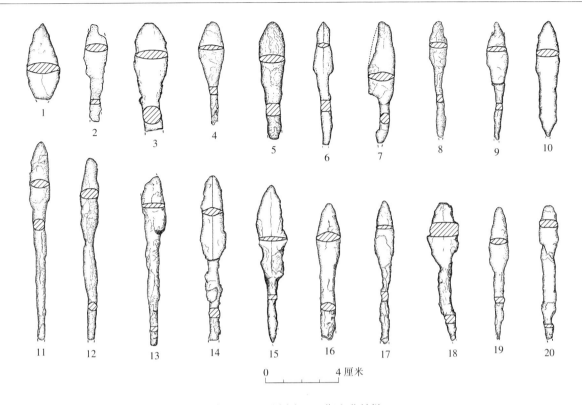

图四六七　地层出土四期文化铁镞

1. T1020②a：3　2. T1725③：2　3. T1617③：4　4. T1714③：10　5. T2220③：4　6. T2215③：2　7. T2317③：3　8. T2221③：5
9. T2120③：1　10. T2321③：14　11. T2323③：3　12. T2116③：1　13. T2122③：3　14. T2125③：23　15. T2118③：1
16. T1726③：7　17. T2321③：24　18. T1323②a：6　19. T2119③：2　20. T2216③：4

短锋镞　20件。镞身较短。均残。T1020②a：3，镞身扁平。残长4.1厘米（图四六七，1）。T1725③：2，扁方铤，残长5.1厘米（图四六七，2）。T1617③：4，镞身扁平，圆铤。残长5.8厘米（图四六七，3）。T1714③：10，镞身扁平。残长5.6厘米（图四六七，4；图版一九二，1）。T2220③：4，圆铤。残长6.3厘米（图四六七，5；图版一九二，2）。T2215③：2，圆铤。残长6.6厘米（图四六七，6）。T2317③：3，镞身扁平。残长6.4厘米（图四六七，7；图版一三三，9）。T2221③：5，扁方铤。残长6.2厘米（图四六七，8；图版一九二，3）。T2120③：1，镞身扁平，扁方铤。残长6.3厘米（图四六七，9；图版一九二，4）。T2321③：14，镞身扁平，扁方铤。残长6.2厘米（图四六七，10）。T2323③：3，圆铤。残长10.5厘米（图四六七，11；图版一九二，5）。T2116③：1，镞身扁平。残长9.7厘米（图四六七，12；图版一九二，6）。T2122③：3，镞身扁平，圆铤。残长9厘米（图四六七，13；图版一九二，7）。T2125③：23，圆铤。残长8.8厘米（图四六七，14；图版一九二，8）。T2118③：1，镞身扁平，圆铤。残长8.4厘米（图四六七，15）。T1726③：7，镞身扁平，扁方铤。残长7.2厘米（图四六七，16；图版一九二，9）。T2321③：24，圆铤。残长7.6厘米（图四六七，17）。T1323②a：6，圆铤。残长7.4厘米（图四六七，18）。T2119③：2，镞身扁平。残长7厘米（图四六七，19）。T2216③：4，扁方铤。残长7.1厘米（图四六七，20）。

（4）阔叶形镞

7件。镞身较宽。均残。T1219③：2，前锋较宽，整体近于三角形。扁方铤。残长8.3厘米（图四六八，1；图版一○七，4）。T1417③：7，镞身近菱形扁平，后端为闭合式圆銎。残长6.9

厘米（图四六八，2；图版一〇七，5）。T1516③:3，镞身近于菱形，圆铤。残长5厘米（图四六八，3；图版一〇七，6）。T1718③:2，镞身近于椭圆形，圆铤。残长8.1厘米（图四六八，4；图版一〇七，7）。T1914③:4，镞身扁平，略显瘦长。残长7.1厘米（图四六八，5；图版一〇七，8）。T2123②a:5，前锋较宽，镞身扁平，扁方铤。残长9.6厘米（图四六八，6）。T2224③:16，镞身近于三角形，圆铤。残长7.2厘米（图四六八，7；图版一〇七，9）。

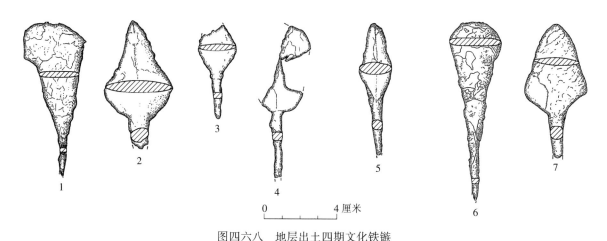

0　　　　　　4厘米

图四六八　地层出土四期文化铁镞
1. T1219③:2　2. T1417③:7　3. T1516③:3　4. T1718③:2　5. T1914③:4　6. T2123②a:5　7. T2224③:16

（5）凿形镞
68件。均残。依据镞身不同分为长身镞和短身镞。

长身镞　48件。T1818③:1，扁方铤。残长4.8厘米（图四六九，1）。T2020③:6，扁方铤。残长5厘米（图四六九，2）。T1021③:3，扁方铤。残长6.1厘米（图四六九，3；图版一九三，1）。T2220③:28，扁方铤。残长6.3厘米（图四六九，4）。T2016③:1，扁方铤。残长6.1厘米（图四六九，5）。T2221③:9，圆铤。残长6.3厘米（图四六九，6）。T1915③:2，扁方铤。残长6.4厘米（图四六九，7）。T2025③:25，扁方身，细铤。残长6.7厘米（图四六九，8）。T2320③:9，扁方铤。残长6.6厘米（图四六九，9）。T1827③:1，扁方铤。残长6.9厘米（图四六九，10）。T2115③:2，扁方铤。残长7厘米（图四六九，11）。T2220③:1，扁方铤。残长7厘米（图四六九，12）。T1023③:8，扁方铤。残长7.3厘米（图四六九，13）。T2120③:3，扁方铤。残长7.1厘米（图四六九，14）。T2322③:7，扁方铤。残长8.5厘米（图四六九，15；图版一九三，2）。T2025③:24，扁方铤。残长7.2厘米（图四六九，16）。T2023③:3，扁方铤。残长7.9厘米（图四六九，17）。T2125③:13，扁方铤。残长7.5厘米（图四六九，18）。T1723③:2，扁方铤。残长7.2厘米（图四六九，19；图版一九三，3）。T2124③:24，扁方铤。残长8厘米（图四六九，20）。T1816③:23，扁方铤。残长7.3厘米（图四六九，21）。T2321③:20，扁方铤。残长7.3厘米（图四六九，22）。T2314③:8，扁方铤。残长6.6厘米（图四六九，23）。T2125③:4，扁方铤。残长7.2厘米（图四六九，24）。T2324③:12，扁方铤。残长7.3厘米（图四六九，25）。T1727③:2，扁方铤。残长6.8厘米（图四六九，26）。T1023③:7，扁方铤。残长6.9厘米（图四六九，27）。T2125③:24，扁方铤。残长6.9厘米（图四六九，28）。T2421③:2，扁方铤。残长6.5厘米（图四六九，29）。T2316③:5，扁方铤。残长7.6厘

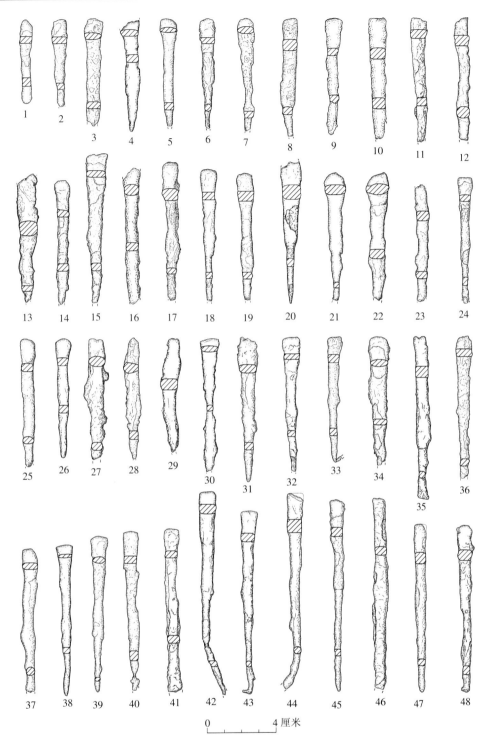

0 —— 4 厘米

图四六九　地层出土四期文化铁镞

1. T1818 ③:1　2. T2020 ③:6　3. T1021 ③:3　4. T2220 ③:28　5. T2016 ③:1　6. T2221 ③:9　7. T1915 ③:2　8. T2025 ③:25　9. T2320 ③:9　10. T1827 ③:1　11. T2115 ③:2　12. T2220 ③:1　13. T1023 ③:8　14. T2120 ③:3　15. T2322 ③:7　16. T2025 ③:24　17. T2023 ③:3　18. T2125 ③:13　19. T1723 ③:2　20. T2124 ③:24　21. T1816 ③:23　22. T2321 ③:20　23. T2314 ③:8　24. T2125 ③:4　25. T2324 ③:12　26. T1727 ③:2　27. T1023 ③:7　28. T2125 ③:24　29. T2421 ③:2　30. T2316 ③:5　31. T1323 ③:3　32. T1923 ③:4　33. T2027 ③:1　34. T2323 ③:4　35. T2023 ③:6　36. T2216 ②a:1　37. T1715 ③:1　38. T2320 ③:2　39. T1916 ③:7　40. T1919 ③:5　41. T2323 ③:5　42. T2115 ③:3　43. T2121 ③:7　44. T2125 ③:16　45. T2020 ③:5　46. T2122 ③:6　47. T2024 ③:1　48. T2220 ③:29

米（图四六九，30）。T1323③:3，圆铤。残长8.2厘米（图四六九，31）。T1923③:4，扁方铤。残长7.6厘米（图四六九，32）。T2027③:1，扁方铤。残长7.1厘米（图四六九，33；图版一九三，4）。T2323③:4，扁方铤。残长7.3厘米（图四六九，34）。T2023③:6，扁方铤。残长9.3厘米（图四六九，35）。T2216②a:1，扁方铤。残长8.1厘米（图四六九，36）。T1715③:1，圆铤。残长8.2厘米（图四六九，37）。T2320③:2，扁方铤。残长8.6厘米（图四六九，38；图版一九三，5）。T1916③:7，扁方铤。残长8.8厘米（图四六九，39；图版一九三，6）。T1919③:5，扁方铤。残长9.2厘米（图四六九，40）。T2323③:5，扁方铤。残长9.3厘米（图四六九，41）。T2115③:3，扁方铤。残长11.6厘米（图四六九，42）。T2121③:7，圆铤。残长10.3厘米（图四六九，43）。T2125③:16，圆铤。残长11.1厘米（图四六九，44；图版一九四，7）。T2020③:5，扁方铤。残长11厘米（图四六九，45）。T2122③:6，扁方铤。残长10.9厘米（图四六九，46；图版一九三，8）。T2024③:1，扁方铤。残长10厘米（图四六九，47；图版一九三，9）。T2220③:29，扁方铤。残长9.5厘米（图四六九，48）。

短身镞　20件。T2114③:3，扁方铤。残长5.7厘米（图四七〇，1）。T1414③:5，扁方铤。残长6.2厘米（图四七〇，2）。T2220③:32，扁方铤。残长5.7厘米（图四七〇，3）。T2218③:1，扁方铤。残长6.1厘米（图四七〇，4）。T2124③:26，扁方铤。残长6.1厘米（图四七〇，5）。T2120③:4，扁方铤。残长6.4厘米（图四七〇，6）。T2124③:31，扁方铤。残长7.2厘米（图四七〇，7）。T2118③:2，扁方铤。残长7.3厘米（图四七〇，8）。T1923③:5，扁方铤。残长7.6厘米（图四七〇，9）。T1416③:1，扁方铤。残长8厘米（图四七〇，10）。T1023③:10，扁方铤。残长8厘米（图四七〇，11）。T1023③:6，镞身扁平。残长7.5厘米

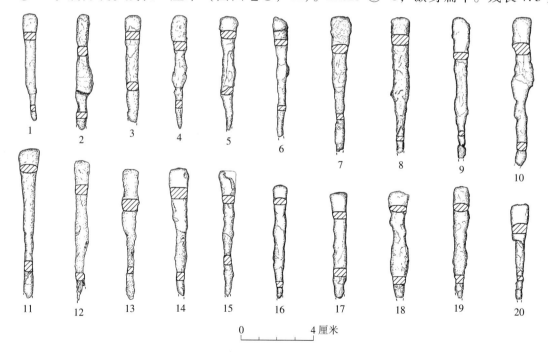

图四七〇　地层出土四期文化铁镞

1. T2114③:3　2. T1414③:5　3. T2220③:32　4. T2218③:1　5. T2124③:26　6. T2120③:4　7. T2124③:31　8. T2118③:2
9. T1923③:5　10. T1416③:1　11. T1023③:10　12. T1023③:6　13. T1219③:4　14. T1920③:2　15. T2319③:5　16. T1817
③:17　17. T2221③:17　18. T2423③:3　19. T2225③:5　20. T1515③:7

（图四七〇，12）。T1219③:4，扁方铤，残长 7 厘米（图四七〇，13）。T1920③:2，扁方铤。残长 6.9 厘米（图四七〇，14）。T2319③:5，扁方铤。残长 6.7 厘米（图四七〇，15）。T1817③:17，扁方铤。残长 6.1 厘米（图四七〇，16）。T2221③:17，扁方铤。残长 5.6 厘米（图四七〇，17）。T2423③:3，扁方铤。残长 5.7 厘米（图四七〇，18）。T2225③:5，扁方铤。残长 6 厘米（图四七〇，19）。T1515③:7，扁方铤。残长 5.2 厘米（图四七〇，20）。

（6）四棱锥镞

30 件。镞身作四棱锥形，截面为方形。镞身较短，较重。均残。T1716②a:1，残长 4.2 厘米（图四七一，1；图版一九四，1）。T1219②a:9，扁方铤。残长 5.2 厘米（图四七一，2）。T1021③:2，残长 4.4 厘米（图四七一，3）。T1827③:3，方铤。残长 5.2 厘米（图四七一，4）。T1121②a:1，圆铤。残长 5.6 厘米（图四七一，5；图版一九四，2）。T1020③:4，圆铤。残长 5.9 厘米（图四七一，6）。T2121③:2，圆铤。残长 5.9 厘米（图四七一，7；图版一九四，3）。T0918③:2，扁方铤。残长 6.8 厘米（图四七一，8；图版一九四，4）。T2316③:16，圆铤。残长 7.2 厘米（图四七一，9）。T1020②a:9，圆铤。残长 6.6 厘米（图四七一，10；图版一九四，5）。T1022③:2，圆铤。残长 7.1 厘米（图四七一，11）。T2225③:6，圆铤。残长 12.3 厘米（图四七一，12；图版一九四，6）。T2020③:8，圆铤。残长 11.9 厘米（图四七一，13）。T2315③:13，细圆铤。残长 10.6 厘米（图四七一，14；图版一九四，7）。T1926③:12，圆铤。残长 10.5 厘米（图四七一，15；图版一九四，8）。T2225③:4，残长 11.3、铤径 0.9 厘米（图四七一，16；图版一九四，9）。T2321③:18，圆铤。残长 11.2 厘米（图四七一，17）。T2120③:18，圆铤。残长 10.3 厘米（图四七一，18；图版一九五，1）。T2316③:9，圆铤。残长 9.6 厘米（图四七一，19；图版一九五，2）。T1019③:4，圆铤。残长 8.2 厘米（图四七一，20）。T1621③:3，圆铤。残长 6.7 厘米（图四七一，21）。T2020③:7，圆铤。残长 7.5 厘米（图四七一，22）。T2220③:12，残长 7 厘米（图四七一，23；图版一九五，3）。T2025③:3，圆铤。残长 7 厘米（图四七一，24；图版一九五，4）。T0818②a:2，圆铤。残长 7.8 厘米（图四七一，25；图版一九五，5）。T2221③:8，圆铤。残长 8.7 厘米（图四七一，26；图版一九五，6）。T2316③:3，细圆铤。残长 9.1 厘米（图四七一，27；图版一九五，7）。T2316③:4，圆铤。残长 7.6 厘米（图四七一，28）。T1020③:1，圆铤。残长 9.3 厘米（图四七一，29；图版一九五，8）。T1123③:1，圆铤。残长 9.3 厘米（图四七一，30；图版一九五，9）。

（7）铲形镞

5 件。前锋作铲状，平刃。均残。T1223②a:1，扁方铤。残长 5.9 厘米（图四七二，1）。T2125③:14，扁方身。残长 6.6 厘米（图四七二，2）。T2123③:3，扁方身。残长 6.8 厘米（图四七二，3）。T2422②a:1，扁方铤。残长 8.2 厘米（图四七二，4）。T2315③:1，扁方铤。残长 12.4 厘米（图四七二，5）。

2. 刀

2 件。锻制。均残。T1322③:29，长条形，扁身，平背，刃略弧。残长 10.2、宽 2.8、厚 0.4 厘米（图四七三，1；图版一五七，5）。T1820③:9，直背直刃。残长 13、宽 2.7~3.2 厘米（图四七三，2；图版一四一，4）。

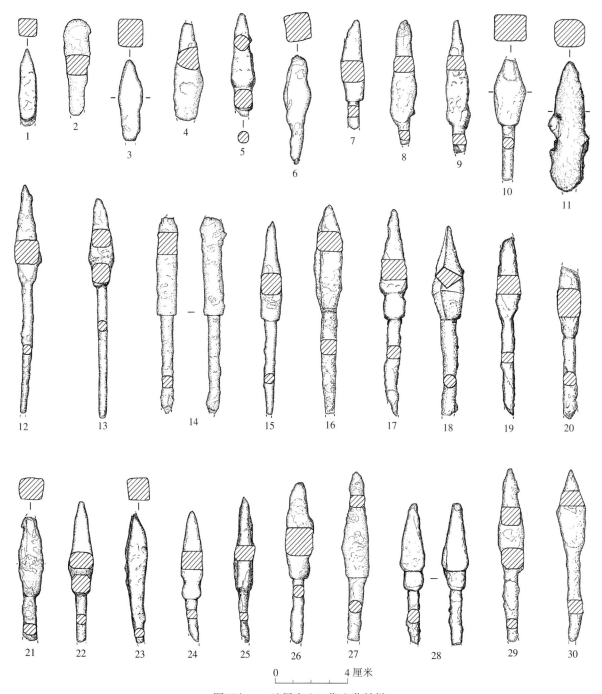

图四七一　地层出土四期文化铁镞

1. T1716②a:1　2. T1219②a:9　3. T1021③:2　4. T1827③:3　5. T1121②a:1　6. T1020③:4　7. T2121③:2　8. T0918③:2
9. T2316③:16　10. T1020②a:9　11. T1022③:2　12. T2225③:6　13. T2020③:8　14. T2315③:13　15. T1926③:12　16. T2225
③:4　17. T2321③:18　18. T2120③:18　19. T2316③:9　20. T1019③:4　21. T1621③:3　22. T2020③:7　23. T2220③:12
24. T2025③:3　25. T0818②a:2　26. T2221③:8　27. T2316③:3　28. T2316③:4　29. T1020③:1　30. T1123③:1

　　3. 矛

　　1件。T2317③:5，锻制。銎孔部位残断。半封闭式銎，剑式矛叶，中部略起脊。銎径1.2~
1.5、叶宽0.8~1.7、厚0.6、残长16厘米（图四七四）。

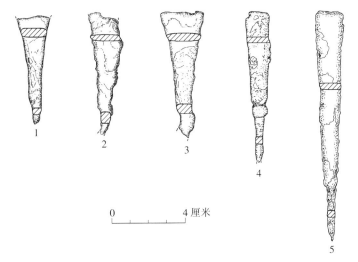

图四七二　地层出土四期文化铁镞

1. T1223②a：1　2. T2125③：14　3. T2123③：3　4. T2422②a：1　5. T2315③：1

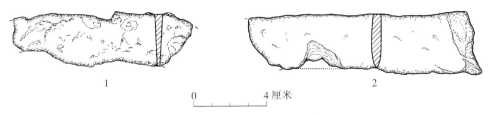

图四七三　地层出土四期文化铁刀

1. T1322③：29　2. T1820③：9

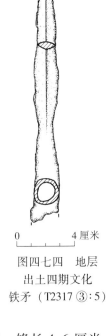

图四七四　地层
出土四期文化
铁矛（T2317③：5）

4. 甲片

6件。锻制。平面近椭圆形。上部稍平做抹角，底边及两侧皆做弧边。上部开一圆孔，下部居中竖排开两圆孔，左右两边各开四孔，两个为一组。T1022③：6，残。锈蚀较重，仅见一个穿孔。长6.5、宽3.5、厚0.3厘米（图四七五，1）。T1022③：7，残。锈蚀较重。残存部分近边缘处有4个穿孔。长6.5、宽3.5、厚0.3厘米（图四七五，2）。T1022③：8，残。锈蚀较严重。残存部分仅见一个穿孔。残长5.3、宽3.7、厚0.3厘米（图四七五，3）。T1022③：9，残。锈蚀。边缘分布9个穿孔。长6.4、宽3.8、厚0.3厘米（图四七五，4）。T1022③：10，残。锈蚀较重。边缘分布5个穿孔。长6.5、宽4、厚0.3厘米（图四七五，5）。T2026③：11，稍残。形体圆钝，上部可辨有2个穿孔。长4.6、宽4、厚0.3厘米（图四七五，6）。

5. 蒺藜

3件。锻制。出四尖锋，中有圆孔，对应两个锋尖朝向一侧。均残。T2016③：2，锋长5.5厘米（图四七六，1；图版一三五，6）。T2115③：19，锋长4.6厘米（图四七六，2；图版一三五，7）。T2217③：1，锋长5.4厘米（图四七六，3；图版一三五，8）。

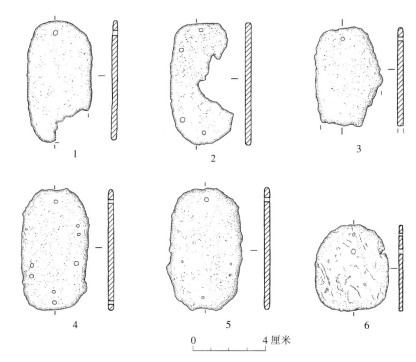

图四七五　地层出土四期文化铁甲片
1. T1022 ③∶6　2. T1022 ③∶7　3. T1022 ③∶8　4. T1022 ③∶9　5. T1022 ③∶10　6. T2026 ③∶11

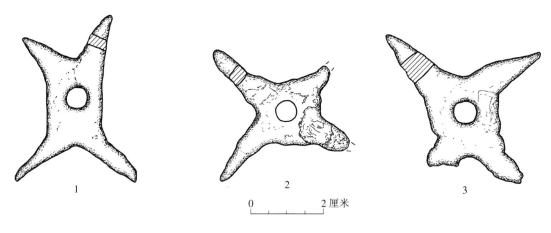

图四七六　地层出土四期文化铁蒺藜
1. T2016 ③∶2　2. T2115 ③∶19　3. T2217 ③∶1

6. 镰

2件。锻制。弧背曲刃，刀身较长，尾部渐宽且向内弯折。均残。T1021 ③∶11，锋部残。长22、宽2.7厘米（图四七七，1；图版一九六，1）。T2224 ③∶12，刃部有崩缺。长19、宽2.8厘米（图四七七，2；图版一九六，2）。

7. 耙

1件。铸制。残。T1920 ③∶4，平面呈山形，三齿，中间一齿稍长，上部有方形銎孔。宽6.8、高15.8、齿长10厘米（图四七八；图版一三六，3）。

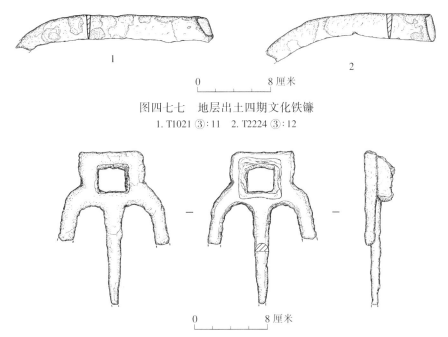

图四七七 地层出土四期文化铁镰
1. T1021 ③：11 2. T2224 ③：12

图四七八 地层出土四期文化铁耙（T1920 ③：4）

8. 镦锤

1 件。T2019 ③：9，稍残。铸制。平面呈梯形，侧面呈菱形，两端有钝刃。中部有长方形銎孔。长 5.2、宽 1.4、厚 2.2 厘米，銎孔长 2、宽 1 厘米（图四七九；图版一四三，3）。

9. 铧

5 件。铸制。均残。平面呈三角形。T1023 ③：9，仅存一侧边缘部位。底面较平，三角形銎。残长 14.5、残宽 10 厘米（图四八〇，1；图版一四三，4）。T1123 ③：7，残存部分呈三角形，为一侧边缘部分，可见銎（图四八〇，2；图版一四三，5）。T1322 ③：11，平面呈三角形，尾端略平。残长 10.5、残宽 15.7 厘米（图四八〇，3）。T1815 ③：4，铁铧残片，残存部分呈三角形（图四八〇，4）。T2015 ③：6，铁铧尖部略上翘，两边刃外弧，正面中部微起脊，背面中部具一孔，尾端略平，内侧形成三角形銎孔。长 30、残宽 23、厚 6 厘米（图四八〇，5；图版一四三，6）。

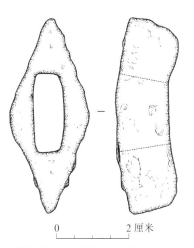

图四七九 地层出土四期文化
铁镦锤（T2019 ③：9）

10. 鱼钩

2 件。均残。T1417 ③：4，锻制。四棱柱状铁条弯曲而成，前端锻成尖部。横截面呈方形。长 4.4、横剖面边长 0.6 厘米（图四八一，1；图版一九七，1）。T1515 ③：3，平面呈"U"形，钩身扁平。残长 3 厘米（图四八一，2；图版一九七，2）。

11. 车辖

1 件。T1914 ③：15，扁体长条形，一端中部有一孔，另一端劈裂残断。残长 10.3、宽 2.2、有孔的一端厚 1.2、残存部分厚 0.8 厘米，孔径 0.4 厘米（图四八二；图版一五六，4）。

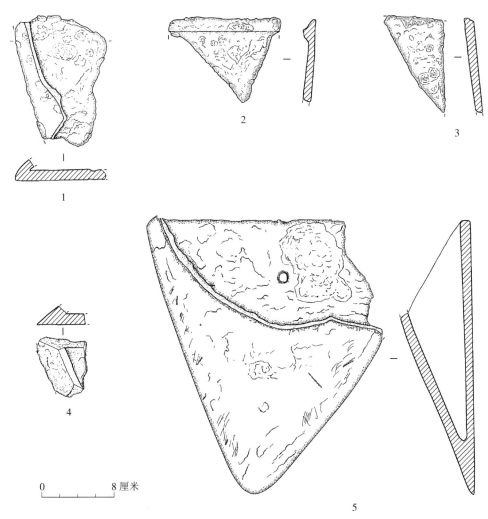

0　　　　　　　8厘米

图四八〇　地层出土四期文化铁铧
1. T1023 ③：9　2. T1123 ③：7　3. T1322 ③：11　4. T1815 ③：4　5. T2015 ③：6

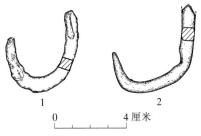

0　　　4厘米

图四八一　地层出土四期文化铁鱼钩
1. T1417 ③：4　2. T1515 ③：3

12. 带扣

4件。T1627 ③：5，完整。长方形，先用铁条曲成"∩"形，在其两末端各穿一孔，穿入铁条为轴，以轴上盘圆柱形铁条为扣针。长4.1、宽3.5厘米（图四八三，1；图版一四六，3）。T2125 ③：25，残。扁方身。残长3.5、宽3.5厘米（图四八三，2；图版一四六，4）。T2224 ③：13，残。长方形，在其两末端各穿一孔，穿入铁条为轴。长5.2、宽2.2厘米（图四八三，3；图版一四六，5）。T2323 ③：8，残。仅余部分扣身。残长4.3、宽3.3厘米（图四八三，4；图版一四六，6）。

13. 削

4件。均残。T1219 ③：5，直背，直刃，尖锋。残长8.6、宽1.7厘米（图四八四，1；图版一五七，6）。T1520 ③：4，直背，斜刃。残长11、宽1.6、厚0.4厘米（图四八四，2；图版一五七，7）。T2110 ③：2，弧背，弧刃，锋部圆钝，长柄。长22.6、宽0.8～2.2、厚

0.5 厘米，柄长 8、宽0.8~1.6 厘米（图四八四，3；图版一五七，8）。T2314 ③：12，弧背，弧刃，两端残断。残长 6 厘米（图四八四，4）。

14. 剪刀

1 件。T2317 ③：4，残。锻制。双股交叉式，仅存一股。残长16.4 厘米（图四八五；图版一五六，5）。

15. 臼

2 件。铸造。杯状。T1120 ③：1，稍残。方唇，唇缘外斜，斜直壁，平底。口径 7.5、底径6.5、高 7.3、壁厚 0.8 厘米（图四八六，1；图版一三六，4）。T1916 ③：1，仅余半面。斜方唇，敞口，器壁斜直，平底。器壁有一道铸痕。口径9、底径6.5、高 10、壁厚 0.8 厘米（图四八六，2；图版一三六，5）。

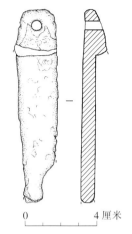

图四八二　地层出土四期文化
铁车辖（T1914 ③：15）

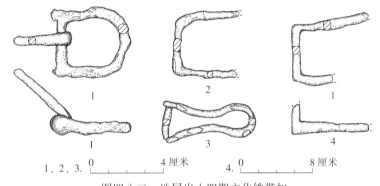

图四八三　地层出土四期文化铁带扣
1. T1627 ③：5　2. T2125 ③：25　3. T2224 ③：13　4. T2323 ③：8

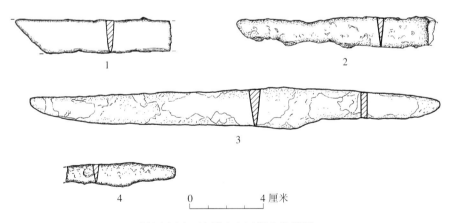

图四八四　地层出土四期文化铁削
1. T1219 ③：5　2. T1520 ③：4　3. T2110 ③：2　4. T2314 ③：12

16. 铲

1 件，锻制。残。T1820 ③：8，平面呈梯形，柄部缺失。残长 14.5、宽 10.4、厚 0.6 厘米（图四八七，1；图版一四一，5）。

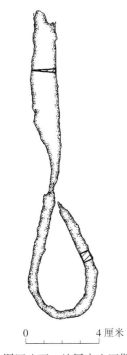

图四八五　地层出土四期
文化铁剪刀（T2317 ③：4）

17. 匙

1 件。锻制。残。T2422 ③：4，舌状匙，长条形柄，柄末端变细勾曲。长 25.7、宽 1.4、厚 0.3、头部宽 3.2 厘米（图四八七，2；图版一四一，6）。

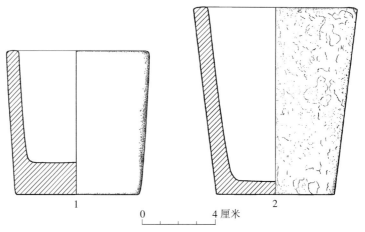

图四八六　地层出土四期文化铁臼
1. T1120 ③：1　2. T1916 ③：1

18. 器柄

2 件。锻制。残。T1121 ③：12，圆柄，两端残断，器形不明。残长 13.3 厘米（图四八七，3）。T1421②a：2，扁圆柄，末端变细勾曲。残长 16 厘米（图四八七，4；图版一五六，6）。

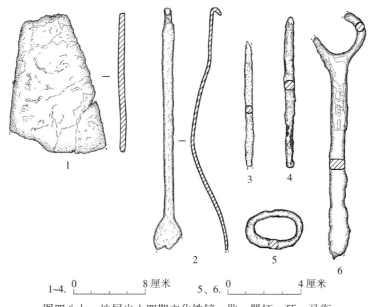

图四八七　地层出土四期文化铁铲、匙、器柄、环、马衔
1. 铲（T1820 ③：8）　2. 匙（T2422 ③：4）　3、4. 器柄（3. T1121 ③：12，4. T1421②a：2）
5. 环（T2215 ③：3）　6. 马衔（T1023 ③：12）

19. 环

1 件。T2215 ③：3，锻制。完整。椭圆形。长径 3.2、短径 2.1 厘米（图四八七，5；图版一九七，3）。

20. 马衔

1 件。T1023 ③：12，锻制。残。仅一端残存铁环一部分，另一端残断。残长 12.8 厘米（图四八七，6；图版一九七，4）。

21. 钉

12 件。锻制。均残。依据顶部特征可分为扁方顶、圆顶、菱形顶和扁刃状顶四种形制。

（1）扁方顶钉

8 件。上部稍加宽、加厚为顶。T1022 ③：5，顶部缺失，扁方身，尖部钝圆。残长 4.4 厘米（图四八八，1）。T1033 ③：3，扁方身，尖端残断。残长 10.9 厘米（图四八八，2；图版一五六，7）。T1121 ③：10，扁方身，尖部钝圆。残长 11.3 厘米（图四八八，3）。T1726②a：1，扁方身，尖端较锐。残长 14.7 厘米（图四八八，4；图版一五六，8）。T2020 ③：9，近方形钉身，尖端残断。残长 6.6 厘米（图四八八，5）。T2020 ③：10，近方形钉身，尖端残断。残长 8.5 厘米（图四八八，6）。T2120 ③：5，扁方身，尖端残断。残长 2.9 厘米（图四八八，7）。T2124 ③：32，扁方身，尖端稍残。残长 8.3 厘米（图四八八，8）。

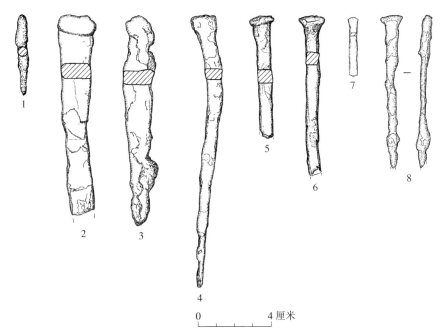

0　　　　　4厘米

图四八八　地层出土四期文化铁钉

1. T1022 ③：5　2. T1033 ③：3　3. T1121 ③：10　4. T1726②a：1　5. T2020 ③：9
6. T2020 ③：10　7. T2120 ③：5　8. T2124 ③：32

（2）圆顶钉

1 件。顶部圆钝、膨大。T1714 ③：6，扁方身。残长 7.2 厘米（图四八九，1）。

（3）棱形顶钉

1 件。顶部加宽加厚，侧视呈菱形。T1323 ③：1，扁方身。残长 11.2 厘米（图四八九，2）。

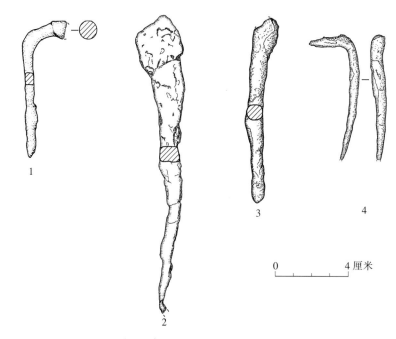

图四八九　地层出土四期文化铁钉
1. T1714 ③：6　2. T1323 ③：1　3. T1514 ③：4　4. T2220 ③：7

（4）扁刃状顶钉

2 件。顶部扁薄，呈斧刃状。T1514 ③：4，扁方身，尖端圆钝。残长 9.8 厘米（图四八九，3）。T2220 ③：7，扁方身，尖端较锐。残长 6.2 厘米（图四八九，4）。

22. 锔钉

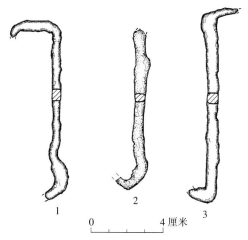

图四九〇　地层出土四期文化铁锔钉
1. T1414 ③：7　2. T1420 ③：2　3. T1627 ③：2

3 件。锻制。均残。两端做出尖。T1414 ③：7，长 9.6、宽 2.7 厘米（图四九〇，1；图版一四一，7）。T1420 ③：2，两端残缺。残长 8.6 厘米（图四九〇，2）。T1627 ③：2，扁方身，两端钉尖扭曲，不在一个方向。残长 10.4 厘米（图四九〇，3；图版一四一，8）。

23. 鼻

2 件。锻制。平面呈"U"字形，两端回折作钉尖状。T1916 ③：3，扁身。长 4.8、宽 3.8、厚 0.5 厘米（图四九一，1；图版一九七，5）。T2324 ③：9，两端钉身残断。长 6.2、宽 3.8 厘米（图四九一，2；图版一九七，6）。

24. 饰件

2 件。锻制。均残。T1820 ③：21，平面呈梯形，底端作鱼尾形。长 8.4、宽 5～8.8、厚 0.5 厘米（图四九二，1）。T2221 ③：18，平面呈葫芦形，上面带有两个铆钉。残长 6.3 厘米、宽 2 厘米（图四九二，2；图版一四一，9）。

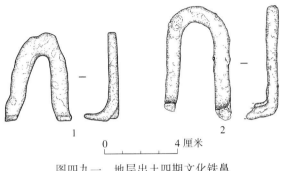

图四九一　地层出土四期文化铁鼻
1. T1916 ③：3　2. T2324 ③：9

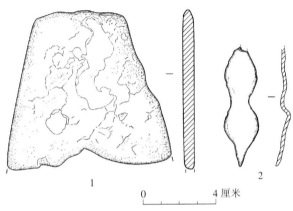

图四九二　地层出土四期文化铁饰件
1. T1820 ③：21　2. T2221 ③：18

25. 挂钩

3 件。锻制，均残。T1624 ③：1，扁体条形铁片弯成"S"形。长 5.8、宽 2、厚 0.5 厘米（图四九三，1；图版一九七，7）。T1714 ③：11，平面呈"U"形。宽 5.5、高 3.8 厘米（图四九三，2；图版一九七，8）。T2115 ③：1，扁方身，扭曲变形。长 5.4、宽 2.9 厘米（图四九三，3；图版一四六，7）。

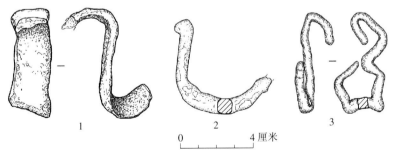

图四九三　地层出土四期文化铁挂钩
1. T1624 ③：1　2. T1714 ③：11　3. T2115 ③：1

26. 釜

3 件。铸造。T1022 ③：11，腹部残片。残长 7.5、残宽 4.6、厚 0.3 厘米（图四九四，1）。

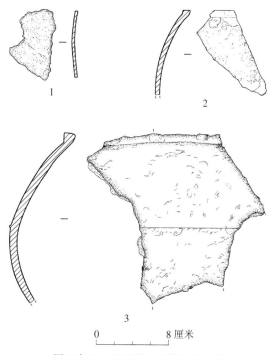

图四九四　地层出土四期文化铁釜
1. T1022③：11　2. T1223③：1　3. T1927③：1

T1223③：1，口沿残片。方唇，敛口，唇部加厚，鼓腹。残高9厘米（图四九四，2）。T1927③：1，口沿残片。方唇，敛口，折腹，腹部有一周明显的铸痕。口径28、残高17厘米（图四九四，3）。

27. 门枢套

24件。铸制。圆筒状。T0618②a：1，残断。侧面存一短齿。外径12、宽4.9、厚1.1、齿长1.5、宽0.8厘米（图四九五，1）。T1022②a：5，残断。外径8、宽3.5、厚1厘米（图四九五，2）。T1022③：12，残断。外径9、宽4.2、厚0.7厘米（图四九五，3）。T1119②a：2，残断。仅存一小块。残存部分一侧边缘有一短齿，四棱锥状。宽4.5、厚1厘米，齿长0.8、宽1.4、高1.1厘米（图四九五，4）。T1119②a：4，残。外径10、宽4.9、厚1厘米（图四九五，5）。T1119②a：9，残。宽4.8、厚1残厘米（图四九五，6）。T1120②a：2，残断。侧面边缘处有一短齿。外径12、宽5.2、厚1厘米，齿长1.7、宽1.2、残高0.5厘米（图四九五，7）。T1222③：1，残断，仅存一小段。侧面边缘处存有一短齿。宽4.2、厚0.8厘米，齿长2、宽1、高0.9厘米（图四九五，8）。T1223②a：4，残。外径10、宽3.5、厚0.9厘米（图四九五，9）。T1317③：1，残断。外径8.3、内径6.4、高4.5厘米（图四九五，10；图版一九八，1）。T1317③：2，残断。复原外径12、宽5.3、厚1.5厘米（图四九五，11）。T1327②a：4，残断。外侧边缘存有一齿。外径13、宽5.1、厚1厘米（图四九六，1；图版一九八，2）。T1414③：8，残断。残存部分一侧有一短齿。外径13、宽5.2、厚1厘米（图四九六，2；图版一九八，3）。T1514③：3，残断。圆环筒状。宽5、厚0.8厘米（图四九六，3）。T1617③：3，残断。两侧对称存两个短齿。外径9、内径7、宽4.7、厚1厘米（图四九六，4；图版一九八，4）。T1617③：9，残断，仅存一小段。宽3.5、厚1厘米（图四九六，5）。T1714③：7，残断。外侧边缘存有一短齿。外径12、宽4.4、厚1厘米（图四九六，6；图版一九八，5）。T1717②a：4，残。侧面边缘存有一短齿。外径13、宽5.2、厚1厘米（图四九六，7）。T1816③：17，残。残长4.7、宽4.8、厚0.9厘米（图四九六，8）。T1816③：24，残断。外径14、宽5、厚1.2厘米（图四九六，9）。T1818③：6，残断。外侧边缘有一短齿。短齿和器身有一道明显的铸缝。外径13、宽5、厚1厘米，短齿长2.3、宽9.4、高5厘米（图四九七，1）。T1818③：2，残断。外侧边缘存有一短齿。短齿和器身有一道明显的铸缝。外径13、宽4.9、厚1厘米，齿长2.3、宽1.4、高1厘米（图四九七，2；图版一九八，6）。T1820③：15，残断。外径12、宽5、厚1厘米（图四九七，3）。T2420②a：5，残断。外径8、残宽3.3、厚1.2厘米（图四九七，4）。

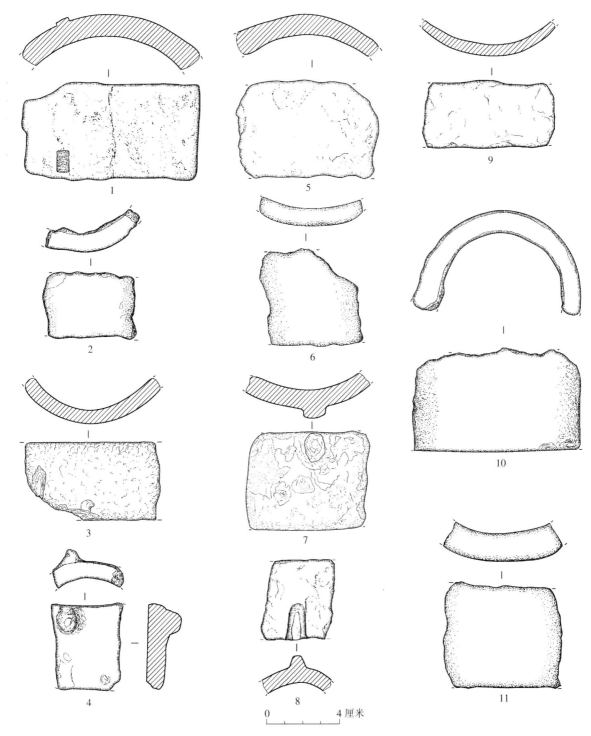

图四九五　地层出土四期文化铁门枢套

1. T0618②a:1　2. T1022②a:5　3. T1022③:12　4. T1119②a:2　5. T1119②a:4　6. T1119②a:9
7. T1120②a:2　8. T1222③:1　9. T1223②a:4　10. T1317③:1　11. T1317③:2

图四九六　地层出土四期文化铁门枢套

1. T1327②a:4　2. T1414③:8　3. T1514③:3　4. T1617③:3　5. T1617③:9　6. T1714③:7
7. T1717②a:4　8. T1816③:17　9. T1816③:24

（四）铜器

12 件。主要有指环、带扣、夹、插销、饰件、镜、片等。

1. 指环

1 件。T1619③:3，锻制。稍残。圆形薄片制成。直径 2.2 厘米（图四九八，1；图版一九九，1）。

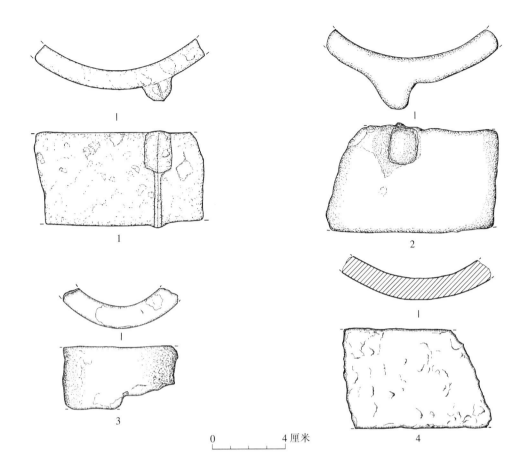

图四九七　地层出土四期文化铁门枢套
1. T1818 ③:6　2. T1818 ③:2　3. T1820 ③:15　4. T2420②a:5

2. 带扣

1 件。铸造。残。T1617 ③:5，呈"L"形，长边上有凸起，其上有穿孔。残长 2.6、残宽 2.1、厚 0.3 厘米（图四九八，2；图版一五八，4）。

3. 夹

1 件。锻制。T2423 ③:2，叶形，一端渐窄，近端头处回卷。长 3.2、宽 1.3 厘米（图四九八，3；图版一九九，2）。

4. 插销

1 件。T1823 ③:5，残。平面近"L"形，扁平身。一端微弧。残长 3.1、厚 0.2 厘米（图四九八，4；图版一九九，3）。

4. 饰件

2 件。铸造。均残。T1817 ③:14，平面呈"L"形。两侧起棱，形成凹槽。残长 5.8、残宽 3.4 厘米（图四九九，1；图版一九九，4）。T1323②a:5，鎏金。平面呈长方形，正面中间有一道凸棱，背面内凹。残长 1.9、残宽 1.5、壁厚 0.1 厘米（图四九九，2；图版一九九，5）。

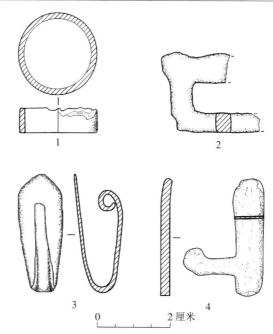

图四九八　地层出土四期文化铜指环、带扣、夹、插销
1. 指环（T1619 ③：3）　2. 带扣（T1617 ③：5）　3. 夹（T2423 ③：2）　4. 插销（T1823 ③：5）

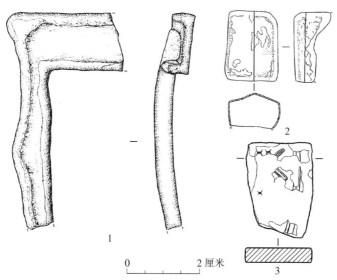

图四九九　地层出土四期文化铜饰件、镜
1　2. 饰件（1. T1817 ③：14　2. T1323②a：5）　3. 镜（T1817 ③：6）

5. 镜

1 件。仅余一小块。T1817 ③：6，外区纹饰模糊不清。边缘厚 0.3 厘米（图四九九，3；图版一九九，6）。

6. 片

5 件。铸造。T1322 ③：19，长方形。残长 2.9、宽 1.5、厚 0.4 厘米（图五〇〇，1）。T1522 ③：4，平面长方形。残长 2.7、宽 1.6、厚 0.3 厘米（图五〇〇，2）。T2023②a：1，残。

不规则形。长 6、宽 3.8、厚 0.5 厘米（图五〇〇，3；图版一五八，5）。T2124 ③：28，残。残长 7.6 厘米（图五〇〇，4；图版一九九，7）。T2223 ③：3，残。椭圆形，中间有一圆孔，一面有两道平行浅凹槽。最大径 3.5、最小径 2.2、孔径 0.2 厘米（图五〇〇，5；图版一九九，8）。

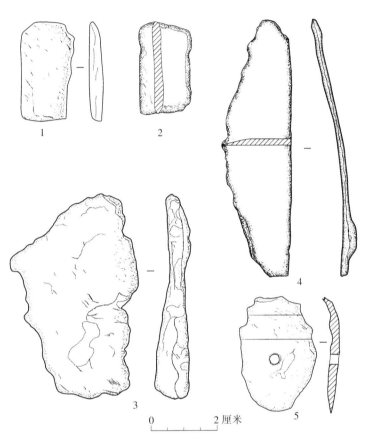

图五〇〇　地层出土四期文化铜片

1. T1322 ③：19　2. T1522 ③：4　3. T2023②a：1　4. T2124 ③：28　5. T2223 ③：3

（五）金器

仅出土 1 件坠饰。T2317 ③：9，锻制。套接的锁链连接一个桃形坠，坠作薄片形（图五〇一）。

（六）石器

20 件。主要有纺轮、球、磨石、滑石等。

1. 纺轮

1 件。T2316 ③：21，完整。磨制，平面呈圆形，一面扁平，一面圆鼓，中间对钻圆孔。直径 5.5、厚 1、孔径 1.1 厘米（图五〇二，1；图版一六五，6）。

图五〇一　地层出土四期文化金坠饰（T2317 ③：9）

2. 球

1件。T2025 ③：26，完整。自然河卵石，椭圆形。最大径5厘米（图五〇二，2）。

3. 磨石

16件。均残。磨制。一种是取自然石块磨制，另一种是残断石器的再利用。T1020 ③：6，砂岩。长方形，带对钻孔。残长2.8、宽2.9、厚1.1厘米，孔径0.3厘米（图五〇三，1；图版一五三，3）。T2215 ③：14，细砂岩。长方形。残长4、宽2.5、厚0.8厘米（图五〇三，2；图版一五三，4）。T1023 ③：3，页岩。残断石刀的再利用。长方形，带对钻孔。残长5.5、宽3.8、厚0.6厘米（图五〇三，3；图版一五三，5）。T1815 ③：3，细砂岩。平面长方形，一头带对钻孔。残长4.5、

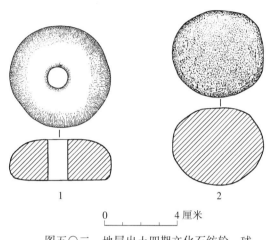

图五〇二　地层出土四期文化石纺轮、球
1. 纺轮（T2316 ③：21）　2. 球（T2025 ③：26）

宽1.8、厚0.9厘米，孔径0.4厘米（图五〇三，4；图版二〇〇，1）。T2221 ③：19，砂岩质。长条形，横剖面呈长方形。两面均有磨痕，侧面有切割痕迹。残长5.6、宽3.2、厚1.8厘米（图五〇三，5）。T1714 ③：8，砂岩质。平面呈长方形。残长5.8、宽3.2、厚1厘米（图五〇三，6；图版二〇〇，2）。T1519 ③：7，砂岩质。平面长方形，一头带对钻孔。残长6.8、宽2.7、厚1厘米，孔径0.4厘米（图五〇三，7；图版二〇〇，3）。T2322 ③：13，细砂岩。长方形。长8.5、宽3.3、厚2.8厘米（图五〇三，8；图版一五九，2）。T2421②a：1，泥质沉积岩。平面呈长条形。长9.1、宽1.9、厚1.8厘米（图五〇三，9）。T2421②a：2，泥质沉积岩。平面近长方形。长10、宽3.2、厚0.7厘米（图五〇三，10）。T2321 ③：25，灰页岩。长方形，一端带对钻孔。长11.4、宽3.4、厚1.3厘米，孔径0.3厘米（图五〇三，11；图版二〇〇，4）。T1814 ③：2，页岩。近椭圆形，一头带对钻孔。残长11.7、宽5.2、厚0.5厘米，孔径0.4厘米（图五〇三，12；图版一五三，6）。T2421 ③：1，泥质沉积岩。平面呈条形，侧视呈梯形。残长14.3、宽3.4、厚2.7厘米（图五〇三，13；图版一五九，3）。T2123 ③：6，细砂岩。长条形，一头带对钻孔。长13.8、宽2.8、厚1厘米，孔径0.4厘米（图五〇三，14；图版二〇〇，5）。T2121 ③：8，稍残。泥质沉积岩。长方形，一头带钻孔未钻透。长11.4、宽3.4、厚1.3厘米，孔径0.2厘米（图五〇三，15；图版二〇〇，6）。T2321 ③：26，泥质沉积岩。长方形。长21、宽7、厚2厘米（图五〇三，16；图版一五九，4）。

4. 滑石

2件。均残。灰绿色。T1717 ③：4，平面呈三角形，一端有明显的切割痕迹。残长9.1、宽7.8、厚3.2厘米（图五〇四，1；图版一五九，5）。T1914 ③：6，平面呈三角形。残长4.9、宽2.2、厚1.7厘米（图五〇四，2；图版一五九，6）。

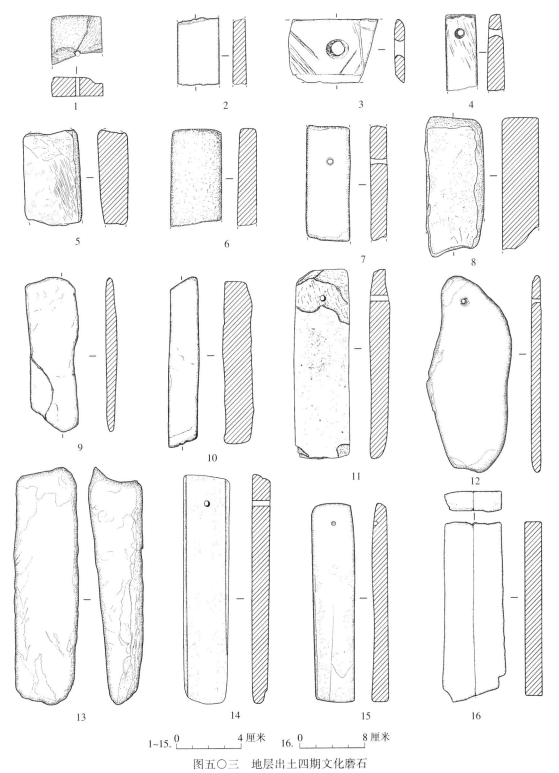

图五〇三　地层出土四期文化磨石

1. T1020 ③∶6　2. T2215 ③∶14　3. T1023 ③∶3　4. T1815 ③∶3　5. T2221 ③∶19　6. T1714 ③∶8　7. T1519 ③∶7
8. T2322 ③∶13　9. T2421②a∶1　10. T2421②a∶2　11. T2321 ③∶25　12. T1814 ③∶2　13. T2421 ③∶1　14. T2123
③∶6　15. T2121 ③∶8　16. T2321 ③∶26

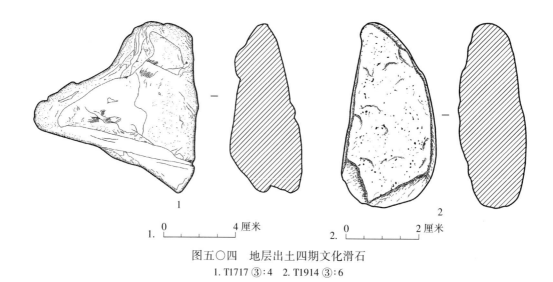

图五〇四　地层出土四期文化滑石
1. T1717 ③∶4　2. T1914 ③∶6

第六节　五期文化遗存

一　遗迹及遗物

本期文化遗迹有大型建筑基址 1 处，编号为 J1。房址 11 座，编号为 F8、F13 ~ F15、F18、F21 ~ F25、F27。灰坑 56 个，编号为 H1、H2、H4、H7 ~ H10、H13、H16 ~ H18、H28、H38、H77 ~ H81、H83 ~ H85、H89、H91、H94、H98、H99、H118、H120、H126、H127、H130、H134 ~ H138、H141、H144、H149 ~ H152、H167、H175、H179、H180、H182、H190 ~ H192、H194 ~ H197、H199、H202。沟 5 条，编号为 G5 ~ G9（图五〇五）。

J1

位于城内北部居中位置，占据 T1524、T1624、T1724、T1824、T1525、T1625、T1725、T1825、T1526、T1626、T1726 等 11 个探方，开口于第②a 层下，上距地表 0.1 ~ 0.3 米。该建筑坐北朝南。方向 184°（图五〇六；图版二〇一）。

J1 平面呈长方形，长 17.5、宽 11 米，东、西、北三壁有墙，仅余残基，砖筑，存砖 1 ~ 2 层，墙宽 0.4、存高 0.2 米左右。墙外侧多以完整砖砌筑，内侧多为残砖压缝平砌。西壁与北壁多用方砖，方砖边长 37、厚 6 厘米左右；东壁为方形砖，砖一般长 38、宽 17、厚 6 厘米左右（图版二〇一 ~ 二〇五）。

东墙长 11、西墙长 10.9、北墙总长（含门道）17.3 米，南部无墙。北壁中部长 1.8 米的段落没有发现砌砖现象，分析应是门道，可能是北门。建筑内南北排列两排河卵石堆，推测为础基。每排 4 个，大体呈等距离分布，距离为 4 ~ 5 米。南北对应础基中心点之间的距离为 7 米。

| T0327 | T0427 | T0527 | T0627 | T0727 | T0827 | T0927 | T1027 | T1127 | T1227 | T1327 | T1427 | T1527 | T1627 | T1727 | T1827 | T1927 | T2027 | T2127 | T2227 | T2327 | T2427 | T2527 |

北

图五〇五　五期文化遗迹平面图

0　　5 米

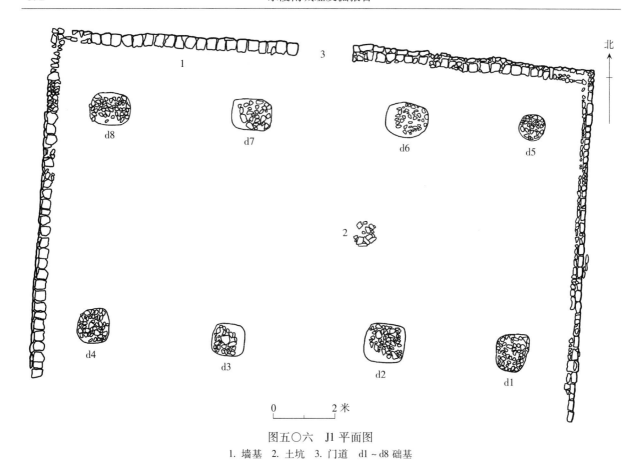

图五〇六　J1 平面图
1. 墙基　2. 土坑　3. 门道　d1 ~ d8 础基

南侧础基由东向西分别编为 d1 ~ d4（图版二〇六、二〇七），北侧础基由东向西分别编为
d5 ~ d8。这些础基原来上面应该铺有础石，因距离地表较近，在后期人类农耕活动中被破坏。有
人分析这些础基可能就是建筑学上所说的"墒墩"基部，原来埋在地下。此处建筑未发现地面，
此说似有道理。建筑内的中心部位，有一砖砌土坑，坑呈锅底状，沿坑壁斜砌长方形砖，坑口外
缘有烧土迹象，推测可能是用火痕迹。

从现存的柱础排布、砖墙等分析，此处应为三开间木质建筑，外有回廊。建筑过程是：在地
面下挖基槽，平整后用砖砌好基座，内填筑黄土，略加夯打。其后设计好柱础位置，下挖后填筑
河卵石以稳固柱基，其上安放础石，构建木结构建筑，上覆瓦。在北壁外侧，现保留有大量瓦砾
堆积，其中有板瓦、筒瓦及兽面纹瓦当、重唇板瓦等。在西壁附近，还发现了龙首形建筑饰件。
辽宁省第六届考古学会期间，有专家考察后认为，此处建筑的时代应为辽代。但建筑用砖并不具
辽代风格，我们倾向于金代或泛称为辽金时期。该建筑面积较大，南部又未砌墙，当不是居民住
所，初步分析，可能是官衙、庙宇之类的木质建筑。

出土遗物共 59 件，有建筑构件、陶器、铁器等。

1. 建筑构件

41 件，有板瓦、圆瓦当、重唇板瓦、砖、附属构件等。

（1）板瓦

1 件。J1：24，稍残。泥质灰陶。前宽后窄，横剖面呈圆弧形。两侧边有由内向外的半切口。

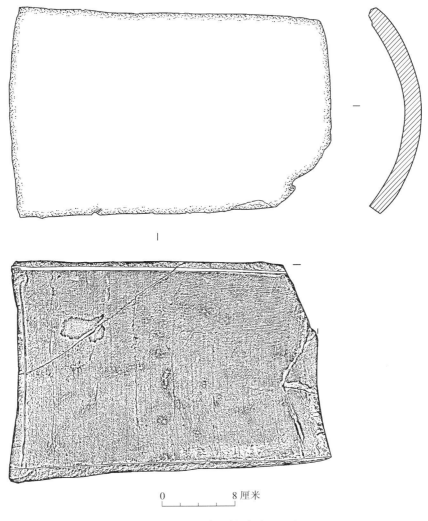

0 8厘米

图五〇七 J1 出土板瓦（J1:24）

前端面宽平，后端面较圆滑。凸面素面，凹面饰布纹。长34.5厘米，大头口径23.5、厚2厘米，后端宽21、厚1.4厘米，中部厚1.9厘米（图五〇七；图五〇八，1；图版二〇八，1）。

（2）圆瓦当

11件。模制。J1:28，残断。泥质灰陶。当面较高，呈半浮雕状，模印兽面纹，扩口开腮，仅布上齿，外缘满布鬊须。当背较平。当面直径16、边轮宽1.7、厚2.5厘米（图五〇九，1；图五一〇，4；图版二〇九，1）。J1:27，残。夹细砂灰陶。当面模印兽面纹饰。吊眉立耳，双角分叉，外缘满布鬊须。当面残径11.5厘米（图五〇九，2）。J1:30，残。泥质灰陶。当面较高，半浮雕状。周缘饰一周乳丁纹，当面模印兽面纹。当面残径8厘米（图五〇九，3）。J1:19，仅存一小部分。夹细砂灰陶。边轮低于当面，当面模印兽面纹，高浮雕状。当背较平，边缘部分有和筒瓦的粘结痕迹。当面残径7.1厘米（图五〇九，4）。J1:31，仅存一小部分。夹细砂灰陶，火候较高。边轮低于当面。当面模印兽面纹。凸目，立耳，双角分叉，外缘满布鬊须。当背较平滑。当面残径7厘米（图五〇九，5；图版二〇九，2）。J1:15，夹细砂灰陶，当面模印狮头图

图五〇八　五期文化建筑构件拓本
1、2. 板瓦（1. J1：24，2. H94：1）　3. 砖（二砖采：23）

案。残存口部及口部右侧一小部分。存有两颗上牙和一颗獠牙。残长6.3、残宽3.6、厚1.9厘米（图五〇九，6）。J1：17，残。泥质灰陶。边轮低于当面，当面模印兽面纹。高浮雕状。边缘素面。鬃须夸张，分布于整个兽面的外缘，扩口开腮，仅布上齿，两侧獠牙外展，塌鼻凸目，吊眉立耳，眉上部双角分叉。当面残径13.5、边轮宽2、厚2厘米（图五〇九，7；图五一〇，1；图版二〇九，3）。J1：26，残。泥质灰陶。当面高于边轮，呈半浮雕状。边缘饰一周联珠纹，当心模印兽面纹，两臂高举环于头部。鼻子凸起，鼻孔圆张，鼻翼夸张上翘。凸目，睫毛粗壮。当背周缘有放射状凹坑，当心较平。当面直径13.5厘米（图五〇九，8；图五一〇，3；图版二一〇，1）。J1：25，残。泥质灰陶。当面高于边轮。外边缘饰一周小联珠纹，当面模印兽面纹。两臂高举环于头部。当背有筒瓦脱落痕迹。当面残径8.4、厚2厘米（图五〇九，9；图五一〇，2；图版二一〇，2）。J1：29，当面仅残存边缘部分，后接筒瓦残存一部分。无边轮。当面外缘饰联珠纹。筒瓦边缘有脱模分体的工具痕迹。筒瓦部分残长13厘米（图五〇九，10）。J1：20，残。夹砂灰陶。边轮低于当面。当面模印兽面纹。高浮雕状。边缘素面。鬃须夸张，分布于整个兽面的外缘，扩口开腮，仅布上齿，两侧獠牙外展，塌鼻凸目，吊眉立耳，眉上部双角分叉。当背较平。当面直径15、边轮宽2厘米（图五〇九，11；图版二〇九，4）。

（3）重唇板瓦

15件。均残断。模制。J1：21，夹细砂灰陶。青灰色。端面有三道凹弦纹，中部戳印四朵梅花纹，下边缘压印凹坑绳纹。残长5.5、残宽15.2、高6厘米（图五一一，1；图版二一二，1）。J1：22，夹细砂灰陶。残存部分端面有3道凹弦纹，靠近上边缘二道凹弦纹间戳印二朵梅花纹，下

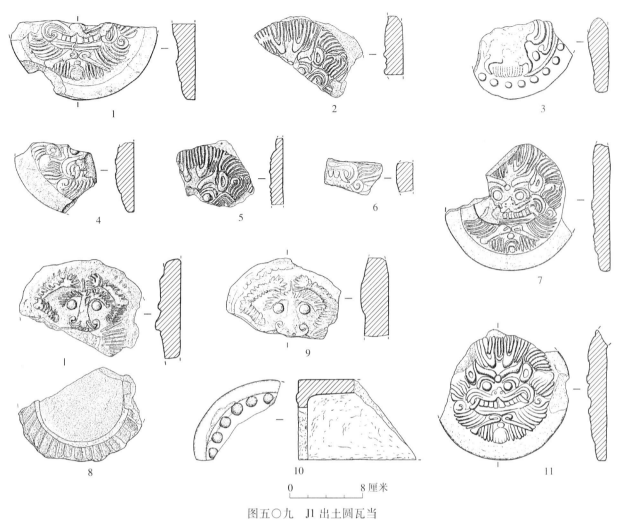

图五〇九　J1 出土圆瓦当

1. J1:28　2. J1:27　3. J1:30　4. J1:19　5. J1:31　6. J1:15　7. J1:17　8. J1:26　9. J1:25　10. J1:29　11. J1:20

边缘存一道斜向压印凹坑绳纹。残宽 6.6、高 4.9 厘米（图五一一，2）。J1:32，夹细砂灰陶。凹面饰布纹，凸面素面。端面饰凹弦纹，中间饰戳印梅花状纹饰，两边饰三个戳印凹坑为一组的斜向短线纹。底缘饰压印凹坑绳纹。残宽 15.8、残高 5.9 厘米（图五一一，3；图版二一二，2）。J1:33，泥质灰陶。端面饰三道凹弦纹，上下两边缘饰三个戳印凹坑为一组的斜向短线纹，底边缘饰斜向压印条状凹坑绳纹。残宽 14.5、高 5.5 厘米（图五一一，4；图版二一三，1）。J1:34，泥质黄灰陶。端面饰四道凹弦纹，间饰二道短斜向压印凹坑绳纹，底边缘亦饰短斜向压印凹坑绳纹。残长 5.4、残宽 15.8、高 5.6 厘米（图五一一，5；图版二一一，2）。J1:35，泥质灰陶。凹面饰布纹，凸面饰戳刺纹，端面二道凹弦纹间饰斜向压印凹坑绳纹。残长 8.7、残宽 18.2、残高 3.6 厘米（图五一一，6；图版二一一，3）。J1:36，夹细砂灰陶。端面饰六道凹弦纹，上下边缘饰三个戳印凹点纹为一组的斜向短线纹，下边缘饰斜向压印凹坑绳纹。残长 12.6、高 5 厘米（图五一一，7；图版二一二，3）。J1:37，夹细砂灰陶。端面饰五道凹弦纹，上下两边缘饰三个戳印凹坑为一组的斜向短线纹，中部饰三朵戳印梅花纹。底边缘饰压印凹坑绳纹。残宽 9、高 6.5 厘米（图五一一，8；图版二一二，4）。J1:38，夹砂灰陶。青灰色。端面饰三道凹弦纹，上边缘饰

图五一〇　五期文化兽面纹瓦当拓本

1. J1：17　2. J1：25　3. J1：26　4. J1：28　5. H13：1　6. T0718②a：8　7. T0818②a：6　8. T0821②a：6　9. 采：10

两个戳印凹坑为一组的斜向短线纹，中部饰戳印梅花纹，下边缘饰斜向压印凹坑绳纹。残宽6、高5.7厘米（图五一一，9）。J1：39，泥质黄褐陶。端面二道凹弦纹间饰斜向压印凹坑绳纹。残宽15.6、残高5.2厘米（图五一二，1；图版二一一，1）。J1：40，泥质黄陶。凹面饰布纹，凸面素面。端面四道凹弦纹间饰两道短斜向压印凹坑绳纹。残长14.8、残宽21、残高6.5厘米（图五一二，2；图版二一一，4）。J1：41，夹细砂灰陶。端面五道凹弦纹间饰二道压印凹坑绳纹。残宽11.7、残高5.8厘米（图五一二，3；图版二一一，5）。J1：42，泥质灰陶。端面三道凹弦纹间饰两道短斜向压印凹坑绳纹。残宽15.8、残高5.4厘米（图五一二，4）。J1：46，泥质黄陶。端面二道凹弦纹间饰一道短斜向压印凹坑绳纹。残宽10.8、残高3.7厘米（图五一二，5；图版二一

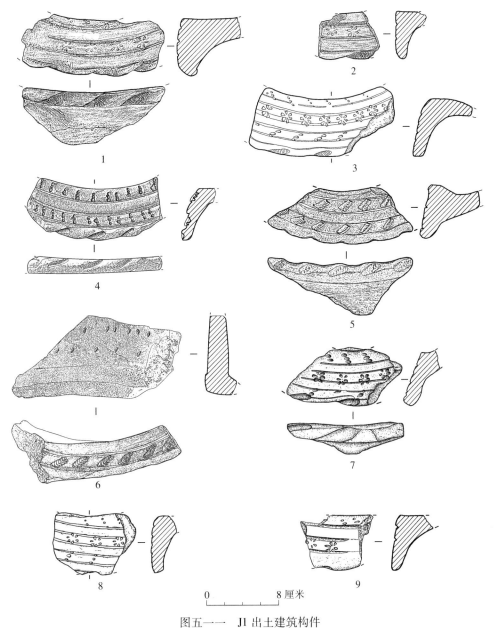

图五一一　J1 出土建筑构件

1. J1:21　2. J1:22　3. J1:32　4. J1:33　5. J1:34　6. J1:35　7. J1:36　8. J1:37　9. J1:38

一，6）。J1:55，泥质灰陶。端面四道凹弦纹间饰二道短斜向压印凹坑绳纹。下边缘亦饰短斜线凹坑绳纹。残宽11.2、残高5.8厘米（图五一二，6）。

（4）砖

2件。均残。夹细砂灰陶。平面呈长方形。J1:16，横剖面呈长方形。素面。长39、宽19.5、厚6.4厘米（图五一二，7；图版二一四，1）。J1:52，横剖面呈梯形。一面光滑，另一面粗糙。素面。长38.7、宽19、厚6.2厘米（图五一二，8；图版二一四，2）。

（5）附属构件

12件。均残。模制。J1:60，泥质灰黑陶。角状，两面扁平。横截面近椭圆形。磨痕明显，一端有“□”字形刻划纹。残长10、厚2.5厘米（图五一三，1）。J1:63，泥质灰黑陶。扁体长条形，

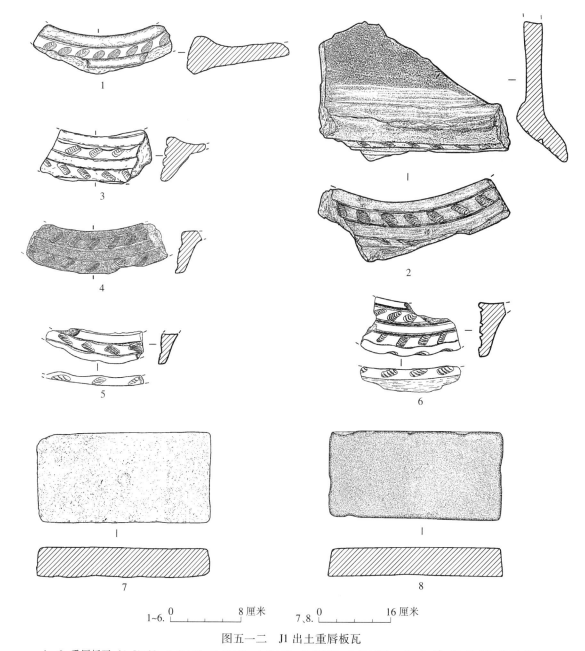

图五一二　J1 出土重唇板瓦

1~6. 重唇板瓦（1. J1:39，2. J1:40，3. J1:41，4. J1:42，5. J1:46，6. J1:55）　7、8. 砖（7. J1:16，8. J1:52）

横截面呈圆角长方形。素面。表面磨损痕迹明显。残长 11、宽 5.4、厚 2.2 厘米（图五一三，2；图版二一五，1）。J1:51，泥质灰黑陶。扁体长条形略弧曲，横截面呈圆角长方形。素面。长 11.7、宽 5.3、厚 2.3 厘米（图五一三，3；图版二一五，2）。J1:57，泥质灰陶，青灰色，火候较高。一面有数道凹弦纹。残长 11.3、残宽 9.5 厘米（图五一三，4）。J1:43，泥质灰陶。器表饰草叶纹。残长 14.5、残宽 9 厘米（图五一三，5）。J1:44，灰陶。饰卷叶纹。残长 9.8、残宽 5.5 厘米（图五一三，6）。J1:64，边缘一面弧鼓，一面较平。残长 10.8、宽 3.6、厚 1.1 厘米（图五一三，7）。J1:62，灰陶。器表有一道凹弦纹。残长 11 厘米（图五一三，8）。J1:48，仅余鼻子部位。泥质灰黑陶。底面较平。残长 15.5、残高 6.7 厘米（图五一三，9；图版二一六，1）。J1:49，泥质灰黑

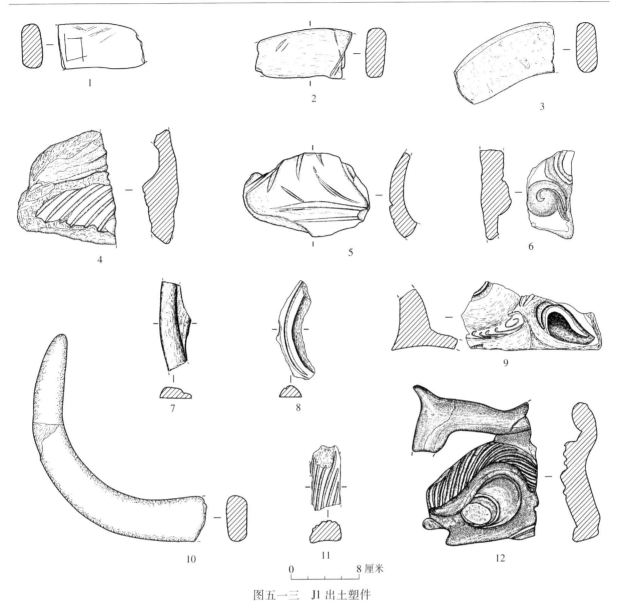

图五一三　J1 出土塑件

1. J1：60　2. J1：63　3. J1：51　4. J1：57　5. J1：43　6. J1：44　7. J1：64　8. J1：62　9. J1：48　10. J1：49　11. J1：45　12. J1：18

陶。象牙形状，横剖面呈椭圆形。长23、厚2.5厘米（图五一三，10；图版二一五，3）。J1：45，灰陶。器表饰条状凹弦纹。残长7.2、宽3.4、厚2厘米（图五一三，11）。J1：18，灰黑陶。推测为龙首形塑件，残存部分有眼睛和一个角。残高17.8厘米（图五一三，12；图版二一六，2）。

2. 陶器

5件。可辨器形有罐、球、网坠、纹饰陶片、模具等。

（1）罐

1件。残存口沿。J1：58，轮制。泥质灰陶。圆唇，卷沿，敛口，溜肩。素面。口径32、残高11.8厘米（图五一四，1）。

（2）球

1件。J1：59，完整。泥质红褐陶。直径3.6厘米（图五一四，2）。

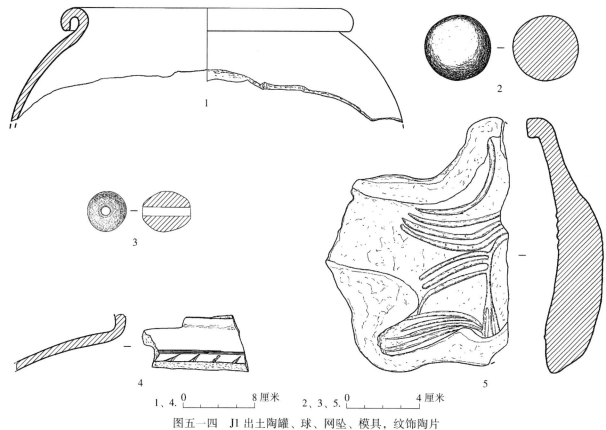

图五一四　J1 出土陶罐、球、网坠、模具，纹饰陶片
1. 罐（J1∶58）　　2. 球（J1∶59）　　3. 网坠（J1∶53）　　4. 纹饰陶片（J1∶50）　　5. 模具（J1∶47）

（3）网坠

1 件。J1∶53，完整。夹砂黑陶。椭圆形，中间有一圆孔。素面。长2.6、厚2、孔径0.5厘米（图五一四，3）。

（4）纹饰陶片

1 件。J1∶50，泥质灰陶。残片上饰压划凹弦纹带和水波纹组成的复合纹饰。残高5.9厘米（图五一四，4）。

（5）模具

1 件。J1∶47，泥质黑陶。内有印纹。残长10、残宽13.5厘米（图五一四，5；图版二一七）。

3. 铁器

13 件。有镞、钉及残件。

（1）镞

4 件。依据镞身形制的不同，可分为凿形镞、锥形镞两类。

凿形镞　2 件。均残。J1∶3，扁方铤。残长5.7厘米（图五一五，1）。J1∶10，铤部残断。残长3.8厘米（图五一五，2）。

锥形镞　1 件。J1∶1，残。圆铤。残长8.6厘米（图五一五，3）。

另有 J1∶6，镞尖残断。扁方铤。残长8.2厘米（图五一五，4）。

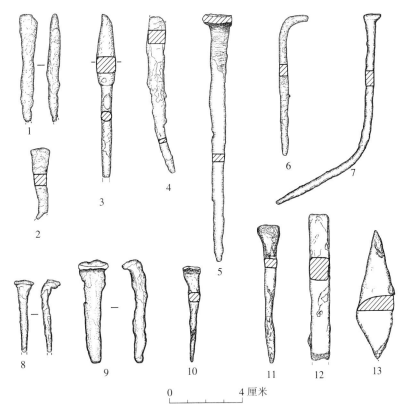

图五一五　J1 出土铁锨、钉、残件

1~4. 锨（1. J1∶3，2. J1∶10，3. J1∶1，4. J1∶6），5~11. 钉（5. J1∶2，6. J1∶4，7. J1∶5，
8. J1∶7，9. J1∶8，10. J1∶9，11. J1∶56）　12、13. 残件（12. J1∶11，13. J1∶12）

（2）钉

7 件。均为折首，扁方身，另一端渐细成尖。J1∶2，长 13 厘米（图五一五，5；图版二一八，1）。J1∶4，长 7.4 厘米（图五一五，6）。J1∶5，钉身弯折变形。长 10 厘米（图五一五，7）。J1∶7，残长 3.8 厘米（图五一五，8）。J1∶8，残长 5.4 厘米（图五一五，9）。J1∶9，残长 5.1 厘米（图五一五，10）。J1∶56，残长 7.3 厘米（图五一五，11；图版二一八，2）。

（3）残件

2 件。J1∶11，条状，扁方身。残长 7.7 厘米（图五一五，12）。J1∶12，残长 6.8、厚 0.8 厘米（图五一五，13）。

F8

位于 T1724、T1725 内南部，东距 F20 的距离为 13.5 米，南距 F7 的距离为 1.3 米，北距 F33 的距离为 5.9 米。开口在②a 层下，上距地表 0.6 米。打破 J2。半地穴式建筑。平面呈圆角长方形，长 4.5、宽 3.6、深 0.2 米。方位角 181°（图五一六）。

房内东部设有折尺形火炕，炕平面长 3.9、宽 0.8、深 0.1 米。炕内设有二条烟道，系直接在地面挖沟槽形成的，长 3.8、宽 0.3 米。烟囱位于炕的北部。平面为椭圆形，长径 0.7、短径 0.6、深 0.5 米。灶位于炕的南部。平面近椭圆形，长径 0.8、短径 0.7、深 0.4 米。

出土一些陶器残片，可辨器形有罐等。

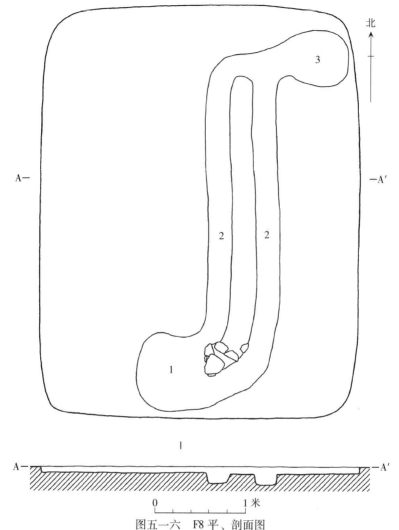

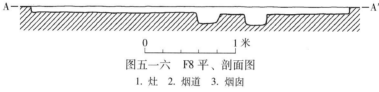

图五一六　F8 平、剖面图

1. 灶　2. 烟道　3. 烟囱

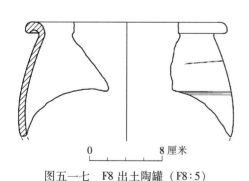

图五一七　F8 出土陶罐（F8：5）

罐

1件。F8：5，残缺底部。轮制。夹细砂灰陶，火候较高。圆唇，卷沿，深弧腹。外壁上腹有一道凹弦纹，中腹有两道凹弦纹。口径22、残高12厘米（图五一七）。

F13

位于城址中部偏东 T2223、T2224、T2323、T2324 探方内，开口于②a层下，上距地表1米。地面式建筑。平面呈长方形，长6.2、宽5.2、深0.3米。方位角182°（图五一八；图版二一九）。

室内长5、宽1.3～3.6米。室内东部设有长方形火炕，火炕下设有两条烟道，烟道系掘出的土沟，沟侧多见贴砌的小石块，土塄隔梁上也常见铺砌的小石板。炕面铺石现已无存，炕长2.6、宽1.5米，烟道宽0.3、深0.1～0.3米，烟道中间隔梁宽约0.2～0.3米，烟道底部由南向北渐次

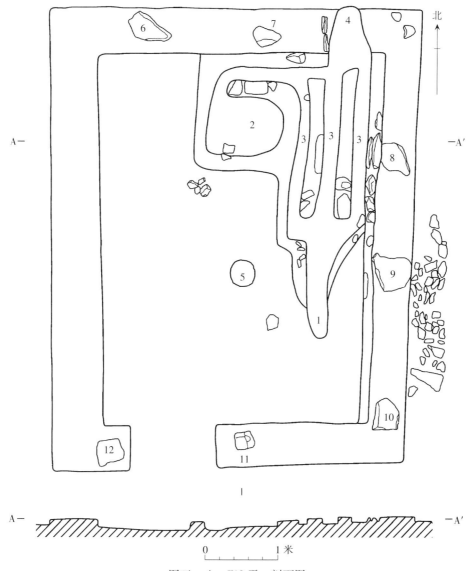

图五一八 F13 平、剖面图

1. 灶 2. 土坑 3. 烟道 4. 烟囱 5. 柱洞 6~12. 础石

升高。烟道直接开于原地面。烟道南端设有灶，平面大体呈椭圆形，长1.2、宽0.7、高0.2米，底部见烧土及炭渣迹象。烟囱在炕北端，两条烟道汇聚于此，用立砖摆砌的烟道延入土塄内。烟囱内存有少量炭渣及烟炱痕迹。房址四面有用黄土堆筑的土塄，黄土纯净，有黏度，一般宽0.7、存高0.1~0.2米左右。门址位于南壁中部偏西位置，宽1.2米。地面为黑褐色土，稍硬。室内居中位置有一圆形柱洞。直径0.3、深0.2米。在房址东、北部及门道两侧发现数块板石，均匀分布，推测为础石。在炕西北角有一附属建筑，平面近方形，用土塄和方砖围筑，土塄宽0.3米，推测为堆放炭火的土坑（图版二二〇，1、2）。

出土遗物共3件，有陶器和货币等。

1. 陶器

2件。可辨器形有器底、棋子等。

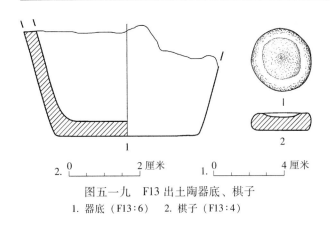

图五一九　F13 出土陶器底、棋子
1. 器底（F13:6）　2. 棋子（F13:4）

（1）器底

1 件。F13:6，轮制。夹砂灰褐陶。弧壁，平底。素面。底径 8、残高 6 厘米（图五一九，1）。

（2）棋子

1 件。F13:4，完整。夹细砂灰黑陶。圆形。素面。一面较平，另一面略内凹。直径 1.7、厚 0.4 厘米（图五一九，2）。

2. 货币

1 件。F13:5，"治平元宝"钱，方孔圆形。残。外廓宽，内廓细。面文篆书"治平元宝"，旋读。残存"治"、"平"、"宝"。光背无文。钱径 2.5 厘米，外廓 0.3、内廓 0.1、穿宽 0.6、肉厚 0.2 厘米。

F14

位于城址中部偏东处，在 T2323、T2224 探方内，开口于②a 层下，上距地表 1 米。地面式建筑。F14 打破 F15，西部被 G1 打破，东部被 F13 破坏。平面呈长方形，长 8.1、保留宽度 3.1、深 0.3 米。方位角 270°（图五二〇；图版二二一，1）。

室内长 6.7、存宽 3.1 米。室内西、北部设有折尺形火炕，火炕下设有三条平行烟道，烟道系掘出的土沟。西炕长 3.8、宽 1.6 米，烟道宽 0.2~0.3、深 0.1~0.2 米，烟道中间隔梁宽 0.3~0.4 米，烟道底部由南向北渐次升高。北炕长 1.8、宽 1.3 米，烟道宽 0.2~0.3、深 0.1~0.2 米，烟道中间隔梁宽约 0.3~0.4 米。烟道南端设有火灶，平面大体呈椭圆形，灶口直径 0.6、深 0.3 米，灶门近长方形，宽 0.4、高 0.2 米，底部见烧土及炭渣迹象。被破坏殆尽。房址周围南、北、西三面有用黄土堆筑的土塄，黄土纯净，有黏度，东部被破坏不存，宽 0.7、存高 0.1~0.2 米左右。门址位于南壁中部偏东位置。地面为黑褐色土，稍硬。在北侧土塄上发现一块平置的板石，推测为础石。灶南部有一椭圆形坑，推测为堆放炭火的取暖火坑。

出土遗物共 7 件，有铁器、货币等。

1. 铁器

5 件。包括兵器和生活用具。

（1）镞

1 件。F14:9，残。矛形，扁方铤。残长 6.5 厘米（图五二一，1）。

（2）条

2 件。均为残件。锻制。扁体，条形。F14:7，截面呈长方形。残长 11.5 厘米（图五二一，2）。F14:8，残长 12.3 厘米（图五二一，3）。

（3）鼻

1 件。F14:6，残。锻制。弯头部位锻成片状，弯折成圆环形，以下部位呈四棱柱状，端头锻成扁刃状。弯头部位宽 3.7、整体长 11.8 厘米（图五二一，4；图版二二二，1）。

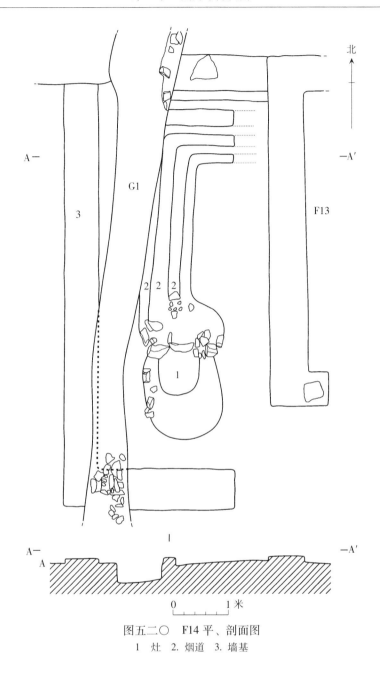

图五二〇　F14 平、剖面图
1 灶　2. 烟道　3. 墙基

（4）钩

1 件。F14：5，残断。锻制，四棱锥状钩身（图五二一，5）。

2. 货币

2 件。F14：3，"嘉祐通宝"钱，方孔圆形。面有外廓，内廓不整。面文隶书"嘉祐通宝"，直读。光背无文。钱径 2.4 厘米，外廓 0.2、内廓 0.1、穿宽 0.8、肉厚 0.1 厘米。钱重 2.8 克（图五二二，1）。F14：4，"皇宋通宝"钱，方孔圆形。外廓宽，内廓不整。面文篆书"皇宋通宝"，直读。光背无文。钱径 2.4 厘米，外廓 0.3、内廓 0.1、穿宽 0.5、肉厚 0.1 厘米。钱重 3.2 克（图五二二，2）。

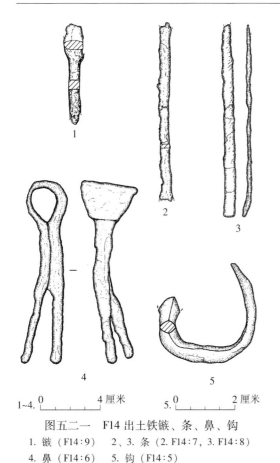

图五二一　F14 出土铁镢、条、鼻、钩

1. 镢（F14:9）　2、3. 条（2. F14:7，3. F14:8）
4. 鼻（F14:6）　5. 钩（F14:5）

F15

位于城址中部偏东处，居于 T2125、T2223、T2224、T2225 探方内，开口于②a 层下，上距地表 1 米。地面式建筑。东部被 G1 打破，保留部分为长方形，长 6.3、宽 3.8、深 0.3 米。方位角 276°（图五二三；图版二二一，2）。

室内长 6、存宽 3.2 米。室内西、北部设有折尺形火炕，折角弧缓。火炕下设有三条平行烟道，烟道系掘出的土沟。西炕长 4.1、宽 1.5 米，烟道宽 0.2 ~ 0.3、深 0.1 ~ 0.2 米，烟道中间隔梁宽 0.3 ~ 0.4 米，烟道底部由南向北渐次升高。北炕残长 2.4、宽 1.4 米，烟道宽 0.2 ~ 0.3、深 0.1 ~ 0.2 米，烟道中间隔梁宽 0.3 ~ 0.4 米。烟道南端设有灶，平面大体呈椭圆形，灶口直径 1.6、深 0.5 米，底部见烧土及炭渣迹象。土墙皆被破坏不存。门址不详。地面为黑褐色土，稍硬。

出土遗物共 3 件，有瓷支垫、铜簪和五铢钱等。

1. 瓷支垫

1 件。F15:1，完整。黄褐色。平面呈圆形，截面呈椭圆形。素面。直径 1.7、厚 0.5 厘米（图五二四，1）。

2. 铜簪

1 件。F15:3，残。圆体铜条锻制而成。一端残断，一端渐细成尖。残长 6.4 厘米（图五二四，2）。

3. 五铢钱

1 件。F15:14，已残碎。

F18

位于 T2421 内，延伸入 T2422 内。开口在②a 层下，上距地表 0.9 米。半地穴式建筑。平面呈圆角长方形，长 4、宽 3.4、深 0.2 米。方位角 284°（图五二五）。

房内东南部筑折尺形炕，火炕下设有两条平行烟道。烟道系掘出的土沟，平面均呈曲尺形，斜壁，弧底，烟道内残留有大量炭灰，长 3.2 ~ 4.5、宽 0.2、深 0.3 米。灶位于室内西南角，平面呈椭圆形，斜壁，圜底，堆积有较厚的红烧土和炭灰，质地极疏松，长径 1.2、短径 0.7、深 0.2 米。烟囱位于室内东北角两条烟道交汇处。

出土遗物共 3 件，有陶罐、瓷支垫等。

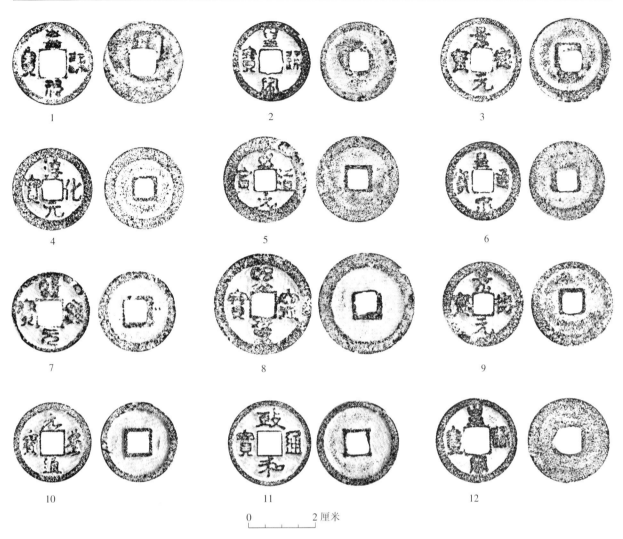

图五二二　五期文化铜钱拓本

1. 嘉祐通宝（F14:3）　2、6、12. 皇宋通宝（2. F14:4，6. T2421②a:7，12.08采:6）　3、9. 景德元宝（3. H16:12，9.06采:4）　4. 淳化元宝（H94:4）　5. 至道元宝（G9:9）　7. 熙宁元宝（T2326②a:1）　8. 熙宁重宝（T1926②a:3）　10. 元丰通宝（06采:5）　11. 政和通宝（08采:4）

1. 陶罐

2件。F18:1，口沿。轮制。泥质灰陶。圆唇，敛口，溜肩，肩部对置桥状竖耳。口径21、残高8.6厘米（图五二六，1；图版二二三，1）。F18:3，口沿。轮制。夹砂灰陶。圆唇，卷沿，敛口，鼓腹。腹部饰有凹弦纹。口径24、残高10厘米（图五二六，2）。

2. 瓷支垫

1件。F18:2，完整。瓷质。由残瓷片打磨而成。直径1.6、厚0.6厘米（图五二六，3；图版二二四，1）。

F21

位于T0618、T0619探方内，延入T0518、T0519少许，东北距F25的距离为2.4米，西北距F24的距离为6.6米，开口于②a层下，上距地表0.9米。半地穴式建筑。平面呈圆角长方形，长

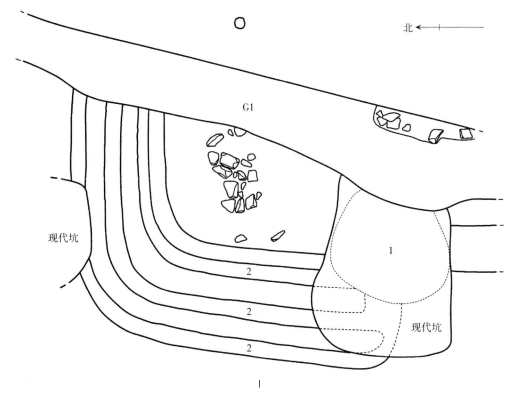

图五二三　F15 平、剖面图
1. 灶　2. 烟道

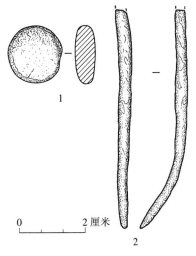

图五二四　F15 出土瓷支垫，铜簪
1. 瓷支垫（F15：1）　2. 铜簪（F15：3）

3.5、宽 3.1、深 0.7 米。方位角 174°（图五二七；图版二二五，1）。

房内中部偏北处有一柱洞，柱洞平面呈圆形，直径 0.3、深 0.4 米。另外，在房址底部还均匀的铺有一层木炭，厚 0.1 米，可能是用于防潮。房内堆积为黑土，并夹杂有少量木炭和红烧土颗粒，土质较紧密。房内出有少量瓦片和陶片。瓦片多为灰色筒瓦，多布纹。陶片以泥质灰陶为主。该建筑可能用于仓储。

出土遗物为陶器残片，可辨器形有盆等。

盆

1 件。F21：16，底部残缺。泥质红褐陶。尖唇，折沿，敛口，弧腹。器耳上部饰两周凹弦纹。腹壁中部对置桥状横耳。口径 38、残高 21 厘米（图五二八）。

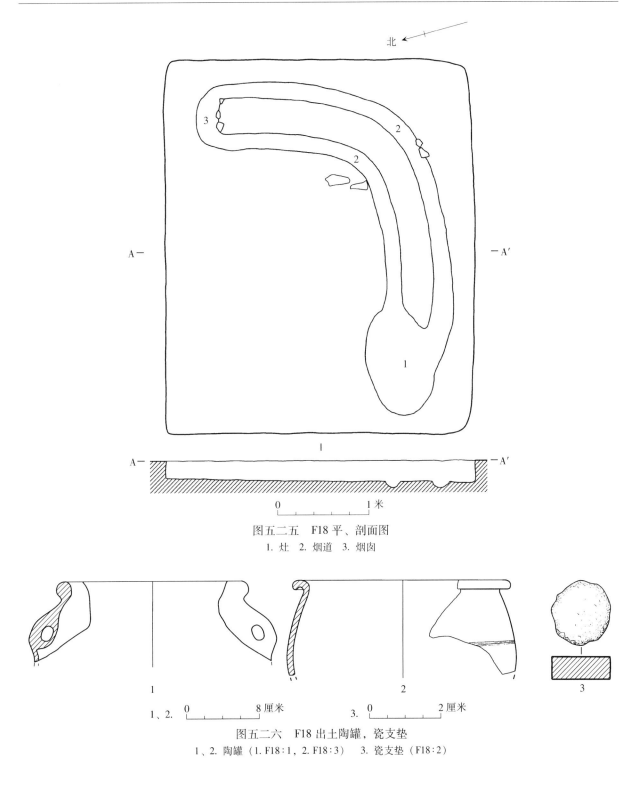

图五二五　F18平、剖面图

1. 灶　2. 烟道　3. 烟囱

图五二六　F18出土陶罐，瓷支垫

1、2. 陶罐（1. F18∶1，2. F18∶3）　3. 瓷支垫（F18∶2）

F22

位于 T0420 西南角，伸入 T0320 内，东距 F24 的距离为 3.4 米，东南距 F23 的距离为 0.7 米，开口在②a 层下，上距地表 0.9 米。半地穴式建筑。平面呈圆角长方形，长 3、宽 2.9、深 0.9 米。

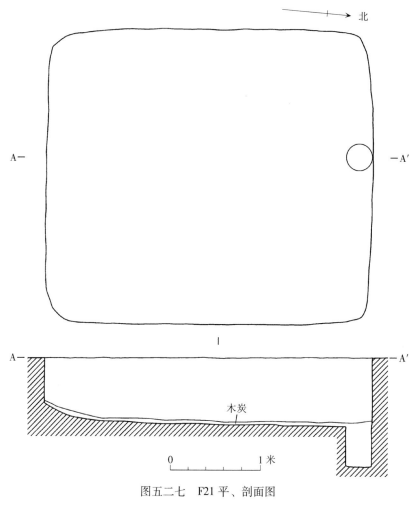

图五二七 F21 平、剖面图

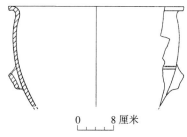

图五二八 F21 出土陶盆（F21:16）

出土 1 件铁钁。

F23:1，完整。铸制，平面长方形，侧视呈楔形，长方形銎口，直刃，两侧缘有两道铸脊。高 13、宽 7.2 厘米，銎口长 6.2、宽 4 厘米（图五三一；图版一三六，6）。

F24

位于 T0520 西北部，南距 F23 的距离为 1.8 米，西距 F22 的距离为 3.4 米，开口在②a 层下，上距地表 0.7 米。半地穴式建筑。平面呈圆角长方形，长 2.8、宽 2.5、深 0.6 米。方位角 171°（图五三二；图版二二七，1）。

方位角 178°（图五二九；图版二二六，1、2）。

F23

位于 T0419、T1519 内，东距 F24 的距离为 2 米，西距 F22 的距离为 0.6 米，开口在②a 层下，上距地表 0.7 米。半地穴式建筑。平面呈圆角长方形，长 3.4、宽 3、深 0.2 米。方位角 178°（图五三〇）。

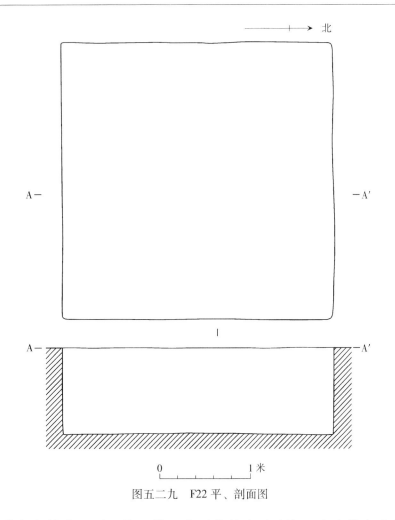

图五二九　F22 平、剖面图

房址底部还均匀的铺有一层石块，其用途可能是为了防潮。房内堆积为灰褐土，并夹杂有少量木炭和红烧土颗粒，土质较疏松。房内中部偏北处有一柱洞，柱洞平面呈圆形，直径0.4、深0.3米。室内未见炕、灶等附属建筑。房内出有少量瓦片和陶片。瓦片多为灰色筒瓦，多素面。陶片以泥质灰陶为主。该建筑可能用于仓储（图版二二七，2）。

F25

位于 T0619、T0620、T0719、T0720 内，南距 F21 的距离为 2.6 米，西距 F24 的距离为 3.8米，开口在②a 层下，上距地表 0.9 米。半地穴式建筑。平面呈椭圆形，长径 4.3、短径 3.7、深0.4 米。方位角 91°（图五三三；图版二二五，2）。

房址底部均匀的铺有一层木炭，厚 0.1 米，其用途可能是为了防潮。房内堆积为灰褐土，并夹杂有少量木炭和红烧土颗粒，土质较疏松。房内出有少量瓦片和陶片。瓦片多为灰色筒瓦，凹面多饰布纹。陶片以泥质灰陶为主。从其建筑的特殊性（半地穴式、底层铺有木炭）分析，其可能用于窖藏。

F27

位于 T1023、T1123 探方内，开口于②a 层下，部分被 H197 叠压。半地穴式建筑。平面呈圆

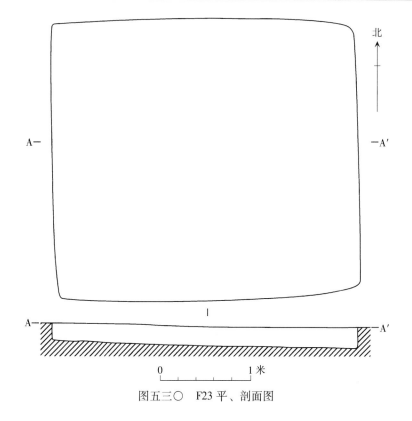

图五三〇　F23 平、剖面图

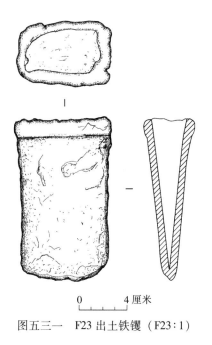

图五三一　F23 出土铁镢（F23∶1）

角长方形，长 3.5、宽 3、深 0.3 米。方位角 88°（图五三四）。

室内东部设火炕，平面呈长方形，长 2.4、宽 1、高于室内地面 0.2 米。设二条烟道。烟道为在地面向下挖土槽而成，其上覆盖板石，形成火炕。烟道长 2.2、宽 0.3、深 0.1 米。烟道南端直角折曲向室内，此处设灶。灶用石板和立支的板石构筑，平面近长方形，长 0.5、宽 0.3、高 0.2 米。两条烟道至烟囱处又合为一条，进入烟囱。居住面没有加工过的明显痕迹，只有一层硬土，厚 0.02 米。

H1

位于 T2705 内，开口于第②a 层下，打破城墙，开口距地表 0.2 米。暴露在城墙的断面上，为减少对城墙本体的破坏，未对其进行发掘，仅清理了其暴露出来的部分。坑壁斜直内收，但加工不太规整，平底。坑底经过特殊的加工处理，最底层先铺垫一层小河卵石，其上再平垫一层厚 0.02 米的木炭，之后再涂抹一层厚 0.1 米的白灰。暴露部分口长 0.9、底长 0.8、深 0.6 米。坑内堆积以黄褐土为主，土质较疏松，夹杂有少量的石块、木炭等。由于坑底经过较为特殊的防潮处理，因此，推测其应具有仓储的功用。

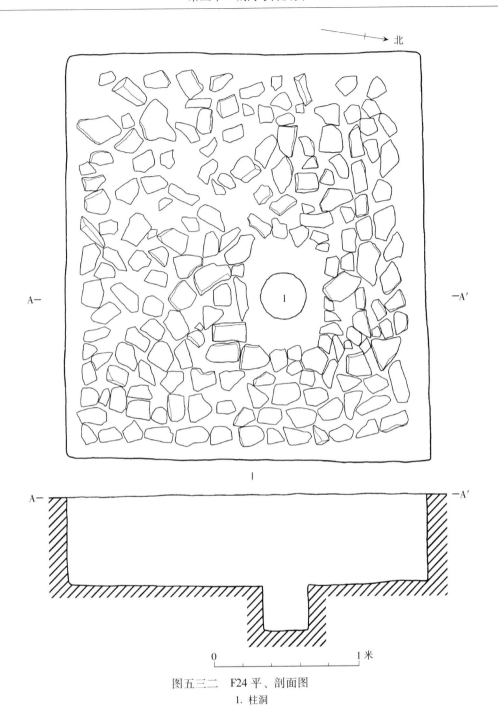

图五三二　F24 平、剖面图
1. 柱洞

H2

位于 T2805 内，开口于第②a 层下，打破城墙，开口距地表 0.3 米。暴露在城墙的断面上，为减少对城墙本体的破坏，未对其进行发掘，仅清理了其暴露出来的剖面。H2 形制与 H1 相同，坑壁斜直内收，但加工不太规整，平底。暴露部分口长 1、底长 0.7、深 0.6 米。坑内堆积以黄褐土为主，土质较疏松，夹杂有少量的石块、木炭等。

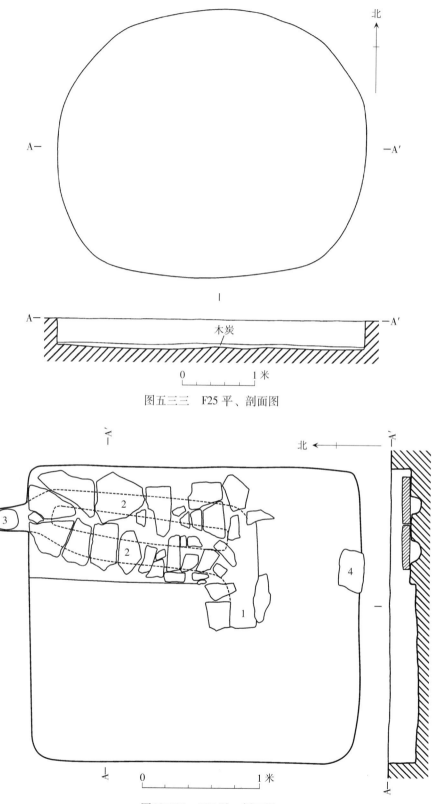

图五三三　F25 平、剖面图

图五三四　F27 平、剖面图
1. 灶　2. 烟道　3. 烟囱　4. 础石

H4

位于 T1826 内，开口于第②a 层下，开口距地表 0.2 米。平面近似椭圆形，坑壁斜直内收，平底较为规整。长径 1.6、短径 1.3、深 0.4 米（图五三五；图版二二八，1）。坑内堆积以灰褐土为主，土质较疏松，夹杂有大量的炭粒等。出土遗物较少。

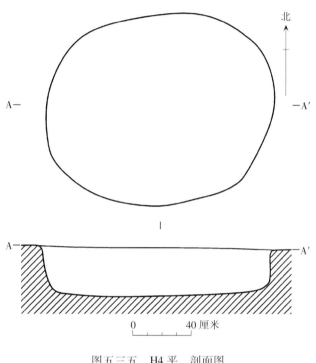

图五三五　H4 平、剖面图

出土一些陶器残片，可辨器形有瓮口沿等。

瓮

1 件。H4：1，轮制。仅余口沿。泥质灰陶。方唇，直口。残高 7.6 厘米（图五三六）。

H7

位于 T2319 内，开口于第②a 层下，开口距地表 0.3 米。平面近似圆形，坑壁斜直内收，但加工不太规整，平底略有起伏。直径 1.9、深 0.8 米（图五三七）。坑内堆积以灰褐土为主，土质较疏松，夹杂有大量的炭粒等。出土遗物较少。

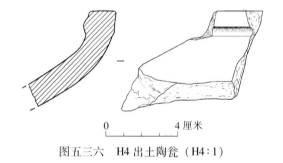

图五三六　H4 出土陶瓮（H4：1）

出土一些陶器残片，共 2 件，可辨器形有盆、球等。

（1）盆

1 件。H7：2，残。轮制。泥质灰陶。圆唇，卷沿，深弧腹，平底。素面。器身有锔孔。口径 55、高 20.3、底径 27.1 厘米（图五三八，1；图版二二九，1）。

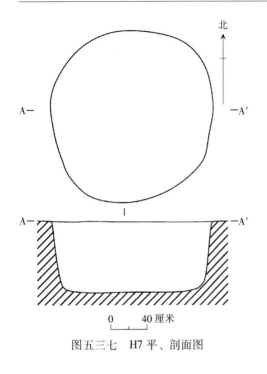

北

A—　　　　　　　　　—A′

A—　　　　　　　　　—A′

0　　40厘米

图五三七　H7 平、剖面图

（2）球

1件。H7∶1，完整。红褐陶。圆形。直径 1.8 厘米（图五三八，2）。

H8

位于 T2018 探方东隔梁，少部分延入 T2118 探方内，开口于第②a 层下，打破 F2，开口距地表 0.7 米。平面呈圆角长方形，长 1.6、宽 1.3、深 0.6 米。斜壁，四壁向下渐窄，坑底长 1.2、宽 1 米（图五三九；图版二二八，2）。坑壁挂有少量白灰面，面上留有席痕。坑内堆积土色稍黑，内含较多瓦片。发掘后发现这是一处浸泡白灰的池子。出土一些建筑构件。

圆瓦当

1件。H8∶1，残存一小部分。模制。灰陶。边轮缺失。当面模印双栏四界格"千秋万岁"文字纹。仅存"千"字。当面残径 5.5 厘米（图五四〇）。

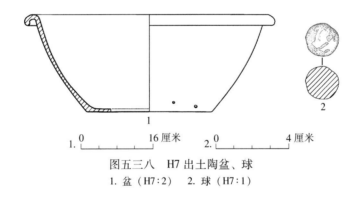

1.　0　　　　16厘米　　2.　0　　　　4厘米

图五三八　H7 出土陶盆、球
1. 盆（H7∶2）　2. 球（H7∶1）

H9

位于 T2218 探方内，开口于②a 层下，打破 F2，上距地表 0.6 米。发掘后发现这是一处浸泡白灰的池子，最初露出的白灰面不规则，断断续续分布在池子上部。平面呈圆角长方形，斜壁，四壁向下渐窄，长 1.4、宽 1、深 0.4 米（图五四一；图版二三〇，1、2），坑底长 1.2、宽 1 米。坑底和坑壁抹有白灰面，沿着白灰面平铺或圈围席子，有的地方围有 3 层席子，席面痕迹十分明显（图版二三一，1、2）。坑内尚存大半池子的白灰，北部白灰几乎没有动用，白灰依然干净地存放其中，内无一点杂质，遇水后仍有黏性。堆积内除白灰外，不见其他遗物。

H10

位于 T2016、T2017、T2116、T2117、T2216、T2217 内，开口于第②a 层下，打破 F1、F5，开口距地表 0.5 米。平面呈圆形，斜壁，平底，坑壁及底部不甚平整。直径 6.1、深 2.1 米（图五四二）。坑内堆积以灰黑土为主，土质较疏松，夹杂有少量的炭粒等。坑内包含物以建筑构件为大宗。建筑构件多为板瓦残片，以泥质灰陶瓦为主，多数为素面，瓦背饰布纹。推测其应为同期的一处取水池。

出土遗物共 16 件，有建筑构件、陶器、铁器等。

1. 建筑构件

2 件。有板瓦、圆瓦当等。

（1）板瓦

1 件。H10∶28，残片。模制。泥质灰陶，青灰色，火候较高。端面圆唇，凸面饰凹弦纹，凹面饰布纹。残长 7.3、残宽 11、厚 1.2 厘米（图五四三，1）。

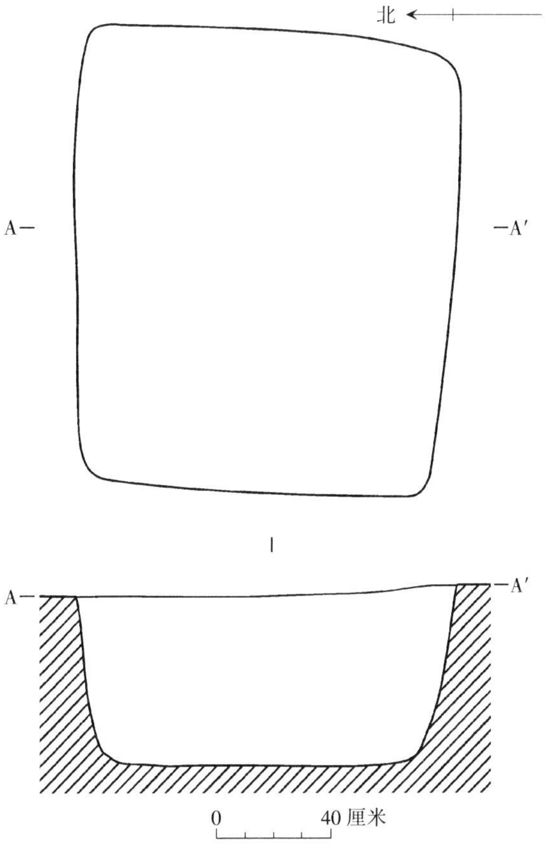

（2）圆瓦当

1 件。H10∶23，残。模制。泥质灰陶。边轮脱落。当面模印双栏四界格莲花纹，莲瓣形状不规整。当心一圆乳丁。当背有手指拿捏痕迹。当面残径 10.1 厘米（图五四三，2）。

2. 陶器

11 件。按质地可分为夹砂陶和泥质陶。可辨器形有罐、瓮、盆、甑等。

（1）罐

2 件。均为口沿残件。H10∶25，夹砂黑陶。轮制。方唇，侈口，折沿。口径 12、残高 3.6 厘米（图五四四，1）。H10∶32，夹砂红褐陶。方唇，侈口。残高 5.4 厘米（图五四四，2）。

（2）瓮

3 件。均为口沿残件。泥质灰陶。轮制。H10∶4，圆唇，敛口，内卷沿，矮领，颈壁曲鼓，广肩。口径 27、残高 12 厘米（图五四四，3）。H10∶29，圆唇，内卷沿，短领，颈壁曲鼓。口径 18、残高 3.6 厘米（图五四四，4）。H10∶30，方唇，敛口，短颈，溜肩。口径 20、残高 15 厘米（图五四四，5）。

图五三九　H8 平、剖面图

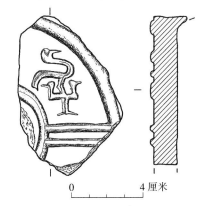

图五四〇　H8 出土圆瓦当（H8∶1）

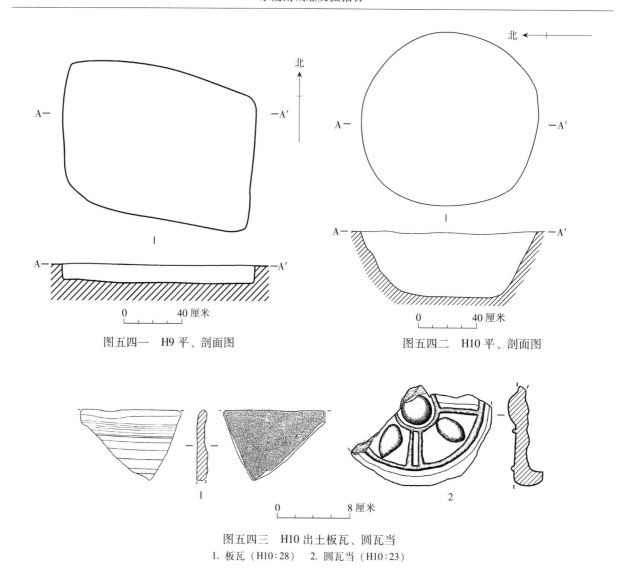

图五四一　H9 平、剖面图

图五四二　H10 平、剖面图

图五四三　H10 出土板瓦、圆瓦当
1. 板瓦（H10：28）　2. 圆瓦当（H10：23）

（3）盆

5 件。均为口沿残件。轮制。按质地可分为夹砂陶和泥质陶。H10：22，泥质灰陶。方唇，卷沿，敞口。沿面有一道凹弦纹，沿缘有一道凹弦纹，口沿断面呈三角形。口径 42、残高 6.3 厘米（图五四四，6）。H10：24，泥质灰陶。方唇，折沿，敞口。沿面饰一道凹弦纹，沿缘饰一周压印绳纹。口径 42、残高 6 厘米（图五四四，7）。H10：26，夹砂红褐陶。方唇，折沿。素面。残高 5.5 厘米（图五四四，8）。H10：31，泥质灰陶。圆唇，平沿。口径 42、残高 5.4 厘米（图五四四，9）。H10：33，夹砂黄陶。方唇，折沿，深弧腹。口沿下方有桥状横耳。素面。残片上有锔孔。口径 29、残高 13.6 厘米（图五四四，10）。

（4）甑

1 件。为甑底。H10：27，泥质灰陶。大圆形甑孔。外底面饰戳印纹。残长 7.5、残宽 6.7 厘米（图五四四，11）。

3. 铁器

3 件。可分为生活用具和车马器。

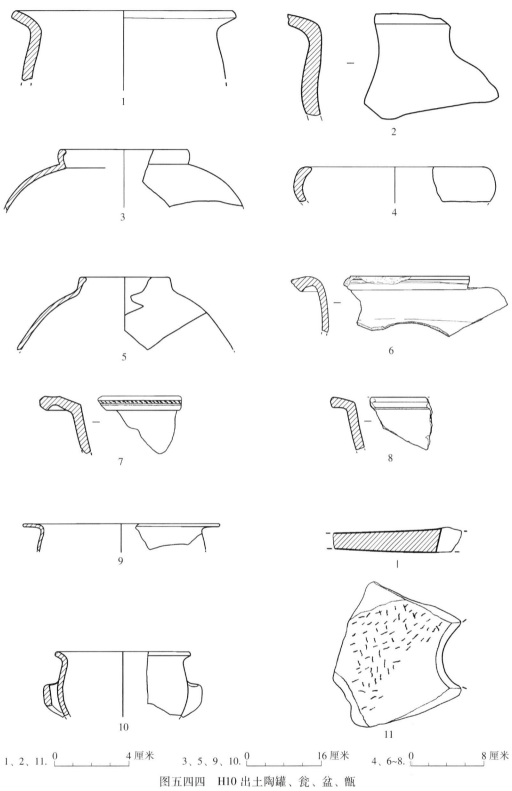

图五四四　H10 出土陶罐、瓮、盆、甑

1、2. 罐（1. H10：25，2. H10：32）　　3~5. 瓮（3. H10：4，4. H10：29，5. H10：30）　　6~10. 盆
（6. H10：22，7. H10：24，8. H10：26，9. H10：31，10. H10：33）　　11. 甑（H10：27）

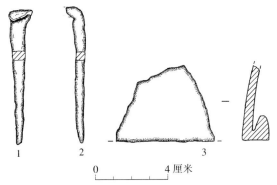

图五四五　H10 出土铁钉、车钌
1、2. 钉（1. H10：1，2. H10：21）　3. 车钌（H10：2）

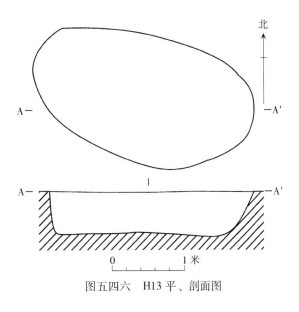

图五四六　H13 平、剖面图

（1）钉

2 件。均残。H10：1，锻制。刃状顶，钉身四棱锥状渐细成尖。长 7.2 厘米（图五四五，1）。H10：21，折首，扁方身。残长 7.2 厘米（图五四五，2）。

（2）车钌

1 件。H10：2，残。平折沿。残高 4.2 厘米（图五四五，3）。

H13

位于 T1626 内，开口于第②a 层下，开口距地表 0.4 米。平面近似椭圆形，斜壁，平底略有起伏。长径 3、短径 1.7、深 0.6 米（图五四六）。坑内堆积以灰黑土为主，土质较疏松，夹杂有少量的红烧土块等。坑内出土遗物较少。

出土遗物共 2 件，有建筑构件和陶器等。

1. 建筑构件

1 件。为圆瓦当。H13：1，残。模制。泥质灰陶。当面边轮处饰一周联珠纹，当心模印兽面纹。当背较平。当面直径 13.2、厚 2 厘米（图五四七，1；图五一〇，5；图版二一〇，3）。

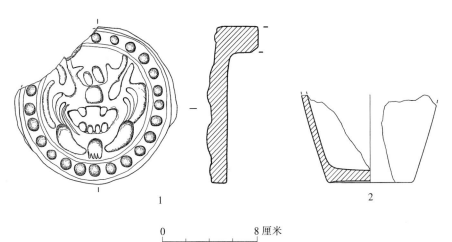

图五四七　H13 出土圆瓦当，陶器底
1. 圆瓦当（H13：1）　2. 陶器底（H13：6）

2. 陶器

1 件。为器底。H13∶6，轮制。夹砂灰黑陶。斜直壁，略显圈足底。底径 7.5、残高 7 厘米（图五四七，2）。

H16

位于 T1822、T1922 内，开口于第②a 层下，开口距地表 0.4 米。平面近似椭圆形，坑壁斜直内收，但加工不太规整，平底。长径 3.1、短径 2.4、深 0.5 米（图五四八）。坑内堆积以灰黑土为主，土质较疏松，夹杂有少量的黄土块、炭粒等。坑内出土遗物较丰富。

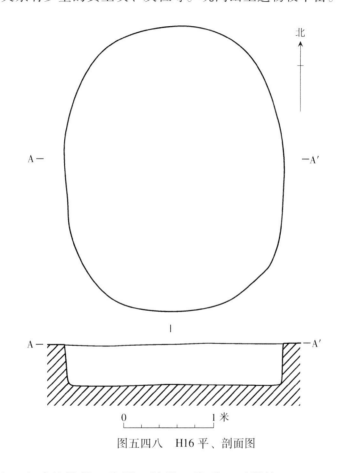

图五四八　H16 平、剖面图

出土遗物共 12 件，有建筑构件、陶器、铁器、货币、石器等。

1. 建筑构件

2 件。为瓦当。均残。灰陶。模制。H16∶3，当面模印兽面纹，纹饰模糊不清。外缘饰一周联珠纹。残长 7.8、残宽 7.5 厘米（图五四九，1）。H16∶15，无边轮。外边缘饰一周乳丁纹，内部饰兽面纹。当背有划痕。当面残径 12.4 厘米（图五四九，2）。

2. 陶器

7 件。均为泥质陶。可辨器形有壶、罐、盆、纺轮、棋子、器底等。

（1）壶

1 件。H16∶19，颈部残片。灰陶。颈部饰竖向暗纹，向下饰两道凹弦纹。残高 11.8 厘米（图

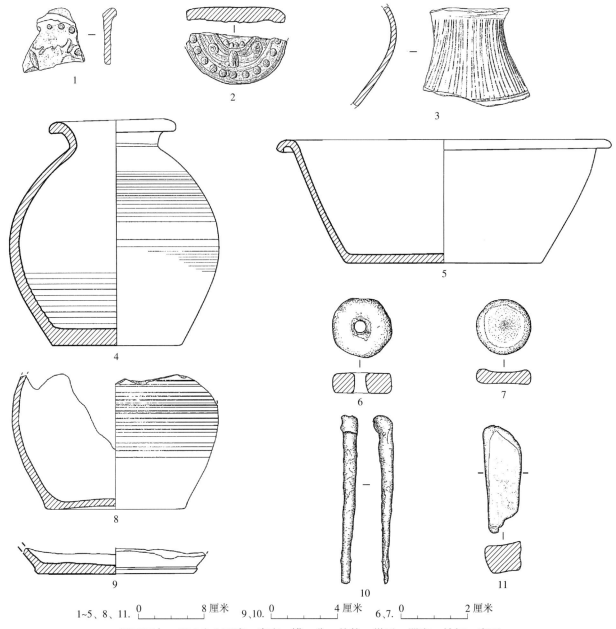

图五四九　H16 出土瓦当，陶壶、罐、盆、纺轮、棋子、器底，铁钉，磨石
1、2. 瓦当（1. H16∶3，2. H16∶15）　3. 陶壶（H16∶19）　4. 陶罐（H16∶13）　5. 陶盆（H16∶14）　6. 陶纺轮（H16∶9）
7. 陶棋子（H16∶10）　8、9. 陶器底（8. H16∶16，9. H16∶18）　10. 铁钉（H16∶11）　11. 磨石（H16∶17）

五四九，3）。

（2）罐

1件。H16∶13，修复完整。灰陶。轮制。圆唇，侈口，卷沿，短颈，溜肩，鼓腹，平底。器表有断续的轮制磨光暗纹。口径15.4、底径16、高26.2～27厘米（图五四九，4；图版二二三，2）。

（3）盆

1件。H16∶14，修复完整。灰陶。轮制。尖唇，卷沿，敞口，腹壁斜直，平底。素面。口径

41、底径 24、高 14.6 厘米（图五四九，5；图版二二九，2）。

（4）纺轮

1 件。H16：9，完整。泥质灰褐陶片磨制而成，一面饰凹弦纹，近圆形，中间有一圆形孔。直径 1.8、厚 0.7、孔径 0.3 厘米（图五四九，6；图版二三二，1）。

（5）棋子

1 件。H16：10，完整。夹砂红褐陶。圆形，一面明显内凹，另一面略内凹。直径 1.6、厚 0.4 厘米（图五四九，7）。

（6）器底

2 件。均为泥质黑陶。轮制。H16：16，弧壁，底略内凹。器表有明显的轮旋痕迹。底径 18、残高 16.2 厘米（图五四九，8）。H16：18，台式平底。内底有明显的轮旋痕迹。底径 10、残高 1.5 厘米（图五四九，9）。

3. 铁器

1 件。为钉。H16：11，钉尖残断。折首，扁方身。残长 10 厘米（图五四九，10）。

4. 货币

1 枚。H16：12，"景德元宝"钱，方孔圆形。外廓较宽，内廓细窄。面文真书"景德元宝"，旋读。光背无文。钱径 2.5、外廓 0.2、内廓 0.1、穿宽 0.6、肉厚 0.1 厘米。钱重 4.3 克（图五二二，3）。

5. 石器

1 件。为磨石。H16：17，残断。赭红色细砂岩条石。四面均有磨面。残长 12.8、宽 4.6、厚 4.3 厘米（图五四九，11；图版二三三，1）。

H17

位于 T1622 内，开口于第②a 层下，打破 H26，开口距地表 0.4 米。平面近似圆角方形，斜壁不太平整，平底，底部铺有少量的河卵石。长 1.9、宽 1.7、深 0.2 米（图五五○）。坑内堆积以灰黑土为主，夹杂有少量的小石块，土质较疏松，包含物较少，出土遗物较少。

出土一些陶器残片，共 3 件。可辨器形有盆、灯、器耳等。

（1）盆

1 件。H17：2，口沿。轮制。泥质灰陶。圆唇，卷沿，敞口。沿缘饰一周压印绳纹。残存部分外壁饰凹凸弦纹。口径 40、残高 6.9 厘米（图五五一，1）。

（2）灯

1 件。H17：3，仅余底座。泥质灰陶。覆钵形。底径 7.5、残高 5.1 厘米（图五五一，2）。

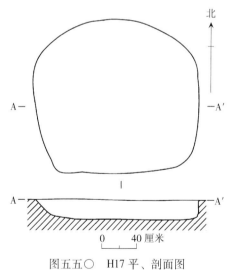

图五五○　H17 平、剖面图

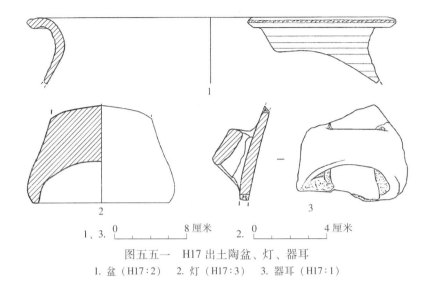

图五五一　H17 出土陶盆、灯、器耳
1. 盆（H17∶2）　2. 灯（H17∶3）　3. 器耳（H17∶1）

（3）器耳

1 件。H17∶1，轮制。夹砂灰褐陶。桥状横耳。残高 10 厘米（图五五一，3）。

H18

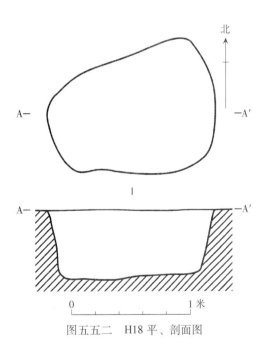

图五五二　H18 平、剖面图

位于 T1724 内，开口于第②a 层下，开口距地表 0.3 米。平面呈不规则椭圆形，斜壁，平底。长径 1.4、短径 1、深 0.5 米（图五五二；图版二三四，1）。坑内堆积以灰黑土为主，土质较疏松，包含物较少，主要为建筑构件。建筑构件多为板瓦残片，瓦面多为素面，瓦背满饰布纹。此外，该灰坑出土一些植物种粒，这些种粒个体较小，炭化迹象十分明显，并伴出有大量的木炭及炭化的麦秆、松枝等植物遗存（图版二三四，2）。

H28

位于 T1722 北部，开口于第②a 层下，开口距地表 0.8 米。平面近似椭圆形，坑壁斜直，底略有起伏。长径 1.2、短径 1.1、深 0.4 米（图五五三）。坑内堆积以灰土为主，土质较疏松，包含残碎瓦片等。出土遗物较少。

出土一些陶器残片，可辨器形有器耳等。

器耳

2 件。H28∶1，夹砂灰陶。桥状横耳。残高 6.4 厘米（图五五四，1）。H28∶2，夹砂红褐陶。残存部分有一桥状竖耳。残高 11.8 厘米（图五五四，2）。

H38

位于 T1726 的东南角，延伸到 T1826 内，开口于第②a 层下，开口距地表 0.7 米。平面呈椭圆形，坑壁较直，平底略有起伏。长径 2.4、短径 1.4、深 0.5 米（图五五五）。坑内堆积以灰土为主，土质较疏松，包含一些残碎瓦片、陶片等。

H77

位于 T2423 西南部，开口于第②a 层下，叠压 H78、H79，开口距地表 1 米。平面呈不规则椭圆形，直壁，平底。长径 2、短径 1.6、深 0.2 米（图五五六）。坑内堆积以黄褐土为主，夹杂有大量的木炭等，土质极疏松。坑内包含物较为丰富。

出土遗物均为泥质陶器，共 3 件，可辨器形为器底。

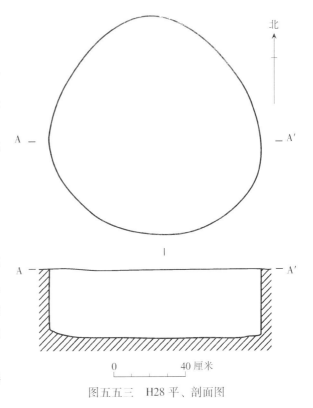

图五五三　H28 平、剖面图

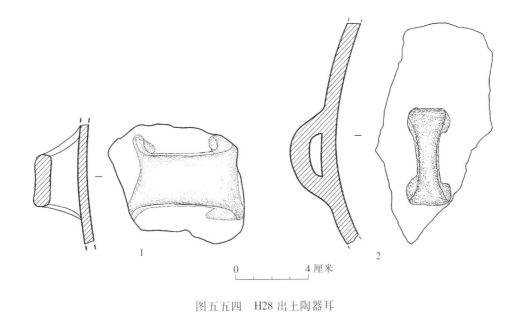

图五五四　H28 出土陶器耳
1. H28∶1　2. H28∶2

H77∶2，残存部分器壁微弧，平底。底径 15、残高 2.9 厘米（图五五七，1）。H77∶3，弧壁，小平底。近底部有一小段压印绳纹。底径 5、残高 6.6 厘米（图五五七，2）。H77∶1，黑陶。深弧腹，平底。素面。底径 13、残高 13.8 厘米（图五五七，3）。

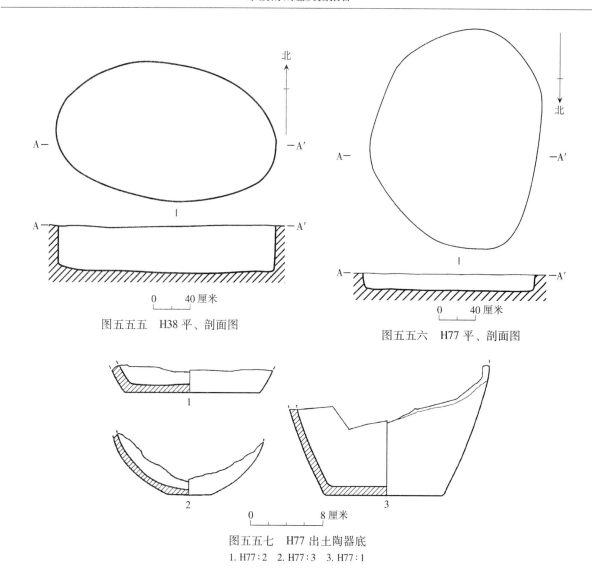

图五五五　H38 平、剖面图

图五五六　H77 平、剖面图

图五五七　H77 出土陶器底
1. H77:2　2. H77:3　3. H77:1

H78

位于 T2423 西南部，开口于第②a 层下，被 H77 叠压，开口距地表 0.9 米。平面近似圆形，坑壁略斜直，平底。直径 1.4、深 0.6～0.8 米（图五五八）。坑内堆积以黄褐土为主，夹杂有少量的木炭等，土质较疏松。坑内出土遗物较丰富。

出土遗物共 7 件，有建筑构件、陶器、瓷器等。

1. 建筑构件

4 件。有板瓦、重唇板瓦等。

（1）板瓦

3 件。皆残。均为泥质灰陶。H78:7，凸面素面，凹面饰布纹。一侧边缘有由内向外的半切口。残长 13、残宽 12.4、厚 1.9 厘米（图五五九，1）。H78:8，凸面素面，凹面饰布纹。残存部分一侧边有由内向外的半切口，瓦头边口有刀削痕迹。残长 15、残宽 12、厚 1.3 厘米（图五五九，2）。H78:11，横剖面呈圆弧形。凸面素面，凹面饰布纹。一侧边有由内向外的切口，切痕很窄。残长6.5、残宽9.3、厚1.9厘米（图五五九，3）。

（2）重唇板瓦

1件。H78：10，残。泥质灰陶。端面有四道凹弦纹，两两为一组的凹弦纹间饰压印右斜向凹坑绳纹。残宽10、高5.7厘米（图五五九，4；图版二一一，7）。

2. 陶器

2件。可辨器形有壶、罐等。

（1）壶

1件。H78：6，口沿。夹砂红褐陶，红黑斑驳。轮制。圆唇，侈口，束颈，溜肩。沿缘有一道不明显的凹弦纹。口径34、残高16.8厘米（图五六〇，1）。

（2）罐

1件。H78：5，口沿。泥质灰陶。轮制。圆唇，侈口，束颈。素面。口径14、残高4厘米（图五六〇，2）。

3. 瓷器

1件。碗。H78：1，残。尖唇，敞口，弧壁，圈足。饰乳白色化妆土，上清釉。外底无釉。内底有涩圈。浅黄色胎。口径18、底径6.5、高6.4厘米（图五六〇，3）。

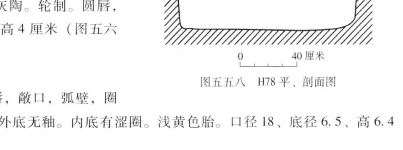

图五五八　H78平、剖面图

H79

位于T2423西南部，开口于第②a层下，整体被H77叠压，开口距地表1.2米。平面近似椭圆形，坑壁略斜直，平底。长径1、短径0.7、深0.3米（图五六一）。坑内堆积以深黑土为主，夹杂有大量的草木灰，土质极疏松。坑内包含物均为陶片，多为泥质灰陶，素面，器物残碎，形不可辨。

H80

位于T2323、T2423内，开口于第②a层下，开口距地表1米。平面呈不规则椭圆形，直壁，平底，底部散落有少量的石块。长径2.1、短径1.8、深0.7米（图五六二）。坑内堆积以深黑土为主，夹杂有大量的黄土，土质较疏松。坑内出土遗物较少。

出土遗物共4件，有陶器、铁器、货币等。

1. 陶器

1件。为网坠。H80：2，完整。夹细砂灰黑陶。椭圆形。中部穿孔略倾斜。长2.6、直径2.2、孔径0.5厘米（图五六三，1）。

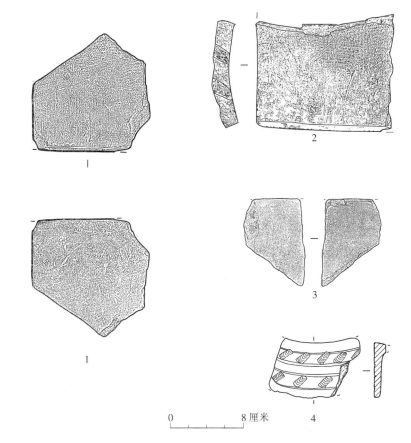

图五五九　H78 出土板瓦、重唇板瓦

1～3. 板瓦（1. H78：7，2. H78：8，3. H78：11）　4. 重唇板瓦（H78：10）

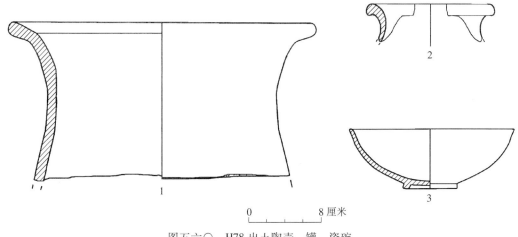

图五六〇　H78 出土陶壶、罐，瓷碗

1. 陶壶（H78：6）　2. 陶罐（H78：5）　3. 瓷碗（H78：1）

2. 铁器

2 件。皆为铁镞，均残。依据镞身形制可分为矛形镞、锥形镞两种。

矛形镞　1 件。H80：1，圆铤。残长 5.7 厘米（图五六三，2）。

锥形镞　1 件。H80：4，圆铤。残长 11.5 厘米（图五六三，3）。

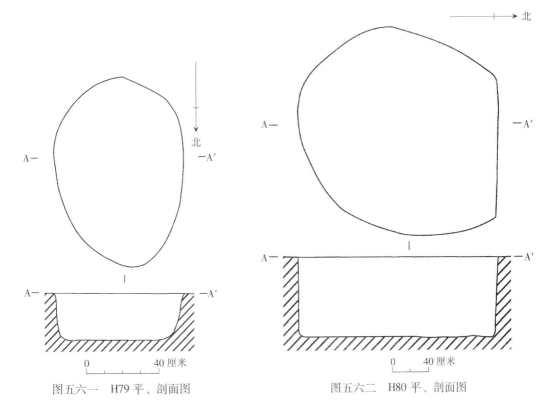

图五六一 H79 平、剖面图

图五六二 H80 平、剖面图

3. 货币

1 枚。

H80：3，"开元通宝"钱，方孔圆形。残。面有外廓、内廓。面文真书"开元通宝"，残存"开"、"通"、"宝"。光背无文。外廓 0.1、内廓 0.1、穿宽 0.7 厘米。肉厚 0.1 厘米。

H81

位于 T2322、T2323 内，开口于第②a 层下，打破 H102，开口距地表 1 米。平面近似圆角长方形，坑壁微斜直，平底，底部散落有少量石块。长 2.7、宽 1.6、深 0.5 米（图五六四）。坑内堆积以深灰土为主，土质较疏松。坑内出土一些建筑构件，多为板瓦残片，以

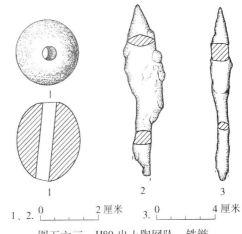

图五六三 H80 出土陶网坠，铁镞
1. 陶网坠（H80：2） 2、3. 铁镞（2. H80：1，3. H80：4）

灰色为主，瓦面多为素面，瓦背满饰布纹；另有少量的红瓦片，瓦面饰有绳纹、瓦棱纹，瓦背饰有菱形纹。

出土遗物共 4 件，有铁镞、铜镞等。

1. 铁镞

2 件。均残。依据镞身形制可分为矛形镞和凿形镞。

矛形镞 1 件。H81：3，扁方铤。残长 7.1 厘米（图五六五，1）。

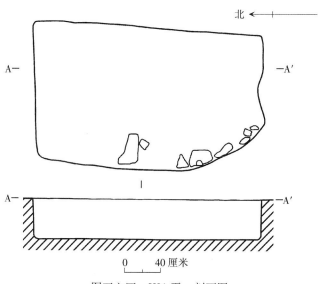

图五六四　H81 平、剖面图

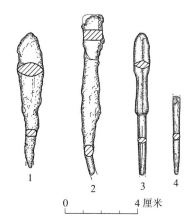

图五六五　H81 出土铁镞，铜镞
1、2. 铁镞（1. H81：3，2. H81：1）
3、4. 铜镞（3. H81：2，4. H81：4）

凿形镞　1 件。H81：1，扁方铤。残长 8.5 厘米（图五六五，2）。

2. 铜镞

2 件。均残。H81：2，矛形，镞身截面呈菱形，铜铤截面呈椭圆形。镞身与铤身一面带有血槽。残长 7.5 厘米（图五六五，3）。H81：4，仅存铤部，铜铤截面呈圆形。残长 4.1 厘米（图五六五，4）。

H83

位于 T1815、T1816 内，且延伸至 T1715、T1716，打破 H96、H100、H104，开口于第②a 层下，开口距地表 0.8 米。根据已发掘部分推测，平面呈不规则长方形，直壁，平底略有起伏。长 4、宽 3.2、深 0.4 米（图五六六）。坑内堆积以灰土为主，土质较疏松。坑内包含物较为丰富。该灰坑内出土遗物时代偏早，推测应是晚期人类盗挖形成的土坑。

出土遗物共 14 件，有建筑构件、陶器、铁器等。

1. 建筑构件

2 件。有筒瓦、半瓦当等。

（1）筒瓦

1 件。H83：16，泥质灰陶。凸面饰瓦沟纹。残长 9.6、残宽 9.1 厘米（图五六七，1）。

（2）半瓦当

1 件。H83：1，残。砖红色。当面模印双栏二界格卷云纹，仅存一个界格，云纹内无水滴纹。当底有明显的切痕。筒瓦凸面饰顺向粗绳纹。底边残长 6、边轮宽 1.2、残高 7 厘米，筒瓦残长 4.5 厘米（图五六七，2）。

2. 陶器

11 件。可辨器形有壶、盆、甑、器底等。

（1）壶

1 件。口沿。H83：18，夹砂黄褐陶。方唇，侈口，束颈。沿缘有一道不明显的划纹。口径 34、残高 17 厘米（图五六七，3）。

（2）盆

2 件。均为口沿。轮制。泥质灰陶。尖唇，卷沿。H83：15，弧壁。沿缘饰绳纹。器表饰凹凸弦纹。残高 8.5 厘米（图五六七，4）。H83：19，沿缘饰一周绳纹，内壁饰凹凸弦纹。口径 38、残高 7 厘米（图五六七，5）。

（3）甑

2 件。均为甑底。夹砂陶。H83：5，灰陶。轮制。残存部分弧壁，平底。周缘有小圆形甑孔。内部有大圆形甑孔。底径 15、残高 10.1 厘米（图五六七，6）。H83：12，黑陶。小圆形孔。直径 7.6、厚 1 厘米（图五六七，7；图版一四〇，4）。

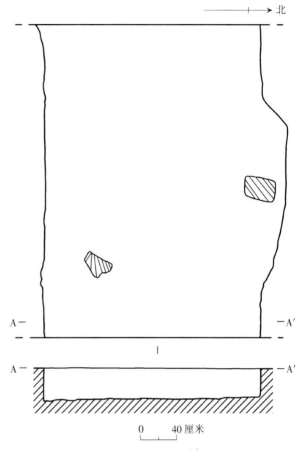

图五六六 H83 平、剖面图

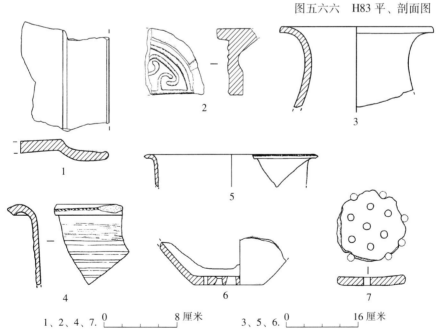

图五六七 H83 出土筒瓦、半瓦当，陶壶、盆、甑
1. 筒瓦（H83：16） 2. 半瓦当（H83：1） 3. 陶壶（H83：18） 4、5. 陶盆（4. H83：15，5. H83：19）
6、7. 陶甑（6. H83：5，7. H83：12）

（4）器底

6件。轮制。泥质灰陶。H83：6，鼓腹，平底。下腹部有明显的刀削痕迹。内壁有明显的轮旋痕迹。最大腹径18、底径8.5、残高10厘米（图五六八，1）。H83：10，球腹，圈底。残存部分上半部饰数周断续的凹弦纹，下半部到底部饰绳纹。残存部分腹径49、残高18.1厘米（图五六八，2）。H83：11，腹壁和底部饰绳纹。底径15、残高7.2、厚0.8厘米（图五六八，3）。H83：13，弧壁，平底。素面。底径9.5、残高2.5厘米（图五六八，4）。H83：14，青灰色，火候较高。弧壁，平底。近底部饰横向绳纹，底部饰交叉绳纹。底径20、残高6厘米（图五六八，5）。H83：17，弧壁，平底。壁和底都饰绳纹。底径9、残高3.6厘米（图五六八，6）。

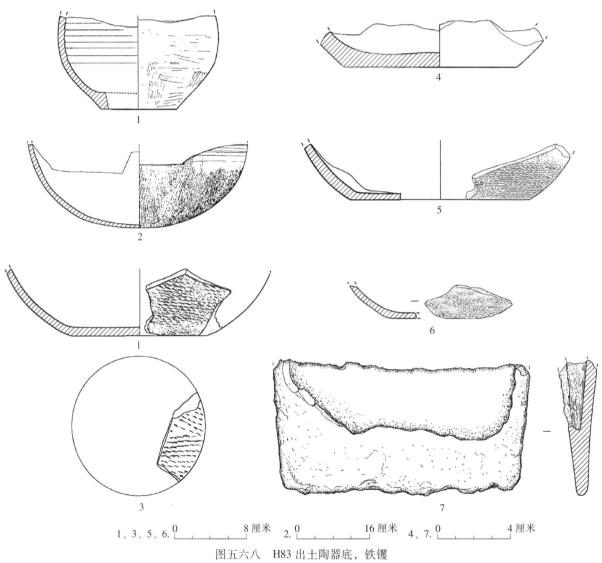

图五六八　H83出土陶器底，铁钁

1~6. 陶器底（1. H83：6，2. H83：10，3. H83：11，4. H83：13，5. H83：14，6. H83：17）　7. 铁钁（H83：3）

3. 铁器

1件。为钁。H83：3，残。铸制。平面呈长方形，侧视呈楔形，长方形銎口，直刃。残高7.2、宽13.8厘米，銎口长12.6、宽1.2厘米（图五六八，7；图版三八，6）。

H84

位于 T2421、T2422 内，开口于第②a 层下，开口距地表 0.9 米。平面呈不规则椭圆形，坑壁斜直，平底略有起伏。长径 2.5、短径 2、深 0.2 米（图五六九）。坑内堆积以黄沙为主，土质较疏松。坑内出土少量的建筑构件及生活用具。建筑构件多为板瓦残片，以灰色为主，瓦面多为素面，瓦背满饰布纹。生活用具多为泥质灰陶，极为残碎，素面为主。

H85

位于 T2422 西北角，开口于第②a 层下，开口距地表 0.9 米。平面呈椭圆形，斜壁，圜底，整体呈锅底状。长径 0.8、短径 0.6、深 0.1 米（图五七○）。坑内堆积为灰白色的草木灰，土质极疏松。出土遗物较少。

出土遗物共 2 件，有陶罐、铁削等。

1. 陶罐

1 件。H85∶2，修复完整。轮制。泥质黑陶。圆唇，直口，短颈，溜肩，鼓腹，平底。内侧口沿下方有一周凹弦纹。肩部置对称竖耳，饰竖向条状暗纹，腹部饰横向暗纹。口径 18.5、高 28 ~ 28.5、底径 16.5 厘米（图五七一，1；图版二二九，3）。

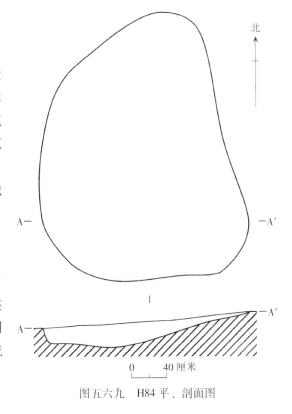

图五六九　H84 平、剖面图

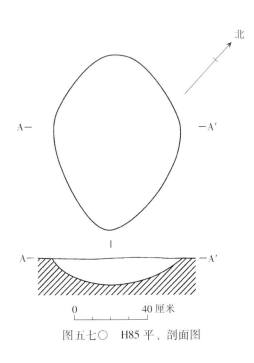

图五七○　H85 平、剖面图

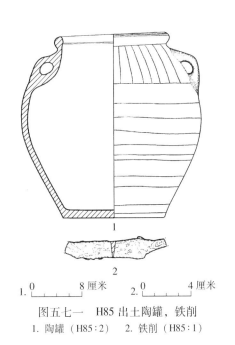

图五七一　H85 出土陶罐，铁削
1. 陶罐（H85∶2）　2. 铁削（H85∶1）

2. 铁削

1 件。H85：1，残断。斜弧刃，直背。残长 8.3、最宽 1.6、厚 0.4 厘米（图五七一，2）。

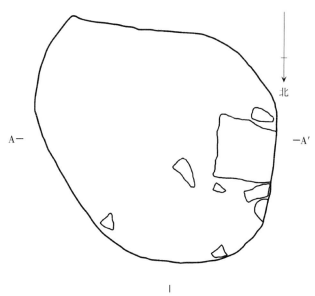

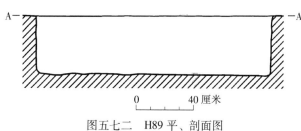

图五七二　H89 平、剖面图

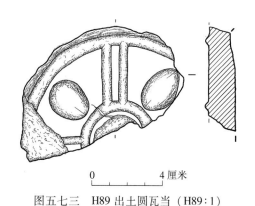

图五七三　H89 出土圆瓦当（H89：1）

1 件。为陶甑。

H91：5，仅存底部，大圆形甑孔。厚 0.9、甑孔直径 3.6 厘米（图五七五，2）。

3. 铁器

3 件。有镞、锥。

H89

位于 T2321、T2421 内，开口于第②a 层下，开口距地表 1 米。平面呈不规则椭圆形，直壁，平底。长径 2、短径 1.5、深 0.4 米（图五七二）。坑内堆积以灰黑土为主，土质较疏松。坑内有一平置的大板石，推测应是早期大型建筑址的础石。还有一些散置的石块。坑内仅出土一些建筑构件。

圆瓦当

1 件。H89：1，夹细砂灰陶，青灰色，火候较高。边轮脱落。当面模印双栏四界格莲花纹。残存二界格。莲瓣近似椭圆形，两端都不及中心弦纹和外缘弦纹。当面残径 5.5 厘米（图五七三）。

H91

位于 T2421、T2422 内，开口于第②a 层下，开口距地表 1.1 米。平面呈不规则椭圆形，直壁，平底略有起伏。长径 2.4、短径 2.3、深 0.5 米（图五七四）。坑内堆积以浅灰土为主，夹杂有大量的黄土，土质较疏松。坑内出土遗物较少。

出土遗物共 5 件，有建筑构件、陶器、铁器等。

1. 建筑构件

1 件。H91：4，夹细砂灰陶，青灰色，火候较高。残高 8 厘米（图五七五，1；图版二二三，3）。

2. 陶器

（1）镞

1件。H91：1，残。镞身呈凿形，扁方铤。残长7.4厘米（图五七五，3）。

（2）锥

2件。均残。锻制。H91：2，环形首，锥状身，截面呈圆形。残长9.8厘米（图五七五，4）。H91：3，环首，扁方身，尖部圆钝。残长14厘米（图五七五，5）。

H94

位于T2422、T2423内，开口于第②a层下，被H78打破，开口距地表1米。平面近似椭圆形，直壁，平底略有起伏。长径3.4、短径2.3、深0.4米（图五七六）。坑内堆积以浅黄土为主，夹杂有大量的黑土，土质较疏松。坑内包含物较为丰富。

出土遗物共5件，有建筑构件、铁器、货币。

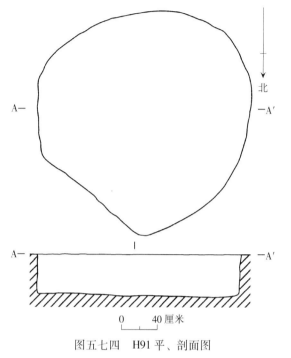

图五七四　H91平、剖面图

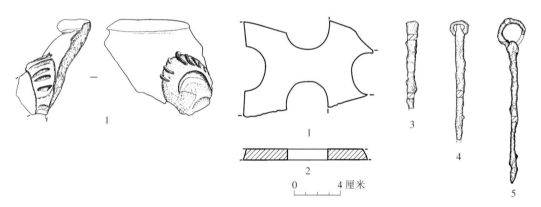

图五七五　H91出土建筑构件，陶甑，铁镞、锥

1. 建筑构件（H91：4）　2. 陶甑（H91：5）　3. 铁镞（H91：1）　4、5. 铁锥（4. H91：2，5. H91：3）

1. 建筑构件

1件。为板瓦。H94：1，稍残。夹细砂灰陶，青灰色，火候较高。平面近似等腰梯形，横剖面近圆弧形。前宽后窄。前、后端面较平，有切痕。两侧边有由内向外的切痕。凸面近前端和中部有两道横向凹弦纹，其余部位素面。凹面通体饰布纹。长34.5厘米，前端宽24、厚2.2厘米，后端宽20.5、厚1.4厘米（图五七七；图五〇八，2；图版二〇八，2）。

2. 铁器

3件。有镞、残件等。

（1）镞

2件。H94：3，残。镞身呈凿形，铤部截面呈圆形。残长6.8厘米（图五七八，1）。H94：5，镞尖残断。扁体，铤部下端弯曲变形。残长9.7厘米（图五七八，2）。

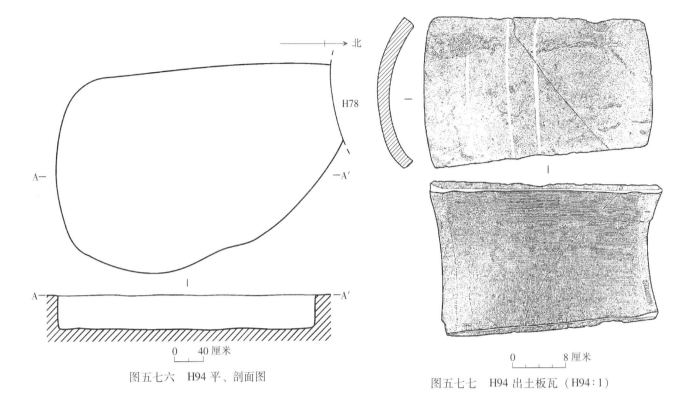

图五七六　H94 平、剖面图

图五七七　H94 出土板瓦（H94：1）

（2）残件

H94：6，铁板切割成圆环状。残长7、残宽5.5、厚0.7厘米（图五七八，3）。

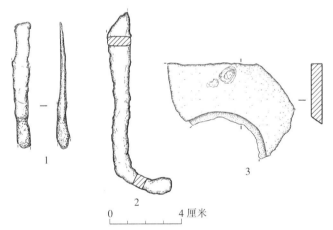

图五七八　H94 出土铁镞、残件
1、2. 镞（1. H94：3, 2. H94：5）　3. 残件（H94：6）

3. 货币

1件。H94：4，"淳化元宝"钱，方孔圆形。外廓宽，内廓窄，制钱较规整。面文真书"淳化元宝"，旋读。光背无文。钱径2.5、外廓0.4、内廓0.1、穿宽0.5、肉厚0.1厘米。钱重3.5克（图五二二，4）。

H98

位于 T2421 内，开口于第②a 层下，开口距地表 1.1 米。平面近似圆形，直壁，平底。直径1.1、深 0.2 米（图五七九）。坑内堆积以浅灰土为主，土质较疏松。坑内出土遗物较少，为少量的残碎瓦片、陶片及一些铁器。

出土铁器共 2 件。

（1）铁条

1 件。H98：1，残断。截面近圆形。残长 16厘米（图五八〇，1）。

（2）车釭

1 件。H98：2，残断。圆环筒状。铸制。残存部分存有一长齿。外径 13.5、高 3.7、厚 1.5厘米，齿长 2、宽 1.3 厘米（图五八〇，2）。

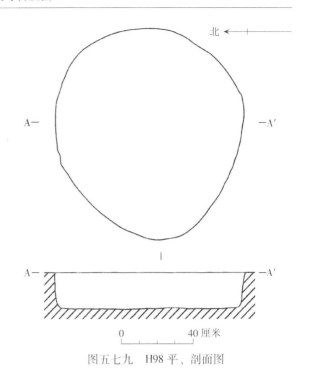

图五七九　H98 平、剖面图

H99

位于 T0718 内，且延伸至 T0618 东隔梁内，开口于第②a 层下，开口距地表 0.8 米。根据已发掘部分推测，平面近似椭圆形，直壁，平底略有起伏。长径 1.4、短径 1、深 0.2 米（图五八一）。坑内堆积以黑褐土为主，夹杂有少量的木炭及红烧土颗粒，土质较疏松。坑内包含物较少，仅出土少量瓦片。筒瓦多为灰陶，素面；板瓦瓦面多饰有绳纹、瓦棱纹，瓦背饰有菱形纹等几何纹饰。

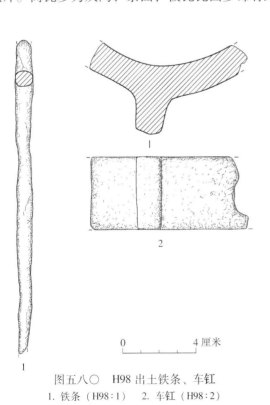

图五八〇　H98 出土铁条、车釭
1. 铁条（H98：1）　2. 车釭（H98：2）

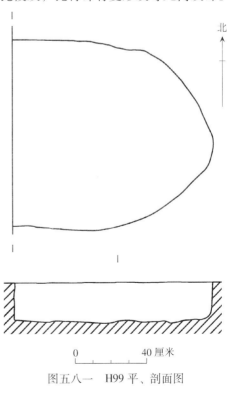

图五八一　H99 平、剖面图

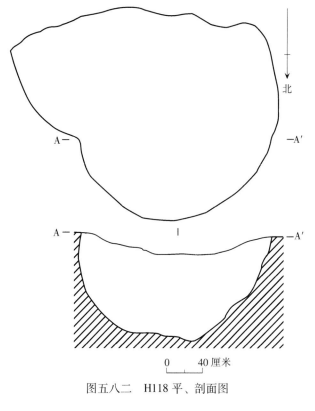

图五八二　H118 平、剖面图

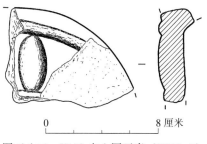

图五八三　H118 出土圆瓦当（H118∶1）

H118

位于 T1318、T1319、T1218、T1219 内，开口于第②a 层下，开口距地表 0.7 米。平面呈不规则椭圆形，弧壁，圜底高低不平，整体近似锅底状。长径 3.3、短径 2.6、深 0.9 米（图五八二）。坑内堆积灰褐色土，夹杂有大量的木炭，土质较疏松。出土遗物较少，仅有一件圆瓦当。

圆瓦当

1 件。H118∶1，残存一小部分。模制。泥质灰陶。当面模印双栏四界格莲花纹，仅存一瓣莲瓣。莲瓣瘦长，两端圆钝。当面残径 6.4 厘米（图五八三）。

H120

位于 T0519 内，开口于第②a 层下，开口距地表 0.7 米。平面近似圆形，斜壁，平底略有起伏，整体呈袋状。直径 2、深 0.7 米（图五八四）。坑内堆积以黑土为主，夹杂有少量的细沙，土质较疏松。坑内包含物较少，以建筑构件为主。筒瓦多为灰色，素面。板瓦多为素面，少量瓦面饰有绳纹、瓦棱纹，瓦背饰有菱形纹等几何纹饰。陶片数量较少，以灰陶为主，极为残碎，多数素面。

H126

位于 T1121、T1122、T1221、T1222 内，开口于第②a 层下，开口距地表 0.8 米。平面呈不规则长方形，斜壁，底部起伏不平。长 3.7、宽 3.1. 深 0.4 米（图五八五）。坑内堆积以灰黑土为主，夹杂有大量的木炭、红烧土颗粒及少量石块，土质较疏松。坑内出土遗物较少。

出土遗物共 4 件，有陶器、铁器等。

1. 陶器

3 件。可辨器形有罐、器耳、器底等。

（1）罐

1 件。H126∶7，口腹残片，轮制。夹砂红褐陶。圆唇，平沿，深弧腹。素面。口径 13、残高 9 厘米（图五八六，1）。

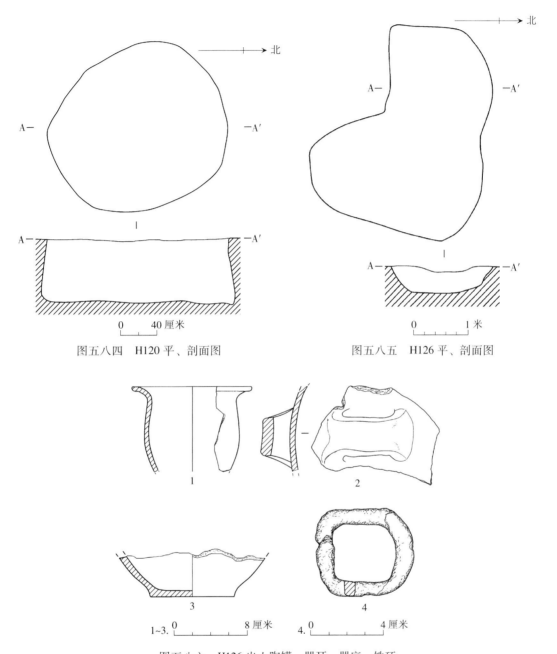

图五八四　H120 平、剖面图

图五八五　H126 平、剖面图

图五八六　H126 出土陶罐、器耳、器底，铁环

1. 陶罐（H126：7）　2. 陶器耳（H126：5）　3. 陶器底（H126：6）　4. 铁环（H126：2）

（2）器耳

1 件。H126：5，夹砂灰黑陶。桥状横耳。残高 10.4 厘米（图五八六，2）。

（3）器底

1 件。H126：6，轮制。夹砂黄褐陶。弧壁，平底。素面。底径 9、残高 5 厘米（图五八六，3）。

2. 铁器

1 件。为环。H126：2，完整。平面、截面均呈长方形。长 5.4、宽 4.6 厘米（图五八六，

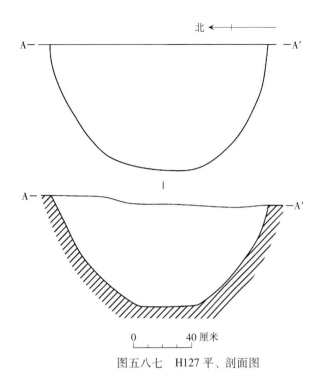

图五八七　H127平、剖面图

4；图版二二二，2）。

H127

位于T1223内，且延伸至其东隔梁内，开口于第②a层下，开口距地表0.8米。根据已发掘部分推测，平面近似圆形，弧壁，圜底，整体呈锅底状。直径1.5、深0.7米（图五八七）。坑内堆积以灰褐土为主，土质较疏松。坑内出土大量的建筑构件，多为板瓦残片，以灰色为主，瓦面多为素面，瓦背满饰布纹。陶片多为泥质灰陶，较为残碎，素面为主。

H130

位于T1020、T1120内，开口于第②a层下，打破H131、G6，开口距地表0.9米。平面呈不规则长方形，斜壁，平底略有起伏。长3.3、宽1.7、深0.5米（图五八八）。坑内堆积以黄褐土为主，夹杂有少量的石块，土质较疏松。坑内出土遗物较丰富。

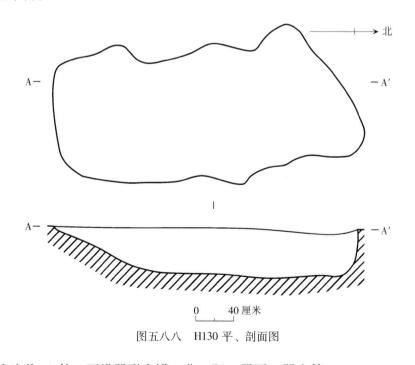

图五八八　H130平、剖面图

出土陶器残片共10件。可辨器形有罐、盆、甑、器耳、器底等。

（1）罐

1件。H130：1，仅存腹底部位。轮制。夹砂红褐陶。深弧腹，平底。素面。器形较大且较

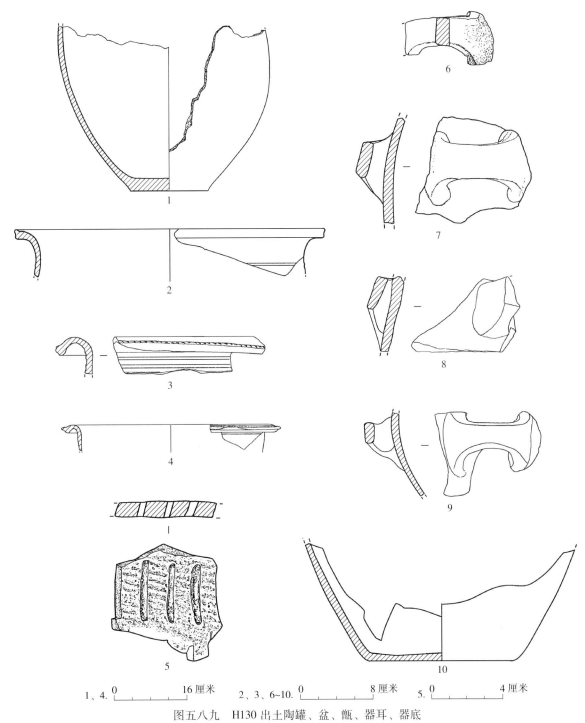

图五八九　H130 出土陶罐、盆、甑、器耳、器底

1. 罐（H130：1）　　2～4. 盆（2. H130：2，3. H130：5，4. H130：6）　　5. 甑（H130：11）　　6～9. 器耳（6. H130：7，7. H130：8，8. H130：9，9. H130：10）　　10. 器底（H130：12）

厚重。残高 35、底径 16.5 厘米（图五八九，1）。

（2）盆

3 件。均为口沿。H130：2，夹砂灰陶。轮制。方唇，卷沿，敞口。口径 34、残高 5 厘米（图

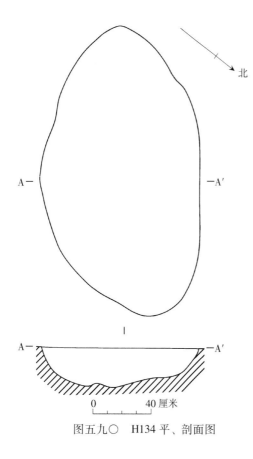

图五九〇　H134 平、剖面图

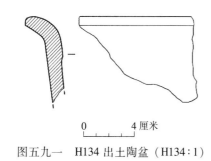

图五九一　H134 出土陶盆（H134：1）

五八九，2）。H130：5，泥质灰陶。方唇，卷沿。沿缘饰一周压印绳纹，外壁残存部分饰两道凹凸弦纹。残高 4 厘米（图五八九，3）。H130：6，泥质灰陶。轮制。尖唇，卷沿。沿面有一周凹弦纹，沿缘饰一周压印绳纹，沿下方也有一段压印绳纹。外壁有轮旋痕迹。口径48、残高5.4厘米（图五八九，4）。

（3）甑

1件。H130：11，仅存底部。泥质灰陶。长条形甑孔，外底饰压印绳纹。厚 1 厘米（图五八九，5；图版四八，6）。

（4）器耳

4件。桥状横耳。H130：7，泥质灰陶。残高5.7厘米（图五八九，6）。H130：8，夹砂灰褐陶。残高11.2厘米（图五八九，7）。H130：9，泥质黄褐陶。残高8厘米（图五八九，8）。H130：10，泥质黄褐陶。残高9厘米（图五八九，9）。

（5）器底

1件。H130：12，泥质灰陶。弧壁，平底。底径16、残高12.4厘米（图五八九，10）。

H134

位于 T1119 内，开口于第②a 层下，打破 H145，开口距地表0.6米。平面近似椭圆形，斜壁，圜底略有起伏。长径1.9、短径1.1、深0.9米（图五九〇）。坑内堆积灰色土，夹杂有少量的木炭及红烧土块，土质较疏松，出土遗物较少。

出土一些陶器残片。

盆

1件。H134：1，仅余口沿，夹砂黄褐陶。方圆唇，侈口。残高6.5厘米（图五九一）。

H135

位于 T1319 的北壁中间，延伸到 T1320 内，开口于第②a 层下，开口距地表0.4米。平面呈不规则椭圆形，坑壁较直，平底略有起伏。长径2.3、短径1.9、深0.9米（图五九二）。坑内堆积以灰土为主，土质较疏松。出土遗物较丰富。

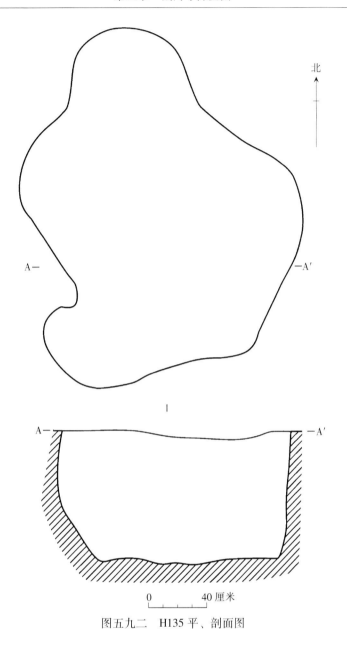

图五九二　H135 平、剖面图

出土遗物共 8 件，有陶器、铁器、铜器等。

1. 陶器

6 件。可辨器形有壶、盆、器底、纹饰陶片等。

（1）壶

1 件。H135：6，泥质灰黑陶。轮制。圆唇，侈口，束颈，鼓腹。上腹饰一周凹弦纹。口径 16、残高 20 厘米（图五九三，1；图版一五五，5）。

（2）盆

2 件。均残。H135：2，轮制。泥质灰陶。圆唇，外折沿，沿面较宽，弧壁，底心内凹。素面。口沿有烧制变形现象。口径 47、底径 25、高 22 厘米（图五九三，2；图版二二九，4）。H135：5，口沿。夹砂灰陶。方唇，展沿，敞口。残高 6.1 厘米（图五九三，3）。

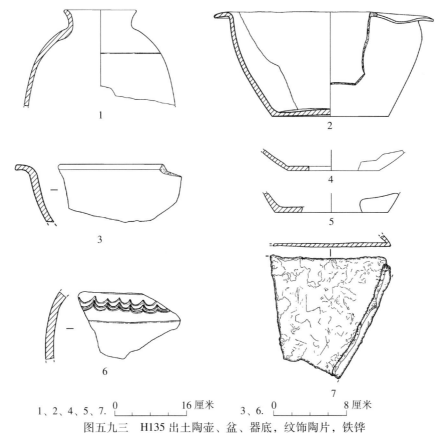

1、2、4、5、7.　0 ⌞___⌟ 16 厘米　　3、6.　0 ⌞___⌟ 8 厘米

图五九三　H135 出土陶壶、盆、器底，纹饰陶片，铁铧

1. 陶壶（H135：6）　2、3. 陶盆（2. H135：2，3. H135：5）　4、5. 陶器底（4. H135：7，5. H135：8）

6. 纹饰陶片（H135：9）　7. 铁铧（H135：3）

（3）器底

2 件。轮制。H135：7，泥质灰陶。残存部分腹壁斜直，平底。素面。底径 19.5、残高 4.3 厘米（图五九三，4）。H135：8，夹砂灰陶。残存部分腹壁略弧，平底。底径 24、残高 4 厘米（图五九三，5）。

（4）纹饰陶片

1 件。H135：9，泥质灰陶。器表两周凹弦纹间饰三道水波纹。残高 7.1、壁厚 1 厘米（图五九三，6）。

2. 铁器

1 件。为铧。H135：3，残存一小部分。铸制。平面呈三角形，尾端略平，一侧边缘向内锐折成三角形銎口。残长 25、残宽 26 厘米（图五九三，7）。

3. 铜器

1 件。为指环。H135：1，残碎。圆形。厚 0.5 厘米。

H136

位于 T1119、T1120、T1219、T1220、T1319、T1320 内，开口于第②a 层下，打破 H128，开口距地表 0.9 米。平面近似椭圆形，坑壁及底部极不规整，起伏较大。长径 7、短径 4.7、深 1 米

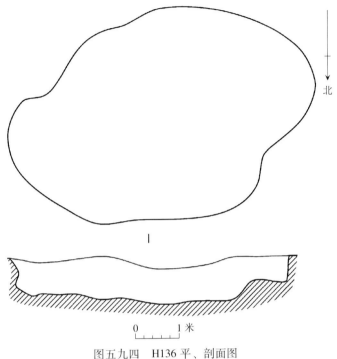

图五九四　H136 平、剖面图

（图五九四）。土色呈灰黑色，夹杂有大量的细沙、红烧土颗粒和炭粒等，土质较疏松。出土遗物丰富。

出土遗物共 34 件，有陶器、铁器、铜器、石器、货币等。

1. 陶器

25 件。其中泥质陶数量较多。可辨器形有壶、罐、瓮、盆、甑、钵、器耳、器底、球及纹饰陶片等。

（1）壶

1 件。H136：17，口沿。夹砂黄褐陶。圆唇，敞口。残高 8.8 厘米（图五九五，1）。

（2）罐

3 件。均残。H136：8，口腹部残片，轮制。泥质黑陶。圆唇，侈口，鼓腹。肩部饰近似"×"形纹饰和一周水波纹。口径 5、残高 4.4 厘米（图五九五，2）。H136：6，大口罐。修复完整。夹砂黄褐陶。方唇，平折沿，弧腹，底略内凹。素面。口径 11、高 10、底径 8 厘米（图五九五，3；图版一三九，6）。H136：3，口腹部残片，轮制。夹砂红褐陶。圆唇，侈口，深弧腹。口沿下方置桥状竖耳。口径 14、残高 9.2 厘米（图五九五，4）。

（3）瓮

1 件。H136：15，残。推测复原。泥质红褐陶。轮制。方唇，直口，矮领，溜肩，鼓腹，平底。肩腹部饰压印几何纹饰。残存部分近底部有一圆孔。口径 17、底径 18、推测高度为 47 厘米（图五九五，5）。

（4）盆

8 件。均为盆口沿。轮制。泥质陶。H136：10，黑陶。方唇，展沿，敞口，弧壁。素面。残片上存有一个锔孔。口径 36、残高 11.5 厘米（图五九六，1）。H136：11，黑陶。方唇，折沿，敞

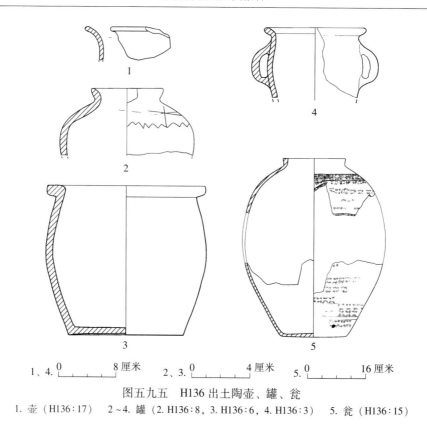

1、4.　0　　　8厘米　　2、3.　0　　　4厘米　　5.　0　　　16厘米

图五九五　H136 出土陶壶、罐、瓮

1. 壶（H136：17）　2～4. 罐（2. H136：8，3. H136：6，4. H136：3）　5. 瓮（H136：15）

口，弧壁。素面。残片上有镉孔。口径 37、残高 6.3 厘米（图五九六，2）。H136：14，方唇，折沿，敞口，弧壁。素面。口径 30、残高 7 厘米（图五九六，3）。H136：22，方唇，卷沿，敞口。沿缘饰一周压印绳纹。残存部分器表饰凹凸弦纹。残高 5.5 厘米（图五九六，4）。H136：24，方唇，卷沿，敞口，弧壁。沿缘饰一周凹弦纹。残存部分腹壁略弧，外壁饰凹凸弦纹，内壁有轮旋痕迹。残高 6 厘米（图五九六，5）。H136：26，灰陶。方唇，展沿，敞口。沿缘饰一周绳纹，沿面有一周凹弦纹。残高 3.4 厘米（图五九六，6）。H136：29，方唇，展沿，敞口，弧壁。素面。口径 38、残高 6.7 厘米（图五九六，7）。H136：35，方唇，卷沿，敞口，弧壁。素面。残高 6.6、壁厚 0.6 厘米（图五九六，8）。

（5）甑

2 件。H136：16，泥质灰陶。残存部分腹壁斜直，平底。器壁有一个大圆孔，器底有小圆孔。底径 16.4、残高 6.7 厘米（图五九七，1）。H136：23，轮制。弧壁，平底。甑孔为长条形。外壁饰绳纹，但纹饰不清晰。残高 2.4 厘米（图五九七，2）。

（6）钵

2 件。均为口沿。泥质灰陶。方唇，敛口，弧壁。素面。H136：18，残高 6.9 厘米（图五九七，3）。H136：19，口径 20、残高 6 厘米（图五九七，4）。

（7）器耳

1 件。H136：20，泥质灰陶。桥状横耳。残高 8.6 厘米（图五九七，5）。

（8）器底

4 件。均残，皆为平底，素面。H136：12，泥质灰陶。弧壁。底径 12、残高 5 厘米（图五九

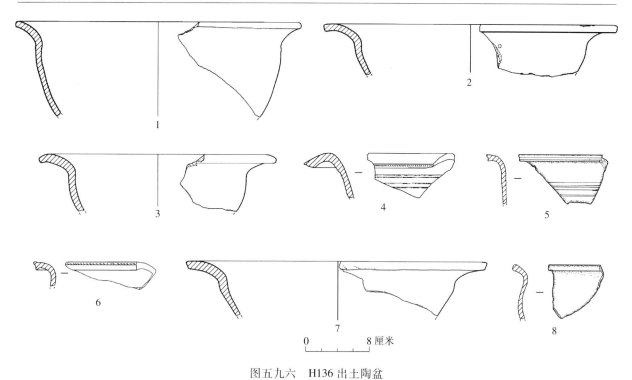

图五九六　H136 出土陶盆

1. H136∶10　2. H136∶11　3. H136∶14　4. H136∶22　5. H136∶24　6. H136∶26　7. H136∶29　8. H136∶35

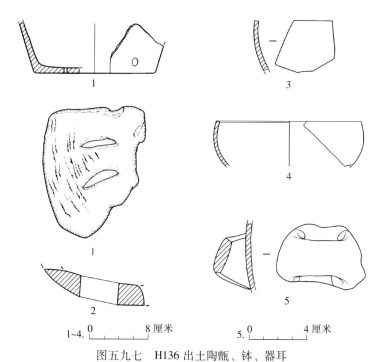

图五九七　H136 出土陶甑、钵、器耳

1、2. 甑（1. H136∶16，2. H136∶23）　3、4. 钵（3. H136∶18，4. H136∶19）　4. 器耳（H136∶20）

八，1）。H136∶13，夹砂黄褐陶。弧壁。底径 14.5、残高 10 厘米（图五九八，2）。H136∶21，夹砂灰褐陶，内搀滑石颗粒。弧壁。下腹部有一个器耳痕迹。底径 7、残高 15 厘米（图五九八，3）。H136∶28，轮制。泥质灰陶。残存部分腹壁斜直。底径 13、残高 4 厘米（图五九八，4）。

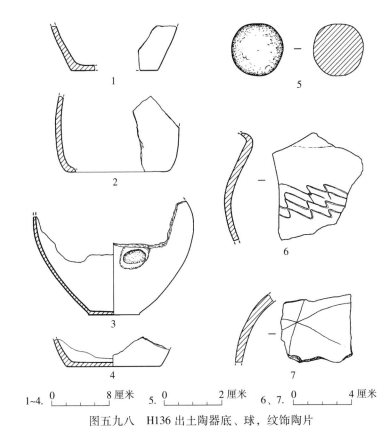

图五九八　H136 出土陶器底、球，纹饰陶片

1~4. 器底（1. H136∶12，2. H136∶13，3. H136∶21，4. H136∶28）　5. 球（H136∶2）　6、7. 纹饰陶片（6. H136∶27，7. H136∶30）

（9）球

1 件。H136∶2，完整。灰陶。圆形。直径 1.7 厘米（图五九八，5）。

（10）纹饰陶片

2 件。H136∶27，肩颈部残片。泥质灰黑陶。肩部饰四道水波纹。残高 14.2 厘米（图五九八，6）。H136∶30，腹壁残片。轮制。夹砂红褐陶。外壁饰星形划纹。残高 9、壁厚 1.3 厘米（图五九八，7）。

2. 铁器

5 件。均为镞，根据器形分矛形镞、凿形镞两种。

矛形镞　2 件。H136∶5-3，镞身扁平，扁方铤。残长 8.9 厘米（图五九九，1）。H136∶5-1，镞身、关部、铤部截面均呈菱形。残长 6.2 厘米（图五九九，2）。

另有一件仅余铤部及少许镞身，与矛形铁镞铤部相似。H136∶5-4，铤部截面呈圆形。残长 4、铤部直径 0.4 厘米（图五九九，3）。

凿形镞　1 件。H136∶5-2，扁方铤。残长 6.9 厘米（图五九九，4）。

另有一件镞仅存铤部。H136∶4，圆铤。残长 3 厘米（图五九九，5）。

3. 铜器

1 件。为镞。H136∶1，镞身三棱锥状，尖部较锋利，关部截面为六棱形，无血槽。铁圆铤。残长 2.8 厘米（图五九九，6）。

4. 石器

1 件。为磨石。H136：7，残。长方形，一头带钻孔。残长 5.2、宽 1.8、厚 0.8、孔径 0.4 厘米（图五九九，7；图版二三三，2）。

5. 货币

2 件。均已残碎，其中 1 件可辨读为"嘉祐通宝"，另 1 件锈蚀严重，推测应为"禅符通宝"。

H137

位于 T1120 内，且延伸至 T1119 北隔梁内，开口于第②a 层下，开口距地表 1 米（图六○○）。根据已发掘部分推测，平面近似圆形，弧壁，圜底，整体呈锅底状。直径 1.3、深 0.4 米。坑内堆积以灰黑土为主，土质较硬，包含小石块、残瓦片等。出土遗物较少。

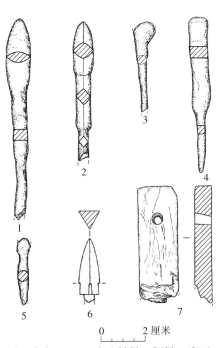

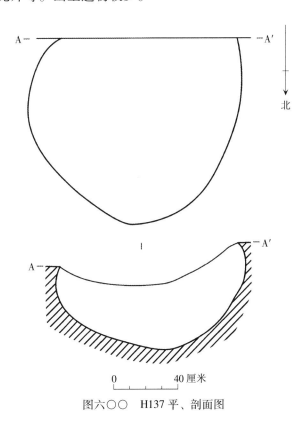

图五九九　H136 出土铁镞，铜镞，磨石
1~5. 铁镞（1. H136：5－3，2. H136：5－1，3. H136：5－4，4. H136：5－2，5. H136：4）
6. 铜镞（H136：1）　7. 磨石（H136：7）

图六○○　H137 平、剖面图

出土一些陶器残片。

器底

1 件。H137：1，轮制。泥质灰黑陶。弧壁，平底。素面。底径 12、残高 7 厘米（图六○一）。

H138

位于 T1123、T1223 内，开口于第②a 层下，开口

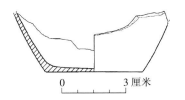

图六○一　H137 出土陶器底（H137：1）

距地表 1 米。平面近似椭圆形，弧壁，圜底。长径 2.8、短径 2.2、深 1.1 米（图六○二）。坑内堆积以黑褐土为主，夹杂有少量的石块，土质较疏松。坑内出土少量的建筑构件及生活用具。

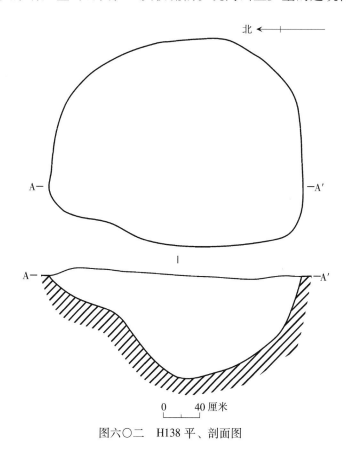

图六○二　H138 平、剖面图

出土遗物共 2 件，有封泥和铁镞等。

1. 封泥

1 件。H138：1，黄褐色。残存部分近长方形，仅保存左半部分。可释读的文字有左上角"馬"字旁，另一半缺失，马字下面有一"丞"字。残高 2.6、残宽 1.6、厚 1.6、边郭 0.4 厘米（图六○三，1）。

2. 铁镞

1 件。H138：2，残。镞身呈矛形，扁方铤。残长 10.5 厘米（图六○三，2）。

H141

位于 T1022 内，开口于第②a 层下，打破 G9，开口距地表 0.8 米。平面近似椭圆形，弧壁不甚规整，圜底。长径 1.1、短径 0.7、深 0.5 米（图六○四）。坑内堆积以黑土为主，土质较疏松。坑内出土少量的建筑构件，多为板瓦残片，以灰色为主，瓦面多为素面，瓦背满饰布纹。瓦面饰有绳纹、瓦棱纹，瓦背饰有菱形纹。

出土铁镞 1 件。

H141：1，残。镞身呈四棱锥状，圆铤。残长 8.2 厘米（图六○五）。

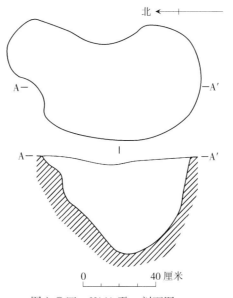

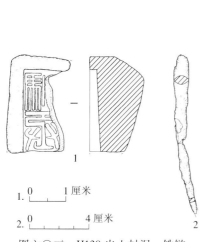

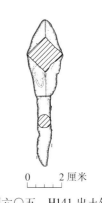

1. 0　　1 厘米

2. 0　　　　4 厘米

图六〇三　H138 出土封泥、铁镞
1. 封泥（H138:1）　2. 铁镞（H138:2）

0　　　　40 厘米

图六〇四　H141 平、剖面图

0　　2 厘米

图六〇五　H141 出土铁镞
（H141:1）

H144

位于 T1220、T1320 内，开口于第②a 层下，被 H136 打破，打破 H128，开口距地表 0.9 米。平面近似椭圆形，坑壁及底部均极不规整。长径 4.1、短径 2.7、深 0.7 米（图六〇六）。坑内堆积以灰褐土为主，夹杂有大量的石块，土质较疏松。坑内包含物较为丰富。

出土遗物共 6 件，有建筑构件、铁器、铜器等。

1. 建筑构件

1 件。为圆瓦当。

H144:1，残。模制。边轮缺失。当面模印双栏四界格莲花纹。后接筒瓦脱落。当面残径 6.2 厘米（图六〇七，1）。

2. 铁器

2 件。可分为兵器和生活用具。

（1）镞

1 件。H144:6，残。镞身凿形，扁方铤。残长 5.7 厘米（图六〇七，2）。

（2）环首器

1 件。H144:5，仅存柄部。锻制。扁条状柄，一端为扁圆环，另一端回折。残长 13.4 厘米，柄长 10.8、宽 1~1.1 厘米，环孔径 1.1 厘米（图六〇七，3）。

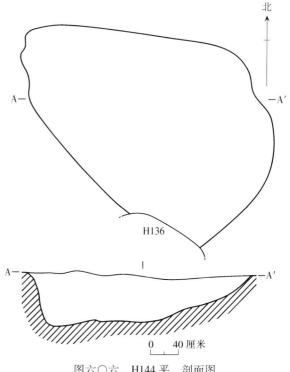

0　　40 厘米

图六〇六　H144 平、剖面图

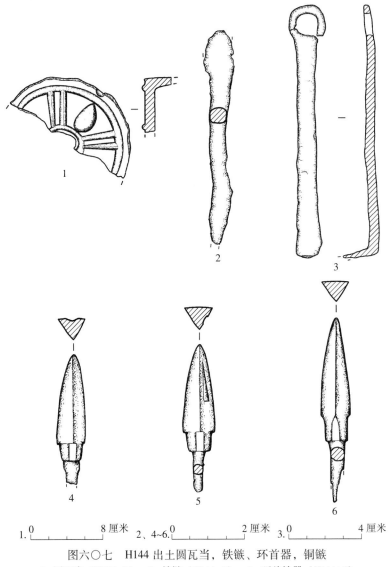

图六〇七　H144 出土圆瓦当，铁镞、环首器，铜镞
1. 圆瓦当（H144：1）　2. 铁镞（H144：6）　3. 环首铁器（H144：5）
4~6. 铜镞（4. H144：7, 5. H144：8, 6. H144：9）

3. 铜器

3 件。皆为镞。均残。镞身三棱锥状，尖部残，关部截面为六棱形，一面带有三角形血槽。

H144：7，铁圆铤。残长 3.4 厘米（图六〇七，4）。H144：8，铁圆铤。残长 3.8 厘米（图六〇七，5）。H144：9，铜圆铤。残长 4.8 厘米（图六〇七，6）。

H149

位于 T1120 内，开口于第②a 层下，北侧被现代坑打破，开口距地表 0.7 米。平面近似圆形，弧壁，圜底。直径 2、深 0.5 米（图六〇八）。坑内堆积以深灰土为主，土质较疏松。坑内包含有少量的建筑构件及生活用具。建筑构件多为板瓦残片，多为灰色，瓦面多为素面，瓦背满饰布纹。生活用具以泥质灰陶为主，极为残碎，多为素面。

H150

位于 T1222 内，延伸至 T1122 东隔梁内，开口于第②a 层下，被 H126 打破，开口距地表 0.9 米。已发掘部分平面近似半圆形，弧壁，圜底，整体呈锅底状。直径 1.3、深 0.4 米（图六〇九）。坑内堆积以灰黑土为主，土质较疏松。坑内包含有少量的板瓦残片，多为灰色，瓦面多为素面，瓦背满饰布纹。

H151

位于 T1418 内，且延伸至其北隔梁及 T1318 东隔梁内，开口于第②a 层下，打破 H152，开口距地表 0.4 米。已发掘部分平面近似半圆形，弧壁，圜底，整体呈锅底状。直径 2.3、深 0.9 米（图六一〇）。坑内堆积以灰黑土为主，夹杂有少量的石块及炭粒，土质较疏松。

坑内出土遗物较少。

出土 1 件陶钵。

H151：1，残。轮制。泥质灰褐陶。方唇，敛口，弧壁，平底。沿面略弧，内高外低。素面。口径 16、底径 9、高 7.7 厘米（图六一一）。

H152

位于 T1418 内，开口于第②a 层下，被现代坑及 H151 打破，开口距地表 0.4 米。平面近似长方形，弧壁，圜底，整体呈锅底状。长 1.4、宽 0.8、深 0.5 米（图六一二）。坑内堆积以灰黑土为主，夹杂有少量的石块及炭粒，土质较疏松。坑内包含有大量的板瓦残片及陶片。板瓦残片多为灰色，瓦面多为素面，瓦背满饰布纹。陶片多为泥质灰陶，极为残碎，以素面为主。

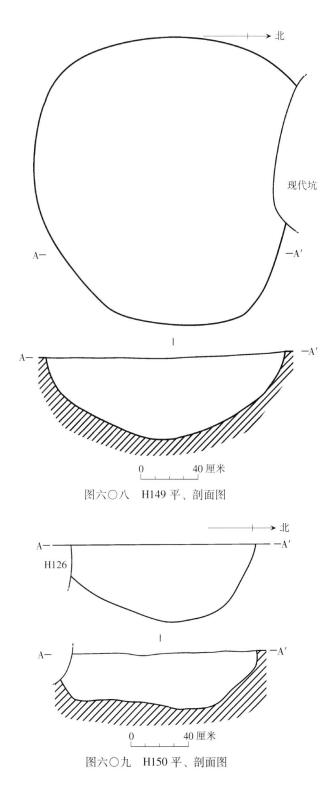

图六〇八　H149 平、剖面图

图六〇九　H150 平、剖面图

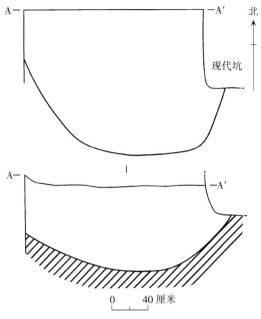

图六一〇　H151 平、剖面图

H167

位于 T1218、T1219 内，开口于第②a 层下，打破 H136、H128、H178，开口距地表 0.6 米。平面呈椭圆形，壁略斜，平底略有起伏。长径 2.4、短径 1.7、深 0.7 米（图六一三；图版二三五，1、2）。坑内堆积灰黑色土，夹杂有大量的草木灰，土质较疏松，出土有少量遗物。

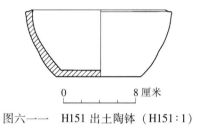

图六一一　H151 出土陶钵（H151：1）

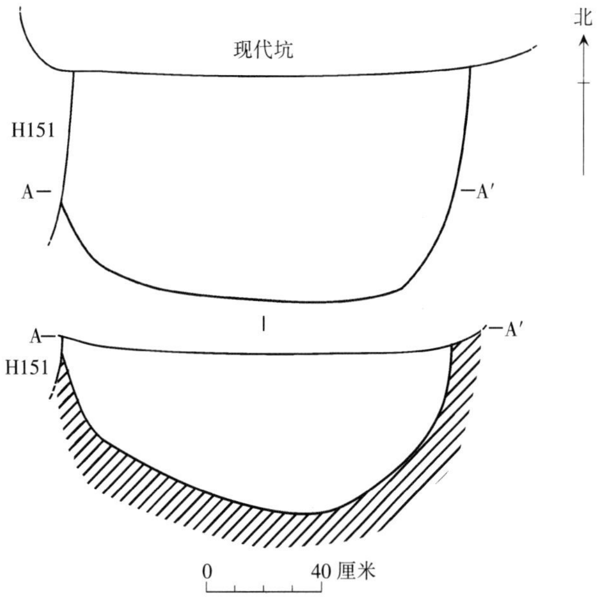

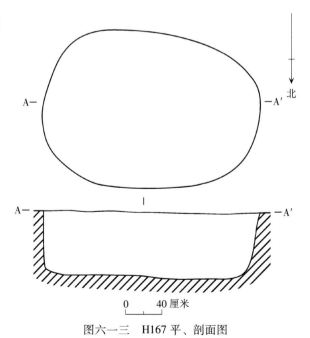

图六一二　H152 平、剖面图

图六一三　H167 平、剖面图

出土铁器共3件。可分为兵器和生活用具两类。

（1）镞

1件。H167：3，残。镞身凿形，扁方铤。残长6.4厘米（图六一四，1）。

（2）削

1件。H167：1，残断。铸制。直背，斜直刃，前端弯曲变形。残长11.3、宽1.6、厚0.5厘米（图六一四，2）。

（3）锔钉

1件。H167：5，残断。锻制。扁条铁片一面锻出四棱锥状钉身。残长9、残宽1.3、钉长2厘米（图六一四，3）。

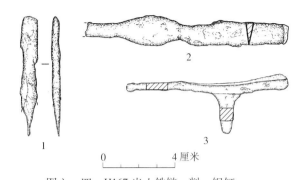

图六一四　H167出土铁镞、削、锔钉

1. 铁镞（H167：3）　2. 铁削（H167：1）　3. 锔钉（H167：5）

H175

位于T1316西北角，开口于第②a层下，开口距地表0.8米。根据已发掘部分推测，平面近似圆形，弧壁，圜底。暴露部分直径2.7、深0.1~0.7米（图六一五）。坑内堆积以灰黑土为主，夹杂有大量的石块，土质较疏松。坑内出土遗物较少。

出土陶器残片共4件。可辨器形有瓮、盆、钵等。

（1）瓮

1件。H175：2，口沿。轮制。泥质灰黑陶。方唇，直口，短颈，广肩。残片上有一锔孔。口径18、残高7厘米（图六一六，1）。

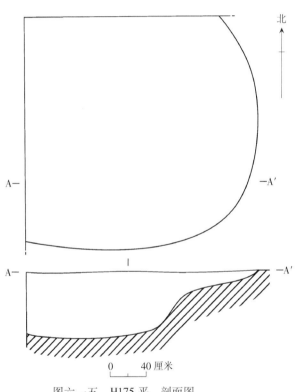

图六一五　H175平、剖面图

（2）盆

2件。均为口沿。轮制。H175：1，夹砂灰陶。方唇，宽折沿，敞口，弧壁。口径44、残高6厘米（图六一六，2）。H175：3，泥质黄褐陶。圆唇，展沿，敞口。残高5.2厘米（图六一六，3）。

（3）钵

1件。H175：4，残。夹砂灰黑陶。方唇，敞口，弧壁，平底。口径18.6、底径12、残高7厘米（图六一六，4）。

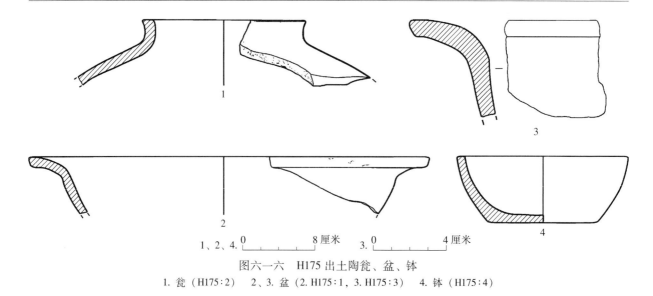

1、2、4. 0 ———— 8 厘米　　3. 0 ———— 4 厘米

图六一六　H175 出土陶瓮、盆、钵

1. 瓮（H175：2）　　2、3. 盆（2. H175：1，3. H175：3）　　4. 钵（H175：4）

H179

位于 T0918、T0919 内，开口于第②a 层下，开口距地表 0.5 米。已发掘部分平面近似半圆形，弧壁，平底。暴露部分直径 2.1、深 0.7~0.9 米（图六一七）。坑内堆积黑色土，土质较疏松，出土有少量的瓦片及陶片。板瓦残片以灰色为主，瓦面多为素面，瓦背满饰布纹。陶片多为泥质灰陶，极为残碎，以素面为主。

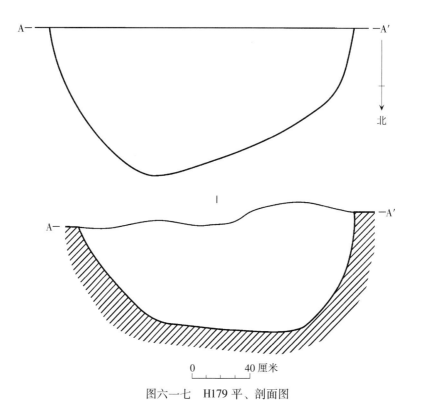

0 ———— 40 厘米

图六一七　H179 平、剖面图

H180

位于 T1322、T1323 内，开口于第②a 层下，开口距地表 0.6 米。平面近似椭圆形，弧壁较不规整，圜底。长径 3.2、短径 2.6、深 0.1~0.5 米（图六一八）。坑内堆积以黄褐土为主，土质较疏松。坑内包含有大量的板瓦残片，陶片极少。板瓦残片以灰色为主，瓦面多为素面，瓦背满饰布纹。

H182

位于 T1322 东部，且延伸至其东隔梁内，开口于第②a 层下，开口距地表 0.7 米。根据已发掘部分推测，平面呈不规则椭圆形，弧壁、圜底均不太规整。暴露部分长径 2.9、短径 1.4、深 0.9 米（图六一九）。坑内堆积以黄褐土为主，夹杂有大量的石块，土质较疏松。坑内包含有少量的板瓦残片，陶片极少。板瓦残片以灰色为主，瓦面多为素面，瓦背满饰布纹。

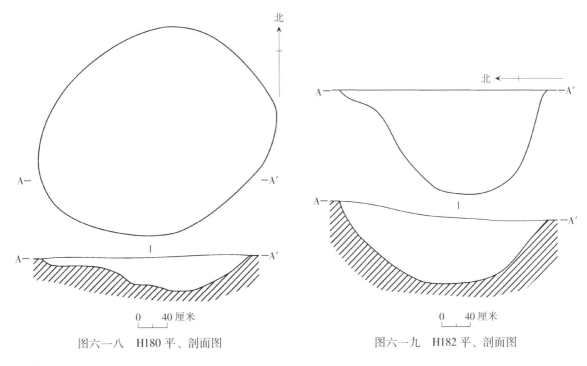

图六一八　H180 平、剖面图　　　　　　图六一九　H182 平、剖面图

H190

位于 T1223 内，且延伸至其东隔梁内，开口于第②a 层下，被 H127 打破，开口距地表 0.9 米（图六二〇）。根据已发掘部分推测，平面近以椭圆形，弧壁，圜底。长径 1.3、短径 0.9、深 0.7 米。坑内堆积以灰褐土为主，土质较坚硬。坑内包含物极少，仅出土少量瓦片及陶片。

H191

位于 T1321 北部，且延伸至其北隔梁内，开口于第②a 层下，打破 H192，开口距地表 0.5 米。根据已发掘部分推测，平面呈椭圆形，坑壁及底部均不太规整。长径 3.8、短径 1.3、深 0.3~0.6 米（图六二一）。坑内堆积以灰褐土为主，夹杂有少量的石块，土质较疏松。坑内出土遗物较少。

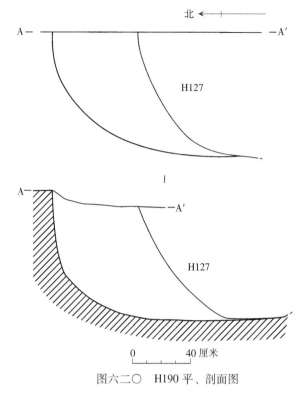

图六二〇　H190 平、剖面图

出土遗物共 4 件，可分为陶器、铁器两类。

1. 陶器

1 件。为纺轮。H191：3，完整。夹砂灰褐陶。手制。圆形，中间有圆孔。直径 4.6、厚 1.4、孔径 1.3 厘米（图六二二，1；图版二二四，2）。

2. 铁器

3 件。可分为兵器和生产工具两类。

（1）镞

1 件。H191：4，残。镞身呈矛形，扁方铤。残长 4.6 厘米（图六二二，2）。

（2）镰

1 件。H191：1，残断。锻制。弧背曲刃，弯月形，尾端渐宽且向一侧短折。残长 21.8 厘米（图六二二，3；图版一九六，3）。

（3）斧

1 件。H191：2，完整。锻制。平面近梯形，刃部较宽，弧刃，侧面横贯一长方形銎口。长 10、宽 5.8～7.6 厘米，銎长 3.1、宽 1 厘米（图六二二，4；图版二三六，1）。

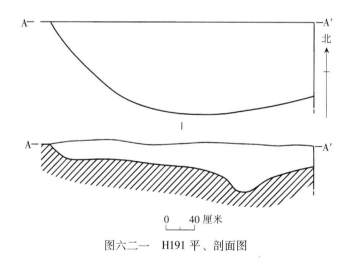

图六二一　H191 平、剖面图

H192

位于 T1221、T1321 内，开口于第②a 层下，被 H191 打破，开口距地表 0.5 米。平面近似椭圆形，斜壁，平底略有起伏。长径 3.4、短径 2.5、深 0.1～0.6 米（图六二三）。坑内堆积以灰褐土为主，土质较坚硬。出土遗物较少。

出土遗物共 3 件，有陶器、铁器等。

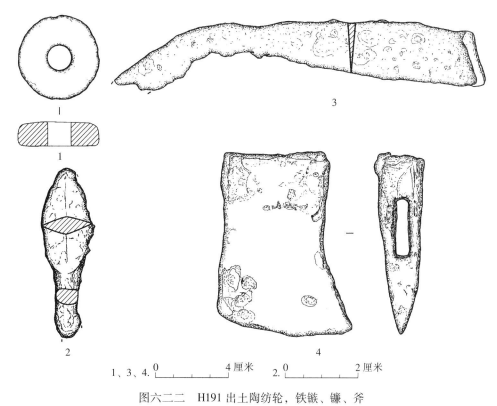

1、3、4. 0 —— 4厘米   2. 0 —— 2厘米

图六二二 H191出土陶纺轮，铁镢、镰、斧
1. 陶纺轮（H191：3） 2. 铁镢（H191：4） 3. 铁镰（H191：1） 4. 铁斧（H191：2）

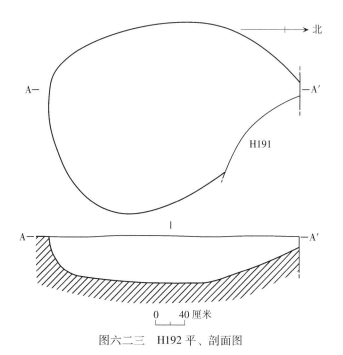

0 —— 40厘米

图六二三 H192平、剖面图

1. 陶器

2件。均为盆口沿。轮制。

H192：10，泥质黄褐陶。方唇，卷沿，敞口。残存部分器壁斜直。沿面上有一道凸弦纹，

沿缘有一道凹弦纹，有手捏迹象。残高6.4厘米（图六二四，1）。H192:11，泥质灰陶。尖唇，卷沿，沿面有一周凹弦纹，下沿面压印一段绳纹。口径40、残高4.8厘米（图六二四，2）。

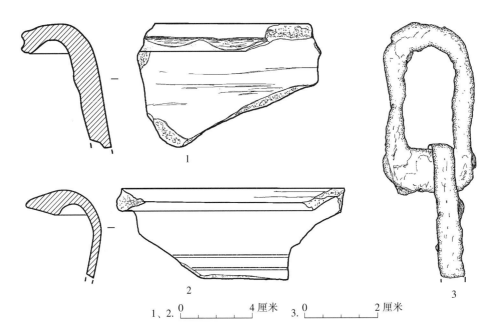

图六二四　H192出土陶盆，铁带扣
1、2. 陶盆（1. H192:10，2. H192:11）　3. 铁带扣（H192:3）

2. 铁器

1件。为带扣。

H192:3，残。锻制。整体呈长方形，系用"U"形铁条弯成，端头各有一穿孔，后端有一横梁铆合，扣针一端弯成圆环套在横梁。长6.6、宽2.4厘米（图六二四，3；图版二二二，3）。

H194

位于T1022、T1023、T1123内，且延伸至T1122北隔梁内，开口于第②a层下，打破H195，开口距地表1.3米。平面近似椭圆形，斜壁，底部起伏较大。长径2.5、短径1.8、深0.7米（图六二五）。坑内堆积以灰褐土为主，夹杂有少量的石块、炭粒及红烧土颗粒，土质较疏松。坑内出土遗物较少。

仅出土一件半瓦当。

H194:1，残。模制。泥质红陶。当面模印

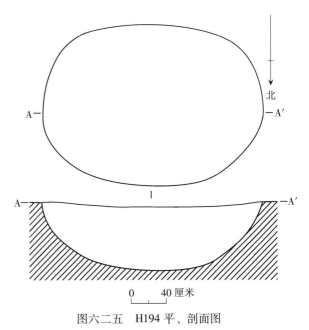

图六二五　H194平、剖面图

双栏单线蘑菇形卷云纹，云纹内无水滴纹。仅存二界格。当面残径 5.7 厘米（图六二六）。

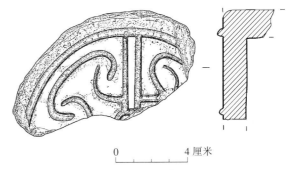

图六二六　H194 出土半瓦当（H194∶1）

H195

位于 T1122、T1123 内，开口于第②a 层下，被 H194 打破，开口距地表 1.3 米。平面近似圆形，坑壁及底部均较不规整。直径 2、深 0.5 米（图六二七）。坑内堆积以灰褐土为主，夹杂有少量的石块、炭粒及红烧土颗粒，土质较疏松。坑内包含有大量的板瓦残片，陶片较少。板瓦残片以灰色为主，瓦面多为素面，瓦背满饰布纹。陶片以泥质灰陶为主，较为残碎，多为素面。此外，该灰坑内还出土有残碎铁器。

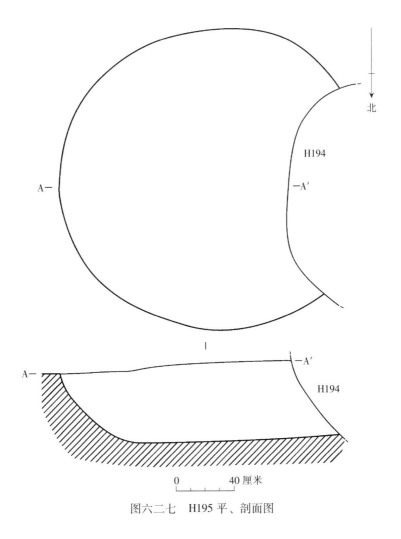

图六二七　H195 平、剖面图

H196

位于 T1123 北部，开口于第②a 层下，打破 H197，开口距地表 0.9 米。已发掘部分平面近似半圆形，弧壁，圜底。直径 2.4、深 0.8 米（图六二八）。坑内堆积以灰褐土为主，夹杂有少量的石块、炭粒及红烧土颗粒，土质较疏松。坑内包含有少量的板瓦残片，陶片极少。板瓦残片以灰色为主，瓦面多为素面，瓦背满饰布纹。

H197

位于 T1023、T1123 北部，开口于第②a 层下，被 H196 打破，叠压 F27，开口距地表 0.9 米。已发掘部分平面近似半圆形，坑壁及底部均不太规整。直径 2.8、深 0.8 米（图六二九）。坑内堆积以灰褐土为主，夹杂有少量的石块、炭粒及红烧土颗粒，土质较疏松。坑内包含有少量的板瓦残片，陶片极少。板瓦残片以灰色为主，瓦面多为素面，瓦背饰布纹。

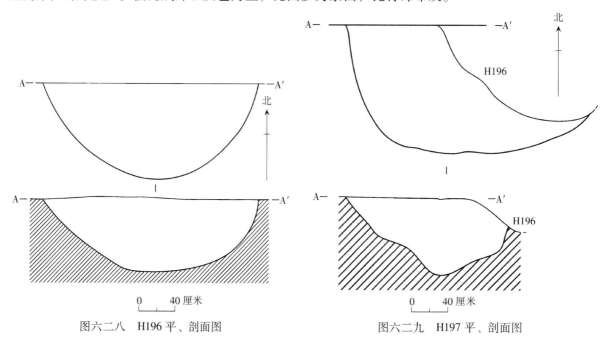

图六二八　H196 平、剖面图　　　　　　　图六二九　H197 平、剖面图

H199

位于 T1323 内，开口于第②a 层下，被 H180 打破，开口距地表 0.8 米。根据已发掘部分推测，平面近似椭圆形，弧壁，圜底，整体呈锅底状。长 2.9、宽 1.5、深 0.6 米（图六三〇）。坑内堆积以灰褐土为主，夹杂有少量的黄土，土质较疏松。坑内出土遗物较丰富。

出土遗物共 11 件，有建筑构件、陶器和铁器等。

1. 建筑构件

1 件。为筒瓦。H199:10，残。泥质黄褐陶。凸面饰断续的抹绳纹，纹饰模糊不清，凹面饰布纹。前端上缘有不明显的指压纹。残存部分中部有一钉孔。残长 33.5、残宽 11.9、厚 2.2 厘米，钉孔直径 1.8 厘米（图六三一，1）。

2. 陶器

6件。按质地可分为夹砂陶和泥质陶两种，其中泥质陶数量较多。可辨器形有罐、瓮、盆等。

（1）罐

1件。H199：5，口沿。夹砂灰褐陶。轮制。圆唇，侈口，溜肩。素面。口径16、残高4.5厘米（图六三一，2）。

（2）瓮

1件。H199：11，口沿。轮制。泥质灰陶。圆唇，直口，高领。口与颈部结合处有明显的凸棱。口径32、残高9.3厘米（图六三一，3）。

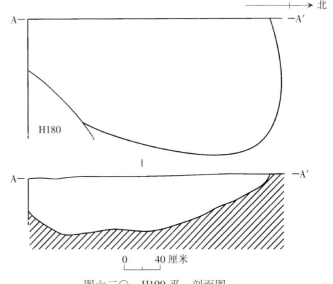

图六三〇　H199 平、剖面图

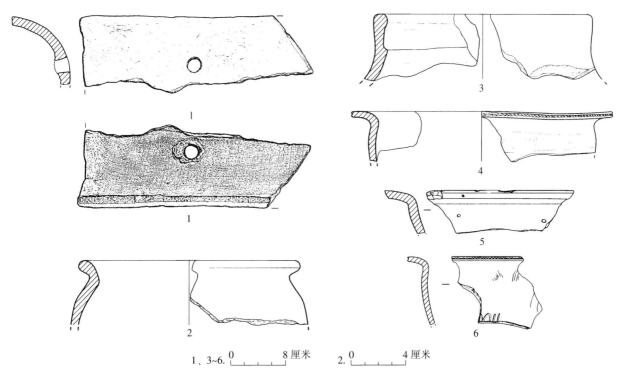

图六三一　H199 出土筒瓦，陶罐、瓮、盆

1. 筒瓦（H199：10）　2. 陶罐（H199：5）　3. 陶瓮（H199：11）　4～6. 陶盆（4. H199：12，5. H199：13，6. H199：14）

（3）盆

3件。均为口沿。轮制。H199：12，泥质灰陶，青灰色，火候较高。方唇，平折沿，敞口，弧壁。沿缘饰一周压印绳纹。口径38、残高7厘米（图六三一，4）。H199：13，泥质黑陶。尖唇，斜折沿，敞口，残存部分腹壁斜直。素面。残片上有镉孔。口径34、残高6厘米（图六三一，5）。H199：14，泥质灰陶，青灰色，火候较高。方唇，卷沿，敞口，弧壁。沿缘饰一周压印绳纹，

器表有凌乱的划纹。口径 48、残高 10 厘米（图六三一，6）。

　　另有纹饰陶片 1 件。H199∶15，泥质灰陶。器表饰四道水波纹。残高 4、厚 0.3 厘米（图六三二，1）。

　　3. 铁器

　　4 件。为镞、甲片及门枢套。

　　（1）镞

　　2 件。H199∶1，残。镞身四棱锥状，圆铤。残长 8.8 厘米（图六三二，2）。H199∶3，仅存铤部，锈蚀严重。截面呈圆形。残长 9.9 厘米（图六三二，3）。

　　（2）甲片

　　1 件。H199∶2，近椭圆形，一端圆弧，一端平直，两侧长边弧曲。两端各有一穿孔，两侧边缘处各有两对穿孔。长 6.1、宽 3.5、厚 0.3 厘米（图六三二，4）。

　　（3）门枢套

　　1 件。H199∶4，残。圆环筒状。侧面边缘有一短齿。外径 14、宽 5、厚 1 厘米（图六三二，5）。

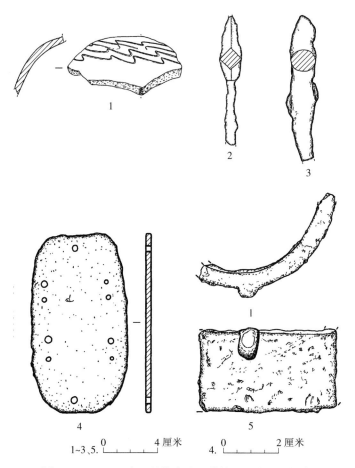

图六三二　H199 出土纹饰陶片，铁镞、甲片、门枢套

1. 纹饰陶片（H199∶15）　2、3. 铁镞（1. H199∶1, 3. H199∶3）　4. 铁甲片（H199∶2）　5. 铁门枢套（H199∶4）

H202

位于 T1221 内，开口于第②a 层下，被 H126 打破，开口距地表 0.7 米。根据残存部分推测，平面近似圆形，坑壁及底部均较不规整。直径 1.8、深 0.8 米（图六三三）。坑内堆积以黄褐土为主，夹杂有少量的石块及炭粒，土质较坚硬。坑内包含有少量的板瓦残片，陶片极少。板瓦残片以灰色为主，瓦面多为素面，瓦背饰布纹。

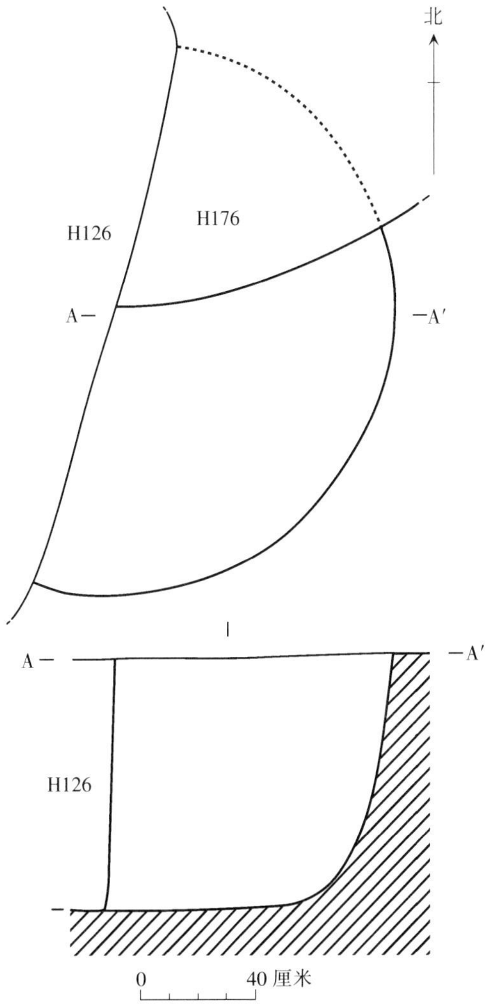

G5

位于 T1218、T1318 内，且延伸至发掘区外，开口于第②a 层下，开口距地表 0.6 米。根据已发掘部分推测，G5 呈东西走向，弧壁，底弧缓。暴露部分长 5.8、宽 0.6～1、深 0.6 米（图六三四）。沟内堆积黑色土，夹杂有大量的石块、炭粒、碎骨及红烧土块，土质较疏松，出土有少量布纹瓦残片及陶片。

G6

位于 T1020、T1021 内，开口于第②a 层下，被 H130 叠压，开口距地表 1.1 米。南北走向，平面不规整，坑壁及底部也不规整。长 6.5、宽 1.4～1.8、深 0.7 米（图六三五）。沟内堆积以黑土为主，夹杂有少量的石块、木炭及红烧土颗粒，土质较疏松。出土遗物较杂。应该是取土坑废弃后形成的。

出土遗物共 16 件，有陶器、铁器、铜器等。

图六三三　H202 平、剖面图

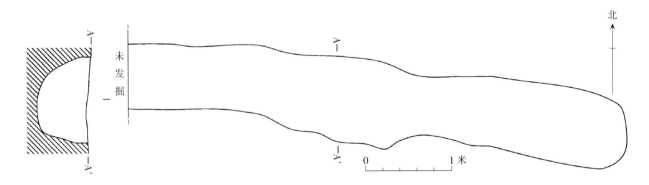

图六三四　G5 平、剖面图

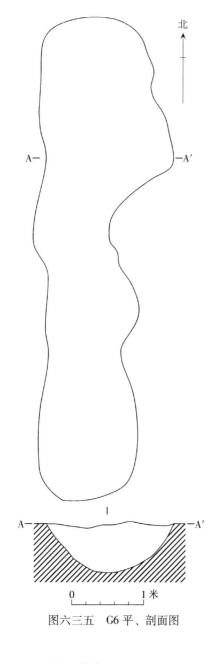

图六三五　G6 平、剖面图

1. 陶器

8 件。可辨器形有壶、罐、盆、甑、钵、器耳、器盖、器底等。

（1）壶

1 件。仅存口部。G6：8，轮制。夹细砂黄陶。圆唇，侈口，长斜颈。素面。口径 10、残高 9.5 厘米（图六三六，1）。

（2）罐

1 件。残存口沿。G6：7，轮制。夹砂红陶。圆唇，侈口，折沿，深弧腹。素面。口径 16、残高 9.5 厘米（图六三六，2）。

（3）盆

1 件。G6：10，夹砂黄褐陶。方唇，平折沿，腹壁斜直。口径 27、残高 5.2 厘米（图六三六，3）。

（4）甑

1 件。G6：11，轮制，口部残缺。泥质灰陶。火候较高。壁斜直，平底。底有压印绳纹。大圆形甑孔。底径 21.2、残高 7、孔径 3.4 厘米（图六三六，4；图版一四○，5）。

（5）钵

1 件。G6：17，修复完整。泥质灰陶。轮制。圆唇，敛口，弧壁，平底。外壁饰一周不规整的细划纹。口径 8、底径 5、高 2.3 厘米（图六三六，5；图版二二三，4）。

（6）器耳

1 件。G6：3，位于陶器肩腹部位，桥状竖耳。残高 5.8 厘米（图六三六，6）。

（7）器盖

1 件。G6：6，残。轮制。泥质灰陶。盖纽呈动物造型，下有一穿孔。素面。底口径 16、扉沿最大径 17.3、通高 6 厘米（图六三六，7）。

（8）器底

1 件。G6：9，轮制。泥质黄褐陶。斜弧壁，底心略内凹。素面。底径 11、残高 3 厘米（图六三六，8）。

2. 铁器

6 件。可辨器形有镞、削、残器等。

（1）镞

3 件。均残。按镞身形制不同可分为凿形、矛形两种。

凿形镞　G6：12，残。扁圆铤。残长 8.2 厘米（图六三七，1）。

矛形镞　G6：13，残。镞身扁平，扁方铤。残长 7.2 厘米（图六三七，2）。

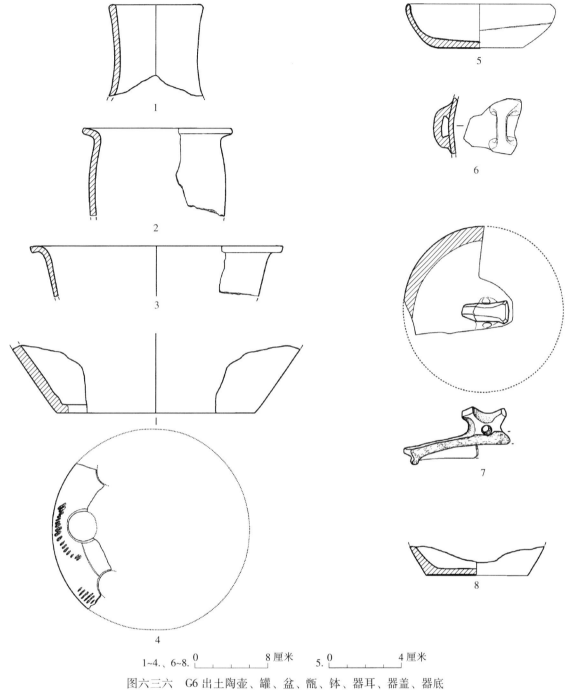

图六三六　G6 出土陶壶、罐、盆、甑、钵、器耳、器盖、器底
1. 壶（G6:8）　2. 罐（G6:7）　3. 盆（G6:10）　4. 甑（G6:11）　5. 钵（G6:17）
6. 器耳（G6:3）　7. 器盖（G6:6）　8. 器底（G6:9）

另有 1 件，仅存铤部。G6:14，扁方铤。残长 11.4 厘米（图六三七，3）。

（2）削

1 件。G6:16，前端残断，直背直刃。残长 11.4、宽 0.7 ~ 1 厘米（图六三七，4）。

（3）残器

2 件。G6:4，残。锻制，为片状铁条一端弯卷成环形。长 8.5、宽 1.4 ~ 2.4 厘米（图六三

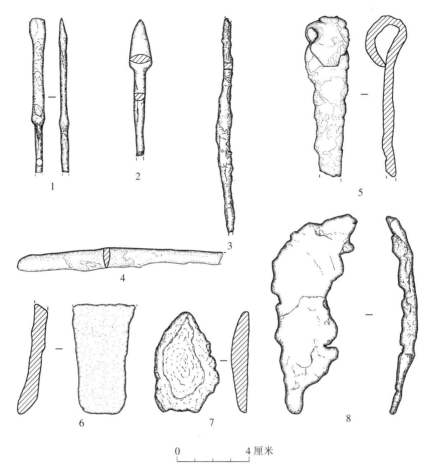

图六三七 G6 出土铁镢、削、残件，铜片、废料

1~3. 铁镢（1. G6∶12 2. G6∶13 3. G6∶14） 4. 铁削（G6∶16） 5、6. 铁器残件（5. G6∶4，6. G6∶5） 7. 铜片（G6∶1） 8. 铜废料（G6∶15）

七，5）。G6∶5，残。平面呈长方形。推测应是铁器板状足。长 5.9、宽 3.5 厘米（图六三七，6）。

3. 铜器

2 件。有片、废料。形状均不规则。

（1）片

1 件。G6∶1。残。长 5.3、宽 3.8 厘米（图六三七，7）。

（2）废料

1 件。G6∶15，长 10.5、宽 4.5 厘米（图六三七，8）。

G7

位于 T1216、T1316 内，开口于第②层下，打破 H175，开口距地表 0.7 米。呈东南—西北走向，弧壁，弧底，呈锅底状，沟底发现一排排列不规整的大石块。长 7.3、宽 0.9、深 0.3 米（图六三八）。沟内堆积以灰黑土为主，夹杂有少量的石块、草木灰及红烧土颗粒，土质较疏松。沟内出土遗物较少。

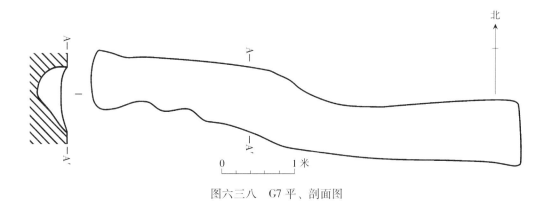

图六三八　G7 平、剖面图

出土陶器残片共 4 件。可辨器形有罐、甑、器耳等。

（1）罐

2 件。均残。轮制。G7:2，底部残缺。夹砂红褐陶。圆唇，侈口，溜肩，鼓腹。素面。口径 12.4、残高 13.6 厘米（图六三九，1）。G7:3，泥质灰陶。圆唇，侈口，束颈，矮领，鼓腹。肩部饰凹弦纹和压印几何纹饰。器表有锔孔。口径 29、高 22 厘米（图六三九，2；图八一，7；图版一五五，6）。

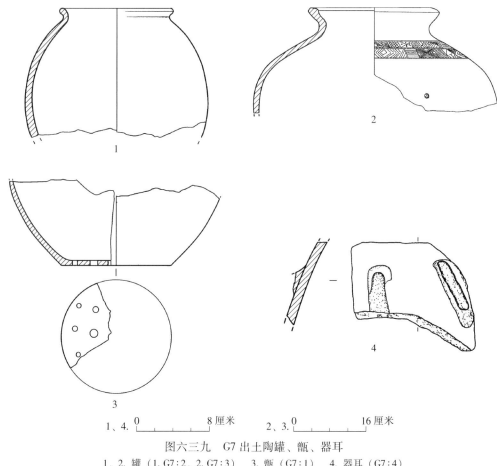

图六三九　G7 出土陶罐、甑、器耳

1、2. 罐（1. G7:2，2. G7:3）　3. 甑（G7:1）　4. 器耳（G7:4）

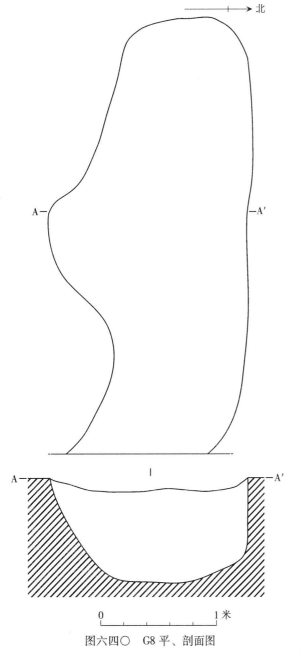

图六四〇　G8平、剖面图

（2）甑

1件。G7：1，残存腹、底部。夹砂灰陶。弧壁，平底。素面。小圆形甑孔。底径24、残高18厘米（图六三九，3；图版一四〇，6）。

（3）器耳

1件。G7：4，轮制。夹砂黑陶。桥状横耳，部分缺失。残高11.5厘米（图六三九，4）。

G8

位于T1320内，且延伸至其东隔梁内，开口于第②a层下，打破H144，开口距地表0.7米。呈东—西走向，弧壁，弧底，呈锅底状。暴露部分长3.6、宽1.1~1.7、深7.1米（图六四〇）。沟内堆积以黑土为主，夹杂有少量的石块、木炭及红烧土颗粒，土质较疏松。沟内出土有瓦残片等。

出土遗物共4件，有建筑构件和陶器等。

1. 建筑构件

1件。为半瓦当。G8：2，残存一小部分。模制。泥质黄陶。当面模印双栏二界格卷云纹。边轮高于当面。边轮宽1.3、高9、残宽7.4厘米，筒瓦部分残长5厘米（图六四一，1）。

2. 陶器

3件。均为夹砂陶。轮制。可辨器形有壶、盆、器底等。

（1）壶

1件。仅存口沿。G8：4，灰陶。圆唇，侈口，束颈。素面。口径15、残高6.5厘米（图六四一，2）。

（2）盆

1件。仅存口沿。G8：3，黄褐陶。圆唇，短折沿，敞口，弧壁。口沿下方有一桥状横耳，残断缺失。素面。残高11厘米（图六四一，3）。

（3）器底

1件。G8：1，黄褐陶。弧壁，平底。外壁近底部有一道断续的、较细的划纹。沿划纹平行方向有两个锔孔。底径21、残高6.2厘米（图六四一，4）。

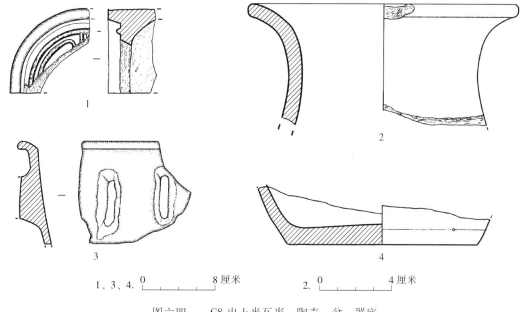

图六四一　G8 出土半瓦当，陶壶、盆、器底

1. 半瓦当（G8：2）　2. 陶壶（G8：4）　3. 陶盆（G8：3）　4. 陶器底（G8：1）

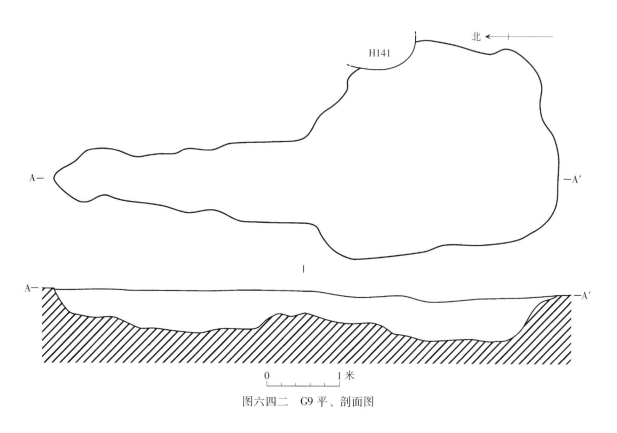

图六四二　G9 平、剖面图

G9

位于 T1121、T1122 内，开口于第②a 层下，打破 H133，开口距地表 0.9 米。呈南—北走向，平面形状不规整，坑壁及底部粗糙。长 7、宽 0.6～2.8、深 0.6 米（图六四二）。沟内堆积以灰黑

土为主，土质较疏松。出土遗物较少。

出土遗物共8件，有陶器、铁器、货币等。

1. 陶器

4件。可辨器形有壶、釜、纺轮、圆饼等。

（1）壶

1件。仅存口沿。G9:6，夹砂灰陶。圆唇，侈口，短束颈。素面。口径15、残高7.6厘米（图六四三，1）。

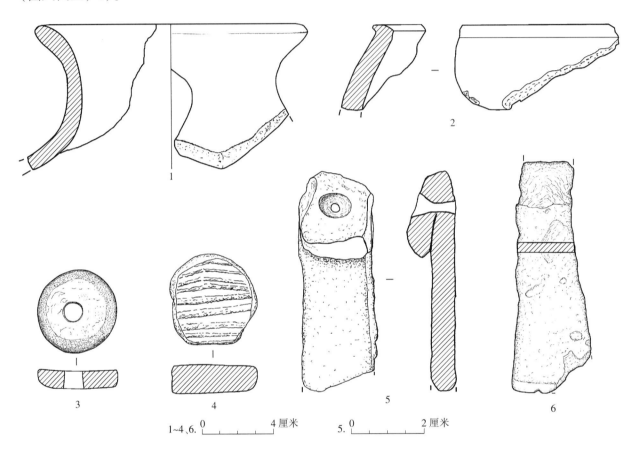

图六四三　G9出土陶壶、釜、纺轮、圆饼，铁车辖、铲

1. 陶壶（G9:6）　2. 陶釜（G9:5）　3. 陶纺轮（G9:7）　4. 陶圆饼（G9:8）
5. 铁车辖（G9:4）　6. 铁铲（G9:1）

（2）釜

1件。仅存口沿。G9:5，夹砂红褐陶，内含大量滑石颗粒。方唇，敛口。素面。口径24、残高4.5厘米（图六四三，2）。

（3）纺轮

1件。G9:7，完整。夹砂灰褐陶。素面。圆形，中间对钻孔。直径4.4、厚1、孔径1厘米（图六四三，3；图版二三二，2）。

（4）圆饼

1件。G9:8，完整。泥质红陶。为陶片周缘经过打制而成。一面饰绳纹。直径4.7、厚1.5

厘米（图六四三，4；图版一八六，8）。

2. 铁器

2 件。有车辖及铲。

（1）车辖

1 件。G9：4，残断。扁体铁条一端弯折制成，弯折处横贯一孔。残长 5.8、宽 2、厚 0.6 厘米（图六四三，5）。

（2）铲

1 件。G9：1，残。平面呈倒梯形，直刃。残长 12.1、宽 3~4.3、厚 0.6 厘米（图六四三，6）。

3. 货币

2 件。G9：3，"五铢"钱，方孔圆形。残。面有外廓细窄，背有内廓。面文篆书"五铢"，由右至左顺读。"五"字交笔圆折弯曲，"铢"字金旁三角略小。光背无文。钱径 2.5 厘米，外廓 0.1、内廓 0.1、穿宽 0.5、肉厚 0.1 厘米。G9：9，"至道元宝"钱，方孔圆形。外廓较宽，内廓细窄。面文行书"至道元宝"，旋读。光背无文。钱径 2.5 厘米，外廓 0.4、内廓 0.1、穿宽 0.6、肉厚 0.1 厘米。钱重 3.4 克（图五二二，5）。

二　地层遗物

地层出土的本期遗物共 133 件，包括建筑构件、陶器、瓷器、铁器、铜器、货币等。

（一）建筑构件

34 件。主要有板瓦、重唇板瓦、圆瓦当、砖、塑件等。

1. 板瓦

2 件。均残断。模制，凹面压印细布纹，凸面为素面。T2215②a：1，夹细砂灰陶。残长 26.7、宽 21、厚 2.2 厘米（图六四四，1）。T2225②a：1，仅存前端一部分。夹细砂灰陶。横剖面呈圆弧形。前宽后窄。侧边有由内向外的半切口，切痕很窄。前端斜切。残长 15.5、前端宽 22.5、厚 2.3 厘米（图六四四，2；图版二〇八，3）。

2. 重唇板瓦

10 件。泥质灰陶。模制。均残。板瓦唇部加宽，下端做花边形。端面模印图案，一般模印两排，依据主体装饰图案分为窝纹、花瓣纹、篦点纹三种形制。

（1）窝纹重唇板瓦

5 件。T0818②a：3，端面四条凹沟隔出二组图案，上面的界格内为等距的斜向窝纹，下面界格内纹饰不可辨。残长 6、残宽 10.5、高 5.5 厘米（图六四五，1；图版二一三，2）。T0821②a：4，端面四条凹沟隔出二组图案，皆为等距的较小窝纹，每个窝纹内有三个圆点纹。残长 4.6、残高 6 厘米（图六四五，2；图版二一三，3）。T1427②a：1，端面四条凹沟隔出二组图案，皆为等距的斜向窝纹。残长 14、残宽 16、高 5 厘米（图六四五，3；图版二一三，4）。T1726②a：2，纹饰同上。斜向连接后端板瓦。残宽 10.5、残高 5 厘米（图六四五，4；图版二一一，8）。T1923②

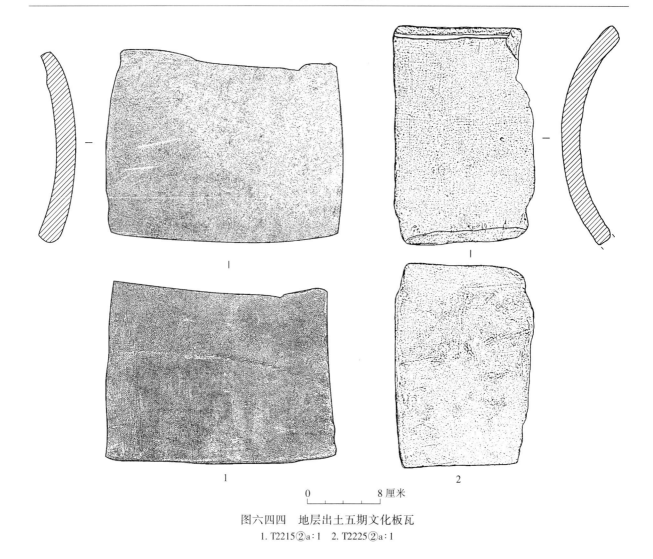

图六四四　地层出土五期文化板瓦
1. T2215②a：1　2. T2225②a：1

a：1，纹饰同上。残长9、残宽11、残高5厘米（图六四五，5）。

（2）花瓣纹重唇板瓦

3件。T0817②a：1，端面五条凹沟隔出三组图案，上、下界格内为等距的斜向短绳纹，中间界格内为十字花瓣纹。残长13、残宽15、高6厘米（图六四六，1）。T1826②a：3，端面四条凹沟隔出二组图案，上面的界格内为等距的斜向窝纹，下面界格内为一组等距六花瓣造型图案。残长8.7、高5厘米（图六四六，2；图版二一二，5）。T0418②a：3，端面二条凹沟内有一组等距六花瓣造型图案。残宽12、残高4.5厘米（图六四六，3；图版二一二，6）。

（3）篦点纹重唇板瓦

2件。T0819②a：2，端面四条凹沟隔出二组图案，压印四个小圆点为一列的竖线纹排列不太规矩，形似篦点纹。残宽9、高5厘米（图六四七，1；图版二一三，5）。T0821②a：5，端面五条凹沟隔出三组图案，压印三个小圆点为一列的竖线纹斜向排列。残长8.8、宽7.2厘米（图六四七，2；图版二一三，6）。

3. 圆瓦当

8件。模印。高浮雕兽面。依据兽面的不同分为兽面素缘、兽面联珠纹、兽面连肢联珠纹三

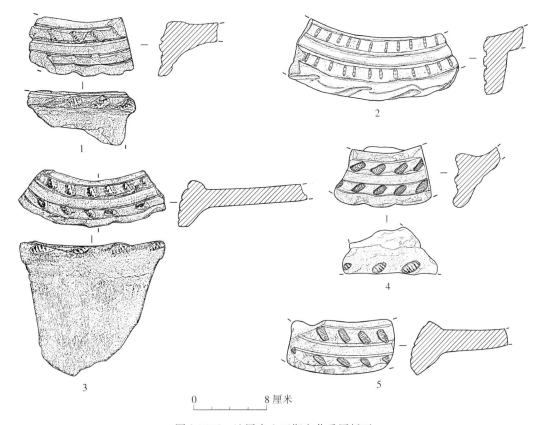

图六四五　地层出土五期文化重唇板瓦
1. T0818②a:3　2. T0821②a:4　3. T1427②a:1　4. T1726②a:2　5. T1923②a:1

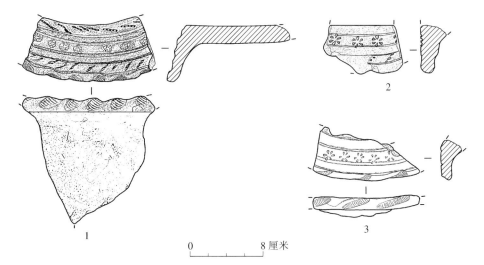

图六四六　地层出土五期文化重唇板瓦
1. T0817②a:1　2. T1826②a:3　3. T0418②a:3

种形制。

（1）兽面素缘瓦当

3件。模印兽面，鬃须夸张，分布于整个兽面外缘，阔口开腮，仅布上齿，两侧獠牙外展。

塌鼻凸目，吊眉立耳，眉上部有分叉的双角。T0718②a：6，仅存上半部。当面高于边轮，当背较平。残存部分厚2.2厘米（图六四八，1；图五一○，6；图版二○九，5）。T0718②a：7，残存上部一角（图六四八，2）。T1823②a：2，残存上部，当背平滑。当面残径12厘米（图六四八，3；图版二○九，6）。

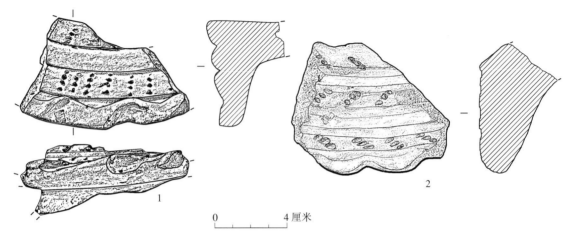

图六四七　地层出土五期文化重唇板瓦
1. T0819②a：2　2. T0821②a：5

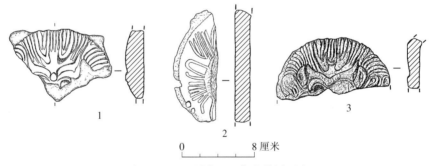

图六四八　地层出土五期文化圆瓦当
1. T0718②a：6　2. T0718②a：7　3. T1823②a：2

（2）兽面联珠纹瓦当

4件。模印兽面，整体造型略显粗糙，制作不规矩。卷须略显稀疏，阔口，仅布上齿，参差不齐。塌鼻圆目，弯眉立耳，双角平顺，上部鬃毛不显。兽面外有一周联珠纹。T0718②a：8，边轮宽1.9厘米（图六四九，1；图版二一○，4）。T0818②a：6，当面完整。边轮较宽，低于当面。当背边缘有筒瓦黏结痕迹，当背有刀划痕迹。当面直径14.8、宽2.5厘米；边轮宽2厘米（图六四九，2；图五一○，7；图版二一○，5）。T0821②a：6，当心高于边轮。当背较平有刀划痕迹。当面直径14、宽2.5厘米，边轮宽2.4厘米（图六四九，3；图五一○，8；图版二一○，6）。T2025②a：1，残，仅存边缘部分，饰一周乳丁纹。残存筒瓦长9.2厘米（图六四九，4）。

（3）兽面连肢联珠纹瓦当

1件。此类瓦当在J1内出土过，应属同一类别。T0918②a：1，残存一小部分。仅可见一上扬

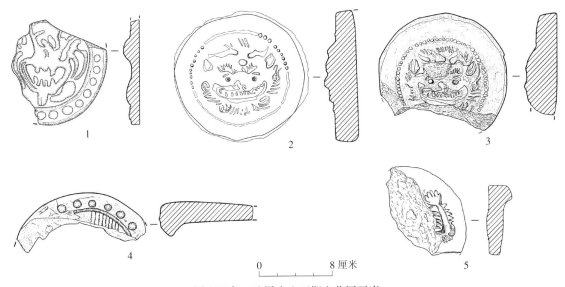

图六四九　地层出土五期文化圆瓦当
1. T0718②a：8　2. T0818②a：6　3. T0821②a：6　4. T2025②a：1　5. T0918②a：1

的前肢，五趾伸展，肘部弯曲环于顶部（图六四九，5）。

4. 砖

1件。T0921②a：3，残。夹细砂灰陶。平面呈长方形，横剖面略呈梯形。长边一侧较厚，另一侧稍薄。素面。长39、宽18.5、厚3.7～5厘米（图六五〇，2；图版二一四，3）。

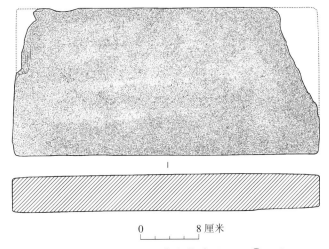

图六五〇　地层出土五期文化砖（T0921②a：3）

5. 塑件

13件。多出于建筑物上的装饰构件，残碎较严重，仅部分能辨别出动物造型塑件的一些部位。

（1）舌

2件。泥质灰陶。均残。T0819②a：3，仅余尖部。舌尖略显下垂。上面较平滑，下面中间有一道划纹。横剖面呈椭圆形。残长8、残宽4.9、厚2厘米（图六五一，1；图版二一五，

4）。T1924②a:1，舌尖残断，舌头做弯曲状。残高9、宽5.5厘米（图六五一，2；图版二一五，5）。

（2）眉

1件。T1924②a:2，残。夹细砂灰陶。半月形，上面压印多条凹沟，作眉毛状。残长10.5、残宽3.5、厚2.1厘米（图六五一，3；图版二一六，3）。

（3）角

2件。T1321②a:13，两端残断。泥质灰陶。弯曲状，较短小。截面近圆形。残长5.8、截面直径3.2~3.5厘米（图六五一，4）。T0921②a:2，残断。泥质灰陶。圆锥状，略弯曲。残长4.7厘米（图六五一，5）。

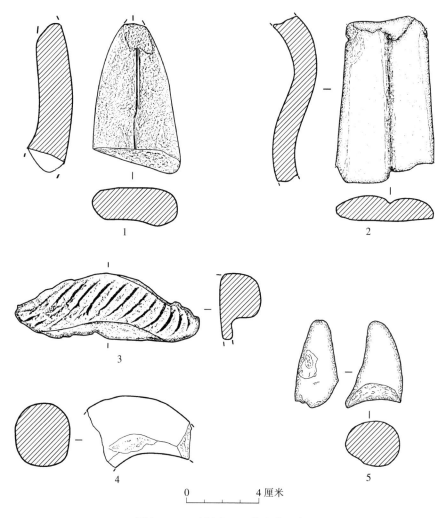

图六五一　地层出土五期文化塑件

1、2. 舌（1. T0819②a:3，2. T1924②a:1）　3. 眉（T1924②a:2）　4、5. 角（4. T1321②a:13，5. T0921②a:2）

（4）不可辨塑件

8件。均残。T0418②a:4，仅余一段。略弯曲，其上有凸棱。残长18、残宽8厘米（图六五二，1；图版二一六，4）。T0518②a:2，泥质灰陶。卵圆形，器表饰戳刺纹。残长9、残宽7.6、

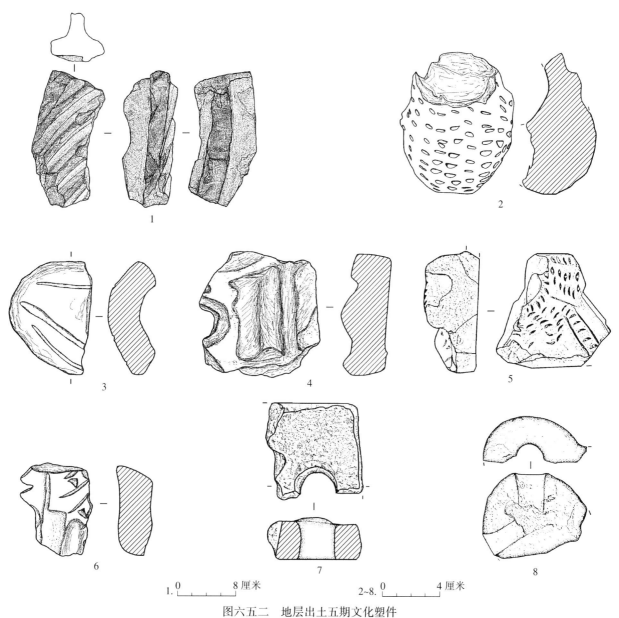

图六五二　地层出土五期文化塑件
1. T0418②a:4　2. T0518②a:2　3. T0718②a:9　4. T0821②a:7　5. T0821②a:8　6. T0821②a:9
7. T2220②a:1　8. T0921②a:1

残高4.7厘米（图六五二，2；图版二一六，5）。T0718②a:9，泥质灰陶。半圆形，中空（图六五二，3）。T0821②a:7，泥质灰陶。背面较平。存一通透的圆形孔，孔径1.7厘米。另有一个未透的锥形孔，孔径0.7厘米。整体残长7.5、宽7.7、厚3厘米（图六五二，4；图版二一六，6）。T0821②a:8，形制不规整。泥质灰陶，表面饰划纹和戳刺纹（图六五二，5；图版二一六，7）。T0821②a:9，泥质灰陶。残存部分近于长方形，上面有刻划纹和戳点纹。残长6、残宽5、高3.5厘米（图六五二，6；图版二一六，8）。T2220②a:1，夹砂灰黑陶。残存部分呈长方形。扁身，残存一个较大的穿孔。残长6.4、厚2.5厘米（图六五二，7）。T0921②a:1，泥质灰陶。残存部分呈半球形。有两个斜向的穿孔在中部连通。高6.8厘米（图六五二，8）。

（二）陶器

25 件。以泥质灰陶为主，可辨器形有罐、瓮、盆、甄、钵、纺轮、网坠、盖纽、球等。

1. 罐

1 件。T2420②a：6，轮制。泥质灰陶。沿稍外卷，圆唇，侈口，束颈。素面。口径 14、残高 5.2 厘米（图六五三，1）。

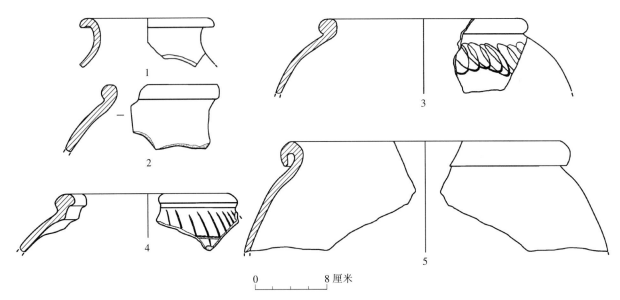

图六五三　地层出土五期文化陶罐、瓮
1. 罐（T2420②a：6）　2~5. 瓮（2. T1032②a：2，3. T2420②a：7，4. T2421②a：3，5. T2016②a：1）

2. 瓮

4 件。均残。依据口部特征可分为厚圆唇瓮和卷沿瓮两种形制。

（1）厚圆唇瓮

3 件。T1032②a：2，轮制。泥质灰陶，火候较高。圆唇，直口，溜肩。素面。口径 20、残高 7 厘米（图六五三，2）。T2420②a：7，轮制。泥质灰陶。圆唇，直口，肩部饰较乱的螺旋形暗纹。口径 20、残高 7.9 厘米（图六五三，3）。T2421②a：3，轮制。泥质黑陶。圆唇，唇部内凹，敛口，溜肩。口沿下方到肩部饰斜向暗纹，下饰一周横向暗纹。口径 18.3、残高 6.1 厘米（图六五三，4）。

（2）卷沿瓮

1 件。T2016②a：1，轮制。泥质红褐陶。卷沿，口微侈，溜肩，鼓腹。口径 32、残高 12 厘米（图六五三，5）。

3. 盆

3 件。轮制。泥质灰陶。圆唇，折沿。T0820②a：1，深弧腹。腹中部有置器耳痕迹。沿面外边缘处饰一周凹弦纹，外壁口沿下方饰条带状暗纹，腹中部饰连弧纹，腹下部饰条带状暗纹，再下饰数道暗纹。口径 41、残高 27.5 厘米（图六五四，1；图版二二九，5）。T1820②a：1，沿面较宽，弧壁。沿面外边缘处饰一道凹弦纹，腹下部对置桥状横耳。口径 39、残高 19 厘米（图六五四，2）。T2420②a：8，修复。泥质灰黑陶。斜折沿，弧腹，平底。腹部中间横置一对称鸡冠状鋬耳。腹上部有密集的暗纹带。腹中部有一条凹弦纹，与耳高度相当。腹下部亦有断续的暗纹。口径20、底径11.8、高16.6厘米（图六五四，3；图版二二九，6）。

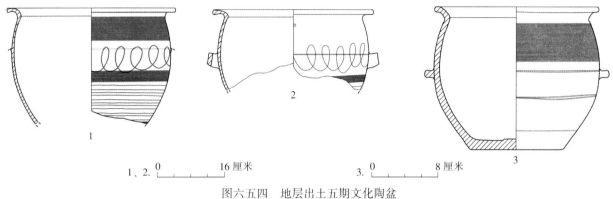

图六五四　地层出土五期文化陶盆
1. T0820②a：1　2. T1820②a：1　3. T2420②a：8

4. 甑

2件。轮制。泥质灰陶。仅余器底。T2023②a：2，泥质灰陶。弧壁，平底。圆形大甑孔间开小圆孔。底径20、残高4.2、甑孔直径3.2厘米（图六五五，1；图版一四〇，7）。T2215②a：2，泥质灰陶。残存部分腹壁斜直，平底。器壁、器底边缘有小圆形甑孔，器底圆形大甑孔间开小圆孔。底径24、残高4厘米（图六五五，2；图版一四〇，8）。

5. 钵

3件。轮制。泥质灰陶。圆唇，口微敛，弧腹，平底。T1032②a：3，修复。口径8、高2.3、

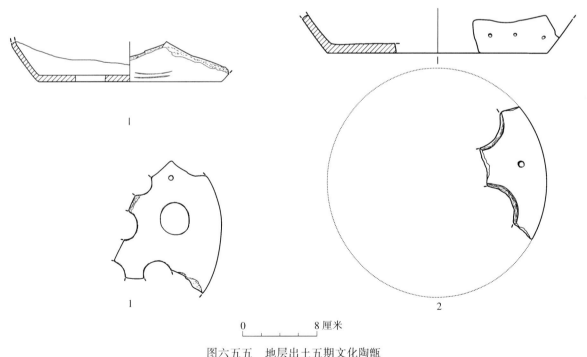

图六五五　地层出土五期文化陶甑
1. T2023②a：2　2. T2215②a：2

厚0.7厘米（图六五六，1；图版二二三，5）。T1618②a：1，灰黑陶。唇稍尖。外底有明显的旋切痕迹。口径7.5、底径4.3、高2.4厘米（图六五六，2；图版二二三，6）。T2420②a：10，修复。口径9、高2.6、底径4.6厘米（图六五六，3）。

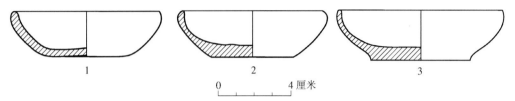

图六五六　地层出土五期文化陶钵
1. T1032②a：3　2. T1618②a：1　3. T2420②a：10

6. 纺轮

7件。圆形。饼状，中开圆孔。T1121②a：3，残。泥质红褐陶。两面稍凸起。直径5.7、厚2.4、孔径0.9厘米（图六五七，1；图版二三二，3）。T1222②a：4，完整。夹砂黄褐陶。直径4.7、厚1.6、孔径1.3厘米（图六五七，2；图版二三二，4）。T1223②a：8，完整。夹砂灰陶。直径4.7、厚1.6、孔径1.3厘米（图六五七，3；图版二三二，5）。T1519②a：2，泥质红褐陶。制作粗糙。孔径1厘米（图六五七，4）。T1615②a：1，稍残。夹砂红褐陶。正面圆鼓，背面扁平。直径4.6、厚1.7、孔径1厘米（图六五七，5；图版二三二，6）。T1717②a：5，

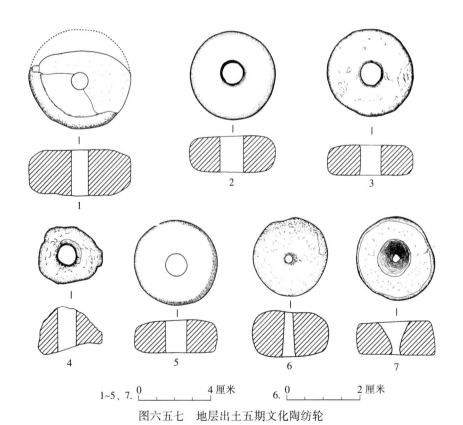

图六五七　地层出土五期文化陶纺轮
1. T1121②a：3　2. T1222②a：4　3. T1223②a：8　4. T1519②a：2　5. T1615②a：1　6. T1717②a：5　7. T2118②a：1

完整。泥质灰陶。直径 2.1、厚 1.1、孔径 0.4 ~ 1.2 厘米（图六五七，6；图版二三二，7）。T2118②a：1，完整。泥质灰陶。直径 4.2、厚 1.6、孔径 0.5 厘米（图六五七，7；图版二三二，8）。

7. 网坠

1 件。T2122②a：1，完整。泥质黄褐陶。柱状，两端有系绳凹槽，截面呈圆形。长 3、直径 1 厘米（图六五八，1）。

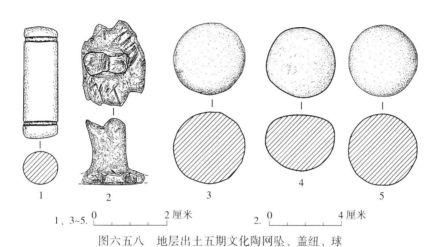

1、3~5. 0 —— 2 厘米　　　2. 0 —— 4 厘米

图六五八　地层出土五期文化陶网坠、盖纽、球

1. 网坠（T2122②a：1）　2. 盖纽（T2125②a：1）　3 ~ 5. 球（3. T2125②a：2，4. T2224②a：1　5. T2314②a：1）

8. 盖纽

1 件。T2125②a：1，泥质灰黑陶。鸟首状。器盖上刻划羽毛。残长 4.7、残宽 3.6、纽高 3.6 厘米（图六五八，2）。

9. 球

3 件。T2125②a：2，完整。泥质黄褐陶。直径 1.9 厘米（图六五八，3；图版二二四，3）。T2224②a：1，残。灰褐陶。直径 1.9 厘米（图六五八，4；图版二二四，4）。T2314②a：1，完整。泥质红褐陶。直径 1.9 厘米（图六五八，5；图版二二四，5）。

（三）瓷器

出土瓷器较少，共 3 件，仅见碗、器盖。

1. 碗

2 件。T2421②a：4，酱色胎，黄白色釉，器内满釉，外侧釉面不到底。有堆釉现象。圆唇，敞口，弧腹，底残缺。口径 24.7、残高 6 厘米（图六五九，1）。T2423②a：2，浅黄色胎，外饰化妆土，再施釉，底无釉。内底有一涩圈。圆唇，唇缘外侈，敞口，弧壁，圈足底。口径 19.5、底径 6.3、高 6 厘米（图六五九，2；图版二二四，6）。

2. 器盖

1 件。T0319②a：1，残。酱色釉。盖口方唇，直口。盖顶饰菊花纹。口径 6.8、高 3.4 厘米（图六五九，3；图版二二四，7）。

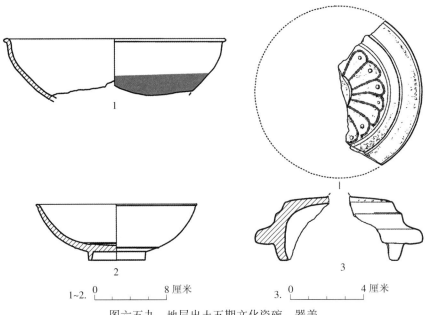

图六五九　地层出土五期文化瓷碗、器盖

1~2. 碗（1. T2421②a：4，2. T2423②a：2）　3. 器盖（T0319②a：1）

（四）铁器

64 件。主要有兵器、生产工具和生活用具等。种类有镞、刀、镢、镰、凿、穿、尊、钉、镉钉、带扣、削、锥、环、转环、挂钩、鼻、铆件、马蹄钉、衔、构件、仿距骨器。

1. 镞

17 件。锻制。依据镞身不同分为凿形、四棱锥形两种。

（1）凿形镞

12 件。均残。T1120②a：3，扁方铤。残长 4.5 厘米（图六六〇，1）。T1020②a：1，扁方铤。残长 4.3 厘米（图六六〇，2）。T2422②a：2，扁方铤。残长 5.5 厘米（图六六〇，3）。T1023②a：3，扁方铤。残长 5.8 厘米（图六六〇，4）。T2420②a：1，扁方铤。残长 5.3 厘米（图六六〇，5）。T1023②a：4，方铤。残长 5.4 厘米（图六六〇，6）。T1020②a：5，扁方铤。残长 6.1 厘米（图六六〇，7）。T2124②a：1，扁方铤。残长 6.3 厘米（图六六〇，8）。T1414②a：1，扁方铤。残长 8.5 厘米（图六六〇，9）。T1418②a：2，扁方铤。残长 8.1 厘米（图六六〇，10）。T2420②a：4，扁方铤。残长 6.2 厘米（图六六〇，11）。T1322②a：2，扁方铤。残长 6.7 厘米（图六六〇，12）。

（2）四棱锥形镞

5 件。均残。T0821②a：1，圆铤。残长 11.8 厘米（图六六一，1；图版二一八，4）。T1022②a：1，圆铤。残长 8.5 厘米（图六六一，2）。T1023②a：5，扁方铤。残长 6 厘米（图六六一，3）。T2118②a：2，圆铤。残长 8.5 厘米（图六六一，4；图版二一八，5）。T2224②a：2，扁方铤。残长 7.4 厘米（图六六一，5）。

2. 刀

1 件。残。锻制。T1322②a：11，尖锋，弧背，直刃，刀身扁薄。残长 7.2、宽 2.6 厘米（图

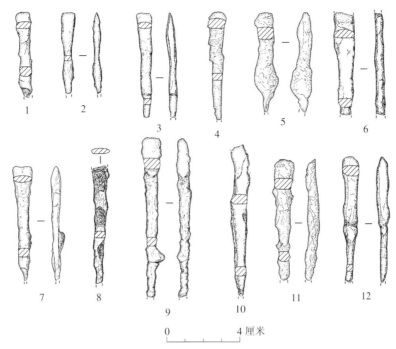

图六六〇 地层出土五期文化铁镞

1. T1120②a：3 2. T1020②a：1 3. T2422②a：2 4. T1023②a：3 5. T2420②a：1 6. T1023②a：4

7. T1020②a：5 8. T2124②a：1 9. T1414②a：1 10. T1418②a：2 11. T2420②a：4 12. T1322②a：2

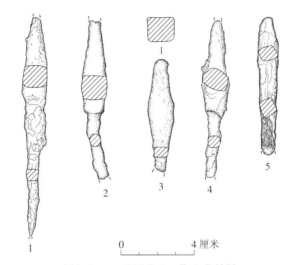

图六六一 地层出土五期文化铁镞

1. T0821②a：1 2. T1022②a：1 3. T1023②a：5 4. T2118②a：2 5. T2224②a：2

六六二，1）。

3. 鑿

1件。T1722②a：1，残断。锻制。直背，弧刃，刃尖略上翘，中部有一圆孔。残长8.5、宽4、厚0.4厘米（图六六二，2；图版二三六，2）。

4. 镰

1件。T2322②a：1，锻造。残断。弧背，弧刃，剖面呈三角形。后接梯形柄。残长11.4、最

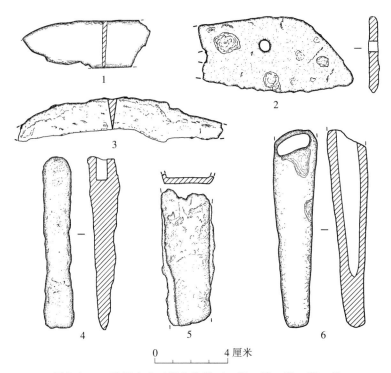

图六六二　地层出土五期文化铁刀、鋻、镰、凿、穿、尊
1. 刀（T1322②a：11）　2. 鋻（T1722②a：1）　3. 镰（T2322②a：1）
4. 凿（T2316②a：1）　5. 穿（T0421②：2）　6. 尊（T2017②a：1）

厚0.5厘米（图六六二，3；图版二三六，3）。

5. 凿

1件。残。铸造。T2316②a：1，平面呈条状扁平四棱体，平刃，圆銎较浅。残长9.2、刃宽1.6厘米（图六六二，4）。

6. 穿

1件。T0421②：2，残。锻造。长方形，一侧断裂，缺失。推测应为扁方銎。残长7.3、宽2.8、厚0.4厘米（图六六二，5）。

7. 尊

1件。残。铸造。T2017②a：1，四棱体身，长方形銎口，尖端圆钝。残长10.6、宽1.5～2.4厘米，銎口长1.6、宽1.1厘米（图六六二，6；图版二三六，4）。

8. 钉

19件。均残。锻制。依据顶部特征可分为扁刃状顶、伞状顶和环首状顶三种形制。

（1）扁刃状顶钉

17件。T1319②a：1，折首，扁方身。残长3.5厘米（图六六三，1）。T1023②a：7，顶部残断。扁方身。残长3.8厘米（图六六三，2）。T0421②a：1，顶部残缺。方身，尖部残断。残长4.6厘米（图六六三，3）。T1222②a：5，钉身短小，扁方身。残长6.4厘米（图六六三，4）。T1022②a：7，扁方身。残长6.5厘米（图六六三，5）。T1222②a：2，顶部残断。扁方身。残长7.1厘米（图六六三，6）。T2421②a：5，折首，扁方身。残长6.6厘米（图六六三，7）。T1318

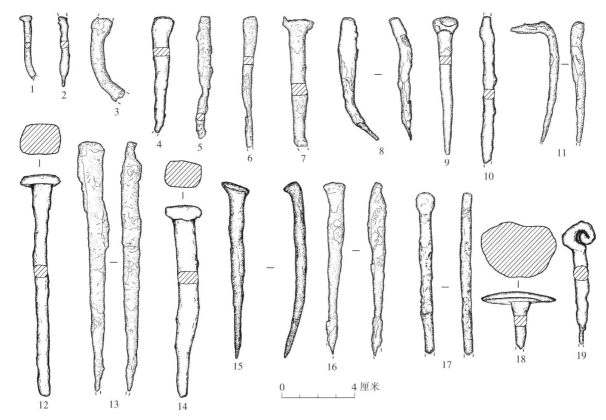

图六六三　地层出土五期文化铁钉

1~17. 扁刃状钉（1. T1319②a:1，2. T1023②a:7，3. T0421②a:1，4. T1222②a:5，5. T1022②a:7，6. T1222②a:2，7. T2421②
a:5，8. T1318②a:1，9. T2224②a:3，10. T1022②a:4，11. T2220②a:2，12. T1222②a:13，13. T2125②a:3，14. T2420②a:2，
15. T2421②a:6，16. T1218②a:3，17. T1023②a:6）　18. 伞状钉（T1019②a:1）　19. 环首钉（T1727②a:1）

②a:1，扁方身。残长 6.7 厘米（图六六三，8）。T2224②a:3，折首，扁方身。残长 7.5 厘米（图六六三，9；图版二一八，6）。T1022②a:4，顶部残断。圆形钉身。残长 8.1 厘米（图六六三，10）。T2220②a:2，扁方身。残长 6.2 厘米（图六六三，11；图版二一八，7）。T1222②a:13，顶部回折，方身。残长 12.1 厘米（图六六三，12；图版二一八，8）。T2125②a:3，扁方身。残长 13.6 厘米（图六六三，13；图版二一八，9）。T2420②a:2，顶部回折，扁方身。残长 10.5 厘米（图六六三，14；图版二一八，3）。T2421②a:6，顶部回折，扁方身。残长 9.7 厘米（图六六三，15；图版二一八，10）。T1218②a:3，扁方身。残长 9.4 厘米（图六六三，16）。T1023②a:6，扁方身。残长 8.8 厘米（图六六三，17）。

（2）伞状顶钉

1 件。T1019②a:1，伞形钉帽，扁方身。残长 3.2 厘米（图六六三，18）。

（3）环首状顶钉

1 件。T1727②a:1，环首蜷曲，扁方身。残长 6.5 厘米（图六六三，19；图版二三六，5）。

9. 锔钉

1 件。T1020②a:7，平面呈"H"形，扁方身。残长 4、宽 3.8 厘米（图六六四，1）。

10. 带扣

1 件。残。锻制。T1022②a:2，带环为长方形，"一"字形扣针卷在横梁上。长 6.2、宽 3 厘

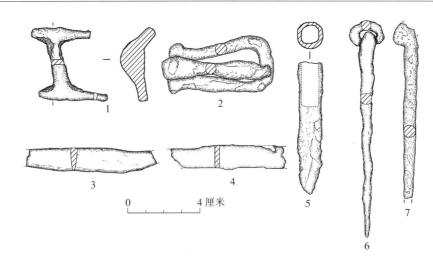

图六六四　地层出土五期文化铁锔钉、带扣、削、锥

1. 锔钉（T1020②a：7）　2. 带扣（T1022②a：2）　3、4. 削（3. T0919②a：2，4. T2420②a：9）

5～7. 锥（5. T2622②a：1，6. T2114②a：1，7. T2214②a：1）

米（图六六四，2；图版二二二，4）。

11. 削

2 件。残。锻制。T0919②a：2，铁削两端残断，直背弧刃。残长 7.2、宽 1～1.3 厘米（图六六四，3）。T2420②a：9，残断。锻制。弧背弧刃。残长 6.5、宽 1.2、厚 0.3 厘米（图六六四，4）。

12. 锥

3 件。均残。锻制。可分为有銎锥和环首锥两种。

（1）有銎锥

1 件。T2622②a：1，尖钝圆，圆銎。残长 7.1 厘米（图六六四，5；图版二三六，6）。

（2）环首锥

2 件。T2114②a：1，稍残。扁方身，尖部较锐。残长 11.3 厘米（图六六四，6；图版二三六，7）。T2214②a：1，残。顶部锈蚀严重，扁方身。残长 9.4 厘米（图六六四，7）

13. 环

5 件。残。锻制。T1022②a：6，闭合处锻接在一起。直径 4.3、截径 0.6 厘米（图六六五，1；图版二三六，8）。T1223②a：6，平面近圆形，闭合处搭接在一起。直径 3.8 厘米（图六六五，2）。T1814②a：10，铁条弯成圆环形，再锻成扁体。环径 3.8、厚 0.4 厘米（图六六五，3）。T1222②a：14，用扁体铁条锻制。直径 4.6 厘米（图六六五，4；图版二三六，9）。T2422②a：4，圆形，连接处残断。直径 3.6 厘米（图六六五，5）。

14. 转环

1 件。残。锻制。T1623②a：1，平面近圆形，一侧较平薄，开一圆孔，套接的小环不存。直径 3.5、孔径 0.3 厘米（图六六五，6；图版二三六，10）。

15. 挂钩

1 件。残。锻制。T1320②a：1，环首，圆身，勾身"U"形。残长 8.3、孔径 0.7 厘米（图六六五，7）。

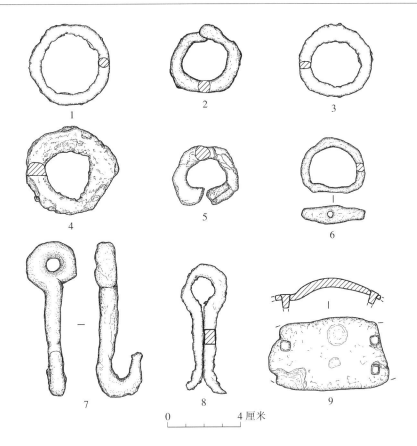

图六六五　地层出土五期文化铁环、转环、挂钩、鼻、铆件

1~5. 环（1. T1022②a：6，2. T1223②a：6，3. T1814②a：10，4. T1222②a：14，
5. T2422②a：4）　6. 转环（T1623②a：1）　7. 挂钩（T1320②a：1）　8. 鼻
（T1122②a：4）　9. 铆件（T1020②a：2）

16. 鼻

1 件。T1122②a：4，残。四棱柱状铁条顶端弯成圆环形，两脚前端向外折。残长 6.9 厘米
（图六六五，8；图版二二二，5）。

17. 铆件

1 件。残。锻制。T1020②a：2，中部圆弧形，两端折直。圆弧部位较厚，两端稍薄。两端各
有两个铆钉。残长 6.8、宽 3.8、厚 0.6 厘米（图六六五，9）。

18. 马蹄钉

3 件。残。锻制。T1218②a：2，扁方身，顶部宽薄。残长 2.9 厘米（图六六六，1）。T1321②
a：3，扁方形钉身，扁薄方顶。残长 3.5 厘米（图六六六，2；图版二一八，11）。T2420②a：3，
方形钉身，扁薄三角形顶。残长 6.4 厘米（图六六六，3；图版二一八，12）。

19. 衔

1 件。残。锻制。T1123②a：3，平面呈"8"字形。长 7 厘米（图六六六，4；图版二二二，6）。

20. 构件

1 件。铸造。T1219②a：1，平面近"L"，一端凸起近方形纽。残长 5.1、宽 2.2 厘米（图六
六六，5；图版二二二，7）。

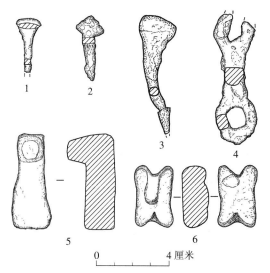

图六六六　地层出土五期文化铁马蹄钉、衔、构件、仿距骨器
1~3. 马蹄钉（1. T1218②a:2，2. T1321②a:3，3. T2420②a:3）　4. 衔
（T1123②a:3）　5. 构件（T1219②a:1）　6. 仿距骨器（T2422②a:3）

21. 仿距骨器

1 件。铸造。T2422②a:3，平面呈长方形，用羊距骨作模型铸制。长 3.3、宽 2、厚 1.4 厘米（图六六六，6；图版二二二，8）。

（五）铜器

4 件。主要有指环、环、珠等。

1. 指环

2 件。均残。锻制。T1123②a:5，仅存一小段。圆柱状铜条锻成。推测直径 2.7 厘米（图六六七，1）。T1218②a:1，保存一小段，扁薄铜片锻成。存长 1.4 厘米（图六六七，2）。

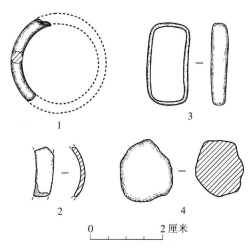

图六六七　地层出土五期文化铜指环、环、珠
1、2. 指环（1. T1123②a:5，2. T1218②a:1）3. 环（T1023②a:1）　4. 珠（T1223②a:13）

2. 环

1件。T1023②a：1，锻制。完整。圆角长方形，扁平身。长 2、宽 1 厘米（图六六七，3）。

3. 珠

1件。T1223②a：13，残。推测为铸造的废料。近圆形。直径 1.6 厘米（图六六七，4）。

（六）货币

3 件。完整。方孔圆形。

1. 皇宋通宝

1件。T2421②a：7，外廓宽，内廓不规整。面文篆书"皇宋通宝"，直读。光背无文。直径 2.3、外廓 0.2、内廓 0.1、穿宽 0.6 厘米。重 3.1 克（图五二二，6）。

2. 熙宁元宝

1件。T2326②a：1，面文篆书"熙宁元宝"，旋读。直径 2.3、外廓 0.2、内廓 0.1、穿宽 0.7 厘米。重 3.1 克（图五二二，7）。

3. 熙宁重宝

1件。T1926②a：3，面文篆书"熙宁重宝"，旋读。直径 2.8、外廓 0.2、内廓 0.1、穿宽 0.7 厘米。重 7 克（图五二二，8）。

第七节　近现代遗存

因近现代人类活动遗存打破了早期遗迹，故作简单介绍。遗迹有灰坑 5 座，编号为 H6、H20 ~ H23。沟 1 条，编号 G1。

H6

位于 T2219、T2319 内，开口于第①层下。平面近椭圆形，坑壁弧缓，比较规整，坑底不甚规整。长径 3.6、短径 2.1、深 0.4 米（图六六八）。坑内堆积以黄沙为主，土质较疏松。坑内未发现任何遗物。

H20

位于 T1717 东北角，且延伸至其东、北隔梁内，开口于第①层下，开口距地表 0.2 米。根据其暴露部分推测平面近

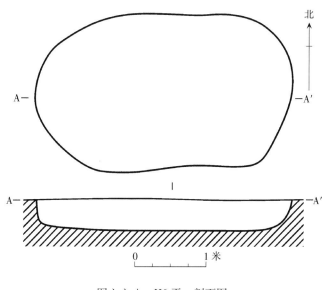

图六六八　H6 平、剖面图

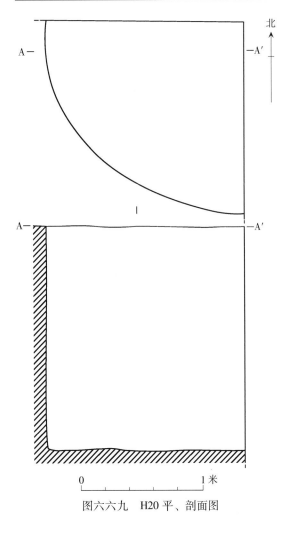

北

图六六九　H20 平、剖面图

似圆形，直壁较陡，平底略有起伏。半径 1.6、深 1.7 米（图六六九）。坑内堆积以灰黑土为主，夹杂有少量的黄土块，土质较疏松，出土遗物较杂。

出土遗物共 7 件，有建筑构件、陶器等。

1. 建筑构件

2 件。有板瓦和筒瓦。

（1）板瓦

1 件。H20：2，仅存一小部分。泥质灰陶。前端端面较平，有切痕。侧边有较窄的由内向外的半切口。凸面饰斜向绳纹，局部有横向短凹弦纹；凹面整体饰绳纹，由前端向后 12 厘米范围内拍印小菱形网格纹。残长 18、残宽 19、厚 1.9 厘米（图六七〇，1）。

（2）筒瓦

1 件。H20：5，青灰色。凸面饰顺向抹绳纹，凹面饰布纹。瓦唇上也有抹绳纹痕迹。外侧边缘有由内向外的半切口。瓦身残长 15.8、熊头长 3.3、厚 1.3 厘米（图六七〇，2）。

2. 陶器

5 件。均为泥质陶。可辨器形有罐、瓮、盆等。

（1）罐

1 件。H20：6，口沿。轮制。灰陶。尖唇，沿面外高内低，侈口，束颈，广肩。残存部分肩部饰一周凹弦纹，弦纹下方饰垂幔纹。口径 14、残高 5.4 厘米（图六七一，1）。

（2）瓮

2 件。均为口沿。轮制。H20：7，灰陶。方唇，直口，矮领，广肩。沿面饰一周凹弦纹，肩部饰两道划纹，划纹下饰垂幔纹。口径 20、残高 8 厘米（图六七一，2）。H20：10，黑陶。方唇，侈口，短领，溜肩。颈部饰成组的竖向条带状暗纹，肩颈处饰两周凹弦纹，肩部拍印菱形纹和圆弧纹。口径 26、残高 12.8 厘米（图六七一，3）。

（3）盆

2 件。均为口沿。轮制。H20：8，泥质灰陶。斜方唇，卷沿，敞口。沿缘处有压印绳纹。口径 40、残高 7 厘米（图六七一，4）。H20：9，泥质灰黑陶。方唇，宽折沿，弧壁。口径 42、残高 6.9 厘米（图六七一，5）。

H21

位于 T1915、T1916、T1818 内，开口于第①层下，开口距地表 0.2 米。根据已发掘部分推

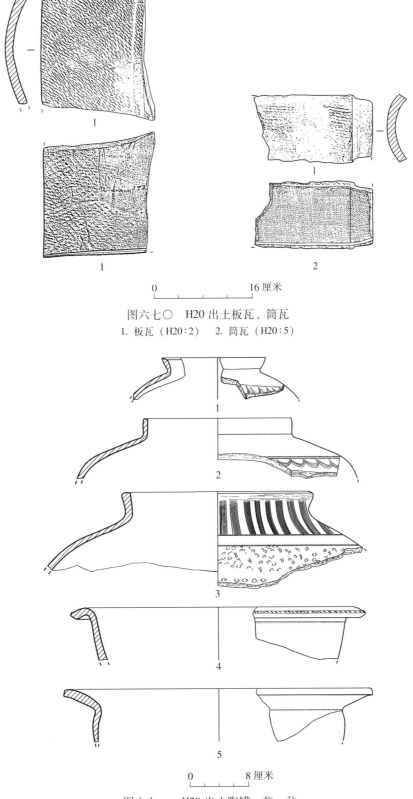

图六七○　H20 出土板瓦、筒瓦

1. 板瓦（H20:2）　　2. 筒瓦（H20:5）

图六七一　H20 出土陶罐、瓮、盆

1. 罐（H20:6）　　2、3. 瓮（2. H20:7，3. H20:10）　　4、5. 盆（4. H20:8，5. H20:9）

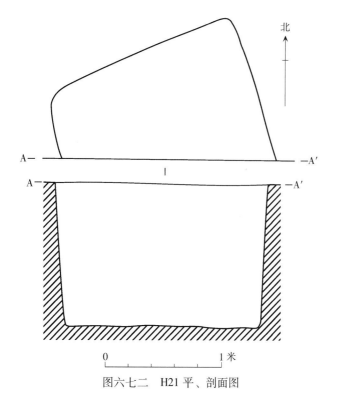

图六七二　H21 平、剖面图

测，平面近似方形，坑壁斜直内收，平底略有起伏。长1.7、深1.2米（图六七二）。坑内堆积以灰黑土为主，夹杂有少量的黄土块，土质较疏松，包含物较少，主要为建筑构件及生活用品。建筑构件多为板瓦残片，瓦面多为素面，瓦背满饰布纹；另有少量的方砖。生活用品极为残碎，多为泥质灰陶，素面。

出土遗物共5件，有建筑构件、陶器等。

1. 建筑构件

1件。为砖。

H21：5，残断。器表呈灰色，内部呈灰黑色。横剖面呈梯形。素面。残长25、残宽20.2、厚4.8厘米（图六七三，1）。

2. 陶器

4件。可辨器形有罐、盆、炉、器底。

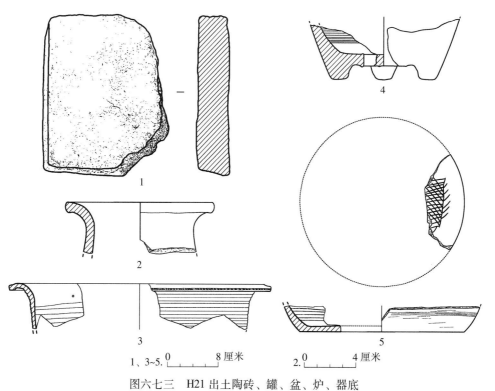

图六七三　H21 出土陶砖、罐、盆、炉、器底

1. 砖（H21：5）　2. 罐（H21：6）　3. 盆（H21：8）　4. 炉（H21：1）　5. 器底（H21：7）

（1）罐

1件。H21:6，口沿。夹砂灰褐陶。圆唇，展沿，侈口。口径12、残高4厘米（图六七三，2）。

（2）盆

1件。H21:8，口沿。轮制。泥质灰陶。方唇，卷沿，沿面外弧，敞口，弧壁。沿面饰一道凹弦纹，沿缘饰压印绳纹，器壁饰凹凸弦纹。口径41.9、残高6.9厘米（图六七三，3）。

（3）炉

1件。H21:1，夹砂灰陶。口部缺失，底部三柱状足，内壁残留轮制痕迹。底部残存两孔。残高9.3厘米（图六七三，4）。

（4）器底

1件。H21:7，轮制。泥质灰陶。弧壁，平底。外壁有轮旋痕迹，内壁有平行划纹，内底饰网状暗纹。底径26、残高4厘米（图六七三，5）。

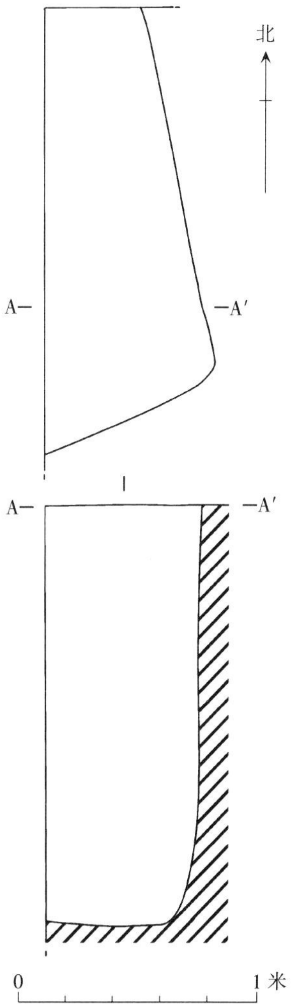

H22

位于T1818内，开口于第①层下，开口距地表0.2米。根据已发掘部分推测，平面近似长方形，斜壁不甚规整，平底略有起伏。暴露部分长1.7、宽0.7、深1.6米（图六七四）。坑内堆积以灰黑土为主，夹杂有少量的黄土块、炭粒等，土质较疏松，包含物较少，主要为建筑构件及生活用品。建筑构件多为板瓦残片，瓦面多为素面，瓦背满饰布纹。生活用品极为残碎，多为泥质灰陶，素面。

出土陶器残片共2件，可辨器形有瓮、甑等。

图六七四　H22平、剖面图

1. 瓮

1件。口沿。H22:1，泥质灰陶。方唇，直口，广肩。素面，内壁有明显的抹痕，外壁饰单线水波纹。口径26、残高7.1厘米（图六七五，1）。

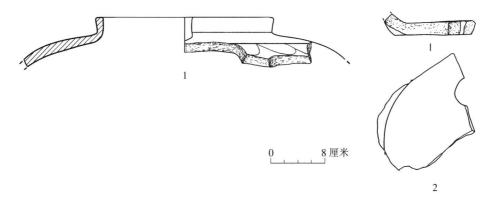

图六七五　H22出土陶瓮、甑

1. 瓮（H22:1）　2. 甑（H22:2）

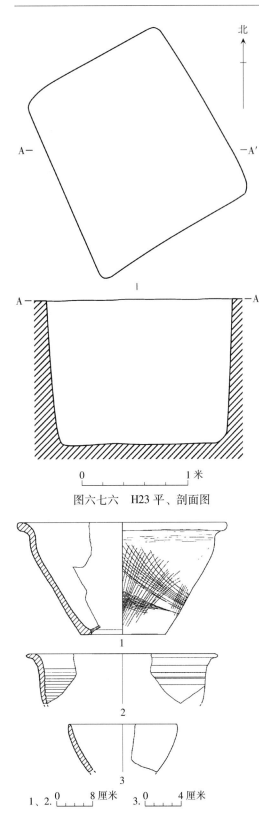

图六七六 H23 平、剖面图

图六七七 H23 出土陶盆、钵
1、2. 盆（1. H23：3，2. H23：5） 3. 钵（H23：4）

2. 甑

1 件。H22：2，仅余部分器底。轮制。夹砂灰陶。平底，圆形甑孔。残高 3 厘米（图六七五，2）。

H23

位于 T1718 内，开口于第①层下，开口距地表 0.2 米。平面呈圆角长方形，坑壁斜直内收，平底略有起伏。长 1.7、宽 1.6、深 1.3 米（图六七六）。坑内堆积以灰黑土为主，夹杂有少量的炭粒等，土质较疏松，包含物较少，主要为建筑构件及生活用品。建筑构件多为板瓦残片，瓦面多为素面，瓦背满饰布纹。生活用品极为残碎，多为泥质灰陶，素面。

出土遗物共 3 件，皆为陶器。均为泥质陶。可辨器形有盆、钵。

1. 盆

2 件。均残。轮制。H23：3，黑陶。圆唇，展沿，唇外缘加厚，敞口，深弧腹，平底。外壁饰网状暗纹。口径 46、底径 25、高 23.6 厘米（图六七七，1）。H23：5，残存口沿。灰陶。尖唇，卷沿，敞口。外壁饰不明显的瓦沟纹，内壁饰凹凸弦纹。口径 42、残高 10.5 厘米（图六七七，2）。

2. 钵

1 件。H23：4，残。轮制。灰陶。圆唇，敞口，弧壁。素面。口径 12、残高 5 厘米（图六七七，3）。

G1

位于 T2118、T1019 内，开口于第①层下，开口距地表约 0.4 米。根据已发掘部分推测，呈东北—西南走向，斜壁，平底。长 38.8、宽 0.6 ~ 1.3、深 1.1 米（图六七八）。沟内堆积以黄沙土为主，土质较疏松。出土遗物较少。

出土遗物共 2 件，有建筑构件、铁器等。

1. 建筑构件

1 件。为圆瓦当。G1：3，仅残存一小块。夹细砂灰陶。当面高于边轮。模印兽面纹。仅存周缘鬓须部分。当面残径 4.7 厘米（图六七九，1）。

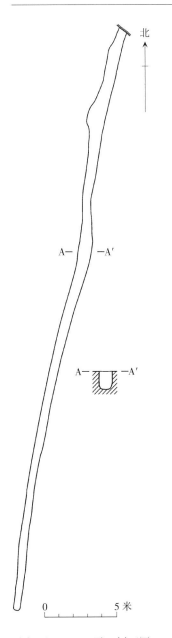

图六七八　G1 平、剖面图

2. 铁器

1 件。为镞。G1:2，残断，仅存铤部。扁方铤。残长 6.6 厘米（图六七九，2）。

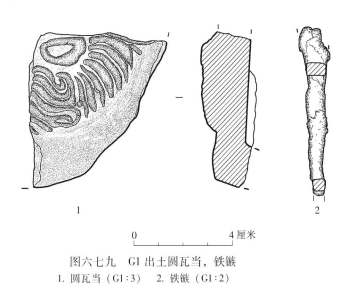

图六七九　G1 出土圆瓦当，铁镞

1. 圆瓦当（G1:3）　　2. 铁镞（G1:2）

第八节　采集遗物

城址内采集遗物按其时代、质地、类别加以介绍，其中对二砖厂采集的部分遗物也做了简要介绍。二砖厂全称为新宾满族自治县第二砖瓦厂，简称二砖厂。处于城址建设控制地带范围内，与发掘区距离较近。故在砖厂附近采集的遗物附入本节介绍。

一　一期文化采集遗物

该期采集遗物共 7 件，有陶器、石器等。

1. 陶器

2 件。有罐和纹饰陶片。

（1）罐

1 件。07 采:2，口沿。轮制。夹砂黑陶。方唇，侈口。口沿外侧饰两周竖向短线刻划纹，下饰从内壁向外戳出的乳丁纹。内壁戳出小圆洞。残高 3.5 厘米（图六八〇，1）。

（2）纹饰陶片

1 件。07 采:19，夹砂红褐陶。器表饰戳刺纹。残高 6.5 厘米（图六八〇，2）。

2. 石器

5件。有斧、刀、镞。

（1）斧

1件。06采:1，残。磨制。弧刃，正锋。残长5、宽2.9、厚1.4厘米（图六八〇，3）。

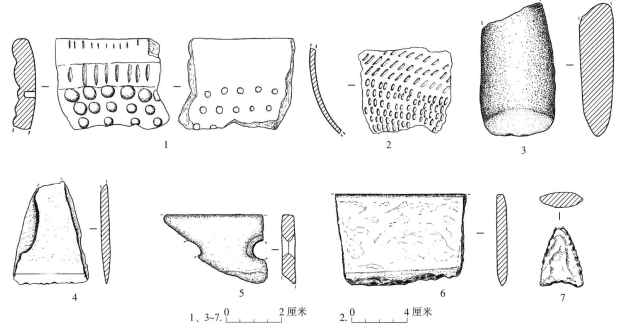

图六八〇　采集一期文化陶罐，纹饰陶片，石斧、刀、镞

1. 陶罐（07采:2）　2. 纹饰陶片（07采:19）　3. 石斧（06采:1）　4~6. 石刀（4.07采:18，5.08采:5, 6.采:29）　7. 石镞（07采:17）

（2）刀

3件。均残。磨制。07采:18，残存一小段。直刃，正锋。残长3.9、宽2.9、厚0.3厘米（图六八〇，4）。08采:5，直背，对钻双孔。残长4.1、厚0.5厘米（图六八〇，5）。采:29，长方形，直背，直刃，正锋。刃部崩痕明显。残长5.1、宽3.5、厚0.4厘米（图六八〇，6）。

（3）镞

1件。07采:17，残。打制。平面呈三角形，平脊，凹尾。残长2.2、宽1.6厘米（图六八〇，7）。

二　二期文化采集遗物

该期采集遗物共7件，有建筑构件、陶器、铜器等。

1. 建筑构件

3件。均为半瓦当。泥质灰陶。模制。采:17，边轮高于当面，模印卷云纹。筒瓦部分凸面饰抹绳纹，凹面饰布纹。底边残长2、后接筒瓦残长11.4、残高7厘米（图六八一，1）。采:26，当面模印双栏二界格蘑菇形卷云纹，内有水滴纹。底边有明显的切痕，当背切口处横穿一孔，当背有手捏痕迹。后附筒瓦凸面饰粗绳纹，但纹饰不清；凹面饰布纹。底边残长8.8、边轮厚1、高7.5厘米，筒瓦残长7.2、厚1厘米（图六八一，2）。采：27，当面模印双栏二界格卷云纹。仅存半个界格。底边残长3、边轮宽0.9、残高6.5厘米，后接筒瓦残长6.3厘米（图六八一，3）。

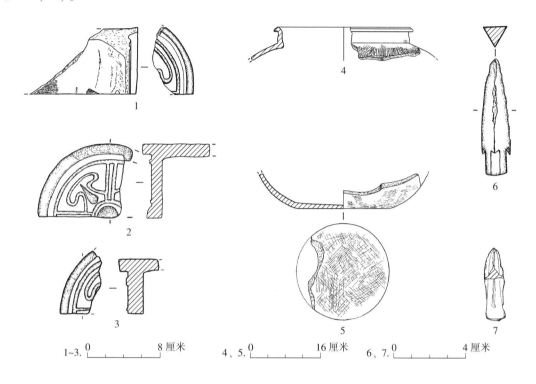

图六八一　采集二期文化半瓦当，陶罐、器底，铜镞
1～3. 半瓦当（1. 采：17，2. 采：26，3. 采：27）　4. 陶罐（采：5）　5. 陶器底（采：34）
6、7. 铜镞（6. 07 采：10，7. 07 采：11）

2. 陶器

2件。为罐和器底。均为泥质灰陶。轮制。

（1）罐

1件。采：5，口沿。尖唇，直口，矮领，广肩。沿面近外缘饰一周凹弦纹，肩部饰竖向细绳纹，绳纹间以横向划纹隔开。口径30、残高7厘米（图六八一，4）。

（2）器底

1件。采：34，弧壁，平底。腹壁、器底饰网格状绳纹。底径20、残高7.3厘米（图六八一，5）。

3. 铜器

2件。皆为镞。均残。

07 采：10，镞身三棱锥状，尖部较锋利，关部截面为六棱形，一面带有三角形血槽，有胡，铜圆铤。残长6厘米（图六八一，6）。07 采：11，镞身三翼，尖部残，铁圆铤。残长3.8厘米（图六八一，7）。

三　三期文化采集遗物

该期采集遗物共14件，有建筑构件、陶器、铁器、铜器等。

1. 建筑构件

2件。均为圆瓦当。残。模制。泥质灰色。

采：11，边轮高于当面，当面仅存一道双栏和一道外圈弦纹。当背有横向穿孔痕迹和旋切痕迹。当面残径6、边轮宽1.5厘米（图六八二，1）。采：15，边轮残缺，当面模印双栏四界格莲花纹。莲瓣瘦长，后端圆钝，前端尖锐，且两端均与中心凸弦纹、外缘弦纹相接。中心饰素面圆乳丁。当面涂朱。当面残径12.1厘米（图六八二，2）。

2. 陶器

8件。有罐、盆、瓮、流、网坠。

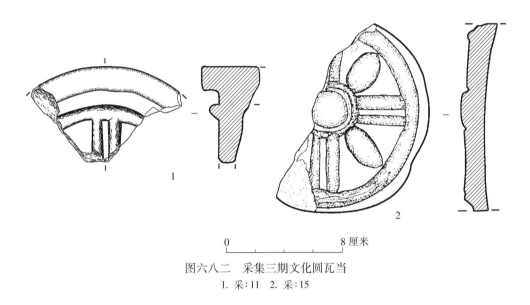

图六八二　采集三期文化圆瓦当
1. 采：11　2. 采：15

（1）罐

2件。均为口沿。轮制。采：35，泥质灰陶。方唇，侈口，短领，广肩。口沿内侧饰一周凸棱。口径28、残高5.5厘米（图六八三，1）。采：38，夹砂红褐陶。方唇，侈口，深弧腹。上腹部饰竖向桥状耳。口径9、残高7.5厘米（图六八三，2）。

（2）盆

2件。均为口沿。轮制。采：1，夹砂灰陶。圆唇，展沿，敞口。残存部分素面。残高7.5厘米（图六八三，3）。采：31，泥质灰陶。方唇，卷沿，敞口，残存部分腹壁斜直。沿缘饰一周不明显的绳纹。口径30、残高11.2厘米（图六八三，4）。

（3）瓮

2件。均为口沿。轮制。采：32，泥质灰陶，方唇，口微敛，广肩。唇面有一周不明显的凹弦纹。口径35、残高8.3厘米（图六八三，5）。采：33，泥质灰黑陶。方唇，口微侈，唇面内高外低，唇内缘做出一周凸棱。器身有铆孔。素面。口径28、残高6.3厘米（图六八三，6）。

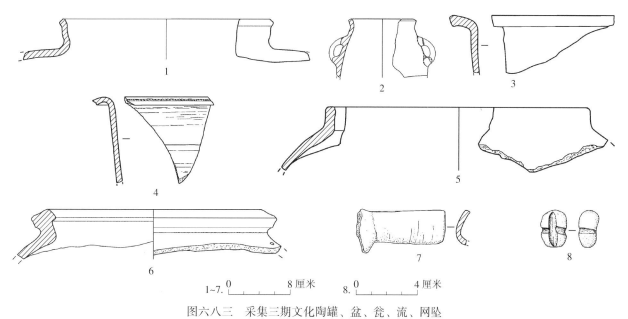

图六八三　采集三期文化陶罐、盆、瓮、流、网坠

　　1、2. 罐（1. 采：35，2. 采：38）　　3、4. 盆（3. 采：1，4. 采：31）　　5、6. 瓮（5. 采：32，6. 采：33）
　　7. 流（07 采：1）　　8. 网坠（采：39）

（4）流

1 件。07 采：1，泥质灰陶，青灰色，火候较高。器身仅保留少部分，形制不明。流呈槽状。残高 11.2 厘米（图六八三，7）。

（5）网坠

1 件。采：39，夹细砂红褐陶。椭圆形，器身有"十"字形凹槽。长 2.4、宽 1.8、厚 1.4 厘米（图六八三，8）。

3. 铁器

2 件。有镞、镬。

（1）镞

1 件。采：30，残。矛形，扁方铤。残长 8.4 厘米（图六八四，1）。

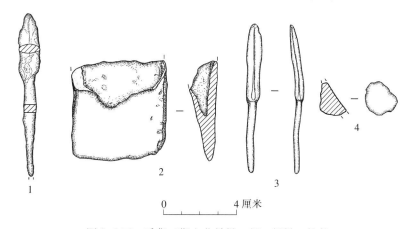

图六八四　采集三期文化铁镞、镬，铜镞、饰件

　　1. 铁镞（采：30）　　2. 铁镬（08 采：9）　　3. 铜镞（06 采：3）　　4. 铜饰件（07 采：13）

（2）镢

1件。08采:9，残。铸制。平面为长方形，侧视呈楔形，长方形銎口，直刃。高5.2、宽5厘米，銎口长4.2、宽1厘米（图六八四，2）。

4. 铜器

2件。有镞、饰件。均残。

（1）镞

1件。06采:3，矛形，尖部较锋利，扁圆铤。长7.7厘米（图六八四，3）。

（2）饰件

1件。07采:13，不规则椭圆形。残长1.7、厚1.6厘米（图六八四，4）。

四　四期文化采集遗物

该期采集遗物共32件，有建筑构件、陶器、铁器、铜器、石器等。

1. 建筑构件

2件。皆为板瓦。均残。泥质灰陶。凸面饰顺向粗绳纹，凹面饰布纹。

采:36，残长13、残宽16.7、厚1.2厘米（图一七八，8）。采:37，残长13.5、残宽18、厚1厘米（图一七八，9）。

2. 陶器

13件。有罐、盆、钵、纹饰陶片、器底、圆饼、棋子。

（1）罐

3件。均为口沿。轮制。采:4，泥质灰陶。方唇，直口，矮领，广肩。肩部三道凹弦纹间饰两道垂幔纹。口径20、残高7厘米（图六八五，1）。采:5，泥质灰陶。尖唇，侈口，矮领，广肩。沿面近外缘处饰一周凹弦纹，肩部饰竖向细绳纹，绳纹间以横向划纹隔开。口径30、残高6.8厘米（图六八五，2）。采:18，泥质黑陶。方唇，折沿。素面。口径31.3、残高6.3厘米（图六八五，3）。

（2）盆

2件。均为口沿。轮制。泥质灰陶。采:20，方唇，卷沿，敞口，残存部分腹壁斜直。沿面有明显的轮旋纹，沿缘处有一道凹弦纹。口径39.9、残高7.9厘米（图六八五，4）。采:21，圆唇，展沿，敞口。素面。口径24、残高4.7厘米（图六八五，5）。

（3）钵

1件。采:8，残。泥质红褐陶。方唇，敞口，弧壁，平底。素面。口径16、底径8.1、高7.8厘米（图六八五，6）。

（4）纹饰陶片

1件。采:2，泥质灰陶。两道凹弦纹间饰水波纹。残高13.9厘米（图六八五，7）。

（5）器底

1件。采:28，轮制。泥质红陶。弧壁，小台式平底。素面。底径8、残高2.5厘米（图六八五，8）。

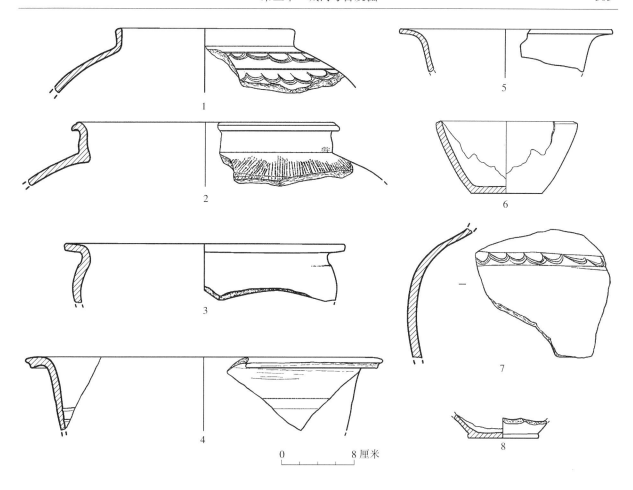

图六八五　采集四期文化陶罐、盆、钵、器底，纹饰陶片

1~3. 罐（1. 采:4，2. 采:5，3. 采:18）　4、5. 盆（4. 采:20，5. 采:21）

6. 钵（采:8）　7. 纹饰陶片（采:2）　8. 器底（采:28）

（6）圆饼

4件。均为陶器残片周缘打磨而成。07采:5，完整。夹砂灰褐陶。近圆形。正面有弦纹，背面素面。直径5.3、厚0.8厘米（图六八六，1）。07采:7，泥质灰黑陶。不规则圆形。一面饰凹弦纹。直径3.8~4.2、厚0.9厘米（图六八六，2）。08采:7，完整。夹砂灰褐陶。近圆形。正面有弦纹，背面素面。直径3.9、厚0.8厘米（图六八六，3）。08采:10，完整。夹砂灰褐陶。近圆形。正面饰粗绳纹，背面饰布纹。直径4.7、厚1.5厘米（图六八六，4）。

（7）棋子

1枚。07采:3，完整。浅黄色泥质陶。圆形。素面。直径1.5、厚0.4厘米（图六八六，5）。

3. 铁器

13件。有镞、镰、钉、锔钉、箍、残器。

（1）镞

8件。均为锻制。依据镞身形制不同可分为矛形镞、凿形镞两种。

矛形镞　1件。07采:12，残。镞身扁平，方铤。残长7.5厘米（图六八七，1）。

凿形镞　7件。07采:15，镞尖残断。扁方铤。残长5.2厘米（图六八七，2）。08采:1，残。

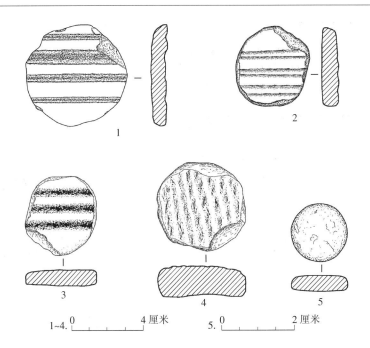

图六八六　采集四期文化陶圆饼、棋子

1~4. 陶圆饼（1.07 采：5，2.07 采：7，3.08 采：7，4.08 采：10）　5. 陶棋子（07 采：3）

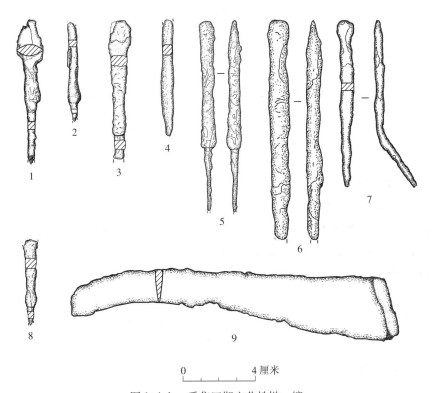

图六八七　采集四期文化铁镞、镰

1~8. 铁镞（1.07 采：12，2.07 采：15，3.08 采：1，4.08 采：8，5. 采：13，6. 采：14，
7. 采：23，8.07 采：14）　9. 铁镰（08 采：12）

扁方铤。残长7.3厘米（图六八七，3）。08采：8，残。圆铤。残长6厘米（图六八七，4）。采：13，残。扁方铤。残长10厘米（图六八七，5）。采：14，残。扁方铤。残长11.4厘米（图六八七，6）。采：23，锈蚀。镞身截面呈长方形。长8.7厘米（图六八七，7）。

另有1件镞尖残断，仅存镞身和铤部。07采：14，镞身、铤部截面近方形。残长4.5厘米（图六八七，8）。

（2）镰

1件。08采：12，残。锻制。弧背弧刃，锋部残断，尾部渐宽且向上翻卷。长17.8、宽1.6～3.2厘米（图六八七，9）。

（3）钉

1件。07采：6，残。折首，扁方身，由折首处向下渐细成尖。长12.5厘米（图六八八，1）。

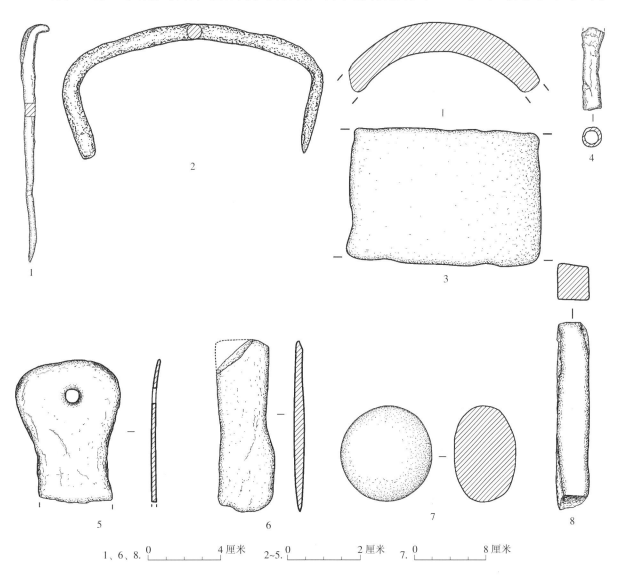

图六八八　采集四期文化铁钉、铜钉、箍、残件，铜器柄，石铲、球、磨石

1. 铁钉（07采：6）　2. 铁锔钉（采：22）　3. 铁箍（07采：8）　4. 铁器残件（采：12）

5. 铜器柄（07采：9）　6. 石铲（采：24）　7. 石球（08采：3）　8. 磨石（采：25）

（4）锔钉

1件。采∶22，锈蚀。圆形铁条弯成弓形，一端钉脚锐利，另一端圆钝。长7.2厘米（图六八八，2）。

（5）箍

1件。07采∶8，残断。圆筒状。外径6、厚0.7、高3.7厘米（图六八八，3）。

（6）残器

1件。采∶12，圆銎。残长2.2、銎口直径0.6厘米（图六八八，4）。

4. 铜器

1件。为器柄。

07采∶9，残。一头圆形，中间有一圆孔。残长3.8、宽2.8厘米（图六八八，5）。

5. 石器

3件。有铲、球、磨石。

（1）铲

1件。采∶24，残断。仅存一小部分。灰褐色页岩打磨而成。残高9.1、厚0.6厘米（图六八八，6）。

（2）球

1件。08采∶3，完整。磨制，扁圆形。直径10.1厘米（图六八八，7）。

（3）磨石

1件。采∶25，长条形，截面呈方形。两面有磨面。长9.9、宽和厚均为1.8厘米（图六八八，8）。

五　五期文化采集器物

该期采集遗物共8件，主要是建筑构件、铜货币等。

1. 建筑构件

3件。有板瓦、圆瓦当、塑件等。

（1）板瓦

1件。05采∶1，残。青灰色。凸面素面，凹面饰布纹。外侧边缘有明显的刀修痕迹。一端端面饰乳丁状纹饰。残长14.4、残宽8.5、厚2厘米（图六八九，1）。

（2）圆瓦当

1件。采∶10，当面较完整，后接筒瓦脱落。模制。泥质灰陶。边轮低于当面。当面模印兽面纹，扩口开腮，仅布上齿，塌鼻凸目，吊眉竖耳，两角分叉。鬃须满布外缘。再外素缘。当背较平。当面直径15、厚2.3厘米；边轮宽2厘米（图六八九，2；图五一〇，9）。

（3）塑件

1件。采∶3，残存部分中间有一球状凸起，周围有放射线。残高3.7、残宽4.5厘米（图六八九，3）。

2. 货币

5件。06采∶2，"崇宁重宝"钱，方孔圆形。残。面有外廓、内廓。面文隶书"崇宁重宝"，

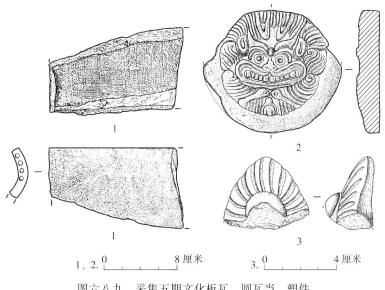

图六八九　采集五期文化板瓦、圆瓦当、塑件
1. 板瓦（05采:1）　2. 圆瓦当（采:10）　3. 塑件（采:3）

直读，缺失"重"字部分。光背无文。钱径3.4、外廓0.2、内廓0.1、穿宽0.8、肉厚0.1厘米。06采:4，"景德元宝"钱，方孔圆形。外廓较宽，内廓细窄。面文真书"景德元宝"，旋读。光背无文。钱径2.5、外廓0.3、内廓0.1、穿宽0.6、肉厚0.1厘米。钱重3.6克（图五二二，9）。06采:5，"元丰通宝"钱，方孔圆形。制钱规整。面文行书"元丰通宝"，旋读。光背无文。钱径2.4、外廓0.2、内廓0.1、穿宽0.6、肉厚0.1厘米。钱重4.2克（图五二二，10）。08采:4，"政和通宝"钱，方孔圆形。外廓宽，内廓窄。制钱规整。面文真书"政和通宝"，直读。光背无文。钱径2.5、外廓0.2、内廓0.1、穿宽0.6、肉厚0.2厘米。钱重2.8克（图五二二，11）。08采:6，"皇宋通宝"钱，方孔圆形。外廓较宽，内廓不规整。面文篆书"皇宋通宝"，直读。光背无文。钱径2.5、外廓0.3、穿宽0.7、肉厚0.1厘米。钱重2.9克（图五二二，12）。

六　二砖厂采集遗物

采集遗物共23件，有建筑构件、陶器等。

1. 建筑构件

14件。主要有筒瓦、瓦钉、砖等。

（1）筒瓦

10件。模制。泥质灰陶。二砖厂采:2，修复完整。青灰色，火候较高。烧制变形。凸面中部饰绳纹，近瓦头处饰抹绳纹；凹面饰布纹。瓦头外敞，外缘有指压纹。瓦身长38.4、熊头长2.5、瓦头口径19、厚1厘米，瓦尾口径16、厚1.2厘米，高8厘米（图六九〇，1）。二砖厂采:3，残断。烧制变形。凸面饰规整的顺向绳纹。瓦头凹凸两面均有正向指压纹。两侧边缘有由内向外的半切口。瓦身残长27.9、瓦头口径15、高8、厚1.2厘米（图六九〇，2）。二砖厂采:7，残。烧制变形。凸面中段饰顺向粗绳纹，两端素面。凹面满饰布纹，褶痕明显。瓦头上下缘均有斜向指压纹。熊头上有一道不明显的凹弦纹。两侧边有由内向外的半切口。瓦身长38.9、熊头长3、瓦尾口径

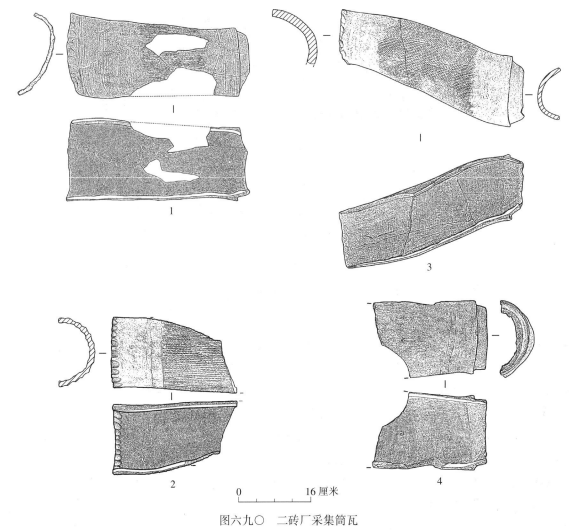

图六九〇　二砖厂采集筒瓦
1. 二砖厂采:2　2. 二砖厂采:3　3. 二砖厂采:7　4. 二砖厂采:10

15、厚1厘米（图六九〇,3；图一二,11）。二砖厂采:10,残断。凸面饰抹绳纹,凹面饰布纹。两侧边缘有由内向外的半切口。瓦身残长22.9、熊头长2.2、宽16、厚1.5厘米（图六九〇,4）。二砖厂采:11,残。凸面饰顺向抹绳纹,凹面饰布纹。残存部分侧边有由内向外的半切口。瓦身残长21.4、厚1厘米（图六九一,1）。二砖厂采:12,修复完整。烧制变形。凸面靠近瓦尾处饰短竖向压印绳纹,凹面饰布纹。瓦头上下两缘有指压纹。瓦身长42.2、熊头长2.2厘米,瓦头口径15厘米,厚1.1厘米（图六九一,2）。二砖厂采:13,残断。烧制变形。凸面饰顺向规整的粗绳纹,凹面饰布纹。两侧边有由内向外的半切口。瓦身残长25.1、熊头长3、瓦尾口径15.5、高7.5、厚1.1厘米（图六九一,3；图一二,12）。二砖厂采:14,残断。青灰色。烧制变形。凸面饰顺向抹绳纹,凹面饰布纹。尾端上缘有不明显的指压纹,两侧边缘有由内向外的半切口。瓦身残长29.9、瓦头口径16、高7.5、厚1.3厘米（图六九一,4）。二砖厂采:19,残断。青灰色。凸面饰顺向粗绳纹,凹面饰布纹。两侧边缘有由内向外的半切口。瓦身残长19.5、熊头长2、瓦尾宽14厘米（图六九一,5）。二砖厂采:20,残。青灰色。凸面饰顺向粗绳纹,纹饰清晰规整;凹面饰布纹。两侧边有由内向外的半切口。瓦身残长27.5、熊头长2.4、瓦尾口径14.8、高7.5、厚1厘米（图六九一,6）。

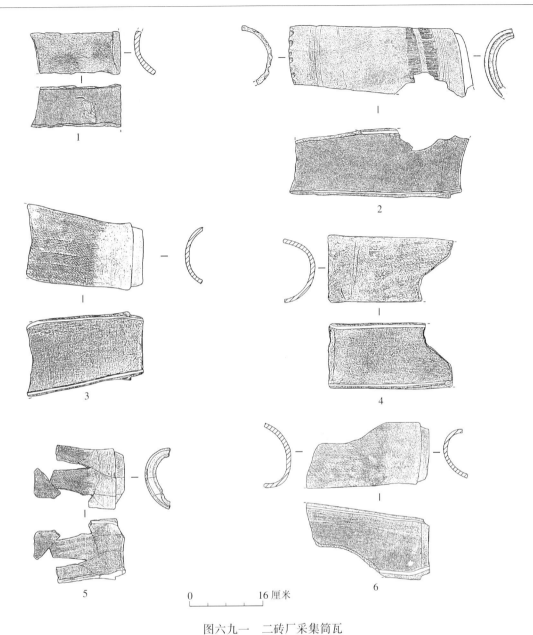

图六九一　二砖厂采集筒瓦

1. 二砖厂采：11　2. 二砖厂采：12　3. 二砖厂采：13　4. 二砖厂采：14　5. 二砖厂采：19　6. 二砖厂采：20

（2）瓦钉

1件。二砖厂采：22，残断。泥质灰陶。刀削修整。钉身呈圆柱状。残长6.3、横截面直径3.8厘米（图六九二，1）。

（3）砖

3件。二砖厂采：17，残。泥质灰黑陶。素面。残长32.5、残宽21.5、厚4.5厘米（图六九二，2）。二砖厂采：23，完整。泥质灰陶。平面和横剖面均呈长方形。一面饰顺向绳纹。长32.8、宽16.3、厚7.5厘米（图六九二，3；图五〇八，3）。二砖厂采：24，残。夹细砂灰黑陶，火候较高。平面、横剖面均呈长方形。一面饰较为规整的粗麻布纹。长42.6、宽20.8、厚9厘米（图六九二，4）。

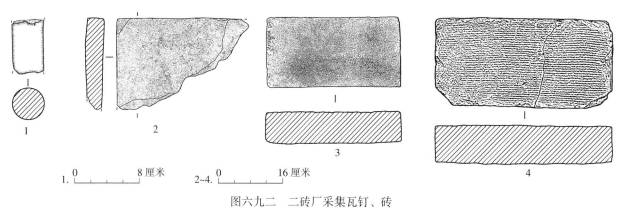

图六九二　二砖厂采集瓦钉、砖
1. 瓦钉（二砖厂采：22）　2～4. 砖（2. 二砖厂采：17, 3. 二砖厂采：23, 4. 二砖厂采：24）

2. 陶器

9 件。有壶、盆、器底、圆饼、拍、晒瓦圈等。

（1）壶

1 件。二砖厂采：4，口沿。轮制。泥质灰陶，青灰色，火候较高。圆唇，直口，长颈，溜肩。内外壁均有轮旋痕迹。口径 12、残高 13.9 厘米（图六九三，1）。

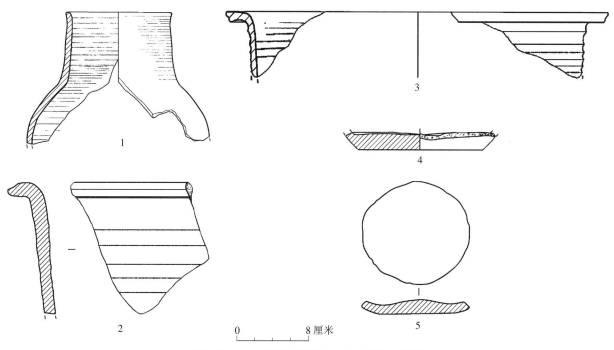

图六九三　二砖厂采集陶壶、盆、器底、圆饼
1. 壶（二砖厂采：4）　2、3. 盆（2. 二砖厂采：16, 3. 二砖厂采：27）　4. 器底（二砖厂采：21）　5. 圆饼（二砖厂采：15）

（2）盆

2 件。均为泥质灰陶。轮制。二砖厂采：16，圆唇，短折沿，敞口，残存部分腹壁斜直。口沿下缘饰一道凹弦纹，外壁饰瓦沟纹。口径 40、残高 13.9 厘米（图六九三，2）。二砖厂采：27，方唇，平折沿，敞口，深弧壁。唇缘饰一道凹弦纹，外壁饰弦纹带。内壁有轮旋痕迹。口径 41、残高 7.2 厘米（图六九三，3）。

（3）器底

1件。二砖厂采：21，泥质灰陶。平底。底径13.5、残高1.9厘米（图六九三，4）。

（4）圆饼

1件。二砖厂采：15，泥质灰陶。残器底经过修整制成。直径11.8厘米（图六九三，5）。

（5）拍

1件。二砖厂采：8，修复完整。泥质灰陶。整体呈长方形，沿凸面卷曲连接一桥状纽。凸面有凸起的方块。长13、宽8、高6.5厘米（图六九四）。

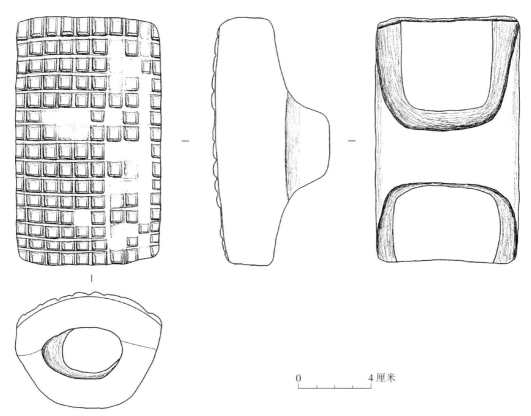

0   4厘米

图六九四 二砖厂采集陶拍（二砖采：8）

（6）晒瓦圈

3件。泥质灰陶。轮制。二砖厂采：1，残。方唇，沿外卷，沿缘内凹。直壁。底部边缘平滑。素面。口径46、残高12.2厘米（图六九五，1）。二砖厂采：5，残断。一面圆唇，一面方唇。口径45、底径52、高6厘米（图六九五，2）。二砖厂采：9，残。一面方唇，卷沿，沿缘饰一道压印绳纹。另一面方唇，直口。大口径48、小口径41.6、高7.4厘米（图六九五，3）。

0   16厘米

图六九五 二砖厂采集晒瓦圈

1. 二砖厂采：1   2. 二砖厂采：5   3. 二砖厂采：9

第四章 结语

永陵南城址是东北地区较早的汉代城址之一，地处苏子河上游，是辽宁中部平原通向辽东腹地和朝鲜半岛北部地区的咽喉要道，自古是军事重地。发掘结果表明，古人类在此处活动频繁。

第一节 城内各期文化的特征与年代

城内堆积可分为六个文化层，划分为五个大的文化分期。

一 一期文化的特征与年代

一期文化，最早的遗存是⑥层下出土的器物，主要为一些生活用器，此时期人类活动范围小，地层堆积单一，遗存分布较少，属于短期人类活动留下的小范围遗存。陶器均为手制，制作粗糙。器类有：罐、盆、钵、鬲、纺轮、网坠等，以夹砂三角形口筒腹鬲、横耳筒腹罐、折腹圈足钵为代表器物；石器多散见于地层内，器类有镞、刀、斧、凿、铲等。这类器物在辽东山区、吉林西南部地区的青铜时代晚期遗址均有出土。三角形口筒腹鬲与抚顺小青岛遗址出土的陶鬲相似[1]，横耳筒腹罐与五女山二期文化遗存 F8、F40 出土的横耳筒腹罐接近[2]，折腹圈足钵与桓仁大梨树沟出土的折腹圈足钵相似[3]，综合以上各遗址的年代，推测该遗存的形成时间是在青铜时代晚期，应是一处祭祀河流、山川等留下的堆积。这说明，此处很早就有人类活动。

---

[1] 王秀娟：《抚顺地区早晚两类青铜文化遗存》，《文物》1983 年第 9 期。
[2] 辽宁省文物考古研究所：《五女山城》，文物出版社，2004 年。
[3] 梁志龙：《桓仁大梨树沟青铜时代墓葬调查》，《辽海文物学刊》1991 年第 2 期。

二　二期文化的特征与年代

二期文化，限于发掘面积和发掘深度，仅有部分探方下掘到该文化层位。本次发掘共发现灰坑 4 座。其中 H165 应为取土时形成，而后因水土流失和人为原因短时间内填平，后期未经扰动，所以保留遗物时代比较单一，时代特征明显。

本期出土器物较少，出土的建筑构件主要有板瓦、筒瓦、云纹瓦当；陶器以泥质灰陶为主，器形有壶、罐、盆、甑、瓮、豆、纺轮等；铁器主要是生产工具类，种类有镢、锸、铧；铜器主要有镞、盆、釜、刷、器柄、帐钩、铜钱模、带钩等。

断续发现一些夯土台基，夯土纯净，不含遗物。出于对其上晚期夯土台基的保护，未做清理，只是从打破该夯土的一些遗迹的断面观察分析，这些夯土基台主要分布在城址中部偏北的位置，规模不是很大。2008 年吉林大学考古学系学生实习期间，在此发现很多的夯土台基，因为提取资料不足，故不作详述。⑤层下灰坑也属于该期遗存，其内出土的建筑构件、陶器等制作规整，时代特点明显。其中数目众多的云纹半瓦当，是西汉中期以前普遍使用的建筑构件。另外在地层中出土大量的同期遗物。建筑构件有板瓦、筒瓦、瓦当等，应是在较高规格建筑上使用。陶深腹盆、陶矮领罐、铁镢、铁锸、铜镞等，均为典型的西汉时期遗物。

三　三期文化的特征与年代

三期文化，城内北部发现成组的院落基址，未发现城内有小型的居住房址，推测城内的大型建筑应为行政管理中枢。共发现大型建筑基址 3 处，从现存的建筑布局分析，为南北分布的三组院落址，编号为 J4、J5、J6。院落保存不好，后期破坏严重；灰坑 4 座。城内出土本期遗物比较丰富，主要有建筑构件、生活陶器及铁器、铜器等。出土的建筑构件主要有板瓦、筒瓦、瓦当、瓦钉等；出土陶器以泥质灰陶为主，器形有壶、罐、瓮、盆、甑、釜、钵、灯、纺轮、印模等；出土的铁器主要有镞、镢、锸、铲、镰、铧、锛、器柄、带扣等；出土的铜器主要有镞、铜器腹片、器柄、销钉、帽、泡、镜等；另外还出土少量石器。

三期文化现存留多条卵石砌筑的散水，这是汉魏建筑采用的典型散水砌筑方法。在汉长安城桂宫遗址、洛阳城的灵台遗址均有发现。建筑址内出土大量双辅线四分当面莲瓣纹瓦当，目前，这种形制的瓦当在该遗址中最早出现并有其独立完整的发展序列，对三燕文化、高句丽文化的瓦当产生了深远影响。

出土有阴刻鸟、鱼等动物图案的陶器，这类陶器有明显的时代特征，在辽宁地区东汉砖室墓中屡有发现。

据文献记载，在后汉时期的三国之前，高句丽虽对该地屡有侵扰，但是还在汉王朝的实控范围内。随着高句丽的逐渐强大和后汉王朝的衰落，安帝时期玄菟郡址再次内迁。

四　四期文化的特征与年代

四期文化时期，是城址最为繁荣的时期，留下大量遗存。可分为早、晚两阶段，早段遗迹有大型建筑基址 3 处，编号为 J2、J3、J7。从现存的建筑布局分析，为南北分布的三组院落址；房址 2 座，编号为 F1、F2；灰坑 7 座。晚段遗迹主要是房址、灰坑、灶址等。房址 20 座；灰坑 105 座；窑 1 处，编号 Y1；沟 1 条，编号 G4；灶址 2 处，系居住址外临时用火所建，编号为 Z4、Z5。早段出土的器物主要有：建筑构件，包括板瓦、筒瓦、瓦当、砖等；出土陶器以泥质灰陶为主，可辨器形有壶、罐、瓮、盆、甑、釜、钵、纺轮、熏盖、陶球、棋子、器盖等。晚段出土器类不含建筑构件；陶器种类相若。铁器、铜器、石器等未作早晚划分。

城内出现三组大型建筑基址，有此规模的建筑，应该对应一段强大而稳定的政权作支撑。在东汉晚期东北边疆，公孙氏家族以汉辽东郡为中心建立割据政权，习惯上称为辽东公孙氏政权。这个政权在中原动荡的年代历三世四主偏安了半个多世纪。一度称霸辽东，东拒高句丽，北抚夫余，南服韩、濊。

建筑基址内出土"千秋万岁"文字圆瓦当，四界格双辅线、鸟篆书文字，涂朱。"千秋万岁"瓦当多用于官署建筑，而当面涂朱是等级更高的建筑。这种瓦当是既承继西汉时期的文字瓦当形制，又有自己独特的风格。在汉献帝初平元年（190 年），中原董卓作乱，公孙度看到"汉祚将绝，当与诸卿图王耳"。于是"自立为辽东侯、平州牧，追封父延为建义侯。立汉二祖庙，承制设坛墠于襄平城南，郊祀天地，藉田，治兵，乘鸾路，九旒，旄头羽骑"[1]。所以出现这种僭越等级的建筑也是在情理之中。

公孙氏的征伐和毌丘俭的接连打击，客观上削弱了高句丽的国力，阻碍高句丽势力向西发展。高句丽转而向南发展。但是在西晋王朝的"八王之乱"以后、慕容鲜卑尚未崛起之时，高句丽又一度占领"永陵南城址"，在城内留下丰富的遗存，即四期文化晚段遗存。其中有房址 19 座，均为半地穴式建筑。曲尺形火炕有烟道 1~3 条不等，烟道系由石块砌筑或下挖土槽而成。灰坑 93 座。出土了大量典型的高句丽四横耳夹砂陶器，特别是一些铁镞、铁蒺藜等的大量出土，突出了该城址的军事防御功用。另外打破该期房址的灰坑中出土了特点鲜明的三燕文化陶器，典型器物有束颈壶、瓮、食等。器物上的几何纹带、水波纹和暗纹等，具有明显的三燕文化特征。这也对应了晋永和元年（345 年）"慕容恪攻高句丽南苏，克之，置戍而还"[2] 的记载。而后的"（慕容）盛率众三万伐高句骊，袭其新城、南苏，皆克之，散其积聚，徙其五千余户于辽西"[3]。也许此次的大迁徙使该城变为一座空城，在考古发掘中亦未发现本段之后到辽金时期之前的遗存。

五　五期文化的特征与年代

五期文化，本期文化遗迹有大型建筑基址 1 处，编号为 J1；房址 10 座；灰坑 56 座；沟 5 条。J1 保存不好，有成排的河卵石堆筑的础基和围砌台基的砖墙，四周散落大量布纹灰瓦和兽面瓦当等。房址均为半地穴式建筑，有曲尺形火炕、土坑烟道和板石炕面。遗迹内多有宋钱出土。有些房址已经建在城墙上，表明此时该城已不具城址功用，仅为一处聚落址。出土的遗物有：建筑构

---

① （晋）陈寿撰，（宋）裴松之注：《三国志·魏书·公孙度传》，中华书局，1959 年，第 252 页。
② （唐）房玄龄等撰：《晋书·载记第九·慕容皝》，中华书局，1974 年，第 2826 页。
③ （唐）房玄龄等撰，《晋书·载记第二十四·慕容盛》，中华书局，1974 年，第 3103 页。

件，包括板瓦、重唇板瓦、瓦当、砖、塑件等；出土陶器以泥质灰陶为主，器形有罐、瓮、盆、甑、钵、纺轮、网坠、盖纽、球等；地层出土瓷器较少，仅见碗、器盖；出土的铁器主要有兵器、生产工具和生活用具等，种类有镞、刀、削、掐刀、凿、尊、锥、带扣、环、转环、挂钩、铆件、钉、锔钉、马蹄钉、衔、构件、仿距骨器等；另出土少量铜器，皆为生活用具。根据出土的建筑构件和其他遗物综合分析，本期的年代在辽金时期。

综上所述，一期文化可追溯到青铜时代晚期，二期文化是西汉中晚期，三期文化是东汉时期（不包括晚期的三国时代），四期文化是三国魏晋时期（本期遗存早段属于公孙氏时期，晚期为魏晋高句丽时期），此后荒芜了一段时间，而后的辽金时期遗存是第五期文化。

第二节　城址的特征、始建与使用年代

一　城址的主要特征

城址平面呈长方形，东邻苏子河支流二道河，北倚苏子河，自成天险。采用土筑版夯城墙，是典型的汉代筑城方式。对城墙局部进行了解剖，剖面整体呈梯形，并有阶梯状现象。该墙土色与夯层不一致，其内包含物区别较大，由里向外形成三块不同的夯土，根据夯筑方法及墙内包含物，可知现存城墙经过三次修筑。

东门居于东墙北部，西门位于西墙的南部，北部因为水毁情况不详。东门直出，两壁阙口平直，阙口下各有一排平铺的板石，推测应是木质地袱的础基，地袱上应立有木柱，其上建筑木质城楼。这与中原地区汉代中期的筑城风格极其相似。

西门位于墙南部，是城址防御重点，西门直出继而南折。其外侧筑有马面，与西门构成瓮城结构。阙口平直，与东门地袱础基相似。门道内堆积大量瓦砾，应是门楼倒塌堆积，推测应有大型的门楼建筑。

已发现的东、西门址分别靠近城址的东北角和西南角，城址规模较小，这样布局利于防守，也节约了角楼建筑。

二　城址的始建与使用年代

根据夯筑方法及墙内包含物，可知现存城墙经过三次修筑。综合对城墙的解剖和城内出土遗物的分析可知，青铜时代辽东地区的土著居民尚无夯土筑城的习俗，而第一次夯筑的较纯净的夯土应与汉武帝设四郡有关，当为玄菟郡下的高句丽县治址所在。也就是说，城址始建于汉武帝设四郡时期，即西汉中期。

根据出土遗迹遗物与文献记载分析，汉昭帝始元五年（前82年）玄菟郡郡治由沃沮城迁到了这里。

对城墙的第二次修筑为汉昭帝元凤六年春"募郡国徒筑辽东玄菟城"。

对城墙的第三次修筑为公孙氏政权占领此地时进行的修补。在城内发现的公孙氏时期大型建筑基址及其涂朱鸟篆书"千秋万岁"圆瓦当是其割据辽东，僭越等级的实物体现。这也是首次发现公孙氏政权的官署建筑遗存。

西晋王朝的"八王之乱"以后、慕容鲜卑尚未崛起之时，高句丽又一度占领"永陵南城址"，且在城内留下丰富的遗存。慕容鲜卑崛起后，一度占领此地，并"置戍而还"。

此后该城荒芜了很长一段时间，直到辽金时期再一次被利用，但其并未被作为城址使用，仅是一处大的聚落而已。之后，城址便彻底废弃。

第三节　城址性质讨论

通过对永陵南城址连续五年的考古发掘，取得了一批重要的考古资料。通过地层学和类型学的考古研究手段，并参考大量的文献古籍，我们有充分的理由认定该城址为西汉玄菟郡下辖的高句丽县治所。

一　南苏水与高句丽县治址考

确定高句丽县的具体位置的一条重要文献依据就是《汉书·地理志》玄菟郡条班固在高句丽县下自注曰："辽山，辽水所出，西南至辽队入大辽水。又有南苏水，西北经塞外。"《汉志》中的辽水，《水经》和《水经注》称为小辽水。《汉志》中的大辽水，《水经》和《水经注》称为辽水。小辽水，即今天的浑河，辽水就是今天的辽河，这在古今中外学者间均无异议。存在争议的是"又有南苏水，西北经塞外"这句话。问题的关键是南苏水是指今天的哪条河流，而这条西北流的南苏水又与"塞"密切相关。下面我们就着重考证南苏水是指今天的哪条河流。

以往的学者对南苏水的考证，主要有以下几种看法：

1. 浑河支流苏子河说①。

---

① a. （清）和珅等奉敕撰：《文渊阁四库全书》，《钦定大清一统志》第 669 页，台湾商务印书馆发行，1983 年影印。b. （日）今西春秋著，高洁、张志立、赵继敏、宋伟宏译，刘世哲、顾铭学校：《高句丽的南北道和南苏木底》，《民族史译文集》第 13 集，科学出版社，1959 年。c. 谭其骧主编：《中国历史地图集》第二册，第 13 ~ 14 图，中国地图出版社，1982 年。d. 武国勋：《夫余王城新考——前期夫余王城的发现》，《黑龙江文物丛刊》1983 年第 4 期。e. 谭其骧主编：《中国历史地图集·释文汇编·东北卷》第 26 ~ 28 页，中央民族学院出版社，1988 年。f. 孙进己、王绵厚主编：《东北历史地理·第一卷》第 325 ~ 326 页，黑龙江人民出版社，1989 年。g. 孙守道：《汉代辽东长城列燧遗迹考》，《辽海文物学刊》1992 年第 2 期。h. 佟达：《关于高句丽南北交通道》，《博物馆研究》1993 年第 3 期。i. 刘子敏：《高句丽历史研究》第 197 ~ 198 页，延边大学出版社，1996 年。j. 张正岩、王平鲁：《新城道及新城道上诸城考》，《辽海文物学刊》1994 年第 2 期。

2. 东辽河说（清代称为赫尔苏河）①。

3. 吉林省抚松县境内的北流松花江说②。

4. 辉发河上游柳河说③。

5. 辽河支流汎河说④。

笔者认为，考证南苏水的关键有四点：一是南苏水是流经西汉高句丽县境内的一条河；二是南苏水是与辽水（今浑河）有关的一条河⑤；三是西北流向；四是经塞外。根据这四点来衡量上述几种观点，我们发现：

东辽河说一是不在高句丽县境内，二是与辽水（今浑河）无关，三是流向不对，四是虽在塞外，但没有"经"塞外。

吉林省抚松县境内的北流松花江说和辉发河上游柳河说也没有一条符合上述四条标准。

辽河支流汎河虽然在流向上与南苏水一样都是西北流，但汎河直接流入大辽水（辽河），与辽水（浑河）无涉。况且其他三点也与南苏水不符。

通过上述的排除法，现在只剩下浑河的支流苏子河可以考虑了。下面我们也逐一对照上述四条标准进行检验。

首先，确认西汉时期高句丽县的具体位置。据中外学者考证，高句丽县的位置在今辽宁省新宾县境内⑥，据考古工作者的调查，在新宾县永陵镇发现有汉代古城址⑦。许多学者认为它就是玄菟郡下辖高句丽县的治址，也就是玄菟郡的第二治址⑧。2004 至 2008 年，笔者主持了永陵南城址的发掘工作，通过五年的发掘，证实该城址确是始建于西汉时期，后来又经过两次补筑。西汉时期大量遗迹遗物的发现，为确定该城址是汉武帝时期所设高句丽县提供了重要的实物依据。此次发现的铜钱模应为制作五铢钱范的钱模，另外还见有千秋万岁、卷云纹和山字纹加钱纹瓦当等，由此可以看出汉代此城的地位很高，从而为研究汉代对东北地区的经略提供了重要材料。据此，我们有理由相信永陵南城址就是最初的高句丽县治址。

鉴于上述材料，首先，苏子河恰在西汉武帝所设的高句丽县境内。

其次，苏子河汇入浑河（辽水），并且是浑河最大的一条支流。

---

① a.（清）陈澧：《汉书地理志水道图说》卷二，第 37 页，《四库未收书辑刊》捌辑肆册，北京出版社，2000 年。b.（清）长顺修，李桂林纂，李澍田等校：《吉林通志》415 页，吉林文史出版社，1986 年。c. 金毓黻主编：《奉天通志》1605 页，辽海出版社，2002 年。d. 金毓黻主编：《渤海国志长编·下编》324 页，《社会科学战线》杂志社，1982 年。

② （清）杨守敬：《前汉地理图》第 1 页上，《历代舆地沿革图》第二册，联经出版事业公司，1982 年。

③ a. 箭内亘：《满洲历史地理》一卷（上）第三篇《三国时代满洲图》，东京，丸善株式会社，1940 年。b. 张博泉、苏金源、董玉英著：《东北历代疆域史》第四章，吉林人民出版社，1981 年。

④ 王绵厚：《汉晋隋唐之南苏水与南苏城考》，《历史地理》第四集，上海人民出版社，1986 年。

⑤ 孙守道：《汉代辽东长城列燧遗迹考》，《辽海文物学刊》1992 年第 2 期。

⑥ （清）和珅等奉敕撰，《文渊阁四库全书》，《钦定大清一统志》第 669 页，台湾商务印书馆发行，1983 年影印。b. 箭内亘等著：《满洲历史地理》，东京，丸善株式会社，1940 年。c. 谭其骧主编：《中国历史地图集·释文汇编·东北卷》第 26～28 页，中央民族学院出版社，1988 年。d. 孙进己、王绵厚主编：《东北历史地理·第一卷》第 325～326 页，黑龙江人民出版社，1989 年。

⑦ a. 徐家国：《辽宁新宾永陵镇汉城址调查》，《考古》1989 年第 1 期。b. 孙进己、王绵厚主编：《东北历史地理·第一卷》第 325 页，黑龙江人民出版社，1989 年。

⑧ a. 徐家国：《汉玄菟郡二迁址考略》，《社会科学战线辑刊》1984 年第 3 期。b. 谭其骧主编：《中国历史地图集·释文汇编·东北卷》第 22 页，中央民族学院出版社，1988 年。c. 孙进己、王绵厚主编：《东北历史地理·第一卷》第 325～326 页，黑龙江人民出版社，1989 年。d. 王绵厚：《秦汉东北史》第 276～277 页，辽宁人民出版社，1994 年。

再次，苏子河的流向正是由西北方向注入浑河。

又次，苏子河正是流经近年来考古发现的"汉武边塞"。

这里，笔者想详细分析《汉书·地理志》玄菟郡条班固在高句丽县下自注："辽山，辽水所出，西南至辽队入大辽水。又有南苏水，西北经塞外"这段话。这段话的前一句学者们无异议，关键是"又有南苏水，西北经塞外"这句话怎样理解。它涉及准确地划定高句丽县西北的界限，进而涉及确定高句丽初期的活动范围。这句话确实让许多研究高句丽历史地理的学者感到不解。如早期研究高句丽史地的两位日本博士箭内亘、津田左右吉"都感叹'西北经塞外'一句模糊难以为据，但箭内认为西北可能是东北之谬误，认为南苏水可比定为现在的辉发河。津田则认为，很难说南苏水是现在的哪条河，如果勉强地说，它可能是兴京附近英河的一个支流"[①]。今西春秋则认为："明确记载辽水之事的《汉书》，关于流入辽水的南苏水不仅完全缺乏其下游的记载，而且流经西北塞外之事也实在令人怀疑。我认为这完全是《汉书》的作者得到互不联系的（只在高句丽县下这一点有联系）有关辽水和南苏水两个资料的缘故"[②]。

其实，近年来考古工作者在沈阳至抚顺的浑河北岸和抚顺地区的苏子河沿岸发现了汉代的墩台60余座[③]，一直延续到吉林省通化县的三棵榆树。这些墩台大都一线布置在河岸边的低山丘陵或不高的河崖台地上，恰与往来于沈阳—抚顺—新宾的交通道平行。台与台之间排列有序，一般间距为1.5~2千米，在墩台附近采集到汉代的板瓦、绳纹陶片等遗物，可以明确为西汉时期的障塞遗迹，有学者推论，这就是汉武帝灭卫氏朝鲜、开设玄菟、乐浪、真番、临屯四郡后所筑的"汉武边塞"[④]。笔者认为所论极其正确，不仅有实物依据，而且也不乏文献记载，如《汉书·匈奴传》云："竟宁元年，……臣闻北边塞至辽东，……孝武世斥夺此地，建塞徼，起亭燧，筑外城，设屯戍以守之，然后边境得用少安。"又云"起塞以来，百有余年，……卒徒筑治"。竟宁元年为公元前33年，上溯百年，正值汉武帝"建塞徼"、"起亭燧"的时期。又《汉书·贾捐之传》："至孝武皇帝……东过碣石，以玄菟、乐浪为郡，北却匈奴万里，更起营塞。"可见西汉时期，不仅汉初"复修辽东故塞"，而且至汉武帝灭朝鲜，设四郡时，尚"更起营塞"。

笔者在此还想进一步推论，这条汉武边塞应继续向东，与通化县的快大茂子镇赤柏松汉代古城相接。它就是为了保护汉武帝所设玄菟郡而修筑的障塞。为了区别于燕秦汉时期的"辽东故塞"，我们称这条障塞为"汉武边塞"。也就是高句丽县境内的南苏水"西北经塞外"所指的"塞"。考古发现的"汉武边塞"，恰如《汉书·地理志》的作者所叙述的那样，汉武边塞在苏子河流经的段落，有的段落在塞内，有的段落在塞外。尤其是苏子河的下游，是流经塞外的。"经"，有"经过"之意。"汉武边塞"与"辽东故塞"所包围的地区就是高句丽初期的活动范围。按照《汉书·地理志》在叙述某县有某水经过，并与塞有关的情形时，一般都讲某某水"出塞外"，而苏子河却是源出汉武边塞内，西北流经塞外。所以，《汉书·地理志》的作者才用了

①　a. 箭内亘：《满洲历史地理》第一卷，《南北朝时代的满洲》，东京，丸善株式会社，1940年。b. 津田左右吉：《满鲜地理历史研究》第一册，《安东都护府考附录》，东京岩波书店，1941年。

②　今西春秋著，高洁、张志立、赵继敏、宋伟宏译，刘世哲、顾铭学校：《高句丽的南北道和南苏木底》，《民族史译文集》第13集，科学出版社，1959年。

③　a. 孙守道：《汉代辽东长城列燧遗迹考》，《辽海文物学刊》1992年第2期。b. 萧景全、李继群：《抚顺发现汉代烽台遗存》，《中国文物报》1999年4月18日。

④　肖景全：《辽东地区燕秦汉长城障塞的考古学考察研究》，《北方文物》2000年第3期。

"西北经塞外"这样一句看似模糊，实际很精确的话来表述这一特殊的历史地理状况。

综上所述，苏子河完全符合南苏水的四个条件。因此，可以说，把苏子河比定为西汉时期的南苏水无论是从文献记载，还是从考古发现来看，都是确定无疑的。

这样，新宾永陵南城址作为汉武帝时期所设的高句丽县，包括后来玄菟郡亦迁治到这里也就得到了文献记载和考古发现两方面的证明。

二　考古发现的佐证

城内出土封泥1件，封泥仅保存了左半部分。可释读的文字左上角为篆书，另一半缺失，马字下面有一小篆"丞"字。丞是佐官名。秦始置。汉以后，中央和地方官吏的副职有大理丞、府丞、县丞等。而带"马"旁的字可大胆推测为篆书的"骊"，如果补充无误，此封泥文字应为"高句骊丞"四字。

另外，城内出土的铜钱模更是郡国的标志性器物。两汉时期的货币铸造，除了西汉早期有过短暂的放民铸钱以外，一向都是由官府控制的。其情形大致是：西汉在武帝元鼎四年（前113年）以前，中央政府铸币由少府进行管理，具体的铸造则由中央和地方郡国兼行。武帝元鼎四年以后，改由水衡都尉属下之上林三官进行统一的管理与铸造，铸钱工场也集中在都城长安及其附近。王莽时期有所改变，于始建国元年（公元9年）"遣谏大夫五十人分铸钱于郡国"。而玄菟郡徙于此地是在公元前82年，"募郡国徒筑辽东玄菟城"是在公元前75年。此时铸币应该在上林三官进行统一的管理与铸造。故此次发现的铜钱模应为新莽时期遗物。这也是此地作为郡国的有力证明。

通过大量遗迹、遗物的发现和文献记载的佐证，可以初步确定该城址是汉武帝置四郡时玄菟郡所属的高句丽县治址。而玄菟郡的第一次内迁以及"募郡国徒筑辽东玄菟城"也就为永陵南城址的第二次补筑提供了合理的依据。

三　余论

1. 永陵南城址是两汉至魏晋时期中央政权在辽东东部山区最早建立的郡县机构所在。

战国、秦及汉初时期，燕国与秦汉中央政权皆在辽东建立了地方行政机构，但其在辽东东部山区的影响还比较有限。永陵南城址的发掘及对其性质的认定，是古代中原政权第一次越过长城界线，在辽东东部山区设立玄菟郡及高句丽县行政机构，对当地民族实行有效管理的铁证，从而不但从古文献资料上而且从考古资料上证明这一历史事实的真实性和可信性。

2. 永陵南城址确定为高句丽县治址，确立了明显的地标。对研究东北地理行政区划具有重要意义。永陵南城址二、三期文化性质的确定，为研究汉玄菟郡与高句丽的迁徙变化和中原政权经略此地提供了研究资料。

发掘材料证明，永陵南城址考古学遗存中的二至三期文化，年代为两汉时期，其遗迹遗物为典型的中原汉代遗存。这就从考古资料上，证明从汉昭帝始元五年（前82年）玄菟郡徙郡治于今新宾永陵南城址，再于东汉安帝初年（约107年以后）迁离此地，而后经公孙度割据时期

（190～238 年）到西晋统一，永陵汉城所在地一直在中原政权控制之下。城址中的第四期文化遗存具有典型的魏晋时期特点也可以证明上述判断。换言之，东汉末年玄菟郡从今新宾地区西迁后，公孙氏并没有放弃对这里的管理，城址依然被其继续持有使用。不仅如此，在此地的东南地区，即当时的沸流水沿岸，从高句丽分裂出来的高句丽王之兄拔奇与涓奴加"诣康降"，欲重返沸流水故地居住，也必须经公孙康允准方可。因此说，魏晋之际，此地在公孙氏的控制下应是毫无疑问的历史事实，永陵南城址为此提供了令人信服的实证。

永陵南城址三期考古文化遗存中存在高句丽文化因素，从而证明在两晋时期，当中央政权暂退此地后，高句丽族占有浑河流域地区，与辽西鲜卑慕容氏三燕政权争夺辽东，这与历史上高句丽历经挫折，最后战胜慕容三燕的历史亦相契合。

3. 永陵南城址出土文物丰富，其中的泥质绳纹灰陶盆、釜、甑、罐等生活器皿做工精致，造型规整；建筑材料筒、板瓦纹饰多样，特别是涂朱鸟篆书"千秋万岁"文字瓦当，其文字写法为此地仅见；涂朱四界格莲瓣纹瓦当亦制作工整精美，具有极高的历史艺术价值；还有五铢货币钱模等等；均为证明此地为郡县治所在地提供了真实可信的证据。

凡此种种都表明，古代中央政权在这里行使了长达几百年的有效统治，中原文化的传播辐射，使辽东偏远山区先民的经济文化水平与中原先进文化同步发展，从而为统一的多民族国家的形成与巩固做出了历史贡献。

附表一　　　永陵南城址房址登记表

单位：米

编号	位置	开口层位	形状	尺寸	出土遗物	年代	分期
F1	T2116、T2117、T2216、T2217	③	圆角方形	长6.6、宽6.2、深0.2	圆瓦当、陶罐、陶瓮、陶盆、陶器耳、陶甑、陶釜、纹饰陶片、铁镞、陶纺轮、陶圆饼、铁钉、铁犁铧、铁门枢	公孙氏时期	四
F2	T2218、T2219、T2118、T2119	③	圆角长方形	长9.3、宽7	陶罐、陶壶、陶甑、陶钵、陶灯盘、陶纺轮、陶饼、纹饰陶片、铁镞、铁钉、铁带扣、铁门枢套、铜镞、磨石	公孙氏时期	四
F3	T2317	③	圆角方形	长4.2、深0.3	陶盆、石刀	魏晋时期	四
F4	T2015、T2016、T2115	③	圆角方形	长4.5、深0.3	陶罐、陶盆、陶钵、陶网坠、铁球、铁钉、铁削、铁片、磨石	魏晋时期	四
F5	T2115、T2116、T2215、T2216	③	圆角长方形	长4、宽3.3、深0.4	陶壶、陶罐、陶盆、陶纺轮、陶网坠、铁镞、铁犁铧、铁钉、铁削、铜镞、铜纽、铜锁栓、鎏金饰件、磨石	魏晋时期	四
F6	T2215、T2315	③	圆角方形	长4.1、宽3.8、深0.3	陶壶、陶罐、陶器底、铁镞、铁犁铧、铁削	魏晋时期	四
F7	T1723、T1724、T1823、T1824	③	圆角长方形	长4、宽3.5、深0.3	陶灯盘、铁削、铁器柄、石球	魏晋时期	四
F8	T1724、T1725	②a	圆角长方形	长4.5、宽3.6、深0.2	罐口沿	辽金时期	五
F9	T1519、T1419	③	圆角长方形	长3.8、宽3.4、深0.5	板瓦	魏晋时期	四
F10	T1419、T1420	③	圆角方形	长3.7、宽3.4、深0.5	陶壶、陶器底	魏晋时期	四
F11	T1914	③	长方形	长3.2、宽2.5、深0.3	陶罐、陶甑、铁削、铁条	魏晋时期	四
F12	T2314、T2315	③	圆角长方形	长3.7、宽2.8、深0.5	陶盆、陶器底	魏晋时期	四
F13	T2223、T2323、T2224、T2324	②a	长方形	长6.2、宽5.2、深0.3	陶器底、陶棋子、铜钱	辽金时期	五

续附表一

编号	位置	开口层位	形状	尺寸	出土遗物	年代	分期
F14	T2323、T2324	②a	长方形	长8.1、宽3.1、深0.3	铁镞、铁条、铁橛、铁钩、铜钱	辽金时期	五
F15	T2125、T2223、T2224、T2225	②a	长方形	长6.3、宽3.8、深0.3	瓷支垫、铜簪、铜钱	辽金时期	五
F16	T2014、T2114	③	圆角长方形	长4.9、宽3.9、深0.3	陶盆、铁镞	魏晋时期	四
F17	T2120、T2121、T2220、T2221	③	圆角长方形	长2.8、宽2.1、深0.2	瓦当、陶壶、陶罐、陶器底、铁镞、磨石、滑石	魏晋时期	四
F18	T2421、T2422	②a	圆角长方形	长4、宽3.4、深0.2	陶罐、瓷支垫	辽金时期	五
F19	T2421、T2422	③	圆角方形	长2.9、深0.2	瓦当、铁镞、铁削、石纺轮	魏晋时期	四
F20	T2024、T2025、T2124、T2125	③	圆角长方形	长3、宽2.6、深0.2	瓦当、陶罐、陶甑、陶器底、陶纺轮、甲片、铁镞、铁镢、铜镞	魏晋时期	四
F21	T0518、T0519、T0618、T0619	②a	圆角长方形	长3.5、宽3.1、深0.7	盆口沿	辽金时期	五
F22	T0420、T0320	②a	圆角长方形	长3、宽2.9、深0.9	无	辽金时期	五
F23	T0419、T1519	②a	圆角长方形	长3.4、宽3、深0.2	铁镢	辽金时期	五
F24	T0520	②a	圆角长方形	长2.8、宽2.5、深0.6	无	辽金时期	五
F25	T0619、T0620、T0719、T0720	②a	椭圆形	长径4.3、短径3.7、深0.4	无	辽金时期	五
F26	T1925、T1926、T2025、T2026	③	圆角长方形	长3.3、宽2.8、深0.2	陶壶、陶盆、陶器耳、铁镞、铜环、铜簪	魏晋时期	四
F27	T1023、T1123	②a	圆角长方形	长3.5、宽3、深0.3	无	辽金时期	五
F28	T1022、T0922	③	圆角方形	长3、深0.2	铁镞、磨石	魏晋时期	四
F29	T1222、T1321、T1322	③	圆角长方形	长3.4、宽3.3、深0.3	无	魏晋时期	四

续附表一

编号	位　置	开口层位	形　状	尺　寸	出土遗物	年　代	分　期
F31	T1814、T1914	③	圆角长方形	长4.8、宽3.8、深0.2	铁釜、铁门枢套	魏晋时期	四
F32	T1219、T1220	③	圆角长方形	长3.5、宽3.1、深0.2	陶盆口沿、陶器底、纹饰陶片	魏晋时期	四
F33	T1826、T1926	③	圆角方形	长3.1、深0.3	陶纺轮、陶罐、陶器底、铁镞	魏晋时期	四

附表二　永陵南城址灰坑登记表

单位：米

编号	位置	开口层位	形状	尺寸	出土遗物	年代	分期
H1	T2705	②a	不详	口长0.9，底长0.8，深0.6	无	辽金时期	五
H2	T2805	②a	不详	口长0.9，底长0.7，深0.6	无	辽金时期	五
H3	T1927	⑤	不规则则椭圆形	长径1.2，短径0.9，深0.2	陶壶、陶盆	西汉时期	二
H4	T1826	②a	椭圆形	长径1.6，短径1.3，深0.4	陶瓮口沿	辽金时期	五
H6	T2219、T2319	①	椭圆形	长径3.6，短径2.1，深0.4	无	近现代	
H7	T2319	②a	圆形	直径1.9，深0.8	陶球、陶盆	辽金时期	五
H8	T2018、T2118	②a	圆角长方形	长1.6，宽1.3，深0.6	瓦当	辽金时期	五
H9	T2218	②a	圆角长方形	长1.4，宽1，深0.4	无	辽金时期	五
H10	T2016、T2017、T2116、T2117、T2216、T2217	②a	圆形	直径6.1，深2.1	板瓦、瓦当、陶罐、陶瓮、陶盆、陶甑、铁车钉、铁钉	辽金时期	五
H11	T2118、T2218	③	不规则圆角长方形	长1.2，宽1.1，深0.3	陶器耳、陶器底、铁斧	公孙氏时期	四
H12	T2115	③	形状不详	深0.7~0.9	陶瓮、陶罐、陶钵、陶器耳	魏晋时期	四
H13	T1626	②a	椭圆形	长径3，短径1.7，深0.6	瓦当、陶器底	辽金时期	五
H14	T2115、T2215	③	圆角方形	长1.2，宽0.9，深0.3	陶瓮、陶罐、陶钵、铁镞、距骨、动物系肯制品	魏晋时期	四
H15	T2015、T2016	③	近圆形	直径1.4，深0.8	半瓦当、陶壶、陶盆、陶钵、陶瓮、陶罐、陶甑、陶器底、陶器耳、铁镞、兽骨	魏晋时期	四
H16	T1822、T1922	②a	近椭圆形	长径3.1，短径2.4，深0.5	瓦当、陶壶、陶盆、陶罐、陶纺轮、陶棋子、铁钉、货币、磨石	辽金时期	五
H17	T1622	②a	圆角方形	长1.9，宽1.7，深0.2	陶盆、陶灯座、陶器耳	辽金时期	五
H18	T1724	②a	不规则则椭圆形	长径1.4，短径1，深0.5	果核、麦秆	辽金时期	五
H19	T1915、1916	③	椭圆形	长径2.7，短径2.4，深0.6	陶罐、陶盆	魏晋时期	四

续附表二

编号	位置	开口层位	形状	尺寸	出土遗物	年代	分期
H20	T1717	①	圆形	半径1.6，深1.7	板瓦、筒瓦、陶罐、陶瓮、陶盆	近现代	
H21	T1915、1916、T1818	①	方形	长1.7，深1.2	砖、陶罐、陶盆、陶炉、陶器底	近现代	
H22	T1818	①	长方形	长1.7，宽0.7，深1.6	陶瓮、陶瓶	近现代	
H23	T1718	①	圆角长方形	长1.7，宽1.6，深1.3	陶盆、陶钵、残碎瓦片	近现代	
H24	T1524、T1525	③	近椭圆形	长径存长1.1，短径1.7，深0.6	陶瓮、铁镞、铁带扣	魏晋时期	四
H26	T1622	③	近圆形	直径1，深0.4	陶釜、陶瓷	魏晋时期	四
H27	T1722、T1822	③	椭圆形	长径2.1，短径1.9，深0.4	无	魏晋时期	四
H28	T1722	②a	椭圆形	长径1.2，短径1.1，深0.4	陶器耳	辽金时期	五
H29	T1722	③	近椭圆形	长径1.6，短径1.2，深0.7	陶壶、陶罐、陶盆、纹饰陶片、铁镞	魏晋时期	四
H30	T1723	③	近椭圆形	长径0.7，短径0.6，深0.2	无	魏晋时期	四
H31	T1723	③	圆形	直径1.2，深0.5	无	魏晋时期	四
H32	T1823	③	近椭圆形	长径0.8，短径0.6，深0.4	无	魏晋时期	四
H33	T1824	③	近椭圆形	长径1.6，短径1.5，深0.7	无	魏晋时期	四
H34	T1825	③	近圆形	直径1，深0.5	无	魏晋时期	四
H35	T1825	③	近椭圆形	长径3，短径1.1，深0.2	无	魏晋时期	四
H36	T1726、T1725	③	近椭圆形	长径1.1，短径1，深0.4	无	魏晋时期	四
H37	T1725、T1726	③	近椭圆形	长径2.9，短径1.3，深0.5	无	魏晋时期	四
H38	T1726、T1826	②a	椭圆形	长径2.4，短径1.4，深0.5	碎瓦片、陶片	辽金时期	五
H39	T1525、T1625	③	椭圆形	长径3，短径2.1，深0.9	无	魏晋时期	四
H40	T1626、T1625、T1726	③	近椭圆形	长径3.5，短径2.5，深1	无	魏晋时期	四
H41	T1626、T1526	③	近椭圆形	长径2，短径1.5，深0.3	无	魏晋时期	四

续附表二

编号	位置	开口层位	形状	尺寸	出土遗物	年代	分期
H42	T1626，T1625	③	近椭圆形	长径1.7，短径1.3，深0.4	无	魏晋时期	四
H43	T1526，T1525	③	近圆形	直径1.1，深0.3	残碎瓦片，陶片	魏晋时期	四
H44	T1526	③	椭圆形	长径1.8，短径1.2，深0.4	无	魏晋时期	四
H45	T1525	③	椭圆形	长径2，短径1.1，深0.3	无	魏晋时期	四
H46	T1525	③	近圆形	直径2.6，深0.4	无	魏晋时期	四
H47	T1525，T1524	③	近椭圆形	长径2.1，短径1.3，深0.3	无	魏晋时期	四
H49	T1522	③	近椭圆形	长径2，短径1.5，深0.7	陶器耳	魏晋时期	四
H50	T1622，T1623	③	近椭圆形	长径2.5，短径1.9，深0.7	陶灯座，陶器底	公孙氏时期	四
H51	T1724，T1723	③	圆角长方形	长1.3，宽1.2，深0.2	无	魏晋时期	四
H52	T1724	③	近椭圆形	长径1.2，短径0.7，深0.3	残碎瓦片	魏晋时期	四
H53	T1526，T1525	③	近圆形	直径2.3，深0.5	无	魏晋时期	四
H54	T1721	③	近圆形	直径0.7，深0.2	无	魏晋时期	四
H55	T1721	③	近椭圆形	长径2.9，短径1.9，深0.6	残碎瓦片，陶片	魏晋时期	四
H56	T1820	③	圆角长方形	长2.3，宽1.2，深0.5	残碎瓦片	魏晋时期	四
H57	T1821，T1820	③	近圆形	直径0.9，深0.3	残碎陶片	魏晋时期	四
H58	T1821，T1721	③	近椭圆形	长径2，短径1，深0.3	陶罐口沿，残碎石块，瓦片	魏晋时期	四
H59	T1721，T1720	③	近圆形	直径0.8，深0.3	残碎瓦片，陶片	魏晋时期	四
H60	T1920，T1921	③	圆形	直径2.9，深0.9	板瓦，瓦当，陶瓮，陶盆	魏晋时期	四
H61	T1920	⑤	椭圆形	长径1.9，短径0.8，深0.4	陶壶，陶甑，陶器底	西汉时期	二
H62	T2020，T1920	③	近圆形	直径2.6，深0.5	无	魏晋时期	四
H63	T1921，T1920	③	近椭圆形	长径3.1，短径2.3，深0.7	陶罐，陶盆，陶器底	魏晋时期	四
H65	T2020，T2021	③	近椭圆形	长径2.4，短径0.9，深0.4	陶罐，陶盆，陶钵，陶器耳，铁镞	魏晋时期	四

续附表二

编号	位置	开口层位	形状	尺寸	出土遗物	年代	分期
H72	T2324	③	圆角长方形	长1.4、宽1、深0.2	陶罐	魏晋时期	四
H73	T2324	③	不规则长方形	长2.4、宽1.7、深0.7	陶壶、陶饼、铜片、铜器残件、石棋子	魏晋时期	四
H77	T2423	②a	不规则椭圆形	长2、短径1.6、深0.2	陶器底	辽金时期	五
H78	T2423	②a	圆形	直径1.4、深0.6~0.8	板瓦、重唇板瓦、陶壶、陶罐、瓷碗	辽金时期	五
H79	T2423	②a	椭圆形	长径1、短径0.7、深0.3	残碎陶片	辽金时期	五
H80	T2323、T2423	②a	不规则椭圆形	长径2.1、短径1.8、深0.7	陶网坠、铁镞、铜钱	辽金时期	五
H81	T2322、T2323	②a	圆角长方形	长2.7、宽1.6、深0.5	板瓦残片、铁镞、铜镞	辽金时期	五
H82	T1816	③	近长方形	长1、宽0.8、深0.2	半瓦当、铁镞、铁车辖	魏晋时期	四
H83	T1715、T1716、T1815、T1816	②a	不规则长方形	长4、宽3.2、深0.4	筒瓦、瓦当、陶盆、陶壶、陶甑、陶器底、铁镞、铁镬	辽金时期	五
H84	T2421、T2422	②a	不规则椭圆形	长径2.5、短径2、深0.2	板瓦残片	辽金时期	五
H85	T2422	②a	椭圆形	长径0.8、短径0.6、深0.1	陶罐、铁削	辽金时期	五
H87	T1817	③	圆角长方形	长1.6、宽1.4、深0.3	筒瓦、陶盆、陶罐、陶钵、铁镞、铁削	魏晋时期	四
H88	T1817	③	不规则椭圆形	长径1.6、短径1.2、深0.4	铁削、铁镞	魏晋时期	四
H89	T2321、T2421	②a	不规则椭圆形	长径2、短径1.5、深0.4	瓦当	辽金时期	五
H90	T1817	③	不规则长方形	长2.3、宽1.6、深0.3	板瓦、铁带扣	公孙氏时期	四
H91	T2421、T2422	②a	不规则长方形	长径2.4、短径2.3、深0.5	建筑构件、陶甑、铁镞、铁锥	辽金时期	五
H92	T1816	⑤	不规则椭圆形	长径存长1.4、短径2.3、深0.3	板瓦、筒瓦、陶盆	西汉时期	二
H93	T1816	③	近长方形	长2.2、宽1.1、深0.4	陶盆、陶器底	魏晋时期	四

续附表二

编号	位置	开口层位	形状	尺寸	出土遗物	年代	分期
H94	T2422、T2423	②a	椭圆形	长径3.4、短径2.3、深0.4	板瓦、铁镞、货币	辽金时期	五
H95	T1816	③	近椭圆形	长径1.5、短径0.9、深0.2	铜镞	魏晋时期	四
H96	T1816、T1815	③	不规则长方形	长1.6、宽0.6、深0.4	无	公孙氏时期	四
H97	T1817	③	不规则椭圆形	长径1.5、短径0.9、深0.4	陶盆、铁门枢套	魏晋时期	四
H98	T2421	②a	圆形	直径1.1、深0.2	铁条、铁车缸	辽金时期	五
H99	T0718、T0618	②a	椭圆形	长径1.4、短径1、深0.2	筒瓦、板瓦残片	辽金时期	五
H100	T1816、T1716、T1815	④	近方形	长1.3、深0.6	筒瓦、圆瓦当、半瓦当、陶罐、陶盆、陶纺轮、陶权、铁门枢、铜废料	东汉氏时期	三
H101	T2421、T2420	③	不规则椭圆形	长径存长1.1、短径1.7、深0.5	陶罐、陶盆、陶瓮、铜废料	魏晋时期	四
H102	T2322、T2422	③	近圆形	直径2.1、深0.1~0.4	残碎瓦片、陶片	魏晋时期	四
H103	T2324、T2424	③	圆角方形	长3、深0.2	陶圆饼、纹饰陶片、铁镞、石镞	魏晋时期	四
H104	T1815、T1715	⑤	椭圆形	长径2.6、短径2.4、深0.5	半瓦当、陶壶、陶罐、陶瓿、陶盆、陶瓮、陶灯、石颜料	西汉	二
H105	T2321	③	近椭圆形	长径4.3、短径0.9、深0.2	半瓦当、铁镞、铁环、货币	魏晋时期	四
H106	T2323	③	近椭圆形	长径1.6、短径1、深0.4	板瓦、铁镞、铜镞	魏晋时期	四
H107	T2323	⑤	三角形	长2.2、宽1.3、深0.5	板瓦、筒瓦、半瓦当、陶瓮、铜器	西汉	二
H108	T1718	③	圆角方形	长1、深0.3	残碎瓦片、陶片	魏晋时期	四
H109	T1718	③	近长方形	长1.2、宽1.1、深0.2	残碎瓦片、陶片	魏晋时期	四
H110	T1718、T1618	③	近椭圆形	长径1.6、短径0.7、深0.5	残碎陶片	魏晋时期	四
H111	T1818	③	不规则椭圆形	长径1.2、短径0.9、深0.2	残碎板瓦、陶片	魏晋时期	四
H112	T1719、T1819	③	不规则长方形	存长1.5、宽1.5、深0.4	圆瓦当、陶构件	魏晋时期	四

续附表二

编号	位置	开口层位	形状	尺寸	出土遗物	年代	分期
H113	T1818	④	圆角长方形	长1.9、宽0.7、深0.3	陶罐、陶盆、陶灯、陶瓮底、铁环首刀	东汉时期	三
H115	T2224、T2225	③	椭圆形	长径3、短径1.5、深0.7	陶器耳	魏晋时期	四
H116	T2324、T2325	③	椭圆形	长径1.5、短径0.9、深0.9	瓦当、陶釜、陶盆、陶灯、铁门枢、铁残片	公孙氏时期	四
H117	T1714、T1715	④	不规则椭圆形	长径2.6、短径1.3、深0.2	瓦当、陶盆、陶壶、陶瓮、陶釜、陶灯座、陶纺轮、陶器底、磨石	东汉时期	三
H118	T1318、T1319、T1218、T1319	②a	不规则椭圆形	长径3.3、短径2.6、深0.9	圆瓦当	辽金时期	五
H119	T1615、T1715	③	长方形	长1.4、宽0.8、深0.4	残碎瓦片、陶片	魏晋时期	四
H120	T0519	②a	圆形	直径2、深0.7	残碎板瓦、残碎筒瓦	辽金时期	五
H121	T1818、T1918	④	暴露部分呈梯形	长径3.6、短径2.2、深0.5	砖、瓦钉、陶瓮、陶盆、铜镞	东汉时期	三
H123	T1518、T1618	③	椭圆形	长径3.6、短径2.7、深0.6	瓦当、陶壶、陶盆、陶釜、陶钵、陶器底	公孙氏时期	四
H124	T1218	③	近椭圆形	宽1.1、深0.3~0.4	废铁渣	魏晋时期	四
H125	T1517、T1617	③	不规则圆角长方形	长2.2、宽1.3、深0.5	瓦当、陶罐、陶圆饼、陶权、铁镞、铜带扣	魏晋时期	四
H126	T1121、T1122、T1221、T1222	②a	不规则长方形	长3.7、宽3.1、深0.4	陶罐、陶器耳、陶器底、铁环	辽金时期	五
H127	T1223	②a	圆形	直径1.5、深0.7	残碎陶片	辽金时期	五
H128	T1319、T1219、T1220、T1320	③	近椭圆形	长径6.2、短径5.1、深0.7	瓦当、陶瓮、陶壶、陶盆、陶罐、陶器耳、陶器底、铁镞、铁车釭、铜镞、货币、磨盘	魏晋时期	四

续附表二

编号	位置	开口层位	形状	尺寸	出土遗物	年代	分期
H129	T0919	③	近椭圆形	长径1.6、短径0.3、深0.2	板瓦残片	魏晋时期	四
H130	T1020、T1120	②a	不规则长方形	长3.3、宽1.7、深0.5	陶罐、陶盆、陶甑、陶器耳、陶器底	辽金时期	五
H131	T1120、T1121	③	不规则长方形	长1.8、宽1.5、深0.6	残碎板瓦、陶器底	魏晋时期	四
H132	T1122	③	不规则椭圆形	长径存长1.4、短径1.7、深0.5	残碎板瓦、陶器底	魏晋时期	四
H133	T1121、T1122	③	不规则椭圆形	长径1.3、短径1.1、深0.3	残碎板瓦	魏晋时期	四
H134	T1119	②a	椭圆形	长径1.9、短径1.1、深0.9	盆口沿	辽金时期	五
H135	T1319、T1320	②a	不规则椭圆形	长径2.3、短径1.9、深0.9	陶盆、陶壶、陶器底	辽金时期	五
H136	T1119、T1120、T1219、T1220、T1319、T1320	②a	椭圆形	长径7、短径4.7、深1	陶罐、陶盆、陶甑、陶器耳、纹饰陶片、铁镞、陶钵、陶器底、陶球、铜镞、砺石、铜指环	辽金时期	五
H137	T1120、T1119	②a	圆形	直径1.3、深0.4	器底	辽金时期	五
H138	T1123、T1223	②a	椭圆形	长径2.8、短径2.2、深1.1	封泥、铁镞	辽金时期	五
H139	T1514、T1613、T1614	③	不规则椭圆形	长径2.4、短径0.6、深0.5	板瓦残片、陶片	魏晋时期	四
H140	T1714	⑤	椭圆形	长径1.8、短径1、深0.4	筒瓦、半瓦当、陶灯	西汉时期	二
H141	T1022	②a	椭圆形	长径1.1、短径0.7、深0.5	铁镞	辽金时期	五
H143	T1514、T1614	③	不规则椭圆形	长径3.4、短径1.2、深1	板瓦残片、陶片	魏晋时期	四
H144	T1220、T1320	②a	椭圆形	长径4.1、短径2.7、深0.7	瓦当、铁镞、环首铁器、铜镞	辽金时期	五
H145	T1119	③	圆角长方形	长1.5、宽1.1、深0.2	残碎板瓦、残碎筒瓦	魏晋时期	四
H146	T1714	③	不规则椭圆形	长径1.1、短径1、深0.4	筒瓦、青砖、陶罐残片	魏晋时期	四
H147	T1714	③	近长方形	长2、宽1.6、深0.4	陶灯	魏晋时期	四
H148	T1119	③	不规则椭圆形	长径存长1、短径1.2、深0.4	陶瓮、陶器耳、磨石	魏晋时期	四
H149	T1120	②a	圆形	直径2、深0.5	板瓦残片	辽金时期	五

续附表二

编号	位置	开口层位	形状	尺寸	出土遗物	年代	分期
H150	T1222、T1122	②a	近半圆形	直径1.3，深0.4	板瓦残片	辽金时期	五
H151	T1318、T1418	②a	近半圆形	直径2.3，深0.9	陶碗	辽金时期	五
H152	T1418	②a	近长方形	长1.4，宽0.8，深0.5	残碎板瓦、陶片	辽金时期	五
H153	T1216	③	近椭圆形	长径1.7，短径0.7，深0.6	残碎板瓦、陶片	魏晋时期	四
H154	T0919	③	近椭圆形	长径1，短径1，深0.4	板瓦残片、铁锸	魏晋时期	四
H155	T1122	③	圆角长方形	长2.4，通宽1.3，深0.6	板瓦残片、筒瓦残片	魏晋时期	四
H156	T1021、T1121、T1022、T1122	③	不规则方形	长5，宽0.7~2，深0.2~0.5	器底、纹饰陶片	公孙氏时期	四
H157	T1219	③	近椭圆形	长径1.1，短径0.8，深0.6	板瓦残片、筒瓦残片	魏晋时期	四
H158	T1122、T1123、T1222、T1223	⑤	近椭圆形	长径3.4，短径2.3，深0.8	板瓦、陶盆、陶钵、陶量、陶器底、陶片、铁锥、铁钎、铁铆钉、陶瓮、纹饰、铁锸、铜镞	西汉时期	二
H159	T1122	③	近椭圆形	长径存长0.7，短径1.3，深0.5	无	公孙氏时期	四
H161	T1415	③	近圆形	直径0.9，深0.2	筒瓦、板瓦残片	魏晋时期	四
H162	T1415、T1414	③	椭圆形	长径存长1，短径1.3，深0.2	板瓦残片、筒瓦残片	魏晋时期	四
H163	T1415、T1414	③	椭圆形	长径存长1.1，短径1.1，深0.2	残碎板瓦、筒瓦残片	魏晋时期	四
H164	T1414、T1314	③	椭圆形	长径2.2，短径1.3，深0.5~0.6	陶盆、陶甑、陶器耳、铜镞、磨石、铁镞	魏晋时期	四
H165	T1121、T1221、T1222、T1321	⑤	不规则曲尺形	东西长8.7，南北宽5.2，深0.6	半瓦当、瓦钉、陶壶、陶盆、瓮底	西汉	二
H166	T0819、T0919	③	圆形	直径1.2，深0.4	陶盆	魏晋时期	四
H167	T1218、T1219	②a	椭圆形	长径2.4，短径1.7，深0.7	铁镞、铁削、铁锔钉	辽金时期	五
H169	T1514	③	椭圆形	长径2.8，短径1.4，深0.6	陶盆、纹饰陶片、铁镞、陶甑	魏晋时期	四
H172	T1221、T1220	④	椭圆形	长径2.3，短径1.4，深0.9	板瓦、陶甑、陶盆、铜镞、陶权	东汉时期	三

续附表二

编号	位置	开口层位	形状	尺寸	出土遗物	年代	分期
H173	T1023、T1022	③	近圆角长方形	长1.8，宽1.8，深0.3~0.4	铁镞、铜镞	魏晋时期	四
H174	T1519	③	圆形	直径1，深0.3	瓦当、陶甑	魏晋时期	四
H175	T1316	②a	圆形	直径2.7，深0.1~0.7	陶盆、陶钵	辽金时期	五
H176	T1221、T1222	④	近椭圆形	长径3.2，短径1.9，深0.2~0.7	无	东汉时期	三
H177	T1222	③	圆形	直径1.2，深0.3	圆瓦当、陶纺轮	公孙氏时期	四
H178	T1319、T1320、T1219、T1220	④	近圆角方形	长径6.8，深0.3~0.5	陶盆、陶纺轮、铁镬、铁釜、铁锛、铁门枢、砺石	东汉时期	三
H179	T0918、T0919	②a	近半圆形	直径2.1，深0.7~0.9	残碎板瓦、陶片	辽金时期	五
H180	T1322、T1323	②a	椭圆形	长径3.2，短径2.6，深0.1~0.5	板瓦碎片	辽金时期	五
H181	T1322、T1323	③	圆角方形	长3.3，深0.1~0.7	陶器底、纹饰陶片、铁镬、铁环、石刀	魏晋时期	四
H182	T1322	②a	不规则椭圆形	长径2.9，短径1.4，深0.9	板瓦残片	辽金时期	五
H183	T1518	③	圆形	直径1.1，深0.5	残碎板瓦、陶甑残片	魏晋时期	四
H185	T1723、T1823	③	椭圆形	长径2.1，短径1.5，深0.4	圆瓦当、陶壶、陶盆、陶器耳、铁镬、鹿角	魏晋时期	四
H188	T1222、T1321、T1322	③	椭圆形	长径1.6，短径0.9，深0.1~0.5	无	魏晋时期	四
H189	T1222、T1321、T1322	③	椭圆形	长径1.3，短径0.8，深0.3~0.6	残碎板瓦、陶罐残片	魏晋时期	四
H190	T1223	②a	椭圆形	长径1.3，短径0.9，深0.7	瓦片、陶片	辽金时期	五
H191	T1321	②a	椭圆形	长径3.8，短径1.3，深0.3~0.6	陶纺轮、铁镬、铁斧、铁镰	辽金时期	五
H192	T1221、T1321	②a	椭圆形	长径3.4，短径2.5，深0.1~0.6	陶盆、铁带扣	辽金时期	五
H193	T1221、T1220、T1320	④	近椭圆形	长径存长2.1，短径2.9，深1.3	陶熏盖、陶器底、铁镬	东汉时期	三
H194	T1022、T1023、T1123、T1122	②a	椭圆形	长径2.5，短径1.8，深0.7	瓦当	辽金时期	五
H195	T1122、T1123	②a	圆形	直径2，深0.5	板瓦、残碎铁器	辽金时期	五
H196	T1123	②a	近半圆形	直径2.4，深0.8	板瓦残片	辽金时期	五

续附表二

编号	位置	开口层位	形状	尺寸	出土遗物	年代	分期
H197	T1023、T1123	②a	近半圆形	直径2.8、深0.8	板瓦残片	辽金时期	五
H198	T1021	③	近椭圆形	长1.5、宽1.1、深0.3	残碎瓦片	魏晋时期	四
H199	T1323	②a	椭圆形	长径2.9、短径1.5、深0.6米	板瓦、陶罐、陶瓮、陶盆、铁镞、铁门框、铁甲片	辽金时期	五
H200	T0919	③	近椭圆形	长径1.5、短径1.3、深0.2	残碎板瓦、陶片	魏晋时期	四
H201	T1023、T1123	⑤	椭圆形	长径存长1.7、短径2.7、深0.5	铁镢	西汉时期	二
H202	T1221	②a	圆形	直径1.8、深0.8	板瓦残片	辽金时期	五
H203	T1123	③	椭圆形	长径2.5、短径2、深0.2	铁铧、铁镰	公孙氏时期	四
H204	T1825、T1826、T1925、T1926	③	近椭圆形	长径5.4、短径3.2、深0.2~0.3	瓦当、陶壶、陶罐、陶盆、陶钵、陶甑、陶灯、陶器耳、陶器底、陶球、陶圆饼、铁镞、铁钉、磨石	魏晋时期	四
H206	T1926	③	椭圆形	长径存长1.9、短径2.6、深0.4	陶壶、陶器底、铁镞、铜镞	魏晋时期	四

附表三 永陵南城址出土莲花纹瓦当统计表 单位：厘米

出土单位	短瓣	长瓣	涂朱	尺　寸
东城墙③:6		√		当面残径 15.3
东门:1	√		√	当面残径 5.4
东门:2		√	√	当面残径 7.6
东门:3		√	√	当面残径 10.1
J2:1		√		当面残径 9.5
J2:6	√			当面直径 15、边轮宽 1.4、厚 2~2.4
J2:10	√		√	边轮宽 1.4
J2:17		√		当面直径 17、边轮宽 2、宽 3.5
J2:25		√		残高 7.4、残宽 2.4
J3:5		√		当面残径 5.2
J3:6		√	√	当面残径 4.3
J3:7		√	√	当面残径 4.8
J3:9		√		当面残径 6.8
J3:10		√		当面残径 10
J3:19		√	√	当面残径 6.6
J3:20		√	√	当面直径 13.5、边轮宽 0.7
J3:21		√		当面残径 5.6
J3:27		√	√	当面残径 3.2、边轮宽 1
J3:28		√	√	当面直径 15、边轮宽 1.5
J3:30		√	√	当面残径 6.7、边轮宽 1.2
J3:42		√	√	当面残径 15、边轮宽 2
J3:43		√		残高 5.4、筒瓦残长 4.7
J3:44		√	√	当面残径 4.6
J3:45		√	√	当面残径 5.6
J3:46		√	√	当面残径 16.5
J3:47		√	√	当面残径 6.2
J3:51		√	√	当面残径 4.8
J4:16		√	√	当面残径 7
J4:17		√		当面残径 13.8
J4:18		√	√	残存边轮宽 0.7、残径 16.5
J4:19		√	√	当面直径 13.3、宽 3
J4:21		√		当面残径 8.4
J4:24		√	√	当面残径 4.9

续附表三

出土单位	短瓣	长瓣	涂朱	尺　　寸
J4：25		√	√	当面残径 5.3
J4：26		√		当面残径 5.8
J4：27		√	√	当面残径 10.7
J5：5		√		当面残径 6
J5：6		√		残径 5.7
J5：7	√		√	边轮宽 0.7～1.2、当面直径 16、宽 3
J5：8		√		残径 4.8、边轮宽 1.4、当面宽 3.5
J5：9		√		当面残径 5.2
J5：10		√	√	当面残径 12
J5：11		√	√	当面残径 6
J5：12		√		当面残径 5.8
J5：14		√		当面残径 7.2
J5：15		√	√	当面残径 14、边轮宽 1.2～1.4
J5：18	√			当面残径 4.4、边轮宽 1.3
J5：21	√		√	当面残径 13
J5：22		√		当面残径 7
J5：23		√	√	当面残径 5.4
J7：7	√			当面残径 13.5、厚 2.8
J7：8		√		当面直径 14.7、厚 3
J7：9		√	√	当面直径 16.5
J7：10		√	√	当面直径 12、边轮宽 2.3
J7：11		√		当面残径 9.6、边轮宽 0.9
J7：12	√			当面直径 15、边轮宽 1.2～1.74
J7：13	√		√	当面直径 16.5、边轮宽 1.2～1.5、厚 2.5～3.5
J7：15		√		当面残径 10.8、边轮宽 1.3
J7：16		√	√	
J7：19	√			当面残径 7.3、边轮宽 1.2
F1：2		√		当面残径 13
F19：1		√	√	当面残径 12.5
F20：3		√	√	当面残径 5.4
F20：9		√	√	当面残径 5.6
F20：10		√	√	当面残径 4.1

续附表三

出土单位	短瓣	长瓣	涂朱	尺　寸
H10：23	√			当面残径10.1
H89：1	√			当面残径5.5
H100：6	√			当面直径16、边轮宽1、宽3.4～4.1
H112：2		√	√	当面残径7
H116：2		√	√	当面残径12.3
H116：3		√	√	当面残径10.8
H117：2	√			当面残径6.6、边轮宽1.4
H117：10		√		当面残径6.9
H117：26	√			当面残径6.4、边轮宽1.1
H117：27	√		√	当面残径6.4
H118：1		√		当面残径6.4
H128：3	√		√	当面残径11
H128：8	√			当面残径8
H144：1		√		当面残径6.2
H174：3		√		当面残径7.5
H177：2		√		当面残径5.4
H177：4	√			当面直径16.5、边轮宽1.2
H204：15		√		当面残径14
T0418②a：2	√			当面直径14
T1020④：5		√	√	
T1119②a：7		√		
T1717③：1		√	√	
T1826②a：2		√		当面残径2.5、边轮宽1.2
T1916③：11		√		
T2026③：2		√	√	
T2027③：2	√			当面直径13.5、边轮宽1.4
T2110③：1	√			当面残径13
T2120③：10		√		残高3.4
T2120③：11	√			边轮宽1.4
T2125③：8		√	√	边轮宽1.4
T2215③：29		√		当面线径7.5
T2216③：9		√		当面残径12.6

续附表三

出土单位	短瓣	长瓣	涂朱	尺　　寸
T2220 ③:20		√	√	当面残径13
T2220 ③:30		√	√	当面直径16、边轮宽1.3~1.9
T2220④:1	√		√	当面残径11.5
T2314②a:2		√	√	当面残径14、残宽3.2
T2315 ③:5		√	√	当面残径4.9
T2316 ③:1	√			当面残径13.5
T2316 ③:15		√	√	当面残径4.8
T2420 ③:6		√	√	当面残径9.3、边轮宽2.1
T0422①:1	√			当面残径7.2
T0821②a:3	√			当面残径13
T1119 ③:2	√		√	
T1121 ③:1	√			当面残径4.7、边轮宽1.2
T1221 ③:12	√			
T1221 ③:4	√			当面残径16
T1321 ③:1	√		√	当面直径16、边轮宽1~2
T1421 ③:1	√		√	复原当面直径17、边轮宽1.2
T1423 ③:2	√			
T1526 ③:6	√			当面残径7.6
T1816 ③:21	√			当面直径16.5、边轮高1、宽3.5
T1816 ③:2	√			
T1817 ③:12	√			
T1914 ③:3	√			边轮宽1
T1916 ③:13	√			当面直径15.3、边轮宽1.5
T1926 ③:2	√		√	边轮宽1.2
T2015 ③:7	√			当面残径13.5
T2019 ③:4	√			当面直径16.5、边轮宽1.3
T2125 ③:7	√		√	边轮宽2
T2315 ③:2	√			当面直径17
T2315 ③:10	√			边轮宽1.6
T2320 ③:18	√		√	
T2420 ③:5	√			
T1020 ③:5		√		
T1110 ③:11		√		

续附表三

出土单位	短瓣	长瓣	涂朱	尺　　寸
T1121 ③∶4		√		
T1123②a∶1		√		
T1220 ③∶3		√	√	
T1221 ③∶7		√		
T1222②a∶11		√		
T1223②a∶3		√		
T1320 ③∶2		√		边轮宽2
T1426 ③∶7		√		当面直径14.2
T1514 ③∶1		√		边轮宽1.4
T1526 ③∶7		√		边轮宽1.1
T1614 ③∶2		√	√	
T1621 ③∶1		√		
T1716 ③∶3		√		
T1726 ③∶5		√		
T1819 ③∶1		√		
T1819 ③∶4		√		当面残径4.4
T1826 ③∶1		√	√	
T1914 ③∶3		√		边轮宽1
T1926 ③∶4		√		
T1926 ③∶10		√		
T2019 ③∶5		√	√	
T2025 ③∶14		√		残高7
T2117 ③∶2		√		
T2125 ③∶10		√	√	边轮残宽1
T2125 ③∶20		√	√	边轮宽1.2、当面直径15.5
T2215 ③∶34		√		
T2220 ③∶31		√	√	
T2319 ③∶3		√		当面直径16
T2420 ③∶4		√		
采∶15		√	√	当面残径12.1

附表四　　　　　　　　　　　永陵南城址地层出土铁镞统计表　　　　　　　　单位：厘米

出土单位	形　制								尺寸（长）	分　期		
	铲形	柳叶形	矛形	蛇头形	阔叶形	凿形	三棱锥	四棱锥		三	四	五
T0518②a：1			√						7		√	
T0818②a：1			√						5.9		√	
T0818②a：2								√	7.8		√	
T0819②a：1				√					8.3		√	
T0821②a：1								√	11.8			√
T0918③：1		√							6.6		√	
T0918③：2								√	6.8		√	
T1019②a：6			√						8.9	√		
T1019③：1								√	9.8	√		
T1019③：4								√	8.2		√	
T1020②a：1						√			4.3			√
T1020②a：3		√							4.1		√	
T1020②a：5						√			6.1			√
T1020②a：9								√	6.6		√	
T1020③：1								√	9.3		√	
T1020③：4								√	5.9		√	
T1020④：2								√	7.4	√		
T1020④：3								√	7.8	√		
T1021③：2								√	4.4		√	
T1021③：3						√			6.1		√	
T1021③：8							√		5.6	√		
T1021③：10								√	11	√		
T1021③：12								√	12.2	√		
T1022②a：1								√	8.5			√
T1022③：2								√	7.1		√	
T1022③：4								√	7.5	√		
T1023③：6						√			7.5		√	
T1023②a：3						√			5.8			√
T1023②a：4						√			5.4			√
T1023②a：5								√	6			√

续附表四

出土单位	形　　制								尺寸（长）	分　期		
	铲形	柳叶形	矛形	蛇头形	阔叶形	凿形	三棱锥	四棱锥		三	四	五
T1023③:7						√			6.9		√	
T1023③:8						√			7.3		√	
T1023③:10						√			8		√	
T1033③:1		√							8.6		√	
T1121②a:1								√	5.6		√	
T1120②a:3						√			4.5			√
T1122②a:1					√				8.3	√		
T1123③:1								√	9.3		√	
T1219②a:9								√	5.2		√	
T1219③:2					√				8.3		√	
T1219③:4						√			7		√	
T1222②a:8								√	6.3	√		
T1223②a:1	√								5.9		√	
T1223②a:16				√					6.4		√	
T1318②a:2								√	8.6	√		
T1322②a:2						√			6.7			√
T1322②a:10		√							4.7	√		
T1323②a:6		√							7.4		√	
T1323③:2								√	9.1	√		
T1323③:3						√			8.2		√	
T1414②a:1						√			8.5			√
T1414③:2		√							8.5	√		√
T1414③:3		√							8.7	√		
T1414③:4								√	9.6	√		
T1414③:5						√			6.2		√	
T1415③:1		√							6.6	√		
T1415③:2		√							9.6		√	
T1416③:1					√				8	√		
T1417③:7					√				6.9		√	
T1418②a:2						√			8.1			√
T1423③:3		√							7.7		√	
T1423③:4				√					14		√	
T1426②a:1								√	7.8	√		

续附表四

出土单位	形 制								尺寸（长）	分 期		
	铲形	柳叶形	矛形	蛇头形	阔叶形	凿形	三棱锥	四棱锥		三	四	五
T1515 ③：7						√			5.2		√	
T1516 ③：3				√					5		√	
T1516 ③：4			√						8.8		√	
T1518 ③：1	√								6.7		√	
T1518 ③：2			√						7.3	√		
T1520 ③：1							√		6.5	√		
T1614 ③：5			√						10.4		√	
T1615 ③：4		√							11.4		√	
T1617 ③：2	√								5.6		√	
T1617 ③：4	√								5.8		√	
T1617 ③：7		√							6.5		√	
T1617 ③：10		√							5.2		√	
T1619②a：1							√		6.1	√		
T1621 ③：2		√							4.8		√	
T1621 ③：3							√		6.7		√	
T1626 ③：7		√							11.4	√		
T1626 ③：10		√							10.8		√	
T1627 ③：4		√							7.7		√	
T1714 ③：10	√								5.6		√	
T1715 ③：1						√			8.2		√	
T1716②a：1							√		4.2		√	
T1716 ③：2							√		5.8	√		
T1717 ③：3	√								6.5		√	
T1718 ③：2				√					8.1		√	
T1718 ③：3			√						13.2		√	
T1718 ③：4	√								8.2		√	
T1718 ③：5	√								8.4		√	
T1720 ③：1	√								6.2		√	
T1722 ③：1							√		3.6	√		
T1723 ③：2						√			7.2		√	
T1725 ③：1							√		13.8	√		
T1725 ③：2		√							5.1		√	

续附表四

出土单位	形　　　制								尺寸（长）	分　期		
	铲形	柳叶形	矛形	蛇头形	阔叶形	凿形	三棱锥	四棱锥		三	四	五
T1725③：3			√						7.8		√	
T1726③：7		√							7.2		√	
T1727③：2						√			6.8		√	
T1816③：20				√					8.4	√		
T1816③：23						√			7.3		√	
T1816③：25			√						11.2		√	
T1817③：17						√			6.1		√	
T1818③：1						√			4.8		√	
T1819③：2			√						8.3		√	
T1820③：1			√						8.4	√		
T1823③：3			√						6.8		√	
T1827③：1						√			6.9		√	
T1827③：3								√	5.2		√	
T1827③：4				√					11.2		√	
T1827③：10			√						8.9		√	
T1914②a：1			√						7.5		√	
T1914③：2		√							6.5		√	
T1914③：4					√				7.1		√	
T1914③：13			√						11.5	√		
T1915③：1			√						9.5	√		
T1915③：2						√			6.4		√	
T1916③：7						√			8.8		√	
T1917③：1			√						9		√	
T1919③：1			√						7.5	√		
T1919③：4			√						11.4		√	
T1919③：5						√			9.2		√	
T1920③：1				√					10.5		√	
T1920③：2						√			6.9		√	
T1923③：4						√			7.6		√	
T1923③：5						√			7.6		√	

续附表四

出土单位	形　制								尺寸（长）	分　期		
	铲形	柳叶形	矛形	蛇头形	阔叶形	凿形	三棱锥	四棱锥		三	四	五
T1926 ③：7			√						8.4	√		
T1926 ③：12								√	10.5		√	
T2014 ③：2		√							9		√	
T2015 ③：4			√						8.7		√	
T2016 ③：1						√			6.1		√	
T2016 ③：3			√						7.7	√		
T2019 ③：2			√						11.8		√	
T2019 ③：3			√						11.5	√		
T2020 ③：5						√			11		√	
T2020 ③：6						√			5		√	
T2020 ③：7								√	7.5		√	
T2020 ③：8								√	11.9		√	
T2022 ③：6				√					6.4	√		
T2022 ③：7		√							7.4		√	
T2023 ③：3						√			7.9		√	
T2023 ③：4				√					8.3		√	
T2023 ③：5			√						6.9		√	
T2023 ③：6						√			9.3		√	
T2024 ③：1						√			10		√	
T2024 ③：5			√						8		√	
T2024 ③：6				√					7.7		√	
T2025 ③：3								√	7		√	
T2025 ③：4			√						7.2		√	
T2025 ③：5			√						12.4	√		
T2025 ③：24						√			7.2		√	
T2025 ③：25						√			6.7		√	
T2025 ④：1			√						7.6	√		
T2026 ③：5				√					6.2		√	
T2027 ③：1						√			7.1		√	
T2114 ③：3						√			5.7		√	
T2115 ③：2						√			7		√	

续附表四

出土单位	形制								尺寸（长）	分期		
	铲形	柳叶形	矛形	蛇头形	阔叶形	凿形	三棱锥	四棱锥		三	四	五
T2115③:3						√			11.6		√	
T2116③:1		√							9.7		√	
T2118②a:2								√	8.5			√
T2118③:1		√							8.4		√	
T2118③:2						√			7.3		√	
T2119③:2		√							7		√	
T2120③:1		√							6.3		√	
T2120③:2		√							5.4		√	
T2120③:3						√			7.1		√	
T2120③:4						√			6.4		√	
T2120③:6							√		4.4	√		
T2120③:17			√						7.8		√	
T2120③:18								√	10.3		√	
T2121③:2								√	5.9		√	
T2121③:7						√			10.3		√	
T2122③:3		√							9		√	
T2122③:6						√			10.9		√	
T2123②a:5					√				9.6		√	
T2123③:3	√								6.8		√	
T2123③:4			√						8	√		
T2123③:5			√						8.5		√	
T2124②a:1						√			6.3			√
T2124②a:2							√		6.4	√		
T2124③:24						√			8		√	
T2124③:26						√			6.1		√	
T2124③:27			√						9.6		√	
T2124③:31						√			7.2		√	
T2125③:2			√						8	√		
T2125③:3								√	5.4	√		
T2125③:4						√			7.2		√	
T2125③:13						√			7.5		√	
T2125③:14	√								6.6		√	

续附表四

出土单位	形　制								尺寸（长）	分　期		
	铲形	柳叶形	矛形	蛇头形	阔叶形	凿形	三棱锥	四棱锥		三	四	五
T2125③:15			√						12.2		√	
T2125③:16						√			11.1		√	
T2125③:21			√						7.1		√	
T2125③:22				√					7.1		√	
T2125③:23		√							8.8		√	
T2125③:24						√			6.9		√	
T2215③:1			√						5.5		√	
T2215③:2		√							6.6		√	
T2215③:16			√						9.4		√	
T2216②a:1						√			8.1		√	
T2216③:1			√						9.1	√		
T2216③:2			√						8.6		√	
T2216③:4		√							7.1		√	
T2218③:1						√			6.1		√	
T2218③:4			√						6.5		√	
T2220③:1						√			7		√	
T2220③:3			√						6.3		√	
T2220③:4		√							6.3		√	
T2220③:12								√	7		√	
T2220③:26			√						5.6		√	
T2220③:28						√			6.3		√	
T2220③:29						√			9.5		√	
T2220③:32						√			5.7		√	
T2221③:5		√							6.2		√	
T2221③:6								√	9.1	√		
T2221③:7			√						10.9	√		
T2221③:8								√	8.7		√	
T2221③:9						√			6.3		√	
T2221③:11		√							7.6		√	
T2221③:13			√						7.7		√	

续附表四

出土单位	形制								尺寸（长）	分期		
	铲形	柳叶形	矛形	蛇头形	阔叶形	凿形	三棱锥	四棱锥		三	四	五
T2221③:17						√			5.6		√	
T2222③:4			√						7.6	√		
T2224②a:2								√	7.4			√
T2224③:16					√				7.2		√	
T2225③:4								√	11.3		√	
T2225③:5						√			6		√	
T2225③:6								√	12.3		√	
T2314③:5			√						8.3	√		
T2314③:8						√			6.6		√	
T2315③:1	√								12.4		√	
T2315③:13								√	10.6		√	
T2316③:2				√					11.2	√		
T2316③:3								√	9.1		√	
T2316③:4								√	7.6		√	
T2316③:5						√			7.6		√	
T2316③:6							√		5.2	√		
T2316③:7								√	6		√	
T2316③:8				√					7.3	√		
T2316③:9								√	9.6		√	
T2316③:10			√						10.4	√		
T2316③:16								√	7.2		√	
T2317③:3		√							6.4		√	
T2318③:4		√							6.2		√	
T2318④:5			√						7.8	√		
T2319③:5						√			6.7		√	
T2320③:1			√						7.6		√	
T2320③:2						√			8.6		√	
T2320③:6				√					12.3	√		
T2320③:7		√							9.5		√	
T2320③:8			√						13.4	√		
T2320③:9						√			6.6		√	
T2320③:17			√						7.5	√		

续附表四

出土单位	形　　制								尺寸（长）	分　　期		
	铲形	柳叶形	矛形	蛇头形	阔叶形	凿形	三棱锥	四棱锥		三	四	五
T2321 ③：14		√							6.2		√	
T2321 ③：15				√					7.5		√	
T2321 ③：18								√	11.2		√	
T2321 ③：20						√			7.3		√	
T2321 ③：22		√							7		√	
T2321 ③：24		√							7.6		√	
T2322 ③：7						√			8.5		√	
T2323 ③：3		√							10.5		√	
T2323 ③：4						√			7.3		√	
T2323 ③：5						√			9.3		√	
T2323 ③：6			√						7.9	√		
T2324 ③：10				√					13.5		√	
T2324 ③：12						√			7.3		√	
T2326 ③：2							√		6.9	√		
T2328④：2								√	9.6	√		
T2420②a：1						√			5.3			√
T2420②a：4						√			6.2			√
T2421 ③：2						√			6.5		√	
T2421 ③：3			√						7.4		√	
T2421 ③：4			√						6.9		√	
T2421 ③：8				√					5.8	√		
T2422②a：1	√								8.2		√	
T2422②a：2						√			5.5			√
T2422②a：6			√						8.1		√	
T2423 ③：1			√						12.9	√		
T2423 ③：3						√			5.7		√	

附表五　　　　　　　　　永陵南城址出土三棱锥形铜镞统计表　　　　　　　　单位：厘米

出土单位	形制				长（残长）	关部特征	分期			
	有关	无关	有血槽	无血槽			二期	三期	四期	五期
西门：22	√		√		2.3	六棱关无胡	√			
西门：23	√			√	2.8	六棱关	√			
T1020③：8		√		√	3.8	—	√			
T1022④：1		√		√	5.6	—	√			
T1121④：3		√		√	8	—	√			
T1121④：5		√		√	2.6	—	√			
T1122④：4		√		√	5.9	—	√			
T1123③：2		√		√	2.8	—	√			
T1123③：5		√		√	3.4	—	√			
T1222②a：1		√		√	2.9	—	√			
T1322②a：5		√		√	2.7	—	√			
T1322③：18		√		√	2.6	—	√			
T1322③：33		√		√	2.8	—	√			
T1323②a：3		√		√	2.7	—	√			
T1715④：1		√		√	3	—	√			
T1724②a：1		√		√	2.7	—	√			
T1726③：6		√		√	3.2	—	√			
T2018③：1		√		√	4.4	—	√			
T1914③：1	√			√	3	圆关	√			
T2014③：1	√			√	3.8	圆关	√			
T0718②a：5	√			√	2.8	六棱关	√			
T1019②a：8	√			√	4	六棱关	√			
T1020④：4	√			√	4.4	六棱关	√			
T1122②a：3	√			√	3.5	六棱关	√			
T1123③：4	√			√	3.1	六棱关	√			
T1219②a：3	√			√	2.5	六棱关	√			
T1222②a：3	√			√	4.2	六棱关	√			
T1223②a：5	√			√	2.9	六棱关	√			
T1319②a：2	√			√	2.8	六棱关	√			
T1320③：1	√			√	3.8	六棱关	√			
T1322③：1	√			√	3.5	六棱关	√			
T1322③：2	√			√	3.1	六棱关	√			

续附表五

出土单位	形制				长（残长）	关部特征	分期			
	有关	无关	有血槽	无血槽			二期	三期	四期	五期
T1322③:4	√			√	2.8	六棱关	√			
T1322③:16	√			√	3.8	六棱关	√			
T1322③:22	√			√	4.7	六棱关	√			
T1322③:23	√			√	2.5	六棱关	√			
T1322③:25	√			√	2.4	六棱关	√			
T1322③:28	√			√	4.1	六棱关	√			
T1322③:32	√			√	3	六棱关	√			
T1322③:35	√			√	3.2	六棱关	√			
T1322③:36	√			√	3.2	六棱关	√			
T1323②a:1	√			√	2.9	六棱关	√			
T1417③:2	√			√	5.3	六棱关	√			
T1426③:6	√			√	3.2	六棱关	√			
T1515③:6	√			√	3.9	六棱关	√			
T1517③:3	√			√	3.4	六棱关	√			
T1614③:4	√			√	2.9	六棱关	√			
T1617③:6	√			√	3.3	六棱关	√			
T1815③:2	√			√	2.8	六棱关	√			
T1820③:13	√			√	2.9	六棱关	√			
T1826③:2	√			√	2.6	六棱关	√			
T1914③:5	√			√	2.8	六棱关	√			
T2026③:3	√			√	3.2	六棱关	√			
T2124③:25	√			√	2.8	六棱关	√			
T2220③:8	√			√	3	六棱关	√			
T1322③:43	√			√	2.8	六棱关	√			
T0718②a:4	√		√		3	六棱关 无胡	√			
T1020④:1	√		√		3	六棱关 无胡	√			
T1122②a:2	√		√		3.2	六棱关 无胡	√			
T1123②a:2	√		√		2.2	六棱关 无胡	√			

续附表五

出土单位	形制				长（残长）	关部特征	分期			
	有关	无关	有血槽	无血槽			二期	三期	四期	五期
T1322②a∶9	√		√		3.3	六棱关 无胡	√			
T1322③∶8	√		√		3.5	六棱关 无胡	√			
T1322③∶9	√		√		4.4	六棱关 无胡	√			
T1322③∶12	√		√		3.7	六棱关 无胡	√			
T1322③∶13	√		√		4.1	六棱关 无胡	√			
T1322③∶23	√		√		2.5	六棱关 无胡	√			
T1322③∶24	√		√		3	六棱关 无胡	√			
T1322③∶26	√		√		3.3	六棱关 无胡	√			
T1322③∶27	√		√		3.6	六棱关 无胡	√			
T1322③∶30	√		√		4.2	六棱关 无胡	√			
T1322③∶31	√		√		4	六棱关 无胡	√			
H95∶1	√			√	5	六棱关			√	
T1322③∶42	√		√		3.5	六棱关 无胡	√			
T1422③∶2	√		√		3.5	六棱关 无胡	√			
T1424③∶1	√		√		3.9	六棱关 无胡	√			
T1519②a∶1	√		√		2.9	六棱关 无胡	√			

续附表五

出土单位	形制				长（残长）	关部特征	分期			
	有关	无关	有血槽	无血槽			二期	三期	四期	五期
T1626③:6	√		√		4.6	六棱关 无胡	√			
T1718②a:1	√		√		3.9	六棱关 无胡	√			
T1817③:4	√		√		3.3	六棱关 无胡	√			
T1817③:13	√		√		3.6	六棱关 无胡	√			
T1819③:3	√		√		3	六棱关 无胡	√			
T1926③:9	√		√		4.1	六棱关 无胡	√			
T2318③:1	√		√		2.8	六棱关 无胡	√			
T0822②a:1	√		√		3	六棱关 有胡	√			
T1322③:37	√		√		2.7	六棱关 有胡	√			
T1815③:1	√		√		3.8	六棱关 有胡	√			
T2322③:12	√		√		3.2	六棱关 有胡	√			
T2324③:11	√		√		4.4	六棱关 有胡	√			
J4:6	√		√		3.6	六棱关 无胡		√		
J4:14	√		√		4	六棱关 无胡		√		
J4:15	√			√	2.9	六棱关		√		
H121:7	√			√	1.2	圆关		√		
J2:8	√			√	3.3	六棱关			√	

续附表五

出土单位	形制				长（残长）	关部特征	分期			
	有关	无关	有血槽	无血槽			二期	三期	四期	五期
J2：12	√			√	2.4	六棱关			√	
H95：1	√			√	5	六棱关			√	
H106：1	√		√		3.4	五棱关 无胡			√	
H128：2		√	√		3	—			√	
H158：2	√		√		2.8	六棱关 无胡	√			
H158：4	√		√		2.6	六棱关 无胡	√			
H158：9	√		√		2.8	六棱关 无胡	√			
H158：10	√		√		3	六棱关 无胡	√			
H158：11	√		√		4	六棱关 无胡			√	
H158：12	√		√		2.8	六棱关 无胡			√	
H173：2	√			√	3.4	六棱关			√	
H173：5	√			√	3.9	圆关			√	
H136：1	√			√	2.8	六棱关				√
H144：7	√		√		3.4	六棱关 无胡				√
H144：8	√		√		3.8	六棱关 无胡				√
H144：9	√		√		4.8	六棱关 无胡				√
07采：10	√		√		6	六棱关 有胡	√			

后　记

本报告是集体工作的成果。

每当年度发掘工作结束之后，我们均对发掘资料进行初步整理。2012 年秋冬季节，又对发掘资料进行了较为系统的整理，全面整理了所有发掘资料并建立了翔实的档案资料。在整理工作的基础上，开始着手编写发掘报告。

为了使发掘资料的报道尽量达到全面化、细微化和系统化，我们在编写体例上做了一些新的尝试，对于同期文化中的遗迹，按编号顺序全部予以介绍，同时介绍每个遗迹中的出土遗物。对于同一遗迹出土数量过多的相同器物，我们也尽量挑选保存较好的标本多予介绍。采取这种编写方法，在遗迹、遗物介绍当中，难免重复，但这样做的结果，对于掌握单个遗迹的全面资料，进而加深对整个遗址的理解和认识，应有更多的帮助和裨益。

永陵南城址发掘出土器物类型比较单一，甚至同一类型的陶器常常仅有一件，因此本报告对出土器物未作型式划分，但在器物介绍当中，则对数量较多的器物进行了初步归类。

2012 年底开始报告编写工作。由李新全主持，白宝玉、李海波协助管理，省考古所吴亚成、邓茂、王晓磊、孙娟娟（东北师范大学研究生）、马卉（辽宁大学研究生）、张壮（锦州市文物考古研究所）等同志协同努力，于 2014 年 3 月底形成报告的第一稿。第一稿经李新全、吴亚成、孙娟娟进行了部分调整、补充、修改后，于 2015 年底完成初稿。报告初稿完成后，承蒙有关专家和同仁传阅，提出了具体修改意见，由李新全、吴亚成对报告进行了统纂，最后定稿。并在 2017 年由李新全、吴亚成共同完成报告的最后的校对。

报告编写具体分工如下：

李新全、苏鹏力负责报告编写体例制定，地层堆积与分期和结语的编写。

吴亚成、邓茂、王晓磊负责遗迹、遗物的编写、修改、排版等。

此前苏鹏力同志参与了报告编写体例的制定并完成了东、西门址和 J7 的初稿编写；徐政同志完成了 2008 年发掘灰坑的初稿编写；李霞同志完成了 2008 年发掘灰沟的初稿编写。

拓片：李军、孙刚。

摄影：李新全、吴亚成、穆启文、苏鹏力、徐政、郑辰。

修复：李军、吴亚成、张明合。

绘图：吴亚成、万成忠、赵海山、华正杰、张明合、王晓磊、马红光。

在资料整理、档案制作和报告编写过程中，得到了李向东、吴炎亮、白宝玉、徐正、李海波、王义、张宝石、宋兆奎、刘晓红等同志的大力协助，在此表示感谢。

本书英文提要由王音翻译，曹楠审校。

永陵南城址发掘得到了国家文物局、辽宁省文化厅领导和专家的重视与支持。考古专家徐光冀、郭大顺、徐秉琨、辛占山、姜念思、王绵厚、王晶辰、田立坤、方殿春，吉林大学教授魏存成、吉林省文物考古研究所考古专家金旭东等诸位先生均曾莅临发掘工地，予以指导。发掘过程中，得到了抚顺市委、市政府、市文化局、市博物馆，新宾满族自治县县委、县政府、县文化局、县文管所、赫图阿拉城管理处、永陵文物管理所等部门的大力支持，在此深致谢意。

Excavation Report of Yongling South City Site

(Abstract)

Yongling South city site is about 1. 5 km from Yongling town, Xinbin Manchu Autonomous County, Liaoning Province. It is located on the south coast of Suzi river, where Suzi river and Erdao river intersects.

From 2004 to 2008, Liaoning Provincial Institute of Cultural Relics and Archaeology, cooperated with Fushun Municipal Museum and Cultural Heritage Management Institute of Hetu' alacheng, Xinbin, carried out massive archaeological fieldwork at Yongling South city site, and obtained a wealth of materials.

I. City Walls and Gates

The city site is built on a river terrace, with the plane shape being rectangular and the walls made of rammed – earth. The northern part of the city site has been washed away by river water, and the whole site has become farmland now. There are an east gate and a west gate. The east gate is located at the north – center of the east wall, while the west gate is located at the south – center of the west wall.

II. Deposits inside the City

Deposits inside the city can be divided into five major cultural periods. The 1st period belongs to the late Bronze Age, the 2nd period belongs to the middle and late Western Han Dynasty, the 3rd period belongs to the Eastern Han Dynasty, and the 4th period belongs to the Three Kingdoms Period and Wei and Jin Dynasties (remains of early stage belong to the Gongsun Period, and remains of late stage belong to the Wei, Jin and Southern and Northern Dynasties) . Finally, the 5th period comprises remains of the Liao and Jin Dynasties.

In the 1st period, remains are comparatively less distributed, which we presume to be remains of short – term activities. Sandy pottery is hand – made and stone implements are scattered in the layers. In the 2nd period, scattered rammed – earth platforms which are mainly distributed in the north – center are found due to limited excavation area and depth. For the purpose of preserving the late rammed – earth platforms overlapping on them, we did no further dig. In the 3rd period, groups of courtyard base sites were found in the northern part of the city. Since no small – scale house foundation has been found, we speculate that the large – scale construction should be the administrative center of the city. There exist a number of pebble a-prons, which were made through a typical building method of the Han and Wei Dynasties. In the 4th peri-od, which is the most prosperous period of the city, a large number of remains reserved. This period can be divided into an early and a late stage. In the early stage, remains include large – scale construction base, which is a north – south distributed three – grouped courtyard base site according to its extant layout. Remains of the late stage are mainly houses, pits, stoves and so on. In the 5th period, remains include large construction sites, housing sites, pits and so on.

III. Conclusion

A large number of archaeological materials have been obtained during the five years of excavation. Through comprehensive analysis of archaeological materials and documental records, cultural connotation, history, and time of the city and other issues have been basically determined.

1. The results show that there were human activities as early as in the late Bronze Age.

2. The city site was first built when Emperor Wu of the Western Han Dynasty established the four pre-fectures, and it should be the Koguryo County site administrated by Xuantu Prefecture.

3. According to unearthed remains and documents, in the 5th year of Shiyuan, Emperor Zhao of Han Dynasty moved the administrative site of Xuantu Prefecture from Woju City to here.

4. The walls experienced three times of rebuilding. The first time was when Emperor Wu of the West-ern Han Dynasty established the site of Koguryo County; the second time was the expansion after Emperor Zhao of Han Dynasty moved here in the spring of the 6th year of Yuanfeng; and the third time was the re-pairs when the Gongsun Regime occupied here.

5. Large construction bases and inscripted ' *Qian qiu wan sui* ' (longevity) round eaves – tile of the Gongsun period are found inside the city, which is evidence of the Gongsun separatist regime and its arro-gation of hierarchy. This is also the first time that remains of government office buildings of the Gongsun Regime are found.

6. When Murong Xianbei rose, they once occupied here. According to the remains of Murong Xianbei found here and the geographical location, we speculate that it probably is the Nansu city – site of Koguryo.

永陵南城址发掘报告

（下）

辽宁省文物考古研究所　编著

文物出版社

北京·2017

Excavation Report of Yongling South City Site

(II)

(with an English abstract)

by

Liaoning Provincial Institute of Cultural Relics and Archaeology

Cultural Relics Press

Beijing · 2017

图 版 目 录

1. 城址周边地貌（由南向北）

2. 城址远眺（由南向北）

永陵南城址风貌

永陵南城址近景（由南向北）

2008年城址发掘区鸟瞰（由西向东）

1. 东城墙（由西向东）

2. 南城墙（由北向南）

东城墙、南城墙现状

1. 西城墙（由南向北）

2. 城址北侧断崖（由东南向西北）

西城墙及城址北部现状

1. 东城墙北端探沟（由东向西）

2. 东城墙北端剖面细部

东城墙北端探沟及剖面细部

1. 层位堆积（由东向西）

2. 倒塌堆积（由东向西）

西门层位堆积及倒塌堆积

1. 发掘前（由东向西）

2. 倒塌堆积（由东向西）

西门址发掘前及倒塌堆积

1. 由西向东

2. 由东向西

西门址全景

1. 鸟瞰（由东向西）

2. 北侧地袱基础（由东向西）

西门址鸟瞰及北侧地袱基础

1. 由西向东

2. 转角处立砌的板瓦

西门址南侧地栿基础

1. 发掘前（由西南向东北）

2. 清理后（由西向南）

东门址发掘前后

1. 鸟瞰（由东向西）

2. 路面细部

东门址鸟瞰及路面细部

1.门道细部（由东向西）

2.左侧门枢础

3.右侧门枢础

东门址门道细部及两侧门枢础

1. 北侧散水（由北向南）

2. 南侧散水（由西向东）

东门址两侧散水

1. 地层堆积剖面

2. H3出土陶器

城址内地层堆积剖面及H3出土陶器

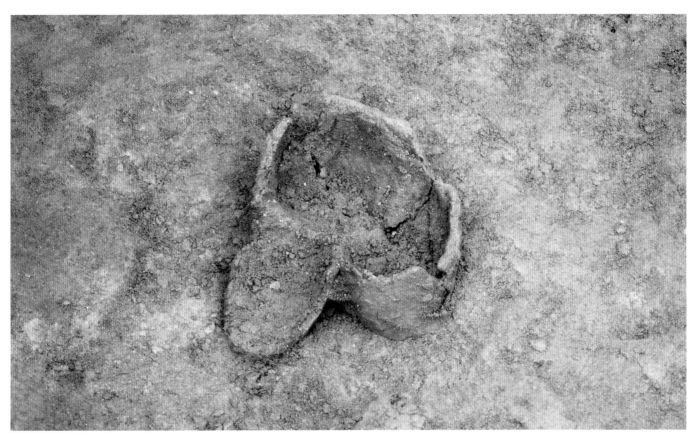

1. 陶鬲出土情况

2. 陶钵、陶罐出土情况

一期文化遗物出土情况

1. 壶（T1021⑤：3）

2. 盆（T1021⑤：2）

一期文化陶壶、盆

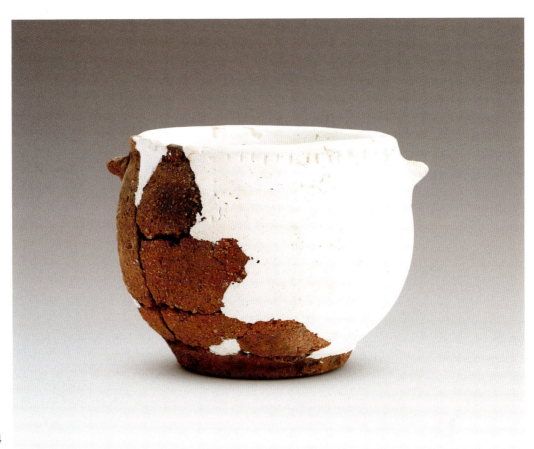

1. T1021⑤：4

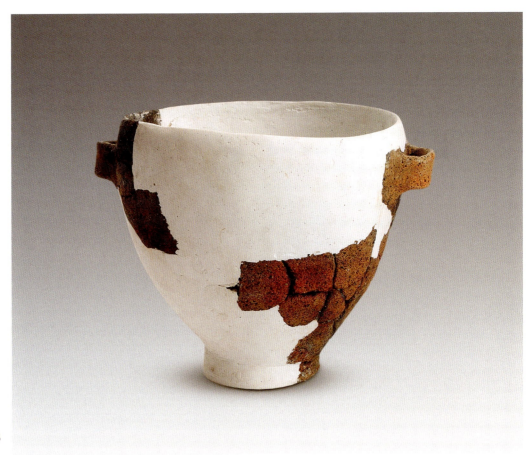

2. T1222⑥：3

一期文化陶罐

1. 罐（T1322⑤：1）

2. 罐（T1322⑤：2）

3. 罐（T1322⑤：4）

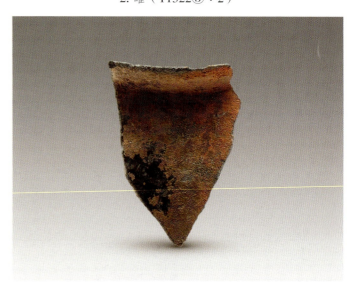

4. 钵（T1322⑤：3）

5. 纺轮（T1826③：6）

6. 网坠（T2323③：12）

一期文化陶罐、钵、纺轮、网坠

一期文化陶鬲（T1122⑥：1）

1. T1222⑥：5

2. T1222⑥：1

3. T1222⑥：2

一期文化陶钵

1. 镞（T1817②a：5）

2. 刀（T1322②a：13）

3. 刀（T1421③：3）

4. 刀（T1515③：2）

5. 刀（T1817③：5）

6. 刀（T2122③：5）

7. 凿（T1718③：8）

8. 斧（T1926③：8）

一期文化石镞、刀、凿、斧

1. H3：1

2. H104：15

二期文化陶壶

1. 盆（H3：3）

2. 量（H158：5）

二期文化陶盆、量

1. H92：7

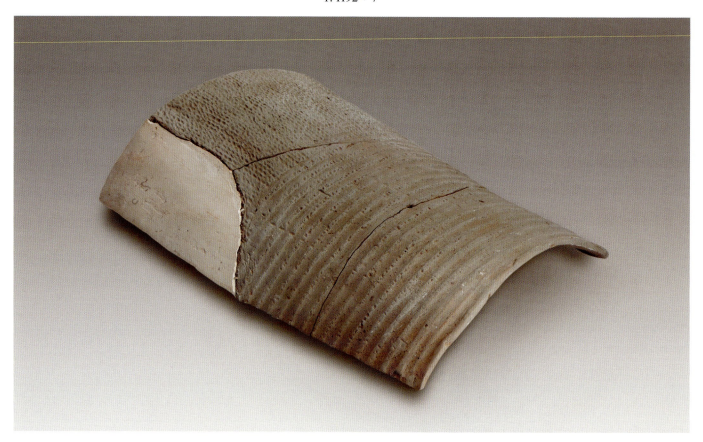

2. H92：9

二期文化板瓦

1. H92：8

2. H92：2

二期文化板瓦

1. H92：10

2. H92：12

二期文化板瓦

1. H92：6

2. H92：3

3. H92：4

二期文化筒瓦

1. H92：5

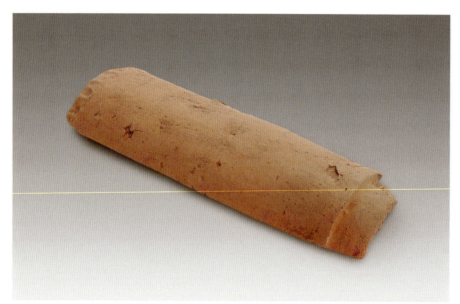

2. H92：13

3. H140：3

二期文化筒瓦

1. H104：3

2. H165：2

3. H165：4

二期文化半瓦当

1. H104：4

2. H104：9

3. T1517③：4

4. T1915③：3

5. T1916③：12

6. H117：29

二期文化半瓦当

1. H104：6

2. H104：8

3. H165：6

二期文化半瓦当

1. H104：13

2. T1425③：6

二期文化陶甑

1. 陶灯（H104：11）

2. 陶灯（H104：12）

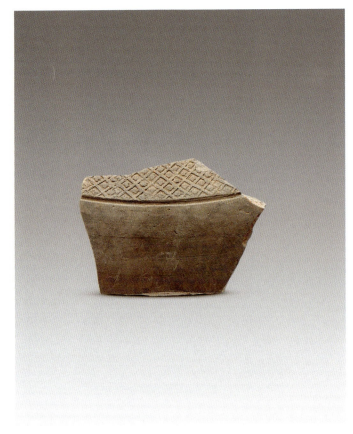

3. 陶瓮腹壁残片（H158：34）

4. 纹饰陶片（H158：35）

二期文化陶灯、瓮腹壁残片，纹饰陶片

1. H107：1

2. H165：5

3. T1414③：1

4. T1714③：3

5. T1121④：6

6. T1420③：1

二期文化半瓦当

1. 锸（H158：7）

2. 钁（T1716③：1）

3. 钁（T1023②a：2）

4. 钁（T1122③：3）

5. 钁（H178：19）

6. 钁（H83：3）

二期文化铁锸、钁

1. H158：14

2. T2420③：3

二期文化铁铧

1. H165出土半瓦当

2. H65瓦砾堆积

H165、H65出土建筑构件

1. H165：3

2. H165：1

二期文化半瓦当

1. H104出土石颜料

2. 铁门枢套（F2：29）

二期文化遗迹内出土石颜料及铁门枢套

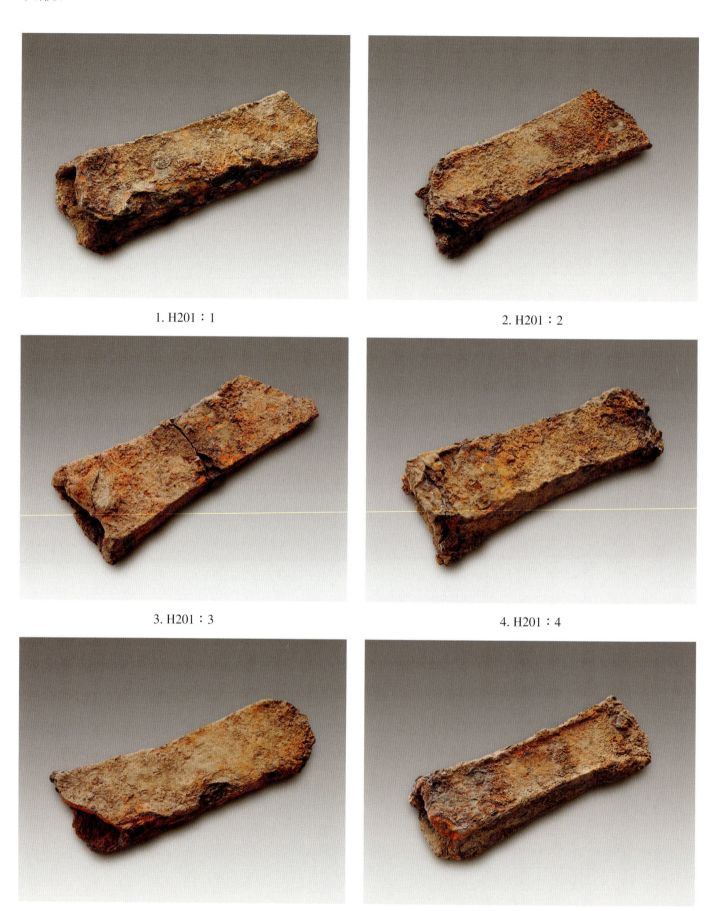

1. H201：1

2. H201：2

3. H201：3

4. H201：4

5. H201：5

6. H201：6

二期文化铁镢

1. T1416③：6

2. T1425③：1

二期文化板瓦

1. T1516③：7

2. T1716③：6

二期文化板瓦

1. T0416③：2

2. T1717③：2

二期文化筒瓦

1. 陶罐（T2014③：5）

2. 陶罐（T1121④：9）

3. 陶罐（T2215③：26）

4. 纹饰陶片（T1023③：16）

5. 纹饰陶片（T1121④：14）

6. 纹饰陶片（T1814③：4）

二期文化陶罐，纹饰陶片

1. T1716④：2

2. T2010③：1

3. T2115③：5

4. T1614④：3

5. F11：5

6. H130：11

二期文化陶甑

1. T2314③：1

2. T2122③：1

3. T1716③：4

4. T1727③：3

5. T1823③：1

6. T1019④：1

二期文化陶纺轮

1. T1020③：7

2. T1219③：3

3. T1614③：3

二期文化铁锸

1. T1020③：8

2. T1123③：2

3. T1121④：3

4. T1122④：4

5. T1022④：1

6. T2018③：1

7. T1914③：1

8. T2014③：1

9. T1322③：4

二期文化铜镞

二期文化铜镞

1. T0718②a：5　　　　2. T1123③：4　　　　3. T1322③：16

4. T1222②a：3　　　　5. T1122②a：3　　　　6. T1223②a：5

7. T1319②a：2　　　　8. T1322③：2　　　　9. T1320③：1

二期文化铜镞

1. T1020④：4

2. T1322③：22

3. T1322③：36

4. T2124③：25

5. T1322③：32

6. T1323②a：1

7. T1826③：2

8. T1322③：35

9. T1815③：2

二期文化铜镞

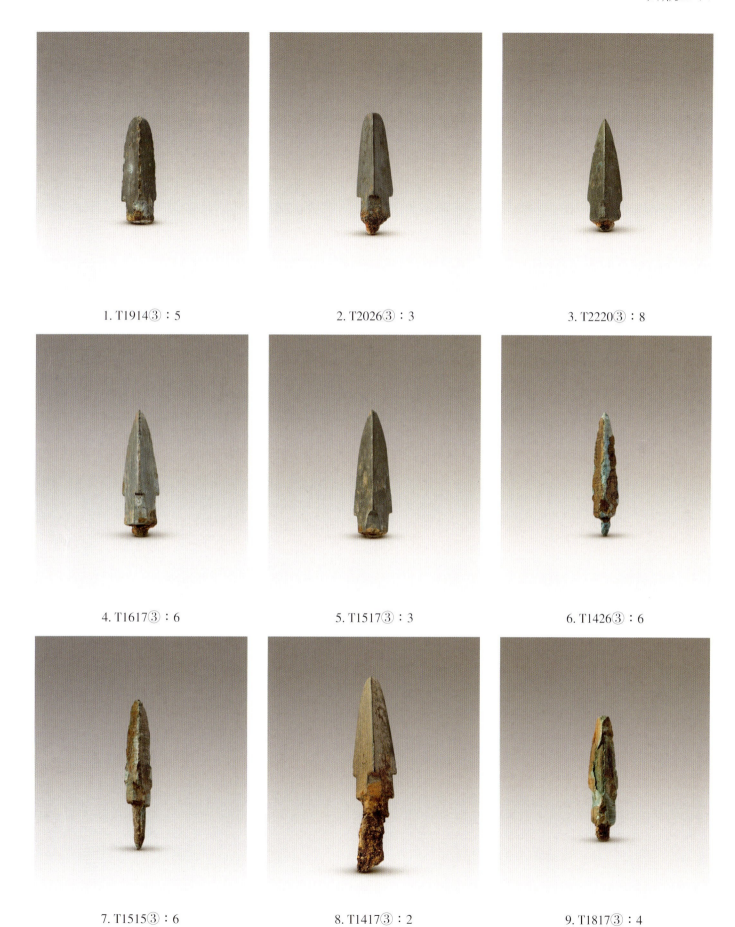

1. T1914③：5 2. T2026③：3 3. T2220③：8

4. T1617③：6 5. T1517③：3 6. T1426③：6

7. T1515③：6 8. T1417③：2 9. T1817③：4

二期文化铜镞

二期文化铜镞

1. T1322③：30

2. T1718②a：1

3. T1626③：6

4. T1322③：9

5. T1926③：9

6. T1322③：12

7. T1322③：42

8. T1424③：1

9. T0718②a：4

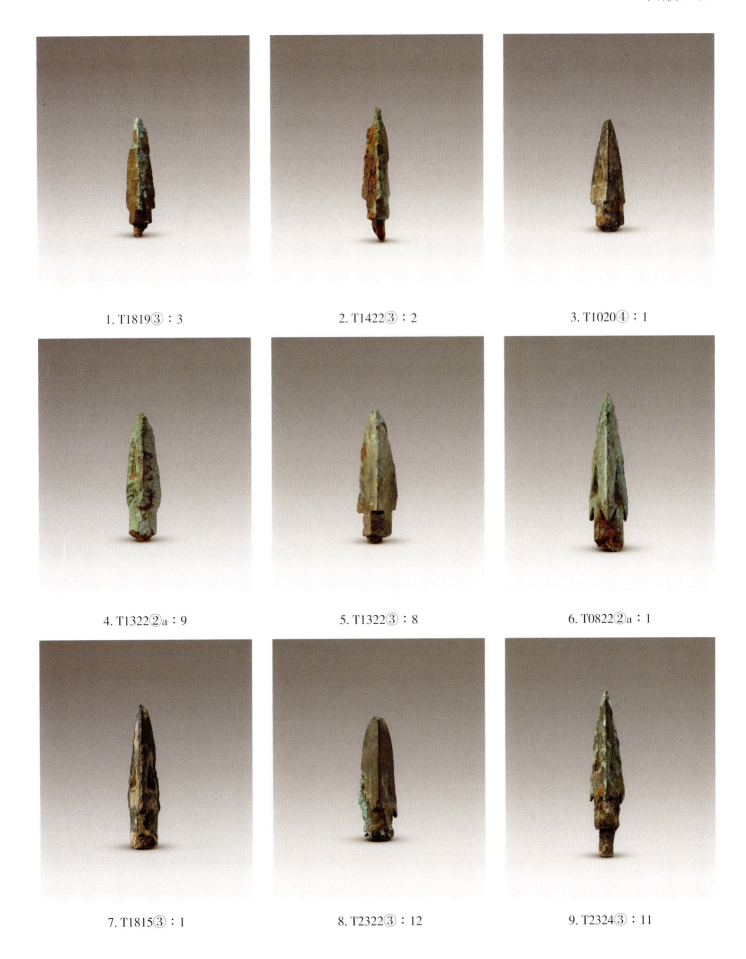

1. T1819③：3

2. T1422③：2

3. T1020④：1

4. T1322②a：9

5. T1322③：8

6. T0822②a：1

7. T1815③：1

8. T2322③：12

9. T2324③：11

二期文化铜镞

1. T1222②a：7

2. T1021⑤：6

3. T1416③：1

4. T1421②a：1

5. T1714③：5

6. T1825③：1

1. 盆（T1123②a：4）

2. 釜（T2322③：10）

3. 带钩（T1022③：3）

二期文化铜盆、釜、带钩

1. 帐钩（T2117③：1）

2. 刷（T2226③：1）

3. 器柄（T1120⑤：1）

二期文化铜帐钩、刷、器柄

二期文化铜钱模（T2315③：6）

1. 鸟瞰（由东向西）

2. 倒塌堆积局部

J4鸟瞰及倒塌堆积局部

1. 由北向南

2. 由南向北

J4全景

1. J4：11

2. J4：23

三期文化板瓦

1. J4：20

2. J5：20

3. H100：8

三期文化筒瓦

1. J4：27

2. J4：18

3. J4：17

4. J5：10

5. J5：7

6. H100：6

三期文化圆瓦当

1. J4：19

2. T0418②a：2

三期文化圆瓦当

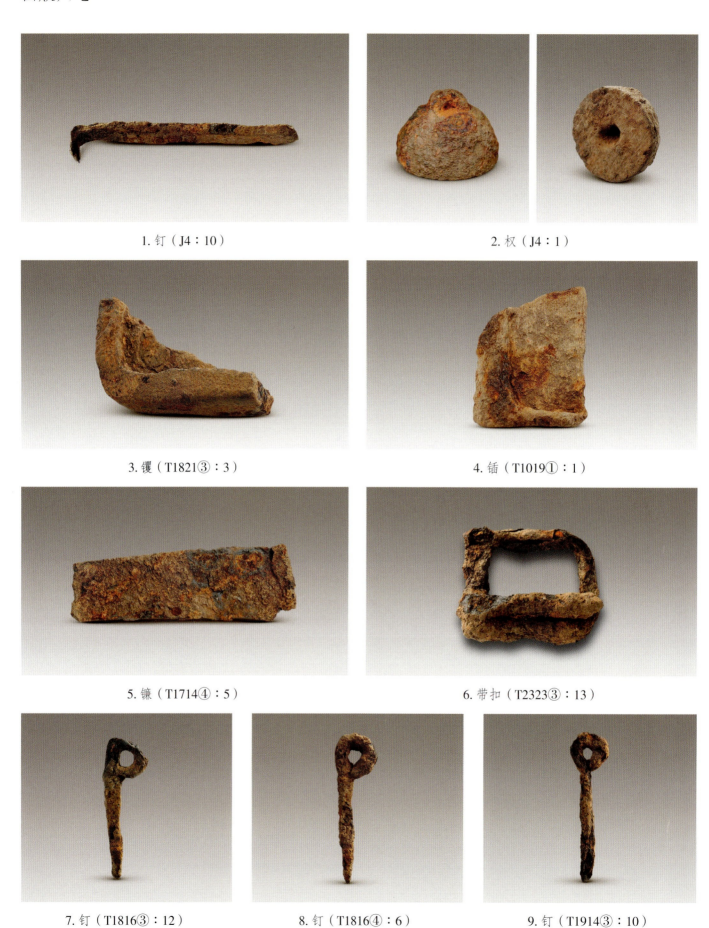

1. 钉（J4：10）　　　　　2. 权（J4：1）

3. 钁（T1821③：3）　　　　　4. 锸（T1019①：1）

5. 镰（T1714④：5）　　　　　6. 带扣（T2323③：13）

7. 钉（T1816③：12）　　8. 钉（T1816④：6）　　9. 钉（T1914③：10）

三期文化铁钉、权、钁、锸、镰、带扣

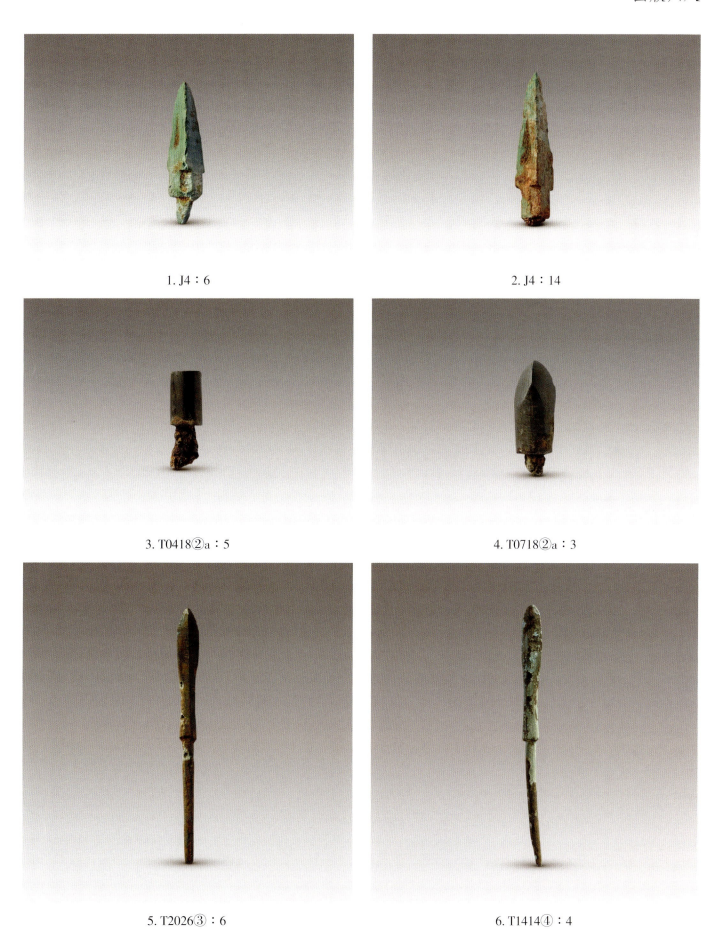

1. J4：6

2. J4：14

3. T0418②a：5

4. T0718②a：3

5. T2026③：6

6. T1414④：4

三期文化铜镞

1. 鸟瞰（由东向西）

2. 南侧散水局部（由东向西）

J5鸟瞰及南侧散水局部

1. 西南角散水（由北向南）

2. 散水南侧的早期散水（由南向北）

J5散水

1. 残存的散水（由东向西）

2. 散水保存状况（由西向东）

J6散水

1. 罐（H100：2）

2. 瓮（H121：5）

三期文化陶罐、瓮

1. H100：11

2. H172：1

3. T1223②a：14

三期文化陶权

1. H113：2

2. T1514③：6

3. T0718③：1

4. T1715③：2

三期文化陶灯

1. 盆（H117：28）

2. 釜（H117：1）

3. 盆（H178：2）

4. 盆（H178：3）

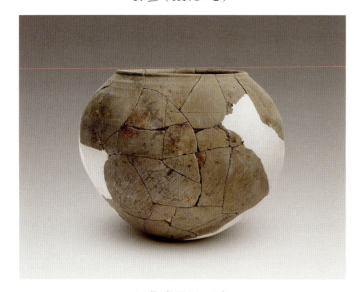

5. 釜（H178：1）

6. 盆（T1321③：2）

三期文化陶盆、釜

1. H117：30

2. T1827③：2

3. T2221③：1

4. T1121④：17

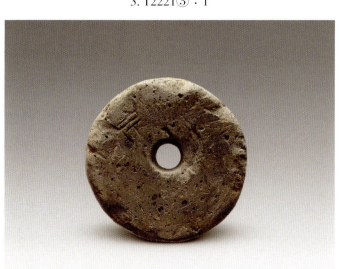

5. T1714③：4

6. T1316②a：1

1. H121：2

2. T1222②a：6

3. T1218③：2

4. T1020③：9

5. T1120④：6

三期文化瓦钉

1. 盆（H121：3）

2. 甑（H172：6）

三期文化陶盆、甑

1. 器座（H121：4）

2. 印模（T1620③：4）

三期文化陶器座、印模

1. H172：4

2. H172：5

三期文化板瓦

1. H193：3

2. T1815③：5

三期文化陶熏盖

1. H193∶4

2. T1425③∶11

三期文化纹饰陶片

1. T1318③：1

2. T1319③：5

三期文化板瓦

1. T1816③：1

2. T1817③：1

3. T1817③：2

三期文化筒瓦

1. T1916③：11

2. T2110③：1

3. T2220③：20

4. T2420③：6

5. H177：4

6. H204：15

三期文化圆瓦当

1. T2027③：2

2. T2314②a：2

三期文化圆瓦当

1. T2220③：30

2. T2316③：1

三期文化圆瓦当

1. T2323③：11

2. T2317③：7

三期文化陶罐

1. 罐（T1826③：7）

2. 罐（T2321③：27）

3. 瓮（T1519③：8）

4. 瓮（T1614④：5）

5. 釜（T1124③：1）

6. 釜（T2315③：9）

三期文化陶罐、瓮、釜

三期文化陶盆（T1321②a∶4）

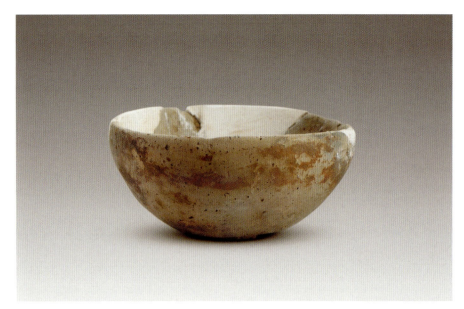

1. T1424③：2

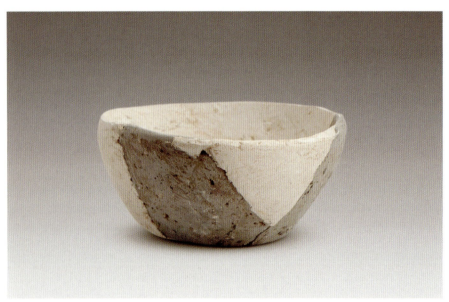

2. T1521③：19

3. T1122③：6

三期文化陶钵

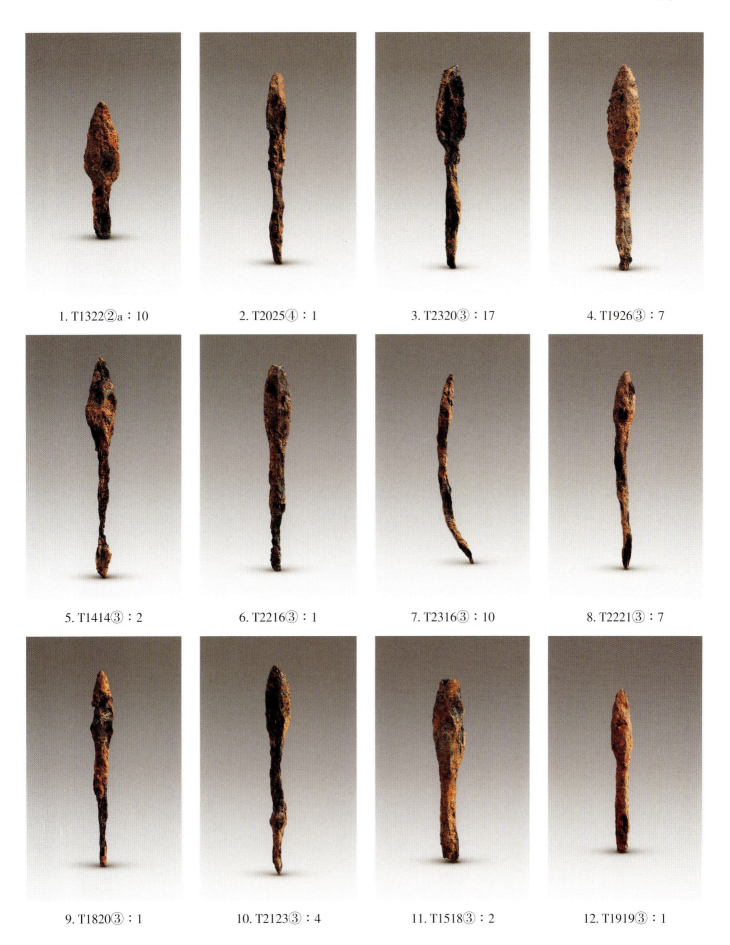

1. T1322②a：10 　　2. T2025④：1 　　3. T2320③：17 　　4. T1926③：7

5. T1414③：2 　　6. T2216③：1 　　7. T2316③：10 　　8. T2221③：7

9. T1820③：1 　　10. T2123③：4 　　11. T1518③：2 　　12. T1919③：1

三期文化铁镞

1. T1415③：1　　　2. T2222③：4　　　3. T2314③：5　　　4. T1915③：1

5. T2019③：3　　　6. T2025③：5　　　7. T1626③：7　　　8. T2423③：1

9. T2316③：8　　　10. T1816③：20　　　11. T2316③：2　　　12. T2320③：6

1. T2421③：8

2. T2221③：6

3. T2328④：2

4. T1323③：2

5. T1725③：1

6. T1021③：10

7. T1019③：1

三期文化铁镞

三期文化铁镞

1. T1414③：4

2. T2316③：7

3. T1722③：1

4. T2120③：6

5. T2316③：6

6. T2124②a：2

7. T2326③：2

8. T1716③：2

9. T1122②a：1

三期文化铁镞

1. T1223④：1

2. T1614③：1

3. T2216④：1

三期文化铁钁

1. 铲（T1331②a：1）

2. 铲（T2220③：33）

3. 锛（T1120②a：5）

三期文化铁铲、锛

1. 腹片（T1322③：34）

2. 器柄（T1123③：3）

3. 器柄（T1817③：11）

4. 销钉（T1823③：2）

5. 帽（T1820③：4）

6. 泡（T2221③：10）

7. 镜（T2019③：11）

三期文化铜腹片、器柄、销钉、帽、泡、镜

1. 石范（T0821②a：2）

2. 磨石（T1418③：2）

3. 磨石（T2314③：4）

4. 磨石（T1222③：1）

5. 磨石（T1020③：10）

6. 磨石（T1121③：2）

三期文化石范，磨石

1. 鸟瞰（由北向南）

2. 由东向西

J2全景

1. 由南向北

2. 北侧础石分布（由北向南）

3. 南侧土墙（由北向南）

J2全景、础石分布及土墙

1. J2：1

2. J3：20

3. J7：7

4. J7：15

5. J7：16

6. F19：1

四期文化圆瓦当

1. J2：6

2. F1：2

四期文化圆瓦当

1. J2：17

2. J3：42

四期文化圆瓦当

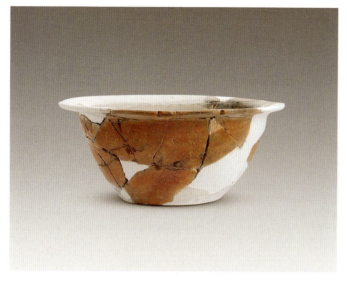

1. J2：21

2. F12：4

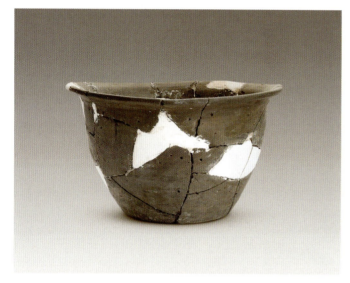

3. H15：6

4. H65：6

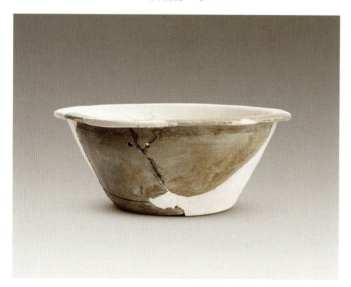

5. H87：3

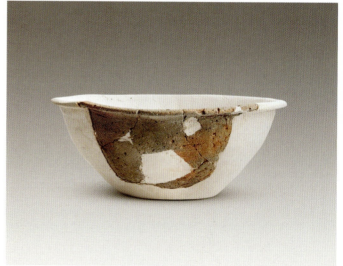

6. T2420③：8

四期文化陶盆

1. J2：18

2. T2216③：7

3. T2314③：10

4. T1216③：1

5. T1714③：2

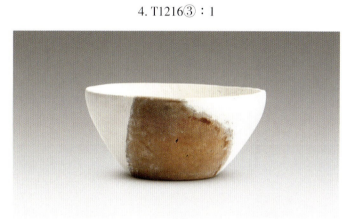

6. T2316③：14

7. T1914③：8

8. T1020②a：6

四期文化陶钵

1. J2：11

2. H14：1

3. H164：1

4. T1219③：2

5. T1417③：7

6. T1516③：3

7. T1718③：2

8. T1914③：4

9. T2224③：16

四期文化铁镞

J3鸟瞰（由东向西）

1. 夯土台基（由南向北）

2. 由西北向东南

J3全景

1. J3散水（由东向西）

2. J3内出土板瓦

J3散水及J3内出土板瓦

1. 廊道铺砖（由西向东）

2. 廊道铺砖细部

J3廊道铺砖

1. J3：16

2. T2215③：33

3. T1516③：9

四期文化筒瓦

1. J3：29

2. J3：49

四期文化筒瓦

1. J3：36

2. J3：37

3. J3：53

四期文化筒瓦

1. J3：28

2. J7：8

四期文化圆瓦当

1. J3：46

2. J7：9

四期文化圆瓦当

1. J3：1

2. J3：13

四期文化圆瓦当

1. J3：15

2. J3：17

四期文化圆瓦当

1. J3：24

2. J3：25

四期文化圆瓦当

1. J3：38

2. J3：63

四期文化圆瓦当

1. J3：68

2. T2315③：3

四期文化圆瓦当

1. 权（J3：56）

2. 钵（F2：12）

3. 钵（F4：12）

4. 权（H125：10）

5. 钵（H204：11）

6. 钵（T2422③：1）

四期文化陶权、钵

1. 鸟瞰（由东向西）

2. 由东向西

J7全景

1. 西侧散水（由北向南）

2. 南侧散水（由东向西）

J7散水

J7水井

J7排水沟（由西向东）

1. d1出土瓦圈

2. d2出土瓦圈

J7出土瓦圈

1. J7：5

2. T1616③：1

四期文化板瓦

1. J7：10

2. J7：13

四期文化圆瓦当

1. 鸟瞰（由西向东）

2. 灶址细部

F1鸟瞰及灶址细部

1. 盆（F1：35）

2. 釜（F1：5）

3. 釜（H116：5）

4. 盆（T2120③：8）

5. 釜（T1519③：10）

6. 釜（T1924③：1）

四期文化陶盆、釜

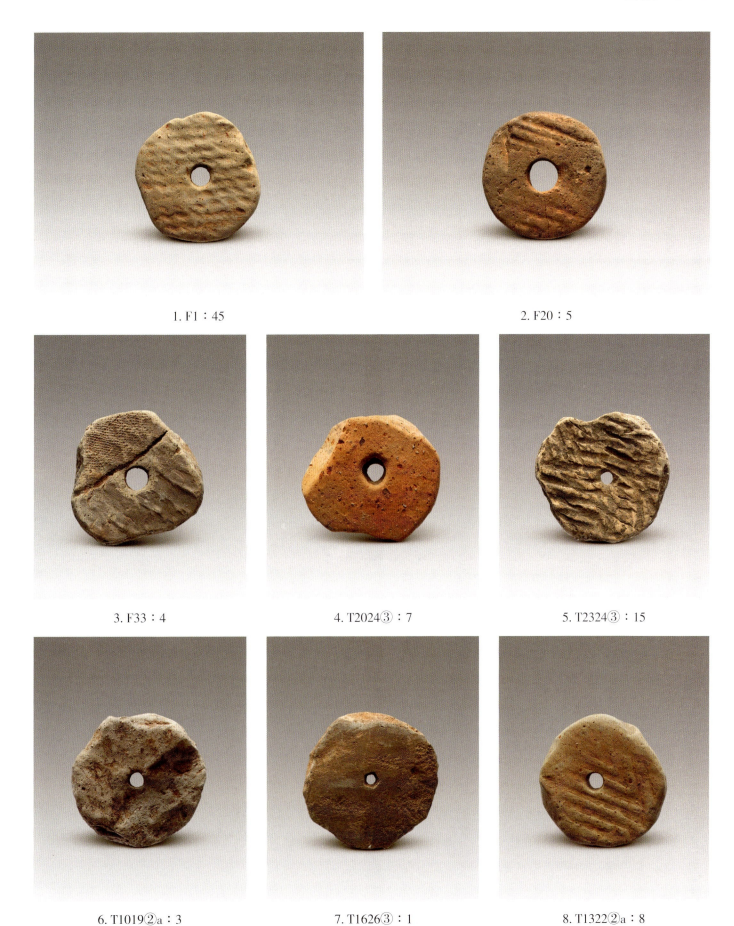

1. F1：45

2. F20：5

3. F33：4

4. T2024③：7

5. T2324③：15

6. T1019②a：3

7. T1626③：1

8. T1322②a：8

四期文化陶纺轮

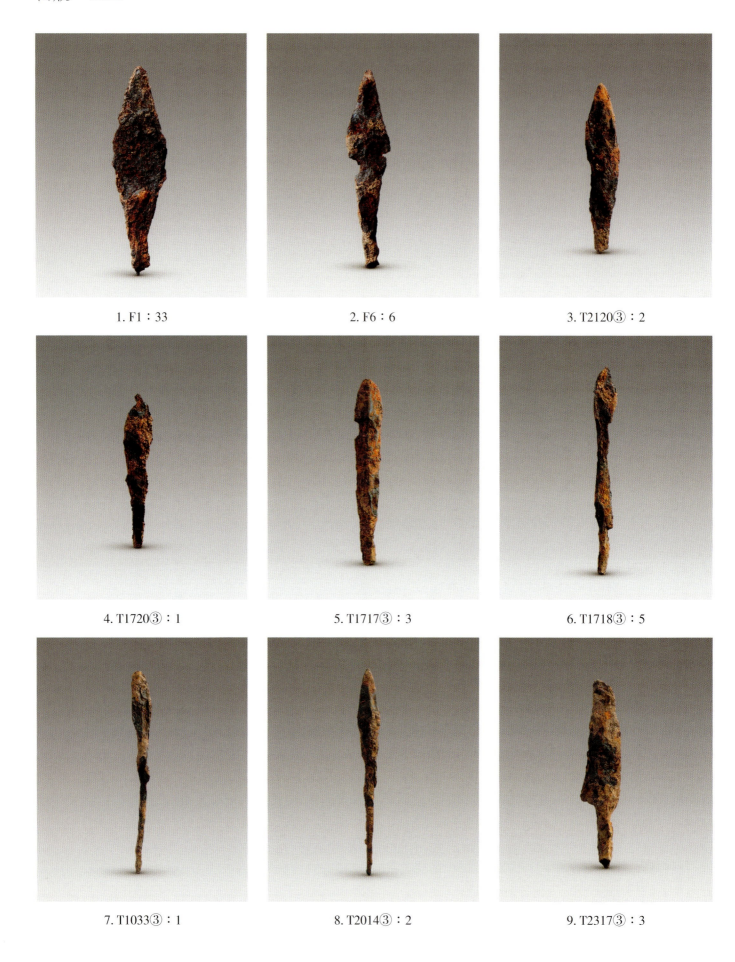

1. F1：33

2. F6：6

3. T2120③：2

4. T1720③：1

5. T1717③：3

6. T1718③：5

7. T1033③：1

8. T2014③：2

9. T2317③：3

1. F1：21

2. F5：16

3. F17：6

4. F20：7

5. H169：1

6. H204：3

7. H204：7

8. T1718③：3

9. T1920③：1

四期文化铁镞

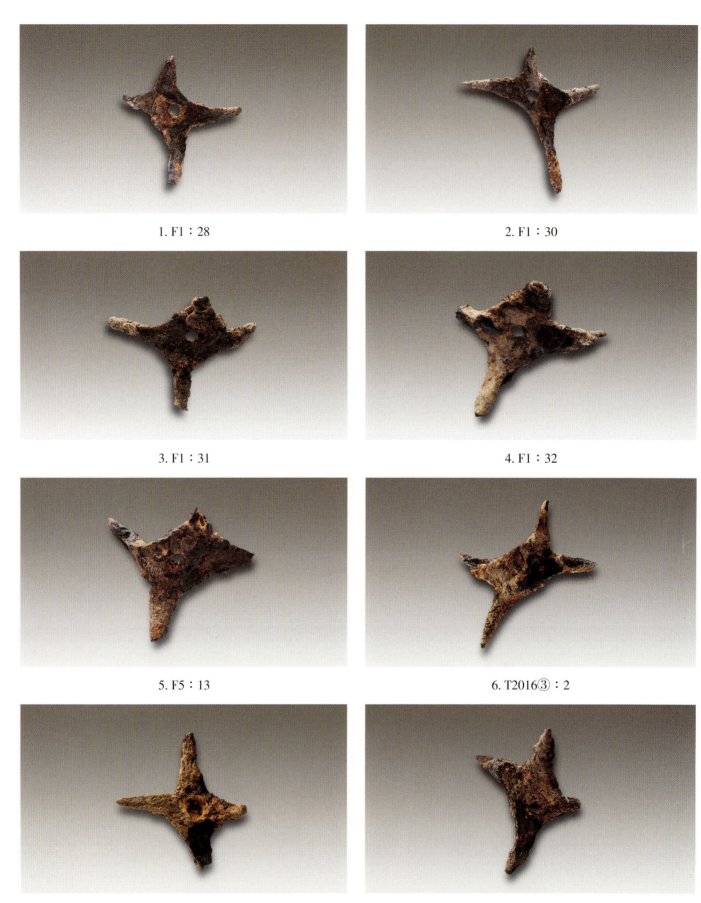

1. F1：28

2. F1：30

3. F1：31

4. F1：32

5. F5：13

6. T2016③：2

7. T2115③：19

8. T2217③：1

1. 钁（F1：29）

2. 钁（F6：2）

3. 耙（T1920③：4）

4. 臼（T1120③：1）

5. 臼（T1916③：1）

6. 钁（F23：1）

四期文化铁钁、耙、臼

1. 由南向北

2. 灶址细部（由南向北）

F2全景及灶址细部

1. 壶（F2：13）

2. 罐（F5：42）

3. 罐（F11：4）

4. 罐（H72：1）

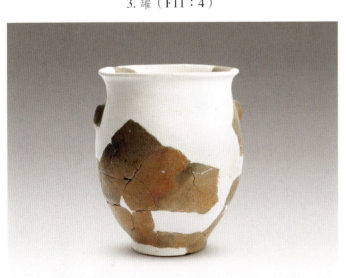

5. 罐（H72：2）

6. 壶（H73：1）

四期文化陶壶、罐

1. 罐（F2：14）

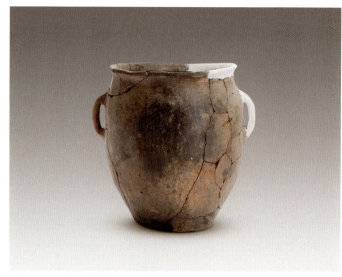

2. 罐（F5：40）

3. 罐（H65：3）

4. 罐（H204：14）

5. 杯（T2125③：5）

6. 罐（H136：6）

四期文化陶罐、杯

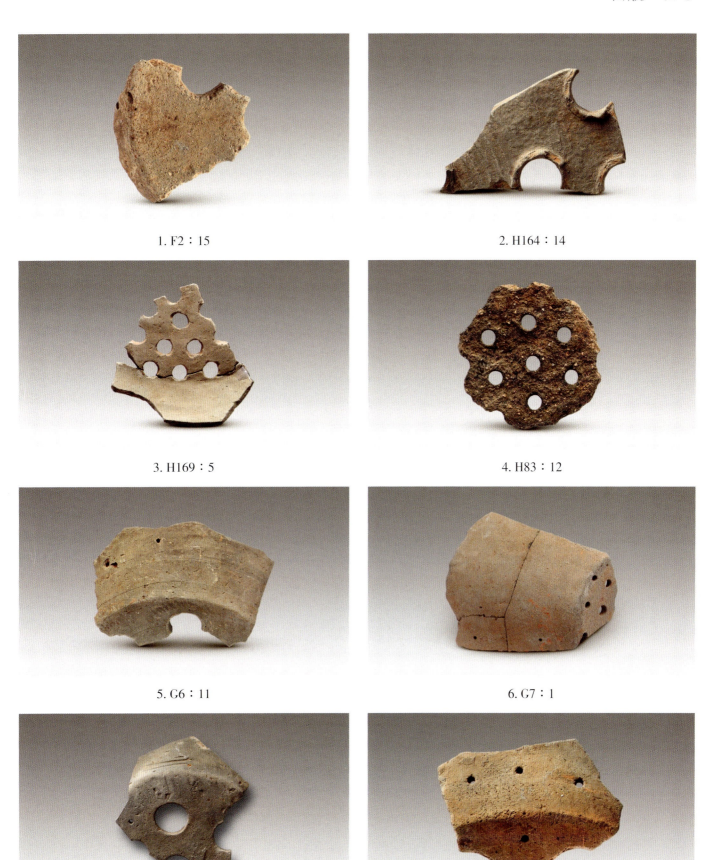

1. F2：15

2. H164：14

3. H169：5

4. H83：12

5. G6：11

6. G7：1

7. T2023②a：2

8. T2215②a：2

四期文化陶甑

1. 门枢套（F2：29）

2. 镰（H203：1）

3. 门枢套（F31：1）

4. 刀（T1820③：9）

5. 铲（T1820③：8）

6. 匙（T2422③：4）

7. 锔钉（T1414③：7）

8. 锔钉（T1627③：2）

9. 饰件（T2221③：18）

四期文化铁门枢套、镰、刀、铲、匙、锔钉、饰件

1. 陶器底（H11：1）

2. 纹饰陶片（H103：4）

3. 纹饰陶片（T1620③：15）

4. 纹饰陶片（T1620③：11）

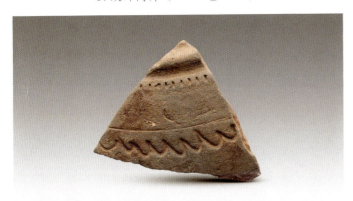

5. 纹饰陶片（T1620③：12）

6. 纹饰陶片（T1121③：11）

7. 纹饰陶片（T1322③：48）

8. 纹饰陶片（T1914③：14）

四期文化陶器底，纹饰陶片

1. 斧（H11：4）

2. 铧（H203：2）

3. 镦锤（T2019③：9）

4. 铧（T1023③：9）

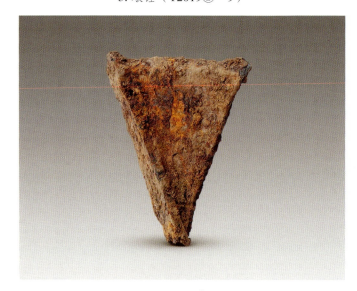

5. 铧（T1123③：7）

6. 铧（T2015③：6）

四期文化铁斧、铧、镦锤

1. H50：1

2. H116：8

3. H147：1

4. T1714③：1

5. T1916③：5

6. T2120③：14

四期文化陶灯

1. H90：1

2. H106：4

四期文化板瓦

1. 带扣（H90：2）

2. 带扣（H24：3）

3. 带扣（T1627③：5）

4. 带扣（T2125③：25）

5. 带扣（T2224③：13）

6. 带扣（T2323③：8）

7. 挂钩（T2115③：1）

四期文化铁带扣、挂钩

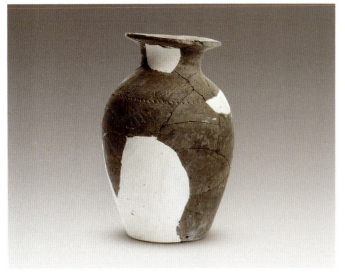

1. H123：1

2. F10：2

3. H206：3

4. T1916③：14

5. T2217③：2

6. T1123③：8

四期文化陶壶

1. H123：4

2. H123：5

3. F16：3

4. F16：2

5. H174：1

6. T2220③：35

四期文化陶盆

1. H123：11

2. H14：2

3. H15：4

4. H15：5

5. H125：1

6. H204：5

7. H204：16

8. H204：22

四期文化陶钵

1. F3（由西向东）

2. F5（由北向南）

F3、F5全景

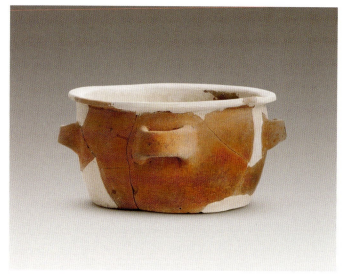

1. 盆（F4：15）

2. 盆（F4：16）

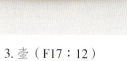

3. 壶（F17：12）

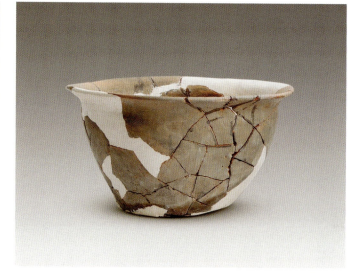

4. 甑（H204：28）

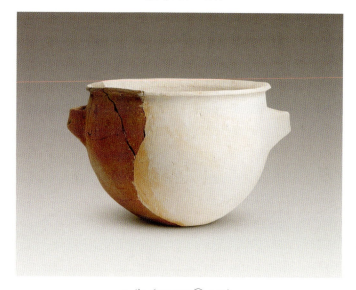

5. 甑（T1826③：5）

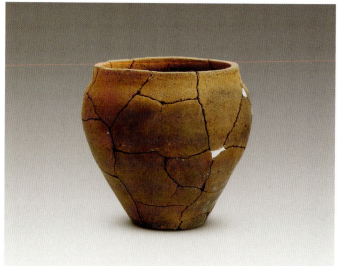

6. 釜（T2023③：1）

四期文化陶盆、壶、甑、釜

1. 网坠（F4：10）　　　　2. 网坠（F5：23）　　　　3. 网坠（T0304①：2）

4. 网坠（T0914①：1）　　5. 网坠（T2321③：11）　　6. 盅（T2019③：10）

7. 球（T2015③：2）　8. 球（T2015③：8）　9. 球（T2222③：1）　10. 球（T2320③：15）

11. 球（T2321③：13）　　12. 棋子（T1120②a：1）　　13. 棋子（T2321③：10）

四期文化陶网坠、盅、球、棋子

1. F4：8

2. H164：5

3. T1020③：6

4. T2215③：14

5. T1023③：3

6. T1814③：2

四期文化磨石

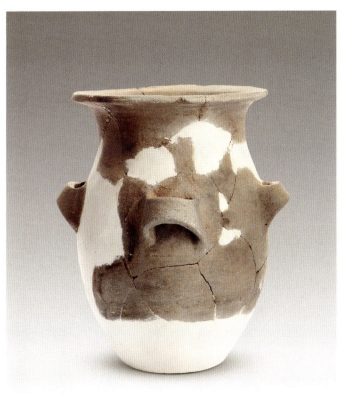

1. F5：41

2. F5：43

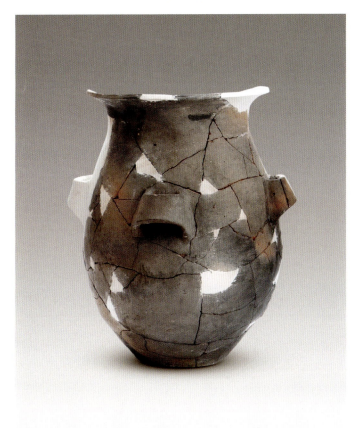

3. F6：8

4. H206：4

四期文化陶壶

1. 罐（F5：2）

2. 罐（H15：14）

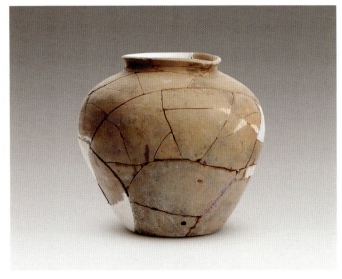

3. 罐（H19：1）

4. 罐（T2025③：11）

5. 壶（H135：6）

6. 罐（G7：3）

四期文化陶罐、壶

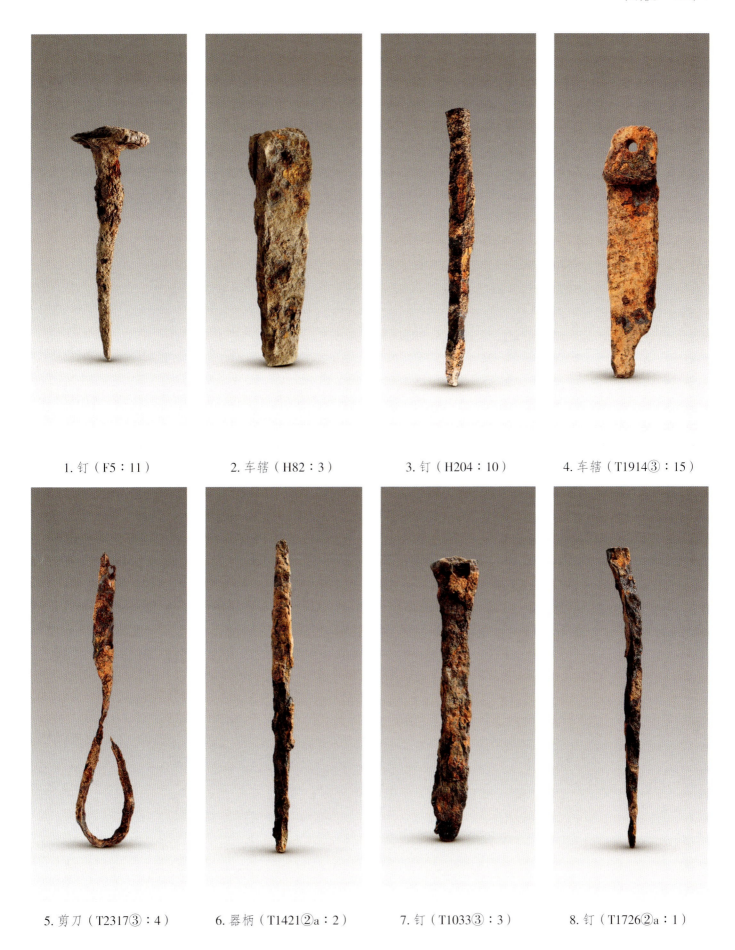

1. 钉（F5：11）　　2. 车辖（H82：3）　　3. 钉（H204：10）　　4. 车辖（T1914③：15）

5. 剪刀（T2317③：4）　　6. 器柄（T1421②a：2）　　7. 钉（T1033③：3）　　8. 钉（T1726②a：1）

四期文化铁钉、车辖、剪刀、器柄

1. 削（F5：12）

2. 削（F6：4）

3. 削（F7：1）

4. 削（F11：6）

5. 刀（T1322③：29）

6. 削（T1219③：5）

7. 削（T1520③：4）

8. 削（T2110③：2）

四期文化铁削、刀

1. 铜锁栓（F5：22）

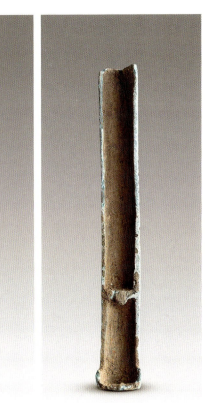

2. 鎏金铜饰件（F5：31）

3. 铜带扣（H125：2）

4. 铜带扣（T1617③：5）

5. 铜片（T2023②a：1）

四期文化铜锁栓、带扣、片，鎏金铜饰件

1. 磨石（F5：30）

2. 磨石（T2322③：13）

3. 磨石（T2421③：1）

4. 磨石（T2321③：26）

5. 滑石（T1717③：4）

6. 滑石（T1914③：6）

四期文化磨石，滑石

1. F6（由南向北）

2. F7（由东向西）

F6、F7全景

1. F16（由北向南）

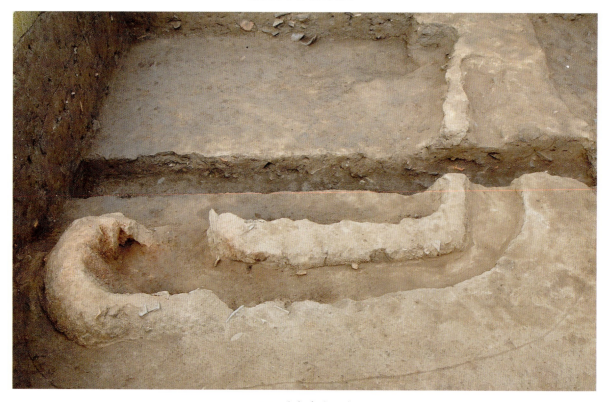

2. F29（由东向西）

F16、F29全景

1. F16：1

2. T0518②a：1

3. T1617③：7

4. T2023③：5

5. T2123③：5

6. T2215③：16

7. T2019③：2

8. T1621③：2

9. T1617③：10

四期文化铁镞

1. 由东向西

2. 烟囱细部

F17全景及烟囱细部

1. F17：8

2. F17：10

3. F28：2

4. F28：5

5. F28：7

6. F28：4

7. F28：6

8. H204：13

四期文化磨石

1. 石纺轮（F19：3）

3. 石棋子（H73：5）

2. 石棋子（H73：4）

4. 石镞（H103：1）

5. 磨石（H148：1）

6. 石纺轮（T2316③：21）

四期文化石纺轮、棋子、镞，磨石

1. F20：1

2. T1419③：1

3. T1822③：1

4. T2220③：24

5. T2324③：14

6. T1223②a：7

7. T2215③：42

8. T2325③：3

四期文化陶纺轮

1. 由西向东

2. 火炕解剖（由北向南）

F32全景及火炕解剖

1. 由西向东

2. 灶址细部

F33全景及灶址细部

1. 由南向北

2. 出土陶器

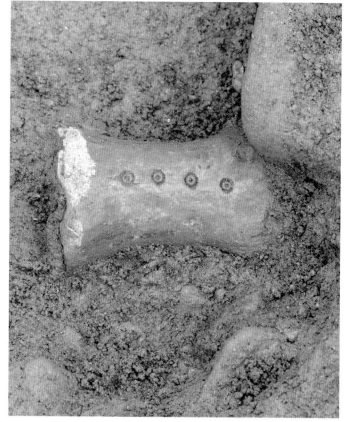

3. 出土骨器

H14全景及出土器物

四期文化陶瓮（H14：3）

1. 骨制品（H14：6）

2. 骨制品（H14：7）

3. 距骨（H14：8）

四期文化骨制品，距骨

1. 由北向南

2. 出土鹿角

H15全景及出土鹿角

1. H15：10

2. H128：1

四期文化陶瓿

1. H103：2

2. T2321③：28

3. T1816③：3

4. T1923③：3

5. T2314③：2

6. T1716③：5

7. T1019②a：7

8. T2421③：5

四期文化陶圆饼

1. 鹿角（H185：4）

2. 动物牙齿（H185：5-2）

3. 动物牙齿（H185：1-2）

4. 动物牙齿（H185：1-3）

5. 动物牙齿（H185：1-4）

6. 动物牙齿（H185：1-5）

四期文化鹿角，动物牙齿

1. 由西向东

2. 出土铁锸

Z5全景及出土铁锸

1. T1416③：3

2. T1516③：5

四期文化板瓦

1. T1516③：6

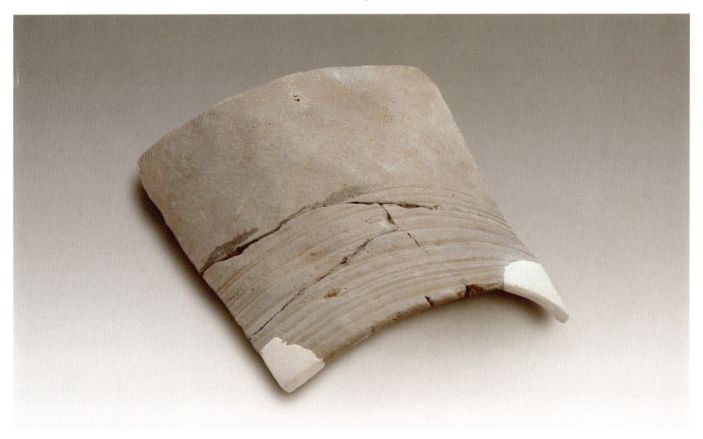

2. T1516③：8

四期文化板瓦

1. T1314③：1

2. T1321③：15

3. T1516②a：1

4. T2221③：15

5. T2221③：16

6. T2316③：18

1. T0821②a：3

2. T1119③：2

3. T1221③：4

4. T1321③：1

5. T1421③：1

6. T1423③：2

四期文化圆瓦当

1. T1816③：21

2. T1916③：13

3. T1926③：2

4. T2015③：7

5. T2019③：4

6. T2125③：7

四期文化圆瓦当

1. T2315③：2

2. T1123②a：1

3. T1220③：3

4. T1621③：1

5. T2125③：20

6. T2319③：3

四期文化圆瓦当

1. T2215③：35

2. T2215③：37

3. T1514③：8

四期文化砖

四期文化陶甑（T1116③：10）

1. T2325③：1

2. T2220③：9

3. T2025③：18

4. T2224③：7

5. T2224③：8

6. T2421③：12

四期文化陶甑

1. T1122③：1

2. T1816③：5

3. T2324③：16

4. T1714③：9

5. T2420③：10

6. T1116③：11

7. T2026③：4

8. G9：8

四期文化陶圆饼

1. 熏盖（T2520③：1）

2. 器盖（T1416③：4）

3. 器盖（T2025③：19）

4. 器盖（T2026③：1）

5. 器盖（T2420③：2）

6. 器盖（T1827③：8）

四期文化陶熏盖、器盖

1. T2115③：18

2. T1626③：9

3. T2019③：12

4. T2025③：21

5. T2022③：5

6. T1023③：20

四期文化陶器耳

1. T1726③：2

2. T1827③：9

3. T1034③：1

4. T2026③：7

5. T2120③：16

6. T1918③：1

四期文化陶器耳

1. T0818②a：1

2. T2218③：4

3. T2025③：4

4. T1914②a：1

5. T2024③：5

6. T2015③：4

7. T1816③：25

8. T2125③：15

9. T1615③：4

四期文化铁镞

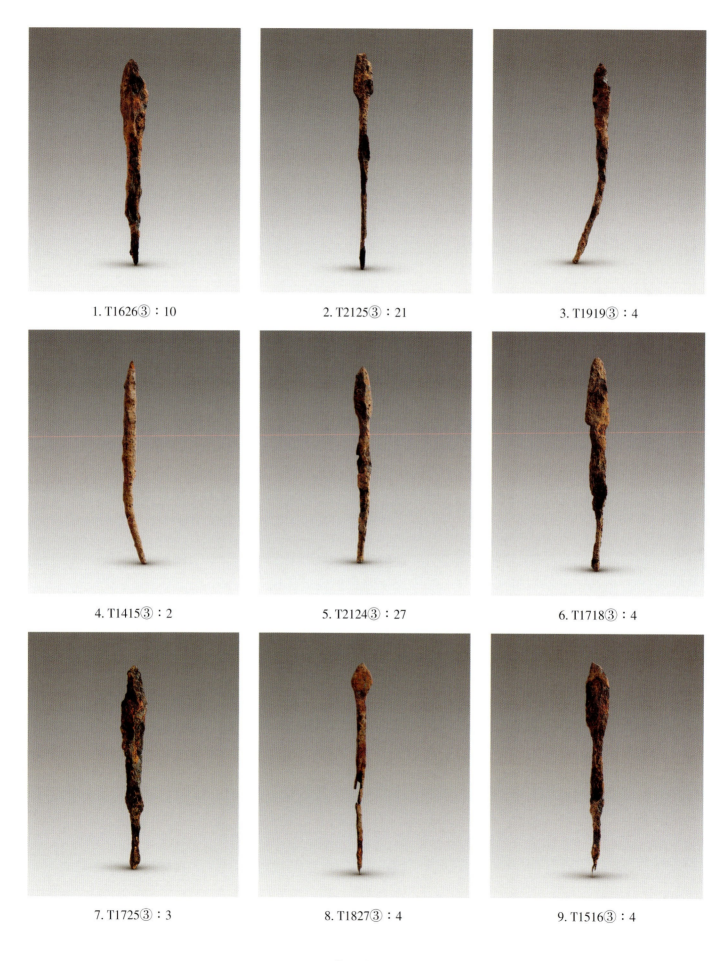

1. T1626③：10

2. T2125③：21

3. T1919③：4

4. T1415③：2

5. T2124③：27

6. T1718③：4

7. T1725③：3

8. T1827③：4

9. T1516③：4

四期文化铁镞

1. T1714③：10

2. T2220③：4

3. T2221③：5

4. T2120③：1

5. T2323③：3

6. T2116③：1

7. T2122③：3

8. T2125③：23

9. T1726③：7

四期文化铁镞

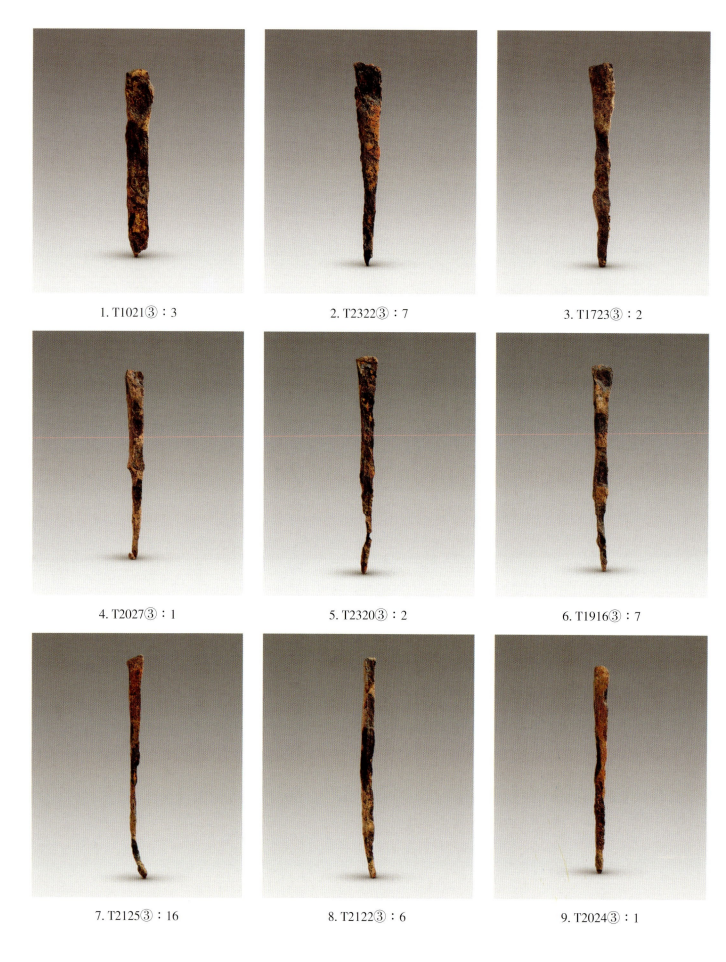

1. T1021③：3

2. T2322③：7

3. T1723③：2

4. T2027③：1

5. T2320③：2

6. T1916③：7

7. T2125③：16

8. T2122③：6

9. T2024③：1

四期文化铁镞

1. T1716②a：1

2. T1121②a：1

3. T2121③：2

4. T0918③：2

5. T1020②a：9

6. T2225③：6

7. T2315③：13

8. T1926③：12

9. T2225③：4

四期文化铁镞

四期文化铁镞

1. T2120③：18 2. T2316③：9 3. T2220③：12

4. T2025③：3 5. T0818②a：2 6. T2221③：8

7. T2316③：3 8. T1020③：1 9. T1123③：1

1. T1021③：11

2. T2224③：12

3. H191：1

四期文化铁镰

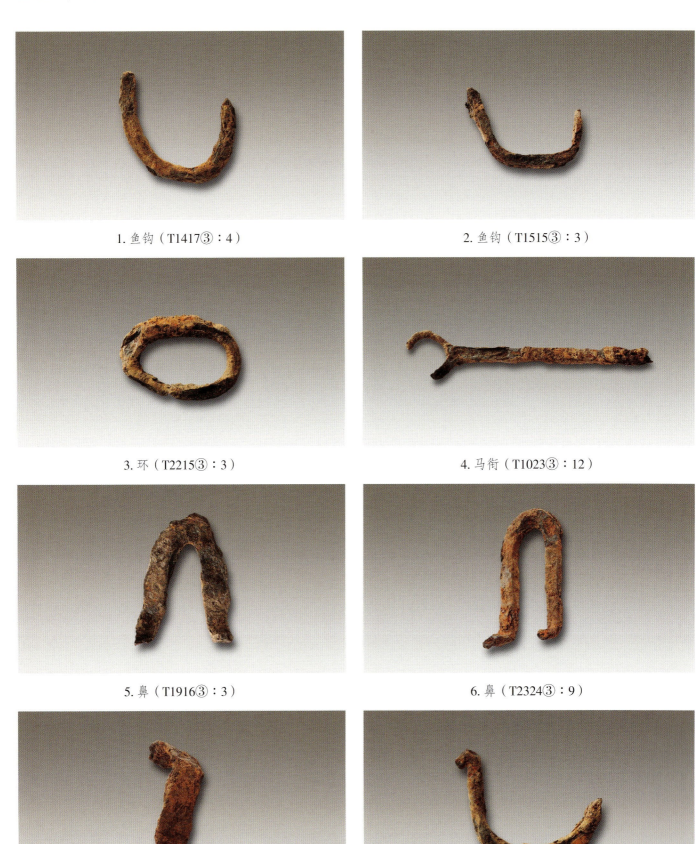

1. 鱼钩（T1417③：4）

2. 鱼钩（T1515③：3）

3. 环（T2215③：3）

4. 马衔（T1023③：12）

5. 鼻（T1916③：3）

6. 鼻（T2324③：9）

7. 挂钩（T1624③：1）

8. 挂钩（T1714③：11）

四期文化铁鱼钩、环、马衔、鼻、挂钩

1. T1317③：1

2. T1327②a：4

3. T1414③：8

4. T1617③：3

5. T1714③：7

6. T1818③：2

四期文化铁门枢套

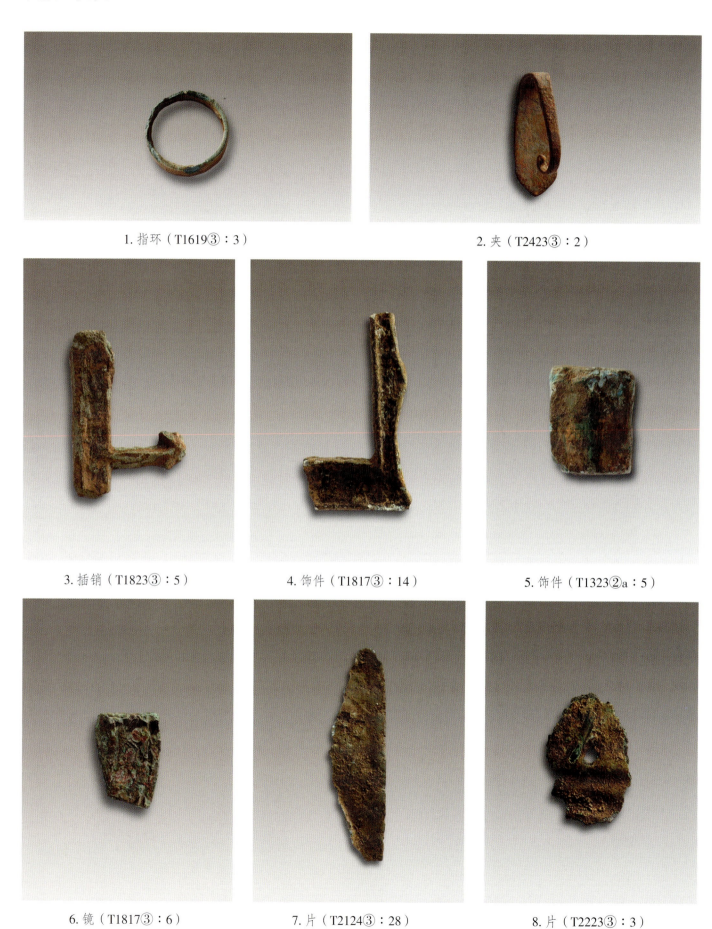

1. 指环（T1619③：3）

2. 夹（T2423③：2）

3. 插销（T1823③：5）

4. 饰件（T1817③：14）

5. 饰件（T1323②a：5）

6. 镜（T1817③：6）

7. 片（T2124③：28）

8. 片（T2223③：3）

四期文化铜指环、夹、插销、饰件、镜、片

1. T1815③：3

2. T1714③：8

3. T1519③：7

4. T2321③：25

5. T2123③：6

6. T2121③：8

四期文化磨石

J1全景（由北向南）

1.局部（由南向北）

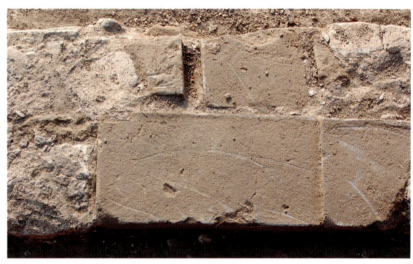

2. 细部

3. 细部

J1东墙

1. 由南向北

2. 细部（由北向南）

J1西墙

1. 局部（由东向西）

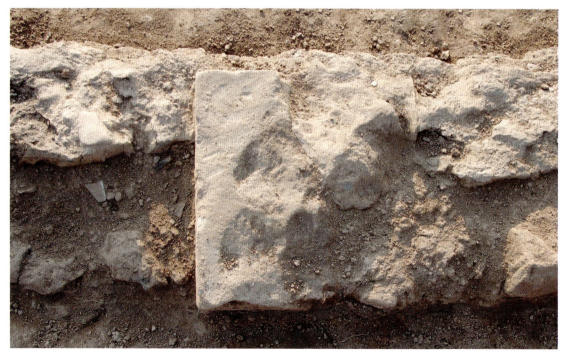

2. 细部

J1北墙

1. 北墙外的倒塌堆积（由东向西）

2. 倒塌堆积

J1倒塌堆积

1. d1（由东向西）

2. d2（由北向南）

J1础基

1. d3（由东向西）

2. d4（由南向北）

J1础基

1. J1：24

2. H94：1

3. T2225②a：1

五期文化板瓦

1. J1：28

2. J1：31

3. J1：17

4. J1：20

5. T0718②a：6

6. T1823②a：2

五期文化圆瓦当

1. J1：26

2. J1：25

3. H13：1

4. T0718②a：8

5. T0818②a：6

6. T0821②a：6

1. J1：39

2. J1：34

3. J1：35

4. J1：40

5. J1：41

6. J1：46

7. H78：10

8. T1726②a：2

五期文化重唇板瓦

1. J1∶21

2. J1∶32

3. J1∶36

4. J1∶37

5. T1826②a∶3

6. T0418②a∶3

五期文化重唇板瓦

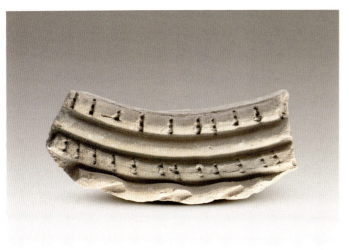

1. J1：33

2. T0818②a：3

3. T0821②a：4

4. T1427②a：1

5. T0819②a：2

6. T0821②a：5

五期文化重唇板瓦

1. J1：16

2. J1：52

3. T0921②：3

五期文化砖

1. 建筑附属构件（J1：63）

2. 建筑附属构件（J1：51）

3. 建筑附属构件（J1：49）

4. 塑件（T0819②a：3）

5. 塑件（T1924②a：1）

五期文化建筑附属构件、塑件

1. J1：48

2. J1：18

3. T1924②a：2

4. T0418②a：4

5. T0518②a：2

6. T0821②a：7

7. T0821②a：8

8. T0821②a：9

五期文化塑件

五期文化模具（J1：47）

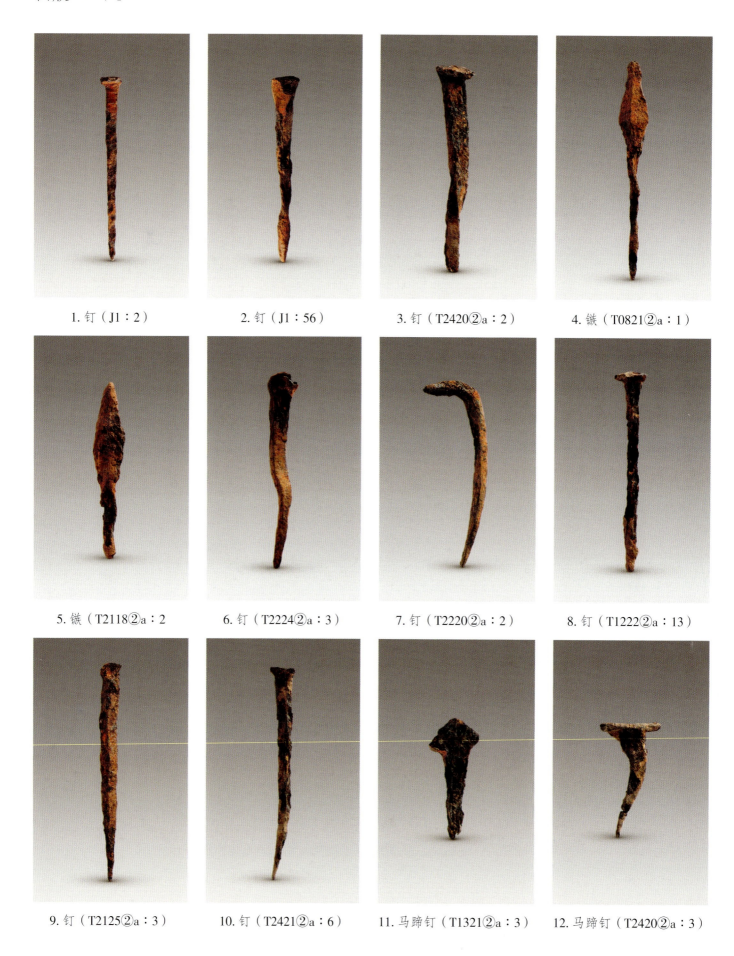

1. 钉（J1：2）　　　2. 钉（J1：56）　　　3. 钉（T2420②a：2）　　　4. 镞（T0821②a：1）

5. 镞（T2118②a：2　　　6. 钉（T2224②a：3）　　　7. 钉（T2220②a：2）　　　8. 钉（T1222②a：13）

9. 钉（T2125②a：3）　　　10. 钉（T2421②a：6）　　　11. 马蹄钉（T1321②a：3）　　　12. 马蹄钉（T2420②a：3）

五期文化铁钉、镞、马蹄钉

F13全景（由南向北）

1. 由北向南

2. 由东向西

F13全景

1. F14（由东向西）

2. F15（由东向西）

F14、F15全景

1. 鼻（F14：6）

2. 环（H126：2）

3. 带扣（H192：3）

4. 带扣（T1022②a：2）

5. 鼻（T1122②a：4）

6. 衔（T1123②a：3）

7. 构件（T1219②a：1）

8. 仿距骨器（T2422②a：3）

五期文化铁鼻、环、带扣、衔、构件、仿距骨器

1. 罐（F18∶1）

2. 罐（H16∶13）

3. 建筑构件（H91∶4）

4. 钵（G6∶17）

5. 钵（T1032②a∶3）

6. 钵（T1618②a∶1）

五期文化陶罐、钵，建筑构件

1. 瓷支垫（F18：2）　　　　　　　　2. 陶纺轮（H191：3）

3. 陶球（T2125②a：2）　　　4. 陶球（T2224②a：1）　　　5. 陶球（T2314②a：1）

6. 瓷碗（T2423②a：2）　　　　　　　7. 瓷器盖（T0319②a：1）

五期文化瓷支垫、碗、器盖，陶纺轮、球

1. F21（由北向南）

2. F25（由西北向东南）

F21、F25全景

1. 由东向西

2. 地面细部

F22全景及地面细部

1. 由东向西

2. 柱洞

F24全景及柱洞

1. H4（由北向南）

2. H8（由南向北）

H4、H8全景

1. 盆（H7：2）

2. 盆（H16：14）

3. 罐（H85：2）

4. 盆（H135：2）

5. 盆（T0820②a：1）

6. 盆（T2420②a：8）

五期文化陶盆、罐

1. H9内的白灰（由东向西）

2. H9清理后（由东向西）

H9内的白灰及清理后

1. 北壁

2. 东壁

H9壁上的席子印纹

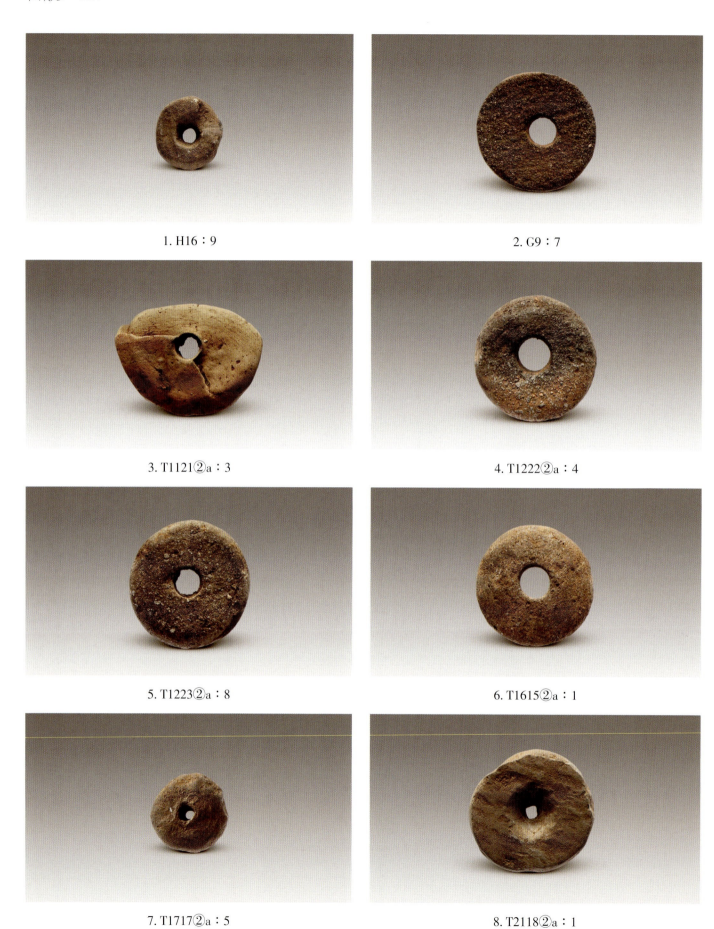

1. H16：9

2. G9：7

3. T1121②a：3

4. T1222②a：4

5. T1223②a：8

6. T1615②a：1

7. T1717②a：5

8. T2118②a：1

五期文化陶纺轮

1. H16：17

2. H136：7

五期文化磨石

1. 由东向西

2. 植物种粒

H18全景及出土植物种粒

1. 由东南向西北

2. 踏步

H167全景及踏步

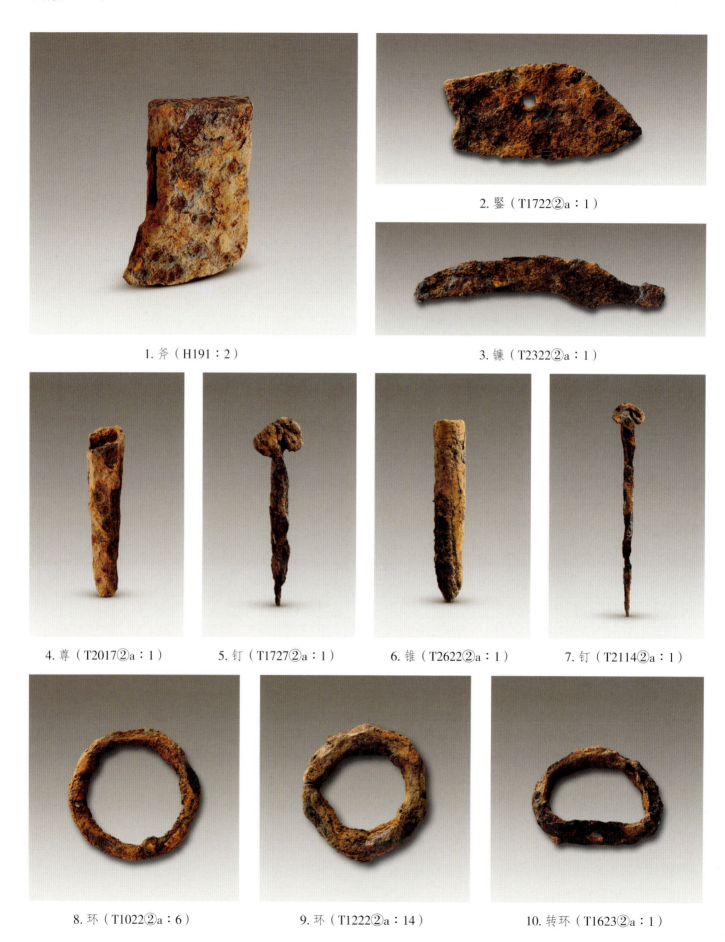

1. 斧（H191：2）

2. 鋻（T1722②a：1）

3. 镰（T2322②a：1）

4. 尊（T2017②a：1）

5. 钉（T1727②a：1）

6. 锥（T2622②a：1）

7. 钉（T2114②a：1）

8. 环（T1022②a：6）

9. 环（T1222②a：14）

10. 转环（T1623②a：1）

五期文化铁斧、鋻、镰、尊、钉、锥、环、转环